中国年鉴精品工程

High Quality Project of China's Yearbook

芙蓉年鉴 2022

FURONG YEARBOOK

长沙市芙蓉区年鉴编纂委员会 编

方志出版社

Publishing House of Local Records

图书在版编目（CIP）数据

芙蓉年鉴. 2022 / 长沙市芙蓉区年鉴编纂委员会编. —
北京：方志出版社，2022.12
ISBN 978-7-5144-5441-3

Ⅰ. ①芙… Ⅱ. ①长… Ⅲ. ①区（城市）—长沙—
2022 —年鉴 Ⅳ. ① Z526.41

中国版本图书馆 CIP 数据核字（2022）第 237539 号

责任编辑：齐 笑
责任校对：刘玉霞
责任印制：梅中英
出 版 者：方志出版社
地　　址：北京市朝阳区潘家园东里 9 号（国家方志馆 4 层）
邮　　编：100021
网　　址：http://www.zgfzcb.cn
发　　行：方志出版社图书营销中心（010-67110500）
印　　刷：长沙市雅捷印务有限公司
开　　本：889 毫米 ×1194 毫米　1/16
印　　张：31.63
字　　数：970 千字
版　　次：2022 年 12 月第 1 版
印　　次：2022 年 12 月第 1 次印刷
定　　价：268.00 元

《芙蓉年鉴（2022）》编纂委员会

《芙蓉年鉴（2022）》编辑部

《芙蓉年鉴（2022）》组稿人员

（姓名按编目顺序排列）

肖轩昂	崔　晓	苏　洁	林　菲	彭鑫妮	曹　水	韩晓宁	覃婷婷
江　豪	王治能	黎芸芸	张园园	李宇卓	易跃峰	戴维怡	李　玲
袁　霞	杨　晴	刘艳琴	曾维平	唐金花	邓蓓莉	胡永清	向　兰
章　余	李　菁	刘建武	鲁青松	彭远潺	周　文	朱　峰	施晓洁
王英姿	李　勇	王珊珊	沈向昕	杨惠元	肖和景	戴　颖	陈林林
万　妍	肖　婷	黄　弋	陈银花	陈　静	徐舒婷	姚群峰	龙　艳
王　乐	邱辉平	刘艳琴	李　妍	丁　玲	周　偲	祝　波	万梦诗
袁丹丹	黄　珣	王明华	汤秀平	艾梦婕	莫有胜	张湘闽	刘文丽
谢　丹	王　慧	刘　娜	易正君	李　勇	张艳芬	汪　琳	曹祎靖
李芷璇	庞　听	何　颖	刘丽君	阳　硕	徐　慰	高铭阳	谢　琦
钟静琪	鲁红英	胡兴龙	周旭鹏	郭泽武	于宝祥	文程遥	孙　雄
周　密	杨芳颖	陈夏萍	李　姣	侯芳芳	周　亮	周　倩	唐　嵘
张晓芳	谢翠薇	陈　茜	齐　浩	孙敏锐	易郁琼	刘　蓉	王艳平
刘昱沣	陈佳豪	宁　奕	何明慧	周晓坤	邓雪晴	郭　炯	张晓芳
刘婵丹	刘　佳	陈佴依	邹　兰	黎　佳	尹艺璇	黄　宇	蒋　磊
邹阳辉	李　露	肖健康	徐　东	赵紫君	蔡　进	刘玉陶	孟成奇
宁　倩	黄立成	朱　珠	张定浙	吴　坚	杨维钢	杨　凡	彭　晖
何　媛	彭应斌	郑仕清	温小慧	刘　勇	刘　翀	魏菊芳	梁蓉蓉
熊　梦	朱双杨	张　鋆	程铁昂	龚倩妮	丁　俊	陶红军	谭　宇
黄　薇	吴文超	文　进	夏书婷	陈婕璇	潘　媛	童　漾	曹　婷
刘　佳	李静锋	谭　颖	王　芸	武　莎	饶　坤	唐小娅	李巧理
李梦婷	邓　洁	欧阳金慧	庞　慧	李　茜	苏飞飏	李新军	罗　娟
田　甜							

序

国务院办公厅2015年8月印发的《全国地方志事业发展规划纲要（2015—2020年）》（以下简称《规划纲要》）要求，到2020年要做到地方综合年鉴一年一鉴，公开出版，实现省、市、县三级综合年鉴全覆盖。《规划纲要》还要求，坚持存真求实，正确处理质量与进度的关系，将精品意识贯穿于年鉴编纂出版工作全过程。2015年12月，中国地方志指导小组办公室启动中国年鉴精品工程，将其与先期实施的中国志书精品工程视为姊妹工程，一道作为加强地方志质量建设的重要抓手。

实施中国年鉴精品工程有助于推动中华优秀传统文化传承发展。近年来，在党中央、国务院的高度重视和关心支持下，全国地方志事业发展迎来最好的发展时期。年鉴编纂发端于欧洲，鸦片战争后被引入我国，在我国走过了100多年的发展历史。在长期的编纂中，年鉴在内容和形式上不断发展，逐渐演变成为适合反映中国国情、具有鲜明中国特色的一种文化载体，并在改革开放后出现了快速发展的局面。2006年5月，国务院《地方志工作条例》颁布施行，明确将地方综合年鉴纳入地方志工作范畴，年鉴工作走上了有法可依的轨道。《规划纲要》出台，为从依法编鉴转变到依法治鉴指明了方向。2016年12月，中国地方志指导小组印发《全国年鉴事业发展规划（2016—2020年）》，更进一步明确了到2020年全国年鉴事业的任务书、时间表、路线图。经过多年的发展，年鉴工作已经成为地方志工作的重要组成部分，成为中华民族优秀文化传统的有机组成部分，其存史、育人、资政作用日益彰显。实施中国年鉴精品工程，是年鉴工作者紧扣时代脉搏、坚持创新发展的一项重要举措，对于坚定文化自信，传承弘扬好中华优秀传统文化意义重大。

实施中国年鉴精品工程有助于为全面建成小康社会提供更多智力支持和历史借鉴。党的十八大作出全面建成小康社会的战略部署。党的十八届五中全会提出到2020年如期实现全面建成小康社会的目标要求。完成《规划纲要》确定的目标任务是年鉴工作者的神圣使命，更是年鉴工作者以自身力量为全面建成小康社会献上的厚礼。一方面，可以更好地利用年鉴这种年度资料性文献，及时记录各地区在全面建成小康社会伟大征程中每年取得的新成绩和新经验、出现的新情况和新问题、涌现的优秀人物和典型事迹等；另一方面，可以更好地积累地情、国情资料，为推动经济社会发展和深化改革提供智力支持，为推进国家治理体系和治理能力现代化提供历史借鉴。

实施中国年鉴精品工程有助于全面推进地方志事业转型升级。地方志不是单纯修志编鉴工作，而是全体方志人“修志问道，以启未来”的一项事业，这项事业包含着巨大的时代担当与使命追求。地方志工作要在“五大建设”总体布局和“四个全面”战略布局中发挥与其自身价值、功能相匹配的作用，就要因时而谋、乘势而上、顺势而为，全面推进地方志事业转型升级。转型升级，当下最重要的目标就是完成“两全”目标，包括“年鉴全覆盖”目标。长远的目标就是基本形成地方志编修体系、理论研究和学科建设体系、质量保障体系、资源开发利用体系、工作保障体系“五位一体”的地方志事业发展综合体系，包括“五位一体”的年鉴事业发展综合体系。中国年鉴精品工程是一项探索工程，也是一项创新工程，是推进地方志事业转型升级的重要内容。通过实施中国年鉴精品工程，不仅有助于确保年鉴质量，不断编纂出版具有鲜明时代特征、年度特点和地域特色的精品年鉴，也有助于推动年鉴工作适应经济社会发展形势和时代需要，不断改革创新，与时俱进。

多年来，在中国地方志指导小组办公室的指导和全国各级地方志工作机构的共同努力下，年鉴种类数量快速增长，年鉴成果粲然可观，为实施中国年鉴精品工程奠定了坚实的基础。实施中国年鉴精品工程，就是要在全国地方志系统起到示范作用，进一步培育精品意识，打造精品年鉴，以点带面，在提高年鉴质量方面探索出一条切实可行之路，使这项探索工程和创新工程能够积累经验，发挥引领作用。

“万山磅礴，必有主峰；龙衮九章，但挈一领。”实施中国年鉴精品工程，是筑牢地方志事业特别是年鉴事业发展根基之举，其意义与价值不言而喻。但编修出年鉴精品佳作，绝非朝夕之功，需要付出长期艰辛的努力。希望通过实施中国年鉴精品工程，能够进一步推进年鉴质量建设，使年鉴真正成为传承中华民族优秀传统文化的重要载体，成为展示中国国情、地情的重要窗口，成为“为当代提供资政辅治之参考、为后世留下堪存堪鉴之记述”的资源宝库，在全面建成小康社会过程中作出更大贡献。

是为序。

中国社会科学院原副院长
中国地方志指导小组原常务副组长　李培林

编辑说明

一、《芙蓉年鉴》是由中共长沙市芙蓉区委员会、芙蓉区人民政府主办，芙蓉区年鉴编纂委员会编纂的年度资料性文献，2014年首部出版，每年出版一卷，本卷为第9卷。

二、《芙蓉年鉴（2022）》以马克思列宁主义、毛泽东思想、邓小平理论、“三个代表”重要思想、科学发展观、习近平新时代中国特色社会主义思想为指导，坚持辩证唯物主义和历史唯物主义的立场、观点和方法，全面、客观、系统地记载芙蓉区自然、政治、经济、文化、社会和生态文明建设等方面概貌和发展情况。记述时限为2021年1月1日至12月31日。为保持连续性和完整性，个别事物的记述时间适当上溯或下延。

三、本年鉴采用分类编辑法，主要分为类目、分目、条目3个层次，部分分目下设次分目，条目为基本记述单位。正文体例以条目为主体。该卷年鉴设特载、专文、大事记、区情概览、中国共产党芙蓉区委员会、芙蓉区人民代表大会、芙蓉区人民政府、中国人民政治协商会议芙蓉区委员会、中国共产党芙蓉区纪律检查委员会 芙蓉区监察委员会、民主党派·工商联、群众团体、法治、军事、经济管理、农业·水利、工业·软件信息产业·园区、商贸服务业、金融、邮政·通信、城市建设、城市管理、生态环境、应急管理、科学技术、教育、文化·旅游、卫生健康、体育、社会生活、街道、人物·荣誉、重要文献、调研报告、统计资料、附录35个类目。下设200个分目、14个次分目、1320个条目，选用彩页专题图片58幅、插图155幅，表格63份。书中图片由各单位提供，部分从区融媒体中心图库中选取。

四、本年鉴对框架结构做出适当调整：增设“专文”类目；“芙蓉概览”更名为“区情概览”；“经济管理”类目中“金融监管”分目析出，设置“金融”类目；“工业·园区”更名为“工业·软件信息产业·园区”；“商贸服务业”类目中“邮政”“移动通信”分目析出，设置“邮政·通信”类目；“自然资源·生态环境保护”更名为“生态环境”；“应急救援”更名为“应急管理”；“文化·旅游·体育”拆分为“文化·旅游”“体育”2个类目；“人物”更名为“人物·荣誉”；增设“重要文献”“调研报告”“统计资料”3个类目。

五、本年鉴所载资料均由区直各部门和各街道专人撰写，领导审核后上报。统计资料由区统计局提供，文稿中有些地区性、部门性数据，由于统计数据的来源、口径、方式、时间的不同，与统计局公布的可能不完全一致，请读者在查阅和引用时注意。

六、数字、标点符号使用遵循GB/T15834—2011《出版物上数字用法》和GB/T15835—2011《标点符号使用》国家标准出版规定。计量单位采用国务院1984年2月发布的中华人民共和国法定计量单位。

七、本年鉴编委、编审人员和各单位撰稿人在书中设专版记载。各类目责任编辑在类目题图页中注明。撰稿人姓名在条目末尾括注。机构领导名单均以上年度在职者为准，有任免的分别予以注明。名单最终由芙蓉区委组织部审定。

2021 年，芙蓉区以全市 1/276 的土地创造了近 1/10 的经济总量，以中心城区 1/28 的面积贡献了近 1/6 的经济总量。先后 5 次上榜全国高质量发展百强区。在 4 月 30 日赛迪顾问公布 2021 年幸福百强区名单中，芙蓉区以全省第一名、全国第十八名入选。

芙蓉 2022

党史学习教育

▲ 2021 年 3 月 26 日，芙蓉区召开党史学习教育工作推进会（区委宣传部　供图）

▲ 2021 年 4 月 7 日，芙蓉区召开党史学习教育巡回指导工作培训暨宣讲工作动员会（区委宣传部　供图）

▲ 2021 年 3 月 27 日，芙蓉区委理论学习中心组开展党史学习教育第一次专题学习，区委书记周春晖主讲（区委宣传部　供图）

2021 年 4 月 27 日，芙蓉区党史学习教育巡回指导组通过随机抽查调研谈话等方式，对各单位党史学习教育工作开展情况进行督查
（区委宣传部　供图）

2021 年 5 月 21 日，芙蓉区发改局开展“学史崇德”党史学习教育活动。图为组织干部职工参观湖南和平解放史事陈列馆
（区委宣传部　供图）

2021 年 6 月 10 日，“党建聚合力”工程——党史知识竞赛决赛在隆平高科技园举行
（区委宣传部　供图）

▲ 2021 年 6 月 4 日，“芙蓉区《就认这个理》职工群众心向党”——党史、工运史知识竞赛活动在区会议中心举行，16 支代表队参加　（区委宣传部　供图）

▲ 2021 年 5 月 26 日，芙蓉区东郡小学、郴州市汝城县文明瑶族乡第一片小学联合举办“百年礼赞童心向党”暨“六一”庆祝活动　（文进　供图）

◀ 2021 年 4 月 21 日，党员、群众、志愿者等围坐在东屯渡街道百年“迎解”古樟树下，听党史故事

（文进　供图）

◀ 2021 年 7 月 1 日，荷花园街道杨家山社区邀请长沙市“五老四教”金牌讲师团讲师张定浙，在社区“红色芙蓉”陈列馆为老党员讲授党史故事

（区委宣传部　供图）

◀ 2021 年 12 月，五里牌街道火车站社区第二党支部开展“学史明理”主题学习活动

（区委宣传部　供图）

芙蓉 2022

新冠肺炎疫情常态化防控

▲2021年，芙蓉区积极落实新冠肺炎疫情常态化防控措施，有效做好疫情防控，全年无新增本土确诊病例。图为2021年12月21日，旅客在长沙火车站出站口接受体温检测和健康码查验

（长沙火车站地区综合事务中心　供图）

▲2021年8月5日，区委书记周春晖带队到华天大酒店检查新冠肺炎疫情常态化防控工作情况

（文进　供图）

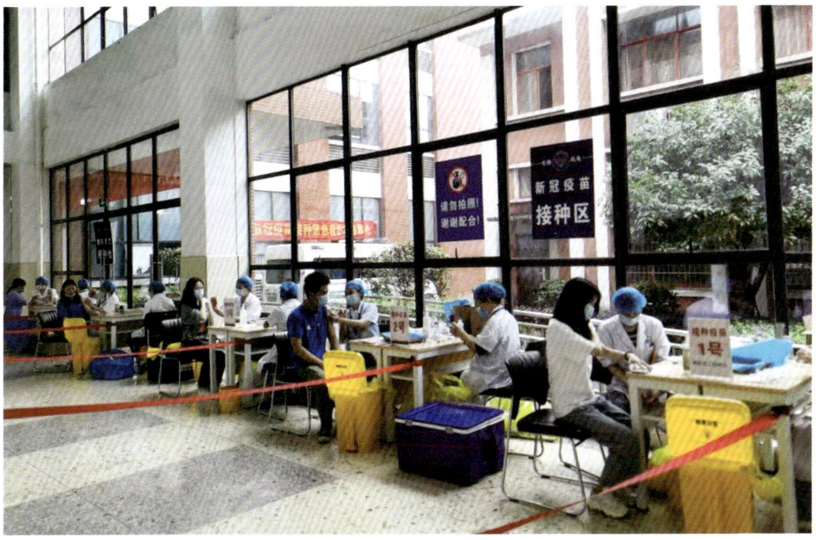

◀ 2021 年 4 月 28 日，湖南生物机电职业技术学院师生员工接受新冠肺炎疫苗接种

（区疾控中心　供图）

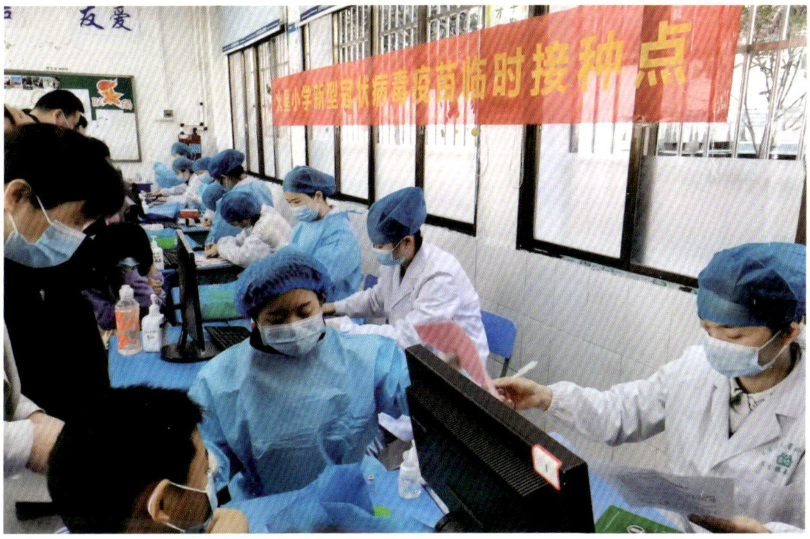

2021 年 11 月 11 日，火星街道社区卫生服务中心医护人员在火星小学为师生接种新冠肺炎疫苗 ▶

（区卫健局　供图）

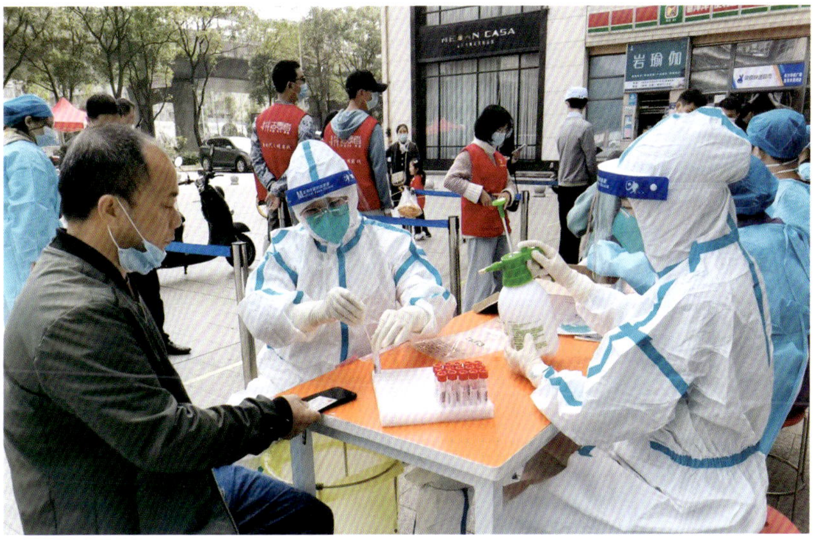

◀ 2021 年 4 月 15 日，荷花园街道社区卫生服务中心医护人员在东郡社区前坪开展新冠肺炎病毒核酸检测采样

（区卫健局　供图）

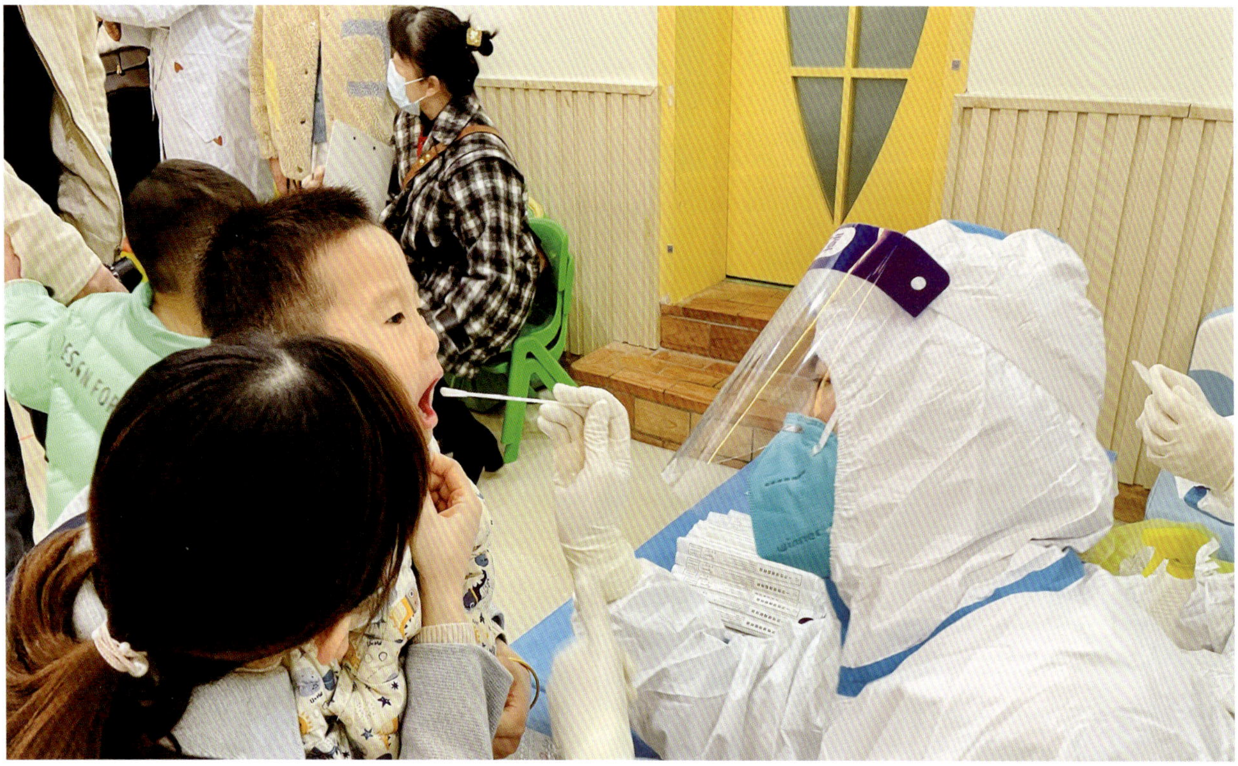

▲ 2021 年 3 月 25 日，朝阳街道社区卫生服务中心医护人员上门为文化厅幼儿园小朋友进行新冠肺炎病毒核酸检测采样
（区卫健局　供图）

▲ 2021 年 8 月 6 日，长株潭汽车站房车临时变身“新冠肺炎病毒核酸检测车”，为旅客进行核酸采样
（文进　供图）

▲ 2021 年 10 月 23 日，朝阳街道社区卫生服务中心在二里牌社区设置采样点，为居民开展新冠肺炎病毒核酸检测采样。图为排队等待采样的居民　　（区卫健局　供图）

▲ 2021 年 12 月 2 日，朝阳街道社区卫生服务中心医务人员为独居老人提供新冠肺炎病毒核酸检测上门采样服务　　（区卫健局　供图）

芙蓉 2022

袁家岭中央文化区

▲**袁家岭中央文化区** 位于长沙市五一大道和韶山路十字交叉点。规划区域东至车站路、南至人民路、西至芙蓉路、北至八一路，面积3.16平方千米。2021年4月，芙蓉区启动袁家岭中央文化区建设。重点推进“一广场六街区”（文化广场、人民新村戏剧街、湖南米粉街、韭菜园古玩艺术街、康养文化街、朝阳数字创意街、书香文化艺术街）建设。携手省湘剧院、省京剧院、省花鼓戏剧院，通过提质改造将人民新村片区建设成为以戏剧为主题的特色街区。图为袁家岭中央文化区重点项目——佳兆业广场　　（区委宣传部　供图）

◀曙光798城市体验馆由原曙光电子管厂旧厂房改造翻新而成，现已成为长沙青年人潮流文化产业创意园。图为曙光798城市体验馆羽毛球馆一角

（文进　供图）

▲ 2021 年 1 月 9 日，大型话剧《高山之巅》在长沙首演，也是湖南大剧院提质改造后的首场演出　　（文进　供图）

▲ 2021 年 3 月 16 日，湖南省京剧保护传承中心上演传统剧目《白蛇传》（文进　供图）

▲ 2021 年 7 月 19 日，湖南省花鼓戏剧院上演传统剧目《补锅》（文进　供图）

▲ 2021 年 7 月 15 日，湖南省文物总店外景　　　　（文进　供图）

▲ 2021 年 7 月 10 日，古玩爱好者聚集在古玩城内鉴赏交流藏品
（文进　供图）

▲ 2021 年 10 月 10 日，人们在古玩文化街挑选古玩　　　　（文进　供图）

▲ 2021 年 4 月 21 日，湖南省图书馆电子阅览室一角　（文进　供图）

▲ 2021 年 7 月 22 日，湖南省图书馆阅览室正在阅读的人们

（文进　供图）

▲ 2021 年 7 月 24 日，市民参观湖南省湘绣博物馆　（文进　供图）

芙蓉 2022

自贸区芙蓉区块

▲ **自贸区芙蓉区块** 自贸区芙蓉区块充分发挥湖南农业产业优势，利用辖区对外援助资源，以中非农业科技合作、国际标准认证、特色产品贸易、人力资源服务等为切入点，探索对非经贸合作新路径，培育和发展新业态、新产业、新贸易。2021 年，芙蓉区对非贸易主要集中在农业产业领域，对非进出口额达 2.68 亿元。图为中国（湖南）自由贸易试验区长沙片区芙蓉区块岳麓山种业创新中心外景 （文进 供图）

▲ 2021 年 5 月，芙蓉区在华智生物分子育种中心大楼设立中国（湖南）自由贸易试验区长沙芙蓉片区企业服务中心办事专窗，为自贸区企业提供优质高效服务 （文进 供图）

2021 年 10 月 27 日，芙蓉区法院在自贸区芙蓉区块设立“驻自贸区诉源治理工作站”并举行揭牌仪式
（自贸区芙蓉事务中心　供图）

2021 年 3 月 7 日，利比里亚共和国离岸（中国）产业创新与交流中心在自贸区芙蓉区块成立。图为双方代表签约仪式
（自贸区芙蓉事务中心　供图）

2021 年 9 月 28 日，中非农业发展与合作基地在湖南农业大学挂牌。图为与会领导现场揭牌
（自贸区芙蓉事务中心　供图）

▲自贸区长沙芙蓉区块依托辖区高校湖南农业大学和本地企业，打造全国首个可可产业创新平台。图为2021年9月28日举行的中国可可全产业链发展研讨会

（自贸区芙蓉事务中心　供图）

▲2021年11月25日，第四季一期·长沙站中国可可&巧克力新品推介会暨资源对接会在芙蓉区举行

（自贸区芙蓉事务中心　供图）

▲芙蓉标准化小镇 位于人民东路与合平路交叉口。2021 年，芙蓉区打造全国首个以标准化为主题的标准化产业集聚区。截至年底，小镇引进国际标准机构及相关配套企业 51 家，为企业提供标准、认证、检测、计量、清关全流程服务。图为 2021 年 8 月，芙蓉区标准化小镇东湖 1 号出入口（文进　供图）

▲ 2021 年 10 月 9 日，中国 · 长沙岳麓种业峰会在芙蓉区开幕

（自贸区芙蓉事务中心　供图）

芙蓉 2022

中国黄金街

▲**中国黄金街** 位于建湘路南段，长约500米，地处芙蓉区中央商务区的核心地带，由芙蓉区政府、中国黄金集团黄金珠宝股份有限公司联合打造，其前身为黄金之城珠宝交易中心。图为2021年12月12日，举行中国黄金街盛大开街仪式 （金沙里社区 供图）

▲2021年12月，中国黄金之城珠宝交易中心外景 （金沙里社区 供图）

▲ 2021 年 12 月 12—27 日，中国黄金之城珠宝交易中心联合各大品牌商举办芙蓉金饰 30 周年联合展销会。图为客户在选购黄金饰品 （金沙里社区　供图）

▲ 2021 年 12 月 18 日，客户在选购黄金饰品 （金沙里社区　供图）

▲ 2021 年 12 月 24 日，客户在选购黄金饰品 （金沙里社区　供图）

芙蓉 2022

夜经济

▲ 2021 年 4 月 26 日，航拍下的芙蓉区夜景　　（文进　供图）

▲ 2021 年 6 月 18 日，扬帆夜市　　（文进　供图）

▲ 2021 年“五一”国际劳动节期间，五一商圈步行街　　（文进　供图）

▲ 2021 年 7 月，湖南米粉街　　（文进　供图）

▲ 2021 年 3 月 19 日，在都正街历史文化街区用餐的人们　（文进　供图）

▲ 2021 年 7 月，凌晨的沁园夜宵街　（文进　供图）

▲ 2021 年 9 月，马王堆海鲜美食街　　（文进　供图）

▲ 2021 年 12 月 31 日，在化龙池酒吧欢聚的年轻人　　（文进　供图）

芙蓉 2022

网红打卡地

▲**农大枫树林** 位于湖南农业大学校园内，每年 11–12 月枫叶飘红，游客纷至沓来 （文进 供图）

▲**粉红爱心斑马线** 位于解放西路黄兴广场前十字路口。2021 年“三八”国际劳动妇女节，长沙市推出一系列“粉红行动”致敬女性，国金中心旁粉色斑马线就是其中一项 （文进 供图）

隆平水稻博物馆 位于人民东路668号，占地面积约2公顷，全年接待全国各地的观众36.28万人次，是世界首个以水稻为主题的博物馆。图为2021年4月18日，大同瑞致小学和育才东屯小学的部分师生在隆平水稻博物馆梯田里参加育秧活动 ▶

（隆平水稻博物馆 供图）

长沙网红墙 位于五一大道湖南米粉街入口处。红砖背景墙上“长沙”二字，吸引众多游客排队打卡 ▶

（文进 供图）

扬帆夜市 位于东屯渡街道，北起荷花路，南至傅家湾路，全长约300米；东起古曲路，西至嘉雨路，全长270米，呈“十”字分布，日均最高人流量约5万人次，是长沙夜市示范街区 ▶

（张妮 供图）

总　目

目　录

芙蓉区人民代表大会

芙蓉区人民政府

中国人民政治协商会议芙蓉区委员会

中国共产党芙蓉区纪律检查委员会 芙蓉区监察委员会

民主党派 · 工商联

群众团体

法　治

军　事

经济管理

农业·水利

工业·软件信息产业·园区

商贸服务业

金　融

邮政·通信

城市建设

城市管理

生态环境

应急管理

科学技术

教　育

文化·旅游

体　育

社会生活

街　道

人物·荣誉

重要文献

调研报告

统计资料

附　录

索引

Contents

特　载

Features

编辑　谭丽霞　苏　洁

用实干书写精彩　以品质引领未来
为打造现代化新长沙建设标杆区而努力奋斗

——在中国共产党长沙市芙蓉区第六次代表大会上

区委书记　周春晖

（2021 年 7 月 29 日）

同志们：

在庆祝中国共产党百年华诞的历史时刻，在大步迈向第二个百年奋斗目标的重要节点，中国共产党长沙市芙蓉区第六次代表大会隆重召开，芙蓉历史又翻开了崭新的一页。此时此刻，我们更加意气风发、豪情满怀，以一往无前的奋斗姿态，凝心聚力谋发展，勇立潮头开新局。

本次大会的主题是：坚持以习近平新时代中国特色社会主义思想为指导，立足新发展阶段，贯彻新发展理念，构建新发展格局，在“三高四新”战略指引下，用实干书写精彩，以品质引领未来，奋力打造现代化新长沙建设标杆区！

现在，我代表中国共产党长沙市芙蓉区第五届委员会向大会作报告。

一、回首过去五年，芙蓉发展在转型提质中迈上新台阶

区第五次党代会以来的五年，是全区上下闯难关、解难题、破难局的五年，是芙蓉大地提升综合实力、提升城区品质、提升治理水平、提升群众获得感幸福感安全感的五年。五年来，我们面对省委所在地的政治责任，面对复杂多变的外部形势，面对艰巨繁重的发展任务，面对老百姓对美好生活的新向往，面对 2017 年历史最大汛情和 2020 年突如其来的新冠疫情，锐意进取，担当作为，在一个又一个重大考验中维护了大局稳定、赢得了发展突破、改善了民生福祉，圆满实现了区第五次党代会确定的各项目标。

这五年，我们坚持旗帜鲜明讲政治，推动习近平新时代中国特色社会主义思想在芙蓉落地生根、开花结果。区委将政治理论学习列为区委常委会会议“第一议题”，深入学习贯彻习近平新时代中国特色社会主义思想和习近平总书记考察湖南重要讲话精神，把增强“四个意识”、坚定“四个自信”、做到“两个维护”落实到具体行动上。注重从政治上看问题，在全局中谋发展，围绕“三大攻坚战”“三高四新”战略、扫黑除恶专项斗争、政法队伍教育专项整顿等重要部署，认真抓好贯彻落实，取得了实实在在的成效。

这五年，我们坚持落实新时代党的建设总要求，纵深推进全面从严管党治党，全区各级党组织更加坚强有力。加强政治建设，实现区管干部政治考察全覆盖。加强思想建设，高标准、严要求开展“两学一做”“不忘初心、牢记使命”主题教育和党史学习教育；坚持管思想、管阵地、管队伍一起抓，确保了意识形态领域健康平稳。加强组织建设，大力推进城市区域化党建，建成楼宇商圈党群服务中心（站）28 个，新增小区党支部 198 个，拓展“芙蓉先锋共同体”100 家，龙马社区党支部被评为全国先进基层党组织；坚持正确用人导向，出台激励干部担当作为“1+4”文件，干事创业氛围不断浓厚。加强党风廉政建设，落实省委巡视整改要求，实现本届区委巡察全覆盖，驰而不息纠治“四风”，严肃查处了一批违纪违法案件，“510”警示教育活动深入人心，不敢腐、不能腐、不想腐的机制更加完善。

这五年，我们坚持贯彻新发展理念，全面提升综合实力，连续五次入选全国高质量发展百强区。（2018 年、2019 年、2020 年入选赛迪顾问“全国高质量发展百强区”榜单，2019 年、2020 年入选壹城智库“地级市市辖区高质量 发展 100 强”榜单）。地区生产总值平均增速 8%，亩均地区生产总值全省第一；第三产业增加值占地区生

产总值比重从84.5%提升至87.2%，成为全省第一个第三产业增加值破千亿元城区，高质量发展的特点进一步彰显。新增亿元楼宇6栋，其中湖南第一高楼国金中心去年营收达70亿元，成为中部楼宇标杆。纵深推进“放管服”改革，成立全省首家行政审批局，实现“一枚印章管审批”；深入推行相对集中行政处罚权改革，成立全省首家城区行政执法局，行政执法效能不断提高；推出“芙蓉520”“楼宇服务站”“书记直通车”“掌上蓉易办”等创新举措，持续优化营商环境，市场主体突破12万户大关，增长66%；“四上”企业增至964家，增长22.3%；高新技术企业增至272家，增长4.1倍，市场主体数量与质量同步攀升。隆平园亩均产值和税收位居省级园区前列。自贸区块成功挂牌，现代农业产业园进入“国家队”，岳麓山种业创新中心跻身省“两区两山三中心”（“两区”：长株潭创新示范区、湘江新区；“两山”：岳麓山大学城、马栏山文创产业园；“三中心”：国家轨道交通装备创新中心、岳麓山种业中心、岳麓山工业创新中心）发展战略，平台支撑不断强化。

这五年，我们坚持以绣花功夫推进城市建设与管理，城市品质显著提升，人居环境持续改善。率先完成集体土地拆迁清零，成为全省首个全域城市化的城区。五年来投入资金约218亿元用于推进基础设施建设、棚户区和城中村改造、老旧小区改造、城市有机更新，芙蓉城区更加宜居宜业、精致精美。路网体系进一步完善，营盘路等12条主次干道全线贯通，车站路、八一路等32条道路全面提质。强力推进电力“630攻坚”，拉闸限电的时代一去不复返。完成黄土塘、火星镇等棚改项目7个，惠及居民3400户。建成103号令安置小区4个，回迁10640人。实施城市有机更新项目4个，完成小区旧改50个。火车站东西广场焕然一新，五一商圈、米粉街、汉桥等成为城市靓丽窗口和打卡胜地，都正街、白果园、化龙池等历史文化街区更具人气和活力。落实最严城管要求。空气质量优良率从67%提升至83.9%，浏阳河芙蓉段水质从Ⅳ类提升至Ⅲ类以上，自然生态更加优美。

这五年，我们坚持不断满足人民对美好生活的向往，及时解决群众“急难愁盼”问题，被评为全国幸福百强区第18位（赛迪顾问《2021中国幸福百强区名单》）。每年七成以上财力用于民生。城镇居民人均可支配收入位于全省前列，年均增长7.7%。零就业家庭实现动态清零。“幸福教育”品牌深入人心，五年共投资18亿元，新建、重建、改扩建中小学校和幼儿园20所，新增学位1.7万余个，公办园和普惠性民办幼儿园在园幼儿数达93.6%，率先在全省消除“大班额”，率先在全省实现高中教育免费，荣获全国义务教育发展基本均衡区。推动社区卫生服务中心规范化建设，与湘雅二医院、省人民医院建成紧密型医联体，老百姓看病更方便、更实惠。区社会福利中心建成投入运营，成为全省规模最大的普惠性养老中心。坚持“装电梯让老百姓更方便，让老百姓装电梯更方便”，完成既有住宅加装电梯413部，经验全省推广。持续实施“八大慈善救助”（慈善助老、慈善助急、慈善助贫、慈善助无、慈善助医、慈善助葬、慈善助学、慈善助困），特困群体“五帮扶”（急难帮扶、医疗帮扶、住房帮扶、就业帮扶、基本生活帮扶），累计帮扶资金1.1亿元，帮扶对象8.7万人次。社会保障实施标准全省最高。创建市级示范性社区综合文化活动中心44个；隆平水稻博物馆建成开放；连续三年举办中华龙舟大赛，中央电视台全程现场直播，被评为全国最具人气龙舟城市。深入推进平安芙蓉建设，未发生较大以上生产安全事故，先后被评为全省综治工作先进单位、全省平安区县、全省安全生产示范区等。

这五年，我们坚持统揽全局、协调各方，积极发展社会主义民主政治，安定团结良好局面更加巩固。区委常委会定期听取区人大常委会、区政府、区政协、区法院、区检察院党组工作汇报。重视发挥民主党派、工商联、无党派人士和新的社会阶层人士作用，加强民族、宗教、对台、港澳、外侨等工作，深入推进“同心创建”等系列活动，爱国统一战线进一步巩固发展。工青妇科侨等群团组织作用充分发挥。关心下一代、史志、档案等工作取得新成效。坚持党管武装制度，做好退役军人服务保障和“双拥”工作，谱写军民鱼水情深新篇章。

奋斗饱含艰辛，成绩来之不易。这是中共中央、省委、市委坚强领导的结果，是全区上下共同努力的结果，是历届区委接续奋斗的结果，是各位老领导、老同志和各位代表大力支持的结果，是各民主党派、社会各界和驻区各单位共襄发展的结果。在此，我谨代表中共芙蓉区五届委员会，向所有积极关心、参与、支持芙蓉发展的同志们、朋友们，表示衷心的感谢并致以崇高的敬意！

回首五年走过的发展历程，我们深刻体会到，做好芙蓉工作，办好芙蓉事情：必须坚定不移坚持党的领导，凝心聚力谋发展。在中共中央、省委、市委的坚强领导下，充分发挥区委在全区把方向、管大局、作决策、保落实的作用，把上级精神与区情紧密结合起来，走出一条符合实际的发展路子。必须坚定不移坚持人民至上，共建共享惠民生。全心全意干实事、办好事、解难事，在改善民生中赢得民心，在服务驻区单位企业中良性互动，形成同频共振、同舟共济、同甘共苦的发展氛围。必须坚定不移坚持真抓实干，攻坚克难抓落实。紧盯目标锲而不舍，执行决策立说立行，落实工作务求实效，以“钉钉子精神”推动一批重大项目和难点问题落地落实，淬炼迎难而上的发展韧劲。必须坚定不移坚持团结协作，同心同德干事业。全区上下齐心协力、勠力前行，以不变的作风应对变化的形势，以自身工作的确定性应对外部环境的不确定性，顺利完成一个个难以实现的任务、高位运行的指标，汇聚齐抓共管的发展合力。这些做法、经验和启示，值得我们倍加珍惜并发扬光大！

在充分肯定成绩的同时，我们也必须清醒地看到存在的问题：一是发展空间制约瓶颈突出，新旧动能转换缓慢，创新动力相对不足，新兴产业和新型业态对经济的支撑作用不够明显。二是城区东西发展不平衡不协调，尤其是浏阳河以东片区，基础设施、产业发展、社会事业等相对薄弱。三是部分党员干部思想观念、工作作风、服务意识、能力水平不能适应发展的要求。这些问题，我们必须高度重视，切实加以解决。

二、正确把握形势，满怀信心开启现代化建设新征程

当前，芙蓉区从全面小康迈向了全面建设现代化的新征程，这是历史性的跨越和转变。面向未来，我们必须在更大格局中谋划芙蓉发展，做到应势而动、顺势而为、乘势而上。

从外部形势看，我们正处于机遇叠加的“窗口期”。当前，百年未有之大变局加速演进，新一轮科技革命和产业变革蓄势待发，我国经济发展进入速度变化、结构优化和动力转化的新常态。对芙蓉发展而言，依然大有可为、大有作为。区域影响方面，长沙是“一带一路”的节点城市、中部崛起的重要城市、长株潭一体化的核心城市，随着挺进“万亿地区生产总值俱乐部”“千万人口大都市”，首位度、集聚度、美誉度不断提升。芙蓉区作为中心城区，长沙机遇就是芙蓉机遇。产业更新方面，以国内大循环为主体、国内国际双循环相互促进的新发展格局正在加速形成，这对于以现代服务业为主导的芙蓉区来说，在新投资、新消费和新产业等方面占有先机。政策利好方面，中央出台了推动中部地区高质量发展的意见，湖南出台了深入实施“三高四新”战略的系列配套措施，长沙围绕“三个高地”出台了具体的三年行动方案和“五个十大”项目实施方案等，把这些政策用好用足用活，芙蓉发展必将迎来新机遇。

从自身优势看，我们正处于先发效应的“释放期”。芙蓉区是长沙的中心城区，在城市化进程中具有明显的先发优势。区位优势凝聚发展动能，芙蓉区是长沙的城市原点、城市封面、城市客厅，是长沙传统的消费、商务和金融中心，发展要素必将加速汇聚。资源优势蕴藏发展潜能，厚重的文化底蕴、均衡的基础教育、优质的医疗服务、林立的省市机关、聚集的总部资源，吸引更多的人慕名而至、安居乐业，人才的不断汇聚，孕育着发展的无限可能。平台优势蓄力发展势能，湖南自贸试验区芙蓉区块布局落子，种业创新上升至国家战略，驻区高校的资源整合和产学研平台升级，提供了开放“桥头堡”、改革“试验田”和发展“引爆点”。我们只要把握好自身的特点和规律，推动高端要素整合，就有基础、有底气、有信心脱颖而出。

从发展态势看，我们正处于干事创业的“黄金期”。区域发展既需要硬支撑，也需要软环境。近年来，芙蓉区推出了系列措施，营造出更适合的发展气候。干事氛围越来越浓，“我是芙蓉人，我为芙蓉好”“芙蓉因我而精彩，我为芙蓉添光彩”的理念和意识深入人心，干事创业的凝聚力、向心力不断增强。营商环境越来越优，对标国际国内先进地区做法，不断优化服务措施，不叫不到、随叫随到、说到做到、服务周到，区委致力把良好的营商环境打造成为芙蓉区的靓丽名片。工作合力越来越强，芙蓉区作为长沙唯一全域城区和面积最小区，农业农村、防汛防灾、征地拆迁等任务相对较轻，我们可以腾出手脚，轻装上阵，把更多精力用在产业发展运营、城市功能提升、基层社会治理上，把更多时间花在重点板块、重大工程、重要工作突破上，在高质量发展的新赛道上跑出加速度。

今后五年全区工作的指导思想是：高举中国特色社会主义伟大旗帜，以习近平新时代中国特色社会主义思想为指导，以推动高质量发展为主题，以改革创新为动力，以满足人民日益增长的美好生活需要为目标，大力实施“三高四新”战略，创新实干，担当作为，在高质量发展、高品质生活、高效能治理上下真功、见实效，全面推动各项事业迈上新台阶，奋力打造现代化新长沙建设标杆区。

打造现代化新长沙建设标杆区，要把握好目标追求。全面推进现代化建设，是中共中央和省委、市委的明确要求，也是芙蓉区发展的必由之路。打造标杆

区是省委、市委寄予芙蓉区的厚望和重托。所谓“标杆”，就是要主动对标、抬高坐标、锁定目标，结合芙蓉区“中心城区”“面积小区”“省委驻区”的特点，向一线城市和沿海开放城市中心城区对标看齐，实现精准规划、精美建设、精致管理、精明增长，在全国高质量发展百强区排名中持续争先进位。“十四五”期间，全区预计实现经济总量年均增长10%左右，地方一般公共预算收入年均增长10%左右，居民人均可支配收入年均增长10%左右，其他主要经济指标均不低于全省全市平均水平。

打造现代化新长沙建设标杆区，要把握好基本原则。坚持品质立区，就是要把“干就干出彩、争就争第一”的理念贯穿各项事业全过程，每人、每事、每时、每处都追求品质、体现品质、锻造品质。坚持产业兴区，就是要把“空间有限、产业无限”作为永恒追求，构建“6+1”产业体系（现代金融、高端商贸、商务服务、软件信息、文化产业、生命健康六大主导产业和生物育种特色产业），策划培育战略性新兴产业，聚焦“种业硅谷”、聚焦高端商贸、聚焦文化创新、聚焦宜居品质，持续推动产业链、价值链向高端迈进。坚持人才强区，就是要“知人善任、人尽其才”，培养一支高素质、有作为的干部队伍；围绕重点行业、重点产业、重点企业、重点专业广纳英才，为各类人才发挥作用、施展才华提供更加广阔的平台和舞台。

打造现代化新长沙建设标杆区，要把握好总体布局。突出做强东部，就是要举全区之力强东部，把浏阳河以东片区作为未来五年发展的重中之重，着力推动产城人融合，推进全域高质量城市化，形成“一河两城”东西互动、比翼齐飞的局面。突出做活存量，就是要向存量要空间，持续促进存量项目达产、存量楼宇去化、存量企业升级、存量土地开发、存量市场转型、存量资源整合，把做好存量文章作为做大总量、做优增量、做强质量的重要抓手。突出做优环境，就是要对标先进水平，以人民群众为中心、以企业为衣食父母、以问题为导向、以服务为抓手，不断降低市场运行成本，提高政务服务效能，激发市场主体的活力和创造力。

打造现代化新长沙建设标杆区，要把握好实施路径。注重创新驱动，就是要善于打破惯有思维和路径依赖，大力推进理念创新、机制创新、科技创新，做到准确识变、科学应变、主动求变，闯出一条创新发展新路子。注重融合带动，就是要主动融入国家、省、市发展格局，加快产业融合、产城融合，构建现代产业生态；加快“一河两城”融合、协调、均衡发展；推动与驻区单位企业深度融合，实现资源共享、发展共赢。注重实干推动，就是要树牢重实干、抓落实的工作导向，让“一级做给一级看、一级带着一级干”成为常态，在真抓实干中推动高质量发展。

三、注重精准发力，在提品质立标杆中开创发展新局面

（一）坚持效益优先，着力推动高质量发展

聚焦五区建设，拓展全域发展空间。按照“做大城区、做强园区、做优片区、做实县区、做靓社区（村）”的工作要求，推动“一河两城”深度融合，优化区域功能布局。重点建设东片区。举全区之力跨河东进，拉开区域发展主战场。进一步优化浏阳河以东片区整体规划，实现空间规划、国土规划、产业规划多规融合。加快片区发展，推动西龙片区、韶光片区、远大路沿线片区、隆平生物产业园片区建设更新，实现东部片区、隆平园区、自贸区块联动发展。全面升级交通路网，完善综合配套，构建便利生活，提升宜居品质。全力推动浏阳河过河通道、张公岭商业综合体、湘雅二医院新院区、师大附中芙蓉中学、东湖湿地公园等一批重点项目落地。重塑中央商务区。加强顶层设计，强化政策支撑，实行统筹联动，进一步优化中央商务区规划。加强空间拓展，高效利用地面空间，推动楼宇商圈腾笼换鸟、商贸业态迭代升级；注重利用地下空间，提高土地利用率和商业价值。加强转型提质，聚焦高端业态和形态，增强辐射带动能力，完善都市风貌集中展示、历史文化保护传承、国际商务交流交往、高端时尚主力消费功能，建成中部一流的高端现代服务业聚集区。打造中央文化区。整合袁家岭周边的剧团、剧院、书城等文化产业资源，依托湖南文化广场、佳兆业广场等项目，围绕“一核两轴三圈多点”（湖湘演艺文化核；五一路城市形象展示轴、解放路国潮文化体验轴；文化商务圈、数字创意圈、古玩艺术圈；文化 + 休闲——文艺路、人民新村节点，文化 + 体育——798 城市体验馆节点，文化 + 科技——长城宾馆、燕山街节点，文化 + 医疗——湘雅二医院节点），做好“文化 +”文章，促进文化与休闲、体育、科技、创意的深度融合，把中央文化区打造成长株潭城市群的文化融合示范区、文化消费引领区、文创产业聚集区，为长沙建设世界媒体艺术之都提供新支点、新亮点。以项目为支撑、以创新为动力，持续推进浏阳河产业带建设。提升隆平园区。坚持“五好园区”标准，聚焦“种

业硅谷”建设，走出一条产业融合、特色引领的路子。精心建设岳麓山种业创新中心等创新平台，持续激发创新活力。坚持产业链思维，聚焦新兴服务业创新发展，推进传统服务业转型发展，促进第二、三产业融合发展，培养现代产业生态，建设具有世界影响的种业总部集聚区。建好自贸片区。大力开展首创性、差别化、集成性改革探索，形成可复制可推广的经验。按照“核心区+功能区+联动区”层次，精心谋划用地规划、功能分区和产业布局；紧盯“一主一特一新”（“一主”高端现代服务业；“一特”农业科技、生物育种等特色产业；“一新”探索对非经贸合作新业态）产业定位，加快推动自贸总部基地建设，抓好招商引资工作。做优做强农业科技、生物育种等特色产业，推进跨境金融、认证咨询、服务贸易等多领域合作，探索对非经贸合作新路径，打造城市新地标。

深耕四种业态，构建现代产业体系。强化省会城市核心区功能，以“楼宇经济、总部经济、数字经济、消费经济”为重点，推动现代服务业转型升级、提质增效。提高楼宇经济贡献力。深入开展楼宇挖潜增效，加大产业引导资金投入，更新改造老旧楼宇；打造专业特色楼宇，形成产业聚集竞争优势；培育亿元楼宇，着力提高楼宇经济质量，带动提升商圈产业层次，推动楼宇标准化、高端化、品牌化发展和运营，建成中部地区楼宇经济发达区。按照“心中有楼、政策进楼、服务上楼、企业满楼”的思路，继续落实重点楼宇“楼长制”，完善楼宇服务站，不断提升服务质量和精准度。提升总部经济聚集度。坚持“筑巢引凤”和“腾笼换鸟”并举，注重引进一批三类“五百强”企业及区域性、结算型、贸易型、研发型总部落户，力争全球性总部企业“破零”。加强总部企业梯队培育，支持本土企业入规、升高、上市、扩面，推动民营企业做大做强，培育一批高成长性企业、专精特新“小巨人”企业和根植性强的龙头骨干企业，让小微企业“铺天盖地”、大企业“顶天立地”。抢占数字经济制高点。加快推动商贸、商务、金融、消费的数字化转型，重点聚焦新一代软件信息技术，科学布局大数据、物联网、云计算、区块链等新兴产业基础设施建设。加强与辖区重点企业深度合作，促进一批基础性、引领性应用场景落地，吸引更多优质软件企业和人才落户。把握消费经济新风口。以长沙建设国际消费中心城市为契机，打造“网红芙蓉”“长红芙蓉”。大力挖掘夜间经济、假日经济、共享经济、直播经济等消费热点，积极提升传统消费，加快壮大新型消费，推动五一广场、袁家岭、万家丽等核心商圈提质发展。打造消费新业态、新模式、新场景，建设消费体验区和跨境电商总部基地，促进线上线下消费融合发展。支持做强首店、首牌、首秀、首发经济。改善消费环境，保护消费者权益。

营造产业生态，激活发展内生动力。一体推进改革创新、产业链配套与营商环境优化，营造良好产业发展生态。聚焦企业诉求最多的难点、痛点、堵点深化改革，全面实现“一件事一次办”。强化与驻区高校院所的合作，强化平台搭建与政策扶持，强化创新团队培养和引进，强化企业创新主体地位和企业家主力作用，积极构建“政产学研用”有机结合的协同创新体系，加快科研成果转化和产业化。从产业链上下游、商务服务、生产生活等方面入手，构建全产业链配套、全生命周期服务的生态体系，营造更加适合创新创业的氛围和土壤。树牢“店小二理念”“乙方意识”“用户思维”，构建“亲”“清”新型政商关系，打造更加“省时、省钱、省力、省心”的最省营商环境，建成国际化营商环境标杆区。

（二）坚持人民至上，全力创造高品质生活

打造品质芙蓉，彰显芙蓉品质，让高品质生活体现在城市建设、管理、运行、服务的每个细节中，体现在芙蓉千千万万个家庭的幸福安康上。

聚焦城市建设提品质。按照“四精五有”要求，落实城市建设规划，围绕五一路、芙蓉路“十”字型功能轴及人民路、远大路、红旗路等主干道，完善基础设施，提升便民功能，展示城市风貌。围绕“菜食住行购、教科文卫体、老幼站厕园”等重点，建设“15分钟完整社区”，高品质创建一批精美社区。坚持“留、改、拆、补”并举，加快实施湘雅二医院片区、蔡锷中路两厢、火车站片区城市更新，以点带面推动城市更新与产业转型升级相结合、与宜居环境相协调、与历史文化保护相促进。全域完成老旧小区改造任务，全面实现危房动态清零，全力推动既有住宅电梯加装工作，不断完善老旧小区和农安小区公共基础设施，提升空间环境品质。

聚焦城市管理提品质。践行“城市，让生活更美好”理念，让群众享受到更加舒适的人居环境。以“净化、美化、亮化、序化”为主要内容，推动城市管理的范围从主次干道向背街小巷延伸，空间从二维平面向三维立体拓展，标准从干净整洁向美观靓丽提升。持续抓好“治气、治水、治脏、治堵、治乱”工作，聚焦治气，推动污染物减排，把蓝天留住；聚焦治水，强化浏阳河流域系统治理，让绿水环绕；聚焦治脏，加强城市环境综合治理，推动标准化、精细化、常态化管理；聚焦治堵，完善区域微循环路网，多措并举缓解交通拥堵；聚焦治乱，抓好视觉形象整治，提升街巷空间品质，实现市政设施、景观环境、历史风貌的有机融合。

聚焦城市服务提品质。民生无小事。要构建优质均衡的城市公共服务体系，努力在学有所教、劳有所得、病有所医、老有所养、幼有所育、住有所居上取得新进展。办好人民满意的“幸福教育”，新建幼儿园原则上实施公办，不让芙蓉区老百姓为小孩上公办幼儿园到处找人、四处求人；优化中小学校规划，实施中学崛起战略，促进中小学、东西片教育资源优质均衡发展，建设国家级义务教育优质均衡发展区。加强就业培训和精准帮扶，鼓励创业带动就业。加强社区卫生服务中心建设，强人才、强设备、强服务，让群众在家门口好看病、看好病。聚焦“一老一小”，构建以居家养老为主，社区养老为依托，社会养老为补充，医养康养相结合的养老服务体系，逐步发展和完善普惠托育服务体系，用多元服务守护幸福晚年和快乐童年。落实房住不炒，提高保障性住房覆盖面，着力改善困难群众住房条件。积极发展妇女儿童、残疾人、慈善、红十字、关心下一代等事业。

聚焦城市运行提品质。推进城区水、电、通信网络改造升级，全面保障城区运行。完善地下管网体系，提升城市内涝防御能力；高质量推进电力“630攻坚”，深入实施智慧电网建设，大幅提高供电保障能力和优质服务水平；加快布局新一代通信网络基础设施，实现全区范围5G网络信号全覆盖、无盲区。健全食品安全创建工作机制，提升食品安全保障水平，高标准打造省级食品安全示范区。完善疾病预防控制体系，毫不放松抓好常态化疫情防控，提升公共卫生应急处置能力。持续推进防灾减灾救灾等应急体系建设，提高城区风险防御能力，努力让芙蓉群众更平安、更幸福。

聚焦城市文明提品质。深化群众性精神文明创建活动，加强社会诚信建设，扎实开展学雷锋志愿服务，大力宣传道德模范、身边好人等先进典型，引导社会崇德向善，建设更高水准的文明城区。加强优质公共文化服务供给，挖掘区内红色资源，推动湖南革命军事馆建设，打造公共文化特色品牌。推动全民阅读，建设书香芙蓉，提升城市文化品位和市民文明素质。

（三）坚持系统思维，努力实现高效能治理

探索中心城区治理现代化新路径，促进党建引领、政府治理、社会调节、居民自治良性互动，打造社会治理“芙蓉样本”。

提升治理社会化水平。以党建带群建，更好履行组织、宣传、凝聚、服务群众职责。提高街道管理服务能力，向基层放权、赋能、减负，推动社会治理和服务重心下移、资源下沉。夯实社区治理阵地，加强小区业委会引导管理，优化辖区单位服务和工作联动，推行机关企事业单位与街道、社区联建共建。引导居民参与到社区治理当中，最大限度地集中民智、激活民力、凝聚民心。

提升治理法治化水平。全面推进依法治区，让法治成为群众幸福生活的最亮底色。深入开展“八五”普法，进一步弘扬法治精神，树立法治思维，使尊法、信法、守法、用法、护法成为全区人民的自觉习惯和共同追求。坚持有法必依、违法必究、执法必严，对群众反映强烈的食品、药品、环境等违法犯罪问题出重拳、下重手，绝不姑息纵容。积极推进司法公正，提高司法公开透明度，让人民群众在每一个司法案件中都感受到公平正义。发挥市民公约、社规民约、行业规章、团体章程等社会规范在社会治理中的积极作用，走自治、德治、法治相融合的社会治理之路。

提升治理智能化水平。加快数字政府建设，打造区级综合指挥中心，推动相关信息基础设施共建共享、互联互通、开放兼容，实现技术融合、业务融合、数据融合。构建全流程一体化在线服务平台和便民服务网络，实现“数据多跑路，群众少跑腿”。树立数据思维，推进智能治理，关注网络社会诉求表达。深入推进“雪亮工程”，切实提高各类风险隐患预警、预防能力，建设更高水平的平安芙蓉。

提升治理专业化水平。推进职业化建设，加强社区工作人员专业培训，提升政策引导、应急处突、矛盾调处、服务群众的能力。充分发挥社团组织的作用，培育专业化的志愿服务团队。创新政府购买服务方式，引进法律、医务、心理咨询等专业社工常态化参与社区治理。

四、深化管党治党，充分展示干事创业新气象

（一）突出政治建设

牢牢把握政治方向。严守政治纪律和政治规矩，进一步增强“四个意识”，坚定“四个自信”，做到“两个维护”，不断提高“政治三力”，坚决贯彻落实中共中央、省委、市委决策部署，毫不犹豫执行区委工作指

令。筑牢理想信念基石。弘扬伟大“建党精神”，创新理论学习方式，推进学习教育常态化，补足精神之“钙”。打好意识形态主动仗，在大是大非面前旗帜鲜明，当“战士”、不当“绅士”。坚持党委统揽全局。加强党对人大、政府、政协的领导，支持和保障其依法依章程履行职责；发展最广泛的爱国统一战线，寻求最大公约数，画出最美同心圆；加强党管武装工作，更好发挥工会、共青团、妇联等群团组织和各类社会组织桥梁纽带作用，团结调动一切积极因素和力量。

（二）加强组织建设

推动基层党组织建设全面进步、全面过硬，以高质量党建引领高质量发展。夯实基层堡垒。实施“党建聚合力”工程，畅通区级、街道、社区、小区四级纵向党建网络，深度推进楼宇党建等新兴领域基层党建，巩固提升党支部标准化、规范化建设成果，激活基层党组织自我净化、自我提高的战斗力、凝聚力。彰显先锋作用。推动广大党员亮身份、担职责、践承诺，在平常时候看得出来，关键时刻站得出来，危急关头豁得出来，让每名党员都成为攻坚克难的旗帜。提升服务能力。做优做实区域党建，打破层级、单位、行业壁垒，推动辖区单位组织深度融合，优化服务功能，助推经济发展，打造共驻共建共享的金字招牌。

（三）优化队伍建设

让“创新实干”成为芙蓉党员干部的内在气质和鲜明底色。强化正确用人导向。坚持“干就看得见，不干就看不见”，坚持“有为者有位、吃苦者吃香、实干者实惠”，坚持“为担当者担当，为负责者负责。”抓实常态教育管理。建立健全干部培育选用机制，强化基层一线和党校的培训主阵地作用，引导干部向书本学、向实践学、向群众学，补好强党建、抓经济、搞建设、促治理的能力。提升创新实干能力。强化领导示范、强化比学赶超、强化能力素质、强化考核考评、强化激励机制，充分运用月评价、季讲评、年考核及揭榜攻坚等创新机制，鞭策和激励各级领导干部事业上心、责任上肩、力争上游。

（四）深化党风廉政建设

各级党组织要担负起党风廉政建设的主体责任，严格遵守党章和党纪党规，持续推进政治巡察，充分发挥利剑作用，综合运用好监督执纪“四种形态”，加强纪律教育，使铁的纪律转化为党员干部的日常习惯和自觉遵循。要严查重点领域关键环节腐败问题，加强对民生资金、征地拆迁、工程建设、执法司法等重点领域的监管，持续整治群众身边腐败和作风问题，大力整治吃拿卡要、优亲厚友、为官不为等群众深恶痛绝的不正之风。要深入整治形式主义官僚主义突出问题，锲而不舍纠治“四风”。健全完善监督治理体系，扎紧织密制度笼子，筑牢拒腐防变防线。常修为政之德，常思贪欲之害，常怀律己之心，常葆清廉本色。

同志们，站在新的历史起点上，打造现代化新长沙建设标杆区的号角已经吹响。梦在前方，路在脚下。五年之后，我们能交出一份什么样的答卷，归根到底在于“干”。

我们要仰望星空干，与最优者对标、与最强者比拼、与最快者赛跑，心怀远方、不惧风雨、无问西东，在全市、全省和中部地区树立高质量发展的标杆。

我们要凝心聚力干，以党建聚合力工程为引领，调动一切可以调动的因素，团结一切可以团结的力量，整合一切可以整合的资源，为芙蓉发展争光添彩。

我们要脚踏实地干，紧盯十大重点目标，紧抓十大重点事项，紧扣十大重点项目，把地踩热踩实，把事办成办好，以实干求实效，积小胜为大胜，在绵绵用力、久久为功中实现美好蓝图。

同志们，让我们更加紧密地团结在以习近平同志为核心的党中央周围，在省委、市委的坚强领导下，心往一处想，劲往一处使，以创新实干的坚定行动，不负时代，不负韶华，不负党和人民的殷切期望，为奋力打造现代化新长沙建设标杆区而努力奋斗！

政府工作报告

——在长沙市芙蓉区第六届人民代表大会第一次会议上

区委副书记、代理区长　崔　晓

（2021 年 10 月 21 日）

各位代表：

现在，我代表区人民政府向大会报告工作，请予审议，并请各位政协委员和列席人员提出意见。

本届政府工作回顾

区五届人大一次会议以来的五年，是芙蓉发展史上极不平凡的五年。这五年，宏观经济形势错综复杂，重大风险考验接连不断，改革发展任务十分繁重。我们深入学习贯彻习近平新时代中国特色社会主义思想特别是习近平总书记考察湖南重要讲话指示精神，在市委、市政府和区委的坚强领导下，在区人大、区政协的监督支持下，紧紧围绕建设"四个芙蓉"开拓奋进、攻坚克难，顺利完成了"十三五"规划和五届人大历次会议部署的各项任务，实现了"十四五"发展良好开局。

五年来，我们坚持稳中求进，致力转型升级，高质量发展成果丰硕

综合实力明显增强。全区地区生产总值年均增长 8%（预计数，下同），亩均地区生产总值全省第一；第三产业增加值 1060 亿元，占地区生产总值比重从 84.5% 提升至 88.3%，成为全省首个第三产业增加值破千亿元的城区；地方一般公共预算收入累计完成 156.1 亿元，税收占比从 53.5% 提升至 67%；社会消费品零售总额年均增长 6.6%，保持全省领跑态势；固定资产投资年均增长 6.4%；城镇居民人均可支配收入年均增长 7.2%，突破 6 万元大关。先后六次入选全国高质量发展百强区，以中部第二、全省第一入选 2021 中国幸福百强区。省金融创新特色产业园、隆平高科技园获批省服务业示范集聚区，湖南自由贸易试验区落子芙蓉，现代农业产业园进入"国家队"，岳麓山种业创新中心跻身全省"三区两山两中心"发展战略，国家技术标准创新基地（长株潭）国际标准化服务创新中心成功落户，芙蓉区高质量发展的战略优势全面彰显。

产业能级持续提升。商务楼宇新增 239.4 万平方米，打造房产总部大楼等专业特色楼宇 6 栋，提质银华大厦等老旧楼宇 4 栋，培育税收过亿元楼宇 14 栋，国金中心树起了"新长沙"地标和中部地区楼宇标杆。仁孚汽车、怡亚通等"三类 500 强"项目纷至沓来，交通银行、东亚银行等 14 家金融机构区域总部先后入驻，正邦农牧、山润茶油等 168 个种业总部项目落户园区。软件业"一园四区"聚力蓄能，神舟软件、爱数科技等龙头企业成功进驻，易分销、银通科技等企业跻身省内行业 50 强。五一广场等大型商圈、湖南米粉街等特色街区、新能源汽车等新兴消费、网红经济等新兴业态蓬勃发展，中部地区首家柏悦酒店、湖南首家苹果直营店等先后落户，全省消费中心地位持续巩固。

发展动能加快转换。铺排各类重点项目 839 个，敬天广场、香泽南湖大厦等 18 个遗留项目实现开复工。在全省率先成立行政审批局和城区行政执法局，实现一枚印章管审批、一支队伍管执法。店小二理念、乙方意识、用户思维深入人心，在全省率先打造"5G+ 智慧"政务大厅、24 小时楼宇政务服务驿站、自贸区综合服务专窗等服务平台，创新推出书记直通车、企业服务日、楼长制等服务机制，营商环境持续优化。市场主体突破 12 万户，"四上"企业达 983 家，高新技术企业达 306 家，和捷实业、韶光铬版等成长为"小巨人"企业，隆平高科荣登全球种企十强。

五年来，我们坚持精明增长，致力建管并重，城市品质再上台阶

旧城改造纵深推进。全力推进棚户区改造和城中村改造，友谊东、五里牌肉联厂等6个棚改项目完成腾地25.33公顷，杉木、东湖、张公岭、东湖渔场等完成城中村改造，腾地366.67公顷，在全省率先实现全面城市化。坚持留、改、拆、补并举，累计投资10.3亿元，精明推进白果园化龙池、马王街浏正街、湘雅二医院等片区城市更新，改善群众居住环境，拓展产业承载空间，老街巷宜居宜业品质明显提升。

基础设施全面配套。蔡锷南路、杉木南路、东湖路一期等道路全面完工，滨河路、龟山路等断头路、瓶颈路竣工通车，营盘东路与红旗路两条主干道实现连通。统筹推进轨道交通、慢行系统、停车设施建设，地铁2号线、3号线、5号线、长株潭城际铁路顺利运营，新建和提质自行车道、人行步道近200千米，新增停车泊位3.9万余个，市民出行更加便捷。建成芙蓉生态新城等103号令安置小区6个，提质改造五矿等老旧小区47个，既有住宅加装电梯工作经验获全省推广。韶光、新安等变电站完成建设，供电能力大幅提升。建成5G基站5937个，信号全域覆盖。

城市管理更为精细。深入落实“四精五有”（精准规划、精美建设、精致管理、精明增长，有颜值、有气质、有内涵、有格调、有品位）理念，高水平推进全国文明城市建设，全面提升五一商圈、火车站东西广场功能品质，城市面貌靓丽呈现。新建公园、游园36个，新增绿地面积92.4万平方米。新建和改造公共站厕196座，生活垃圾分类实现社区全覆盖。坚决打好污染防治攻坚战，先后接受五轮中央和省级环保督察，信访交办件全部办结。严格落实“六控十严禁”，空气质量优良天数增加38天。深入实施河长制、湖长制，黑臭水体全部清零，率先全市实现浏阳河排污口全截污，浏阳河芙蓉段水质稳定保持Ⅲ类。

五年来，我们坚持为民初心，致力改善民生，幸福指数不断攀升

社会事业更加惠民。坚持每年新增财力七成以上用于民生。新改扩建中小学、幼儿园20所，新增学位1.7万余个，公办及普惠性民办幼儿园幼儿数占比超九成，在全省率先消除“大班额”，连续两年获省政府“真抓实干成效明显”嘉奖，幸福教育成为幸福芙蓉靓丽名片。社区卫生服务中心实现街道全覆盖，紧密型医联体建设深入推进，医疗服务水平在老百姓家门口升级。隆平水稻博物馆、区文化中心、区图书馆等文化设施建成开放。连续三年举办中华龙舟大赛，获评全国最具人气龙舟城市、全国群众体育先进单位。

社会保障更加利民。城镇登记失业率控制在4.5%以内，零就业家庭动态清零。创新建立“八大慈善救助”体系，深入开展“五帮扶”（急难帮扶、医疗帮扶、住房帮扶、就业帮扶、基本生活帮扶），保障水平稳居全省区县首位。建成各类养老服务中心53个，全国一流的社会福利中心长沙协和颐养院投入运营。坚决打好脱贫攻坚战，助力麻阳县、龙山县靛房镇顺利摘帽。基本医保参保率稳定在95%以上，医保基金网格化监管经验获全国推介。退役军人服务保障体系有效健全，国防后备力量建设不断加强，军政军民团结持续巩固。

社会治理更加安民。区级平台公司转型稳步推进，政府隐性债务有效化解，坚决守住不发生系统性金融风险底线。“天网工程”实现全覆盖，智慧安校、智慧矫正工作经验获全国推介。深入开展扫黑除恶专项斗争，打掉涉黑涉恶组织31个。坚决守牢安全底线，连续五年未发生较大及以上安全生产事故，火灾起数、亿元地区生产总值生产安全事故死亡率逐年下降，国家食品安全城市创建加速推进，网络安全监管体系有力完善，信访积案存量持续下降，“三零”社区（村）（居民零上访、安全零事故、治安零发案）达53个。先后获评全省综治工作先进单位、全省平安区县、全省安全生产示范区。特别是经受住了百年不遇特大洪水和突如其来新冠肺炎疫情的严峻考验，守护了一方平安和人民生命安全。

五年来，我们坚持改进作风，致力提升效能，自身建设全面加强

依法行政深入推进。“七五”普法顺利完成。街道、社区实现法律顾问全覆盖。主动接受各方面监督，办结各级人大代表建议、政协委员提案813件，满意率100%。坚决贯彻重大决策合法性审查机制，审查政府规范性文件、合同2328件，政府常务会议议题和重大决策事项合法性审查率100%。

服务效能明显提升。新一轮政府机构改革圆满完成。全面实施“一年一件事”、重点工作月调度、县级领导联楼宇联项目联企业联社区等工作机制，形成一级抓一级、层层抓落实的鲜明导向。畅通政民互动渠道，主动

公开政府信息 9.4 万条，有效办结“12345”政务服务热线工单 11.9 万件，群众满意率稳居全市前列。

作风建设不断加强。严明政治纪律和政治规矩，认真开展“两学一做”“不忘初心、牢记使命”主题教育和党史学习教育。严格落实中央八项规定及其实施细则精神，持之以恒纠治四风，健全风险防控体系，进一步扎紧制度“笼子”。加强对招投标、政府采购等重点领域的审计监督，规范预算绩效管理，严控“三公”经费支出，财政资金使用效益持续提高。

与此同时，第四次全国经济普查、第七次全国人口普查任务全面完成。工会、共青团、妇联、工商联、残联、侨联、科协、红十字会、关工委、老干大学、民宗外侨、史志档案、机关事务等工作都取得了新的成绩和进步。

各位代表！五年奋斗，饱含艰辛；发展成果，来之不易。这些成绩的取得，得益于习近平新时代中国特色社会主义思想的科学指引，得益于省委省政府、市委市政府和区委的正确领导，得益于区人大、区政协和社会各界的监督支持，更凝聚着全区人民的智慧和力量。在此，我谨代表区人民政府，向全区人民、各民主党派、人民团体以及所有关心、支持芙蓉发展的社会各界人士致以崇高的敬意和衷心的感谢！

五年发展实践，让我们更加深刻地认识和体会到：做好政府工作，必须始终坚持党的领导。党是领导一切的。任何时候，只有坚持党的领导，才能保持正确的政治方向，才能凝聚发展的强大力量。做好政府工作，必须始终坚持发展为重。发展是第一要务，也是解决各种问题的“金钥匙”。只有把思想聚焦在发展上，把精力集中在发展上，把价值体现在发展上，我们的事业才能无往不胜。做好政府工作，必须始终坚持人民至上。人民政府所做的一切，都是为了人民。只有把人民对美好生活的向往作为奋斗目标，始终同人民想在一起、干在一起，才能赢得广泛信任和支持。做好政府工作，必须始终坚持真抓实干。任何事情都是干出来的。只有认准的事一往无前，部署的事一抓到底，才能把高质量发展的要求真正落到实处。

在肯定成绩的同时，我们也要清醒地看到问题和不足：现代产业体系不够健全，科技创新活力不足，经济发展的质量和效益有待提升；浏阳河东西两岸发展不平衡不充分问题仍然突出，协调发展任务繁重；民生事业发展与人民对美好生活的新期待有差距，教育、医疗、文化、养老等领域存在短板；基层治理的社会化、专业化、智能化水平不高，治理体系和治理能力现代化还需下更大功夫；政府服务能力、办事效率尚需进一步提高，形式主义、官僚主义问题不同程度存在。我们必须增强忧患意识，坚持问题导向，在攻坚克难中开创新局面。

今后五年总体思路

站在“两个一百年”的历史交汇点，习近平总书记赋予湖南“三高四新”的新坐标、新定位、新使命；长沙以“三高四新”为引领，翻开了全面建设现代化新长沙的崭新一页；区第六次党代会认真贯彻市委要求，吹响了打造现代化新长沙建设标杆区的奋进号角。从大局大势上看，新一届政府责任重大、使命光荣。我们要顺势而为、乘势而上，创新实干、埋头苦干，坚持以“三高四新”为引领，着力打造现代化新长沙建设标杆区，把区第六次党代会描绘的宏伟蓝图变为美好现实。

必须看到，大环境总体于我有利。当今世界正经历百年未有之大变局，全球力量对比发生深刻变化，“东升西降”特征日趋明显，我国发展仍然处于重要战略机遇期。在“三高四新”战略引领下，湖南和长沙战略地位明显提升，“一带一路”、长江经济带、中部崛起、粤港澳大湾区等多个国家战略聚焦，长株潭都市圈被赋予重大国家使命。芙蓉区作为省会长沙的中心城区，正处于机遇叠加的“窗口期”，未来发展既大有可为，也大有作为。

必须看到，多优势正在加速集成。芙蓉区是长沙的城市客厅、城市封面、城市原点，是名副其实的金融中心、商务中心、消费中心，在长沙由特大城市迈向超大城市的进程中，综合优势更加凸显。尤其是随着自贸区芙蓉区块获批，随着中央商务区、中央文化区、隆平片区、种业硅谷等纳入市第十四次党代会报告的总体布局，芙蓉区高质量发展有了多平台、多支点，进入先发效应的“释放期”。只要我们善于把优势转化为胜势，就一定能够在现代化建设中抢占制高点、赢得主动权。

必须看到，新征程更需奋发有为。从区域竞争来看，芙蓉区前面的标兵在增多、后面的追兵在逼近，正处于“不进则退、慢进亦退”的重要关口。打造现代化新长沙建设标杆区，需要付出“人十之我百之”的艰辛努力。特别令人鼓舞的是，区委在鼓励干事创业、激励担当作为上推出了一系列新举措，全区上下形成了人心思上、人心思进、人心思干的良好局面。我们要倍加珍惜干事创业的“黄金期”，以“功成不必在我、建功必须有我”的精神境界，与最“优”者对标、与最“强”者比拼、与最“快”者赛跑，在全面建设社会主义现代化新长沙中走在前列、争当标杆。

今后五年工作的指导思想是：坚持以习近平新时代中国特色社会主义思想为指导，全面贯彻党的十九大和十九届二中、三中、四中、五中全会精神，深入贯彻习近平总书记考察湖南重要讲话指示精神，认真落实市第十四次党代会和区第六次党代会精神，牢牢把握立足新发展阶段、贯彻新发展理念、构建新发展格局的要求，以推动高质量发展为主题，以改革创新为动力，以满足人民日益增长的美好生活需要为目标，以打造现代化新长沙建设标杆区为引领，深入实施“三高四新”战略，坚持品质立区、产业兴区、人才强区，注重创新驱动、融合带动、实干推动，努力实现高质量发展、高品质生活、高效能治理，奋力谱写芙蓉区各项事业发展新篇章。

今后五年工作的预期目标是：地区生产总值年均增长7.5%左右，地方一般公共预算收入年均增长7%左右，居民人均可支配收入年均增长7.5%左右，其他主要经济指标均不低于全省全市平均水平，城区魅力、创新动力、综合竞争力、对外影响力持续增强，初步建成现代化新长沙建设标杆区。

——打造实力强劲的现代化新长沙建设标杆区。发展质量和效益显著提升，楼宇经济、总部经济、数字经济、消费经济协同发力，现代产业体系建立健全，科技创新走在全省全市前列，湖南自贸试验区长沙片区芙蓉区块建设取得重大成果，营商环境全国一流。

——打造人民幸福的现代化新长沙建设标杆区。居民收入水平与经济发展实现同步增长，城市宜居宜业指数全面提升，社会保障能力、基本公共服务均等化水平明显提高，共同富裕取得新进展，芙蓉成为人民的幸福城区、幸福的人民城区。

——打造品质一流的现代化新长沙建设标杆区。坚持高起点规划、高标准建设、高水平管理，紧紧围绕重点打造隆平片区、重塑中央商务区、凸显中央文化区、提升隆平园区、建好自贸区块，推动“五区”建设取得阶段性成效，现代化、国际化品质充分彰显。

——打造治理高效的现代化新长沙建设标杆区。社会主义民主法治更加健全，现代化治理体系和治理能力初步形成，法治芙蓉、平安芙蓉建设取得显著成效。应急管理体系、防范化解重大风险体制机制不断健全，城区发展更加安全、更有韧性、更趋智慧。

——打造生态宜居的现代化新长沙建设标杆区。生态文明制度体系更加完备，生产生活方式加快绿色转型。浏阳河“十里画廊”精彩呈现，全区形成蓝天常在、碧水长清、城区更美的生态底色，绿色发展走在前列。

各位代表！打造现代化新长沙建设标杆区，这是时代的呼唤、人民的期盼，也是市委市政府和区委的明确要求。我们必须以舍我其谁的赶考心态、永不懈怠的精神状态、一往无前的奋斗姿态，抓一事成一事，积小胜为大胜，在高质量发展的新赛道上跑出精气神、赛出加速度！

今后五年主要任务

为实现预期目标，新一届政府将按照市、区党代会的部署要求，全力以赴抓落实，推动各项工作取得新成效。

一、坚持创新驱动，聚集高端要素，加快构建现代产业体系

（一）强化产业发展新支撑，创新楼宇、园区、自贸区平台建设，释放经济发展内生动力

提升商务楼宇集聚效应。推动敬天广场、万象时代、浩天大厦、三湘南湖大厦等商务楼宇尽快建成运营，新增楼宇面积50万平方米。加快国金中心、佳兆业广场、世茂环球金融中心等高端楼宇招商，吸引更多“三类500强”项目和头部企业落户。推动商务楼宇标准化、高端化、品牌化发展，新培育税收过十亿元楼宇1栋、税收过亿元楼宇5栋以上。加快推动楼宇功能提质和产业提升，完成老旧楼宇改造5栋以上，打造特色楼宇2栋以上。按照生产、生活、生态“三生融合”要求，完善楼宇周边配套，推动楼宇与企业、楼宇与街区、楼宇与社区融合发展。聚焦“入驻率、注册率、入库率、纳税率”，持续优化“楼长”、部门、街道、楼宇服务站全方位、全周期服务体系，着力推动楼宇经济提质增效，全力打造中部地区楼宇经济发达区。

推动隆平园区创新发展。坚持“五好”园区（规划定位好、创新平台好、产业项目好、体制机制好、发展形象好）标准，实施“两个一百”工程，创建国家、省级创新平台100个以上，支持创制具有重大应用价值的新基因、新材料、新系列、新品种100个以上。高标准打造一批产业载体，加快隆平生物种业产业园、琴海数码产业园等重点项目建设。推动种业“硅谷”协同创新板块建设，对标国家实验室建好岳麓实验室，全力推动岳麓山种业创新中心建设，构建“产学研金用”联动的

转化体系，让更多科技成果走出实验室、加快市场化。创新盘活园区存量资源，完成33.3公顷存量土地和低效用地“二次开发”、30万平方米工业厂房和楼宇“二次招商”、20家低效企业转型升级，切实提高园区亩均效益。深化园区管理体制、绩效考核、人事薪酬制度改革，创新隆创投公司融资渠道，持续提升园区发展内生动力。

释放自贸试验区改革红利。坚持差异化发展，统筹抓好片区用地规划调整，高标准推进产业发展可行性研究和产业规划编制。大力开展首创性、差别化、集成性改革探索，做实自贸试验区“一站式”综合服务专窗和企业服务中心，形成一批国家级、省级制度创新成果。全力推动潇湘要素大市场自贸工作站、国际种质资源交易市场、国际优质农产品交易平台、标准化小镇等平台建设。加大服务贸易、技术贸易、跨境电商等产业招商力度，引进“三类500强”企业10个，打造投资贸易便利、创新能力突出、营商环境一流、全域联动高效的对外开放门户。

（二）拓展产业发展新空间，立足“一河两城”空间布局，以车站路、浏阳河为纵轴，一体推进城市更新和产业升级，实现空间再造和品质提升

高标准建设隆平片区。举全区之力跨河东进，推进浏阳河以东地区开发建设，打造芙蓉品质新窗口、长沙东部新门户。建好自贸区块。坚持以城适人兴产、以产优城聚人，对标国际一流，强化智慧赋能，将自贸大厦建成浏阳河以东地区地标建筑。加快路网、管网、电网等配套设施和5G基站等新基建建设，保障地铁6号线如期通车。推动韶光社区城市更新，释放更大产业空间。推进东湖湿地公园建设，打造无动力主题亲子乐园和全国健康养老示范基地，建设生态宜居、全龄友好的新型城市社区。改造西龙地块、远大路两厢。拆除违章建筑，配优公共服务，推进单元改造，推动零星用地整合开发，布局与中心城区相匹配的商业商务和高端住宅。提质农大、农科院区域。加快推动省属科研用地置换盘活，支持国家实验室和成果转化平台布局落地，实现发展共赢。提质建设试验田，稳步推进业态提升、生态彰显、文态呈现，打造都市田园特色风貌。

高品质重塑中央商务区。加快高端要素聚集，打造具有国际风范、湖湘特色、长沙韵味、芙蓉品质的城市客厅。提升长沙城市原点首位度。以五一广场、芙蓉广场、五一大道为发展极核，全力建设高端楼宇、历史街区、城市广场交相辉映的地标体系，拓展城市原点含金量和含新量。推动各类要素资源在楼宇内高效流动、高效配置、高效增值，打造高端楼宇集群，形成总部经济“高峰”。以蔡锷路为主轴，串联白果园、化龙池、都正街、马王街、浏正街、黄泥街、宝南街等历史街区，有机衔接苏家巷、丰盈西里、青石井巷、走马楼巷等历史街巷，塑造“一眼长沙三千年”的历史文化轴。提质改造建湘路，加快布局黄金珠宝产业，打造空间上高度聚集、上下游紧密协同的中国黄金街。建设袁家岭中央文化区。推动湖南文化广场、惟楚文化广场、曙光地块等九大项目建成投产，打造主题鲜明、形态多样的复合型文化产业空间。提升米粉消费热度，丰富网红街景内涵，扩大湖南米粉街影响力；整合省湘剧院、省京剧院等资源，建成人民新村戏剧街；培育古玩展示、古玩交易等业态，建成韭菜园古玩艺术街；优化湘雅二医院诊疗空间和关联产业发展载体，建成康养文化街；推动国储电脑城等空间载体再造，建成朝阳数字创意街；串联省图书馆、湖南大剧院等节点，建成书香文化艺术街。打造火车站交通枢纽综合体。协调推进长沙火车站改造升级，建成集高铁、城铁、普铁、地铁、公交于一体的现代化零换乘交通枢纽。推动北片蒸菜街、长邮宿舍、长邮办公区地块提质改造和开发建设，打造邮政产业创新中心。推进西北片长株潭汽车站、南片公交车终点站TOD（以公共交通为导向的开发模式）综合开发，发展时尚消费、星级酒店等现代商贸，建成火车站枢纽商务区。

高水平打造都市慢生活圈。立足浏阳河大道——车站路合围区域，着力提质一批传统市场、盘活一批存量资源、培育一批夜市品牌、创建一批休闲空间，打造具有市井味、烟火气的都市慢生活圈。推动传统市场转型升级。加快三湘南湖、马王堆陶瓷等市场转型提质，延伸发展研发设计、高级定制、用户体验、售后服务等业态，为加速传统商贸业转型升级拓展新空间、注入新动能。打造夜市生活示范街区。丰富扬帆夜市、沁园夜宵街、万家丽广场、东盈广场等夜间经济集聚区，优化夜购、夜游、夜食等夜间消费体验，充分展现“最长沙”生活元素。提升浏阳河休闲娱乐功能。加快马王堆蔬菜市场地块、浏阳河产业带二期开发建设，有效盘活婚庆园等存量资源。提质浏阳河风光带景观建设，发展浏阳河水上旅游项目，打造有品位、有品质、有品牌的休闲消费空间，争创国家级夜间文化和旅游消费集聚区。

（三）培育产业发展新引擎，加快构建创新引领、业态高端、特色鲜明的“6+1”现代产业体系（现代金融产业、高端商贸产业、商务服务产业、数字产业、文

化产业、生命健康产业六大主导产业和生物育种特色产业），全力打造中部地区高端现代服务业集聚区

巩固发展现代金融产业。放大湖南金融创新特色产业园、芙蓉中路金融集聚区等平台效应，加快发展融资租赁、股权投资等新型金融业态，引进金融及金融服务类企业30家以上，实现金融业增加值350亿元以上，全力打造区域现代金融中心。抢抓北交所成立重大机遇，制定实施上市企业倍增计划，储备一批优质上市后备项目。

引领发展高端商贸产业。加快浏阳河以东地区大型城市综合体建设，完善老人、女性、儿童友好的消费空间，大力发展住宿餐饮、康养休闲等服务性消费，新增现代商贸企业600家以上，培育年营收超10亿元的商贸流通企业3家以上，建成标志性城市综合体10个以上，培育袁家岭、万家丽2个百亿商圈，推动五一广场跻身千亿商圈，全力打造中部地区中高端消费集中区。

提质发展商务服务产业。推动生产性服务业与高端制造业深度融合，引进会计、法律等中介服务类头部企业5家以上，引进标准化认证类企业50家以上，新增科学研究和技术服务类规上企业10家以上、人力资源咨询服务类规上企业5家以上，培育年营收超10亿元商务服务类企业2家以上。

加速发展数字产业。抢抓数字经济发展新机遇，推进国产操作系统、数据库、中间件研发，发展高端通用软件、应用软件，加快推动政务、金融、医疗、教育、文化等行业“软件即服务”应用场景打造。引进具有产业生态主导力的“链主”企业10家以上，培育规上企业35家以上、上市企业（含新三板）3家以上，推动软件产业营收破200亿元。

融合发展文化产业。大力引进文化百强企业地区总部、研发基地、交易中心，形成一批国内外有影响力的文化创意品牌。探索“文化+”发展模式，聚集创意设计、出版传媒、影视演艺、古玩交易、婚庆策划、体育休闲、原创艺术等文化业态，做活一批有影响力的文化符号，推动文化产业产值破200亿元。

壮大发展生命健康产业。发挥高水平医疗机构集中优势，支持创建精神医学、心血管等4个以上国家区域医疗中心。提质高端医疗、健康养老、健康管理、医药商贸等健康服务业，做大医疗器械、健康食品等健康制造业，聚集医疗产业龙头企业50家以上，吸引和扶持一批具有自主知识产权和国际竞争力的健康医疗产业项目。

聚链发展生物育种产业。狠抓现代种业产业链，突破生物育种、数字育种、智慧种业等一批前沿核心领域关键共性技术，构建智能化育种技术体系。聚焦补链、延链、强链，种业总部企业达450家以上、规上种业及相关企业达50家以上、“育繁推一体化”种子企业5家以上、种业上市企业3家以上、现代生物农业细分产业集群3个以上，推动种业及关联产业产值破500亿元。

二、坚持对标一流，注重精耕细作，着力打造城区品质样板

（一）打造宜居功能完善的品质之城

全力优化浏阳河以东交通布局，重点突出园区、自贸区块路网构建，加快“十纵十横”道路建设和提质，推进荷花路下穿接黄元路、京珠高速东辅道南段、远大路改扩建等市级项目开工建设，升级隆平片区交通路网。大力解决停车难和违停乱象，建设停车场35个、新增停车泊位1.5万个以上。加快推进湘雅二医院新院区、农大农科院片区雨污分流等项目建设，推动长农路电力管线下地。完成297个老旧小区改造和580台既有多层住宅电梯加装，全面实现D级危房清零、全面建成103号令农民保障住房、全面完成60号令安置小区提质改造、全面推动双扬石材城和浏京石材城整体外迁，有效改善群众居住品质。

（二）打造城市风貌精美的品质之城

对标目之所及无垃圾、无斑点、无乱象要求，推动市容环境整治向背街小巷延伸，保持拆违控违高压态势，对复兴路、东湖路等148条支路街巷进行整体提质。科学推进垃圾分类，新建和改造公共站厕100座以上。新建公园、游园19个，新增绿地面积63万平方米以上，构建全域绿色生态圈。培育生活新风尚，建设更高水平的全国文明城市。持续推进蓝天保卫战，力争空气质量优良率保持在85%以上，基本消除重污染天气。持续做好水环境治理，巩固黑臭水体整治成效，确保浏阳河水质稳定并优于Ⅲ类标准。

（三）打造全域治理高效的品质之城

系统推进智慧城区建设，加快完善城市智慧化运营管理平台，整合政务信息资源，推动应急管理、监管执法、社会治理等数据集成共享，实现精准高效治理。持续优化升级“区、街、社区”三级政务服务网，全面实现“最多跑一次”。大力弘扬“枫桥经验”，建立“吹哨报到”机制，构建共建共治共享的社会治理格局。压实主体责任，强化安全监管，遏制一般事故，杜绝

较大及以上事故。常态化推进反恐防暴、扫黑除恶斗争，建设更高水平的平安芙蓉。

三、坚持优质均衡，发展民生事业，全面保障人民幸福生活

（一）深入实施“教育强区”工程

加快推进国家级义务教育优质均衡发展区建设，深化义务教育“双减”改革，推动学前教育优质普惠发展、义务教育优质均衡发展、高中教育优质多样发展。优化教育资源布局和供给，配套新建幼儿园全部办成公办园，推进民办园改建公办园，新增公办幼儿园15所；新建、改扩建小学6所，新增学位8850个以上。精心打造中学品牌，建好师大附中芙蓉中学、东湖中学，办好东雅中学、长郡芙蓉实验中学、一中双语实验学校、湘一芙蓉二中、长郡芙蓉中学、湘一芙蓉中学，确保优质中学资源在浏阳河东西两岸均衡布局。加强校园及周边区域综合治理，推进平安校园建设，坚决守护校园安全。

（二）深入实施“健康芙蓉”工程

抓好常态化疫情防控，坚持外防输入、内防反弹，健全疾病预防控制和公共卫生应急体系，筑牢疫情防控坚固防线。深化医保政务服务“容易办”改革，提升医保事项办结效率。依法实施三孩生育政策，提高优生优育服务水平。完善公共卫生服务体系，深化与湘雅二医院、省人民医院等三甲医院战略合作，提质社区卫生服务中心，加强全科医生队伍建设，构建层次分明、功能互补、布局合理的医疗服务体系，全方位、全周期保障人民生命健康。

（三）深入实施“文体惠民”工程

完善基层公共文化设施，提质建设标准化社区综合文化活动中心。突出文旅融合发展，支持隆平水稻博物馆创建AAAA级景区，服务湖南革命军事馆建设，以湘楚文化发祥地、湖南和平解放策源地、稻作文化展示地、老长沙历史街区打卡地、米粉文化体验地等为基点，打造红色游、研学游、文博游、体验游等精品路线。全力推进全民健身中心、省体育产业园等体育项目建设，引进和承办国家级、省级大型体育赛事，丰富人民群众文体生活。

（四）深入实施“精准保障”工程

完善公共就业创业服务体系，确保城镇登记失业率4.5%以内。全面落实退役军人优抚安置政策。创新养老模式，构建居家养老、社区养老、机构养老和特色专业养老相结合的养老服务体系。加大低保家庭及特殊困难家庭帮扶力度，兜牢社会保障底线。加大公租房建设力度，多途径筹集租赁房源，提升住房保障水平。深化与麻阳苗族自治县、龙山县靛房镇帮扶协作，高质量推进乡村振兴。

四、坚持不忘初心，狠抓自身建设，持续打造人民满意政府

（一）打造勇于改革、敢于创新的政府

加快平台公司市场化转型，引导国有资本投向民生领域、优势产业和战略性新兴产业，支持芙蓉城投创建3A级企业。用心用情服务好驻区单位、市场主体，构建全链条、全周期服务保障机制。纵深推进“放管服”和“一件事一次办”改革，加快“数字政府”建设，推进系统融合、数据共享、信息互通，全力营造国际化、市场化、法治化、便利化营商环境，打造中国国际化营商环境标杆区县。

（二）打造依法履职、依法行政的政府

自觉接受人大法律监督、政协民主监督，落实重大事项报告制度，高质量办好建议提案。加快行政复议体制改革，扎实做好“八五”普法，营造尊法学法守法用法的浓厚氛围。坚持政务公开，及时回应社会关切，持续提高政府执行力、公信力。

（三）打造担当实干、大抓落实的政府

坚定“我是芙蓉人，我为芙蓉好”的主人翁意识，弘扬创新实干、马上就办的工作作风，树牢“干与不干大不一样、干好干坏大不一样、干多干少大不一样”的鲜明导向，实施重点工作月调度、季讲评、年考核、揭榜攻坚、区长服务日等落实机制，完善督查督办、信息反馈、情况通报、责任追究等制度，广泛接受社会和群众的监督，全面提升政府办事效率和服务效能。

（四）打造严守底线、严以用权的政府

把政治建设摆在首位，牢固树立“四个意识”、坚定“四个自信”、坚决做到“两个维护”。严守政治纪律和政治规矩，认真落实政府系统全面从严治党主体责任。牢固树立“过紧日子”思想，强化审计监督，持续提高财政资金使用效益。坚定不移纠治四风，着力解决群众身边的不正之风和腐败问题，塑造政府勤政廉政的良好形象。

各位代表，实干书写精彩，品质引领未来。让我们更加紧密地团结在以习近平同志为核心的党中央周围，在市委、市政府和区委的坚强领导下，永葆初心、勇担使命，苦干实干、善作善成，为打造现代化新长沙建设标杆区而努力奋斗。

专　文

Special Articles

编辑　谭丽霞　苏　洁

芙蓉区全面落实“三高四新”战略定位和使命任务 推进高质量发展工作纪实

2021年，芙蓉区委按照省、市统一部署，落实习近平考察湖南关于“三高四新”重要讲话精神，扛起政治责任，全面落实“三高四新”战略定位和使命任务，推动全区党的建设和经济社会高质量发展。

学习宣传讲话精神

区委以1号文件形式，印发《关于贯彻落实全市奋力实施“三高四新”战略全面推进高质量发展大会精神任务分解方案（2021年度）的通知》，对习近平考察湖南重要讲话精神和省委、市委各项决策工作再部署、责任再压实。把学习领会习近平考察湖南重要讲话精神纳入《2021年全区党委（党组）理论学习中心组专题学习重点内容安排》，邀请省社科院副院长、省情研究会会长汤建军以“贯彻落实‘三高四新’战略的若干热点问题”为题辅导授课。把落实习近平讲话精神和党史学习教育、学习“七一”重要讲话精神相结合，开设《人民路上》《百年风华　芙蓉绽放》《赓续百年奋斗路　建设精彩新芙蓉》等专题专栏10余个，刊发新闻报道1100余篇。围绕实施“三高四新”战略，推出《精彩新芙蓉　奋力树标杆》《奋进“十四五”打造标杆区》等系列报道，展现全区上下以讲话精神为引领，创新实干、踏实作为的精神风貌。

工作措施和主要成效

打造国家重要先进制造业高地

围绕大力实施“三高四新”战略定位和使命任务，奋力打造国家重要先进制造业高地，引导和支持中小企业提升专业化能力和水平，推动中小企业专精特新发展。出台《芙蓉区加快软件产业高质量发展的扶持办法》。启动中小企业技术创新“破零倍增”三年行动，引导专精特新“小巨人”企业开展技术创新“破零倍增”行动，加大研发投入力度，加快新产品研发和发明专利申请。长沙韶光铬版有限公司入选国家第三批专精特新“小巨人”企业，湖南琴海数码股份有限公司、长沙豆芽文化科技有限公司入选2021年湖南省专精特新“小巨人”企业，韶光铬版、湖南康通电子科技有限公司、英氏控股集团股份有限公司通过2021年湖南省专精特新“小巨人”企业培育复核，湖南稀土新能源材料公司、湖南索思科技开发有限公司、湖南恒成信息记述有限公司入选2021年长沙市工业和信息化类“小巨人”。落实工信部支持专精特新“小巨人”企业相关政策和要求，通过项目补助、融资服务、人才培训等方式，支持专精特新“小巨人”企业发展，全年申请中小企业贷款贴息和中小企业发展专项资金523万余元。

打造科技创新高地

贯彻落实《长沙市建设国家自主创新示范区三年行动计划（2021—2023年）》，推进科技创新高地建设各项工作。建立国内首个标准化产业集聚区等4个案例被纳入“中国（湖南）自由贸易试验区第一批省级制度创新成果”。举办岳麓种业峰会，签署“100+N”开放协同创新协议，与10家国内外种业龙头企业签订产业与创新战略合作协议。隆平高科获第四届中国质量奖提名奖，国家镉低积累水稻品种审定自主试验及华智生物水稻科企联合体试验结束。搭建科创平台。辖区企事业单位申报国家级、省级、市级科技孵化器和众创空间，广发隆平创业园、豪丹科技园被确认为国家级科技孵化器，湖南影像创客空间、优创星空间为国家级众创空间。隆平高科拥有国际领先的种业科学研究院和现代种业生物技术应用平台。岳麓山种业创新中心建设提速，组建实体化平台，共建生物种业超算中心，启动筹建分子育种、生物智能大数据共性技术中心和水产、中药材专业研究中心。华智生物技术有限公司以生物技术+数据技术集成应用为核心，设立了六大技术平台，成为关键共性技术平台企业。强化人才支撑。2021年，全区拥有中国工程院院士7人，拥有“湖湘青年英才”“科技创新领军人才”“青年科技人才”等各类高精尖人才100余人。推荐隆平高科、粒丰生物申报市级海外引智项目并分别获得30万元、10万元资助，湖南农业大学、湖南省农业科学院一批青年学者获得“长沙市杰出创新青年”称号。申报高层次人才29人，认定人数21人。认定高精尖人才领跑工程2人，其中国家级产业领军人才1人、省市级产业领军人1人。园区新出台《关于鼓励支持企业高质量发展的若干政策》，设置了科技创新奖、知识产权转化奖、标准化建设奖、高层次人才奖等奖项，加大激励扶持力度。

打造内陆地区改革开放高地

2021年，芙蓉区推进深化改革，促进高水平对外开放。全年累计完成外贸21.7亿美元，外商直接投资2.8亿美元。完成内资引资240亿元，跨境电商贸易6985万美元。引进五百强项目7个，两亿元重大项目13个。加快自贸区块建设。编制“一方案两规划一设计”，2021年，自贸区芙蓉区块完成进出口额12.79亿元，比2020年增长931.45%，增速居五个区块之首。实现固定资产投资4.22亿元，比2020年增长34.7%。实际使用外资600万美元，新增内资企业注册资本38.16亿元，比2020年增长378.8%。新增企业421家，新设立金融机构5家，新增“四上”企业15家。引进怡亚通、中农正邦等三类500强企业2家，企业数量、质量显著提升。芙蓉标准化小镇建设、“一门式”服务等多项工作取得实质性进展。新引进怡亚通、佰润等供应链公司完成注册。隆平生物种业产业园、隆平生物种业创新中心等12个重点项目、5个功能性平台（岳麓山种业创新中心、芙蓉标准化小镇、国际产业创新与交流中心、非洲特色产业科技创新示范园、中国国际可可产业创新平台）建设加快推进，涉及总投资167.54亿元。加大政策扶持，对年度进出口额在500万美元以上的项目，区级财政按照1美元补贴2分人民币标准，对进出口额增量部分连续三年予以补贴（第一年全部进出口额认定为增量，以后每一年对比前一年增长部分认定为增量），同时享受省、市外贸业绩奖励等政策。

提升人民群众获得感幸福感

2021年，社会事业齐头并进，城镇居民人均可支配收入年均增长7.2%，突破6万元大关。城镇登记失业率控制在4.5%以内，零就业家庭动态清零。东雅中学、育英三小、4个公办幼儿园“两校四园”年内开学，新增学位2430个。率先全市实现学校“智慧食堂”全覆盖。新增4家街道综合养老服务中心、8家社区养老服务中心，新增养老床位502个。改建停车场17处，新增停车位8272个。新建公厕5个，增厕位75个。既有住宅加装电梯213部，全省加装电梯现场推进会在区召开，芙蓉区获得省政府真抓实干奖励。深化平安芙蓉建设，坚持和发展新时代“枫桥经验”，完善退役军人服务保障体系，一批信访积案和矛盾纠纷得以化解。加大交通问题顽瘴痼疾集中整治力度，未发生较大及以上安全生产事故。深入推进扫黑除恶“六清”行动，全区社会大局保持稳定。先后6次入选全国高质量发展百强区，以中部第二位、全省第一位入选2021中国幸福百强区。

党的建设全面加强

实施党建聚合力工程，开展“芙蓉树标杆，我们怎么干”解放思想大讨论，推出季度考核、揭榜攻坚等创新性举措。推进庆祝中国共产党成立100周年活动和党史学习教育，开展“永远跟党走”宣传教育系列活动，相关经验获《光明日报》头版推荐。完成区委换届。树立正确用人导向，一批“三牛型”干部得到提拔重用。推进省委巡视反馈问题整改，发挥巡察利剑作用，实现五届区委巡察全覆盖，开展巡察“回头看”。结合疫情防控、换届风纪等重大政治任务开展监督检查，批评教育帮助和处理干部313人次。（肖轩昂）

推动“一河两城”深度融合
打造现代化新长沙建设标杆区

长沙市芙蓉区以浏阳河为轴划分为“一河两城”：西边是高端楼宇聚集的中央商务区，东边是自贸片区、隆平高科技园区所在的东部新城。作为省会长沙的中心城区，省委、市委对芙蓉发展寄予了厚望和重托，勉励芙蓉区“着力打造现代化新长沙建设标杆区”，要实现这个战略目标，必须立足于“一河两城”的发展版图，重塑中央商务区、建好东部新城、做活浏阳河产业带，加快形成东西互动、比翼齐飞的协调发展局面。

重塑中央商务区，促进中心城区潜力、活力、动力充分释放

长沙芙蓉中央商务区于2006年8月正式挂牌成立，核心区面积约2.7平方千米（东起韶山路，西至黄兴路，南临人民路，北接八一路和中山路）。经过多年发展，长沙芙蓉中央商务区规模效益优势明显，2020年，核心区每平方千米实现固定资产投资30.84亿元、限额以上商贸业零售总额55.77亿元、税收18.56亿元，是区域经济增长的核心动力。未来五年，芙蓉区将大力发展楼宇经济、总部经济、数字经济、消费经济，加快发展现代金融、高端商贸、商务服务、软件信息、文化产业、生命健康六大主导产业，加快培育1—2栋十亿楼宇和一批亿元楼宇，推动辖区内楼宇商圈腾笼换鸟、商贸业态迭代升级，构建以总部经济为支撑、现代服务业为主体、战略性新兴产业为引擎的现代产业体系。坚持城市更新与产业升级相结合、与宜居环境相协调、与历史文化保护相促进，加快推进蔡锷中路两厢、湘雅二医院、长沙火车站片区城市更新，协同提高中央商务区创新驱动力、金融辐射力、总部影响力、产业软实力，打造成引领全省、服务中部、辐射全国的高端现代服务业聚集区、楼宇经济发达区、中高端消费集中区。

建好东部新城，实现东部片区产、城、人高效融合

随着浏阳河以东地区集体土地拆迁的全面清零，芙蓉区成为全省首个进入全域城市化的城区，但浏阳河以东地区在城市功能、承载能力、公共服务等方面还存在一些短板，发展不平衡不充分的问题相对突出。未来五年，芙蓉区将举全区之力跨河东进，拉开区域发展主战场，全力建好东部新城，探索一条以人定城、以城引产，以城安人、以人兴产，以产优城、以城聚人的“产、城、人”高效融合发展之路。芙蓉区将坚持“五好园区”标准和产业链思维，聚焦“种业硅谷”建设，加快隆平生物种业产业园建设，支持岳麓山种业创新中心等创新平台做大做强，建设具有世界影响的种业总部集聚区。芙蓉区将着力建好自贸片区，按照“核心区+功能区+联动区”层次，紧盯“一主一特一新”产业定位，加快自贸大厦建设，力争打造成浏阳河以东地区标志性项目。芙蓉区将聚焦科研人员、产业人才、居住人口、消费人群的切实需求，对标国内先进地区建设标准，推动西龙、韶光等片区城市更新，同时加快推进张公岭商业综合体、中南大学湘雅二医院新院区、师大附中芙蓉中学等重点项目建设，补齐东片区基础设施短板，形成片区建设有序、产城融合有效、人民生活有幸福感的发展局面。

做活浏阳河产业带，推动浏阳河沿线业态、文态、生态整体提质

浏阳河是长沙母亲河，蜿蜒230千米汇入湘江。近年来，芙蓉区持续推进浏阳河产业带建设，完成了“一带两园”（浏阳河风光带、隆平中央公园和浏阳河婚庆文化园），“两馆两中心”（隆平水稻博物馆、汉文化数字馆，湖南华智生物分子育种中心及种业电子交易中心），“一街一桥”（汉街、汉桥）建设，浏阳河成为名副其实的景观带、文化带、产业带。未来五年，芙蓉区将坚持以项目为支撑、以创新为动力，建文化载体、强市场主体、促产业提质，推进浏阳河产业带业态有效提质、文态充分彰显、生态整体优化。芙蓉区将加快推进流域沿线区文体中心、东湖湿地公园、保利中环浏阳河文体产业园等文旅项目建设，以高质量项目建设赋能浏阳河产业带高质量发展。芙蓉区将做好“文化+”文章，促进文化与休闲、体育、科技、创意深度融合，提升浏阳河文化影响力和美誉度。芙蓉区将统筹上下游、左右岸、干支流，加强浏阳河流域水环境治理、水生态修复，确保年均水质稳定保持在Ⅲ类标准，让绿水环绕成为常态。

（崔 晓）

大事记

Chronicle of Major Events

编辑　苏　洁

1月

1日，长沙长株潭汽车站改造升级后运营，成为湖南省首个具备一证通行能力的智慧车站。

6日，芙蓉区第五届委员会第十七次全体会议暨区委经济工作会议在机关会议室召开，区委副书记、隆平高科技园党工委书记卓精华主持。会议听取区委副书记、区长周春晖作2020年工作报告并部署2021年经济工作；区委副书记蒋红波就《中共长沙市芙蓉区委关于制定芙蓉区国民经济和社会发展第十四个五年规划和二〇三五年远景目标的建议（审议稿）》作说明；全体县级干部和各级各部门相关负责人就《建议（审议稿）》分组讨论审议并发表意见。

8日，芙蓉区60余名院士专家、政企人士在东湖街道东沙剧场，借用“学习新思想、开启新征程、长沙微宣讲”——“就认这个理”平台，以“东湖夜话”形式，商议自贸区发展新机遇，探讨自贸试验区新模式。

10日，芙蓉区举行首个“中国人民警察节”庆祝大会，表彰先进集体5个、先进个人34名。区委副书记、区长周春晖到会祝贺并在升警旗仪式上慰问10名因公伤残民警。

11—13日，政协长沙市芙蓉区第五届委员会第六次会议在区会议中心召开。政协主席郑明代表政协第五届委员会常务委员会作工作报告；政协副主席范伟民向大会报告区政协第五届委员会第五次会议以来提案工作情况。科技、经济、教育、医卫界别及东湖地区的委员代表分别作大会发言。大会表决通过提案审查的情况报告、政协常委会工作报告、提案工作情况报告的决议和政治决议。表彰2020年度政协系统先进集体和优秀委员。

13—14日，芙蓉区第五届人民代表大会第六次会议在区会议中心召开。会议听取区委副书记、区长周春晖作《政府工作报告》，区人大常委会主任廖铁成作《芙蓉区人民代表大会常务委员会工作报告》，区人民法院院长李才坤作《芙蓉区人民法院工作报告》，区人民检察院检察长王均全作《芙蓉区人民检察院工作报告》；审查芙蓉区“十四五”规划纲要、区国民经济社会发展计划报告和区财政工作报告。表决通过关于6个报告的决议、“十四五”规划纲要的决议。周春晖代表区委祝贺大会召开并讲话。

14日，国家医疗保障局基金监管司司长黄华波一行到区调研医保基金网格化社会监管云平台中心，了解医保网格化监管工作和医保网格化社会监管云平台运行模式，肯定芙蓉区医保基金网格化社会监管工作成效。

21日，由湖南省农业科学院和湖南鑫宝投资有限公司联手打造的东湖创新谷（湖南省农业科学院农业科技成果推广中心）项目完成立项和前期规划。该项目投资近5亿元，成为自贸试验区长沙芙蓉片区落地开建的第一个项目。

28日，省、市外事办与芙蓉区政府签署国际产业创新与交流中心战略合作备忘录，明确中心由芙蓉区引进的可世代科技有限公司负责日常管理与运营。

同日，芙蓉公安分局被省人力资源和社会保障厅、省公安厅评为“全省十佳公安局”。

29日，芙蓉区完成所有社区（村）“两委”换届选举工作，选举产生新一届社区（村）党组织书记80名，居（村）委会主任80名，社区（村）书记、主任“一肩挑”比例100%。社区（村）党组织委员398人，居（村）委会委员402人，其中交叉任职241人，“两委”总人数559人。

同日，省委书记、省人大常委会主任许达哲，省委副书记、省长毛伟明到芙蓉区蓉园社区换届选举投票站，以普通选民身份，投票选举新一届社区居民委员会。

30日，经七路及周边路网工程建设完工通车。该项目北起东郡二小车库出入口，南至远大路，全长545米，路幅宽20米，双向2车道，总投资4629万元，2019年7月开工。

2月

1日，芙蓉区政务服务中心“标准信息”服务窗口揭牌运行。成为全省首个标准信息咨询窗口，也是湖南自由贸易试验区长沙片区的延伸窗口。该窗口可为个人、企业免费提供标准查询。

同日，芙蓉区委召开全面依法治区委员会司法协调小组2021年第一次工作会议，研究部署“平安芙蓉”建设工作。

5日，隆平水稻博物馆由中华全国归国华侨联合会授牌为“中国华侨国际文化交流基地”，授牌仪式在隆平水稻博物馆举行。

10日，区委办、区政府办印发《关于推行季度考核激励干部创新实干担当作为的实施方案（试行）》，方案作为选拔任用干部的重要依据，对激励干部创新实干担当作为具有重要意义。

同日，区委办、区政府办印发《关于激励干部创新实干担当作为打造“最省”营商环境的实施方案》，方案推出聚焦营商环境“行政效能提升、实体经济降成本、企业家权益保护、政策落地兑现”4大类22条改革创新举措，激励干部创新实干担当作为，打造“最省”营商环境。

19日，芙蓉区召开奋力实施“三高四新”战略、全面推进高质量发展大会，区委副书记、区长周春晖作重要讲话。

同日，芙蓉区人民政府与中南大学湘雅二医院签订战略合作框架协议，双方建立定期联系、常态对话的工作机制。

23日，国家医保局、公安部联合调研组一行到区考察医保基金监管工作，实地察看芙蓉区医保基金网格化社会监管云平台中心，对芙蓉区医保局运用“互联网+”视频监控、人脸识别等智能化技术，建成医保全过程、智能化、立体式监管体系表示肯定。

同日，英国、法国、日本等8个国家商会及组织代表到自由贸易试验区长沙片区芙蓉区块考察调研，共商自贸建设，共享商会力量。

同月，芙蓉区81个社区（村）团组织换届选举工作完成，选举产生新一届领导班子244人。

3月

1日，湖南省重大项目集中开工活动（长沙市芙蓉区分会场）在东湖创新谷举行。该次集中开工项目14个，总投资48.2亿元，年度计划投资17亿元，涉及产业发展、市政道路、医疗卫生、住房保障等方面，为区域经济社会高质量发展提供支撑。

4日，区委、区政府印发《关于贯彻落实全市奋力实施“三高四新”战略全面推进高质量发展大会精神任务分解方案（2021年度）》。方案分为打造“三个高地”、推进长株潭一体化建设、构建新发展格局、优化城乡建设发展布局、提升人民生活品质5个部分，细分21项任务和10项年度工作，逐项明确任务目标和牵头领导，作为全年工作指南，压实各方责任，推动工作落实。

6日，省委常委、副省长、市委书记吴桂英一行到区调研经济社会发展情况并主持召开座谈会。调研组一行实地参观湖南和平解放史事陈列馆、白果园、登隆街，感受历史文化街区的历史风貌和文化底蕴，对芙蓉区经济社会发展工作表示肯定。

7日，芙蓉区召开全区负责干部大会暨党建工作会议，传达学习吴桂英调研芙蓉区重要讲话指示精神，就如何抓好工作、落实听取意见建议进行动员部署。区委副书记、区长周春晖作重要讲话。

同日，“绿动未来·芙蓉先行”2021芙蓉区新能源汽车消费节在锦泰广场启动，活动为期1个月，芙蓉区发布补贴政策，安排100万元专项资金用于补贴购买新能源车。

8日，芙蓉区“践行文明 清洁芙蓉”志愿服务活动在长沙火车站广场启动，现场表彰16名“最美雷锋志愿者”，8支“最美雷锋志愿服务团队”，发出携手推进“清洁城市”建设的倡议。

12日，区委、区政府、区人大、区政协四大家领导班子带领500名干部群众到远大一路与红旗北路交界处东北侧地块，参加2021年全民义务植树活动。

17日，利比里亚共和国离岸（中国）产业创新与技术交流中心在自贸试验区长沙片区芙蓉区块挂牌，迎来第一个国际合作伙伴。双方签署“利比里亚驻华大使馆商务处与湖南省对非贸易有限公司友好合作备忘录”，就特色产品进出口贸易往来、重点产业项目和投资“入非”“来华”，加强与湖南农业大学的教育交流合作进行洽谈。

23日，芙蓉区“开启法典时代 赋能美好生活”守法普法活动启动仪式在东盈广场举行。通过表演文艺节目、有奖竞答等方式，向居民群众普及《中华人民共和国民法典》知识。

24日，芙蓉区召开全区负责干部会议，市委常委、市委组织部部长张宏益出席会议并宣布省委决定，周春晖任芙蓉区委书记。

同日，全国妇联联络部部长牟虹一行到荷花园街道德政园社区调研儿童早期发展（ECD）项目，对该项目开展情况表示肯定。

25日，芙蓉区布局并启动袁家岭中央文化商务区建设。通过整合资源、项目建设、招商引资、制度创新等举措，提升片区文化竞争力。

30日，区委印发《关于加强和改进新时代全区机关党的建设的实施意见》，从5个方面19条具体措施，提出加强机关党建工作要求，为提高全区机关党的建设质量提供保障。

同日，科技部批复支持以湖南杂交水稻研究中心为主体建设国家耐盐碱水稻技术创新中心，这是全国农业领域首批启动建设的3个国家技术创新中心之一。

31日，芙蓉区在全省率先出台

《中国（湖南）自由贸易试验区长沙芙蓉区块商事主体住所（经营场所）登记申报承诺制实施办法》，实施登记申报承诺制，建立完善“宽进严管”市场准入和监管制度，缓解商事登记中的堵点、难点问题。

同月，定王台街道丰泉古井社区入选全国综合减灾示范社区名单。

4月

6日，中国共产党长沙市芙蓉区第五届纪律检查委员会第六次全体会议召开。会议总结2020年纪检监察工作，部署2021年任务；审议通过纪委书记王长陵作《服务“三高四新”战略，聚焦清廉芙蓉建设，为打造现代化新长沙建设的标杆区提供坚强保障》工作报告。与会人员集中观看警示教育片。

10日，全区政法队伍教育整顿查纠整改推进会召开，会议组织学习全国、全省、全市等政法队伍教育整顿领导小组会议精神，总结汇报全区政法队伍教育整顿学习教育环节各项工作基本情况，部署查纠整改环节各项任务，解读政法队伍教育整顿“自查从宽、被查从严”政策。

16日，湖南省保安协会2021年第一次常务理事会暨“智慧内保保安安防高峰论坛”在湖南国际会展中心召开，芙蓉公安分局代表长沙公安在该次论坛上作学区警务先进典型经验介绍。

同日，《医疗保障基金使用监督管理条例》湖南省集中宣传活动启动仪式在浏阳河婚庆广场举行，现场播放芙蓉区医保基金网格化监管工作视频。

20日，中央台办批准同意在芙蓉区两岸青年文化产业孵化基地设立海峡两岸青年就业创业基地，为湖南省第一家国家级青年就业创业基地。

22日，农业农村部种业管理司司长张兴旺等一行实地考察岳麓山种业创新中心和华智生物国家分子育种中心实验室，围绕现代种业发展开展座谈交流。

19—22日，“一站到底”党史答题比赛在世茂环球金融中心“红色CEO”智享汇总基地开启，活动持续4天，安排15场竞赛，芙蓉区“两新”组织700余人参加选拔，10名选手获胜。

26日，湖南农业大学“教学实习基地”在芙蓉标准化小镇揭牌，促进产学研合作。

29日，在区机关会议中心芙蓉区召开2020年及2021年一季度绩效考核讲评暨重点工作揭榜攻坚大会。区委常委、常务副区长谭雄伟通报2020年度绩效考核暨2021年一季度绩效考核情况，2020年度绩效考核三等单位及2021年一季度绩效考核三等单位作表态发言，区委副书记、隆平高科技园党工委书记卓精华宣读揭榜攻坚事项，区委书记周春晖，区委副书记、代理区长崔晓发表讲话。

同日，隆平高科技园召开政策兑现暨高质量发展推进大会，215家获奖企业，236位获奖代表集中兑现政策奖励6600万余元，现场发布《关于鼓励支持企业高质量发展的若干政策》，加大激励扶持力度，设置科技创新奖、知识产权转化奖、标准化建设奖、高层次人才奖等奖项。

30日，赛迪顾问公布2021年中国幸福百强区名单，芙蓉区以全省第一位、中部第二位、全国第十八位的名次入选。

同日，“青年看芙蓉，创业在芙蓉”芙蓉区纪念五四运动102周年主题活动在长沙国金中心举行。省市区相关领导与青年学者、青年企业家、青年代表60余人，围绕“创业在芙蓉”，开展解放思想大讨论，谈作为、谈规划、释疑虑。

同月，市委编办批复自贸试验区长沙片区芙蓉事务中心成立。

5月

1—5日，第二届“湖南米粉大擂台”在湖南米粉街举行，省内外30余个粉、面小吃品牌参展，日均销售额近200万元，线上抖音平台发起的“一碗湖南米粉”话题阅读量超1.7亿人次。

7日，区委、区政府组建引才团队，到北京公开招录人才。

10日，芙蓉区“5·10”警示教育大会在区会议中心召开，选取典型违纪违法案例拍摄成警示教育片，从以权谋私、小官大贪、监管缺失、家风败坏4个方面以案示警。

11日，“长沙市芙蓉区人民法院民事权益自助湘湖社区平台”和“长沙市芙蓉区人民法院驻湘湖社区诉源治理工作站”在湘湖街道湘湖社区揭牌，成为长沙市第一家驻社区诉源治理工作站。

14日，“红色CEO”智享汇第三季百人大讲堂在世茂环球金融中心开课，向公众展示集党性教育、政策服务和资源共享于一体的智享汇总基地。

17日，长沙市委书记吴桂英到芙蓉区老旧小区调研电梯加装工作，首次将“梯位”建设纳入全省“五位”建设内容。

19日，湖南省首家“校园法律服务站”在长沙市湘一芙蓉第二中学挂牌。副区长梁汝岚参加挂牌仪式和芙蓉区教育局“一委两中心”开展的“法治进课堂、校园保平安”普法公益活动。

20日，军区社区被国家民委评为“全国民族团结进步示范社区”。

同日，芙蓉区优化营商环境推进大会暨“5·20”企业服务日系列活动启动仪式在会议中心举行。现场兑现发展扶持奖励3733万元，公布企业评议政府结果等。

同日，《长沙晚报》封面特稿以“芙蓉相对论”为题，用1.6万字的篇幅图文，推介芙蓉区实施“三高四新”战略、打造现代化新长沙建设标杆区的工作成效。

22日13时07分，“共和国勋章”获得者、中国工程院院士、国家杂交水稻工程技术研究中心主任、湖南省政协原副主席袁隆平在长沙逝世，享年91岁。长沙市民冒雨祭奠，缅怀追思，在墓前摆满稻穗及“后辈誓言”。

22—24日，芙蓉区在北京举行人才招录活动，采取“零距离”“零收费”选拔方式进行笔试、面试、体检等工作，有47人进入政审录用环节，40名毕业生入选。

27—28日，芙蓉区19所样本校完成国家义务教育质量监测工作。

同月，原长沙火车站综合管理办公室更名为长沙火车站地区综合事务中心，副处级，由市编委重新核定事务中心职能配置、内设机构和人员编制规定，负责火车站地区发展和综合治理工作。

同月，荷花园街道德政园社区被评为“全国五四红旗团支部”。

6月

1日，区委办、区政府办印发《关于激励广大干部创新实干担当作为建立容错纠错机制的实施意见（试行）》，意见包括文件意义、对容错纠错的界定、应遵循的原则、适用单位、管理权限、失误的具体情形、判断标准、不予容错的情形、谁问责谁容错、容纠并举10条内容，激发党员干部创新实干、担当作为。

同日，芙蓉区检察院在检察服务大厅挂牌设立“长沙市芙蓉区联合人民调解委员会驻检察院调解室”。

4日，“全省既有住宅加装电梯工作现场推进会”在区召开。省内各市、区120人的考察团队到长沙晚报小区和芙蓉公寓小区现场观摩，副省长陈文浩在会上重点推介芙蓉区先进工作经验。加装电梯工作获2021年度省政府真抓实干督查激励奖。

同日，芙蓉区第十三届全民健身运动会开幕式暨广播体操展演在区机关大院开幕，区直机关各单位及街道代表组成的48支代表团参赛。

5日，芙蓉区新的社会阶层代表人士统战工作推进会在芙蓉区两岸青年文化产业孵化基地召开，会上增补会员5名，明确各小组临时召集人和联谊会临时总召集人，就年内重点工作和活动进行安排部署。

10日，人民的非遗　人民共享——2021年“文化和自然遗产日”芙蓉区非遗宣传展示暨“戏曲进乡村（社区）”文化惠民活动在锦泰广场举行。现场发布“芙蓉印记”红色游、“读行芙蓉”研学游、芙蓉浏阳河网红打卡游3条芙蓉区精品旅游线路，向现场观众及全国各地的朋友发出到芙蓉区观光旅游的邀请函。

11日，湖南省人民政府副秘书长、省政府办公厅主任叶仁雄到长沙火车站广场调研并召开座谈会。实地走访锦泰广场城际铁路进站口，听取封闭东广场风雨走廊及地铁2号线与长株潭城际铁路互通问题项目汇报。在长沙火车站西广场了解封闭西广场风雨走廊、解放路下穿京广线项目、公共卫生间区域提质改造情况等。

15日，区委印发《关于贯彻落实“党建聚合力”工程以高质量党建引领高质量发展的实施方案》，方案包括4章6个方面74条任务，逐项明确牵头单位、配合单位和完成时限，对构建“一统五联”工作体系，强化党建凝聚合力具有重要意义。

21日，市委副书记、政法委书记阚保勇带队到火车站片区调研城市更新工作，了解片区情况，听取西北片单元、南片单元基本概况、进展及解放东路东延初步设计方案。

23日，长沙市二季度重大项目集中开竣工活动（芙蓉区分会场活动）在隆平高科技园内的长沙医疗器械科技创新产业园内举行。该次开工项目12个，总投资近60亿元，年度投资25亿元，涉及特色园区建设、新基建、现代商贸等项目；集中竣工重大项目21个，总投资近27亿元，涉及种业硅谷建设、隆平新区路网建设、中央商务区建设等。

24日，湖南省商务厅厅长陈恢清一行到自贸试验区长沙片区芙蓉区块调研总部经济建设情况，了解芙蓉区块在总部经济建设上的成效和具体规划。

28日，在全国“两优一先”表彰大会上，东湖街道龙马社区党支部被评为“全国先进基层党组织”。

同日，芙蓉区召开优秀共产党员、优秀党务工作者和先进基层党组织表彰大会，会议表彰优秀共产党员100名、优秀党务工作者30名、先进基层党组织30个，并向12名老党员代表颁发“光荣在党50年”纪念章。

7月

1日，芙蓉区教育局在长沙市一中双语实验学校召开“两优一先”表彰大会，表彰教育系统的优秀共产党员80名，优秀党务工作者10名和先进基层党组织10个，并向老党员颁发“光荣在党50年”纪念章。

8日，芙蓉区举行送党课进基层巡讲启动式，展示党课竞赛活动成果，现场为10名“十佳讲师”、10个“十佳课程”主讲人或团队、6个“优秀课程”、5个优秀组织奖获得者颁奖。

同日，芙蓉区委副书记、代理区长崔晓、副区长方宝华等一行先后到湖南农业大学、湖南省农业科学院走访，与驻区单位深入交流基础设施、中小学建设、种业硅谷建设、“三供一业”移交、周边环境改善等问题。

9日，怀化市麻阳苗族自治县与芙蓉区乡村振兴对口帮扶联席会议在区举行，双方就进一步加强两地沟通、深化合作开展交谈，明确合作重点与路径。

13日，芙蓉区在全省率先打造“24小时楼宇政务服务驿站”。该驿站设在世茂环球金融中心一楼大厅，企业、市民高频政务服务事项实现基层“一站式”办理。

22日，芙蓉区与中南大学湘雅二医院融合发展志愿服务站南元宫站点经提质改造后对外开放，该站备有公益充电宝、免费口罩发放机、公益储物柜、公益雨伞等资源，针对特殊困境群体提供“一对一”帮扶服务。

23日，重大革命历史题材原创湘剧《忠诚之路》在湖南大剧院首演。

28—31日，中国共产党长沙市芙蓉区第六次代表大会在区会议中心召开。会议听取区委书记周春晖代表芙蓉区第五届委员会向全会作工作报告。区纪委书记、区监委主任彭保刚作纪委工作报告。

同月，芙蓉区在区政务大厅设置政务服务“跨域通办专窗”，与广东、广西、四川、浙江、贵州等地达成六省十地政务服务“跨省通办”合作，梳理高频政务服务事项。

同月，芙蓉区被确定为全国县域共青团基层组织改革试点之一。该次改革试点由团中央统筹、省级团委负总责、市县两级团委一体抓落实，试点县（市、区、旗）党委具体领导实施，试点为期半年至1年。

8月

4日，湖南省委教育工委、湖南省教育厅公布评选结果，芙蓉区被评为2021年度湖南省“平安校园建设示范区”。

7日，《人民公安报》刊登《长沙芙蓉：200余名警力高温下坚守防疫第一线》新闻，报道公安分局抗疫工作先进事迹。

9日，市委副书记、市长、湖南湘江新区党工委书记郑建新到锦泰广场现场督导站区新冠肺炎疫情防控工作，询问了解各项防疫措施落实情况。

19日，湖南省市场监管局发布全省知识产权建设强县复核结果通报，芙蓉区通过湖南省第二批湖南省知识产权建设强县复核验收。

20日，芙蓉区块首期企业沙龙在华智生物一楼展厅开讲，邀请外汇专家担任主讲，聚焦外向型经济企业关注的“外汇市场分析及风险防范”主题，为企业分析外汇走势及风险防范措施。

25日，最高人民检察院召开新闻发布会，发布全国检察机关行政诉讼监督典型案例。芙蓉区检察院办理的湖南某执法局申请执行罚款决定检察监督案入选十大典型案例。

31日，2021年“就认这个理——芙蓉区新思想进基层”理论微宣讲总决赛在区机关会议中心举行，评选出一等奖1名，二等奖2名，三等奖5名。

同月，马浏片区（一期）有机更新项目完工。该项目靠近五一商圈，分为浏正街和马王街2个片区，为市、区两级重点民生工程项目，从居民生活功能需求出发逐项改造。项目于2020年5月施工，占地14.67公顷，改造面积10万平方米，涉及居民户1779户，总投资1.1亿元。

9月

1日，副省长，省公安厅厅长、党委书记许显辉到芙蓉区实验小学调研开学工作，听取学校开学新冠肺炎疫情防控、校园安全工作的情况汇报，询问校园监控系统和一键式报警系统的运行情况，对学校安全举措给予肯定，对芙蓉公安“智慧安校”平台的创新思维和实际效能表示认可，要求在全市、全省推广。

2日，东雅中学建成开学。该校是长沙市政府打造，市教育局直属的示范性公办高级中学，位于远大二路316号，占地7.2公顷，投资2.2亿元，办学规模60个教学班。于2021年秋季完成招生。

同日，育英第三小学建成开学。该校是芙蓉区教育局打造的公办学校，位于东岸街道桃园路与东屯路交会处，占地1.73公顷，建筑面积1.7万平方米，投资1.46亿元，分为运动、教学、艺术素养3个综合区。规划教学班级36个，可容纳学生1600余人。

同日，区委、区政府印发《中国（湖南）自贸试验区长沙片区芙蓉区块建设实施方案》，明确湖南自贸区长沙片区芙蓉区块按照“种业硅谷”战略定位，探索中非农业产业创新发展模式，推进非洲特色产业科技创新。

4日，湖南首家苹果直营店在长沙国金中心开业，为苹果在中国大陆的第43家直营店。

6日，芙蓉区委书记周春晖带队8家企业代表参加长沙市在上海举行的推进“三高四新”战略暨投资环境推介会，芙蓉区与新城控股集团、上海季高游乐设备集团签约。代表团还拜访了开市客、平安普惠、新城控股等企业，考察调研上海世茂广场和武康路历史文化名街，各方在洽谈过程中寻求合作共赢新思路。

9日，芙蓉区委书记周春晖，区委副书记、代理区长崔晓先后到育才二小、东雅中学、八一路幼儿园、东茅街小学等学校看望慰问学校教师，现场查看各学校的校园校貌，了解教育教学基本情况，与老师探讨教育发展方向，并送去节日问候。

10日，“赓续百年初心，担当育人使命”芙蓉区庆祝第37个教师节主题教育活动在长沙市一中双语实验学校举行，现场表彰“十佳教书育人标兵”“班主任坚守三十年”“优秀督学”“首批教育世家”等先进个人、单位433个。

11—30日，芙蓉区科协围绕“百年再出发，迈向高水平科技自立自强”主题，举办全国科普日活动5场次。

13日，芙蓉区老干部大学新校区投入使用并举行第一个学期开学典礼。新校区位于芙蓉区文体中心，建筑面积4000余平方米，上下3层，有教室、办公室等15间。

14日，全国政协常委、民盟中央副主席曹卫星，全国政协常委、民盟中央常委、社会委员会主任贾楠带队考察白果园城市更新项目。先后到湖南和平解放史事陈列馆参观并了解史实，参观《湘江评论》印刷旧址、白果园、丰盈里、苏家巷等街巷，了解改造亮点。

16日，芙蓉区标准化工作先进经验在2021年度全省市场监管系统标准化工作会议上作典型推广。

同日，中国质量奖在中国质量（杭州）大会上揭晓第四届奖项评选结果，袁隆平农业高科技股份有限公司“首创基于数字化的‘双全双零’质量管理模式”项目获中国质量奖提名奖。

17日，第21个全民国防教育日启动仪式在机关会议中心举行，通报表彰先进单位和个人，邀请军事专家作国防教育专题讲座。

19日，湖南省圆点美术馆开馆，同步展出“百圆同心”全国名家书法邀请展、百圆同心书画展。该馆位于滨河路333号，由湖南省文化和旅游厅主管，是面向大众开放的非营利性的美术馆。

23日，第七次全国人口普查总结表彰会议在北京召开，芙蓉区统计局被评为“第七次全国人口普查先进集体”。

28日，自贸区芙蓉区块获批全国首个中国国际可可产业创新平台，与马里、马达加斯加共设离岸（中国）产业与创新交流中心，举办中非农业发展与合作基地工作推进会暨首届中国可可全产业链发展研讨会。

30日，《中国（湖南）自由贸易试验区长沙片区芙蓉事务中心职能配置、内设机构和人员编制规定》文件印发，明确自贸试验区长沙片区芙蓉事务中心是芙蓉区人民政府管理的公益一类正科级事业单位，内设机构设置党政综合部、产业发展部和制度创新部，负责芙蓉区块招商引资，统筹推进基础设施、重大项目的建设等相关工作。

同月，湖南和平解放史事陈列馆被收录入国家文物局主编的《中国革命纪念馆概览》专著，成为湖南唯一收录入全国解放战争主题革命纪念馆名录的场馆。

同月，区委办印发《芙蓉区红十字会改革方案》，出台改革措施20项，推动全区红十字事业持续发展。

10月

1日，芙蓉区文化馆、图书馆新馆开放试运行。馆址位于浏阳河边，实行预约制对外开放。

9日，首届中国·长沙岳麓种

业峰会在区举行。峰会以“种业振兴使命，创新引领新征程”为主题，举行种业高峰论坛和作物、畜禽、水产、中药材种业振兴论坛等活动，种业界院士、知名专家以及国内相关企业代表近300人参会。会上签署“100+N”开放协同创新协议，10家国内外种业龙头企业签订产业与创新战略合作协议。

10日，以标准化小镇为平台支撑，芙蓉区作为全市唯一区县被确定为湖南省质量基础设施“一站式”服务首批试点地。

11日，芙蓉区委副书记、代理区长崔晓与中建一局湖南分公司总经理分别代表芙蓉区政府与中国建筑一局(集团)有限公司湖南分公司，签署合作框架协议，周春晖会见中建一局副总、中建市政董事长袁立刚一行并见证签约。

11—12日，在湖南大剧院，芙蓉区组织开展“感悟经典 致敬百年”红色剧目《向警予》观演活动。该剧入选第九届中国京剧艺术节，饰演者、国家一级演员张璇于5月获得中国戏剧表演最高奖“梅花奖”。

11—29日，芙蓉区举办第八届“芙蓉工运杯”职工篮球赛，设区机关篮球场、育才第三小学、马坡岭小学3个赛场，有43支参赛队伍，经历119场次比赛，生物机电、泽鹿体育、湖南农大获企业组前三名，芙蓉区教育、交警、消防获机关组前三名。其余参赛队分别获得优胜奖和道德风尚奖。

12日，芙蓉代表团到深圳参加长沙市推进“三高四新”战略暨投资环境粤港澳大湾区推介会，3个项目签约落户芙蓉区，总投资额12亿元。

同日，15家海外华文媒体和5家涉侨中央媒体组成海外华文媒体湖南采访团，到区参观中国华侨国际文化交流基地隆平水稻博物馆，了解中国传统农耕文化以及杂交水稻的研究与发展。

13日，自贸区芙蓉事务中心举办2021中非经贸国际标准化论坛。“一带一路”热带干旱经济工程技术研究中心标准化研发基地在自由贸易试验区长沙片区芙蓉区块揭牌。

17日，袁隆平科研团队研发的第三代杂交水稻双季稻亩产1603.9千克，再次刷新世界纪录。

18日，在河南举行的第三届中国考古学大会上，长沙马王堆汉墓入选全国“百年百大考古发现”。

19日，文化和旅游部公布第一批国家级夜间文化和旅游消费集聚区名单，长沙市五一商圈入选第一批国家级夜间文化和旅游消费集聚区。

同日，韭菜园街道蓉园社区被评为“全国示范性老年友好型社区”。

同日，友谊东项目由湖南建工地产投资有限公司、湖南友谊阿波罗商业股份有限公司联合以18亿元摘牌并启动建设。该项目位于五里牌街道，占地2.67公顷，于2014年启动征收，为长沙市首个由社会资本参与的棚改项目。

20—22日，政协长沙市芙蓉区第六届委员会第一次会议在区会议中心召开。政协主席郑明代表政协第五届委员会常务委员会作工作报告，政协副主席范伟民向大会报告政协五届一次会议以来的提案工作情况。会议审议通过政协第五届委员会常务委员会工作报告、提案工作情况报告的决议和区政协第六届委员会第一次会议政治决议。选举产生政协第六届委员会主席、副主席、秘书长和常委委员。

21日，芙蓉区防溺水经验材料“长沙市防溺水作为政治任务十余年未发生学生溺水事件”在中央教育领导小组秘书组《教育工作情况》刊发，得到国务院副总理孙春兰批示肯定。

21—23日，芙蓉区第六届人民代表大会第一次会议在区会议中心召开。会议听取区委副书记、代理区长崔晓作《政府工作报告》，区五届人大常委会主任廖铁成作《芙蓉区人民代表大会常务委员会工作报告》，区人民法院院长李才坤作《芙蓉区人民法院工作报告》，区人民检察院代理检察长盛智作《芙蓉区人民检察院工作报告》；审查芙蓉区国民经济社会发展计划和区财政工作的报告。表决通过《关于设立芙蓉区第六届人民代表大会专门委员会的决定》《芙蓉区第六届人民代表大会各专门委员会主任委员、委员名单》和6个报告的决议。选举产生第六届人民代表大会常务委员会主任、副主任、委员33人，选举产生芙蓉区出席长沙市第十六届人民代表大会代表47名。

26日，长沙市委书记吴桂英督导检查长沙火车站广场新冠肺炎疫情防控工作，实地查看旅客出站通道，询问旅客流量、查验码和防疫防控各项措施落实情况。

27日，芙蓉区法院“驻自贸区诉源治理工作站”在湖南自贸试验区长沙片区芙蓉事务中心揭牌成立并举行第一场巡回审判，提供法律咨询、庭审观摩等法律服务。

28日，芙蓉区红十字会第四届理事会第一次会议召开。选举产生第二届区红十字会监事会，通过该届“理事会理事、理事办实事”项目清单。

29日，长台两地稻米文化线上交流活动在隆平水稻博物馆、台湾台东县关山镇米国学校同步进行。采用视频连线的方式，就两地稻作文化与农耕文化的历史源流、文化传承等进行探讨。

同月，芙蓉区检察院被最高人民检察院评为2021年度“全国检察宣传先进单位”。

11月

1日，袁家岭中央文化区原创宣传推广曲《遇见袁家岭》音乐视频（MV）首发，一日内观看数量超46万人次。

4日，区委副书记、区长崔晓会见中国工商银行湖南分行党委委员、长沙分行党委书记一行，双方就楼宇服务、产业政策、政企合作等方面进行沟通交流，提出意见和建议。

9日，市委常委、市纪委书记、市监察委员会副主任、代理主任胡卫兵一行调研五一商圈党群服务中心，查看中心基础设施，对商圈党建工作推动与商圈企业发展互促、共赢等方面的基本情况和具体做法表示肯定。

15日，省体育局局长罗双全一行到芙蓉区实验小学调研游泳项目进校园工作。对芙蓉区教育局率先撬动社会资本、布局产业联动的创新举措表示肯定，提出芙蓉区作为全省唯一实现游泳课程全覆盖的区县，值得宣传与推介。

18日，中国工程院公布2021年院士增选结果，湖南省农业科学院教授柏连阳增选为农业学部农业昆虫学、杂草学和鼠害学专业院士；研究员单杨增选为环境与轻纺工程学部食品工程专业院士。

同日，长沙市委书记吴桂英到区调研经济社会发展情况，现场考察丰泉古井社区街巷有机更新成果，长沙国金中心楼宇经济和商圈党建工作，芙蓉区福利中心安全管理精准服务，岳麓山种业创新中心发挥科研优势攻克技术问题等，并主持召开座谈会，对芙蓉区经济社会发展工作表示肯定。

19日，芙蓉区软件行业协会成立暨第一届会员代表大会在长沙现代服务产业园举行。选举产生第一届理事（监事）会成员，推选产生协会第一届领导班子成员。

22日，芙蓉区出台《芙蓉区促进文化产业集聚区高质量发展的若干措施（暂行）》，梳理9条举措，以补贴、奖励等形式，从特色楼宇建设、企业入驻、企业培育及文化推介等方面，对袁家岭中央文化区、浏阳河文旅产业带范围内商事登记的独立核算企业和为区域文化产业发展做出贡献的个人予以支持。

24日，区委副书记、区长崔晓率队会见湖南省融资担保集团有限公司、长沙农商行芙蓉支行2家金融机构负责人，听取企业方的发展情况、诉求和建议，就金融服务实体经济、数字经济发展、中小企业融资，及打造金融生态圈多方探讨。

25日，袁家岭中央文化区举办首场发展服务日讨论会，9个项目负责人与相关街道、部门的负责人一起交流探讨项目推进过程中的问题和困难，现场研究、解疑答惑。

26日，自贸区芙蓉事务中心举办首届中国国际可可文化艺术节第一期活动，推广自贸区优惠政策和优势资源、推介中国可可和巧克力新品，探索“中非”非资源型产品交易新模式。

29日，长沙市首个数字人民币特色示范街芙蓉区“扬帆夜市”启动建设，建设银行长沙铁银支行与芙蓉区夜市企业管理服务企业现场签订扬帆夜市数字人民币示范街（区）创建合作备忘录。

同日，湖南省人民政府发展研究中心（湖南省人民政府政务服务中心）向社会公开征集的“湖南省优化政务服务十大‘金点子’”发布，芙蓉区政务服务中心建议建立政务大厅“党员先锋帮代办”服务示范岗被评选为一等奖第一名。

12月

2—3日，芙蓉区委副书记、区长崔晓带领区政府办、教育局、人社局、农业农村局、总工会及隆平高科技园等部门负责人，先后到龙山县、麻阳苗族自治县调研乡村振兴对口帮扶工作。

3日，中国少年先锋队长沙市芙蓉区第一次代表大会在马坡岭小学召开，审议通过《高擎火炬跟党走争做芙蓉好少年　为打造现代化新长沙建设标杆区时刻准备着》工作报告，选举产生由49名委员组成的芙蓉区第一届少先队工作委员会。

6日，芙蓉区浏阳河人行景观桥（汉桥）获得“2020—2021年度国家优质工程奖”。

同日，芙蓉区承接长沙市不动产登记业务启动仪式在区政务服务中心举行，设置不动产、税务、公证处等25个窗口，承接市不动产登记业务。

7日，区卫生健康局与湖南省人民医院共同启动芙蓉区胸痛救治单元建设仪式在区政府会议室举行，标志着芙蓉区与湖南省人民医院紧密型城市医联体建设迈入新阶段。

8日，芙蓉区统计局承办的2021年统计法治宣传月活动启动仪式在浏阳河婚庆文化园举行。活动以加快推进新时代统计法治建设为主题，以悬挂宣传展板和发放宣传资料的形式开展户外宣传，现场参加人数超200人。

12日，中国黄金街开街并举行开街仪式。该街北起解放路，南至人民路，长约500米，集黄金珠宝品牌40余家。活动现场，芙蓉区与中国黄金集团黄金珠宝股份有限公司，中金珠宝电子商务有限公司与长沙银行完成战略合作协议的签约仪式，各方就共同将黄金街打造成为集商文旅于一体的黄金主题特色商业街进行磋商。

同日，"中国黄金街"结婚登记点启用并迎来第一位新人登记。该点只办理结婚登记手续，不办理离婚手续。

13日，芙蓉区学习贯彻中共十九届六中全会和省第十二次党代会精神宣讲报告会暨2021年区委理论学习中心组第十二次集体(扩大)学习举行。区委书记周春晖主持报告会，市委宣讲团成员、市委党校副校长刘国杰作宣讲报告，区委副书记、区长崔晓出席报告会。

14—15日，"芙蓉杯"新节目大赛在区文化馆新馆的芙蓉剧场举办。

15日，白果园历史文化旅游街区获批国家AAA级旅游景区。

16日，香港上市公司中国汇融旗下长沙市芙蓉区汇方典当有限责任公司在中国（湖南）自由贸易区长沙片区芙蓉区块举行开业仪式，中国汇融高层与市区领导共同为其揭牌。

同日，芙蓉区委"党建聚合力 共融强省会"工程启动仪式在湖南宾馆举行，会上签约芙蓉先锋共同体新成员单位10家。现场发布10大优秀共建项目，提出10条升级举措，推动与驻区单位企业深度融合。

21日，区委书记周春晖，区委副书记、区长崔晓到中国（湖南）自由贸易试验区长沙片区芙蓉区块调研并召开座谈会，强调要加大力度、加快速度推进芙蓉区块建设。

22日，以"正青春，当兵去"为主题的长沙市2022年春季大学生征兵宣传启动仪式在湖南农业大学举行，长沙市56所高校学生代表1100余人参加。

同日，湖南省委经济工作会议通报2021年度安全工作和消防工作考核情况，芙蓉区被评为全省安全生产和消防工作优秀单位。

23日，楚怡学校新校区开工建设。该项目位于马坡岭街道，占地2.33公顷，总投资1.5亿元，办学规模为36个教学班。

24日，区委印发《关于推进清廉芙蓉建设的实施意见》，以全面从严治党为主线，制定5个方面25条主要任务，营造干部清正、政府清廉、政治清明、社会清朗的政治生态和发展环境。

同日，由新华社主办的"中国网事·感动2021"年度网络人物颁奖典礼上，荷花园街道党工委委员、政协联络处主任兼恒达社区书记刘朝晖作为"暖心书记"入选。

27日，芙蓉区政府与农业银行长沙分行推进"政银合作"新模式，在长沙八角亭支行打造24小时智慧政务服务驿站，该驿站揭牌投入使用。

28日，芙蓉区委六届四次全会暨经济工作会议在区机关会议中心召开。会议总结回顾2021年工作，分析研判当前形势，安排部署2022年工作。周春晖作全会工作报告并讲话，崔晓部署2022年经济工作。

同日，中国（湖南）自由贸易试验区工作领导小组办公室发布《关于预发布中国（湖南）自由贸易试验区第一批省级制度创新成果涉及长沙片区有关情况的通知》，芙蓉区"构建应对东盟技术性贸易措施综合服务体系""打造标准化聚集区 赋能产业高质量发展""种业企业股份制合作建设技术平台新模式""对非粮食全产业链合作新模式"4个案例被认定为"省级制度创新案例"。

同日，区委编委发文撤销湖南省金融创新特色产业园管理委员会。

30日，《中共隆平高科技园工作委员会 隆平高科技园管理委员会职能配置、内设机构和人员编制规定》文件印发，明确隆平高科技园党工委、管委会分别为长沙市委、市政府派出的正处级机构，委托芙蓉区委、区政府管理，实行合署办公，一套机构，对隆平高科技园实行统一管理。

同月，芙蓉区大同小学成为全省首批涉台教育基地。

同月，220千伏窑岭变电站配套工程曙光路电力隧道项目和110千伏市场变电站配套路由项目于月底完工，实现贯通。

同月，芙蓉区被湖南省委、省政府评为"湖南省平安县(市、区)"。

（苏 洁）

区情概览

Overview of District Conditions

编辑部

自然理

【地理地貌】 芙蓉区位于湖南省长沙市中东部，周边与长沙县、雨花区、天心区、开福区接壤。其位置为北纬 27°51'—28°40'、东经 110°53'—114°05'。东西最长约 12.8 千米，南北最宽约 4.8 千米，总面积 42.8 平方千米。地貌为湘江长年冲积形成的平原，地势平缓，平均海拔高度约为 40 米。东部原有小片丘陵山地，已因开发建设被推平。浏阳河由东而西向北、再向西贯穿而过，将区境分为东西两片。东部有东湖、红旗水库，水域面积约 2.5 平方千米。浏阳河以西为城市中心区。京广铁路由北向南穿境而过，长沙火车站位于其中部。

【气候】 芙蓉区属亚热带季风气候，雨水集中，春湿秋爽，暑热期长、严寒期短，四季分明，春季约 70 天，夏季约 120 天，秋季约 70 天，冬季约 100 天。日极端最低与最高气温为 -10℃和 40℃。年平均降水量约 1500 毫米，年平均日照在 1200—1600 小时之间。

【水文】 芙蓉区属湘江水系，流经河流有两条，即浏阳河和圭塘河。浏阳河出自大围山北麓和南坡，流经长沙县，至开福区马厂以南入湘江。浏阳河为湘江右岸一级支流，全年平均流量 103 立方米每秒。圭塘河为浏阳河左岸一级支流，湘江二级支流。浏阳河每年 4 月 1 日至 9 月 30 日为汛期。由于气温高、流速快，流经芙蓉区河流无结冰期。

【土地】 芙蓉区主要地类有耕地 99.42 公顷，园地 17.05 公顷，林地 24.16 公顷，草地 13.57 公顷，湿地 7.3 公顷（根据第三次全国国土调查数据）。芙蓉区土壤以红壤为主，另有部分水稻土，其土层深厚，地质好，呈酸性、微酸性和中性，水、气、热比较协调，肥力较高，适合水稻生长。

【植被】 芙蓉区植被属于亚热带针阔混交林区，境内有古樟、白果树等名木。森林覆盖率 27.22%，活立木蓄积量 2.56 万立方米，湿地保护率 80%。区域为建成区，同时面积小，无自然灾害、野生动植物。

建置区划

【建置沿革】 1933 年长沙设市，全市 4 个区，按东南西北顺序命名为一、二、三、四区。次年，区公所成立，为市政府派出机构。1945 年，长沙设 8 个区，一区更名为城东区，面积 1.06 平方千米，区治设落星田。1949 年 10 月 1 日，成立城东区人民区公所。1951 年 9 月撤销区公所，设立区人民政府，升为一级政权。下辖浏正街、犁头街、解放路、东站路、府后街 5 个居委会，居委会下设居民小组。1951 年 5 月，新增织机街、衡湘里、韭菜园 3 个居委会。1955 年更名为东区改制东区人民委员会。1955 年 12 月居委会更名为街道办事处，数量 8 个。1956 年，经撤并调整，下辖解放路、东站路、府后街、织机街、衡湘里、韭菜园 6 个街道办事处。1960 年 4 月，东区改制为天心阁人民公社管理委员会，区治迁至韭菜园 66 号。下辖解放路、长治路、中心点、东大路、五里牌 5 个分社。1961 年 9 月恢复东区人民委员会，辖东站路、长治路、东茅街、都正街、东大路、中心点 6 个办事处。1964 年 7 月，东大路、中心点更名为文艺路、韭菜园办事处。据 1964 年第二次全国人口普查，全区有居住人口 14 万余人。1976 年，新火车站建成，城区东扩，郊区两菜农大队划入东区，设朝阳新村街道办事处。1996 年 4 月，韭菜园、朝阳街道部分划出，设立五里牌街道办事处，区域面积 7.28 平方千米。

1996 年 7 月，长沙市实行区划调整，撤销东区，置芙蓉区，所辖范围包括原东区解放路、府后街、浏正街、都正街、韭菜园、文艺路、朝阳街、五里牌 8 个街道，新增东岸乡、火星镇、东屯渡农场和马王堆乡（只含原马王堆乡的新桥村、农科村、火炬村、新合村、东屯渡居委会）。至此，全区辖 98 个居委会、13 个村委会、4 个分场，面积 40.8 平方千米。其中，城区面积 10.8 平方千米、耕地面积 830 公顷。至 1996 年底常住人口 29.29 万人，其中农业人口 4.93 万人。

1997 年，撤销火星镇、马王堆乡，设火星、马王堆街道办事处，原东屯渡农场改为东屯渡街道办事处。1999 年，长沙市将湘湖管理局行政管辖权移交芙蓉区，年底湘湖街道办事处设立，同时保留湘湖管理局牌子，行政人员为“一套人马两个班子”。至此，芙蓉区辖 12 个街道和 1 个乡。据 2000 年第五次全国人口普查数据，芙蓉区常住人口 31.4 万人。2003 年 10 月，芙蓉区区政府驻地由韭菜园迁至人民东路。据 2020 年第七次全国人口普查数据，芙蓉区常住人口 64.2 万人。

【区划调整】 辖区内东岸乡马坡岭一带，1997 年 4 月国家科委批准设立长沙高新区马坡岭农业高科技园（国家级，面积3平方千米）；2000年10月更名为“长沙高新技术产业开发区隆平农业高科技园”。1997年6月，芙蓉区政府在东岸乡张公岭蒋家塘一带设立芙蓉区工业园，面积3.1平方千米；2002年3月，更名为“芙蓉科技工业区”。2003年12月，经湖南省政府批准，两园区合并，全称“长沙高新区隆平高科技园”。新园区位于马坡岭、张公岭等13个村范围，规划面积18平方千米，副县级，省市区共建、以区为主，行政上受区委区政府领导。园区党工委、管委会两个班子相继成立。2006年5月升为正县级。至2012年，入园单位包括省农科院、湖南省农业大学等13个单位。是年，隆平高科技园区成为芙蓉区人大选举的独立选区。2021年12月30日，印发《中共隆平高科技园工作委员会 隆平高科技园管理委员会职能配置、内设机构和人员编制规定》，明确隆平高科技园党工委、管委会分别为长沙市委、市政府派出的正处级机构，委托芙蓉区委、区政府管理，实行合署办公、一套机构，对隆平高科技园实行统一管理。

2001年，芙蓉区实施社区居委会整合，将原来123个居民委员会整合成52个社区。2011年12月，芙蓉区实施街道办事处行政区划调整，原解放路、府后街、都正街、浏正街街道办事处合并为定王台街道办事处；原马王堆街道办事处析置为马王堆、荷花园街道办事处；原东岸乡撤乡设街并析置为东岸、马坡岭、东湖3个街道办事处。同时，对湘湖、韭菜园、五里牌、火星、东屯渡5个街道范围予以调整。整合后，芙蓉区下辖62个社区，及马王堆、马坡岭、东湖、东岸、东屯渡5个街道中12个村。随着城市化进程的推进，城郊行政村逐步减少，新社区相继设立。至2021年年底，芙蓉区辖湘湖、定王台、韭菜园、文艺路、朝阳、五里牌、马王堆、荷花园、东屯渡、火星、东岸、马坡岭、东湖13个街道和隆平高科技园（正县级），其中湘湖地区既设街道办事处又设管理局（副县级）。全区各街道辖81个社区（村），其中，75个社区、1个社区筹备处、5个行政村。

历史人文

【传统文化】 芙蓉区自古以来就是长沙历史文化名城的中心，长沙的府治、县治均设其中，王都藩府遗迹随处可寻。上溯两千年，有西汉长沙王刘发所筑“定王台”，后至明清时代，王府多建于此，商业老街故巷仍沿袭至今。区域内名街古巷众多，“官街”有马王街、府后街、藩后街、都正街等，“商街”有宝南街、织机街、鱼塘街、登隆街等，“文街”有文运街、白果园、苏家巷、化龙池等。还有德园、杨裕兴、甘长顺、吴大茂、九如斋、玉楼东、又一村、杨明远等诸多百年老字号。

【历史遗迹】 长沙历史悠久，古墓葬众多。1972—1974年，原东区挖掘马王堆汉墓，出土珍贵文物3000余件及保存完好的西汉女尸，是震惊世界的重大考古发现。2021年10月，马王堆汉墓入选全国“百年百大考古发现”。1996年芙蓉区辖域平和堂建设工地走马楼22号井，出土三国孙吴纪年简牍10万余片、200万余字，超过全国历年出土简牍的总和，被评为当年全国十大考古发现之一。芙蓉区还是黄兴、毛泽东、徐特立等早年从事革命活动的地方。毛泽东曾在辖域内修业学校创办《湘江评论》周刊，撰写了著名的《湖南农民运动考察报告》。2019年6月，修业学校建成《湘江评论》陈列馆和修业学校校史馆。辖域内有北伐军总司令部旧址、《湘江评论》印刷处旧址、八路军驻湘通讯处旧址、识字岭杨开慧烈士就义地、程潜公馆等湖南省文物保护遗址。2016年后程潜公馆先后被授牌为湖南和平解放史事陈列馆、民革党史教育基地，2019年10月被国务院公布为第八批全国重点文物保护单位。2021年9月，湖南和平解放史事陈列馆作为湖南省唯一收录入“全国解放战争主题革命纪念馆名录”的场馆，被录入国家文物局主编的《中国革命纪念馆概览》一书。

【风景名胜】 芙蓉区辖境东部的浏阳河风光带全长9.5千米，2017—2019年连续三年的“中华龙舟大赛（长沙·芙蓉站）”决赛在浏阳河芙蓉区段举行。位于古汉路与浏阳河路交会处的马王堆汉文化广场，矗立高14米的辛追夫人（马王堆一号墓墓主）复原雕像，广场建有汉文化数字化展示厅，通过4D技术还原长沙国丞相利苍及夫人辛追的“生活场景”。

浏阳河婚庆文化园为AAA级旅游景区，是集婚庆、旅游、休闲、娱乐等特色为一体的湖南首家一站式休闲娱乐综合体，举办过多次美食、文化艺术、商贸等活动。

浏阳河东岸建成隆平中央公园，由滨河休闲区、儿童活动区、稻作文化区、田园生活区组成。公

2021年8月4日，浏阳河婚庆文化园全景　（区融媒体中心　供图）

园中隆平水稻博物馆是世界首个大型水稻博物馆，总面积1.8万平方米，包括中国水稻历史与文化、水稻科技、袁隆平与杂交水稻3个基本展厅和3个功能区，2016年5月试运行，2019年9月全面建成开馆，先后被授牌为“海峡两岸交流基地”“中国对外援助培训实训基地”。2020年12月，该馆获批国家二级博物馆。2021年2月，中华全国归国华侨联合会授牌该馆为“中国华侨国际文化交流基地”。

位于长沙火车站附近的晓园公园，是一个小型园林式公园，2018年7月由长沙市园林局移交至芙蓉区。

位于滨河路333号的湖南省圆点美术馆，2021年9月开馆，是由湖南省文化和旅游厅主管、面向大众开放的非营利性的美术馆。

芙蓉区辖域内有全省第一高楼—452米的长沙国金中心、全省第二高楼—343米的世茂环球中心，都正街、白果园、化龙池等传统老街经有机改造后焕发新颜。还有华天、通程、芙蓉国豪廷3家五星级酒店，以及化龙池酒吧一条街、湖南米粉一条街、沁园夜市一条街、扬帆夜市经济一条街等新兴经济业态。2021年10月，五一商圈入选第一批国家级夜间文化和旅游消费集聚区。2021年12月，白果园历史文化旅游街区获批国家AAA级旅游景区。

区域发展回顾

【区位特点】　芙蓉区（东区）位于长沙市中心区域，中华人民共和国成立后，部分省市领导机关及部门驻于区内。至20世纪末，湖南省委、省政府、省军区，长沙市委、市政府驻于区内，省高级人民法院、省人民检察院、省公安厅等政法机构设于区内。进入21世纪，市委市政府、省政府相继迁至岳麓区（2001年）和天心区（2004年）。

【区域经济发展】　1949年新中国成立后，原东区逐步由消费型城区建设成为生产型城区，曙光电子管厂、湖南橡胶厂、长沙衡器厂、长沙钢厂、长沙汽车发动机厂等国有省市骨干企业相继建成。1958年，区委区政府提出发展民办工业，区街工业就此起步。至1978年区街工业有150家，产值5700万余元，创历史最高。1979年，部分企业上缴市归口主管局管理。改革开放后，区街工业形成部分拳头产品，创出部优、省优品牌，区街商业、个体经济逐步得到发展。1991年，区委区政府提出发展委（居委会）办经济，1992年，区委区政府提出发展以市场开发和网点建设为重点的第三产业。至1996年，全区经济第一、第二、第三产业增加值实现三、二、一排列。

芙蓉区设立后，为区域经济社会发展提供了新的发展空间。芙蓉区委适时提出建设都市文明典范区、商贸市场核心区、工业农业精品区、浏阳河风光带“三区一带”的区域布局。1997年，芙蓉区鼓励发展都市商业，三湘南湖建材市场、马王堆陶瓷建材市场相继建成。同年，原形成于20世纪80年代的全国四大书市之一的黄泥街书市，整体搬迁至定王台文化广场，形成定王台书市。2001 年朝阳电子科技街由湖南省科技厅、长沙市人民政府批准挂牌成立，以解放路为主轴，车站路、人民路、韶山路、五一路范围内电子数码商品贸易发展迅速，成为当时湖南最大的电子产品集散地、全国十大 IT 市场之一。2002 年，芙蓉区把发展楼宇经济作为新的经济增长点，通过招商引资、发展总部经济等，一批地标性高层建筑拔地而起。2006 年 8 月，芙蓉中央商务区（CBD）经市政府批准挂牌成立，由五一大道和芙蓉路为轴线形成商务区的“金十字”地带，是长沙市经济中心和地理中心。核心区面积约 2.7 平方千米，并以此辐射周边形成约 9 平方千米的协调区。2018 年，由香港九龙仓投资建设的湖南第一高楼长沙国金中心（IFS）建成运营。至 2019 年，楼宇经济税收贡献率超六成。2020 年，全区形成了五一广场商圈、袁家岭商圈、火车站商圈、万家丽商圈，为全省的消费中心。辖域内有五星级酒店 3 家、四星级酒店 7 家，聚集了湘女服饰街、定王台书香街、朝阳科技街、化龙池酒吧街、韭菜园古玩街等特色街市，形成了万家丽建材、三湘南湖、马王堆建材陶瓷、朝阳电子等一大批专业市场群。中国工商银行、农业银行、建设银行的湖南总部驻于区内。2021 年 4 月，袁家岭中央文化区建设启动。

隆平高科技园的设立，为发展高新技术、以工业化带动农业产业化带来机遇。2020 年，园区创建的国家现代农业产业园获批，湖南省发改委授牌“湖南省服务业示范集聚区”。至 2021 年，园区企业总数 4285 家，院士 7 人，完成规模工业总产值 41.78 亿元，“四上”服务业总营业收入 173.8 亿元。2020 年，中国（湖南）自贸试验区获批，其中长沙片区芙蓉区块占地面积 1.86 平方千米。2021 年，芙蓉区在全省率先开设自贸试验区“专窗”和“一站式”企业服务中心，实现“跨省通办”政务服务合作；打造国内首家以标准化为主题的标准化产业集聚区，全国首个中非标准化研究中心、智慧农业创新中心、中国国际可可产业创新平台先后落户。

【卫生医疗事业】 芙蓉区（东区）医疗卫生事业起步于 20 世纪 50 年代。1953 年设卫生所（后更名卫生防疫站）和区中心妇幼保健站，负责卫生防疫和妇幼保健。1974 年东区在浏正街建成 4 层楼房，区妇幼保健所和区卫生防疫站合用办公。1952 年起，设街道保健站，1960 年更名为街道卫生院，负责街道医疗预防保健工作。1986 年，区属综合性医院——东区人民医院在曙光路建 5 层医疗楼，技术上与湖南医科大学附属第二医院联合，接受附属第二医院指导。在区街两级卫生机构相继组建的同时，省市在东区域内相继建立湖南医科大学附属第二医院（后更名为中南大学湘雅二医院）、省人民医院、长沙市传染病院等。省、市机关和大型企业设有内部职工医疗机构。2001 年年底，全区实行社会基本医疗保险制度，公费医疗转变为社会基本医疗保险。2003 年，区疾病预防控制中心成立，承担全区卫生防疫监督和监测工作。为适应城市居民对卫生服务的需求，街道卫生院逐步向街道社区卫生中心转变，政府加大对街道医疗卫生事业的投入，进行改建、扩建、新建。截至 2021 年年底，全区共有各类医疗卫生机构 341 家，13 个街道均有 1 家社区卫生服务中心，其中，11 家为政府举办的非营利性社区医疗卫生机构、2 家为民办社区卫生服务中心，社区卫生服务站 47 家，村卫生室 2 家。

【区域教育事业】 1949 年以前，区域内有知名修业学校、楚怡学校、大同学校等私立学校和公办学校 12 所。中华人民共和国成立后，新建省委干部子弟学校（即育才学校）和湖南省军区干部子弟学校（即育英学校），人民政府先后对公立学校进行合并改造，对私立学校予以接管、调整，至 1956 年调整合并完成，全区有学校 23 所。1958 年兴起厂办、队办学校，东区有民办小学 18 所，1970 年民办学校并入公办。随着城市扩建和老城区人口外迁，部分城区学校撤并，同时新学校设立。至 1987 年，有区属小学 17 所、中学 1 所、工厂子弟学校 5 所、市实验小学 1 所，在校生 14180 人。1992 年，全区实现“两基”（基本普及九年义务教育，基本扫除青壮年文盲）。1996 年区划调整，湖南农业大学、湖南生物机电职业技术学院两所高等院校进入区域内。

2002 年，市政府对教育管理体制实行重大改革，将原市属第十二中、第十六中、第二十九中的管理权限下放芙蓉区，区教育以义务教育为主。2007 年，芙蓉区率先在全省实行免费义务教育。至 2009 年，区域内有区属普通中学 3 所（其中两所初级中学）、职业高中 1 所。为提高中学教学质量，发挥优质教育资源作用，自 2010 年起芙蓉区政府与长沙市名校长郡中学、市一中联合办学，区属中学逐步全部实行名校托管。2010 年，对所有进城务工人员子女实行义务教育阶段“零收费”政策；2017 年，对区属公办普通高中学生（湘一芙蓉中学）实行免费入学。自2012年以来，芙蓉区累计投入21亿元，新建、改扩建一批中小学，新增学位2.3万个。2019年秋季开学前，芙蓉区在全省率先全面消除大班额。

2021年经济社会建设

【经济建设】 2021年，芙蓉区完成地区生产总值1268.24亿元，比2020年增长8.3%。第二产业实现增加值158.33亿元，比2020年下降0.1%；第三产业实现增加值1109.90亿元，比2020年增长9.5%。第二、三产业的比例为12.5 ∶ 87.5。实现规模以上工业增加值14.9亿元；完成建筑业总产值390.1亿元，比2020年增长18.2%，实现增加值108.09亿元，比2020年下降1.2%。

2021年，芙蓉区完成地方一般公共预算收入36.93亿元，比2020年下降9.27%。完成固定资产投资379.87亿元，比2020年增长6.2%。

2021年，芙蓉区完成外贸进出口总额21.74亿美元，比2020年增长44.65%。外商直接投资2.8亿美元，比2020年下降30.14%；实际使用内资240.14亿元，比2020年增长34.56%。

2021年，芙蓉区实现社会消费品零售总额658.6亿元，比2020年增长14.5%。其中，批发业实现零售额140亿元，比2020年增长15.2%；零售业实现零售额440.5亿元，比2020年增长13.9%。

【人口与民族】 截至2021年年底，全区常住人口64.49万人，户籍人口42.79万人，人口出生率7.09‰，死亡率7.18‰，人口自然下降率9‰。芙蓉区有49个少数民族，呈散居分布，少数民族常住人口约1.98万人，占比3.1%，其中城镇少数民族户籍人口1.98万人、占比3.1%。（根据第七次全国人口普查数据）

【文化建设】 2021年，芙蓉区认定高新技术企业131家，有效高新技术企业326家。2020年全社会研究与发展（R&D）经费18.93亿元；完成技术合同成交额20.3亿元；专利授权2630件，其中发明专利授权505件。截至年底，全区拥有区属中学5所、小学36所、幼儿园17所。中学在校学生1.01万人，教职工787人；小学在校学生4.42万人，教职工2658人。

2021年，芙蓉区文体中心建成并投入运行，包括区文化馆、图书馆和老干部大学。至年末，全区有街道文化站13个，标准化社区（村）综合文化服务中心70个；有区级图书馆1个，公共图书分馆15个，备案博物馆4个。至年底全区有全民健身设施480余处。全年接待国内外游客1918.35万人次（按新口径计算），实现旅游收入232.17亿元（按新口径计算）。

2021年，全区拥有各类医疗卫生机构341个，其中社区卫生服务中心13个、社区卫生服务站47个。各类卫生机构编制床位数7880张，实有床位数9879张。卫生技术人员13493人，其中注册执业（助理）医师4602人，护士7335人。

【社会建设】 2021年，全区城镇居民人均可支配收入66324元，比2020年增长7.0%；城镇居民人均消费支出46302元，比2020年增长5.8%。城市低保对象1671户、2304人，全年发放城市低保金1763.55万元；农村低保对象至年底全部清零。全区拥有敬老院1家，床位300张。至2021年年底，芙蓉区本级城镇职工基本医疗保险参保缴费人数26.05万人，新增2.32万人；城乡居民基本医疗保险区本级参保缴费人数9.24万人。2021年，全年新增城镇就业人数1.49万人。

【生态文明建设】 2021年，芙蓉区空气质量优良率81.9%，城市污水集中处理率100%。重点工业企业工业废水排放、工业二氧化硫排放、工业烟尘粉尘排放达标率均为100%，工业固体废物综合利用率95%。全区未发生较大及以上级别生产安全事故，亿元地区总产值生产安全事故死亡率0.95%。

（本栏目由年鉴编辑部综合整理）

中国共产党芙蓉区委员会

Furong District Committee of the
Communist Party of China

编辑　谭丽霞

综　述

【政治建设】　2021年，芙蓉区政治建设以庆祝中国共产党成立100周年为主线，实施“党建聚合力”工程。理论学习持续深化，举办各类宣讲报告会、理论微宣讲、党史知识竞赛1000余场次，开展“万名党员进党校”活动，培训党员2.1万人,推进党史学习教育走深走实。以“党建聚合力”工程为抓手，建成楼宇商圈党群服务中心（站）28个，世茂环球楼宇党总支获评全省“两新领域标杆组织”，楼宇党建工作经验获省委副书记朱国贤批示。“芙蓉先锋共同体”成员单位增至108家。推进支部“五化”建设，基层党支部100%达标，农科院党委、东湖街道龙马社区党支部获评“全国先进基层党组织”。抓好政法队伍教育整顿、省委巡视整改、市委专项巡察、区委优化营商环境专项巡察，确保各项整改任务落细落实。推进清廉芙蓉建设，抓住彭尚松案、蔡琼案，以案释纪、以案促改。全年立案119件，结案113件，处分86人（其中乡科级10人），挽回经济损失4304万元，查处违反“八项规定”等问题60人。

（肖轩昂）

【经济建设】　2021年，芙蓉区贯彻高质量发展理念，经济发展稳中提质，全年完成地区生产总值1268.2亿元，比2020年增长8.3%。实现第三产业增加值1109.9亿元，比2020年增长9.5%。固定资产投资增长6.2%，社会消费品零售总额658.6亿元，比2020年增长14.5%。建筑业产值390.1亿元，比2020年增长18.2%。新增市场主体2.3万户，其中企业1.3万户，比2020年增长44.7%。新增“四上”企业170家、高新技术企业126家、专精特新“小巨人”企业6家。新培育税收过亿元楼宇4栋，完成楼宇净招商面积15万平方米。总部经济加快发展，新培育市级认定总部2家。柏悦酒店、湖南首家苹果直营店等国际名品名牌名企首次登陆中部、落户湖南，国金中心营收超过90亿元，中国黄金街开街，五一商圈获评全国首批夜间文化和旅游消费聚集区。树立“店小二”理念，做实做细楼长制、“蓉易办”、“帮代办”、“520”企业服务日等服务载体。出台楼宇经济“楼六条”、文化产业“文九条”、黄金珠宝产业“金十条”、百日暖企“二十条”，兑现政策奖励1.04亿元。落实减税降费10.94亿元，提供融资授信64亿元。抓住隆平新区纳入全市“十大重大城市片区”契机，产学研融合取得突破性进展，岳麓山实验室首开区近95公顷启动建设。农大农科院省属单位闲置土地开发取得实质性突破，隆平生物种业产业园、隆平种业创新中心、旺德府万象时代、芙蓉自贸大厦、东湖湿地特色文化园、琴海数智产业园等重大项目加快建设。新引进重点项目61个、“三类500强”项目7个。东亚银行、红海人力集团、汇方典当、天健会计师事务所、启元律师事务所等高专服务业头部企业相继落户，以研发、设计、律政、咨询、人力资源、检验检测等为主的其他营利性服务业增长34%以上。　（肖轩昂）

【文化建设】　2021年，芙蓉区推进袁家岭中央文化区建设，统筹推进片区拆迁征地、项目建设、招商引资、宣传包装等工作，友谊东项目顺利摘牌、惟楚文化广场项目实现重大突破，片区九大重点项目建设稳步推进。举办第二届“湖南米粉大擂台”、第25届湖南文物交流会等活动50余场。推进浏阳河文旅产业带建设，制订《浏阳河文旅产业带三年行动计划》，6大项目有序推进。汉桥、浏阳河婚庆文化园、隆平水稻博物馆、湖南省圆点美术馆等成为网红打卡点。区文化馆、图书馆新址开馆运营。提质升级都正街、白果园、化龙池等历史文化街区，白果园历史文化旅游街区获评国家AAA级旅游景区。坚持以文惠民，全区21个社区智慧健身中心、5个标准化社区综合文化服务中心和3个公共文化机构文旅融合示范点建成开放。2021年，芙蓉区文化产业经济贡献率位列全市第一梯队，全区规模以上文化企业数量居全市前列。健全文明创建常态长效机制，开展社会主义核心价值观主题活动，开展群众性文化活动300余场，推荐各级道德模范和“身边好人”21人，其中刘朝晖入选“中国网事·感动2021”十大年度网络人物。坚持“头条见、头部见、天天见”，中央主流媒体刊发芙蓉区新闻报道140余篇。

（肖轩昂）

【社会建设】　2021年，芙蓉区社会建设做好普惠性、基础性、兜底性民生工作，以中部第二位、全省第一位入选2021年中国幸福百强区。推进“五位”（学位、车位、床位、厕位、梯位）建设，东雅中学、育英三小、4个公办幼儿园“两校四园”年内开学，新增学位2430个，“体教融合”工作经验获得孙春兰副总理批示。推进“医联体”建设，湘雅二医院新院区进入规划选址。新增4家街道综合养老服务中心和8家社区养老服务中心，新增养老床位502个。改建停车场17处，新增停车位8272个。新建公厕5个，增厕位75个。既有住宅加装电梯213部，全省既有住宅加装电梯工作现场观摩会在芙蓉区举行，该区获省政府真抓实干奖励。高质量完成火车站广场片区、湘雅二医院片区、马浏片区城市更新，蔡锷中路两厢与西龙片区改造通过全市异地平衡打捆实施。同步启动远大路沿线片区、韶光片区城市更新，白果园片区城市有机更新获中央电视台《新闻联播》报道。完成老旧小区改造项目17个，城中村改造全面清零。推动五一路、解放路、营盘路等12条主次干道实现全方位品质化提升。新增就业1.4万人，居民人均可支配收入增长8%以上。黄土塘棚改项目安置房完成建设，东合新苑、嘉雨兴园、东宜新园等安置房交付使用，7000余名拆迁群众乔迁新居。“12345”市民热线工作排名全市第一位，安全生产和消防工作考核获评全省先进，继续保持全省“平安县市区”称号。

（肖轩昂）

【生态文明建设】 2021年，芙蓉区推进污染防治攻坚，配合完成第二轮中央生态环保督察各项工作，强化常态化管控，空气优良率稳定在80%以上。推动河（湖）长制从“有名”转向“有实”，将浏阳河芙蓉区段建设成为示范河流，河段出境断面年均水质稳定保持Ⅲ类标准。开展土壤污染普查调查和风险评估，建立生态环境、国土和街道协同机制，完善土地收储信息台账。加强对重点行业地块监管，严防发生土壤污染事件。推进环境治理体系和治理能力现代化建设，实施以排污许可为核心的“一证式”管理，以政府为主导、企业为主体，地社会组织和公众共同参与的生态环境治理体系建设逐步形成。2021年，全区水环境、声环境质量稳中有升，土壤环境安全可靠，大气环境治理成效稳固，辐射、固体废物监管到位，环境风险隐患可控。 （肖轩昂）

【芙蓉区第六次党代会代表和第六届区委委员构成】 2021年，芙蓉区党员代表大会实现换届选举。芙蓉区第六次党代会召开，党员代表242人，其中各级党员领导干部141人、各类专业技术人员50人、各战线先进模范人物代表51人（工人、农民代表32人，占总数的13.22%）。党员代表中，研究生学历71人，大学本科学历142人，大专学历26人，中专及以下学历3人。其中妇女代表109人，少数民族代表2人，45岁以下151人。2021年7月31日，中共长沙市芙蓉区第六次代表大会上中共芙蓉区第六届委员会产生。会议采取无记名投票方式差额预选确定区委委员正式候选人，等额选举产生中共长沙市芙蓉区第六届委员会委员，差额选举产生中共芙蓉区第六届委员会候补委员。当选的区委委员34人，区委候补委员7人，平均年龄45.43岁。委员中，全日制大学及以上学历14人，全日制大专学历8人，中专及以下学历12人。其中，新当选委员19人，占55.9%；女性委员7人，占20.6%；80后委员8人，占23.5%。选举产生区委常委10人，新一届区委书记周春晖，区委副书记崔晓、蒋红波。

（林　菲　彭鑫妮）

【芙蓉区“七一”表彰大会】 2021年6月28日，芙蓉区委在区会议中心召开优秀共产党员、优秀党务工作者和先进基层党组织表彰大会。区委书记周春晖出席会议并讲话，芙蓉区全体在职县级领导、相关部门党政主要负责人、垂直管理单位党组（党委）主要负责人、

2021年6月28日，芙蓉区在区委会议中心召开“优秀共产党员、优秀党务工作者和先进基层党组织”表彰大会 （区融媒体中心　供图）

各街道（局）党政主要负责人、分管组织工作的班子成员、各社区（村）党组织书记，以及受表彰人员参加会议，约410人。区委副书记蒋红波主持会议，隆平高科技园党工委书记、区委副书记卓精华宣读表彰决定，叶维等100人被评为“芙蓉区优秀共产党员”，宋凯等30人被评为“芙蓉区优秀党务工作者”、湘湖街道跃进湖社区党总支等30个单位党组织被评为“芙蓉区先进基层党组织”。会议现场，与会领导向谭早贵等12名老党员代表颁发“光荣在党50年”纪念章，为受表彰的芙蓉区优秀共产党员、优秀党务工作者和先进基层党组织代表颁奖。（彭鑫妮）

【“党建聚合力　共融强省会”工程启动】　2021年12月16日，芙蓉区委“党建聚合力　共融强省会”工程启动仪式在湖南宾馆举行。出席会议的有省委组织部、省委办公厅、省高级人民法院、省人民检察院、省统计局等108家驻区机关（省厅级）负责人，市委常委、宣传部部长陈澎，市委组织部副部长，基层办主任、绩效办主任王妍，区委书记周春晖，区委副书记、区长崔晓等区领导，各街道（局）党（工）委书记、分管组织工作班子成员，以及全体社区（村）党组织书记，约210人。“芙蓉先锋共同体”诞生于2018年，由芙蓉区委、区域内行政机关、高等院校、科研院所、企事业单位、“两新”组织等72家单位共同组建。近年，芙蓉区以“芙蓉先锋共同体”为载体，实施“党建聚合力工程”，至2021年12月，成员单位有108家，覆盖党组织729个、党员2.6万余人。会上，湖南省农业科学院党委委员、副院长余应弘，中南大学湘雅二医院党委书记罗爱静，湖南省京剧保护传承中心党总支书记、主任陈争光，岳麓山种业创新中心有限公司董事长、书记田冰川等作为主讲人分别讲述了共建故事。湖南省花鼓戏保护传承中心、湖南省湘剧院、湖南大剧院、湖南书店有限责任公司长沙分公司、湖南华天酒店集团股份有限公司、长沙通程国际大酒店有限公司、岳麓山种业创新中心有限公司、长沙市公安局治安管理支队、长沙市公安局特巡警支队、湖南省蚕桑科学研究所10家新成员现场签约，加入“芙蓉先锋共同体”。活动现场发布“党建三部曲”“红色CBD”“智慧+”“党建+”等“芙蓉先锋共同体”十大优秀共建项目，提出“党建聚合力　共融强省会”十条升级举措，涵盖组织共联、人才共培、阵地共建、资源共享、党员共育、活动共办、服务共融、文化共创、品质共提、发展共赢10个方面，推动与驻区单位深度融合，实现资源共享、发展共赢。

（彭鑫妮）

重要会议

【中共芙蓉区委五届十七次全会暨经济工作会议】　2021年1月6日，中共芙蓉区委五届十七次全会暨经济工作会议在区机关会议室召开。全体区委委员，区委、区人大、区政府、区政协四大班子成员，区纪委、区监察委及相关部门主要负责人，各街道党政主要负责人参加会议。区委副书记、隆平高科技园党工委书记卓精华主持会议，区委副书记、区长周春晖向全会作工作报告并部署2021年经济工作，区委副书记蒋红波就《中共长沙市芙蓉区委关于制定芙蓉区国民经济和社会发展第十四个五年规划和二〇三五年远景目标的建议（审议稿）》作说明，会议审议该建议并分组讨论。周春晖在报告中回顾总结2020年及“十三五”时期工作，研究部署“十四五”时期目标和任务，提出以“品质立区、产业兴区、人才强区”和“创新驱动、融合带动、实干驱动”两条主线，以及“自贸区建设、楼宇经济、存量资源、营商环境、民生保障”五大重点，建设现代化精彩新芙蓉目标。

（肖轩昂　曹　水）

【中共长沙市芙蓉区第六次代表大会】　2021年7月28—31日，中共长沙市芙蓉区第六次代表大会召开。大会开幕式暨第一次全体会议于7月29日在区会议中心召开，芙蓉区242名党员代表出席。12名受邀来宾，区委、区人大、区政府、区政协现任领导及老领导，隆平高科技园、区法院、区检察院主要负责人出席会议，区直机关有关部门负责人列席会议，约330人。派驻芙蓉区党代会指导组成员、派驻芙蓉区党代会督导组成员到会指导。会议由区委副书记蒋红波主持，区委副书记、代理区长崔晓致开幕词，区委书记周春晖代表芙蓉区第五届委员会向全会作《用实干书写精彩　以品质引领未来——为打造现代化新长沙建设标杆区而努力奋斗》报告，区纪律检查委员会书记、区监察委员会主任彭保刚作书面《芙蓉区纪委工作报告》。代表们分12个团审议上述报告，列席人员参加分组讨论。大会通过预选（差额）、正式选（等额）流程，选出芙蓉区委委员34人、区委候补委员7人、区纪委委员17人、出席长沙市第十四届党代会代表20人。7月31日，区纪委六届一次全会选出区纪委常委9人，选出纪委书记、副书记，彭保刚当选为纪委书记。中共芙蓉区委六届一次全会召开，选举产生芙蓉区委第六届常务委员会委员10人，选举产生区委书记、副书记，周春晖当选为芙蓉区委书记，崔晓、蒋红波当选为区委副书记。大会闭幕式上，审议通过了关于区委报告和区纪委工作报告，崔晓主持会议，蒋红波致闭幕词。

（肖轩昂　曹　水）

【中共芙蓉区委六届四次全会暨经济工作会议】　2021年12月28日，中共芙蓉区委六届四次全会暨经济工作会议在区机关会议室召开。全体区委委员、区委候补委员、相关部门主要负责人、垂直单位主要负责人、湘湖管理局、各街道党政主要负责人参加会议。区委常委、常务副区长刘洪波主持会议，区委副书记、区长崔晓部署2022年经济工作，区委书记周春晖讲话。会议要求，全区要咬定现代化新长沙建设标杆区这个目标，强化党建聚合力工程、深入实施强省会战略两个牵引，推动隆平片区、中央商务区、袁家岭中央文化区、隆平园区、自贸区块“五区”建设，迎接中共二十大召开。

（肖轩昂　曹　水）

【芙蓉区委常委会会议】　2021年，芙蓉区委召开常委会37次，其中五届区委常委会22次、六届区委常委会15次，主要传达学习习近平总书记相关重要讲话精神和中国共产党第十九届中央委员会第六次全体会议公报等重要精神，研究新型冠状病毒肺炎疫情防控工作、芙蓉区贯彻落实长沙市第十四次党代会报告

·表1·　2021年中共芙蓉区委全体会议一览表

时间	全会届次	主要研究议题
2021年1月6日	芙蓉区委全会（五届十七次）暨经济工作会议	周春晖代表常委会向全会作工作报告并部署2021年经济工作；蒋红波就芙蓉区委关于制定芙蓉区“十四五”规划和二〇三五年远景目标的建议向大会作说明；会议审议通过中共芙蓉区委关于“十四五”规划和二〇三五年远景目标的建议
2021年4月1日	区委五届十八次全会	研究干部人事任免
2021年4月23日	区委五届十九次全会	研究干部人事任免
2021年5月18日	区委五届二十次全体（扩大）会议	推荐换届班子人选
2021年6月23日	区委五届二十一次全会	研究干部人事任免
2021年7月12日	区委五届二十二次全体（扩大）会议	推荐班子人选
2021年7月22日	区委五届二十三次全会	研究干部人事任免
2021年7月26日	区委五届二十四次全会	审议并通过提交大会的区委、纪委工作报告；周春晖同志作下届区委委员、候补委员、纪委委员候选人建议名单、第十四次党代会代表候选人预备人选的说明；酝酿下届区委委员、候补委员、纪委委员候选人预备人选名单；酝酿确定市第十四次党代会代表候选人预备人选
2021年7月31日	区委六届一次全会	选举芙蓉区委常委、区委正副书记
2021年10月17日	区委六届二次全会	研究干部人事任免
2021年12月10日	区委六届三次全会	研究干部人事任免
2021年12月28日	区委六届四次全会	回顾总结2021年工作，分析研判当前形势，安排部署2022年工作

（资料来源：区委办公室）

精神实施方案、向上级呈报换届人事安排情况等相关工作，审议并通过《关于推进清廉芙蓉建设的实施意见》《长沙市芙蓉区关于2021年财政预算执行情况和2022年财政预算草案的报告》《区委全会工作报告》，对相关人事工作安排作出决定。

（肖轩昂　曹　水）

重要文件

【落实高质量发展任务分解方案出台】　2021年3月4日，中共长沙市芙蓉区委、区人民政府印发《关于贯彻落实全市奋力实施“三高四新”战略全面推进高质量发展大会精神任务分解方案（2021年度）》（以下简称《任务分解方案》）。《任务分解方案》分为打造“三个高地”、推进长株潭一体化建设、构建新发展格局、优化城乡建设发展布局、提升人民生活品质5个部分，细分21项任务，逐项明确任务目标和牵头领导。区委、区政府以《任务分解方案》作为全年工作指南，全面推动全市实施“三高四新”战略推进高质量发展大会精神在芙蓉区落地生根，压实各方责任，推动工作落实。　（韩晓宁）

【贯彻落实“党建聚合力”工程实施方案印发】　2021年6月15日，中共长沙市芙蓉区委印发《关于贯彻落实“党建聚合力”工程以高质量党建引领高质量发展的实施方案（试行）》（以下简称《实施方案》）。《实施方案》包括“重要意义”“总体目标”“主要任务”和“组织领导”4章，明确6个方面74条具体任务，逐项明确牵头单位、配合单位和完成时限。该文件对构建“一统五联”工作体系，进一步理顺体制、激活机制、整章建制，提高党建工作的整体性、系统性、融合度、贡献力，着力打造现代化新长沙建设标杆区具有重要意义。　（韩晓宁）

【自贸区芙蓉区块建设实施方案印发】　2021年9月2日，中共长沙市芙蓉区委、区人民政府印发《中国（湖南）自贸试验区长沙片区芙蓉区块建设实施方案》（以下简称《建设实施方案》）。《建设实施方案》以《中国（湖南）自贸试验区总体方案》为指引，以制度创新为核心，明确湖南自贸区长沙片区芙蓉区块按照“种业硅谷”战略定位，探索中非农业产业创新发展模式，推进非洲特色产业科技创新。重点培育和引进现代生物种业、总部经济、跨境电商、新兴金融、数字经济、平台经济、生命健康等产业发展，建设成为内陆对外开放新高地。《建设实施方案》为把自贸区芙蓉区块建设成为浏阳河以东城区经济发展新引擎，探索深化改革和扩大开放新途径、积累新经验，发挥示范带动作用。　（韩晓宁）

【《关于推进清廉芙蓉建设的实施意见》印发】　2021年12月24日，中共长沙市芙蓉区委印发《关于推进清廉芙蓉建设的实施意见》（以下简称《实施意见》）。《实施意见》以全面从严治党为主线，制定深入推进全面从严治党、规范公共权力运行、从严从实强化监督约束、开展清廉文化建设及推动清廉单元建设5个方面25条主要任务。目标是清廉建设在全市走在前列、树立标杆，达到全国一流城区水平。

（韩晓宁）

改革创新

【概况】　2021年，芙蓉区以努力打造现代化新长沙建设标杆区为目标，对标重要领域和关键环节实施改革，全年铺排改革任务28项，包括重点攻坚改革事项6项，统筹实施改革事项11项，基层探索改革事项2项，区级自主改革事项9项。建立“区领导领衔、牵头单位抓总、参与单位协同”推进机制，把每项改革任务分解到每一位区领导、牵头单位、参与单位。制定下发《中共长沙市芙蓉区委全面深化改革委员会2021年工作要点及责任分工》，制定出台《芙蓉区2021年全面深化改革工作任务倒排表》等近30个改革相关文件或通知，实施改革任务责任分解。截至年底，各项改革任务全面完成。其中，《长沙市芙蓉区：让历史焕发新生　“有机棚改”实现薪火传承——芙蓉区打造都正街历史文化街区》入选“湖南基层改革探索100例”，《芙蓉区探索推进金融机构诉源治理改革，从源头有效化解金融纠纷》入选长沙市“十佳基层探索改革案例”。省委改革办《改革调研专报》（第7期）刊发《切实守护好人民群众每一分“保命钱”——长沙市芙蓉区创新基层医保基金监管方式改革调研》，获副省长朱忠明批示，总结推广芙蓉区经验做法。《长沙改革交流》刊发关于芙蓉区深化“放管服”改革创新举措及成效、芙蓉区破解“梯位”难题举措、探索教育信息化建设“芙蓉模式”、种业创新工作做法等多篇相关文章，报道特色亮点改革。

（覃婷婷）

【落实“党建聚合力”工程】 2021年，芙蓉区召开“党建聚合力 共融强省会”工程启动仪式，发布“党建聚合力 共融强省会”10条升级举措，授牌10个全省全市有影响力的共建项目。完成“芙蓉先锋共同体·龙马实践”共建基地和“党建聚合力”展厅建设，重点打造姚托党支部历史陈列馆和新古潭坪党支部，龙马社区党支部“以民为本、服务社区”工作经验做法被《光明日报》、新华社等中央多家媒体报道，龙马社区被评为“全国先进基层党组织”，刘朝辉、罗树强2人及走马楼社区党委被评为湖南省“两优一先”，12名个人和7个基层党组织被评为长沙市“两优一先”。完善“两新”体制机制，在世茂环球金融中心打造“长沙两新教育基地”，世茂环球楼宇党总支被评为“湖南省两新领域标杆党组织”。“红色CEO”智享汇经验材料入选全国非公党建“拾年”系列丛书之《三十六计：两新党组织优秀案例》，省委《工作情况交流》、市委《内情参考》等省市刊物多次刊发芙蓉区党建聚合力工作做法。（覃婷婷）

【诉源治理改革】 2021年，芙蓉区在湘湖社区打造全市第一家“法院驻社区诉源治理工作站和民事权益自助平台”。平台成立以来接待社区居民法务咨询100余人次，矛盾化解率90%，就地化解率75%。在全区13个街道81个社区挂牌成立“驻街道诉源治理工作站”和“驻社区诉源治理调解点”，组建由全区街道司法所长和社区综治主任参加的“调解平台三进暨民事权益自助工作微信联络群”，健全平台工作网络架构。开发“芙蓉区民事权益自助申报”法务咨询报名二维码小程序，方便街道社区居民在线提交民事债权纠纷预警信息，法院点对点安排公益律师调解员通过调解平台配合街道社区开展化解调解工作。该案例获“2021湖南省政法系统智能化建设创新案例”三等奖，相关经验文章被《湖南法院简报（司法改革专刊第16期）》刊载推介。（覃婷婷）

【芙蓉标准化小镇建设】 2021年，芙蓉区打造国内首个标准化产业集聚区，引进国内外优秀标准化组织和知识产权、认证认可、检验检测等上下游技术服务机构，培养标准化、认证、检测等专业人才，向政府和市场提供第三方技术服务。截至年底，小镇已集聚标准化产业链上下游相关企业和机构51家，在仪器仪表、机器人、化妆品等20余个行业先后成立标准化工作委员会，国家技术标准创新基地（长株潭）国际标准化创新服务中心、中非经贸合作研究院中非标准化研究中心、中南林业科技大学“一带一路”热带干旱经济工程技术研究中心标准化研发中心在小镇揭牌。该项改革入选中国（湖南）自由贸易试验区长沙片区十大改革创新实践案例。芙蓉区标准化工作先进经验在2021年度全省市场监管系统标准化工作会议上作典型推广。10月10日，以标准化小镇为平台支撑，芙蓉区作为全市唯一区县被确定为湖南省质量基础设施“一站式”服务首批试点。（覃婷婷）

【推进自贸区制度创新】 2021年，自贸区长沙片区《建设实施方案》中由芙蓉区、隆平高科技园作为责任单位的7大项10小项改革事项全面实施，完成率100%。形成10大改革案例，《马达加斯加粮食全产业链对非合作新模式》等4个案例被纳入全省重点制度创新事项，《打造“蓉易贷”金融创新服务模式》等4个案例被纳入“长沙片区改革实践案例汇编”，《打造标准化聚集区 赋能产业高质量发展》案例被纳入市级“十大改革创新实践案例”。梳理制度创新全国第四批优选案例复制推广清单，初步锁定人才、农业金融和司法3个适合芙蓉区块复制推广的案例。（覃婷婷）

【室内二次装饰装修项目联合验收改革】 2021年，区住建局全面完成减材料举措，二次装修施工图审查已压减至10个工作日内办结，消防验收审批压减至8个工作日内办结。减流程：由区工程建设项目审批制度改革领导小组出台规范性文件，区行政审批服务局实施不再强制实行监理制，进一步精简优化施工许可材料，配合协助区工程建设项目审批制度改革领导小组办公室对接上级主管部门申报、同步在工改系统里调整等改革举措。减处罚：区行政执法局将改革事项列入《涉企轻微违法行为免罚清单》，经区司法局备案正式实行减免处罚。减办证：区住建局实施减办证举措，全面受理可以不办理施工许可证项目的消防验收或备案申请。（覃婷婷）

【基层医保基金监管制度和方式改革】 2021年，芙蓉区探索医保基金监管制度改革。实行“135”（一个管理中心，三级网格管理体系，五项网格管理制度）网格化监管新模式。网格化监管实现区、街、社区三级队伍联动，整合现有监管资源，促进条块融合，发挥行政监管、属地协管和社会监督的整体合力，基层监管力量不足的矛盾得到有效解决。完善基金监管的制度体系。制定实施相应制度办法，开展定点医药机构医师药师备案登记，完善社会监督、信用管理、行业自律为主要内容的基层监管制度体系，为网格监管扎上制度笼子。拓展基金监管的医保内涵。实现经办服务“一网通办”，将医保服务全流程下沉到网格办理，方便群众“事项就近办理，信息就近获取”，形成医保人在网中走、医保事在格中办的服务新格局。该项改革得到上级领导和社会各界的好评。2021 年，国家医疗保障局党组成员、副局长李滔，基金监管司司长黄华波，公安部等部门领导先后调研芙蓉区医保网格化社会监管云平台。（覃婷婷）

组织工作

【概况】 2021 年，芙蓉区有基层党组织 1070 个，其中党委 69 个、党总支 46 个、党支部 955 个。党员 25092 名，其中 35 岁及以下占 19.00%，61 岁及以上占 40.75%；大专学历及以上占 61.04%。其中，研究生 1189 人、占比 4.7%，大学本科 8104 人、占比 32.3%。2021 年，芙蓉区组织工作践行新时代党的组织路线，以庆祝中国共产党成立 100 周年为契机，围绕中心、服务大局，在全区深入开展党史学习主题教育，各单位在学党史中为民办实事。年内区委、区政府、区人大、区政协完成换届改选工作，四大家班子成员全部满票当选，换届工作经验在湖南卫视、《湖南日报》报道。

（林　菲）

【换届选举】 按照省委、市委对区县党委、人大、政府、政协换届的工作要求，配合市委考察组做好换届考察工作。组织市、区人大代表推荐提名，在区代表推荐提名工作中，同步部署市人大代表的资源摸底情况。分条线、辖区、重点行业召开 5 次资源摸底部署会，按照推荐标准，遵循有列入负面清单行为坚决不进的原则，由各街道、各条线做好代表推荐提名工作，做到辖区优质资源应摸尽摸。建立联合审查机制对 466 名人大代表初步建议人选实行全面联合审查，把好人大代表结构关、素质关、身份关、考察关。为区党代会和区人大、政协两会召开提供组织服务保障。换届选举期间，未发生一起信访、举报事件，没有造成引发一起事故和舆情。实现组织意图与群众意愿高度统一，四大家班子成员全部满票当选，满票率比上届高出 33.1 个百分点，选举产生长沙市芙蓉区第六届区委、人大、政府、政协领导班子。换届工作作为全省 3 个典型之一，获湖南卫视、《湖南日报》报道。

（林　菲）

【干部任用】 2021 年，芙蓉区全面启动干部日常考核。把全体科职以下干部 2740 人纳入平时考核，并与季度考核、绩效奖金挂钩，该工作得到市委组织部公务员处的肯定和认可，获中组部《组工信息》推介。干部选拔任用与政治建设考察、日常调研结果相结合。开展对区管党政正职、隆平高科技园区管干部近 3 年政治建设暨履职状态专项考察，17 次区委日常走访调研工作组调研，全年调整干部 8 批 247 人，提拔 52 名“三牛”（孺子牛、拓荒牛、老黄牛）式干部，一批实干突出、群众认可的年轻干部得到提拔重用。其中，“85 后”24 人、占比 46.2%，“90 后”13 人、占比 25%。（林　菲）

·表 2· 2021 年芙蓉区党的基层组织和党员基本情况统计表

党的基层组织	个数（个）	党支部分类	个数（个）	党员	人数（人）
总数	1070	机关	138	总数	25092
其中：党委	69	事业单位	127	2021 年发展	538
党总支	46	企业	347	死亡	240
党支部	955	其他	319		

（资料来源：区委组织部）

【干部监督】 2021年，芙蓉区推进干部监督工作，完成县处级领导干部个人有关事项填报事宜。开展因私出国（境）证件专项清理工作“回头看”，登记备案干部1288名，集中保管清理有效证件779本，全年报送备案信息变更276条。配合市委第八巡察组对芙蓉区开展的落实省委巡视整改情况专项巡察，做好谈话联络和资料梳理上报工作。

（林　菲）

【干部培训】 2021年，芙蓉区围绕学习贯彻习近平新时代中国特色社会主义思想、中共十九届六中全会精神，以及省、市、区党代会精神，全年开展24期干部培训，培训干部2800余人。举办10期主体班培训，常态化举办新进人员培训班、青年干部实训营活动。（林　菲）

【干部档案管理】 2021年，芙蓉区启动事业编制干部人事档案专项审核，开展档案业务培训259人次，牵头人社局、教育局完成档案专项审核2172卷。“清淤”行动复审干部人事档案通过部务会认定279卷，制作任前审核表、专项审核表356份，接待查借阅人员1649人次，接收、转递档案52卷，收集归入档案散材料1.36万份，移送市管干部档案散材料368份。（林　菲）

【党员电化教育】 2021年，芙蓉区深化推进党史学习教育，加强“党课开讲啦”“我为群众办实事”等视频资源宣传学习。拍摄《党建聚合力　共融强省会》等2部党员教育视频，结合每月“主题党日”观看电教片850场次。为94个基层电教站点拨付经费，强化阵地保障。提升党员电教工作精准度和覆盖面，累计教育覆盖党员2.2万人。

（陈星宇）

【人才工作】 2021年，芙蓉区开设人才服务窗口，配备人才服务专员，构建人才办事“最多跑一次”服务模式。定制“芙蓉英才院士金卡”“芙蓉英才卡”，帮助各类人才解决住房、教育等实际问题30余项。探索出台4项区级人才政策，重点奖励在经济发展、高新技术发展、科技创新等领域做出突出贡献的优秀产业人才。在芙蓉区举办的岳麓种业峰会上，现场邀约15名国内外院士成为种业硅谷专家咨询委员会特聘专家。针对“四个聚焦”划定专业，引入40名优秀毕业生。召开“扬帆芙蓉自贸”推介会，推动人才政策落地落实，助力自贸芙蓉区块建设。依托“红色CEO”平台，组织企业人才到外地开展专题培训。全年引进培育市级高层次人才21人，其中领跑工程为国家级、省市级高精尖人才各1人，紧缺急需人才聚集工程1人，兑现毕业生住房和生活补贴近2600万元，惠及青年人才2.6万余名。（江　豪）

【基层党建】 2021年，芙蓉区围绕学习贯彻习近平新时代中国特色社会主义思想、中共十九届六中全会精神，以及省、市、区党代会精神，开展干部教育培训24期，培训干部2800余人，实现区管干部全覆盖。开展“万名党员进党校”活动，培训党员2.1万人。结合党史学习教育，开展精品党课竞赛，评选“十佳课程”“十佳讲师”，组织开展“送党课进基层”活动30余场次。新建2个、提质20个基层党校，开展“新春第一课”、新一届社区“两委”班子成员培训班等党员培训15场次。做精“声动乐龄”线上党员教育平台，全年学习量5万人。制定下发全区“党建聚合力”工程文件，细化74项任务清单，将“党建聚合力”工程列为全区十项重点工作之首，定期调度总结。落实省委文件精神，选拔2名优秀社区党组织书记进街道领导班子，择优选拔31名社区工作人员进入社区“两委”并纳入员额管理，面向应届大学毕业生招聘50名基层党务专干。坚持应建尽建原则，小区党支部总量224个，覆盖率96%。指导完成“芙蓉先锋共同体·龙马实践”基地、姚托党支部历史陈列馆、新古潭坪党支部等基地建设。持续做实“芙蓉先锋共同体”，启动“党建聚合力 共融强省会”活动，优选108家共建单位，推出10条升级举措，打造十大共建项目，筹集共建经费6000余万元，办理民生实事3000余件。创建认定的红旗党组织、示范化“五化”党组织200个，龙马社区获评“全国先进基层党组织”，2名个人和1个社区党委获评湖南省“两优一先”，12名个人和7个基层党组织被评为长沙市“两优一先”。举行全区“七一”表彰大会，表彰集体30个和个人130名。新发展党员538人，向2912名老党员发放“光荣在党50年”纪念章，完成5100余名国有企业退休党员组织关系接转，区委组织部被评为“长沙市国有企业退休人员社会化管理工作优秀单位”。推动物业行业党委有效运行，创建“三零”（零上访，零事故，零案件）社区（村）53个。推出“医路相伴志愿行”“商圈党员服务岗”“网红点党员服务岗”“五老红”等系列党员志愿服务活动，近7000名志愿者参加服务。联合区行政审批服务局推出“芙蓉先锋帮代办”服务示范岗，获湖南省优化政务服务十大“金点子”一等奖。

（王治能）

【公务员管理】 2021年，芙蓉区办理公务员转任、登记、转正等手续35人。坚持实绩和资历并重、新老政策衔接的原则，在任职时间较长、一贯表现优秀的干部中，晋升一级主任科员46人、二级主任科员39人、三级主任科员47人，呈报市委组织部晋升三级调研员8人、四级调研员11人。（黎芸芸）

【绩效考核】 2021年，芙蓉区绩效考核工作进一步规范和改进考核方式，强化日常考核督查，聚焦重点任务，突出减负导向。不再设置各单位具体工作目标，工作目标考核由市对区考核成绩、月度考核成绩、季度考核成绩和特色加分4部分组成，年度成绩由工作目标成绩和社会公认情况评估2个部分构成。分街道、有市考核指标的经济发展部门，有市考核指标的社会事业部门，无市考核指标的区直部门，四大办、常委部门，隆平高科技园和法检两院，垂管单位6个考核类别，以百分制为基础，按得分排名定等级。区委对重点工作实施季度考核，月度点评和季度结果纳入年终成绩，激励全区干部担当作为。全年服务业增加值、重大项目建设、外商直接投资等指标，在全市内芙蓉区排名靠前。

年度对全区13个街道（局）、64个区直部门、7个垂管单位、567名科级领导干部进行考核。评定街道类一等班子4个（荷花园街道、定王台街道、东岸街道、马王堆街道），二等班子8个（东屯渡街道、文艺路街道、湘湖管理局、火星街道、东湖街道、五里牌街道、朝阳街道、韭菜园街道），三等班子1个（马坡岭街道）；评定区直部门一等班子25个（隆平高科技园、区纪委巡察办、区委办接待服务中心、区委组织部、区委宣传部、区委政法委、区人大办、区政协办、区法院、区检察院、区政府办、区统计局、区现代服务业发展中心、区商务局、区发展改革局、区园林绿化维护中心、区行政审批服务局、区信访局、区住房和城乡建设局、区卫生健康局、区应急局、区公共工程建设中心、区审计局、区委编办、区机关事务中心），二等班子39个（区委统战部、区财政局、自贸区长沙片区芙蓉事务中心、区农业农村局、区金融事务中心、区工业和信息化局、区科技局、区市场监管局、区市容环境卫生维护中心、区城管局、区教育局、区人力资源和社会保障局、区交通运输局、区行政执法局、区司法局、区征收办、区委网信办、区妇联、区委党校、团区委、区残联、隆平水稻博物馆、区城建投、区人居环境局、区总工会、区数据资源中心、火车站综合事务中心、晓园管理处、区文旅体局、区科协、区行政执法大队、区民政局、区征地服务中心、区退役军人局、区档案馆、区市政设施维护中心、区医保局、区红十字会、区工商联）。科级领导干部评出优秀152名，称职413名，不定等次2名。垂管单位评定一等班子2个（公安分局、消防大队），二等班子5个（交警大队、自然资源和规划分局、税务局、生态环境局芙蓉分局、生态环境综合执法大队）。（张园园）

【“两新”党建】 2021年，芙蓉区有“两新”党组织366个，其中党委8个、党总支7个、党支部351个，党员4352人。年内新发展党员150人，新建“两新”党组织29个，撤并整改9个。建成31个楼宇党群服务中心（站），占全市总数的三分之一。芙蓉区把党管意识形态原则落实到“两新”领域各类阵地，推行“双向进入、交叉任职”，推进党建工作进企业章程。选派党建指导员120名，在出资人、管理层和一线员工中发展党员189名。指导成立社会组织行业党委，推进2个社区社会组织“三基”（党建基地、孵化基地、服务基地）基地建设。开展争先创优行动，“两新”组织中获评省、市级先进基层党组织6个，标杆引领党组织6个，优秀党员、党务工作者5名。世茂环球楼宇党总支作为全市唯一楼宇党组织被评为“湖南省两新领域标杆党组织”，在全市非公企业党建工作经验交流会上作典型发言，其楼宇党建工作经验得到省委副书记朱国贤批示，《人民日报》《新华社内参》等央媒先后报道。建成首个市级“两新”现场教学点教育平台及“红色CEO”智享汇总基地，相关案例在国家级党建刊物上发表。搭建“一中心多站点”党建载体，依托阵地设置党员会议室、红色沙龙吧、楼宇党校等区域，全年开展学习活动100余场次。创新开发“跟党创业学管理”课程，推出沉浸式党课场景体验，建立企业家名师智库，实现原创党课资源一键点单。组织“两新”党员开展党史学习教育，举办党史答题竞赛15场，在抖音等网络平台上推介5个企业创业故事视频。开展“我为群众办实事”活动，全区各级“两新”党组织累计办理实事1478件。完善“两新”党务工作者联席会议机制，落实“企

2021 年 5 月 7 日，芙蓉区引才团在清华大学召开引进人才座谈会
（区委组织部　供图）

业吹哨、部门报到”，实地解决人才引进难、职工用餐难、周边停车难等问题 270 个。持续开展财税金融党建大联盟活动，解决企业融资、减税降负问题 20 余个。党建引领楼宇挖潜增效，亚大时代、银华大厦等老旧楼宇出租率从 30% 升至 96% 以上。（李宇卓）

【“一站到底”党史答题抢答赛】 2021 年 4 月 19 日，“一站到底”党史答题抢答赛在世茂环球金融中心“红色 CEO”智享汇总基地开启，活动持续 4 天，共 15 场竞赛，芙蓉区“两新”党组织中 700 余人参加海选，通过几轮比赛，10 名选手胜出。（李宇卓）

【芙蓉区到北京引才】 2021 年 5 月 7 日，芙蓉区委、区政府组建引才团队，由区委常委、组织部部长何溪桥带队，区委组织部、区人社局 12 人到清华大学招录人才。此次引才，芙蓉区盘清编制底数和人才基数，腾出足量编制资源，一次性拿 50 个事业编，公开招录优秀高校毕业生，其力度、计划数、专业性、目标指向为近几年之最。引才团队和学生代表们面对面交流，围绕种业硅谷、高端商业、文化创新、宜居品质四大方向，引才团队介绍芙蓉区的发展、人才政策等，回应学生们关切的问题。当晚，团队在清华同方广场举办相关仪式，为北京 11 所高校招生就业处教师、毕业生代表颁发“芙蓉人才大使”聘任证书。在北京期间，引才团队先后到北京大学、清华大学、中科院等高校和科研院所，最终确定 43 个细分专业。该次招录有北京、上海、天津、南京、厦门、香港、伦敦等国内外知名高校优秀毕业生近 400 人报名。5 月 22—24 日，芙蓉区在北京举行招录活动，采取“零距离”“零收费”的方式进行笔试、面试、体检等工作。经层层选拔，47 人进入政审录用环节，其中“双一流”高校毕业生 35 人，占比 74.5%。招录完成后，40 名优秀毕业生入选。（江　豪）

【芙蓉区“红色 CEO”智享汇总基地投入使用】 2021 年 5 月 14 日，“红色 CEO”智享汇第三季百人大讲堂在湖南第二高楼——世茂环球金融中心开课，同时标志着占地 600 平方米、集党性教育、政

2021 年 5 月 14 日，在世茂环球中心“红色 CEO”智享汇总基地，参加第三季大讲堂的学员们参观学习
（区委组织部　供图）

策服务和资源共享于一体的“红色CEO”智享汇总基地向公众展示。该基地突破性地采用沉浸式党课体验场景，利用多媒体、声光电结合，打造360° 全息投影的封闭式教学空间，激发学员学习兴趣。整合国家顶级高校、各级党校、组织系统专家和专业化党建品牌推广团队共同组成固定研发团队，定制开发10余堂原创沉浸式党课和党史课程，实现原创党课一键点单。“红色CEO”智享汇第三季在5月集中组织学员到岳麓书院、《湘江评论》旧址等地开展党性教育，到山河智能装备股份有限公司、豆芽科技文化有限公司等企业开展红色研学，邀请肖万春、吴金明等教授现场授课，采用“菜单式”服务实现按需点单，精准提供。当天，在互动问答环节，来自天健会计师事务所、深交所、兴业银行等5位专家现场为企业家们解答关于资本、融资方面的困惑，破解企业发展难题。

（李宇卓）

【党课进基层巡讲启动】 2021年7月8日，芙蓉区举行2021年送党课进基层巡讲启动式。市委组织部党员教育中心主任何晓芳，芙蓉区委常委、组织部部长何溪桥，各党（工）委分管组织工作班子成员、党建办主任、党建专干，以及进入决赛的课程主讲人等100余人出席启动式。为庆祝中国共产党成立100周年，结合“党课开讲啦”活动，从3月起，芙蓉区筹备党课竞赛活动，全区132人报名参赛。通过3轮竞赛，以专家评审和大众评委打分相结合的方式评选出“十佳讲师”10名、“十佳课程”主讲人或团队10个、“优秀课程”6个和5个优秀组织奖。启动现场展示党课竞赛活动成果：区委党校教师谢晓棠、马坡岭街道组织专干林聪婷、东岸街道公共服务办干部江丹、区委党校教师徐晗，分别从党的历史、党建业务、文明村、统战方面讲党课，文艺路街道展示自编自导的红色党史情景剧《烽火炫歌》。与会领导分别给“十佳课程”“十佳讲师”“优秀课程”获得者颁奖。启动式后，获奖课程在全区巡讲，采用“选课+送课”的形式，由党（工）委依据自身特色点单，区委组织部派课，为党史学习教育、“万名党员进党校”等党员教育培训提供优质师资与课程资源。至年底，党课进基层巡讲活动送课22次，覆盖4000余人。

（彭鑫妮）

宣传工作

【概况】 2021年，芙蓉区宣传工作在思想和意识形态战线围绕党史学习教育主题，强化舆论宣传引导，全媒体、全领域宣传中国共产党成立100周年，履行举旗帜、聚民心、育新人、兴文化、展形象的使命。以文化产业推动区域发展，打造袁家岭中央文化区，为推进芙蓉区高质量发展闯出新路子。

党史学习教育　党史学习教育和理论学习统一，组织开展4次专题学习，1次专题读书班，12次理论学习中心组学习。组建区委宣讲团，打磨《湘江评论溯初心》等30余门精品党课和理论宣讲课程，推出全区性主题活动20余场次，开展分众化、对象化专题宣讲1000余场。开辟“就认这个理”芙蓉区新思想进基层理论微宣讲网络课堂50余期，推出思政微课108堂，有6堂在全市获奖。全区各级党组织通过专题学习、理论学习中心组学习、解放思想大讨论、主题党日、组织生活会、重温入党誓词等，捍卫“两个确立”、做到“两个维护”的行动更加坚决。创新推出《湘江评论》旧址、湖南和平解放史事陈列馆等红色精品线，组织编写芙蓉区庆祝中国共产党成立100周年专辑——《百年芙蓉》，引导广大党员干部回顾百年党史，践行初心使命。打造姚托党支部陈列馆、长沙临时大学旧址等现场教学点，《湘江评论》旧址被授牌“湖南省爱国主义教育基地”“湖南和平解放史事陈列馆”，隆平水稻博物馆被授牌“长沙市爱国主义教育基地”。开展“我为群众办实事”实践活动，抓好实事项目、群众诉求、实践服务三张“清单”，办成实事2900件。

意识形态工作　区委常委会专题研究意识形态工作3次，召开区委意识形态专题会议、形势分析研判会议、理论中心组专题学习及相关培训10余次。修订印发《芙蓉区党委（党组）意识形态工作责任制实施方案》，完善10项工作机制，意识形态工作纳入底线工作考核。统筹实施全年及重大时间节点风险隐患排查整治，重点组织开展社科理论阵地、户外广告（信息发布）阵地、社会宣传等风险隐患大排查，全年开展专项整治行动5次，集中组织意识形态专项督察2次。进行意识形态专项巡视整改，针对反馈提出的5个方面18个问题，制定106项具体整改措施，提出专项巡视整改工作清单，明确责任、完成时限，在全省率先实现整改问题100%销号清零。

宣传舆论引导　以庆祝中国共产党成立100周年为主题和党史学习教育的主线，在红网和“芙蓉发布”等公众平台开设《人民路上》《百年风华，芙蓉绽放》《赓续百年奋斗路，建设精彩新芙蓉》《十九届六中全会精神在芙蓉》等专题专栏，在《人民日报》《光明日报》等央媒推出《“迎解古樟”树下听党史》《龙马社区党支部：以民为本，服务社区》等一批党史学习教育重点报道。抓媒体对接、宣传策划、议题设置，2021年在各级各类媒体刊发报道8700余篇，其中中央主流媒体刊发报道140余篇，《湖南日报》、《长沙晚报》、“观潮的螃蟹”和“长沙观察”微信公众号刊发《芙蓉相对论》等重大稿件及深度报道60余篇。推出“精彩新芙蓉”“强省会的芙蓉担当”“区第六次党代会报告解读”“湘当给力——湘雅附二医院周边综合整治特别报道”等系列报道23个。创新宣传形式，央视新闻新媒体中心大型直播《夜游中国——走进“湖南米粉街”》，微博话题阅读量超1115万人次；党史学习教育专题《人民路上》，全网阅读量超100万人次，入选长沙市2021年度优秀新媒体作品。参与长沙市《大江大河交响季 百里画廊百年歌》活动，音乐交响诗《芙蓉等你来》在全国70余个平台上线。策划开展“爱在袁家岭”交响乐快闪、文化名家采风等系列宣传活动，全网曝光量逾亿人次。（易跃峰）

【文化产业发展】 2021年，芙蓉区以袁家岭中央文化区和浏阳河文旅产业带为“龙头”，从项目、招商、环境、融合、推广5个方面推动文化产业做大做强。完成区域顶层设计，编制《袁家岭中央文化区产业发展规划》，建立健全企业库、项目库、人才库、活动库。出台《芙蓉区促进文创产业集聚区高质量发展的若干措施》，开展“文创百日竞赛”。2021年前三季度，全区57个文化企业实现营业收入92.58亿元，比2020年增长26%，增速居全市首位。全年新增规模以上文化企业28个，新增数量居全市首位。推进项目建设，湖南文化广场二期实物工作量完成95%，省演艺集团、长沙交响乐团等10余家知名品牌企业签约入驻。惟楚文化广场征收项目取得突破性进展，融通长城宾馆可研报告获中央军委审核通过，佳兆业国潮文化街开街，人民新村戏剧街、书香文化艺术街、数字创意街方案经过多轮集体会商逐步落实。建立发展服务制度，每月收集企业存在的具体问题，组织相关部门进行集体会商，重点交办，限时完工，解决重点问题20余个。开展文化企业大走访，分类组织企业交流座谈。强化区域营销，开展袁家岭中央文化区主题摄影展、《百年经典》大型交响音乐会等文化活动50余场次，推出《浏阳河上》《文化高铁下一站：袁家岭》《遇见袁家岭》等原创大型实景剧和名家文章和主题歌曲。（戴维怡）

【袁家岭中央文化区建设】 2021年4月，芙蓉区袁家岭中央文化区建设启动。袁家岭中央文化区规划范围北至八一路、南至人民路、东至车站路、西至芙蓉路，面积3.16平方千米。成立袁家岭中央文化区建设指挥部，搭建专班，统筹协调产业规划引导、商务商业环境培育优化。总体目标为依托剧团院团、书城影城，以九大项目为载体，以

规划范围：北至八一路，南至人民路，东至车站路，西至芙蓉路，面积3.16平方千米；核心区北至八一路，南至人民路，东至曙光路，西至韶山路，面积0.79平方千米
规划期限：2021～2025年

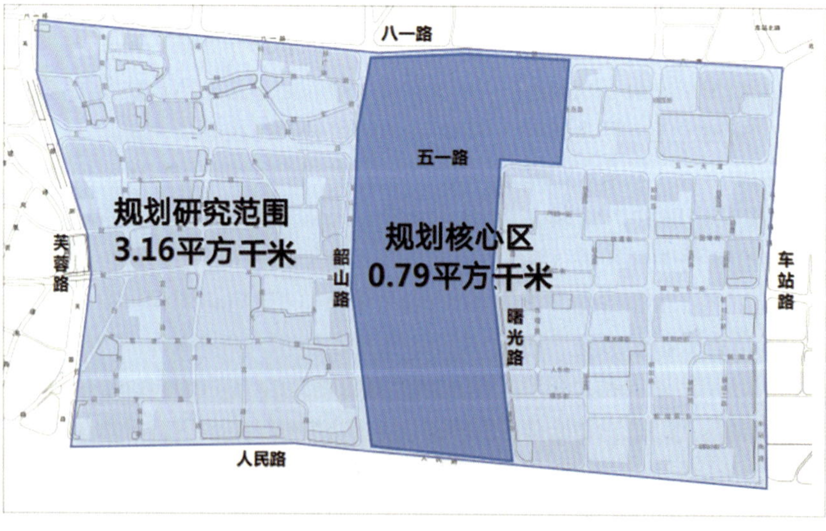

袁家岭中央文化区规划示意图　　（区委宣传部　供图）

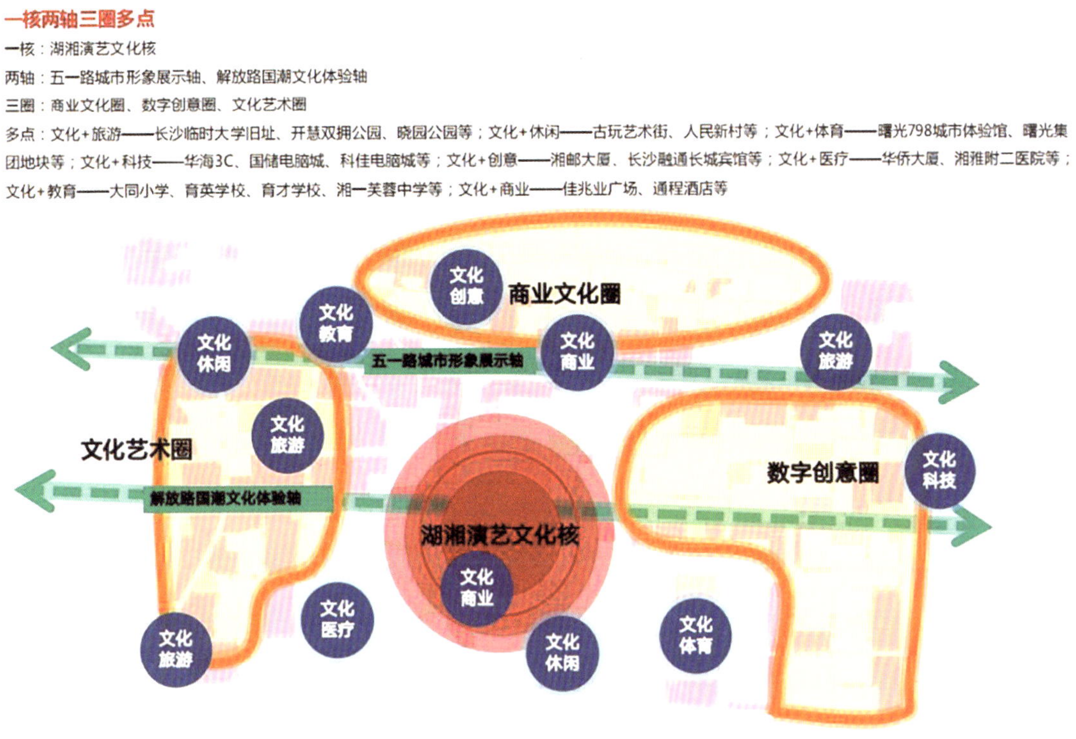

2021年芙蓉区发布袁家岭中央文化区产业发展规划图 （区委宣传部 供图）

文化之名赋能片区发展，打造长株潭城市群的文化融合示范区、文化消费引领区、文化创意活力区。袁家岭中央文化区建设发展写入长沙市委、芙蓉区委党代会报告，纳入《长沙市建设国际文化创意中心三年行动计划》。编制《袁家岭中央文化区建设三年行动计划》，发布《芙蓉区促进文创产业集聚区高质量发展的若干措施》。提出推进袁家岭中央文化区九大项目和“一广场六街区（文化广场、人民新村戏剧街、湖南米粉街、韭菜园古玩艺术街、康养文化街、朝阳数字创意街、书香文化艺术街）”建设。至年底，惟楚文化广场项目征收取得突破性进展，友谊东项目、湖南文化广场（二期）、保利体育产业园等项目稳步推进。引进湖南省演艺集团、湖南省交响乐团等10余家知名品牌企业入驻湖南文化广场二期，佳兆业广场4.1万平方米国潮特色商业街试营业。年内策划组织湖南金秋文物博览会、袁家岭中央文化区主题摄影展、芙蓉区“文旅体”联盟成立、百日暖企行动等各类活动40余场次，“爱在袁家岭”交响乐快闪活动全网总曝光量超1亿次，《文化高铁下一站：袁家岭》主题作品、《遇见袁家岭》原创宣传推广曲全网阅读量超过100万次。

（戴维怡）

【袁家岭中央文化区主题摄影展】 2021年10月8日，“我和我的城市·遇见袁家岭”袁家岭中央文化区主题摄影展在长沙市芙蓉区直机关开展。长沙市芙蓉区委书记周春晖，区委副书记、代理区长崔晓，区领导蒋红波、杨光华、陈亚静、徐青春出席首展启动式，相关区直部门、街道、企事业单位负责人约50人参加。活动由崔晓致辞，周春晖宣布“我和我的城市·遇见袁家岭”主题摄影展巡展启动。摄影展前期筹备两个月，芙蓉区联合长沙市摄影家协会先后组织多次采风活动，用镜头记录和展现区域深厚的文化底蕴、繁华的商业气息和温暖的人文情怀。在长沙临时大学旧址、湖南图书馆、米粉街、燕山街、电脑城、科技街、佳兆业广场、新华书店等多地，拍摄近500幅作品，精选60余幅布展，照片记录了袁家岭的变迁。首展后，该主题摄影展在湖南文化广场（二期）、佳兆业广场等地巡展，1000余人次参观。

（李 玲）

【袁家岭中央文化区上演交响乐快闪活动】 2021年5月20日，多名年轻交响乐乐手在袁家岭中央文化区的湖南大剧院一楼大厅、湖南图书馆大厅、友谊商店、袁家岭新华书店、长沙佳兆业广场等地，用交响乐快闪形式现场演奏经典音乐，

2021 年 5 月 20 日，在袁家岭中央文化区，年轻的交响乐乐手在街头演绎《爱乐之城》中的经典音乐 （区委宣传部　供图）

吸引了众多市民驻足聆听，拍照记录。该次交响音乐秀，乐手大多为年轻音乐老师，曲目选自经典音乐，符合袁家岭中央文化区的文化属性，切合星城长沙的青春活力。交响乐快闪活动是袁家岭中央文化区系列主题活动之一，通过年轻人喜爱的流行方式，演绎经典交响乐，让高雅艺术走出剧场、走上街头巷尾，拉近普通市民与高雅艺术之间的距离。 （李　玲）

【举行“就认这个理——芙蓉区新思想进基层理论微宣讲总决赛”】 2021 年 8 月 31 日，“就认这个理——芙蓉区新思想进基层理论微宣讲总决赛”在区机关会议中心举行。来自芙蓉区纪检监察、教育、医疗卫生等部门以及街道社区的 8 名选手参加决赛。湖南省委宣传部副部长、省电影局局长刘学，省委宣传部理论宣讲处处长田辉，长沙市委常委、宣传部部长陈刚，长沙市委宣传部常务副部长杨长江，长沙市文明办副主任杨立平，以及芙蓉区委有关领导出席，市委党史学习教育第一巡回指导组成员莅临指导。选手们以本职工作的成长经历、家族亲人的奋斗史、新时代青年人的心声为主线，通过小故事阐释大道理。省委宣传部理论宣讲处处长田辉作点评。芙蓉区教育局的李可心获此次宣讲比赛一等奖，刘青青、欧阳沙媛获二等奖，肖琼、徐苏璐、王子悦、江丹、陈丹丹获三等奖。

为推动党的创新理论“飞入寻常百姓家”，芙蓉区创新宣讲形式。线上，芙蓉区创新发起“芙蓉红色之旅”短视频活动，宣讲员化身主播；线下，利用“东湖夜话”“梧桐夜校”“东岸夜课堂”“悦读时光”等基层特色平台，用方言讲活理论政策。2021 年，芙蓉区开展“就认这个理”——芙蓉区新思想进基层理论微宣讲网络课堂 50 余期，推出思政微课 108 堂，有 6 堂在全市获奖。组建区委宣讲团，打磨《湘江评论溯初心》等 30 余门精品党课和理论宣讲课程，推出全区性主题活动 20 余场次，开展分众化、对象化专题宣讲 1000 余场，推动党的创新理论在芙蓉区落地生根。 （李　玲）

【红色剧目《向警予》观演活动】 2021 年 10 月 11 日、12 日晚在湖南大剧院，长沙市芙蓉区组织开展“感悟经典　致敬百年”红色剧目《向警予》观演活动。芙蓉区委书记周

2021 年 8 月 31 日，“就认这个理——芙蓉区新思想进基层理论微宣讲总决赛”在区机关会议中心举行 （区委宣传部　供图）

春晖，区委副书记、代理区长崔晓出席，芙蓉区全体县级领导、党代表，芙蓉区人大代表、政协委员、“两优一先”代表、道德模范代表、优秀志愿者代表、机关干部代表、企业代表、文化单位代表、街道干部代表、社区（村）书记等1200余人参加观演。《向警予》系一部革命现代京剧，以中国共产党早期领导人及创始人之一向警予为原型，讲述向警予生命最后一年的人生历程，通过向警予的形象弘扬革命精神，献礼中国共产党成立100周年。湖南省京剧保护传承中心集结了国内一流的创作团队，历时一年打造优质剧目《向警予》，同时培养人才。2021年5月，向警予饰演者、国家一级演员张璇摘得中国戏剧表演最高奖“梅花奖”，该剧入选第九届中国京剧艺术节。（李　玲）

【原创歌曲《遇见袁家岭》音乐短片发布】 2021年11月1日，袁家岭中央文化区原创宣传推广曲《遇见袁家岭》音乐短片（MV）在“新湖南”新闻平台首发，一天之内观看超46万人次。《遇见袁家岭》由袁家岭中央文化区建设指挥部和芙蓉区委宣传部联合出品，中国音乐家协会会员、青年诗人李小军作词，中国音乐家协会会员、青年作曲家郑铮铮作曲，青年歌手、中央电视台《星光大道》年度亚军侯本岗演唱，国际首席爱乐乐团演奏弦乐，中国书协会员、长沙市书协副主席文佐题写歌名。《遇见袁家岭》歌词融入湖南米粉街、古玩城、新华书店、长沙临时大学、曙光798、湘绣博物馆，以及湖南大剧院、湖南图书馆、湖南省湘剧院、湖南省京剧保护传承中心、湖南花鼓戏保护传承中心等众多袁家岭中央文化区“文化地标”元素，从本土和外地来长沙年轻人的不同视角，讲述对袁家岭这个长沙市中心发展变化的感受。《遇见袁家岭》发布之后，同步在QQ音乐、网易云音乐等全国各大音乐平台上线，并登录全国歌厅。（李　玲）

【袁家岭中央文化区启动“发展服务日”】 2021年11月25日，袁家岭中央文化区举办首次“发展服务日”启动仪式，区领导蒋红波、杨光华出席，九大项目负责人与芙蓉区相关街道、部门的负责人参加，就项目推进中出现的问题相互交流。讨论会上，九大项目负责人提出诸如商业广告审批流程、专场培训、道路交通卡点等问题，与会人员现场研究、答疑解惑、当场表态。“发展服务日”的启动也是芙蓉区服务文创企业，落实“百日暖企”行动的一项重要举措。12月2日，芙蓉区举行袁家岭中央文化区“暖企行动”商业广告审批专场培训，就袁家岭商圈企事业单位关心的商业广告审批问题现场答疑释惑。区综合行政执法大队、区城管局工作人员解读有关政策文件，讲解广告招牌设置相关规定及具体流程。培训会是芙蓉区袁家岭中央文化区“发展服务日”系列活动的延伸。芙蓉区对收集到的企业诉求逐一列出清单提出举措，实行闭环销号管理。“发展服务日”年内举行2次。（李　玲）

统一战线工作

【概况】 2021年，芙蓉区统战部强化思想政治引领、广泛凝心汇智聚力、围绕中心服务大局、维护民族宗教领域和谐稳定安全，推进统战工作向前发展。

思想政治引领　以学习宣传贯彻习近平总书记关于加强和改进统一战线工作的重要思想、《中国共产党统一战线工作条例》为主题，坚持开展民主党派、工商联负责人“季度学习日”活动，举办统战工

2021年11月1日，袁家岭中央文化区原创宣传推广曲《遇见袁家岭》音乐短片在“新湖南”新闻平台首发（区委宣传部　供图）

作培训班，围绕中国共产党成立100周年等重要时间节点组织统一战线各领域党外代表人士开展座谈交流、调研走访和宣讲谈心等活动。指导区工商联完成换届，配合区委组织部选拔推荐一批优秀党外人士担任市、区人大代表和政协委员。

服务中心大局　联合区委党校、区工商联共同举办优化营商环境培训班，开展“百日暖企”活动，走访企业32家，帮扶协调解决57个具体问题，协调相关单位共同为企业纾困解难。明确统战部领导分管和专人负责，召开2次楼宇经济现场工作会议，实地走访楼宇内重点企业和新入驻企业，掌握企业基本信息，送达各级促进企业高质量发展政策，协调解决证照办理、招工用工、信用贷款、招商引资等难题。组织各民主党派围绕推动高质量发展和现代化治理、优化营商环境等开展专题调研，支持各民主党派开展民主监督。撰写14篇调研报告，提供40余条建言献策信息。

同心创建工作　加强对基层同心创建工作的指导，制定《芙蓉区“同心建设”工作计划（2021—2025年）》，对申报单位开展走访调研，指导提升品牌影响和建设实效。芙蓉区两岸青年文化产业孵化基地被省委统战部确认为2021年度省级同心项目，荷花园街道恒达社区、定王台街道走马楼社区被市委统战部评为“市级同心社区”。组织芙蓉区新的社会阶层代表人士和党外知识分子代表人士开展庆“七一”主题活动。（袁　霞）

【新的社会阶层统战工作】　2021年，芙蓉区委统战部围绕“新时代、新力量、新作用”主线，开展新的社会阶层统战工作。制定《2021年芙蓉区新的社会阶层人士统战工作计划》，吸收2名新的社会阶层人士加入联谊会。了解和把握新的社会阶层思想发展变化，召开新的社会阶层人士思想状况调研座谈会，围绕新阶层人士面对的10个方面的社会问题及个人生活状况深入交流。发起针对新的社会阶层思想状况的网络调查问卷，收回问卷近200份。统战部副部长带队集中走访调研4名新阶层代表人士，听取新阶层代表意见和建议。组织芙蓉区新的社会阶层代表人士和党外知识分子代表人士到刘少奇故里开展迎“七一”主题活动，激发统战人士爱党爱国热情。发挥新的社会阶层人士的专业优势，开展爱心助学、扶贫助困、法律援助等公益活动。金顺达律师事务所开辟肖律师服务热线，主动对接社区居委会，为弱势群体提供免费咨询和法律援助服务。新冠肺炎疫情以来，芙蓉区新阶层人士向社会捐款捐物折合人民币230万元。（杨　晴）

【非公有制经济人士统战工作】　2021年，芙蓉区加强非公有制经济人士思想政治建设，通过调研、座谈会、执委会、主席（会长）会等多种方式，宣传中央、省、市、区政策精神。组织企业家到长沙县田汉纪念园参观，推荐优秀青年企业家参加市“百名青商培养工程”。参加芙蓉区各界人士庆祝中国共产党成立100周年座谈会，共话中国共产党成立100周年的艰辛历程和辉煌成就。组织非公经济人士就营商环境开展座谈，建立县级领导干部联系民营企业、商协会工作制度。召开企业家“优享会”，组织民营企业参与民企劳动关系状况监测调查、民营企业运行状况和涉企政策落实情况调查、民营企业社会责任调研。（刘艳琴）

【民族宗教人士统战工作】　2021年，芙蓉区民族宗教事务局制定关于开展民族团结进步宣传月活动的方案，下发2021年度普法依法治理工作要点，开展民族宗教政策法规学习月。举办“来长务工经商少数民族群众法律援助知识培训暨适龄儿童入学、市场经营相关政策宣传培训班”和“新疆驻湘工作组（芙蓉区）政策宣讲会”，开展法律知识讲座。推进民族工作“七进”（进机关、进企业、进社区、进学校、进乡村、进清真寺、进家庭）共建活动。军区社区获评“全国民族团结进步示范社区”。五一中路小学开展民族团结进学校创建活动，解决外来务工人员子女入学问题。学校与驻地社区、单位共建，对口帮扶少数民族贫困地区，开展丰富有益的社会活动。继续开展“民族情深　与梦同行”爱心公益活动，为龙山县捐赠棉衣400余件。（曾维平）

【党外人士队伍建设】　2021年，芙蓉区围绕中国共产党成立100周年等重要时间节点，组织党外代表人士开展座谈交流、调研走访和宣讲谈心等活动，有计划、分层次开展系列学习和主题教育活动4次。坚持开展民主党派、工商联负责人“季度学习日”活动，举办统战工作培训班，配合区委组织部选拔推荐一批优秀党外人士担任市、区人大代表和政协委员。芙蓉区党外知识分子70余人，其中担任政协委员15人，体制内副科职以上人员8人。支持各界党外知识分子开展调研，为芙蓉区建设发展建言献策。

其中商会副会长曾亚斌撰写的《引导地摊经济持续有序地发展》获全国政协采纳，《建议我省承建中部大数据中心》获省领导批示和省政府采纳。（袁　霞）

【侨联侨务工作】 2021年，区侨联开展侨企生产经营状况调查、新侨回国到湖南创新创业政策环境专题调研以及困难归侨侨眷摸底等全区侨情摸底调查。春节、中秋节期间开展侨界群众集中慰问工作，慰问老归侨、困难侨眷、侨界空巢老人177人次，发放慰问金9.2万元。组织侨界代表人士开展收看“庆祝建党100周年”庆典活动、“月满中秋、情暖侨心”中秋茶话会等活动。东湖街道东沙社区创建市级“侨胞之家”。年内，为隆平水稻博物馆授牌“中国华侨国际文化基地”“湖南省华侨文化交流基地”。（袁　霞）

【2021年统战工作培训班】 2021年12月16日，芙蓉区委统战部、区委党校联合在中国气象局气象干部培训学院湖南分院举办2021年统战工作培训班，为期1天。区委统战部、区工商联、区侨联全体干部，以及区、街、社区统战工作相关人员200余人参加培训班，驻区高校湖南农业大学统战部副部长袁光敏，湖南生物机电职业技术学院宣统部副部长黄乐佳等应邀参加。芙蓉区委副书记、统战部部长蒋红波，以《推动芙蓉区统战工作高质量发展》为题作开班动员讲话。会议邀请市委统战部副部长刘佳勇、市委党校三级教授李跃，结合基层统战工作实际，围绕民族宗教、经济统战等新时代基层统战工作领域作政策宣传解读和业务知识讲解。（袁　霞）

网络安全与信息化管理

【概况】 2021年，芙蓉区网信工作以“强化网络舆论引导、走好网上群众路线、营造清朗网络空间”为目标，强化舆论引导，净化网络生态。年内召开区委网络安全和信息化委员会第三次会议，研究全区网络安全和信息化状况，部署相关工作。2021年，区委网信办入选人民网“网上群众工作民心汇聚单位”（全省4个，全市唯一），组织推荐的“暖心书记”刘朝辉荣获新华社主办的“中国网事·感动2021”十大年度网络感动人物(全省唯一)，基层网信工作专干胡美俐获省委网信办主办的“2021年度湖湘好网民行业新风奖”提名奖，湖南北纬三十文旅股份有限公司党支部书记朱珠被评为“湖南省互联网行业优秀党务工作者”。网络问政和网民留言办理工作获人民网、网信湖南、红网时刻等平台和媒体推介，获评红网网民留言办理工作先进单位。“芙蓉发布”头条号、澎湃号政务指数（地方政务号的网络影响力排名）月度排名常态位处全省、全市前列。（唐金花）

【网络舆论引导】 2021年，芙蓉区以“长沙微芙蓉”微博和“芙蓉发布”头条号、企鹅号、一点号、澎湃号、抖音号为平台开展网络宣传，围绕党史学习教育等中心工作，开设“精彩新芙蓉”“网红芙蓉”等话题和专栏。2021年，“长沙微芙蓉”微博、“芙蓉发布”头条、“芙蓉发布”澎湃号等平台月均发稿量200余篇，月均阅读量近100万人次。组织推荐的“暖心书记”刘朝辉荣获新华社主办的“中国网事·感动2021”十大年度网络感动人物（全省唯一）。动态管理全区110家政务新媒体平台账号，制订《“网红芙蓉”宣传引导工作方案》，策划“芙蓉网红点”“芙蓉网红人”“芙蓉网红事”等系列宣传报道。联合“央视新闻”“学习强国”等平台，推出直播《夜游中国：打卡湖南长

2021年6月23日，区委网络安全和信息化委员会召开第三次会议
（区委网信办　供图）

沙米粉街“嗦”一口地道湘味》《夜游中国：漫步长沙都正街 探寻老街中的“韵味”》《湖南长沙：育种基地奏响春耕乐章　一起感受劳动美》，直播微博话题阅读量超1084万，全网在线观看人数超200万人次。推出《人民路上》《“迎解古樟”树下听党史》《芙蓉相对论》《爱在袁家岭》等重要报道的转载工作。策划推出《湖南为什么这样红：‘芙蓉国’里看芙蓉》专稿，获省委网信办、《湖南日报》网等多个网络平台刊发。湖南米粉街、国金中心、隆平水稻博物馆、袁家岭文化商圈、汉桥、都正街和白果园历史文化街区成为展现“网红芙蓉”“长红芙蓉”的引流网红点。深化融媒合作，建立与掌上长沙、搜狐、百度等网络媒体的互动共赢机制，推出“热搜里的芙蓉”“芙蓉实力派”等专题或话题，邀请房产大咖把脉芙蓉区楼宇经济，制作网红楼宇系列海报，形成《当摩天楼变身擎天柱——芙蓉区楼宇经济观察》等人物专访系列专稿。参与长沙网络文化节各项主题活动，举办“这里是芙蓉”抖音短视频挑战大赛，全方位、多维度打卡芙蓉美食美景、最美人物。活动启动以来，引流超2500万人次，吸引300余人参与原创挑战。

（唐金花）

【网络安全保障】　2021年，芙蓉区完善网络安全工作机制，采取远程渗透及现场抽检的方式，分2次对全区110个重点网站及信息系统开展网络安全专项检查，实地抽查隆平高科技园、区纪委等10家重点单位，发现安全漏洞35个，及时督促相关单位将安全漏洞问题清零。组织开展属地互联网资产清查，与国家计算机网络与信息安全管理中心湖南分中心签订《网络安全合作框架协议》，选派两支队伍参加“湖湘杯”网络安全大赛和全市网络安全职业技能大赛。建设网络安全管理态势感知平台，监测全区128家重点网站系统，发现网络安全高中危漏洞86个，编发安全通报43期，督促相关单位按期整改。出台《芙蓉区网络安全事件应急预案》，开展互联网资产清查整治、网站信息泄露风险排查、虚拟货币“挖矿”活动专项整治、App网络安全专项治理等行动，清查全区18个相关单位互联网信息系统资产22个，处理涉网站个人信息泄露信息147条、“挖矿”蠕虫风险主机2台。

（唐金花）

【网络生态治理】　2021年，芙蓉区建设网络安全应急指挥中心，提升技术管网治网能力。落实《长沙市芙蓉区网民留言办理工作流程》，回应网民关切问题。针对红网《问政湖南》《百姓呼声》、人民网《领导留言板》、“湘问·投诉直通车”等问政平台的网民留言逐条搜集、研判、交办、回复，发挥网络舆论引导、反映民意、服务民生等作用，全年组织答复网民留言1100余条。升级技术，优化网络综合治理监管平台。全年对属地37余家违规发布违法不良信息的网络平台发出警告。印发《加快建立网络综合治理体系实施方案》，构建网信统筹、部门协调、属地监管、企业履责、行业自律、社会监督相结合的网络综合治理体系。开展“规范移动互联网应用程序”“清朗·暑期未成年人网络环境”等专项整治活动10余次，全年向上级网信部门举报网络违法和不良信息5.73万余条。

（唐金花）

【网络安全周宣传活动】　2021年10月11日至17日，芙蓉区开展国家网络安全宣传周活动。通过网络安全专项检查、网络安全宣传主题展、网络安全专题培训、网络安全线上知识有奖竞答、网络安全宣传专栏设置、网络安全系列主题日六

2021年10月15日，区委网信办在韭菜园街道桐荫里社区开展国家网络安全宣传周活动

（区委网信办　供图）

大主题活动，以电子显示屏发布、张贴宣传海报、发放宣传手册、设置网络安全咨询点、开展网络安全科普活动、原创网络安全微视频、推送网络安全知识有奖竞答等“线上+线下”联动结合形式，发放网络安全宣传海报1万余份、宣传手册5万余册、网络安全宣传主题创意口罩1万余个，多渠道宣传普及网络安全知识，提高市民群众的网络安全防范意识。（唐金花）

【新媒体运营】 2021年，区委宣传部下属事业单位芙蓉区融媒体中心，负责“芙蓉发布”、芙蓉新闻网、芙蓉手机报、红网时刻芙蓉新闻、新湖南芙蓉频道、“新芙蓉”App 6个区级平台运行，与各级新闻媒体的联络对接，围绕中央、省、市重大决策部署和区委、区政府的中心工作，打造新闻精品。2021年区融媒体刊发重点新闻报道8700余篇。《人民日报》、《光明日报》、新华社、中央电视台等中央主流媒体刊发芙蓉区相关新闻报道140余篇，“学习强国”学习平台上稿160余篇，10篇稿件获“学习强国”全国学习平台推荐。开设专题专栏、推出系列报道23个。年内中共芙蓉区第六次代表大会期间，推出《奋进“十四五”打造标杆区》系列报道，解读大会精神、展示实干成效。联合红网长沙站，在区融媒体新媒体平台推出《人民路上》新闻专题，选取人民路上红色地标、重要节点、典型人物，通过图文、视频、H5及线下打卡等形式，解码人民路上历史符号，记录现代发展图景。该专题入选长沙市2021年度优秀新媒体作品。（邓蓓莉）

2021年6月10日，芙蓉区在区会议中心举行庆祝建党100周年党史知识抢答赛决赛（区直机关工委　供图）

区直机关党建

【概况】 截至2021年年底，区直机关工委管辖党组织96个，其中党委2个、党总支11个、党支部83个。党员1814名，其中在职党员1293名、离退休党员521名。

思想政治建设　加强机关党员干部理论武装，先后举办党组织书记培训班、党务工作者培训班2期，举办新时代网络意识形态专题讲座。巡听旁听区直机关党委（组）理论中心组学习19次；发放政治理论读本2700余本。开展党史学习教育，分2批组织区直机关党建专干到湖南和平纪念馆、湘江评论旧址参观学习。区直机关组织1100余名党员到秋收起义纪念馆、杨开慧故居等地开展红色教育80余场次。

基层基础建设　年内自贸区长沙片区芙蓉事务中心等区直单位新成立党组织2个，党组织合并1个，党组织升格1个，党校青训营等成立临时党支部3个。27个党组织实行换届和补选，基层党组织改、补选班子成员72人。在职党组织由主要负责人兼任支部书记的比例92%。落实好“三会一课”、组织生活会，双述双评，优化完善《区直机关在职党员分类量化管理评分细则》。全年发展新党员22名，预备党员转正13名，确定入党积极分子5名。运用“和包支付”收取党员党费49万余元。113名老党员获得“光荣在党50年”纪念章。对52名老党员困难党员走访慰问，发放慰问金4.52万元。

打造特色亮点　开展“三表率一模范”机关创建活动，即在深入学习贯彻习近平新时代中国特色社会主义思想上作表率、在始终同中共中央保持高度一致上作表率、在坚决贯彻落实中共中央各项决策部署上作表率，建设让中共中央放心、让人民群众满意的模范机关。加强机关党建领域的大数据应用，建好线上线下两个“先锋阵地”，指导督促各党组织用好用活“长沙智慧党建”平台。连续8年在“七一”

前为区直机关新发展党员发放“红色书袋”。开展创先争优活动，区财政局党支部获评全市先进基层党组织，江红等3人被评为全市优秀共产党员、优秀党务机关工作者。区发改局《在项目上过主题党日》获全市“百佳精品党日案例”。区行政审批服务局政务大厅的“芙蓉先锋帮代办”、城建投的“党旗插在项目上”等机关党建品牌影响力不断扩大。

服务中心大局　把机关党建与换届选举、经济建设、新冠肺炎疫情防控、招商引资等工作结合，以党建引领促进中心工作高质量发展。做好区六次党代会党代表选举工作，区直机关72名出席区第六次党代会的代表满票当选。举办“奋斗百年路　启航新程征”党史知识抢答赛。在新冠肺炎疫情防控的重要节点，组织区直机关150余名党员干部下沉到街道社区开展志愿服务，帮助解决问题221个。区审计局党组织服务楼宇经济，引进税收大户，助力全区经济高质量发展。

（胡永清）

【选举中共长沙市芙蓉区第六次党员代表大会代表】　2021年，中共长沙市芙蓉区第六次代表大会分配给区直机关工委的代表名额72人。区直机关工委按照代表条件，对代表名额、结构要求、候选人推荐提名程序等工作做专门部署，按照程序宣传发动、推荐提名、考察公示。区直机关58个提名单位1683名党员参与了代表候选人初步人选的酝酿提名，区直机关工委经过对87名代表候选人初步人选的考察，确定产生77名候选人预备人选，包括63名领导干部、6名专业技术人员、8名先进模范，加上区委提名的10名代表，共87名代表候选人预备人选。2021年7月23日，区直机关工委召开区直机关党员代表会议，首先以举手表决的方式确定了87名代表候选人预备人选为代表候选人。最后，以差额选举和无记名投票的方式，从87名代表候选人中选出72名区直机关出席区第六次党代会的代表（均满票当选）。

（胡永清）

【区直机关党组织书记述职评议】
2021年2月23日，区直机关党组织书记2020年度履行基层党建工作责任述职评议暨省委《实施意见》专题培训会议在区直机关会议室举行。区直机关工委的57个党组织书记参加述评和培训，区纪委监委、区委党校、区发改局、区司法局、区退役军人局5个党组织书记做现场述职，其他党组织书记做书面述职。区委常委、区委办主任、区直机关工委书记刘洪波出席会议并讲话。刘洪波对区直机关各党组织2020年度工作给予肯定，指出存在的主要问题，结合中国共产党成立100周年部署下阶段工作。述职评议结束后，省直机关工委办公室主任肖新国，就落实省委《关于加强和改进新时代全省机关党的建设的实施意见》精神做专题培训。

（胡永清）

【关于加强机关党的建设实施意见出台】　2021年3月30日，经区委常委会审议同意，中共长沙市芙蓉区委办公室下发《关于加强和改进新时代全区机关党的建设的实施意见》。文件从5个方面入手：把党的政治建设摆在首位，建设坚强有力的政治机关；深入学习习近平新时代中国特色社会主义思想，推动理论学习常态化制度化；提升组织力，增强机关党建工作实效；持之以恒正风肃纪，营造风清气正的机关政治生态；加强对机关党建的领导，形成齐抓共管的强大合力，提出19条具体措施。该文件是当前和之后一段时间全区机关党建的指导性文件，为提高全区机关党的建设质量提供保障。　（胡永清）

【“三表率一模范”机关创建活动】
2021年9月18日，区直机关工委下发《芙蓉区直单位“三表率一模范”机关创建活动实施方案》，方案明确机关创建活动的主要任务是政治建设走在前、理论武装走在前、固本强基走在前、正风肃纪走在前、履职担当走在前5个方面。“三表率一模范”机关创建活动在区委的统一领导下进行，区直机关工委具体负责活动的组织实施，实行清单式、项目化管理，每3年进行一次“三表率一模范”机关评选。方案下发后，区直各单位对标机关创建活动的主要任务，丰富创建举措，将模范机关创建同破解难题、转变作用、推动发展相结合。　（胡永清）

【区直机关党务工作者培训】
2021年9月27—28日，区直机关党务工作者培训暨“万名党员进党校”培训班在区机关会议室举行，区直机关基层党组织（含下属在职人员党支部）书记、党建专干141人参加。区直机关工委常务副书记胡永清主持开班式，区委常委、区委办主任陈亚静出席开班式并讲话。培训班邀请省直机关工委相关领导、区委组织部、区委网信办负责人开展党建、网络意识形态专题培训，区直机关工委负责人就如何开展主题党日活动做讲解。培训期间，组

织培训学员参观了湖南和平纪念馆、《湘江评论》旧址，举行重温入党誓词等活动。（胡永清）

机构编制工作

【概况】 2021年，芙蓉区机构编制委员会办公室对标中央和省市关于机构编制工作相关要求，加强机构编制管理、持续深化改革创新、管好盘活编制资源，为全区经济社会发展提供机构编制保障。

机构编制管理　落实《中国共产党机构编制工作条例》及相关配套法规制度，针对部门提请研究的机构编制事项，坚持动议、论证、审议决定和组织实施等程序一步不缺，确保机构编制事项合法合规。严守机构编制红线，严把人员入口关，推进机构编制条条干预问题自查自纠工作，防止条条干预问题发生。开展全国第二次机构编制核查工作，梳理核对全区300余家机关事业单位机构编制情况及5000余名在编人员信息，核清全区机构编制家底。推进省委巡视问题整改，截至2021年12月31日，省委巡视反馈的机构编制5个方面的35条问题线索中，25个问题实现彻底销号，其他问题实现阶段性销号。针对全区公办中小学教职工结构性缺编的情况，向省、市争取中小学教师编制支持，并在全区统筹调剂差额拨款事业编制与全额拨款事业编制，建立芙蓉区中小学教职工编制周转池，完成全区公办中小学教职工编制达标工作。

机构编制保障　优化火车站地区综合管理体制，将原长沙火车站综合管理办公室更名为长沙火车站地区综合事务中心，升格为副处级。设立中国（湖南）自由贸易试验区长沙片区芙蓉事务中心，制定并印发“三定”规定。衔接中央及省市委编办，解决自贸试验区长沙片区芙蓉事务中心在事业单位法人证书登记过程中冠名“中国”问题。撤销湖南省金融创新特色产业园管理委员会，优化隆平高科技园所属事业单位的机构设置。完成开发区管理机构清理、整合、规范各项工作。向省市争取行政编制和事业编制，接收安置2019、2020年度军队转业干部，保障自贸区块机构建设、中小学教职工编制周转等重点工作。

持续深化改革　继续深入推进综合行政执法改革，为构筑更精细化、更专业化的执法队伍体系，在原有13个驻街综合行政执法中队基础上增设直属综合行政执法中队，承担全区执法领域疑难案件、重大案件的办理，增设火车站广场综合行政执法中队，负责火车站地区及周边区域的综合行政执法工作。开展行政复议体制改革，按照“一级政府只设立一个行政复议机关”的总体要求，审慎制定机构编制方案。改革后，在全区只保留一个行政复议机关，区司法局为区人民政府的行政复议机构，依法办理区人民政府行政复议事项，以区人民政府的名义作出行政复议决定，其他部门不再行使行政复议职责。在区司法局内设行政复议与应诉科，加挂区人民政府行政复议办公室牌子，负责全区行政复议工作。（向　兰）

【机关群团赋码及事业单位登记工作】 2021年，区委编办依法开展机关群团赋码及事业单位登记工作，完成机关信息变更37例、群团信息变更3例；办理事业单位变更登记102例、设立登记12例，其中4例为利用国有资产举办的新型幼儿园，注销登记2例，完成全区123家事业单位2020年度报告公示工作。优化事业单位登记、变更、注销等业务办理流程，梳理汇总机关群团赋码及事业单位登记工作中的常见问题，设立业务咨询热线，对申请材料一次性告知，建立非关键材料“容缺”受理机制，力求做到各业务事项“马上办、网上办、一次办”。（向　兰）

【中文域名及网站挂标工作】 2021年，区委编办梳理全区中文域名及网站标识，建立网上名称管理台账，确认开办网站机构数量39家，网站数量41家，全部为自建网站，网站挂标率100%，有效保障行政、群团、事业单位在互联网上的身份与信息安全。截至2021年12月，芙蓉区政务和公益域名注册域名数340个，实现注册单位全覆盖，覆盖率位居长沙市各区县第一位。（向　兰）

【优化长沙火车站地区综合管理体制】 2021年，芙蓉区为从根本上解决长沙火车站站区传统管理难题，经与省、市各级相关部门的反复沟通衔接，5月，获批将原长沙火车站综合管理办公室更名为长沙火车站地区综合事务中心，后获批升格为副处级；12月，《长沙火车站地区综合事务中心职能配置、内设机构和人员编制规定》文件印发，明确长沙火车站地区综合事务中心为芙蓉区人民政府管理的公益一类事业单位，内设综合事务部、执法协调部、社会事务部和指挥调度部。（向　兰）

【自贸区长沙片区芙蓉事务中心设立】 中国（湖南）自由贸易试验区2020年9月经国务院批复设立，其中芙蓉区1.86平方千米纳入规划范围。为加强对中国（湖南）自由贸易试验区长沙片区芙蓉区块的领导和管理，区委编办经调研听取各方意见，形成关于成立自贸试验区长沙片区芙蓉事务中心的相关论证报告和请示，2021年4月获批。9月，《中国（湖南）自由贸易试验区长沙片区芙蓉事务中心职能配置、内设机构和人员编制规定》文件印发，明确自贸试验区长沙片区芙蓉事务中心是长沙市芙蓉区人民政府管理的公益一类事业单位，正科级，内设党政综合部、产业发展部和制度创新部。（向　兰）

【开发区管理机构清理规范工作】 2021年，芙蓉区贯彻落实《中共湖南省委机构编制委员会印发〈湖南省清理规范开发区管理机构的实施方案〉的通知》的相关工作要求，开展芙蓉区开发区管理机构清理规范工作，拟定《关于审批〈芙蓉区清理规范开发区管理机构方案〉的请示》，完成《中共隆平高科技园工作委员会　隆平高科技园管理委员会职能配置、内设机构和人员编制规定（草案初稿）》的起草上报、隆平高科技园企业服务中心升格为正科级机构的论证工作。年底，《中共隆平高科技园工作委员会　隆平高科技园管理委员会职能配置、内设机构和人员编制规定》文件印发，明确隆平高科技园党工委、管委会分别为长沙市委、市政府派出的正处级机构，委托芙蓉区委、区政府管理，实行合署办公一套机构，对隆平高科技园实行统一管理；设置办公室、产业发展局（安全生产监管局、营商环境工作局）、经济合作局、开发建设局、财政金融局5个正科级内设机构；将隆平高科技园所属事业单位隆平高科技园企业服务中心（隆平高科技园创新创业服务中心）升格为正科级机构。（向　兰）

【编纂《芙蓉区机构编制史（1949—2020）》】 根据市委编办关于开展长沙市机构编制史编纂工作部署，2021年8月区委编办组建工作专班，在规范梳理芙蓉区原有机构编制史资料的基础上，加强同市、区档案馆及相关单位的沟通衔接，对芙蓉区自中华人民共和国成立以来的机构编制历史沿革、行政区划演变、领导体制变化、历次机构改革情况，以及党政机构名称变更、内设机构调整、编制数增减等机构编制各方面情况按时间顺序逐一比对核查。10月底，《芙蓉区机构编制史（1949—2020）》初稿完成，全文近5万字，记载1949年至2020年芙蓉区机构编制工作情况，重点记述近年来芙蓉区推进“放管服”改革，优化机构编制资源配置，加快政府职能转变所出台的文件和采取的措施。（向　兰）

党校工作

【概况】 2021年，芙蓉区委党校举办各类主体班11期，培训1300余人，实现了教学科研提质增效。全年，区委党校按照正规化、规范化、标准化进行新校址建设，至2021年年底新校址项目完成施工招标。计划总投资4200万元，建筑面积6877平方米，集教学、办公、住宿于一体，预计2022年建成。

教学管理　落实中组部有关规定，保证学员在学习期间的政治组织纪律。按照《芙蓉区科级领导干部德才绩量化考核实施办法》有关规定，对参训学员管理和考核。继续实行主体班安排班主任和教学辅导员全程跟班，中青年干部培训班组建临时党支部和班委会。落实考勤、手机管理、考核计分各项制度。科级干部培训班结束时，参训学员实行闭卷考试；青年干部实训营结束时，参训学员提交以区委区政府重点工作为主题的调研报告。培训情况与干部年底绩效考核挂钩。

服务中心　结合党史学习教育，开展“读百年奋斗史　做实干党校人”学习活动，组织全体党员学习党史、新中国史、改革开放史等规定书目。举办基层宣讲员暨精品党课讲师团培训班，培训基层宣讲员16人，精品党课授课人79名。以“我为群众办实事”为抓手，组织党员参与联点东宜社区党组织结对共建工作，先后开展爱心助学公益捐款、志愿服务、帮扶慰问等一系列志愿服务活动。依托“红色讲习堂”党建品牌，发挥自身优势，组织校委班子成员、教师深入基层一线送党课，开展宣讲43场次。结合党史学习教育，深挖芙蓉区本土红色资源，打造芙蓉特色党课。与区委组织部共同开展全区精品党课竞赛活动，2名教师被评为“十佳讲师”，“从《湘江评论》中感悟实干的力量”“用好统一战线这个重要法宝——湖南和平解放的回顾与启示”2堂党课在“芙蓉区2021年送党课进基层巡讲启动式”中作为精品党课展示。2堂党课在“学习强国”平台的《15分钟微党课时间》专题栏目中展示。“稻田里的追梦人——袁隆平”课程进入市委

党校主体班课程体系。为加强师资队伍建设，从郴州市委党校选调1名讲师充实到党校师资队伍当中。（章 余）

【教学培训】 2021年，芙蓉区委党校按照分层次、分类别、多渠道、重实效的干部教育培训格局，将党史学习教育、习近平新时代中国特色社会主义思想等专题作为培训必选课、学员必修课，把党史学习教育贯穿于培训全过程。举办科级干部学习贯彻中共十九届五中全会精神推动实施“三高四新”战略理论研讨班3期，每期7天。课程设置上，包含长沙市委书记吴桂英在全市县处级主要领导干部学习专题研讨班开班式上的讲话视频，省委、市委党校教授相关“三高四新”战略、“十四五”规划、习近平新时代中国特色社会主义思想及重要论述、中共百年党史等课程。组织学员到修业学校、湖南和平解放史事陈列馆、田汉文化园，以及何叔衡、谢觉哉故居等地开展现场教学。举办社区（村）党组织书记（居委会（村）主任）培训班1期，培训人数80人，历时7天。全脱产集中学习，专题授课和现场教学、座谈、经验交流、自学相结合。举办入党发展对象班2期，培训588人，每期3天，按照《入党培训教材》，邀请市委、区委党校教员开展党的基础知识和党的优良传统、党的作风教育。组织区直机关和街道机关34人参加青年干部实训营，为期2个月，全封闭式集中授课。开展主题班会、互动研讨、微论坛、跟班实践等多元教学活动。（章 余）

【教育科研】 2021年，芙蓉区委党校聚焦全区中心工作和基层关心关注热点问题，围绕中国共产党成立100周年、打造现代化新长沙建设标杆区，对接各区直机关部门、街道和社区，带动主体班学员共同组建课题组，提升科研咨政能力水平。年内完成浏阳河治理、产业升级、聚焦民生、基层治理现代化等一批调研报告。其中《以习近平生态文明思想为指导，提升浏阳河全流域治理现代化水平》获湖南省第七届生态文明论坛征文二等奖。精准扶贫课题在全市教科咨一体化创新工程项目认定为优秀。完成10余篇科研论文，其中在省级党校理论征文中获一等奖2个、三等奖1个，在市级党校理论征文中获三等奖3个、优胜奖1个。区委党校有4篇文章在《长沙晚报（理论版）》发表。区委党校被市委党校评为“2021年全市党校系统先进单位”。（章 余）

【2021年青年干部实训营】 2021年芙蓉区青年干部实训营于9月22日至11月19日举行。区委组织部和区委党校共同策划并实施，芙蓉区优秀青年干部34人参训，实行全封闭培训模式。培训分理论授课、现场教学、岗位实训、微论坛、集中调研、特色活动等形式。课堂学习由省委、市委党校教授讲授习近平新时代中国特色社会主义思想、百年党史等理论课程。邀请区领导介绍区情，与学员座谈交流。邀请区直机关部门、街道一把手解读芙蓉区“十四五”规划，讲解如何做群众工作等。结合“我为群众办实事”活动，与组织部、行政审批服务局三方联动，引入“芙蓉先锋帮代办”的实训环节，计4批次34人参与。组织学员到市委党校开设情景模拟课，模拟新闻发布会、访谈、会见情景。每位学员撰写1篇党性分析材料，分组撰写调研报告。培训结束，评选优秀学员7人、优秀班干部2人、优秀调研报告2篇。（章 余）

党史研究

【概况】 2021年，芙蓉区根据党史学习教育要求，区委成立中共长沙市芙蓉区委党史学习教育领导小组，区委党史研究室负责人作为领导小组成员之一，投身党史学习教育，拓宽党史研究及党史联络工作领域，构建党史宣教服务平台。为区委组织部、区委宣传部及区委党校开展党史学习教育宣传展览、开设党史学习教育专题班、开办党史学习教育宣讲课程提供党史咨询服务，区档案馆领导受邀为区城管局、统计局讲授党课。年内，区委党史研究室、党史联络组继续为修业学校《湘江评论》陈列馆微改项目提供了设计方案，为楚怡学校校史馆、红色历史（何叔衡）纪念馆、陈润霖纪念馆和东湖街道东沙社区姚托党支部陈列馆提供整体规划设计方案。编印芙蓉区庆祝中国共产党成立100周年专辑——《百年芙蓉》，指导区政协编写《芙蓉文史》第五辑。参与庆祝中国共产党成立100周年系列征文活动，区委党史研究室、党史联络组撰写《建党先声 城东贡献》《把握大政方针 支持民营经济发展》《百炼成钢》《雷锋精神催生幸福人生》等党史研究文章。党史宣教志愿者张定浙先后受邀到东沙社区、区教育局、区老科协等单位讲党课15场，包含“学习习近平总书记视察湖南重要讲话精神”“百炼成钢”“一大湖南代表从楚怡学校出发”“毛泽东与修业

学校的故事”“追溯初心之源、弘扬红船精神”等课程。其中“百炼成钢”被区委宣传部推荐为精品课程。（温小慧）

【《百年芙蓉》编印出书】 2021年，区委党史研究室、党史联络组与宣传部联合组织编印芙蓉区庆祝中国共产党成立100周年专辑——《百年芙蓉》。该书面向全区各部门、各街道、有关单位征文百余篇，从中筛选65篇，区委书记为其写序，多位区领导为其撰稿，区直机关及街道负责人、学校教师、“五老”讲师团成员，省社会科学院历史馆研究员、中南大学湘雅二医院护士、云箭集团861厂特种装备研究所人员、原《人民铁道》记者等为该书供稿。《百年芙蓉》分“城心之志”“芙蓉星火”“革新嬗变”“崛起密码”4个篇章，收录文章65篇、25万余字，以“个人”与“国家”的关系为视角，回顾芙蓉区（城东区、东区）百年来的发展变化及在各领域取得的成就，印数1500册，12月出书发放至全区党员干部群众手中。

（温小慧）

对台事务

【概况】 2021年，芙蓉区对台工作依托大同小学、育才学校、湘湖街道西湖社区等涉台教育基地，面向台湾同胞和广大干部群众、青少年学生开展涉台教育，提升全社会对祖国统一大业的认知；依托隆平水稻博物馆等对台交流基地，开展对台文化交流活动，推进了湘台两地交流融合发展；依托湖南省首家海峡两岸青年就业创业基地，为台湾青年来湘就业创业提供便利服务，吸引了大批台湾青年到湖南创业，促进了湘台两地经贸文化的发展。芙蓉区大同小学成为全省首批涉台教育基地。经中央台办批准，在芙蓉区两岸青年文化产业孵化基地设立海峡两岸青年就业创业基地，系湖南省第一家国家级青创基地。基地出台免租政策，提供创业孵化、资本与市场对接及本地化服务，吸引台湾青年、中小企业投资创业，推进湘台两地交流发展。

（李　菁）

【长台两地稻米文化交流活动】 2021年10月29日，“金秋论‘稻’一脉相承”——长台两地稻米文化线上交流活动在隆平水稻博物馆、台湾省台东县关山镇米国学校同步进行。活动现场，来自海峡两岸的专家学者以视频连线的方式，就两地稻作文化与农耕文化的历史源流、文化传承等方面进行探讨。长沙、台东会场通过播放《云游隆平水稻博物馆》等视频，了解稻作文化的起源，回顾袁隆平院士献身杂交水稻研究推广事业鞠躬尽瘁的一生，感受两地米食制作中稻米文化传承的深意。湖南农业大学教授、博士生导师唐启源，台湾稻米专家江瑞拱博士，台东县关山镇农会总干事邱美玲等分别在线上交流。来自长沙的中学生演唱由袁隆平作词的歌曲《我有一个梦》，致敬袁隆平院士。与会人员在线上共同感悟两岸稻米文化的一脉相承和中华传统文化的源远流长。（李　菁）

老干部工作

【概况】 截至2021年12月31日，芙蓉区离休干部80人，其中省属国

2021年10月29日，“金秋论‘稻’　一脉相承”——长台两地稻米文化线上交流活动在芙蓉区隆平水稻博物馆、台湾省台东县同步进行

（隆平水稻博物馆　供图）

有企业离休干部59人、教育系统9人、区直机关9人、街道及其他部门3人。副县级以上退休干部130人，其中正县实职退休干部10人、副县实职（享受正县待遇）退休干部27人、调研员8人、享受副县待遇退休干部83人、享受特殊慰问退休干部2人。2021年，芙蓉区委离退休干部工委围绕庆祝中国共产党成立100周年，开展系列学习活动及党史学习主题教育，举办全区离退休党建工作研讨会、“银发先锋大课堂”和离退休支部书记培训班，举行“光荣在党50年”纪念章集中颁发仪式。指导建设白沙湾、车站北路、锦林等社区老党员之家。区委办机关退休支部、韶光社区退休支部获评“全省示范离退休干部党支部”。

老干部待遇　为离休党员开展“送学上门”活动，送去党史书籍和便携式收音机。邀请离退休干部参加春节座谈暨区情通报会、区“十四五”规划纲要征求意见座谈会，以及党代会、省委巡视整改情况反馈会等。组织开展重阳节等活动。组织离退休干部“喜看‘三高四新’新变化”重点项目观摩活动，近百名离退休老干部观摩湘雅二医院周边提质改造街巷——南元宫巷，参观湖南米粉街和米粉博物馆，感受芙蓉区打造现代化新长沙建设标杆区的新气象。为老干部征订《老年人》杂志2492份、《长沙晚报》209份。全年按时足额发放离休干部及遗孀配偶生活补助、物业管理费、生日费、文明城市奖等经费969万余元，据实报销医药费290万余元，调增区直离休干部生活补贴10万余元，为8位抗战时期参加革命工作的离休干部调整副省级医疗待遇。节日期间走访慰问离退休干部510人次，发放慰问金（物资券）21.32万元。慰问困难离休干部及困难遗孀配偶71人次，发放慰问费1.2万元。接待处理离退休人员及家属来电来访480余次，协调处理离休干部信访及诉求问题8起。

“五老”作用发挥　区关工委围绕中国共产党成立100周年开展一系列青少年党史教育和隔代家庭教育活动，组织网吧义务监督队、交通义务执勤员、课外托管服务组等“五老”团队助力“儿童友好型城市”建设。加大资金扶持力度，为6个活动阵地拨付扶持资金6万元，为全区300名困难学生发放帮扶金30万元。组建“红色宣讲团”，围绕中国共产党成立100周年开展“百年百讲”主题宣讲活动480余场次，受众9万余人。“五老红”志愿服务者开展志愿服务600余场次。

（刘建武）

【老干部再教育】　2021年，芙蓉区老干部（老年）大学，经历2020年因新冠肺炎疫情停课一年后恢复开班。全年开设课程22门，开班148个，编班学员8000余人。老干部大学秋季班在新校址——芙蓉区文体中心开班。推进基层教学点和网络课堂站点建设，对已建的6个老年教育基层教学点提质扩容，新增湘府社区、韶光社区、东沙社区3所社区老年大学。德政园、五一东村、东屯渡、锦林、黄泥塘等社区被评为市级老年教育网络课堂示范点。区老干部大学艺术团参加各类文艺竞赛等活动30余场次，获奖20余次，其中特等奖3个、金奖4个、一等奖4个。区委老干部局组织区老干部书画协会、诗词协会、区老干部大学联合开展“庆祝建党100周年”主题活动，举办老干部书画展、诗词书画联展、老干部大学建校20周年文艺演出多次。

（刘建武）

【离退休党员分类管理试点工作】　2021年，芙蓉区结合全市党员分类管理试点工作，推行“520”（把离退休党员分为5类、分别采取2种不同方法管理）模式，提升离退休党员干部管理质效。在识字里社区开展专项试点，探索创立“520”分类管理模式，通过科学分类、建章立制、精准施策、跟踪问效，社区228名离退休党员实现教育管理零漏洞、党内关怀全覆盖。试点成果扩展到德政园等7个社区，调整优化“520”管理模式。自试行以来，指导成立爱心帮扶体系，建立帮扶对子420个，帮助解决老党员急难愁盼问题280个，老党员参与“时间银行”志愿服务4000余小时。

（刘建武）

【隔代家庭教育】　2021年，区关工委先后到湘湖社区、马王堆社区、曾家坪社区、三湘南湖大市场等地开展专题调研。延伸隔代家庭教育讲师队伍，扩大工作覆盖面。举办隔代家庭教育培训班，邀请刘耀杰、徐佐林等专家教授作专题授课，邀请优秀“五老”代表张定浙分享隔代教育成功案例。成立以刘雄、刘运阳等优秀“五老”为代表的区级专家讲师团，各街道、社区关工委也相应地组织一批优秀“五老”专注于隔代家庭教育工作。大同小学成立隔代家庭教育委员会，由驻区单位“五老”担任成员，制定工作制度，商定工作计划，探索性地开展相关工作。（刘建武）

【“光荣在党50年”纪念章颁发】
2021年6月22日，芙蓉区委离退

2021 年 6 月 22 日，区委离退休干部工委在永济医院举行“光荣在党 50 年”纪念章集中颁发仪式，6 位离休党员受颁纪念章

（区老干局　供图）

休干部工委为住在永济医院的 6 位离休党员举行“光荣在党 50 年”纪念章集中颁发仪式。此次参加颁发仪式的老党员平均年龄 91 岁，最高年龄 98 岁，最低年龄 89 岁。省属国有企业离休党员系 2009 年以来陆续转至芙蓉区，当年转接 152 人，至 2021 年年底健在 59 人，其中 54 名离休党员获颁“光荣在党 50 年”纪念章。对余下的离休党员，区委离退休干部工委逐一上门将纪念章发放到位。（刘建武）

【区老干部大学新校区投入使用】 2021 年 9 月 13 日，芙蓉区老干部大学新校区举行新楼落成后第一个学期开学典礼，区老干部大学新校区投入使用。芙蓉区老干部大学成立于 2001 年 4 月，学校从最初的两个班发展到 2021 年 148 个班级、22 门课程、8000 余名学员，先后被评为湖南省老年大学示范校、全国老年大学校报（刊）编辑出版先进单位、湖南省先进老年大学。新校区位于芙蓉区文体中心，建筑面积 4000 余平方米，上下三层，教室、办公室等 15 间，有效缓解了老干部大学“一座难求”局面。区老干部大学以新校区建设为契机，促进新教学楼校园智能化建设，年内推出网上报名缴费和电子门禁打卡系统。

（刘建武）

【区关工委成立 35 周年纪念大会】 2021 年 12 月 1 日，芙蓉区在区机关会议室召开庆祝区关工委成立 35 周年纪念大会。全区各单位分管领导、各关工委主任、专干 120 余人参会。芙蓉区关工委成立于 1986 年 12 月，时称“东区关心下一代协会”，1992 年 2 月更名为东区关工委。在区、街道、教育局、社区和学校均设立关工委。自 2018 年来，通过区关心下一代关爱帮扶专项资金，资助贫困中小学生 1154 人，发放助学金 135.2 万元。到 2021 年，全区各级关工委发展到 139 家。会议回顾区关工委 35 年的工作成绩，通报表彰荷花园街道关工委等 20 个优秀集体、谭文胜等 100 名优秀个人。优秀集体代表识字里社区关工委，优秀工作者代表刘跃进、徐苏珞分别作经验介绍和发言。（刘建武）

2021 年 9 月，芙蓉区老干部大学新校区投入使用。图为新校区外景

（区老干局　供图）

芙蓉区人民代表大会

The People's Congress of Furong District

编辑　谭丽霞

综 述

【概况】 2021年，芙蓉区人大常委会围绕党中央重大决策部署和省委、市委、区委的工作要求，依法履职，召开人民代表大会2次、常委会议6次、主任会议26次，审议工作报告36项，组织视察调研16次、执法检查6次，任免国家机关工作人员138人次，完成各项既定目标任务。

实行党组中心组（扩大）每周一次、常委会议每季度一次和街道人大工委每年一次的政治理论集中学习制度，全年组织集中学习46次。坚持人大重要事项、重点工作、重大活动向区委请示报告的制度，全年请示报告40次。年内组织意识形态工作专题研究和形势研判3次，专题研究党风廉政建设工作2次。完成人大代表换届选举工作，依法选举产生新一届区人大常委会和区政府领导班子及区“一委两院”负责人，换届工作实现零信访、零违纪、零事故、零差错。时任省委书记许达哲等在职省委常委集体参加芙蓉区29选区人大代表选举投票。制定《关于开展党史学习教育的实施方案》和《芙蓉区人大常委会党组党史学习教育预安排表》，组织了专题民主生活会和组织生活会，开展4次专题研讨会。制定《关于党员联系群众和服务群众制度》《芙蓉区人大常委会组成人员守则》等26项制度。 （鲁青松）

【芙蓉区第六届人大代表构成】 2021年，芙蓉区人大换届选举产生人大代表226人，比上届增加13人。其职业结构：公务员55人，占24.34%；工人、农民、专业技术人员和其他基层人员127人，占56.20%；企事业单位负责人8人，占3.54%；非公有制经济人士33人，占14.60%；军人1人，占0.44%；其他2人，占0.88%。其他综合结构：非中共党员78人，占34.51%；妇女73人，占32.30%；连任代表57人，占25.22%；少数民族代表4人，占1.77%；具有本科及以上文化程度的代表173人，占76.55%。比上届增加21人，占比增加5.19个百分点。

（人大办）

重要会议

【区五届人大六次会议】 2021年1月13—14日，芙蓉区第五届人民代表大会第六次会议在区会议中心召开，全区190余名代表出席，区委、区政府，区法院、检察院负责人出席会议，区委、区政府各部门、各街道负责人列席会议，市垂直管理部门负责人列席开幕式和闭幕式，区人大离任老领导、全体区政协委员受邀列席开幕式。出席和列席开幕式近600人。在开幕式及全体会议上，区委副书记、区长周春晖作《政府工作报告》，区人大常委会主任廖铁成作《芙蓉区人民代表大会常务委员会工作报告》，区人民法院院长李才坤作《芙蓉区人民法院工作报告》，区人民检察院检察长王均全作《芙蓉区人民检察院工作报告》。会议期间，代表们分13个团小组审议讨论，列席人员参加分组讨论。代表们听取和审议区人民政府、区人大常委会、区人民法院、区人民检察院的工作报告，审查区“十四五”规划纲要、区国民经济社会发展计划报告和区财政工作报告。1月14日，大会举行闭幕式，全体代表和邀请列席人员400人参加。会议表决通过有关6个报告的决议、关于“十四五”规划纲要的决议。周春晖代表区委祝贺大会成功并讲话。 （鲁青松）

2021年10月21日，芙蓉区六届人大一次会议在区会议中心召开

（区人大办 供图）

【区六届人大一次会议】 2021年10月21日，芙蓉区第六届人民代表大会第一次会议开幕式在区会议中心召开，区第六届人大代表226人，出席大会219人，会期3天。市委派驻区县（市）“两会”现场督导组组长，市人社局党委书记、局长，市委组织部副部长（兼）张白云，市委换届风气监督现场督导组组长、市委宣传部二级调研员刘玉龙参会指导。区委书记周春晖，区委副书记、代理区长崔晓，区委副书记、统战部部长蒋红波等大会主席团成员和非代表的区委常委，区人大常委会历届主任，区人民政府副区长，区政协副主席，隆平高科技园、区人武部、区法院、区检察院主要负责人在主席台就座。会议由区五届人大常委会主任廖铁成主持。区直各部门、各街道负责人列席会议，市垂直管理部门负责人列席开幕式和闭幕式，区人大离任老领导、全体区政协委员受邀列席开幕式。出席和列席开幕式600余人。

大会听取区委副书记、代理区长崔晓作《政府工作报告》，廖铁成作《芙蓉区人民代表大会常务委员会工作报告》，区人民法院院长李才坤作《芙蓉区人民法院工作报告》，区人民检察院代理检察长盛智作《芙蓉区人民检察院工作报告》。会议期间，代表们分13个小组审议4个工作报告，审查区国民经济社会发展计划和区财政工作的报告，列席人员参加分组讨论。大会等额选举产生区六届人大常委会主任、区人民政府区长、区监察委员会主任、区人民法院院长和区人民检察院检察长，差额选举产生区六届人大常委会副主任、委员，区人民政府副区长和芙蓉区出席长沙市第十六届人民代表大会代表。伍艳飞当选为区人大常委会主任，崔晓当选为区人民政府区长，彭保刚当选为区监察委员会主任，李才坤当选为区人民法院院长。大会表决通过《关于设立芙蓉区第六届人民代表大会专门委员会的决定》《芙蓉区第六届人民代表大会各专门委员会主任委员、委员名单》和关于6个报告的决议。新当选人员向宪法宣誓。 （鲁青松）

【区人大常委会会议】 2021年，全年召开区五届人大常委会会议4次、区六届人大常委会会议2次。

3月2日，区五届人大常委会举行第三十五次会议，集中学习习近平在中央政治局民主生活会上的重要讲话精神，听取和审议区人民政府关于新冠肺炎疫情常态化防控暨公共卫生服务体系建设工作情况的报告。审议通过《芙蓉区人大常委会2021年工作要点》及有关人事议案。

4月29日，区五届人大常委会举行第三十六次会议，决定任命崔晓为芙蓉区人民政府副区长，并决定其为代理区长。听取和审议区人民政府关于自贸试验区长沙片区芙蓉区块建设、“四精五有”城市建设管理工作情况的报告，听取区行政执法局、区城市人居环境局、区应急管理局、区退役军人事务局、区医疗保障局5个部门负责人述职报告并进行满意度测评。

6月21日，区五届人大常委会举行第三十七次会议，集体学习《中国共产党简史》，对3名员额法官和3名员额检察官开展述职测评，听取和审议芙蓉区贯彻落实《中华人民共和国退役军人保障法》情况报告和规范性文件备案审查工作报告，通过区人大换届选举工作实施方案及其组织机构议案和有关人事议案。

8月30日，区五届人大常委会举行第三十八次会议，听取和审议区人民政府关于农村集体土地征拆与村民安置工作情况、2021年上半年发展计划执行情况、2020年财政决算及2021年上半年财政预算执行情况、财政审计结果报告。表决通过有关人事议案，其中决定彭保刚为区监察委代理主任，盛智为区检察院代理检察长。

11月16日，区六届人大常委会举行第一次会议，集体学习中共十九届六中全会和中央人大工作会议精神，听取和审议《关于芙蓉区2021年预算调整方案（草案）的报告》《关于区五届人大六次会议代表建议批评意见办理情况的报告》，通过《关于批准2021年区本级财政预算调整方案的决议（草案）》《芙蓉区人大常委会议事规则（修订稿）》，有关人事议案。

12月22日，区六届人大常委会举行第二次会议，听取和审议《2021年国民经济和社会发展计划执行情况与2022年国民经济和社会发展计划（草案）的报告》《芙蓉区关于2021年财政预算执行情况和2022年财政预算（草案）的报告》《区人民政府关于2020年度区本级预算执行和其他财政收支审计查出问题整改情况的报告》《区人民政府关于2021年区人大常委会审议意见和主任会议建议办理情况的报告》《区人民政府2021年全区生态环境状况和环境保护目标完成情况的报告》，授权区人大常委会主任会议审议通过区六届人大二次会议召开的具体时间和筹备工作方案，通过区人大常委会有关工作制度和人事议案，

任免干部 34 人次。（鲁青松）

依法履职

【概况】 2021 年，芙蓉区人大常委会召开党组会议 35 次。依法行使重大事项决定权，召开人民代表大会 2 次，常委会 6 次，主任会议 26 次，听取并审议发改、财政、疫情常态化防控、公共卫生服务体系建设、农村集体土地征拆与村民安置、“四精五有”（精准规划、精美建设、精致管理、精明增长，有颜值、有气质、有内涵、有格调、有品位——长沙城市发展理念）城市建设管理等专项工作报告 36 项，作出决定决议 14 项。对区行政执法局、区城市人居环境局、区退役军人事务局、区医疗保障局等政府部门负责人和部分员额法官、员额检察官开展述职评议，满意率均为 100%。依法行使人事任免权，全年任免国家机关工作人员 138 人次。（鲁青松）

【人事任免】 2021 年，芙蓉区人大依照法律行使人事任免权。区人大常委会任免国家机关工作人员 138 人次，其中任免人大系统 42 人次、政府系统 70 人次、监委系统 4 人、法院检察院系统 22 人次。

（鲁青松）

【人大换届选举】 2021 年 6 月 10 日至 10 月 23 日，区人大开展换届选举工作，制定《芙蓉区 2021 年人大换届选举工作实施方案》和《2021 年芙蓉区人大换届选举工作日程安排》，依法划分选区 107 个，设置投票选举大会会场 106 个，投票站 484 个，流动票箱 100 个，统一制作选民证 35 万余张，选票 33 万余张，组织正式代表候选人与选民见面会 107 场，选出区人大代表 226 人。10 月 23 日，区六届人大一次会议完成区人大常委会主任、副主任、委员，政府区长、副区长，监察委员会主任、法院院长、检察院检察长和出席长沙市第十六届人民代表大会代表的换届选举任务。换届选举工作期间，区委书记周春晖调研指导人大换届选举工作，举行专题调研座谈会。（鲁青松）

【干部述职测评工作】 根据《中华人民共和国各级人民代表大会常务委员会监督法》等相关法律规定，2021 年 4 月 29 日，区五届人大常委会第三十六次会议，听取区城市人居环境局局长焦益民、区退役军人事务局局长梁卫、区医疗保障局局长田松柏所作的述职报告，听取区行政执法局局长提名人选肖科、区应急管理局局长提名人选喻林所作的履职报告，对焦益民、梁卫、田松柏进行满意度测评，结果全票“满意”。自 2017 年以来，区五届人大常委会对 23 个政府职能部门负责人开展述职测评，结果均为“满意”。（鲁青松）

【法官检察官述职测评】 为加强司法监督工作，提升“法官、检察官”依法履职能力和工作水平，根据《中华人民共和国各级人民代表大会常务委员会监督法》等相关法律规定，2021 年 6 月 21 日，区人大常委会的三十七次会议，听取员额法官、员额检察官述职并评议，人大常委会副主任陈忍冬主持，人大常委会全体组成人员参加。法院副院长贾长俐、综合审判庭庭长方源、立案庭副庭长杨宜 3 名员额法官，检察院副检察长谢丽梅、第三检察部主任胡红忠、检察官任继红 3 位员额检察官分别作述职报告，区人民法院院长李才坤、区人民检察院检察长王均全作补充说明。区人大常委会组成人员对上述 6 人的述职作点评发言并实行满意度测评，测评结

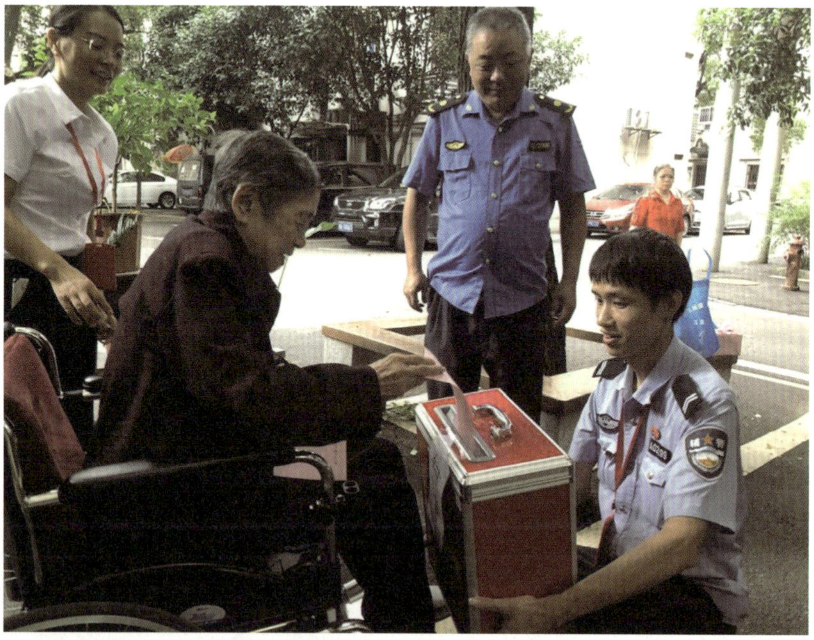

2021 年 8 月 25 日，芙蓉区选举第六届人大代表。图为芙蓉区朝阳街道选民参与选举投票（区融媒体中心 供图）

果为全票满意。自 2017 年以来，区五届人大常委会对 9 名员额法官和 9 名员额检察官开展述职测评，结果均为“满意”。（鲁青松）

调研考察

【概况】 2021 年，区人大组织就园区经济、优化营商环境、教育信息化建设、民族团结进步、餐饮浪费行为整治、东岸片区城市建设、公共文化服务等专题视察调研 16 次，实地考察了隆平生物种业产业园、自贸试验区芙蓉片区、法院诉讼服务中心、“芙蓉花蕾”未成年人检察工作室、世茂大厦楼宇服务站、育英学校、朝晖劳模创新工作室、东沙社区、东湖湿地公园、红旗水库改造工程等，对《中华人民共和国水污染防治法》《中华人民共和国安全生产法》《中华人民共和国工会法》《中华人民共和国退役军人保障法》等法律法规落实情况组织执法检查。（鲁青松）

【餐饮浪费行为整治工作调研】 2021 年 7 月 8 日，区人大常委会主任廖铁成率主任会议成员视察调研芙蓉区餐饮浪费行为整治工作情况，实地考察隆华大酒店，举行专题座谈会，听取区市场监管局局长周旭东所作的工作情况汇报、区人大财经委的专题调研报告，副区长黄金国作补充发言。《中华人民共和国反食品浪费法》颁布实施以来，芙蓉区通过签一份承诺、发一张倡议、绘一幅漫画、讲一堂课等举措，宣传“文明用餐、拒绝浪费”；加强对相关部门和岗位人员的培训、考核，压实主体责任；要求辖区各餐饮店在醒目位置张贴有“光盘行动”

2021 年 7 月 8 日，芙蓉区人大调研餐饮浪费整治工作。图为人大主任会议成员实地查看隆华大酒店（区人大办 供图）

等反食品浪费标识。调研组建议突出宣传引导，把整治餐饮浪费当作践行“两个维护”的重要任务，当作践行法治思想的重要行动，当作文明城市建设的重要内容，落实习近平关于制止餐饮浪费行为重要指示精神和《中华人民共和国反食品浪费法》工作要求。（鲁青松）

【民政工作情况调研】 2021 年 11 月 25 日，芙蓉区人大常委会党组书记、主任伍艳飞率主任会议成员视察调研民政工作，实地考察龙马社区基层社会治理、社会组织参与“芙蓉标准化小镇”运营和区社会福利中心养老工作情况。区人民政府副区长谢孟，区人大相关委室负责人和区民政局班子成员参加。举行专题座谈会，听取区民政局局长吴立平所作的工作情况汇报、区人大社会建设委的专题调研报告。2021 年，社区换届实现零信访、零安全事故，养老床位总量达到 4350 张，在全省率先将低保特困救助、残疾人和高龄补贴等审批权限下放至街道社区，慈善救助和帮扶典型案例被省市推荐到国家参与全国优秀典型案例评选。会议建议，以更强的法治意识履行民政职权，更实的爱民举措推进民政工作，开创人人参与、人人尽力的新时代民政工作新局面，持续提升人民群众的获得感幸福感安全感。（鲁青松）

代表工作

【概况】 2021 年，芙蓉区人大实行换届选举，确定第六届人民代表大会代表名额为 226 人，分配到全区 107 个选区选举。芙蓉区第五届人大常委会代表资格审查委员会对上述代表的代表资格进行审查，认为 226 名代表的选举，从候选人的推荐、酝酿、确定正式候选人到投票选举全过程符合法律规定，符合选举程序，代表资格全部有效。在 10 月 23 日召开的芙蓉区第六届人民代表大会第一次会议期间，选举产生第六届人民代表大会常务委员会主任、副主任、委员33人，选举产生芙蓉区出席长沙市第十六届人民代表大会代表47名。大会表决通过芙蓉区第六届人民代表大会设立7个专门委员会：民族华侨外事委员会、监察和司法委员会（法制委员会）、财政经济委员会、教育科学文化卫生委员会、环境与资源保护委员会、农业与农村委员会和社会建设委员会。（彭远潺）

【区代表初任培训】 2021年9月9日，芙蓉区人大常委会举办第六届人大代表初任培训班，区人大常委会党组副书记、副主任宋晋武主持，区第六届人大代表、各人大街道工委联络员近200人参训，分集中培训和小组自学交流两阶段，会期一天。区人大常委会党组书记、主任廖铁成作开班动员讲话。省人大常委会选举任免联络工作委员会原副主任、办公厅原巡视员符乔荫作题为《站位、本领、形象——关于"更好发挥人大代表作用"的几个问题》的专题讲座，从"提高站位，落实政治性要求""增强本领，落实专业性要求""树好形象，落实先进性要求"3个方面对人大代表履职作深入解读。当天，人大各街道工委组织本地区人大代表开展小组学习交流。（彭远潺）

【省、市人大代表会前视察和市代表初任培训】 2021年12月16日，芙蓉区组织在芙省市人大代表开展会前集中视察活动，并对市人大代表进行初任培训。省十三届人大代表芙蓉区小组2人参加视察，市十六届人大代表芙蓉联组37人参加视察和培训。代表们实地考察湘雅二医院片区城市更新项目和岳麓山种业创新中心，了解区域重点项目建设和"种业硅谷"发展情况。在区人大常委会党组书记、主任伍艳飞主持座谈会上，区委书记周春晖讲话，他希望各位省、市人大代表树立芙蓉意识、关心芙蓉事业，维护芙蓉形象，展示芙蓉风采，凝聚起"打造现代化新长沙建设标杆区"的强大合力。区委常委、区人民政府常务副区长刘洪波，向与会省、市人大代表介绍芙蓉区经济社会发展的情况，市人大常委会副主任卢鸿鸣讲话。座谈会后，市人大常委会副秘书长于安全作《坚持人民代表大会制度》专题讲座，从中国实行人大制度的意义、长沙人大制度的开展、正确发挥人大代表作用3个方面讲解。伍艳飞作总结讲话。（彭远潺）

议案建议

【概况】 2021年，区人大五届六次会议期间征集代表建议35件，交区人民政府办理34件、交区人民法院办理1件。建议均在规定时间办结，见面率、办复率、满意和基本满意率均为100%。交区人民政府办理的34件建议中，涉及城建城管方面14件，占办理总数的41.2%；涉及民政社区方面3件，占办理总数的8.8%；涉及政府综合方面6件，占办理总数的17.6%；涉及科教文卫方面5件，占办理总数的14.7%；涉及公安交警方面4件，占办理总数的11.8%；涉及财政经济方面2件，占办理总数的5.9%。已经解决或基本解决的（A类）有19件，占56%；正在解决或列入计划逐步解决的（B类）有15件，占建议总数的44%。（鲁青松）

【人大代表建议选编】 2021年元月，人大代表罗树强提出《关于提供失地农民再就业岗位的建议》。针对城中村征地拆迁结束，农村土地即将"清零"，农民面对新的发展形势，就业倍感压力，部分家庭经济收入降低，甚至出现返贫的情况，建议：1.凡本区企业提供失地农民就业岗位的给予社保补贴。2.凡本区事业单位招用临聘人员的优先失地农民。3.区环卫、园林等部门招聘环卫或运输司机时必须是照顾本区失地农民中的司机。

2021年元月，人大代表陈伟提出《关于增加电动车充电配套设施的建议》。针对火星街道凌霄社区以安置户为主，老弱病残群体多、基础设施较弱，车主在公共区域、楼梯间、单元门口私拉乱接电线、不规范停放和充电的情况，建议：建立电动车车库，在集中停放处增建充电桩、充电站等充电设施，并由区政府出台相关政策，明确充电设施的建设主体。1.加强规划设计，从源头上治理小区电动车充电问题。2.完善便民服务，开展电动车智能化充电试点。采取市场化运行模式，建成后，由充电服务企业负责运营，收取充电费用，支付电费、管理费等费用，并负责日常管理。3.加大监管力度，解决住宅小区电动车停放充电隐患问题。建立电动车充电场所和配套设备这项工作作为一项硬性考核指标。（彭远潺）

人大专委会工作

【民族华侨外事委员会】 2021年，区人大民族华侨外事委员会完善与对口部门工作联系机制，形成工作合力。组织本委委员调研，督促相关部门加强对民间信仰场所的管理，提请主任会议成员视察调研民族团结进步及示范社区创建工作，助推加强中华民族共同体意识。

（周　文）

【监察和司法（法制）委员会】2021年，区人大监察和司法（法制）委员会依据人大关于监督的有关法律规定，组织开展员额法官、员额检察官述职评议，各有3名法官、4名检察官参与述职。年内，组织主任会议成员调研考察检察院、法院、交警大队工作。配合上级部门做好执法检查工作。（朱　峰）

【财政经济委员会】2021年，区人大财政经济委员会贯彻实施《中华人民共和国预算法》及其实施条例、《中华人民共和国监督法》等法律法规，落实全国、省、市人大的决策部署和区人民代表大会会议决议，开展对自贸试验区芙蓉片区建设情况、餐饮浪费行为整治工作、政府债务化解情况、国有资产管理情况、财政收入情况、园区发展情况和优化营商环境开展调查研究，掌握全区经济运行情况，调查结果及处理意见和建议向主任会议报告。提请常委会议听取和审议国民经济发展计划、财政预算草案及执行情况、财政预算执行情况及其他财政收支的审计结果报告。推进区人大预算联网监督工作。（司晓洁）

【教育科技文化卫生委员会】2021年，区人大教育科技文化卫生委员会聚焦重要民生事项，科学铺排全年工作内容，实行正确监督、有效监督、依法监督，提请区人大常委会听取和审议区新冠肺炎疫情常态化防控及区公共卫生服务体系建设情况的相关工作情况。

（王英姿）

【环境与资源保护委员会】2021年，区人大环境与资源保护委员会贯彻落实全国、省、市人大的决策部署和区人民代表大会决议决定，提请主任会议对浏阳河东岸片区城市建设推进工作开展调查研究，提请常委会议听取和审议区人民政府关于“四精五有”城市建设管理工作情况的报告，区人民政府2021年度全区环境状况和环境保护目标完成情况的报告。年内，组织主任会议成员专题视察调研浏阳河东岸片区城市建设推进工作。调查结果及处理意见和建议均向主任会议及常委会议报告。配合上级部门做好《中华人民共和国城乡规划法》《长沙市城市管理条例》和《长沙市城市市容和环境卫生管理办法》（简称“一法一条例一办法”）的执法检查工作。（李　勇）

【农业与农村委员会】2021年，区人大农业与农村委调研农村集体土地征拆和村民安置工作，撰写调研报告呈送区委、区政府主要领导和有关领导供决策参考，8月区人大常委会听取区政府该项工作的情况汇报，审议该调研报告。提请主任会议就贯彻落实《中华人民共和国水污染防治法》和浏阳河全国示范河流建设工作开展调研，现场考察红旗水库改造工程和浏阳河婚庆园水质监测站运营情况，听取区政府情况汇报和农业农村委的调研报告。年内对接市人大农业与农村委，协助完成市人大常委会主任会议关于芙蓉区现代种业产业链建设工作调研。（王珊珊）

【社会建设委员会】2021年，区人大社会建设委员会提请主任会议成员开展安全生产、工会工作和民政工作等调研视察，提请区人大常委会听取审议区政府贯彻落实《中华人民共和国退役军人保障法》情况的报告，听取区应急管理局、区退役军人事务局、区医疗保障局3个部门述职报告并进行满意度测评。配合省人大开展安全生产“一法一条例”执法检查暗访调查，组织相关部门参加市人大就贯彻国务院《殡葬管理条例》在芙蓉区的调研座谈。

（沈向昕）

芙蓉区人民政府

People's Government of Furong District

编辑　谭自然

综　述

【概况】 2021 年，芙蓉区坚持品质引领、创新实干，坚定高质量发展导向，完整准确全面贯彻新发展理念，全区经济社会发展保持稳中有进、稳中向好态势，在打造现代化新长沙建设标杆区新征程中迈出坚实步伐，实现"十四五"稳健开局。第七次全国人口普查任务全面完成。既有住宅加装电梯工作经验全省推介，区人民政府获评 2021 年度省政府真抓实干督查激励奖，以中部第二位、全省第一位入选 2021 中国幸福百强区。（杨惠元）

【经济发展】 2021 年，芙蓉区地区生产总值比 2020 年增长 8.3%；固定资产投资比 2020 年增长 6.2%；社会消费品零售总额比 2020 年增长 14.5%；地方一般公共预算收入同口径增长 5%；城镇居民人均可支配收入比 2020 年增长 7%。金融产业巩固壮大，引进天风证券湖南分公司等证券、保险、典当、会计师事务所等核心金融业机构 5 家，引进融资租赁、商业保理等金融机构 40 家，46 家企业被纳入省、市上市后备企业库。消费市场持续繁荣，中部地区首家柏悦酒店、湖南首家苹果直营店等先后落户，新能源汽车消费节等促销活动效果明显，第二届湖南米粉大擂台举办，中南地区首条黄金主题特色街开街，五一商圈被评定为第一批国家级夜间文化和旅游消费聚集区，国金中心零售总额突破 90 亿元。种业产业聚链发展，引进优质产业链企业 58 家，岳麓山实验室首开区落户农大农科院片区，岳麓山种业创新中心"2+8"研发体系初步建成；国家耐盐碱水稻技术创新中心获批，实现国家技术创新中心"破零"；举办岳麓种业峰会，"种业硅谷"品牌效应更加凸显。（杨惠元）

【发展活力】 2021 年，芙蓉区楼宇经济提质增效，建成全省首个"24 小时楼宇服务微厅"，落实重点楼宇"楼长制"，实施部门联楼宇，紧盯"入驻率、注册率、入库率、纳税率"四大指标，全区 62 栋重点商务楼宇新增市场主体 1032 个，完成净招商面积 15.1 万平方米。项目建设有力推进，铺排全区各类重点建设项目 218 个，社会投资 136 亿元，其中省重点项目 5 个，预计完成年度投资 30.9 亿元，投资完成率 210%。市场主体持续壮大，年内，全区市场主体 12.85 万户，新引进怡亚通、佰润等重点项目 26 个，其中"三类 500 强"项目 2 个；新增"四上"企业 150 家；新增市场主体 22861 户，其中企业 12728 户，比 2020 年增长 44.7%；全年认定高新技术企业 130 余家，有效高新技术企业 320 家；新增韶光铬板、琴海数码、金天鹅、豆芽文化等一批专精特新"小巨人"企业。（杨惠元）

【片区建设】 2021 年，袁家岭中央文化区进展顺利。惟楚文化广场项目征收取得突破性进展，湖南文化广场（二期）、保利体育产业园等项目稳步推进，施坦威钢琴、北京东融电影、湖南省演艺集团、长沙交响乐团、京东方数字艺术馆等多家知名文化品牌签约入驻，开展中日文化交流会、《百年经典》大型交响音乐会、"礼赞百年·讴歌时代"红色经典演出季等系列活动 40 余场。隆平片区建设打开新局面。合平路一期、东湖路二期、黄元路二期等项目建设完成，隆平生物种业产业园、隆平生物种业创新中心等产业项目进展顺利，丰兴实业三期、凯德自动化、平商创智等项目实现主体封顶。今升、美地思、大红陶瓷 3 宗土地转型升级取得实质进展，5 万平方米闲置场地完成租售。自贸区块建设趋势较好。在全省率先开设自贸试验区"专窗"和"一站式"企业服务中心，在全省率先推行商事主体住所申报登记承诺制、"容缺受理"审批机制，有效实现"跨省通办"政务服务合作，建立全国首个中非标准化研究中心、智慧农业创新中心、中国国际可可产业创新平台。新增固定资产投资 4.5 亿元，完成进出口额 11 亿元，新注册企业 442 家，新增内资企业注册资本 70 亿元。（杨惠元）

【城市品质】 2021 年，芙蓉区城市更新加快推进。火车站广场片区、蔡锷中路两厢、湘雅二医院周边等片区改造高标准推进，提质改建后的长沙火车站东、西广场有效适应发展和管理需要，方便市民出行，擦亮省会窗口。白果园片区更新获中央电视台《新闻联播》点赞。友谊东、杉木四期地块成功挂牌出让。年内，全区完成老旧小区改造项目 17 个、棚户区改造 295 户、危房改造 42 栋、街区微改造项目 5 个，城中村改造全面清零。提前 2 个月完成市定电梯加装目标，承办全省老旧小区电梯加装现场交流会。新建 5G 基础设施 1540 个。22 个电力"630 攻坚"（长沙市电网供电能力提升计划）项目均完成时序进度。城市管理再上台阶。省委周边、五一商圈等重点区域精细管理实现常态化，五一路、营盘路等 12 条道路空间品质提升有序实施。完成窨井改造855套，积水点改造31处，整治无障碍设施492处，新增绿地面积9.1万平方米，用心装点城区绿化空间，为庆祝中国共产党成立100周年、中非经贸博览会、省党代会等重大活动营造井然有序的环境。城市生态持续优化。完成配合第二轮中央生态环保督察各项工作，64件信访件全部办结，是案件数量最少、办结速度最快的区县。挥发性有机物、二氧化硫等主要污染物排放有效降低，空气优良率稳定在80%以上。浏阳河芙蓉段出境断面（黑石渡）年均水质稳定保持Ⅲ类标准。

（杨惠元）

【民生事业】 2021年，芙蓉区育英三小和名士豪庭、火炬、张公岭、合平“一校四园”开学，新增学位2430个，东雅中学秋季开学，6所普惠性民办园转为公办园，盘活学位1530个。推动“双减”政策落地，义务教育课后服务覆盖率100%，“体教融合”工作经验得到国务院副总理孙春兰肯定批示。与上海人寿堂公司合作开发建设的长沙协和颐养院投入运营，以其建设规模大、服务质量优而成为全国一流的社会福利中心。街道综合养老和社区居家养老服务中心实现社区全覆盖，特色专业养老有序发展。新建的区文化馆、图书馆开馆运行。切实兜牢民生底线。始终绷紧常态化疫情防控这根弦，全区疫情防控形势总体平稳。城镇新增就业1.4万人，城镇登记失业率控制在3%以内。开展“八大慈善救助”“五帮扶”，率先开展社会救助综合改革，提升审批效率，社会救助水平居全省首位。着力守护民生安宁。推进信访积案和矛盾纠纷化解，“集中治理重复访化解信访积案”专项工作化解率100%。“12345”市民政务热线办结率、满意率居全市第一位。国家食品安全城市创建加速推进，网络安全监管体系有力完善。安全生产形势总体平稳，事故发生数和死亡人数实现“双降”。铁腕推进扫黑除恶、全民禁毒、反电诈等专项斗争。智慧矫正中心创建以全省第一的成绩通过司法部验收。

（杨惠元）

重要会议

【概况】 2021年，芙蓉区人民政府召开政府常务会议16次，其中，第五届政府常务会议召开13次，第六届政府常务会议召开3次；召开区长办公会议7次，对需要由区人民政府决策和实施的全区重大问题进行研究，作出相应决议。

（肖和景）

【区政府常务会议】 2021年1月28日至12月28日，芙蓉区政府共召开政府常务会议16次。

1月28日，传达学习习近平总书记在省部级主要领导干部学习贯彻中共十九届五中全会精神专题研讨班上、中共中央政治局民主生活会上、十九届中央纪委五次全会上的重要讲话精神，中国共产党第十九届中央纪律检查委员会第五次全体会议公报，省委书记许达哲在中共湖南省委常委班子民主生活会上的讲话精神；研究2021年区政府重点工作和“一年一件事”有关工作；传达学习《中央纪委国家监委开展特别重大安全生产责任事故追责问责审查调查工作规定（试行）》；研究安全生产专项整治三年行动有关工作；研究2018年、2019年度科技奖补兑现工作。

3月16日，传达学习习近平总书记在全国脱贫攻坚总结表彰大会和中央党校中青年干部培训班开班式上的重要讲话精神；传达学习习近平总书记关于统计工作的重要论述和指示精神，研究全区统计工作；审议《中国（湖南）自由贸易试验区长沙片区芙蓉区块实施方案（送审稿）》《中国（湖南）自由贸易试验区长沙片区芙蓉区块产业发展规划（送审稿）》；研究生态环保和水污染防治工作；审议《中国（湖南）自由贸易试验区长沙片区芙蓉区块商事主体住所（经营场所）登记申报承诺制实施办法（试行）》。

4月14日，研究引进开放型经济项目政策和企业进驻“一事一议”工作；研究2020年度促进经济发展奖励评审工作。

4月24日，传达学习上级防汛抗旱重要指示批示、相关会议精神，部署防汛备汛工作；审议《关于对2021年真抓实干推进财源建设工作成效明显单位加大激励力度的实施方案（送审稿）》；研究养老服务争创全省真抓实干嘉奖单位相关工作；研究芙蓉区社工站建设相关工作；研究火炬拆迁项目强拆对象签约奖励相关事项；研究中环广场项目配建体育中心归属权相关事项。

5月27日，研究芙蓉区打击治理电信网络新型违法犯罪、校园安全风险防范、禁毒、反恐有关工作；研究行政复议体制改革相关工作；传达学习习近平总书记关于食品安全工作重要指示批示精神及上级食安委全会精神，听取区食品安全创建工作情况汇报，审议《芙蓉区创建国家食品安全示范城市和湖南省食品安全示范区实施方案（送审稿）》；研究生态环境保护相关工作；研究东业上城“一楼一策”相关工作；研究隆平公园演出场地处置相关工作；研究自贸试验区长沙片区芙蓉区块总部办公基地合作共建相关工作；研究湖南中砼建材有限公司招商相关工作；研究应急值班补贴发放相关工作；研究蔡锷中路两厢棚户区改造项目（二期）房屋征收相关工作；研究新增财政对外借款相关工作；审议《企业税收倍增贡献奖奖励方案（送审稿）》。

6 月 3 日，审议《芙蓉区政府投资信息化建设项目管理办法（审议稿）》；研究深圳平行线项目入驻相关工作。

6 月 11 日，传达学习《国务院关于进一步深化预算管理制度改革的意见》、全省政府债务暨财政运行管理工作电视电话会议讲话精神；审议《关于规范党政机关工作人员参与重点项目建设领取施工现场津贴的意见（送审稿）》《关于进一步规范国有土地上房屋征收与补偿工作以及农村集体土地拆迁安置工作考核奖励办法的通知（送审稿）》；审议《芙蓉区临时救助实施细则（送审稿）》；研究平安普惠留商及天健事务所入驻相关工作；研究红海人力集团互联网临任平台项目入驻相关工作；审议《芙蓉区重点楼宇招商办法（送审稿）》；研究浏阳河产业带 2# 地块与鑫科明珠土地整合置换相关工作；研究蔡锷中路两厢棚改项目（二期）相关工作。

6 月 25 日，研究湖南安和寿医疗科技有限公司及关联公司入驻扶持政策有关工作；研究隆平公园社区（原东岸村）两安用地 X07-E08 地块设置土地挂牌条件有关工作；研究友谊商店东边地块旧城改造项目土地挂牌有关工作；研究新增财政对外借款有关工作。

7 月 13 日，传达学习习近平总书记在庆祝建党 100 周年大会、“七一勋章”颁授仪式上以及在中央政治局第三十一次集体学习时的重要讲话精神；审议《芙蓉区突发事件总体应急预案（审议稿）》；审议《芙蓉区促进文创产业聚集区高质量发展的若干措施（审议稿）》；研究魅力芙蓉·城市双修（有机棚改）PPP 项目相关工作；审议《芙蓉区招商快速决策机制规则（审议稿）》。

8 月 23 日，传达上级关于生态环境保护督察的相关文件精神，部署芙蓉区生态环境保护工作；审议《芙蓉区 2021 年 1—6 月国民经济和社会发展计划执行情况的报告（送审稿）》；研究乡村振兴对口帮扶相关工作；审议《长沙市芙蓉区 2020 年财政决算（草案）和 2021 年 1—6 月预算执行情况报告（送审稿）》；审议《芙蓉区区属国有企业投资监督管理暂行办法（送审稿）》；研究新增财政对外借款相关工作。

9 月 30 日，审议《关于进一步加强财源建设的工作方案（送审稿）》；通报近期事故情况，传达学习中央、省、市领导关于安全生产工作的重要指示批示精神，安排部署国庆假期安全生产工作；学习习近平总书记关于统计工作的重要指示批示精神和相关统计法律法规，开展国家统计局通报的统计违法案件警示教育，审议《芙蓉区关于新形势下进一步加强统计工作的意见（送审稿）》；审议《长沙市芙蓉区推进村级小微权力清单改革试行工作方案（送审稿）》；研究韶光片区城市更新相关工作。

10 月 13 日，审议《政府工作报告（审议稿）》；审议《长沙袁家岭中央文化区产业发展规划（送审稿）》；审议《芙蓉区 2017—2021 年国民经济和社会发展计划执行情况与 2022—2026 年国民经济和社会发展计划（草案）的报告（送审稿）》；审议《芙蓉区 2017—2021 年财政工作情况和 2022—2026 年财政工作计划（草案）报告（送审稿）》；研究新增财政对外借款相关工作。

10 月 17 日，研究土地挂牌有关工作。

11 月 25 日，传达学习中国共产党第十九届中央委员会第六次全体会议公报精神、《中共中央关于中国共产党的百年奋斗重大成就和历史经验的决议》；传达贯彻省委书记张庆伟在长沙调研时的讲话指示精神；传达《统计督察初步反馈问题立行立改十条措施》；传达市新时代长沙禁毒人民战争部署会会议精神；审议《芙蓉区 2022 年重点项目建设计划（审议稿）》；审议《芙蓉区惠企政策“免申即享”工作方案（送审稿）》；审议《隆平控股公司对琴海数码股份有限公司股权投资协议（审议稿）》。

12 月 16 日，传达军委国防动员部、省军区、省政府领导关于民兵建设工作讲话精神；审议《芙蓉区 2021 年国民经济和社会发展计划执行情况与 2022 年国民经济和社会发展计划（草案）的报告（送审稿）》；审议《2020 年度区本级预算执行和其他财政收支审计查处问题整改情况的报告（送审稿）》；研究成立桐西社区和火炬新村社区有关工作；审议《芙蓉区关于 2021 年财政预算执行情况和 2022 年财政预算草案的报告（送审稿）》，研究 2022 年度预算编制工作；研究新增财政对外借款相关工作；研究芙蓉星苑项目部分定向限价商品房政策性调整相关工作。

12 月 28 日，研究购买芙蓉星城项目棚改安置房源相关工作。

（肖和景）

【区长办公会议】 2021 年，芙蓉区政府召开区长办公会议 7 次，研究东片区建设、土地挂牌、芙蓉城投公司对外投资、招商引资项目、防范房地产风险、中交第四公路工程局湖南区域总部等项目入驻扶持政策、普惠性民办幼儿园转为公办幼儿园等有关工作，审议通过《关于长沙市芙蓉区 2021 年预算调整方案（草案）的报告》等文件，传达贯彻了上级党委、政府和区委的重要会议精神、重要批示和决定，对全区日常性工作进行部署；讨论确定全区重大建设项目、重要资金使用安排的事项。（肖和景）

重要文件

【芙蓉区突发事件总体应急预案】 2021 年 8 月 9 日，长沙市芙蓉区人民政府印发关于《长沙市芙蓉区突发事件总体应急预案》的通知（以下简称“通知”）。通知包括“总则、组织体系、运行机制、应急保障、监督管理、附则”6 章 33 条，内容涵盖“机构职责、监测预警、应急处置、善后重建、应急保障、人员保障、财力保障、物资保障、医疗卫生保障、交通运输保障、科技支撑、责任与奖惩”等具体条款，以科学应对各类突发事件，建立健全突发事件应急机制，规范突发事件处置工作，最大程度预防和减少各类突发事件及其造成的损害，保障人民群众生命财产安全，维护全区社会政治稳定，促进国民经济持续快速协调发展。（苏　洁）

【关于促进文化产业集聚区高质量发展的若干措施】 2021 年 11 月 22 日，长沙市芙蓉区人民政府办公室印发《芙蓉区促进文化产业聚集区高质量发展的若干措施（暂行）》通知（以下简称“措施”）。措施包括“特色楼宇建设补贴、企业入驻补贴、企业培育奖、平台品牌创建奖、知识产权奖补、文化推介奖、人才培育奖”等 9 条具体措施，对在袁家岭中央文化区四至范围、浏阳河文旅产业带范围内进行商事登记的独立核算企业和为区域文化产业发展做出贡献的个人制定若干措施予以奖补支持，以加快推进袁家岭中央文化区、浏阳河文旅产业带建设，促进区域文化产业高质量发展。（苏　洁）

重要活动

【“芙蓉 5·20，我来服务您”活动启动仪式】 2021 年 5 月 20 日，芙蓉区优化营商环境推进大会暨“5·20”企业服务日系列活动启动仪式在区会议中心举行。活动中，芙蓉区现场公布《2020 年度区域经济发展及 2019 年度科技表彰奖励的决定》。为湖南省第一工程有限公司、泰康人寿保险湖南分公司颁发芙蓉区 2020 年度“发展贡献奖”，为湖南省农业科学院、湖南水稻研究所、中南大学湘雅二医院颁发芙蓉区 2019 年度“科学技术进步奖”，为中国工程院院士邹学校、印遇龙颁发芙蓉区 2019 年度“院士补贴奖”。奖励共 3733 万元。当日的活动芙蓉区为与会企业单位提供芙蓉未来发展的潜力板块。现场对湖南自贸试验区长沙片区芙蓉区块、袁家岭中央文化商务区、湖南省金融创新特色产业园等重点片区和重点楼宇向与会企业进行招商推介，招引“城市合伙人”。活动诚邀 220 家企业为芙蓉区的各个政府部门现场打分评议，排名结果在现场进行公开并纳入政府对部门的工作年度考核。（苏　洁）

【参加长沙市上海投资环境推介会】 2021 年 9 月 6 日，长沙市推进“三高四新”战略暨投资环境推介会在上海举行，250 余家驻沪企业、外资企业、跨国公司、金融企业等各界嘉宾参加会议。芙蓉区委书记周春晖率团，并邀约苹果、季高游乐、永诚财产、新城控股、上海爱数、上海蔚来、上海世茂和嘉吉投资 8 家企业参会。推介会现场，新城控股集团与芙蓉区签约，拟在芙蓉区规划建设超 12 万平方米的吾悦广场 A+ 级城市综合体，打造长沙市浏阳河以东旗舰级商业标杆。项目拟选址芙蓉区隆平新区片区，占地 25.1 公顷，总投资 50 亿元。线上，芙蓉区与上海季高游乐设备集团有限公司签约，季高集团拟在东湖湿地公园东南区域，与芙蓉区合作打造长沙首个大型亲子乐园。项目占地约 9 公顷，拟建设以亲子游乐为主，教育研学、体育休闲、团建活动为辅的游乐园，总面积 9 万平方米，建设总投资 2.2 亿元。在沪期间，周春晖带队拜访了开市客、平安普惠、新城控股等重点企业，寻求合作机会。芙蓉代表团还考察调研了上海世茂广场和武康路历史文化名街，为芙蓉区高端商贸发展和老街区提质改造寻求新思路。

（戴　颖）

【中非经贸国际标准化论坛在区举办】　2021 年 10 月 13 日，以“标准赋能湖南产品走出去”为主题的“2021 中非经贸国际标准化论坛”在芙蓉区举办。参加论坛的有来自省市场监督管理局总工程师李丁等省、市市场监督管理局领导代表，中国标准化院标准化馆馆长汪滨、国家标准馆信息技术部主任甘克勤、湖南大学经济与贸易学院院长侯俊军等专家学者代表，以及浩通国际货运代理有限公司董事长兼总经理郑璧双等企业代表 100 余人。各位领导、专家对芙蓉区标准化小镇建设、标准上下游企业以及相关国际组织的合作进行探讨，提出“发挥标准化的作用，深化中非标准化合作”“构建面向国际的高标准自由贸易网络，让湖南产品走出去”等建设性意见和建议。论坛进行“长沙市标准化协会与埃及中国贸易中心战略合作协议”“湖南省质量和标准化研究院与隆平高科技园管理委员会共建芙蓉标准化小镇战略合作协议”等 4 项签约，并为“长沙市标准化协会与中非经贸研究院‘一带一路’热带干旱经济工程技术研究中心”揭牌。

（苏　洁）

2021 年 10 月 13 日，以“标准赋能湖南产品走出去”为主题的“2021 中非经贸国际标准化论坛”在芙蓉区举办　（区融媒体中心　供图）

对口帮扶

·对口帮扶麻阳苗族自治县·

【概况】　自 2021 年 6 月省委、省政府确定麻阳苗族自治县为省乡村振兴重点帮扶县，芙蓉区继续对口帮扶麻阳苗族自治县。区、县主要领导召开 4 次对口帮扶联席会议，区委书记周春晖，区委副书记、区长崔晓，区政协副主席陈庆先后到麻阳苗族自治县调研、对接乡村振兴对口帮扶工作，签订《2021 年乡村振兴对口帮扶协议（芙蓉区—麻阳苗族自治县）》。8 月 23 日区政府常务会、9 月 30 日区委常委会专题研究部署对口帮扶工作，助力麻阳苗族自治县巩固脱贫攻坚成果同乡村振兴有效衔接。（鲁红英）

【人才协作】　2021 年，芙蓉区运用人才优势，选派朱志湘、王蓉、李俊慧、罗秋香等 20 名专业能力强、业务水平高的教师到麻阳苗族自治县开展支教服务；选派曾德志、易建设、邹声鹏 3 人团队进驻麻阳苗族自治县对口帮扶 2 年；组织管丽莉、欧阳芳、陈兰香、于辉滔等 12 名医疗卫生专业技术人员到麻阳苗族自治县开展医疗对口帮扶工作。接收麻阳苗族自治县 20 名优秀教师、8 名优秀干部到芙蓉区各中小学、隆平高科园、商务局、自贸区、机关事务等部门跟班学习。

（鲁红英）

【资金帮扶】　2021 年，芙蓉区向麻阳苗族自治县拨付对口援助资金 1000 万元，投入资金占上年度财政收入比例 2.457%。援助资金主要用于龙升小学建设项目、人居环境整治、垃圾分类示范小区创建、黄桃产业园提质升级等 10 个项目建设。开展爱心助学、爱心资助等社会帮扶资金 42.52 万元。（鲁红英）

【教育帮扶】　2021 年，芙蓉区与麻阳苗族自治县 31 所中小学校建立结对帮扶关系，继续派遣朱志湘等 3 名骨干教师到麻阳苗族自治县开展乡村振兴教育帮扶工作，帮扶麻阳锦江二小管理及教育教研发展，把芙蓉区先进教学理念用于该校的日常实践，并辐射到全县 10 个乡镇乡村学校。以该校为中心，与谭家寨乡中心小学、兰村乡中心小学、石羊哨乡中心小学、铜矿小学 4 所小学，开展“1+4”网络联校活动；以该校为支点，成立乡村学校发展联盟，邀请湖南师大教育学院院长刘铁芳担任专家顾问，带动麻阳10个乡镇乡村学校发展提升；以长沙市首席名校长龙继红工作室为载体，成立麻阳苗族自治县农村名校长工作室，培养大批教育管理者，成为芙蓉区在麻阳苗族自治县教育管理者培训的“黄埔军校”。其帮扶经验被《中国教育报》《湖南日报》等国家、省市媒体报道，成为全省乃至全国教育对口帮扶示范典型。（鲁红英）

【产业合作】 2021年，芙蓉区牵线湖南久仁飞网络公司与麻阳产业开发区签订入园协议，注册资本200万元，在麻阳产业开发区长寿产业园成立湖南图涂巴智能设备有限公司。牵线湖南培元生物公司与麻阳华恒农业公司合作打造年产10万吨柑橘粗发酵基地，年内完成400万元投资额用于厂房建设及购买设备。帮助麻阳锦江泉酒厂股份有限公司在长沙建立锦江泉销售中心，助力提升锦江泉酒的影响力和知名度。扶持泰丰农业、政鑫农业、霞飞云果园等7家农业企业的后续扶持，带动全县18个乡镇420名脱贫劳动力就近就业。（鲁红英）

【劳务协作】 2021年，芙蓉区与麻阳苗族自治县建立“点对点”劳务协作长效机制，促进就业供需精准对接，共同搭建“绿色通道”，帮助麻阳苗族自治县劳动力解决就业，纾解芙蓉区辖区企业用工招工难，实现共赢。携39家企业，近2000个岗位到麻阳开展就业帮扶专场招聘会，帮助425名麻阳农村劳动力及脱贫劳动力转移就业或就近就业。组织49人参加家政服务等技能培训，全部结业并推荐就业。（鲁红英）

【消费协作】 2021年，芙蓉区组织全区464家工会、近1.5万名会员参与消费帮扶活动，采购价值436万元的麻阳冰糖橙、小籽花生、福寿红糖、苗乡腊肉等特色农产品。（鲁红英）

【家政服务技能培训班】 2021年7月1—7日，芙蓉区人社局、麻阳苗族自治县人社局联合组织“家政服务技能培训班”，在麻阳苗族自治县板栗树乡大辽村开班。培训采取理论和实操相结合的方式开设家庭职业的认知、家政服务员的道德品质和行为准则、家政服务员的基本礼节礼仪、家居卫生保洁、新生儿护理、老年人基本护理等课程。该次为期7天的培训费用全免，50名麻阳农村劳动力接受培训并全部结业。（鲁红英）

【就业帮扶专场招聘】 2021年10月29日，芙蓉区驻麻阳苗族自治县帮扶组携比亚迪、蓝思科技、南方医药等20余家企业，到麻阳苗族自治县举办就业帮扶专场招聘会，提供财务、普工、仓储、水电工、质检、育婴等5000余个待聘岗位，为麻阳退渔退捕渔民、退役军人、未就业高校毕业生、建档立卡贫困户等人群提供就业岗位。当天有857人达成就业意向。（鲁红英）

·对口帮扶龙山县靛房镇·

【概况】 湘西州龙山县靛房镇下辖20个村（社区），总人口2.23万人。2021年，芙蓉区按照《长沙市对口帮扶龙山县巩固脱贫攻坚成果助力乡村振兴工作方案》，继续对口帮扶靛房镇巩固拓展脱贫攻坚成果，全面推进乡村振兴。（胡兴龙）

【帮扶工作调研】 2021年9月，芙蓉区政府副区长谢孟组织召开对口帮扶工作调度会，专题调度帮扶工作。11月5日，区委书记周春晖主持召开对口帮扶靛房镇工作座谈会，听取镇党委和工作队的工作汇报，与市工作组进行对接，明确兴产业、惠民生的对口帮扶工作主线。12月2日，区委副书记、区长崔晓带队到靛房镇调研对口帮扶工作，召开座谈会听取工作汇报，考察靛房镇九年制义务教育学校、芙蓉文化广场、白茶产业基地。制订对口帮扶工作计划，提交镇党委会议研究，明确“三个围绕”“三个结合”“三端发力”工作思路，研究和规划设计帮扶项目。（胡兴龙）

【基础设施建设】 2021年，芙蓉区拨付对口帮扶龙山县靛房镇项目资金1450万元，完成市级要求拨付资金100%，资金部分由县里统筹使用，全年资金拨付到位，年内没有动工新的基础设施建设项目。（胡兴龙）

【产业协调发展】 2021年，芙蓉区引入浙江湘阳农业开发有限公司投资2000万元种植白茶333.33公顷，建设茶叶加工厂，助力特色产业发展；投入帮扶资金400万元，在比赛、齐心、信地、半南、万龙和易地搬迁后扶持种植白茶60公顷，发展靛房龙头产业；组织农业大学专家培育出更加适宜本地种植的羊肚菌，实现从低产到高产，2021年新发展一个村种植，培养出4户种植大户。（胡兴龙）

【人才支援交流】 2021年，芙蓉区选派2名帮扶工作队员（队长：刘化祥，队员：胡兴龙）到龙山县靛房镇开展对口帮扶工作，配合靛房镇整体工作安排。长郡芙蓉中学、五一中路小学与靛房镇九年制学校签订“手拉手”协议，芙蓉区大同二小与龙山县第五小学进行结对帮扶签约，开展送教下乡、捐赠学习用品、开展教学交流、人员互派、资源共享提振靛房镇软实力，助推靛房镇人才振兴。（胡兴龙）

【社会帮扶】 2021年，芙蓉区人大组织代表、区政协、区委统战部组织企业捐赠30万元，为靛房镇学校购买学生桌椅床柜、文体器材、饮水设备，完善校园硬件设施；区政协组织委员捐赠34万余元，在先锋、信地村安装路灯210盏，点亮乡村之路，加强基础设施建设；区人大、区政协、财政局、区城管局、民进芙蓉工委等集体和个人常年捐赠爱心助学金，结对帮扶贫困学生60余名，并签订帮扶协议直至大学毕业；团区委、区妇联以及3个街道的社区参与“知体质 促健康”——智慧少年共建龙山学校活动，为华塘芙蓉学校捐献学习文体用品；团区委组织企业到华塘芙蓉学校开展青少年心理健康教育志愿行活动。

（胡兴龙）

【芙蓉区援建文化广场完工】 2021年9月，由芙蓉区援建的龙山县靛房镇文化广场建设全面完工并被中共龙山县靛房镇委员会命名为“芙蓉文化广场”。芙蓉文化广场位于靛房镇政府旁三河交汇处，由芙蓉区政府投资1300万元建成。广场与芙蓉区援建的摆手堂、风雨桥、土家文化博物馆等建筑融为一体，成为当地土家族群众开展土家打溜子、跳摆手舞等民族文化艺术活动的主要平台，也是平时休闲娱乐的重要场所。文化广场于2019年开始动工建设，2021年9月完成亮化等扫尾工程。广场内设立文化石，记载芙蓉区对口帮扶龙山县靛房镇成果。芙蓉文化广场全面完工并投入使用，增添土家民族特色，提升人民群众幸福感。（胡兴龙）

【青少年心理健康龙山志愿行活动】 2021年11月11日，团芙蓉区委联合长沙市零点智能青少年成长服务中心，在龙山县华塘芙蓉学校开展“阳光剧场，好好说话”青少年心理健康教育体验剧场龙山志愿行活动，50余名龙山学子参与该次活动。“阳光剧场——青少年心理健康教育体验剧场”，是团芙蓉区委开展基层团建改革创新，围绕影响青少年身心健康的因素开展专题教育剧场项目，含“对欺凌说不”“好好说话”2个板块。活动现场，长沙市零点智能青少年成长服务中心项目主任张汝倩结合心理学理论与生活实际，让青少年以情景剧表演的形式现场演绎真实事件，通过角色扮演，为孩子们分析不同的沟通方式带来的影响，引导青少年学会与家长、朋辈沟通，提升心理素质。活动现场利用教具卡片与同学们互动，向同学们分享成长型思维的相关知识。11月29日，“阳光剧场”项目参加湖南共青团改革创新大赛获金奖。（丁　玲）

行政审批服务

【概况】 2021年，芙蓉区行政审批服务局树立“店小二理念”“乙方意识”“用户思维”，持续推进“放管服”和“一件事一次办”改革，精准服务，综合赋能，以服务树形象，以创新促发展，以实干求实效。改革特色亮点工作多次获湖南省政务管理服务局《关于全省政务服务大厅运行管理检查交流有关情况的通报》、中共长沙市委改革办《长沙改革交流》、长沙市行政审批服务局《长沙市“放管服”和“一件事一次办”改革情况通报》和湖南卫视、《湖南日报》、《长沙晚报》等省、市主流媒体宣传推介。持续保持湖南省“文明窗口单位”、长沙市“文明标兵单位”称号，被评为长沙市“信用建设优秀单位”、长沙市“七五普法先进单位”、2021年度长沙市“双拥创建示范点”。（陈林林）

【“放管服”改革】 2021年，芙蓉区进一步梳理下沉事项，加大放权赋权力度，将更多事项、权力下沉到乡镇（街道）、村（社区）、园区。乡镇（街道）、村（社区）高频事项实现“就近办”，实现基层公共服务“一门式”全覆盖，村(社区）可办政务服务事项89项，乡镇（街道）可办政务服务事项168项。制定发布2021年隆平高科技园区级赋权事项目录赋权55项，加速实现“园区事、园区办”，助力园区高质量发展。建立健全监管协调机制，深化“双随机、一公开”跨部门联合监管，提升行政执法效能。优化升级政务服务，实现“就近好办”“极简快办”“跨域通办”，增强政务服务监督，实施政务服务“好差评”，实现区、街道、村（社区）三级“好差评”全覆盖。

（陈林林）

【“一件事一次办”改革】 2021年，第三批“一件事一次办”事项芙蓉区需承接的52项已进驻政务大厅，梳理政务大厅进驻事项986项，进驻单位30个，实现办事群众“只进一扇门，事情全办成”。设立“一件事一次办”企业开办、注销综合窗口，企业开办营业执照、税务数据推送、公章刻制，全流程均压减至4个小时、1个环节、7个材料，实现简易注销由原来1个工作日压缩至即来即办件，普通注销时限由20个工作日压缩至1个工作日。2021年市场主体新增2.24万户，其中企业1.27万户，比2020年增长49.76%，全区市场主体已突破13万户。在世茂环球金融中心打造全省首个“24小时楼宇政务服务驿站”，服务范围可覆盖芙蓉中央商务区周边重点商务楼宇及市场主体，提供从营业执照到税务业务高频政务服务事项。在地处五一商圈的农业银行长沙八角亭支行，打造24小时智慧政务服务驿站，服务辐射核心商业街区。其经验受到省、市相关部门推介，湖南电视台、《长沙晚报》、红网等媒体相继宣传报道。

（陈林林）

【“12345”政务热线】 2021年，芙蓉区持续打造“未诉先办”政务热线品牌，提前科学研判，发布舆情预警，化被动接单为主动服务。构建“一二三四五”运转模式，每月一份热线分析报告，普通工单1小时回复，复杂工单1天内甄别受理，把好派单关、办结关、申诉关三个关口，重点督办未及时办结等四类工单，实现市交办，区受理，部门、街道、社区落实的五级统筹联动。2021年9月，在全市率先成立区级政务热线中心，增强政务热线工作联动指挥能力。年内芙蓉区政务热线签收各类工单5.5万件，其中区直单位办理4.4万件，街道（园、局）办理1.1万件，月回访满意度均超99%。芙蓉区“12345”政务热线工作持续在全市十区县市排名第一位，打造“未诉先办”政务热线品牌增强全区社会基层服务能力的典型经验被湖南省政务管理服务局在《关于全省政务服务大厅运行管理检查交流有关情况的通报》中推介。

（陈林林）

2021年12月27日，农业银行八角亭支行24小时智慧政务服务驿站揭牌

（区行政审批局 供图）

【政府信息公开】 2021年，芙蓉区对2021年政务公开工作要点、基层政务公开标准化规范化等工作进行责任分解，明确责任单位，任务责任分解到岗到人。实施“两批次三结合”（一批次集中培训、一批次上门培训，培训结合上级部署、结合基层需求、结合具体案例）专业培训，提升基层政务公开质效。年内，全区政府门户网站发布各类信息6352条，其中政务动态3517条，领导信息96条，信息公开年报63条，政府工作报告2条，规范性文件13条，政策法规12条，通知公告583条，规划计划129条，人事信息15条，政府采购2条，重点民生信息632条，统计数据36条，财政信息208条，政府会议33条，重大决策预公开10条，重大项目230条，行政收费8条，处罚强制13条，招考录用19条，解读回应64条，回应关切105条，便民便企155条，专题专栏407条。全区办理政府信息公开申请139件，全部申请均依法依规并按期办理。

（陈林林）

【芙蓉先锋帮代办】 2021年，芙蓉区在区政务大厅打造“芙蓉先锋帮代办”党员示范岗品牌，组织新进人才、后备干部、入党积极分子、发展对象分批次在政务大厅开展岗位实践实训，为办事企业群众提供进门引导、政策咨询、办事帮代、“一件事一次办”程序推广等全方位的“保姆式”服务，尤其为特殊人群提供适老适幼适残专属服务。推行“实践+反馈+总结”模式，做到有计划、有培训、有台账、有小结、有评价、有提升，持续优化大厅政务服务。年内上岗实训党员干部20余批次近200人，“一线工作法”和“体验式培训”成为全面提升“店小二”精神的有效举措。《湖南日报》、《长沙晚报》、湖南经视、湖南都市频道、红网、红星云公众号等多家媒体对此进行了推介报道，该举措被湖南省人民政府发展研究中心（湖南省人民政府政务服务中心）评选为2021年湖南优化政务服务十大“金点子”一等奖。（陈林林）

【“承诺＋容缺”改革】 2021年3月，芙蓉区在全省率先推行商事主体住所（经营场所）申报登记承诺制改革，出台《中国（湖南）自由贸易试验区长沙芙蓉区块商事主体住所（经营场所）登记申报承诺制实施办法（试行）》并实施，用“一纸承诺”代替“住所证明”，为入驻自贸试验区的市场主体准入开通“快车道”。该举措被评为“2021年度长沙市十大典型行政执法案例”；制定出台《长沙市芙蓉区行政审批服务局行政审批容缺受理办法（试行）》并正式实施，梳理142项行政许可事项实施审批容缺受理，由过去“材料不齐不能办”变为“一边准备材料、一边受理审核”的并行推进模式，实现让企业群众“少跑腿”。芙蓉区创新极简行政审批服务，推动自贸片区改革再加速的典型经验被长沙市行政审批服务局在《长沙市“放管服”和“一件事一次办”改革情况通报2021年第8期》中推介。（陈林林）

【政务服务跨域通办】 2021年7月，芙蓉区在区政务大厅设置政务服务“跨域通办专窗”，与广东、广西、四川、浙江、贵州等地达成六省十地政务服务“跨省通办”合作，梳理高频政务服务“跨省通办”事项139项，分批次推动政务服务事项异地代收代办，六省十地企业和群众在当地即可“无差别受理、享同等服务”。11月，芙蓉区与株洲市天元区和湘潭市岳塘区签订合作协议，加快长株潭政务服务同城化，为长株潭一体化发展和三市企业居民办事提供便利。（陈林林）

2021年12月，芙蓉区在政务大厅二楼设置窗口，承接长沙市不动产登记业务。图为市民办理相关业务现场（区行政审批局　供图）

【承接长沙市不动产登记业务】 2021年12月，芙蓉区政务大厅完成二楼1300平方米的提质升级拓展建设，设置不动产、税务、公证处等25个窗口，正式承接长沙市不动产登记业务，自此，芙蓉区的企业群众可就近在区政务大厅办理不动产过户、房产抵押、税费及维修资金缴纳等事项，在家门口享受不动产登记服务。（陈林林）

行政执法

【概况】 2021年，芙蓉行政执法以综合行政执法改革为抓手，以构建精简高效现代化基层治理体系为目标，进一步推进相对集中行政处罚权改革，明确与区业务主管部门有关职责的分工，建立工作协作配合机制，实行审批、监管、执法在分工明确、相互协作的模式下同频共振。年内，办理行政处罚案件3.26万起，比2020年增长64.69%，罚没款1685.07万元，比2020年增长47.62%。2021年，芙蓉区行政执法局被评为长沙市“‘七五’普法工作先进集体”“长沙市食品安全先进单位”。（万　妍）

【综合执法】 2021年，芙蓉区秉承执法必严、违法必究的原则，开展24个领域的综合执法。年内，办理食品安全一般程序行政案件283起，其中3起涉刑案件已移送公安机关立案调查且已被检察机关起诉；办理专利行政执法案件76起，其中处罚案件3起；办理商标侵权行政案件16起，其中1起涉刑案件已移交公安部门；联合教育局、公安分局、消防救援大队等部门开展校外培训机构专项整治，办理违反国家有关规定招收学生、未取得办学许可等案件10起；打击未取得许可擅自施工、未进行消防设计审查违法施工等行为，查处施工项目9个，办理相关案件17起，罚款100.52万元；落实安全生产专项整治，办理行政处罚案件368起，罚款金额520.2万元。推动行政执法与刑事司法有机衔接工作，强化与公安、检察院、法院联动配合，移送涉刑案件7起，申请法院强制执行案件4起。针对损害人民群众生命安全、身体健康、生活环境等突出问题保持高压执法态势，通过综合执法，一批安全隐患得到及时消除，一些违法行为得到严厉惩治。

（万　妍）

【重点整治】　2021年，芙蓉区加大对囤积居奇、哄抬物价、假冒伪劣等行为的打击力度，办理30起涉嫌未明码标价、销售假冒伪劣产品等案件。参与交通顽瘴痼疾集中整治、安全生产、打非治违联合整治，清除各类危害社会公共安全隐患。联合开展校园周边食品安全“护苗行动”、食用农产品质量安全专项行动、马王堆海鲜市场专项整治等，保护百姓生命安全、饮食健康。对城市主干道、重点商圈、车站周边等实行全线巡查，持续开展市容环境常态化精细化标准化管理执法工作，结合显性勤务机制，持续开展市容环境常态整治，强化机动车、非机动车违停、占道设摊、店外经营、施工不设围挡等乱象整治，保持执法高压态势，市容环境秩序“脏、乱、差”“违、堵、占”等突出问题得到有效治理。年内办理市容环境类案件1366件，处罚36.82万元；对违停机动车抄牌执法2.78万台次，暂扣、清理共享单车1.2万余台次，整治、取缔流动摊贩3000余处，办理未履行“门前三包”责任类案件352起。

（万　妍）

【专项执法】　2021年，芙蓉区推进马坡岭、火车站两个国检站点周边大气污染治理工作，推动全区公共机构食堂油烟净化装置安装率100%。全年开展蓝天保卫战等环保类执法专项行动270余次，出动执法人员4980人次，出动车辆222台次，办理环保类案件413起，处罚130.96万元。提高建筑工地日常巡查频次，联合多部门对渣土公司开展培训教育，对“三无”渣土车、不按路线运输渣土、渣土乱倾乱倒等违规行为予以查处。针对东岸片区建筑工地相对集中区域及被多次通报的建筑工地，采取集中约谈和处罚相结合的方式，加大对违法行为的打击力度，降低建筑工地扬尘污染。指导餐饮经营场所正确安装和使用油烟净化设备，建立油烟净化器安装、维护、清洗工作检查台账，并予以公示。运用油烟在线监测系统对餐饮企业油烟排放指标进行长效监控，对排污数据多次超标、屡教不改的餐饮单位严肃查处，保障大气污染治理和防控工作有力推进。

（万　妍）

【为民执法】　2021年，芙蓉区紧盯食品药品、医疗美容、城市环境等热点领域，探索精细化、人性化、标本兼治的举措，提高群众满意度和获得感。驻街执法中队实行片区化治理，零距离倾听意见建议，限时回复处理并反馈结果征询市民意见，办好民生“关键小事”。全年处理市民投诉举报1.45万条，其中“12345”热线工单1.29万件，处理群众来信、来访131件，诉求热点集中在环保、工地、规划、工商、交通、油烟等方面。年度按时办结率100%，回访满意度99%以上。

（万　妍）

【老旧小区拆违】　2021年，芙蓉区行政执法局配合朝阳街道拆除人民新村老旧小区提质改造项目历史违建77处4850余平方米，推进人民新村二期、国储，三三五处老旧小区提质改造项目区域历史违建拆除；协同东岸街道对瑞祥陶瓷市场二期进行清地拆除房屋162处1.9万平方米；配合马坡岭街道推进西龙路项目，拆除星沙汽配仓库1.5万平方米；联合区法院、马坡岭街道对9号地块进行司法强拆，促成马坡岭9号地块拆迁协议签约；协同东湖街道“城中村”改造项目扫尾，拆除房屋31栋（历史违建25处）1万平方米；联合东片区街道部门，持续推进环境整治，拆除农科院片区历史违建、老旧公房17处7472平方米，清除各类违规窝棚100余处。

（万　妍）

【无证经营烟草制品零售业务案】2021年4月，接长沙市芙蓉区烟草专卖局（以下简称“烟草专卖局”）移送娄某无烟草专卖零售许可证经营烟草制品线索后，芙蓉区行政执法局19日对当事人立案调查。经查明，当事人娄某未办理《营业执照》和《烟草专卖零售许可证》，根据烟草专卖局移交证据，证实在2021年3月5日对娄某经营门店检查时，发现卷烟150个品种48.74万支，且上述烟草制品激光喷码被损毁无法识别来源；经送湖南省烟草质量监督检测站检测并确认上述烟草制品均为真品卷烟。芙蓉区行政执法局对当事人娄某作出责令停止经营烟草制品零售业务并处罚款人民币11.02万元的处罚决定。（万　妍）

【变相强制消费者使用服务案】2021年5月11日，芙蓉区行政执法局对长海医院变相强制消费案立案调查。经查明，长海医院在2020年8月12日取得宫颈癌疫苗（HPV）接种资格证，可进行四价HPV、九价HPV宫颈癌疫苗接种服务，接种人员可选择自行到院接种和通过“约苗”微信公众号平台预约接种两种方式。针对自行到院接种的人员，注射医生会询问是否要求做相关妇科检查，检查与否由接种人自愿选择；而在“约苗”平台上线发布的四价HPV疫苗A套餐费用为3909.5元（包含三针疫苗费用2482.5元+检查费1427元），B套餐费用为3162.5元（包含三针疫苗费用2482.5元+检查费680元），九价HPV疫苗套餐费用为4662.5元（包含三针疫苗费用2982.5元+检查费680元）信息时，长海医院未在“约苗”平台向预约接种人员告知套餐包含的身体检查是自选项目。截至立案检查之日止，有49人通过“约苗”平台接种四价HPV疫苗，除注射费60元/人外，违规收取检查费用67801元。2021年8月2日，芙蓉区行政执法局对长海医院作出责令立即改正，并处罚款人民币3万元的行政处罚。（万　妍）

【行政执法改革调度会】2021年5月25日，芙蓉区在区政府召开行政执法改革调度会议，协调解决行政执法改革推进中遇到的相关问题，相继出台《区行政执法局与区业务主管部门有关职责的分工》、《行政处罚职责边界清单》（高频事项）、《行政处罚案件移送制度》、《关于推进相对集中行政处罚权改革建立工作协作配合机制的实施意见》系列文件制度，为行政执法工作的开展提供基本遵循，体制机制进一步得到理顺，审批、监管、执法在分工明确、相互协作的模式下同频共振，推动执法改革不断向纵深发展。（万　妍）

【学校食堂安全执法检查】2021年9月开学季，芙蓉区行政执法局联合街道及相关职能部门对全区所有中小学学校食堂开展食品安全执法检查。针对大米、面粉、食用油、酱油、食醋、乳制品、肉制品7类校园重点食品，以及桶装水、饮料、糕点、食品添加剂等产品进行检查，突出对食品制作区域卫生环境、仓库储存条件、食品添加剂使用与保存、食品原辅料索证索票情况、工作人员健康卫生情况、相关工作制度落实情况等方面逐项进行检查，对不符合要求的督促食堂进行整改，同时加大复查力度，未按照规定整改到位的依法予以处罚。（万　妍）

【马王堆海鲜市场综合整治】自2021年9月起，芙蓉区行政执法局联合区市场监管局、区交警大队、火星派出所以及街道等部门，对马王堆海鲜批发大市场展开为期3个月的综合整治行动。整治行动以对凌晨新到的海鲜水产品抽样检测为切入点，围绕海鲜市场及周边门店，对经营户落实“四双”（双快检筛查+双留样比对+双报备溯源+双互动管控）产销对接模式的情况、进货票据、资质证明、产地证明和合格证明等进行现场检查。针对市场周边车辆随意停靠、占道经营等乱象，执法人员会同交警联合执法，依法查扣，确保道路畅通。加强对嘉雨路马王堆海鲜美食街规范点的

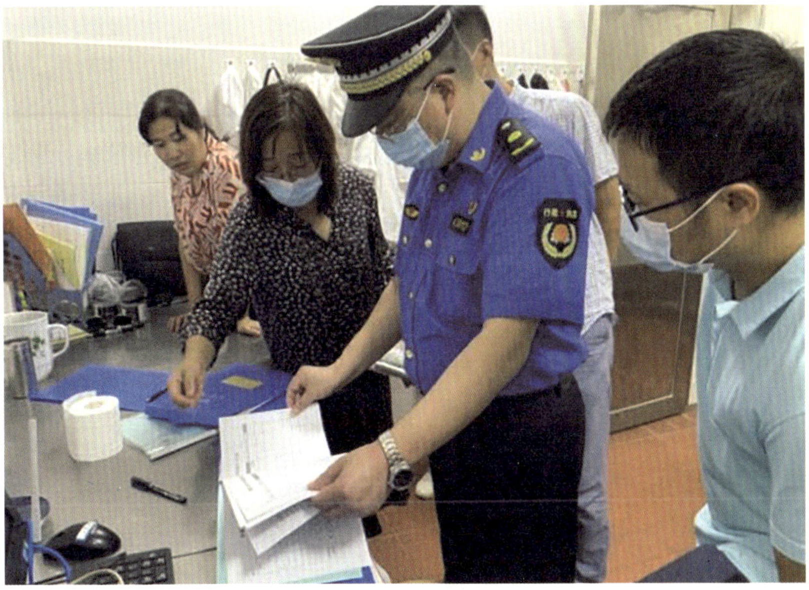

2021年9月6日，对辖区学校食堂开展食品安全检查

（区行政执法局　供图）

管理，会同东屯渡、火星街道，组织规范点的门店业主开展“三有四不五统一”（“三有”即有防污措施、有垃圾收集装置、有专人负责卫生；“四不”即不影响市容、不阻碍交通、不损坏公共设施、不扰民；“五统一”即统一经营地点、统一经营时间、统一经营范围、统一经营设施、统一标示标牌）的整治，强化食品安全，提升了城市品质。通过3个月的持续发力，巩固了治理成果，形成长效机制。（万　妍）

【餐厨垃圾收运处置专项行动】2021年9月，芙蓉区行政执法局开展餐厨垃圾收运处置专项行动。严格检查餐饮单位餐厨垃圾台账（“三合一”台账）建立及“餐厨垃圾无害化处置承诺书”的签订情况，整治未经许可从事餐厨垃圾收集运输、处置、回收等违法行为，纠正餐厨垃圾产生数量去向记录不完整、不真实等情形。针对整治行动中发现的个别餐饮单位未按要求签订垃圾清运合同、每日台账未按要求进行记录等情况，执法人员责令相关经营户按规定要求限期整改到位。专项整治期间办理未按规定单独收集、存放餐厨垃圾及餐厨垃圾与生活垃圾混装等行政处罚案件194起，处罚金额8.1万元，推进“餐厨垃圾无害化处理全覆盖”。

（万　妍）

【罚没物资集中销毁行动】2021年10月18日，芙蓉区行政执法局对已过诉讼期的罚没物资开展集中销毁行动。根据《罚没财务管理办法》相关规定，该次销毁的罚没物资涉及多个领域，主要有侵犯注册商标专用权商品、不合格产品和过期食品等，种类包括食品、药品、化妆品、

2021年10月18日，芙蓉区行政执法局对拟销毁物资数量以及产品规格型号等进行核对（区行政执法局　供图）

医疗器械、五金制品、建筑材料等，涉及产品货值金额55万元，芙蓉区财政局国有资产事务中心和行政执法大队纪检监察室工作人员对出库拟销毁物资数量以及产品规格型号等进行核对。集中销毁行动，芙蓉区行政执法局坚持依法处置和无害化处理原则，委托具备相关无害化处理资质的企业进行统一分类、集中销毁处理。（万　妍）

【新《轻微违法行为免罚办法》（试行）出台】为推进依法行政，进一步优化营商环境，完善轻微违法行为容错机制，落实中共中央、国务院《法治政府建设实施纲要（2021—2025年）》“全面推行轻微违法行为依法免予处罚清单”的要求，根据《中华人民共和国行政处罚法》以及相关法律、法规、规章，2021年芙蓉区制定《长沙市芙蓉区行政执法局轻微违法行为免罚办法》（试行）及轻微违法行为免罚清单，并于2021年11月11日对外发布。该办法13条，涉及城市管理类、广告管理类、商标及特种设备管理类等13类49项法律、法规、规章依据。该免罚清单是芙蓉区执法大队前期经广泛征集企业单位、门店业主意见和单位负责人集体决议后制定，并经区司法部门审核备案后颁布实施的。（万　妍）

【行政执法综合素质提升培训】2021年12月20—25日，芙蓉区行政执法局分两期举行2021年行政执法人员综合素质培训班，参与人员包含局、大队机关及全区14个执法中队全体执法干部290余人。培训通过邀请省市司法、城市管理、市场监管、应急管理、住房城乡建设等领域的专家进行授课，梳理相关领域的执法重点、难点内容，提高行政执法人员一线执法、服务民生的实战能力，在强化执法队伍法治意识，履行好新时代执法人员的职责使命，增强执法本领、提升执法效能等方面取得一定效果。

（万　妍）

人力资源管理

【概况】 2021年，芙蓉区持续加强人力资源管理，按照考核程序，对全区机关事业单位工作人员进行公务员考核，评定优秀521人，其中记三等功（记功）56人、嘉奖465人，对称职以下人员56人进行认定，发文全区各部门、单位通报考核结果，按考核结果兑现考核奖励。年内，全区引进高质量毕业生47人（其中博士研究生1人、硕士研究生30人），为芙蓉区人事人才队伍输送新鲜血液。 （肖 婷）

【加快人才引进步伐】 组织完成芙蓉区2021年公开招聘事业单位工作人员笔试、面试、体检工作，招聘人员47人，其中博士研究生1人，硕士研究生30人，985、211大学31人。推进长沙市人才新政工作，受理和初审高校毕业生租房和生活补贴申报3340人，留学归国人员租房和生活补贴申报259人，职业技能晋级奖202人，制造业企业职称人才奖励824人。芙蓉区高校毕业生租房和生活补贴2.69万人次；留学归国人员租房和生活补贴2122人次，发放金额2591.15万元。职业技能晋级奖励268人，金额101.3万元。高层次人才申报96人，认定人数72人，认定高精尖人才领跑工程2人，其中高精尖人才领跑工程国家级产业领军人才1人、高精尖人才领跑工程省市级产业领军人1人，奖励金额250万元。紧缺急需人才集聚工程奖励1人，发放金额15万元，企业博士后科研工作站资助经费1家，发放100万元。开展职称、工人技术等级认定工作，初级初任认定材料受理344份，通过303份；中级初任认定材料受理15份，通过15份；中级评审材料受理1090份，形式审查通过597份，评审通过208份；高级评审受理179份，评审通过89份；卫生系列初、中级考试资格审查受理材料2153份，考试通过1298人。 （肖 婷）

【优化人事公共服务】 2021年，区人社局依法依规做好档案的接转和政策解释工作。全年开具调档函425份，接转人事档案535本，接待电话和现场咨询3118人次，现场办理事项办件997余件，档案资料收集1372份，开具各类证明136份、整理档案592本，已进行档案专审332本（初审、复审）。 （肖 婷）

【机关事业单位借调人员整改工作】 为落实省委第九巡视组反馈的“县直机关事业单位长期抽借调工作人员”问题整改，2021年4—5月，芙蓉区对机关事业单位的借调人员进行摸排，6月，区政府出台《芙蓉区借调人员管理办法（试行）》，11月区纪委监委、区委编办、区财政局、区审计局、区人社局再次对全区各机关、事业单位的编外用工情况进行专项督查，确保借调人员整改工作落到实处。 （肖 婷）

外　事

【概况】 2021年，芙蓉区外事工作依托自由贸易试验区长沙片区芙蓉区块，拓展对外交流合作。做好新冠肺炎疫情防控中的外籍人员管理与服务工作，加强新冠肺炎疫情防控期间外资企业的防控指导和支持力度。全年完成外贸进出口总额21.74亿美元，比2020年增长44.65%，全年利用外资项目43个；完成外商直接投资2.8亿美元，比2020年下降30.14%。优化营商环境服务外资企业，柏悦酒店、Apple Store直营店等一批国际外资企业落户芙蓉区。 （李 菁）

【对外商贸文化交流】 2021年，芙蓉区政府与省、市外办签署国际产业创新与交流中心战略合作备忘录，旨在持续吸引非洲国家离岸（中国）产业创新与交流中心、国际机构、非洲国家行业10强企业、跨国企业总部等入驻，推进自贸试验区建设。其中明确中心由芙蓉区引进的可世代负责日常管理与运营。依托芙蓉区块，扩展对外商贸交流，年初接待英国、法国、日本等8个国家湖南商会会长芙蓉区块考察调研。自贸区芙蓉区块分别与马里、马达加斯加共设离岸（中国）产业与创新交流中心，获批全国首个中国国际可可产业创新平台，利比里亚共和国离岸（中国）产业创新与交流中心在中国（湖南）自由贸易试验区长沙片区芙蓉区块挂牌。自贸区芙蓉事务中心年内举办中非农业发展与合作基地工作推进会暨首届中国可可全产业链发展研讨会，2021中非经贸国际标准化论坛。举办首届中国国际可可文化艺术节第一期活动，推介中国可可和巧克力新品，探索“中非”非资源型产品交易新模式。“一带一路”热带干旱经济工程技术研究中心标准化研发基地在自由贸易试验区长沙片区芙蓉区块揭牌。 （李 菁）

【利比里亚共和国离岸（中国）产业创新与交流中心揭牌】 2021年

3月17日，利比里亚共和国离岸（中国）产业创新与交流中心在中国（湖南）自由贸易试验区长沙片区芙蓉区块揭牌。利比里亚驻华大使馆商务参赞莫巴卡威到场，芙蓉区政府常务副区长谭雄伟、副区长黄金国及相关部门负责人参加。莫巴卡威一行参观隆平水稻博物馆，听取了自贸区长沙片区芙蓉区块相关情况介绍。在座谈会上，中利双方就特色产品进出口贸易往来、“线上”和“线下”经贸交流活动、重点产业项目和投资“入非”“来华”深入洽谈，推动“非品入湘”“湘品出海”。芙蓉区副区长黄金国表示支持非洲国家在片区设立办事处、代表处，支持湖南农业大学、省农科院等科研院所以及隆平高科、海外经贸、省茶业集团、国湘人力资源等龙头企业在推动中非经贸合作中发挥作用的意愿。（李　菁）

数据资源管理

【概况】　2021年，芙蓉区数据资源中心以提升智慧政务服务能力、夯实网络舆论阵地网站建设、提高政务网络安全保障水平为重点，负责政府投资信息化项目建设审批、技术支持等工作，推进智慧城市和数字政府建设。年内，在全市政府网站绩效评估中排名第二位，继续被评为长沙市“优秀政府网站”；区数据资源中心被评为全市“网站管理工作先进单位”、全市“网络安全保障优秀单位”。在由中国电子信息产业发展研究院指导、中国软件评测中心举办的“2021年数字政府服务能力评估暨第二十届政府网站绩效评估结果发布会”上，芙蓉区人民政府网站位列全国区县百强榜（全国区县排名第60名）；申报的“智慧集约 特色应用——让政府网站服务更具智能化”案例，被评为“人性化设计类型优秀创新案例”。（黄　弋）

【政府门户网站与政务新媒体运维】2021年，区政府门户网站发布信息1.3万余条。其中：芙蓉要闻792条，区直各部门、群团组织、园区街道动态2696条，各类研究报告12份，通知公告553篇，政务文件8份，规范性文件13份，政策解读60篇，财政信息209条，人事信息14条，政务信息公开2300余条；微信公众号“芙蓉区人民政府网”推送信息180条。年内，区政府门户网站围绕为民办实事、优化营商环境等重点工作，优化热点推荐、政策文件库、便民便企等栏目，建设芙蓉区“十四五”规划、年度政务公开工作要点、招商引资、一网通办专区、中央生态环境保护督察等6个特色专题专栏。区数据资源中心持续抓好政府门户网站和政务新媒体常态化监测检查和督促整改工作，及时发现纠正错误，定期通报监测情况，年内组织全区各单位开展自清自查，保障政府门户网站和政务新媒体信息内容准确、表述规范、更新及时。（黄　弋）

【政务网络安全保障运维】　2021年，区数据资源中心完成芙蓉区云计算中心网络优化升级工作，提升政务网络安全保障能力。4月参加长沙市攻防演练，5月参加“湖湘杯”应急演练，在演练中，芙蓉区网络未被攻破，演练未被扣分。在“七一”“十一”等重要时期进行7×24小时值守的特护期网络安全保障，确保全区政务网络安全平稳运行。持续做好网络日常巡检和安全通报，出具安全监控报告12期；开展季度巡检4次，特护期巡检2次；及时处置各类安全隐患和事件60余起，其中挖矿木马3起、远控木马22起、病毒木马27起，将网络安全风险降至最低。组织开展安全测评，对全区政务网络和云计算中心进行检查；对“人大预算联网监督信息系统”“医保基金网格化社会监管云平台”“芙蓉招商专区”等业务系统进行上线前安全测试。年内保障区级视频会议140余次。（黄　弋）

【信息化项目建设】　2021年，区数据资源中心完成芙蓉区综合指挥中心大厅信息化项目硬件建设、软件系统上线测试运行。完成芙蓉区基础网格划分工作，网格标绘情况经各街道核对确认，13个街道81个社区划分415个网格，形成芙蓉区标准化的基础网格图层。协助区委政法委完成视频会议系统及政法专网建设工作。依托“雪亮工程”，与相关单位进行技术对接，做好区视频融合平台的视频资源接入工作。配合行政审批服务局做好区5G政务大厅网络数据机房迁移工作。做好区机关大楼826、524会议室多媒体设备改造升级工作，做好视频会议保障工作。（黄　弋）

【信息化项目管理】　2021年，芙蓉区出台《芙蓉区政府投资信息化项目建设管理办法》，依据管理办法，区数据资源中心对“智慧图书馆、智慧文化馆”、“智慧师训”、不动产登记业务下沉、全区应急广播系统、自贸区企业服务大厅设备采购6个信息化建设项目实施技术指标评估、组织专家评审，确保项

2021 年 12 月 27 日，农业银行芙蓉支行、区行政审批服务局、区数据资源中心共同签署“政银合作”智慧政务服务合作协议

（区数据资源中心　供图）

目建设符合“统筹规划、统一标准、集约建设、融合共享”的原则，实现政府投资信息化建设项目的统筹集约、规范高效管理。（黄　弋）

【“我的长沙”App 芙蓉专区建设】 2021 年 11 月至年底，完成“我的长沙”App 芙蓉专区建设，在“我的长沙”App 上统一芙蓉区公共服务入口，推进市级服务和区县级服务的全覆盖、双下沉，上线服务 112 项，依托人工智能及大数据技术，实现智能推荐、智能搜索服务，为辖区居民提供“家门口”的政务服务、公共服务和社会服务。芙蓉专区重点建设 2 个专题：“企业服务”专题为芙蓉区企业提供政策、财税、金融、法律等服务；“招商引资”专题提供最新招商政策解读、招商资讯推送、楼宇及地块招商展示等服务。（黄　弋）

【建设 24 小时智慧政务服务驿站】 2021 年 7 月和 12 月，芙蓉区分别完成世茂环球金融中心“24 小时楼宇服务驿站”和中国农业银行长沙八角亭支行“24 小时智慧政务服务驿站”建设，实现 24 小时无人值守提供营业执照自助打印、领取公章、社保自助查询、政务自助查询、税务自助查询等政务服务功能，方便周边的楼宇企业和市场主体。在建设过程中，区数据资源中心提供网络线路及数据安全保障，开发部署政务查询系统，实现企业和个人全生命流程政务服务事项及“一件事一次办”在线查询、省市区各级涉企政策查询、电子税务在线查询等服务功能。（黄　弋）

信访工作

【概况】 2021 年，芙蓉区信访工作聚焦“四量”并举（减存量、降总量、控增量、防变量）目标，坚持“四化”并行（目标具体化、考核刚性化、调度常态化、治理系统化）举措，维护群众合法权益和全区社会大局和谐稳定。年内未发生重大影响的舆情事件。区政府连续第五年被评为长沙市“信访工作目标管理考核优秀区（县、市）”，区信访局被评为长沙市“信访工作基础业务规范单位”，区信访接待中心被评为长沙市“人民满意窗口”创建示范单位。区信访局办公室主任谭怿被评为全省“信访工作先进个人”。（陈银花）

【各级领导信仿责任落实】 2021 年，芙蓉信访落实县级领导接访、下访、包案制度和街道（局）班子成员坐班公开接访制度。在《长沙晚报》上公示县级领导干部公开接访安排，在区信访局接访大厅的公示牌和电子显示屏上公示当天接访领导的姓名和职务，进一步压实县级领导作为“关键少数”的“关键之责”。信访局班子成员轮流陪同县级领导接访，做好相关协调保障工作。全年县级领导公开接访 198 天，接待群众 320 批 814 人次，全部按要求落实首接、首办责任。2021 年省、市信访局通过视频系统抽查县级领导坐班接访情况 18 次，市委督查室和市信访局来区暗访县级领导坐班接访情况 2 次，区接访领导均在岗履职。落实“五包一”工作机制，优化调整区领导包案与联点街道、分管工作紧密结合。组建信访积案化解工作专班，分解信访积案化解工作责任到 40 余名包案县级领导、13 位街道党（工）委书记和 39 个责任单位主要负责人。对 20 个五年以上信访积案实行“揭榜攻坚”，由街道书记和部门一把手领衔实施，点对点沟通协调、面对面研究解决，有效推动了信访积案难案的化解工作。（陈银花）

【统筹调度信仿工作】 2021年，区委常委会会议4次、区信访联席会议专题会议调度30余次，传达学习国家、省、市有关信访工作的通知和会议精神，并听取信访工作汇报，分析访情态势，部署信访工作。区委对信访事项采取“一事一议”，从政策上、经费上、工作上全力保障。建立专项工作经费保障机制，及时追加信访专项救助资金300万元。区联席办细化分解全年重点工作任务，采取“日通报、月调度、季排名”的挂图作战模式，实时通报进度，及时督促提醒，确保“集中治理重复信访、化解信访积案”专项工作在全省全市率先实现既定目标。将信访工作纳入对街道和部门的绩效考核，每季度在考核大会上进行通报。开展不定期专项工作联合督查，强化督查督办，提高工作效率。对省委巡视组交办288件信访件再次组织“回头看”。创建“人民满意窗口”2个。办理来信231件、网信715件，复查信访事项29件。化解信访积案52件，其中5年以上信访积案22件，10年以上信访积案10件，“集中治理重复信访、化解信访积案”专项工作进度在全市排名第一位。交办第一批233件重复信访事项已全部上报过审，化解（过审）率100%。交办第二批28件重复信访事项已完成上报过审23件，化解（过审）率82.15%。交办34件疑难复杂突出信访事项已化解34件，化解率100%。信访积案化解工作成效好。2021年5月31日，在九所宾馆召开的湖南省信访工作调度会上，芙蓉区原信访工作联席会议第一召集人、区委副书记蒋红波代表芙蓉区就集中治理重复访、化解信访积案专项工作作经验发言。2021年12月，《湖南日报》以《用心用情化积案 多措并举解民忧》为题予以专题报道。（陈银花）

【信访法治宣传】 2021年5月27日，芙蓉区信访局、区检察院在锦泰广场联合举办“信访法治和网上信访宣传月暨《湖南省信访条例》修订实施15周年”宣传活动。活动通过在广场的醒目位置悬挂宣传横幅，摆放宣传展板和宣传台，引来群众驻足了解。工作人员向群众发放《信访条例》《网上信访操作指南》《依法逐级走访流程》《保障农民工工资支付条例》等法律法规及其他宣传资料400余份，活动取得普及信访法治知识，引导群众规范信访、依法维权的作用。（陈银花）

2021年5月27日，信访法治宣传活动在锦泰广场举行。图为市民向宣传员咨询法治知识（区信访局 供图）

【成都市青羊区到芙蓉区考察交流】 2021年7月27日，成都市青羊区区委办副主任、保密机要局局长蔡旭东率区委办、法院、检察院、区委政法委、信访局及相关街道、单位负责人组成考察组一行25人，到区考察交流信访工作，芙蓉区信访局党组成员、副局长姚顶及街道相关负责人陪同考察交流。考察组一行到荷花园街道参观街道物业调解室、司法所、信访接待室，听取相关情况介绍。两地双方进行座谈交流。（陈银花）

机关事务管理

【概况】 2021年，芙蓉区机关事务中心紧扣全区中心工作和全年目标任务，以服务干部职工为主线，主动作为、履职尽责，做好疫情防控、大院环境、会务保障、餐饮服务、公车服务等方面工作，确保机关大院运转有序。2021年，机关事务中心被评为芙蓉区内保单位“安全保卫工作成绩突出集体”、芙蓉区“安全生产和消防工作考核先进单位”。（陈 静）

【机关新冠肺炎疫情防控】 2021年，区机关事务中心根据疫情防控工作标准，落实“两码＋体温测量”措施，对进入机关大院的人员及车辆进行有效管控。定时对走廊、楼梯、电梯、卫生间和公务用车做好消毒，会议室实行“一会一消毒”。食堂有序做好分餐、盒饭供应，实行错峰就餐、隔位就餐、餐前洗手、佩戴口罩等制度，并安排专人做好用餐引导，做好餐饮服务保障工作。（陈　静）

【平安大院建设】　2021年，区机关事务中心制定全年机关大院安全工作计划及维稳工作方案，开展春节、国庆等节假日期间安全隐患排查及治理10余次，做好中国共产党成立100周年、“两会”、中共十九届六中全会、省市党代会等特护期机关大院安保工作。年内，机关大院门禁系统升级为人脸识别系统，对机关工作人员进行信息采集和录入；提质信访局、政务中心门禁系统改造，加强安保人员值班值守；在区政府主楼大厅及政务中心安装一键式公安报警系统，确保机关大院治安防控秩序良好。召开安全会议，对机关大院工作人员、物业及食堂工作人员进行安全教育培训。（陈　静）

【机关大院停车管理】　2021年，区机关事务中心对机关大院停车难问题再次调整优化停车方案，通过超时收费、适时放开部分黄线禁停区域等措施，保障工作人员和外来办事群众车辆停放。机关大院停车位节假日及国家法定节假日对市民免费开放。（陈　静）

【设施设备维修】　2021年，区机关事务中心对机关大院、公卫大楼及人武部的设施设备做到定期检查，实行痕迹化管理。全年，配电间、空调主机房、强弱电井、监控室及各类消防设施设备运转良好。年内通过公开招标确定新的机关大院维修队，机关大院西边绿化进行复原建设，更换二楼大堂电子显示屏、办公楼负一楼东北角承重梁加固、食堂排烟机抢修、中央空调冷却塔维修保养、机关大院充电桩安装等工作。（陈　静）

【会务保障】　2021年，区机关事务中心落实好会场消毒、会务服务、设备检修、电力保障等各项措施，细致高效做好全区重大会务及活动后勤服务保障工作。全年完成公用会议室会务约500场次，区委、人大、政府、政协四大家会议室服务1000余场次。为区委、区政府月工作例会、市对区绩效考核、“三高四新”战略调度会、党史教育动员会、“5·20”企业服务日启动仪式、庆祝中国共产党成立100周年活动、“党代会”、“两会”、省市主要领导到区调研等重大会议及活动提供后勤保障。（陈　静）

【餐饮服务】　2021年，区政府加强食堂标准化管理，规范食堂采购、加工、服务流程，为干部职工提供更加优质的服务。打造“美味”食堂。早餐增加面包、蛋挞等西点，油条、皮蛋瘦肉粥、水饺、腌菜包等中点；中餐推出烧腊饭、减脂餐、广式套餐、炒粉等。打造“智慧”食堂。会同餐饮公司实行产品线上预定制，增值个性服务，干部职工可线上快捷、按需预订包点、卤菜、净菜等。打造“多彩”食堂。以“元宵美食节”“与春天有个约会新品品鉴会”“为医务人员加油，为抗疫一线助力”等系列活动为载体，抓住传统节日等重要时间点，增强干部职工品享美食的体验感和获得感。打造“幸福”食堂。通过招标，引进了大型餐饮公司广东新又好集团和品牌连锁超市湖南快乐惠公司，初步形成食堂与超市经营方的良性竞争及互动，丰富超市货品，严把食品安全，按照7%的优惠率为干部职工提供物美价廉的超市物品。（陈　静）

【公车服务】　2021年，区机关事务中心重新修订驾驶员考核方案，结合用车服务、考勤纪律、车辆管理等方面对驾驶员进行综合考核，设立优秀驾驶员及年度安全文明奖励金，提高驾驶员工作积极性。平台全年累计派车3768次，安全事故发生率为零。年内更新1辆商务车、2辆轿车、2辆大客车，为区政工作的正常运转提供保障。（陈　静）

【设立新能源汽车充电桩】　2021年，区机关事务中心落实长沙市《关于新能源汽车推广应用的实施意见》的要求，投入资金400万元，在机关大院西边停车场安装10个新能源汽车充电桩（含基础建设）及2个箱式变压器建设，在满足干部职工新能源车充电需求的同时，使机关大院用电扩容共1260千伏安，保障了机关大院、政务中心、应急指挥中心等的用电需求。（陈　静）

中国人民政治协商会议芙蓉区委员会

Furong District Committee of the
Chinese people's Political Consultative Conference

编辑　　谭丽霞

综　述

【概况】　2021年，芙蓉区政协完成换届选举，实现工作平稳过渡。产生芙蓉区第六届政协委员205人，政协常委31人。社情民意信息工作实现新突破，获全市政协系统一等奖，其中“推进养老服务产业化的建议”“乡村建设要明确怎么建、谁来建、为谁建的问题”等5篇社情民意信息被全国政协采用。

政治引领　全年召开党组会议21次，集体研究党组工作要点、协商调研计划、“三重一大”事项等内容，确保党的领导贯穿政协工作全过程。坚持重大事项、重要工作、重要情况经党组集体研究后第一时间向区委请示，全年向区委书面请示报告5次，向区委常委会报告6次。注重理论武装，专题学习习近平“七一”重要讲话，中共十九届五中、六中全会精神，省、市、区党代会精神。集中收看庆祝中国共产党成立100周年大会、省政协系统党的建设工作会议、全省政协界别工作推进视频会议。

服务大局工作　扩大政治协商的广度，围绕中心开展常委会专题调研和协商，关于“抢抓机遇在自贸区建设中展现芙蓉新作为”“推进芙蓉建筑业健康发展”调研报告，为区委、区政府决策提供有价值参考。五届六次政协会议共遴选重点提案5件，其中“关于打造隆平小镇历史文化街区的建议”“关于扶持新业态，推动芙蓉区现代服务业加快发展的建议”分别由区委书记周春晖、区长崔晓领衔办理。区政协主席会议成员带队深入开展“百日暖企”行动，走访辖区企业。就“城市有机更新”“芙蓉公安分局反电诈工作”等开展专项调研考察。对区退役军人事务、区公共文化设施体育管理等工作开展民主监督。联合区委统战部、工商联，赴龙山县靛房镇开展助学活动，发动委员、其他各界人士筹集资金近20万元，为靛房镇中心小学饮用水系统进行改造升级。

队伍建设　落实“一岗双责”，支持派驻纪检监察组开展工作，主动接受监督。制定《党建引领政协工作的意见》《政协党组全面从严治党主体责任清单》《加强政协“两支队伍”建设的意见》等制度，提升工作效能。在政协云、《湘声报》、芙蓉之窗等媒体发布宣传报道40余篇，编辑《芙蓉街巷记忆》，讲好芙蓉故事，扩大政协影响。组织新委员履职培训，举办“把握新时代特征，撰写高质量提案”和“打造重点提案，提升办理成效”专题讲座。（徐舒婷）

【政协换届选举工作】　2021年芙蓉区政协的换届选举工作，全程在区委领导下进行。召开换届工作会议，全面部署区六届政协委员换届工作。区委统战部研究提出区六届政协委员推荐工作方案，组织部、统战部和政协党组分别组织换届工作调研。区政协分街道逐一听取街道工委和地区委员组的意见，熟悉掌握一批新的代表人士，听取各民主党派、人民团体和有关方面对新一届政协委员安排的意见。换届工作领导小组形成了293人的初步人选名单，包括职务委员人选56人，除职务委员外的留任委员人选78人，新推荐人选159人。区委统战部牵头对非公经济代表人士144人所在企业进行综合评价，政协党组审议通过区五届政协委员继续留任人选名单，区委组织部、区委统战部联合下发考察工作方案，将考察人选按属地原则委托各街道党工委进行考察。六届政协委员确认205名，其中在区直和市驻区的垂直管理部门担任职务的委员人选46名（不包括省直、市直部门的领导），不含职务委员的留任提名人选50名，其他新提名人选109人。六届政协一次会议期间，为加强中共统一领导，成立区委书记周春晖任书记的大会临时党委，以地区委员组为单位成立临时党支部，街道政协联络工作负责人担任临时党支部书记。大会通过无记名等额方式分别选出政协常委31人，选举政协主席、副主席5人（其中民主党派3人），秘书长1人，班子成员满票当选。

（姚群峰）

【政协委员构成】　芙蓉区六届政协委员205人，比上届增加11人。其中五届委员中继续提名的75人（职务委员25人，其他委员50人），占六届委员总数的36.6%；新进委员130人，占委员总数的63.4%。新一届委员中，中共党员76人，占委员总数的37.1%；非中共委员129人，占委员总数的62.9%。符合党外委员不少于60%的要求。妇女委员62人，占委员总数的30.0%。少数民族、宗教界委员9人。大专以上文化程度196人，占委员总数的94.7%，其中拥有博士、硕士研究生学历的59人。45岁以下委员126人，占委员总数的60.9%，其中“90后”委员12人，委员队伍趋向年轻化。（姚群峰）

重要会议

【区政协五届六次全会】 2021年1月11—13日，政协长沙市芙蓉区第五届委员会第六次会议召开。开幕式1月11日在区会议中心举行。区政协主席郑明、副主席范伟民、洪曙光、谢志鹏、杨爱斌、陈庆、秘书长何益波，区委、区人大、区政府、区人武部全体副县级以上领导，隆平高科技园和湘湖管理局副县级以上领导出席，区政协老领导应邀出席会议。大会应到委员193人，实到170人。各街道党政主要负责人、区直部门、市垂直管理部门、驻区单位主要负责人等400余人参加会议。会议听取郑明关于政协常务委员会工作报告，听取范伟民关于提案工作的报告，夏良伟、兰琼、黄小利、谭智钢4名委员分别作议政发言。会议期间，全体委员列席芙蓉区人大第五届六次全会，听取政府工作报告。委员分13个小组审议政协常委会报告和提案工作报告，讨论政府工作报告。会议通过区政协常务委员会工作报告和提案工作报告，通过五届六次会议政治决议。会议表彰2020年度政协系统先进地区委员组4个，优秀政协委员44人，优秀提案6份，社情民意信息优秀稿件23篇。（徐舒婷）

【区政协六届一次全会】 2021年10月20—22日，政协长沙市芙蓉区第六届委员会第一次会议召开。开幕式20日在芙蓉区机关会议中心举行，大会应出席委员205名，实到199名。市委派驻区县（市）人大、政协“两会”现场督导组组长、市委组织部副部长张白云，市委换届风气监督现场督导组组长、市委宣传部二级调研员刘玉龙到会。区委、区人大、区政府、区人武部、隆平高科技园、区法院、区检察院全体副县级以上领导出席，区政协老领导应邀出席会议。区委、区政府、隆平高科技园现任领导，区政协老领导在主席台就座。各街道党政主要负责人、区直部门、市垂直管理部门、驻区单位主要负责人等400余人参加会议。五届区政协主席郑明代表政协长沙市芙蓉区第五届委员会常务委员会，向大会报告工作，范伟民向大会作五届政协以来提案工作情况报告。会议通过了区政协第五届常委会工作报告和提案工作情况报告的决议、区政协第六届委员会第一次会议政治决议。会议采取无记名等额选举方式产生政协长沙市芙蓉区第六届委员会主席、副主席5人和秘书长，选举产生常委委员31人。喻志刚当选为政协长沙市芙蓉区第六届委员会主席。喻志刚主持闭幕式。（徐舒婷）

【区政协常委会议】 2021年，芙蓉区政协常务委员会议召开5次。

1月13日，芙蓉区政协第五届委员会常务委员会第十九次会议，听取五届六次会议讨论综合情况汇报，审议区政协提案委员会关于五届六次会议提案审查情况的报告（草案），审议区政协五届六次会议各项决议（草案）。

3月24日，芙蓉区政协第五届委员会常务委员会第二十次会议，调研考察隆平生物种业产业园项目、岳麓山种业创新中心等，组织政协常委集中观看《榜样5》，专题学习全国政协十三届四次会议有关精神。会议审议通过了《政协长沙市芙蓉区委员会2021年工作要点（草案）》《芙蓉区政协2021年协商与监督工作计划（草案）》《关于党建引领政协工作的意见（草案）》《关于政协委员联系服务界别群众的实施意见（草案）》《关于加强“两支队伍”建设的实施意见（草案）》《区政协五届六次会议重点提案遴选建议名单（草案）》《区政协专门委员会兼职副主任和委员建议名单（草

2021年1月11日，芙蓉区政协五届六次会议开幕后，政协委员走出会场，准备分团讨论 （区融媒体中心 供图）

案）》，表决通过专委会兼职副主任和委员，向委办兼职副主任代表黎明星、刘源、刘伟林颁发任命书。

5月28日，芙蓉区政协第五届委员会常务委员会第二十一次会议，围绕“抢抓机遇，在自贸区建设中展现芙蓉新作为”开展专题协商。

9月16日，区政协第五届委员会常务委员会第二十二次会议。展开推进芙蓉区建筑业加快发展专题协商，协商有关人事事项。

10月9日，区政协第五届委员会常务委员会第二十三次会议，专题学习市第十四次党代会精神、区第六次党代会精神，审议通过《政协长沙市芙蓉区第六届委员会委员建议人选名单（草案）》《关于召开政协长沙市芙蓉区第六届委员会第一次会议的筹备工作方案及议程、日程（草案）》《政协长沙市芙蓉区第五届委员会常务委员会工作报告（审议稿）》《政协长沙市芙蓉区第五届委员会常务委员会关于五届一次会议以来提案工作情况的报告（审议稿）》以及《政协长沙市芙蓉区第六届委员会提案审查委员会委员建议人选名单（草案）》。

（徐舒婷）

协商议政

【概况】 2021年区政协主席团会议成员针对自贸区建设、建筑业发展举行两次专题协商。召开协商座谈会，区政府有关负责人，芙蓉区相关职能部门负责人部分政协委员参加。两次协商分别形成《关于“抢抓机遇，在自贸区建设中展现芙蓉新作为”的调研报告》及《关于对芙蓉区建筑业发展情况的调研报告》。就“提升芙蓉区医疗保障服务水平”“多方联动，建立芙蓉区公益诉讼长效机制”开展对口协商、界别协商。

（徐舒婷）

【关于自贸区芙蓉区块建设的调研协商】 2021年5月28日，芙蓉区政协举行有关自贸区建设的专题协商，区政协常委会议组成人员、各委办正副主任、各街道政协联络工作负责人以及部分区政协委员参加，区政府副区长黄金国，区发改局、区商务局、自贸区长沙片区芙蓉事务中心、区优化营商环境协调事务中心相关负责人出席。与会人员到马栏山创智园考察，参观了一号栋展厅、银河酷娱企业和聚恒集团，了解马栏山创智园在规划建设、产业融合、人才引进、科技成果转化等方面的经验做法。在专题协商会上，自贸区长沙片区芙蓉事务中心副主任易姝简要介绍自贸区芙蓉区块建设情况，区政协自贸区建设调研组成员作主题发言，与会职能部门负责人与政协委员交流发言。

（徐舒婷）

调研考察

【城市有机更新专题调研】 2021年4月16日，芙蓉区政协主席郑明带队，政协有关领导及部分委员一行12人，调研考察区城市有机更新工作。考察团一行现场察看了蔡锷中路两厢城市有机更新项目以及白果园有机更新项目，并召开座谈会，听取区城市人居环境局相关负责人介绍区城市有机更新相关工作情况。近几年，芙蓉区加大城市有机更新力度，改造老城区基础设施，保留历史人文风貌，改造后的老城区受到中外数十批人员参观及国内主流媒体报道。至2021年1季度，已完成改造的街区包括都正街、白果园化龙池片区、马王街浏正街片区（一期）、蔡锷中路两厢（一、三片区），蔡锷中路两厢片区、火车站片区、湘雅附二片区等城市更新项目在有序推进。

（徐舒婷）

2021年4月16日，芙蓉区政协主席会议成员调研区城市有机更新工作

（区政协办　供图）

【区文化体育设施建设考察】2021年4月20日，区政协主席郑明带队，政协主席会议成员一行8人考察区公共文化体育设施，先后到东驿体育公园和芙蓉文化中心实地考察。东驿体育公园是芙蓉区建成的长沙城区最大的市民体育主题公园。芙蓉区文化体育中心，净用地面积2.7万平方米，由文化中心、市民活动中心、全民健身广场三个部分组成，集新闻、广播、图书、阅览、娱乐、运动等功能于一体。年内，图书馆、文化馆、老年活动中心交付使用。（徐舒婷）

2021年4月20日，芙蓉区政协主席会议成员视察区公共文化体育设施
（区政协办　供图）

提案工作

【概况】　2021年，芙蓉区政协五届六次会议提交提案90件，经审查立案62件。委员们建言经济建设，围绕优化营商环境、精准扶持优质企业、推动民营企业高质量发展等问题，提出提案13件；共议民生实事，围绕研学旅行、文旅产业发展、基层卫生公共服务等问题，提出提案16件；协商社会治理，围绕老旧小区提质改造、小区管理、路网设施建设等问题，提出提案21件；献策民主法治，围绕基层减负、公共安全、食品安全等问题，提出提案12件。通过职能部门协商办理，截至8月底，提案全部办理完毕。所提问题已经解决或基本解决的28件，占交办提案的45.2%；正在解决或列入计划逐步解决的30件，占交办提案的48.4%；因政策、机制和其他客观条件局限，暂时未能解决的4件，占交办提案的6.4%。提案人对办理态度和办理结果的满意率都达到100%。

区五届政协的提案办理情况，在政协六届一次会议上范伟民作了总结。五届政协收到委员提案549件，经审查立案445件，立案率81%。截至2021年8月底，提案办理全部结束。芙蓉区五届政协实施各街道政协联络处初审、提案审查委员会复审、主席会议核准的“三审”工作机制。创新提案办理模式。在全省基层政协中率先试行提案简易办理模式，出台《长沙市芙蓉区政协提案办理简易协商实施办法》，相关承办单位简化办理程序，整合办前、办中、办后沟通协商环节，提高办理效率，文件出台后采用简易协商办理提案6件。五年来，评选优秀提案30件。（姚群峰）

【政协委员优秀提案】　2021年1月，区政协委员黄小利在区五届六次全会提出《扶持新业态推动芙蓉区现代服务业加快发展》的提案，提案主要内容为：1.进一步提高对扶持新业态的认识。把扶持新业态发展作为芙蓉区最重要的经济发展战略，加快制定芙蓉区新业态发展规划，明确提出新业态产业（如大数据、软件产业、人工智能、物联网、移动互联网、下一代互联网等）和融合应用（实体经济的数字化、智能化转型和服务型数字经济）在芙蓉区地区生产总值所占的比重等指标。2.打造芙蓉区新业态发展的多层次载体。培育一批现代服务业新业态聚集区。升级芙蓉区现有的服务业聚集区和生产性企业聚集区，培育芙蓉区新业态聚集示范区。建设一批具有影响力的创新主体。推进一批现代服务业新业态重点项目。建立芙蓉区新业态重点项目储备库，重点建设一批带动作用强、融合能力突出、辐射效应明显的新业态重点项目。3.加大对新业态产业的政策扶持力度。对用于建设新业态企业的土地建议给予适当的优惠政策。建议设立芙蓉区新业态产业发展专项资金，对符合条件的新业态企业给予项目补助和奖励。建设芙蓉区新业态产业信息共享平台，推动政府、企业、行业信息共享。引进和支持新业态产业的学术会议、专业论坛、科技会展在芙蓉区落地和发展。4. 加强新业态产业人才队伍建设。建立开放共享的高层次新业态产业人才信息交流平台，实现人才供需信息的高效互通。引进科技人才和创新团队，推动芙蓉区新业态产业创新发展。

在同一次会议上，委员谭智钢提出《发挥“网红”餐饮作用，提升东片地区烟火气》的提案。其主要内容为：坚持解放思想，主动对接。抢抓建设湖南自贸区长沙片区契机，主动对接省、市其他自贸区联盟，如高铁新城、综合保税区、马栏山视频文创园等。主动与大众真正认可的、具有高口碑、高客流的优质餐饮对接，为它们主动服务、完善配套并包容其创新，同时可在网红店开展节庆、店庆活动时政府给予一定补贴。坚持因地制宜，因势利导。结合东片地区现有的农业科技和优质农产品资源，借鉴文和友“一核多玩”的发展模式，将生机街、湘研路、泉塘路、新润市场等地形成一批外形设计另类、内涵丰富有特色的特色街区，形成满足当下年轻人猎奇心理和新鲜感、打造核心网红旅游区、打卡地。注重提升品质，拓展内涵。尝试引入第三方运营机构，进行整体提质改造和后期运营维护，政府做好业态引导规划，为非遗、文创、老字号等产业生存、重建、回归提供沃土，同时规划发展好特色餐饮、风俗体验、文旅艺术等产业，优化业态扩大街区影响力。加大宣传力度，提效赋能。将优质网红、意见领袖化身为地区的优质导游、优质导购，并将内容制造和电商供应链一体整合。采取传统纸媒、微博微信、抖音快手等媒体同步推进、共同推广等方式，营造出全方位、多角度找看点、挖深度、求新意的媒体报道矩阵，力争打造一炮而红、热度持续的高质量宣传作品。（姚群峰）

政协专委会工作

【经济科技和外事委】 2021年，区政协经济科技外事委组织开展以“新时代 新产业 新作为”为主题的“委员沙龙”活动，到58科创全国总部（58小镇）服务中心（长沙岳麓区）参观，听取姜策勋委员讲解58科创集团发展情况，委员互动交流。配合区委统战部完成关于2016—2020年新侨和留学人员创新创业基本数据统计工作。为助推中国（湖南）自贸试验区长沙片区芙蓉区块发展，组织部分政协委员通过实地考察、座谈交流、专家咨询等方式，先后到自贸区长沙片区芙蓉事务中心、标准化协会（标准化小镇）、长沙雨花区管委会、长沙片区临空区块以及部分企业进行调研，形成调研报告。协助区政协召开以“抢抓机遇 在自贸区建设中展现芙蓉新作为”为主题的政协常委会专题协商会。（姚群峰）

【文教卫体和文史委】 2021年，区政协文教卫体文史委围绕建立健全公共文化服务体系、医疗保障工作开展等内容开展调研，助力芙蓉区高质量发展。编纂出版《芙蓉街巷记忆》一书。配合省政协编辑出版《湖南红色遗址》一书，完成芙蓉区域红色革命遗址文字和照片的采集整理工作。组织“学百年党史，传红色基因阅读分享活动”。分享会上，政协委员和机关干部共同朗诵红色经典。（姚群峰）

【社会法制和民族宗教委】 2021年，政协社会法制和民族宗教委，负责承办区政协主席会议，组织政协委员代表开展芙蓉公安分局打击电诈犯罪调研工作，组织委员代表调研区检察院公益诉讼工作并开展协商。开展对区退役军人事务局考察，推进“落实政策支持，进一步加强芙蓉区退役军人事务工作”。组织韭菜园街道和军区社区与省政协民族和宗教委员会联合建立委员工作室，形成了省、市、区三级联动服务界别群众的新局面。

（姚群峰）

【农业农村和人口资源环境委】 2021年，区政协农业农村人资环境委以芙蓉区建筑业发展情况作为重点课题调研，围绕“推动芙蓉区建筑业加快发展”开展专题协商，撰写出调研报告，分析研究芙蓉区建筑业发展过程中存在的困难和问题，提出有针对性、可操作性的意见和建议。组织城建、人资环两个界别对芙蓉区城市更新、东片地区闲置土地处置情况等工作进行考察，提出意见和建议。对区城管局、交通局、环保局、城建投等职能部门委派民主监督员，进行民主监督。

（姚群峰）

【委员学习联络委】 2021年区政协学习联络委举行“探访千年学府，增强文化自信”主题活动。区政协党组书记、主席郑明带队全体党员干部到岳麓书院参观学习，接受传统文化浸润，提升党性修养，坚定文化自信。（姚群峰）

中国共产党芙蓉区纪律检查委员会
芙蓉区监察委员会

Furong District Commission for Discipline Inspection
of the Communist Party of China &
Furong District Commission of Supervision

编辑　谭丽霞

综　述

【政治监督】　2021年，芙蓉区把深入学习贯彻中共十九届六中全会、习近平考察湖南重要讲话精神等作为政治监督重点，对省市重大投资项目、重点民生工程、"洞庭清波"专项行动、换届风气等逐一开展监督，确保上级和区委各项重大决策部署有效落实。督促省委巡视反馈问题整改，巡视整改完成率96.1%。省委巡视期间，芙蓉区收到各类线索37件，其中党员干部和公职人员违法问题线索18件，交办件、信访件、立行立改件、问题线索等移交线索19件。截至年底，办结36件，其中3件上报市纪委监委处置，2件予以了结，31件给予相关人员党纪、政务处分或组织处理。1件已立案在进一步调查。配合开展政法队伍教育整顿，累计受理问题线索19件，立案7人，处理处分14人。区级层面问责典型案例5起，问责党组织6个、党员领导干部8人次。对某街道一违建6年未拆除问题问责过程中，创新开展"圆桌式"问责相关做法，被"三湘风纪"微信公众号专题推介。　（龙　艳）

【维护群众利益】　2021年，芙蓉区围绕解决民生实事问题开展重点监督，对"一卡通"财政补贴资金、清廉医保、社保等开展专项督查，追回医保社保资金35.8万元。开展"听民众呼声，解群众难题"实践活动，班子成员分别带队走访13个街道，收集群众问题建议100余个，对涉及群众"急难愁盼"的46个问题实行点对点交办，截至年底已全部办结，满意率100%。全年受理业务内信访件72件次，办结信访件62件次，办结率86.1%。其中省级以上越级访19件次，比2020年下降34.5%。委领导班子接待来访群众316人次，与10名重点信访对象签订息访息诉承诺书。　（龙　艳）

【纪检监察日常监督】　2021年，芙蓉区纪检监察机构聚焦上级和区委中心工作，集全系统之力创新开展对街道、区直部门"一月一主题"全员监督，发现相关问题339个，督办问题194个，移送问题138个，移交线索7条，向区委专题报告有关工作2次。以加强民主集中制、重大事项决策等制度执行情况为切入点，强化对"一把手"和领导班子等关键少数的监督。对干部干事创业精气神方面存在的问题做到早发现、早提醒、早纠正，运用"四种形态"处理430人次，其中第一种形态占比76.8%。贯彻落实省纪委"12项负面清单"，围绕落实市委加强作风建设16条纪律开展自查自纠。深入各派驻纪检监察组、街道纪工委走访检查，收集意见建议30余条，强化监督约束，严防"灯下黑"。　（龙　艳）

重要会议

【区五届纪委六次全会】　2021年4月6日，中共长沙市芙蓉区第五届纪律检查委员会第六次全体会议在区会议中心召开。出席全会的区纪委委员16人，区委、区人大常委会、区政府、区政协领导班子成员，区人民法院、检察院主要负责人，区直机关各单位主要负责人约260人参加会议。区委副书记蒋红波主持会议。会议听取并审议通过区纪委书记王长陵代表区纪委常委会所作的《服务"三高四新"战略，聚焦清廉芙蓉建设，为打造现代化新长沙建设的标杆区提供坚强保障》工作报告，区委书记、区长周春晖出席全会并发表讲话。全会总结芙蓉区2020年纪检监察工作，部署2021年任务。全会认为，过去一年，区委扛起管党治党政治责任，站在

2021年4月6日，中国共产党长沙市芙蓉区第五届纪律检查委员会第六次全体会议在区会议中心召开　（区纪委监委　供图）

带头践行“两个维护”的战略高度，配合省委第九巡视组的政治巡视，全面从严治党取得重大成果。会议提出2021年全面推进清廉芙蓉建设，一体推进“三不”，为打造现代化新长沙建设的标杆区提供坚强保障。与会人员集中观看警示教育片《迷途——长沙典型贪腐案件警示录》。（龙 艳）

【区六届纪委一次全会】 2021年7月31日，中国共产党长沙市芙蓉区纪律委员会第一次全体会议召开。会议讨论上届区委提出的候选人名单后，以差额选举方式选出本届中共长沙市芙蓉区纪律检查委员会常务委员会委员9名。全会通过《选举办法》，以等额选举方式选出区纪委书记、副书记，书记为彭保刚，副书记为李牧之、舒序松。

（龙 艳）

【区纪委常委会会议】 2021年，芙蓉区纪委召开常委会19次，传达学习习近平重要讲话和指示批示精神以及中央、省、市、区重要会议精神，部署全局性工作，专题研究全区党风廉政建设工作，提请审议重大决策、重要干部人事推荐、任免和奖惩、大额度资金使用等重大事项，审议相关违纪违法案件等。

（龙 艳）

党风廉政建设

【概况】 2021年，芙蓉区纪委监委强化纠治“四风”，督促党员干部以良好精神风貌奋进新征程。落实中央“八项规定”精神，执行省纪委整治违规吃喝“十严禁”和市委16条纪律“高压线”，紧盯违规公款吃喝、红包礼金、酒驾醉驾等突出问题，对街道和区直部门开展6轮暗访督察，全年查处违反中央“八项规定”精神的问题60人次，给予党纪政务处分25人次，批评教育帮助和处理35人，公开通报8期。加强党委、人大、政协、社区“两委”换届风气监督，以监督保障选举全程风清气正。贯彻执行区委鼓励干部担当作为、创新实干精神，制定《关于做好失实检举控告澄清正名和依法处置诬告陷害行为的实施办法（试行）》，为4名党员干部澄清不实举报。持续开展“5·10”活动，现场播放蔡某案警示教育片，召开彭某某专题警示教育大会，以身边事教育身边人。做好清廉芙蓉建设总体规划，打造芙蓉特色的清廉单元建设示范点。联合文艺路街道推出“行清廉事做清廉人”抖音视频，获得“三湘风纪”“清廉长沙”微信公众号推介。（龙 艳）

【换届风气专项监督】 2021年，芙蓉区党、政及基层组织全面换届，区纪委监委组建换届风气监督工作专班，制定换届风气监督工作方案，开展换届风气、工作作风监督检查。区纪委监委班子成员带队，以“四不两直”方式，深入街道一线，重点督查党员干部传达落实“十个严禁”等情况，了解基层组织班子换届后履职情况、换届选举工作面临的困难，收集干部群众反映的问题。根据走访情况下发工作提示函2份。大会会议期间，按照自身监督、驻团监督、巡回监督、外围监督“四位一体”的监督模式，在市委派驻区督导组指导下开展工作，以监督保障社区（村）、党代会、人大、政协两会全程风清气正。芙蓉区换届选举期间，未发生一起信访、举报事件，没有引发一起事故和舆情，实现组织意图和民意、选举过程和结果的统一。（龙 艳）

【春节期间作风专项监督检查】 2021年3月，区纪委监委对全区各单位春节期间财经纪律执行情况及项目指挥部的津补贴（福利）发放

2021年1月29日，区纪委监委派驻纪检监察组与街道纪工委联合监督东湖街道东湖村“两委”换届工作（区纪委监委 供图）

情况开展专项督查，了解留区过年服务对象留长礼包和工会礼券发放情况，各类物资、经费在使用管理中是否存在贪污、滞留截留、挤占挪用、私分、冒领等现象。发现超范围发放“稳岗留工”补贴的问题1个并予以整改，发现超范围发放月工作目标考核奖、超范围发放签约奖、工作人员在多个项目指挥部重复领取签约奖或综合实施奖、考核考勤制度落实不到位等问题，督促相关部门建章立制，清退清缴资金9万余元。（龙　艳）

【违规公款吃喝等问题专项督察】2021年5—6月，芙蓉区纪委监委联合税务部门，对全区各单位公款用餐情况开展筛查，重点核查开具发票金额较大、数量较多的餐饮门店和存在连号大额餐饮发票等问题，核查相关发票记录632条，对5家开具发票金额较大、数量较多的餐饮门店和存在连号大额餐饮发票等问题的6家区直单位、街道实地监督检查，发现涉嫌虚列加班餐次数套取资金等问题4个，移交案件监督管理室问题线索1条、交办1条，下发监督提醒函1份，通报典型案例1起。（龙　艳）

【芙蓉区“5·10”警示教育大会】2021年5月10日，芙蓉区“5·10”警示教育大会在区会议中心召开，全体在职县级领导，区直相关部门全体班子成员，垂直管理单位主要负责人、分管纪检负责人，人大、政协各委办主要负责人，隆平高科技园内设机构负责人等500余名党员干部参加，区委书记周春晖出席会议并讲话。芙蓉区把警示教育作为构建一体推进“三不”重要环节，从2020年起，把5月10日（“5·10”——我要廉）设立为警示教育日。会议选取芙蓉区民政局原党组成员、副局长（正科级）蔡某严重违纪违法案深度剖析，播放以该案拍成的《贪欲之祸》警示教育片。会议通报巡察情况，从政治担当不力、服务意识不强、作风建设不实三个方面，通报区委第6至11轮巡察发现的相关典型问题。与会人员学习了中共中央发布的有关最新换届纪律“十个严禁”，相关纪律要求和典型案例等在内的《严肃换届纪律资料选编》印发。（龙　艳）

监督执纪问责

【概况】　2021年，区纪委监委处置问题线索434件，立案119件，结案113件，处分86人，挽回经济损失并上缴国库5981万元。承办省市交办的4起重大专案，留置16人，完成审查调查工作。在承办省、市纪委监委指定管辖，某国企负责人滥用职权造成国有资产流失的“5·7”专案过程中，探索区县监委承办上级监委指定管辖案件相关经验做法，受到省市纪委领导肯定，其“室组地”联合办案模式，获评2021年度芙蓉区“十大创新案例”。成立政法队伍教育整顿执纪监督组，惩治执法司法腐败问题，甄别派发上级指导组提出问题线索126条。建立信访案件台账，接到信访件38件，其中电话投诉16件，当日反馈至有关单位，核实后答复信访人。开展金融领域专项整治工作，监督检查领导干部违规干预金融活动情况，严明纪律，落实个人重大事项申报制度。督促区金融事务中心做好防范和化解金融风险工作，落实属地管理责任，守住风险底线。强化对五类地方金融机构监管，根据省市改革方案，监督区金融事务中心，完成典当、融资租赁和商业保险理财职能转隶，实现工作平稳交接和日常档案资料建档。（龙　艳）

【“清廉医保”专项监督检查】2021年，芙蓉区出台《长沙市芙蓉区开展打击欺诈骗保套保挪用贪占医保基金集中整治工作方案》和《医保定点医疗机构集中整治实施方案》等12个文件，明确组织保障、职责分工、工作要求和重点、实施步骤。8—12月，根据集中整治实施方案，区纪委监委制定12个“清廉医保”专项监督检查台账，对区内一级医院、社区卫生服务中心及零售药店等定点医疗机构开展专项督察，通过听取汇报、查阅资料、随机检查等方式，监督检查各职能部门集中整治情况，梳理出中共十九大后涉及医保基金领域违规违纪违法问题线索33条，已全部办结，约谈5家，责令整改10家，行政处罚10家，有罪判决4起，追回医保基金26.22万元。（龙　艳）

【社会保险基金专项督察】　2021年4月起，区纪委监委开展社保基金专项督察，对人社、街道等单位社保基金管理领域腐败和作风问题专项整治工作监督检查。组建工作专班，抓问题线索，开展疑点数据的自查自纠工作，对部级和省级下发的503条疑点数据分类建立台账，根据核查实际情况分类处理，对需整改的40条疑点数据明确专人负责。开展养老保险多领追缴工作，追缴金额7.74万元。城乡居民参保及持卡核查，基本养老保险待遇发放人员核查率100%，社保卡核查

2021年7月21日，区纪委监委在东岸街道政务中心开展养老保险待遇核查工作（区纪委监委 供图）

100%。城乡居民养老保险待遇多发人员129人，涉及金额为9.68万元，9月30日前全部追回。企业员工死亡后多发养老金21人，追缴资金32.58万元。（龙 艳）

【惠民惠农补贴资金专项督察】 2021年7月，区纪委监委制定《惠民惠农财政补贴资金“一卡通”问题专项监督检查工作方案》，建立专项监督检查工作调度制度，联合财政局对全区通过“一卡通”系统发放补贴项目53项实施清查，发现问题57个，全部督促完成整改，督促建章立制2份。（龙 艳）

【民生突出问题专项整治】 2021年9月开始，区纪委监委部署开展“学位、床位、车位、厕位”民生突出问题专项整治。区教育局实施“学位”问题专项治理，发现违规补课问题1起，予以相应处理。针对利用医疗公共资源与民争利、谋私贪腐的突出问题，开展“床位”专项整治。区卫健局组织定点医药机构自查自纠，发现违反医疗服务价格政策、串换项目、其他不规范行为等31个问题，发现2家医院违规问题2个，已责令整改。区卫健局检查医疗机构医生用药、检查情况，发现问题及时纠正。年内督促区卫健局出动监督员1000余人次，检查全区医疗机构300余家，暂未发现区医疗机构有涉嫌医托的行为。2021年芙蓉区新改建停车场所21座，新增泊位9460个，通过自查自纠，未发现“车位”方面的问题。年内，火车站西广场南、北两座公厕重建，“厕位”问题专项督查未发现相关问题。区纪委对全区60余处公厕检查（检查率78%），未发现城市公厕收费情况。（龙 艳）

巡 察

【概况】 2021年，区委巡察机构围绕中心大局，发挥巡察“发现问题、形成震慑，推动改革、促进发展”作用，在实现五届区委巡察全覆盖的基础上，开展五届区委第十二轮巡察暨巡察“回头看”、六届区委第一轮优化营商环境专项巡察。两轮发现各类问题156个，移交问题线索7条。选派区委巡察机构及抽调干部6人参加市委对省委巡视整改的专项巡察。

2021年9月29日，六届区委第一轮巡察暨优化营商环境专项巡察第二巡察组组织召开部分企业代表座谈会（区委巡察办 供图）

巡视整改　对标省委巡视抓住巡察工作专项检查反馈问题整改，建立完善系列工作制度机制，出台《巡察整改监督工作办法(试行)》《巡察工作领导小组成员责任分工》《关于加强巡察抽调人员管理的办法》，配齐巡察编制内人员，集中调整巡察人才库，探索建立巡前情况通报会、问题线索分析研判会、巡察整改量化评估、巡察组纪律后评估等机制，利用整改契机推动解决巡察存在的突出问题，推动巡察工作高质量发展。

成果运用　持续加强巡察通报，召开全区副科职以上干部参加的巡察情况通报会，通报六至十一轮巡察情况，组织观看巡视移交的问题线索、原民政局副局长蔡某相关违纪违法警示教育片。加强日常监督，区纪委监委、区委组织部、区委宣传部联合印发《巡察整改日常监督工作办法（试行）》，推进日常监督制度化、规范化。

（王　乐）

2021年10月20日，六届区委第一轮巡察暨优化营商环境专项巡察，图为第一巡察组走访个体户　（区委巡察办　供图）

【重点单位巡察“回头看”】2021年5月，区巡察组织对区司法局、人力资源和社会保障局、住房和城乡建设局、市场监管局、行政审批服务局、芙蓉城市建设投资有限责任公司6个单位分别开展为期1个月的巡察“回头看”。巡察期间，开展问卷调查249人次、民主测评239人次，个别谈话174人次，走访调查35次，发现形式主义、官僚主义整治不彻底、执行中央“八项规定”及其实施细则精神打折扣、项目采购不规范等各类问题103个，推动立行立改问题22个，督促上缴及退缴资金77.4万元。巡察发现，区直某单位对省委巡视反馈的问题未彻底整改，违规发放的补贴没有及时清退，在巡察组的督促下，该单位对违规发放的2.8万元津补贴予以退还。某单位对上轮巡察指出的固定资产管理不善，租金押金拖欠严重的问题整改不力，经巡察组的督促和推进，该单位将承租人欠缴4年之久的23万元租金及违约金额全部收缴到位。长沙市纪委监察委网站“清廉长沙”以《以巡促改，不让巡视整改走过场》为题报道芙蓉区巡察“回头看”工作。（王　乐）

【优化营商环境专项巡察】　2021年9月，芙蓉区面向全区启动为期2个月的优化营商环境专项巡察。巡察期间，区委巡察组通过“四不两直”“背靠背”的方式深入企业、个体经营户开展调研走访，检查各街道（局）优化营商环境工作情况及区重点部门相关工作情况。走访企业492家，个体工商户696家，召开座谈会13次，发放调查问卷1167份，核实了解问题32次，查阅资料201份，发现服务意识不强、审批效率低、管理不到位、涉嫌乱收费等各类问题53个，推动解决商户应享未享疫情期间优惠电费、行道树修剪不到位等立行立改问题15个，退还群众资金41万余元，在巡察过程中同步向区纪委监委移交涉嫌索拿卡要、只罚不管等问题线索7条。（王　乐）

民主党派·工商联

Democratic Parties &
Federation of Industry and Commerce

编辑　谭丽霞

芙蓉区民主党派

【概况】 2021年，芙蓉区民革工委、民盟工委、民建工委、民进工委、农工党工委、致公党工委、九三学社工委7个民主党派的基层组织，下设支部（支社）49个，有成员1227人。其中任省人大代表2人，市人大代表、市政协委员30人，区人大代表15人、区政协委员74人。在换届选举中，民进芙蓉区工委主委张璎当选芙蓉区人大常委会副主任。民盟芙蓉区工委主委赵小午当选芙蓉区政协副主席。民主党派在区政协常委中任职23人，担任市、区行业特约监督员24人。2021年，芙蓉区民主党派成员获区优秀政协委员14人，优秀人大代表3人。

（邱辉平）

【参政议政】 2021年，各民主党派精准献言，务实献策。民革芙蓉区工委2021年投稿30余篇。其中，二支部主委曾亚斌撰写的社情民意《关于做好美丽乡村建设顶层设计的建议》被全国政协和省政协采用；曾亚斌、贺佳妮、李琼联合撰写的社情民意《关于取消长株潭汽车站的建议》被长沙市政协采用并获市政协主席文树勋批示；曾亚斌撰写的社情民意《网络投票催生非法产业须引起高度重视》被长沙市政协采用；赵伟撰写的社情民意《建议创新融媒体时代统战宣传方式》被湖南省政协采用。民建芙蓉区工委常委、湖南民建理论研究（广发隆平）基地主任尹娴婷，基地的两项理论研究成果分别获得2020年全国民主党派工作调研报告一、二等奖；一项成果获民建中央2020年重点理论研究课题优秀成果一等奖，两项成果获二等奖；黄小利提交的区政协大会发言《扶持新业态推动芙蓉区现代服务业加快发展》建议，被芙蓉区政府区长领办。民进芙蓉区工委全年撰写社情民意信息50篇，其中区工委主委、区人大常委会副主任张璎在芙蓉区第六届人民代表大会第一次会议上提交建议《打造“浏河之心”，创建隆平稻博园AAAA级景区》获芙蓉区人大2021年度优秀建议；荷洁《关于解决芙蓉区民办幼儿园转型普惠性幼儿园相关问题的建议》获芙蓉区人大2021年度优秀建议；吴京瑾的社情民意信息《配合“双减”政策落地，建立以教学满意度为核心的中小学质量评价体系》被民进中央采纳；李媛《让消防器材走进千家万户》获市政协采纳；工委集体提交的提案《关于

·表3· 2021年芙蓉区民主党派基本情况统计表

党派名称	副主委人数（人）	下属支部（个）	成员（人）	人大省代表数（人）	市代表委员数（人）	区人大代表数（人）	区政协委员数（人）	主要分布领域	特约监督员人数（人）
民革芙蓉区工委	2	7	126		1	1	11	同民革历史、同台湾各界有联系的人士，法律界人士	2
民盟芙蓉区工委	4	11	302	1	4	2	10	教育、文化	3
民建芙蓉区工委	2	5	178	1	3	3	10	经济、法律、新社会阶层	2
民进芙蓉区工委	3	9	136		4	1	11	教育、新闻出版	3
农工芙蓉区工委	6	8	241		10	1	11	医疗卫生	1
致公芙蓉区工委	4	4	126		2	3	11	侨胞、海外人士	7
九三学社	3	5	118		6	5	9	科技界	6
合计	24	49	1227	2	30	16	73		24

（资料来源：区委统战部）

推进隆平生态新区建设，打造芙蓉区经济新高地的建议》获区民主党派和工商联调研报告一等奖。农工党芙蓉区工委曙光总支程卫权撰写的报告《重视协会建设，推动建筑企业抱团发展》在区政协建筑企业发展专题会上宣讲，获得好评。

（邱辉平）

【服务社会】 2021年，芙蓉区各民主党派成员发挥各自优势，促进经济发展，致力服务社会。民革芙蓉区工委2021年各类捐资帮扶近40万元。其中，三支部主委孙湘晖捐款近30万元。在河南抗洪救灾、抗击新冠肺炎、捐资助学上，多名个人捐助在5000元以上。民盟芙蓉区工委发起开展“亲爱的宝贝”“99公益日”等为事实孤儿筹款活动，组织各支部盟员参与“逆风飞翔事实孤儿同行计划——宝贝小屋”建设。民进芙蓉区工委开展“文化惠民·健康为民”社会服务活动，联点东沙社区推进创建省级“同心社区”，安排医务人员参加东沙社区端午义诊活动，联合长沙市曲艺家协会，开展“我们的节日·重阳节”专场演出、“同心惠民 雅韵三湘”送戏进社区活动。民进开展“医校共进 健康护学”专业健康科普教育进课堂活动3次。致公党芙蓉区工委向五里牌社区15户低保户、残疾家庭、一线环卫工人，送上中秋大礼包。九三学社芙蓉区工委全年开展六次“金种子”传统文化讲座，参加人员超300人，为和谐社会构建和幸福家园建设提供文化支持。

（邱辉平）

芙蓉区工商业联合会（商会）

【概况】 2021年，芙蓉区工商联有13个街道商会，7个行业及其他商会。年内，火星街道商会、东岸街道商会2个商会完成换届。服务民营经济高质量发展，2021年芙蓉区工商联被评为2020年度全市工商联系统优化营商环境先进单位，湘湖管理局街道商会被评为2019—2020年度湖南省“四好”商会。邵阳市北塔区、南昌市东湖区工商联、海口市美兰区招商服务中心到区参观学习、交流座谈。

营商环境 年内，领导班子带队走访13个街道商会，2个行业商会，7个辖区内异地商会，145家会员企业。开展“芙蓉520，我来服务您”企业服务日、银企对接会、招商推介会、县级领导干部深入企业走访调研等系列活动，组织非公经济人士就营商环境座谈。建立县级领导干部联系民营企业、商协会工作制度。

精准服务 推荐有实际融资需求的实体经济企业负责人参加省工商联和交通银行湖南省分行举办的“温暖同行——金融支持六稳六保银企对接会”，促进银企沟通。发动商会人员参与工商联调解服务平台网络培训。实施《芙蓉区推进行业协会和商会人民调解组织建设三年行动方案（2021—2023年）》，开展法律服务进企业活动，邀请市工商联法律顾问团成员袁维民为企业家及企业高管授课，开展线上民营企业“法治体检”。

光彩事业 联合民盟支部到马坡岭街道锦林社区，走访社区居委会和卫生服务站，慰问一线抗疫人员，送上防疫及生活物资。开展靛房中学、邵阳市北塔区芙蓉学校、道县仙子脚镇蒋家岭小学爱心助学及慰问贫困教师和当地贫困老党员活动；慰问长沙城区学生和教师家庭27户，向河南灾区捐款捐物累计金额近145.2万元。年内，区工商联基层商会、爱心企业合计捐款捐物金额211万余元。 （刘艳琴）

【区工商业联合会（商会）第七次会员代表大会】 2021年5月24日，芙蓉区工商业联合会（商会）第七次会员代表大会，在区会议中心召开。长沙市政协副主席、工商联主席彭继球，市委统战部副部长、市工商联党组书记何惠风到会，彭继球代表长沙市政协、市工商联、市总商会向大会的召开表示祝贺并发表讲话，芙蓉区委书记周春晖出席会议并讲话。大会听取并审议了芙蓉区工商业联合会（商会）第六届执委会工作报告。选举产生芙蓉区工商业联合会（商会）第七届执委、区工商联（商会）主席（会长）、副主席（副会长），赵小午当选为芙蓉区第七届工商业联合会（商会）主席（会长）。张德林为工商联第一副主席（副会长），李燕平为副主席（副会长）。大会还选出兼职副主席11人，兼职副会长11人，秘书长1人。 （刘艳琴）

【区工商联异地商会座谈会】 2021年3月5日，芙蓉区委统战部、芙蓉区工商业联合会在区政府会议室召开“芙蓉区异地商会”座谈会，湖南省广东商会、湖南省湖北商会、长沙市平江商会等26个异地商会参加座谈会，与会人员近40人。长沙市工商联副主席、市非公党工委副书记张明刚，市工商联会员处处长陈鹏科，区委常委、统战部部长喻志刚，区政协副主席、工商联主席洪曙光出席会议，隆平高科技园、商务局、行政审批局等职能部门，异地商会所在街道湘湖管理局、荷花园街道、马王堆街道等10个街道相关部门负责人参加会议。座谈会共计收集问题建议15个，现场沟通协调解决80%，汇总报区优化中心协调处理3个，已全部解决。截至2021年，芙蓉区内有外地驻区商会28个。（刘艳琴）

【"芙蓉商汇"首期政企恳谈调度会】2021年12月2日，芙蓉区委统战部、区工商联"芙蓉商汇"首期政企恳谈调度会在区政府召开，上海三湘集团公司、友阿集团、芙蓉标准化协会、湖南嘀嘀典当有限公司等企业代表参加，隆平高科技园、区优化办、区城市人居环境局等相关部门负责人参加会议。芙蓉区委常委、区委办主任陈亚静出席会议并调度"芙蓉商汇"首期政企恳谈会相关事宜。会议研究并协商到会企业提质改造工程、银行专用账户冻结、与芙蓉区区域合作等问题，职能部门与企业家面对面沟通交流。

（刘艳琴）

【工商联助学扶困行动】2021年，区工商联组织文化广场商会联合长沙市出版物发行业协会，利用自身优势，向省内外地学校发起爱心助学行动。在邵阳市北塔区芙蓉学校，举行"同心助学 · 书香满校园"爱心助学活动，向芙蓉学校捐赠10万元书籍，为困难学生捐资1万元。在道县仙子脚镇蒋家岭小学，慰问贫困老师和当地贫困老党员，向20名贫困学生和10名困难教师和当地贫困老党员捐款7万元，捐赠图书1.09万册，价值32.81万元，棉被50床，书包及文具50套，总计款物价值40余万元。（刘艳琴）

2021年1月14日，芙蓉区工商联到邵阳市北塔区芙蓉学校举行"同心助学 · 书香满校园"爱心捐赠活动（区工商联 供图）

【优化营商环境培训班】2021年7月14—16日，芙蓉区优化营商环境培训班在区机关会议室举行，民营企业负责人及中高层管理人员近60人参加培训。芙蓉区委常委、统战部部长喻志刚出席并作开班动员，区工商联主席赵小午主持。培训班理论性与实用性相融合，采取"专题讲授+现场教学"的方式。省委、市委党校教授分别讲授《以"三高四新"战略开启"十四五"新征程》《百年伟业 凯歌前行——从百年党史中汲取前行力量》《合同审查 法律实务》专题课程，学员到长沙县田汉文化园、湖南省自贸试验区长沙片区芙蓉区块、岳麓山种业创新中心、标准化协会开展现场教学观摩。企业家优享会邀请芙蓉区相关职能部门领导及华夏银行长沙分行有关人员讲解涉及企业经营有关政策，为培训人员答疑解惑。该次培训班由区委统战部、区党校、区工商联联合举办。（刘艳琴）

群众团体

Mass Organizations

编辑　谭丽霞

芙蓉区总工会

【概况】 2021年，芙蓉区总工会有14个街道（局）工会联合会。2021年全区新建工会273家，新增工会会员6260人，现有基层工会2730家，覆盖全部法人单位2730家，会员总数11.58万人。（李 妍）

【职工思想政治引领】 2021年，芙蓉区总工会动员1648家基层工会组织参与到党史学习中，覆盖全区11万余名职工。先后组织开展“百年党史 辉煌工运”职工读书征文、学习贯彻习近平总书记“七一”讲话精神征文、“助力‘三高四新’长沙职工在行动”主题征文活动，收到稿件273篇，评选出优秀稿件30篇。开展“职工群众心向党——党史、工运史知识竞赛”活动，全区2000余名职工参加。年内有90名劳模工匠、优秀产业工人和优秀工会干部加入中共党组织。在杨家山社区劳模讲堂开展产业工人思想政治教育培训，邀请中共长沙市委党校政法教研部副主任李扬，以“习近平关于坚持以人民为中心的重要论述”为题，为百名企业职工阐述习近平总书记关于以人民为中心的重要论述。（李 妍）

【职工群众文化建设】 2021年，区总工会举办文化体育活动等赛事，丰富职工业余文化生活。举办第八届“芙蓉工运杯”职工篮球赛，45支参赛队伍比赛123场次。组织庆祝中国共产党成立100周年线上“职工健步走”活动三期，历时5个月，800多支队伍近万名职工参加。持续助力麻阳苗族自治县乡村振兴，动员各级工会购买麻阳农副产品，实现消费额430万元。（李 妍）

【工会基层组织建设】 2021年，芙蓉区注重在新就业形态劳动者建会入会。7月以来全区新就业形态劳动者已建会入会会员约5400人，实现保安员、商场信息员、快递员、护工护理员、家政服务员等新就业形态劳动者广覆盖。建成西湖社区工会联合会家政服务员分会、马王堆陶瓷城陶瓷行业商超信息员联合工会。市总工会党组书记参加芙蓉区西湖社区工会联合会家政服务员分会揭牌仪式时，对芙蓉区总工会八大群体建会入会工作给予肯定。坚持以“党建带工建、工建助党建”理念，楼宇党群服务中心建到哪里，工会就建到哪里，出现中石油大厦楼宇工会、袁家岭西南商圈楼宇工会等先进典型。中石油大厦楼宇工会与定王台街道专业托管教育机构合作开展儿童托管服务，职工可带幼儿上班。该楼宇工会获评长沙市“小三级”工会规范化建设示范单位，代表芙蓉区总工会参加长沙市“小三级”工会规范化建设现场经验交流会，并作做典型发言。（李 妍）

【劳动技能竞赛】 2021年，芙蓉区组织参加在长沙市“十行状元、百优工匠”竞赛活动，4名选手（长沙联合白金人力资源顾问有限公司周友良、湖南申湘兴旺销售有限公司陈永春、湖南腾远智能设备有限公司饶磊和严志彪）获奖。推进“人才政策22条”落地落实，指导辖区内获奖选手进行奖励申报。湖南感恩信息科技有限公司陈丁代表湖南参加全国技能大赛获得IT网络管理项目全国第一名，被授予“全国技术能手”称号。组织芙蓉区物业行业技能竞赛，分为垃圾分类知识竞赛、客服风采展示、保安技能比拼、电工实操竞技4个比赛项目，13支参赛队伍近500人参加。湖南豪布斯卡物业管理股份有限公司获得团队冠军。（李 妍）

2021年9月16日，湘湖街道西湖社区工会联合会家政服务员分会，举行“入会有你（礼）”启动仪式。图为市、区工会领导为西湖社区家政服务员分会揭牌（区总工会 供图）

【职工合法权益维护】 2021年，芙蓉区总工会拓展深化“双联”工作内涵，关注涉职工群体的舆情和动态，随时处理职工队伍中涉及政治安全和劳资领域稳定的情况。处理的职工上访典型案件中，平和堂与职工劳动合同终止案作为模板上报市总工会。继续推动工资集体协商，完成1278家，其中50人以上企业单签133家，覆盖职工人数1.76万人；区域性协议14份，涵盖非公法人单位1145家，覆盖职工人数1.59万人。坚持以学育德、厚学养德，承办市总工会“尊法守法·携手筑梦”公益法律服务活动4次（包括法律大讲堂、企业法制体检），参与职工100余人次。（李　妍）

【关心关爱职工】 2021年，芙蓉区各级工会关心职工，为一线高温作业人员6000人送去清凉，购买绿豆、白糖等解暑物资41万元。关心困难职工，为14名困难职工家庭学子发放助学金9.2万元。慰问抗疫一线人员，区工会购买抗疫慰问物资43万元。慰问区公安分局、马王堆社区卫生服务中心、区公共卫生服务大楼和韭菜园街道蓉园社区公共服务中心奋战在新冠肺炎抗疫一线的公安干警、医务工作者、社区工作人员和广大志愿者4169人，拨付慰问资金57万元。为解决小微企业新冠肺炎疫情中的实际困难，区总工会摸清家底，与税务局沟通协调，返还小微企业工会经费，至年底收到小微企业申请退工会经费资料51份，审核通过37份，退费30.34万元。适应服务“新业态就业职工”，为户外劳动者提供休息场所，全区建设“芙蓉区爱心驿站——工会户外劳动者服务站点”10家，投入工作经费5万元。（李　妍）

【庆祝百年党史知识竞赛】 2021年6月4日，芙蓉区“职工群众心向党——党史、工运史知识竞赛”活动，在区政府会议室举行。芙蓉区总工会以党史、工运史为主要内容，制定竞赛题库800题，题库面向全区各街道、园区企业发放。经过14个街道近百场初赛后，遴选16支参赛队伍148名代表参加区总决赛。盈亚证券投资咨询有限公司、绝味食品股份有限公司获得一等奖，芙蓉区卫生健康局机关工会等3个单位获得二等奖，中国教育工会长沙市芙蓉区委员会等5个单位获得三等奖。线下知识抢答赛之外，活动设置了线上答题，近500人参与线上活动。（李　妍）

2021年8月12日，芙蓉区委、区政府、区总工会领导到韭菜园街道蓉园社区公共服务中心，看望慰问新冠肺炎抗疫一线的工作人员

（区总工会　供图）

【亚欣电器公司工程项目部获“湖南省工人先锋号”】 2021年4月29日，湖南省庆祝“五一”国际劳动节暨先进集体先进个人表彰大会上，芙蓉区长沙亚欣电器技术服务股份有限公司工程项目部被授予2021年“湖南省工人先锋号”称号。长沙亚欣电器技术服务有限公司工程部是一支专业的空调服务团队，有成员49人，其中工程师1人，技师2人，高级工3人，中级工25人。团队中获全国五一劳动奖章1人，湖南省五一劳动奖章2人，长沙市五一劳动奖章1人。公司工程部2015年获芙蓉区总工会“工人先锋号”，2016年获长沙市总工会“工人先锋号”。（李　妍）

【工会公益法律大讲堂】 2021年8月30日，2021年“尊法守法·携手筑梦”公益大讲堂开讲，全区48个企业中职工代表、工会专干，31个社区的工会主席、工会专干参加。湘军麓和律师事务所律师程建宏以《企业用工合规与法律风险防范》为题，从入职管理、用工管理、离职管理、常见问题四个方面讲解，介绍相关婚姻法、劳动合同法关于劳动者权益、社会保障法关于养老

保险、关于工伤界定的最新规定及最新条例等，受众100余人。活动由芙蓉区总工会主办，文艺路街道工会联合会承办。为增强职工防范风险及自我保护能力，年内区总工会还举办了主题为《"网贷"的套路》公益大讲堂，邀请律所律师结合法律规定分析网贷的风险，识别和防范套路贷，受众100余人。

（李　妍）

共青团长沙市芙蓉区委员会

【概况】　2021年，共青团芙蓉区委员会下级组织499个，其中团委10个，团工委14个，团总支1个，团支部461个。学校领域有团支部105个，"两新"组织以及楼宇非公建团135个，建成教育团工委。全区团员5670人，当年发展团员640人。2021年团芙蓉区委落实县域共青团基层组织改革试点工作各项改革任务，努力开创新时代芙蓉共青团工作新局面。芙蓉共青团系统获得3项国家级荣誉，3项省级荣誉。德政园社区团支部获评全国五四红旗团支部，教育局团委书记龙小佳获评全国优秀共青团干部。

（丁　玲）

【主题教育引领团员青年】　2021年，共青团芙蓉区委抓住庆祝中共建党100周年主线，通过"芙蓉青年"微信公众号，创作、宣传展示建党100周年主题文化产品，"青年大学习"网上主题团课覆盖团员青年比例超100%，全区各级团组织组织团员青年开展学习"四史"（中共党史、新中国史、改革开放史和社会主义发展史）主题团日活动，覆盖率100%。在少年儿童中开展"芙蓉少年心向党，红色基因代代传"庆祝建党百年红色主题系列活动，选拔80余名"小小红色讲解员"，打造10所青少年社会实践基地，构成"红色地图"，开展"读行芙蓉"研学实践。在团员青年中开展"青年马克思主义者培养工程"，组成一支由团区委书记带队、社区团干部、青年志愿者等为成员的区级"青年讲师团"，开展宣讲活动10余场。

（丁　玲）

【青年先进典型选树培育】　2021年，团区委协助做好人才引进服务工作，举行"扬帆芙蓉自贸，才聚种业硅谷"推介会、"智汇潇湘·才聚星城"人才工作调研交流。青年人才驿站芙蓉站申请入驻2000余人次，数量居全市第一位。做好外来务工人员留长过年及应届生求职应聘等服务工作，协助市委组织部开展"全国高校学子长沙体验交流活动"、协助区委组织部开展芙蓉区"择优引进高校毕业生"相关工作。推选1名创业青年参评并获得全国首届"乡村振兴青年先锋"称号，推荐青年企业家入选"长沙市最美青年企业家"5人，推选并获得市级"青年文明号"6家、市级"青年岗位能手"9人、市级"向上向善好青年"3人。开展"芙蓉推荐官"短视频创意大赛，评选优秀作品4个。

（丁　玲）

【服务青年群体成长成才】　2021年，共青团芙蓉区委针对不同青年人才群体特点，分别实施或开展有针对性的项目计划和行动，满足各类青年人才的成长发展和创新创业需求。召开学习市第十四次党代会精神宣讲研讨会，组织芙蓉区青年人才代表围绕服务人才高质量发展主题交流研讨。芙蓉区"青年之家"综合服务平台开展"庆祝建党100周年、我为青年做件事"等主题实践活动30余场，年活动469场次，惠及青少年1.5万余人。滩头坪社区"青年之家"被认定为2020年度湖南省示范性"青年之家"。"青年汇"第四季项目开展技能提升、联谊交友、放松减压等活动20余场，服务楼宇青年近千人。（丁　玲）

【青年志愿服务】　2021年，共青团芙蓉区委指导成立芙蓉区青年志愿者协会，组织近万名青年志愿者参与疫情防控、文明出行、反电诈等各类志愿服务活动，引领与服务更多团员青年加入基层社会治理。募集约10万元新冠肺炎防疫物资捐给街道。培育"雷锋少年"等志愿服务项目，开展"社区青春行动""蓝马甲"关爱老人、"争当河小青"等主题志愿服务活动，覆盖近40个社区。

（丁　玲）

【关爱帮扶青少年】　2021年，芙蓉区召开青年工作联席会议第一次全体会议，推动中共中央、国务院《中长期青年发展规划（2016—2025年）》芙蓉区落实工作。打造"阳光剧场，对欺凌说不""律政公益集市"等项目，推进青少年安全自护、普法宣传等工作，开展活动40余场，覆盖人群超千人，"防溺水"手抄报比赛收集2000余份作品，"阳光剧场，对欺凌说不"项目获第三届全省共青团改革创新大赛金奖。针对青少年需求，举办3期公考公益培训班，开展"青春芙蓉·心动之夜"等多场主题联谊交友活动。针对困难青少年儿童，开展"冬日暖阳"之"亲情季"走访，

“童龄守护计划”项目关注城市困境儿童，为外来务工子女较多的东茅街小学捐赠近3万元的课桌椅，募捐2.5万元为困难青少年家庭打造“希望小屋”。“希望工程”为3名大学新生捐赠1.5万元。组建“重点青少年+志愿者”帮扶队伍，22名重点青少年全部建档。开展“长青护”中高考减压活动，覆盖人数3200余人。（丁　玲）

【共青团基层基础建设】　2021年，芙蓉区81个社区（村）团组织换届工作完成，选举产生新一届领导班子，平均年龄29.9岁。组织开设“红领巾学院”第二期辅导员培训班。与农大团组织开展校地合作，打造一支“团建协理员”队伍，选聘14名高校大学生兼任团（工）委兼职副书记。推选丁楠获评湖南省优秀共青团员。成立教育团工委、社区少工委，选举少代会代表179名，召开芙蓉区第一次少代会。（丁　玲）

【社区（村）团组织换届】　2021年根据全区社区（村）“两委”换届工作部署及团市委有关要求，团区委召开各街道团（工）委副书记线上换届工作培训会，下发《2021年全区社区（村）团组织换届工作指引》，就换届选举工作中可能遇到的困难和问题答疑解惑。至2月，芙蓉区81个社区（村）团组织换届选举工作完成，选举产生新一届领导班子244人，平均年龄29.9岁；女性185人，占总人数的75.8%；中共党员190人，占比77.8%；本科及以上学历154人，占比60%。委员中，90后125人，占比51%。（丁　玲）

【“青年汇”项目第四季启动】　2021年4月1日，楼宇党群服务中心“青年汇”项目推介会，在国金中心五一商圈党群服务中心举行。活动由共青团芙蓉区委主办，五一商圈党群服务中心、长沙市雏鹰社会工作服务中心承办，近30名楼宇青年参加。团区委副书记孙金益向与会青年们介绍“青年汇”项目的运作模式以及第四季“青年汇”的服务内容。区委组织部副部长、“两新”党工委书记钟海荣，共青团芙蓉区委书记金甜，长沙市雏鹰社会工作服务中心理事长刘科共同开启2021年“青年汇”第四季活动。现场举行“放松加油站——我与春天有个约会”花艺体验活动，专业的花艺师带领青年体验插花艺术。“青年汇”项目是共青团芙蓉区委为广大楼宇青年量身打造的品牌项目，项目通过青年点单、共青团派单、社会组织办单、青年评单的服务形式，为楼宇青年开展技能提升、联谊交友、心理疏导、环保公益等多方面服务，每季项目持续一年。第四季开展“妆饰人生，遇见最美的自己”美妆课堂、“多彩DIY，把快乐袋回家”环保减压、“青春芙蓉之游缘想回·行动521”联谊交友等活动20余场，服务青年近千人。自2018年项目推出以来，“青年汇”项目持续开展了四季活动，累计活动200余场，服务楼宇青年5000余人。（丁　玲）

2021年4月30日，“青年看芙蓉，创业在芙蓉”芙蓉区纪念五四运动102周年主题活动在长沙国金中心举行（团区委　供图）

【芙蓉区纪念五四运动102周年主题活动】　2021年4月30日，由湖南省青年联合会、湖南省青年企业家协会指导，共青团芙蓉区委员会主办，“青年看芙蓉，创业在芙蓉”芙蓉区纪念五四运动102周年主题活动在长沙国金中心举行。省市区相关领导与青年学者、青年企业家、青年代表约60人参加，围绕芙蓉高质量发展共商大计、共谋未来。参加活动的有团省委统战部部长、省青联秘书长李卫锋，湖南省青联、长沙市委组织部、共青团长沙市委负责人及有关人员，芙蓉区委、区委组织部、团区委及相关部门负责人员。活动邀请青年学者、青年企业家、青年代表们集中观摩湖南自由贸易区长沙片区芙蓉区块、白果园、国金中心等芙蓉区重要地标，省市区各级领导与青年代表们围绕"创业在芙蓉"开展解放思想大讨论，围绕"看芙蓉""创芙蓉""兴芙蓉"谈作为、谈规划、释疑虑。为帮助创业青年将个人理想融入芙蓉区发展，芙蓉区在国金中心、跨境电商运营中心、世茂环球楼党群服务中心等8地设置8个"青年会客厅"，成为青年了解芙蓉的新窗口。芙蓉"青年会客厅"配备专属"店小二"，为青年人的创新创业提供全方位需求对接服务。（丁　玲）

【县域共青团基层组织改革试点工作】 2021年7月，芙蓉区被确定为全国县域共青团基层组织改革试点之一。本次改革试点由团中央统筹、省级团委负总责、市县两级团委一体抓落实，试点县（市、区、旗）党委具体领导实施，试点为期半年至1年。9月，芙蓉区委常委会研究部署县域共青团基层组织改革试点工作，审议通过《芙蓉共青团基层组织改革试点工作任务清单》。清单以实现强化共青团政治功能、形成社会功能为基本目标，结合芙蓉实际，从改革团的工作力量选用机制、改革组织设置和运行机制、改革团员发展和教育管理机制、推动完善地方党的领导机制和支持保障四个方面，在拓宽团的工作骨干来源渠道、建立工作目标责任制等十个领域列出31项改革任务。10月12日，团市委副书记周坤对我区县域共青团改革工作进行调研，并对芙蓉区推进县域共青团改革，特别是服务青年人才高质量发展工作提出了指导性意见；10月19日，团省委基层组织建设部一级调研员易志姣来芙蓉区指导共青团基层团组织改革工作；11月18日、12月9日，团区委先后组织各单位、街道分管领导召开芙蓉区县域共青团基层组织改革试点工作推进会，对照《清单》逐一分析，针对"青年大学习""智慧团建"、非公建团等重点工作再部署，对各级团干部基层团建业务工作进行培训。截至12月底，各项改革任务均已完成。（丁　玲）

【"守护浏阳河，争当'河小青'"护河行动】 2021年11月13日，芙蓉区委宣传部（文明办）、芙蓉区河长办、芙蓉区农业农村局、共青团芙蓉区委员会在浏阳河畔联合开展"守护浏阳河，争当'河小青'"志愿服务活动，来自湖南农业大学以及芙蓉区中小学140余名青少年志愿者参加。启动仪式上，共青团芙蓉区委员会书记钟泽平致辞，区农业农村局副局长周志成等领导向各"河小青"志愿服务队代表授旗，芙蓉区青年志愿者协会负责人夏豪带领全体青少年志愿者宣誓。活动现场摆放河流保护的宣传展板，设置"童绘青春画卷""知识争霸赛"等趣味体验环节。140余名青少年志愿者分成行动小组，沿着浏阳河河岸捡拾各种杂物并集中归纳分类。（丁　玲）

【芙蓉区第一次少代会】 2021年12月3日，中国少年先锋队长沙市芙蓉区第一次代表大会在马坡岭小学召开，少先队员、少先队辅导员、少先队工作者、区直相关单位分管领导等178名代表和社会关心支持少儿工作10余名特邀代表参加。共青团长沙市委副书记金甜，芙蓉区委副书记蒋红波，副区长徐青春出席会议。开幕式上，少先队员代表献花献词，金甜代表团市委、市少工委向大会的召开表示祝贺，对少先队员们提出希望。大会审议通过了团区委书记钟泽平代表区少工委所作的题为《高擎火炬跟党走　争做芙蓉好少年　为打造现代化新长

2021年12月3日，中国少年先锋队长沙市芙蓉区第一次代表大会在马坡岭小学召开　（团区委　供图）

沙建设标杆区时刻准备着》工作报告，选举产生了由49名委员组成的芙蓉区第一届少先队工作委员会。蒋红波代表区委向新当选的少工委委员表示祝贺，在讲话中寄语少先队员们“做志存高远的追梦人、做向上向善的好队员、做全面发展的好少年”。（丁　玲）

【芙蓉区青年工作联席会议第一次全体会议】 2021年12月3日，贯彻中共中央、国务院《中长期青年发展规划（2016—2025年）》（以下简称《规划》）芙蓉区实施工作联席会议第一次全体会议召开，全区25家联席会议成员单位和隆平高科技园、湘湖管理局、各街道团（工）委书记参加。区委副书记蒋红波出席会议并讲话。会议学习了习近平关于青年工作的重要论述以及《规划》实施工作有关部、省、市联席会议精神，听取芙蓉区贯彻落实《规划》实施进展情况汇报，区教育局、芙蓉公安分局、荷花园街道作为成员单位在会上作交流发言。会议强调把青年工作融入到各项工作中，重点关注青年学生、青年教师、青年干部、青年人才、青年企业家、青年白领等代表群体，促进青年事业发展，在奋力打造现代化新长沙建设标杆区中贡献青春力量。

（丁　玲）

【大学生“团建协理员”受聘】 2021年12月9日，共青团芙蓉区委员会为14名来自湖南农业大学的优秀大学生，颁发“团建协理员”工作聘书。此批“团建协理员”与隆平高科技园、湘湖管理局及各街道团（工）委副书记组成“一对一”结对模式，参与、协助处理区域团组织及社会治理等工作。作为县域共青团基层组织改革创新方式之一，“团建协理员”的设立可充实基层团建力量，同时有利于青年大学生成长。共青团湖南农业大学委员会副书记周俊海，勉励学生们珍惜难得的学习实践机会，认真服务社会。团区委记钟泽平表示，要将“团建协理员”纳入街道（园、局）共青团工作中，参与共青团重要活动，以“志愿服务”为媒介，形成区域共青团、青年社会组织与高校团组织三方并存的交流合作机制，引导吸引更多的大学生志愿者参与到街道（园、局）、社区基层团建以及社会实践工作中，常态化开展共建共享活动。（丁　玲）

【“百年正青春”青少年主题对话】 2021年12月28日下午，芙蓉区开展“百年正青春”青少年主题对话活动暨芙蓉青年讲师团聘任仪式，该次活动由中共长沙市芙蓉区委宣传部指导，共青团芙蓉区委、芙蓉区少工委、芙蓉区教育团工委，长郡芙蓉中学承办，参加活动的有共青团芙蓉区委副书记朱佳、区教育局团委书记兼总辅导员龙小佳，芙蓉青年讲师团讲师及150余名学生。活动中，朱佳、龙小佳为芙蓉青年讲师团10名成员颁发聘书，鼓励他们提高政治站位，根据青少年实际需求打造精品课程。讲师团成员、区委党校教师徐晗作主题为《团结一切可以团结的力量——湖南和平解放的回顾与启示》的宣讲。

（丁　玲）

芙蓉区妇女联合会

【概况】 芙蓉区女性总人数32.1万人，其中育龄妇女（15～49岁）人口数9.56万人。2021年，芙蓉区妇联强化政治建设，抓住党风廉政建设和意识形态工作，制定《芙蓉区妇联全面从严治党主体责任清单》《廉政风险防控手册》，完善《芙蓉区妇联意识形态工作方案》。坚持党建带妇建，完成街道、社区两级妇联组织换届工作。各项工作按照“扩大影响、推进工作、多办实事”方针，取得成果。长沙市儿童友好项目十大创新品牌，“守护花开”女童保护伞项目获评2021年湖南省妇联“巾帼暖人心”维权创新项目一类地区，杨陶如被评为“全国维护妇女儿童权益先进个人”。评选2021年芙蓉区“三八红旗手”8人、“最美家庭”12户，朝阳街道曙光社区居民委员会等8家单位被评为2021年芙蓉区“三八红旗集体”。

（周　偲）

【妇联组织建设】 2021年，芙蓉区全区三级（区、街、社区）妇联执委1570人。2021年完成街道、社区两级妇联组织换届工作，街道新当选325名执委，13名主席，39名副主席。社区新当选1200名执委，其中社区（村）女性主职41人，研究生学历5人。保证社区（村）妇联主席进入社区（村）“两委”班子，每个村（居）委员会有1名以上女性成员，每个街道有1名以上社区（村）女性主职。完成区级执委增补选工作。根据《中华全国妇女联合会章程》和工作需要，增补区妇联三届执委、选举区妇联副主席，充实执委力量。推进在新经济组织、新社会组织、新媒体行业建立妇女组织工作，2021年新增50个妇女组织。探索推进在全区社区（村）建立妇女小组、妇女微家，年内全区社区（村）新增妇女小组

57个，妇女微家19个。开展示范“妇女儿童之家”创建活动，湘湖管理局湘湖社区等5个单位获评为2021年芙蓉区示范“妇女儿童之家”，东湖街道龙马社区等4个单位被评为市级“妇女儿童之家”。

（周　偲）

【妇女儿童工作】 2021年，芙蓉区妇儿工委根据省、市妇儿“十四五”规划，形成《芙蓉区妇女发展规划（2021—2025年）》及《芙蓉区儿童发展规划（2021—2025年）》。区妇联和团区委联合开展“庆祝建党100周年·我为多孩家庭做件事”100场主题活动。围绕“政策友好、空间友好、服务友好”三个维度，开展芙蓉区儿童友好型社区试点工作。定王台街道丰泉古井社区将儿童友好社区建设与城市有机更新、“十五分钟生活圈”建设紧密结合，在湖南大学儿童友好城市研究室团队的指导下，探索以关爱城市流动儿童为重点的“儿童友好社区”建设，年内3次迎接外省、市妇儿工委对芙蓉区儿童友好型城市建设工作考察。“11·20”世界儿童日，丰泉古井社区儿童友好商铺计划启动。2021年延续儿童早期发展（ECD）项目服务，聘请长沙市家和源家庭关系指导中心和长沙市零点智能青少年成长服务中心两家儿童早教专业社会组织，运作管理全区保留的4个项目点，开展早期发展特色课程、主题亲子活动16次，服务家长及儿童580余人次，为270余名家长提供科学育儿服务。8月，区妇联以及德政园社区ECD项目点接受了北京倍能公司和省妇联就ECD项目运营经验的电话采访，项目经验得到进一步推广。启动芙蓉区“暖心妈妈”失母儿童互助项目，对4名特别贫困的失母儿童实行一对一的帮扶，帮扶资金8000元，区妇联联合暖心社工组织为5名困境失母儿童送去助学金1000元。开展“欢乐一夏，贝拉同行”“走进非遗——学习非遗文化，传承名人精神”等活动，40余人参加，得到孩子及家庭的好评。联合中国人寿长沙分公司共同开展“关爱妇女健康 助力脱贫攻坚”项目，推广“长沙女性关爱保”健康保险。继续实施城镇低保和农村适龄妇女“两癌”免费检查重点民生实事项目工作，完成全年目标任务。区妇联联合团区委、区总工会开展“青春芙蓉·心动之夜”探案主题趣味单身联谊活动，40余名单身青年参加。联合区卫健局举办“更年更健康，同心驻芳华”健康教育活动，芙蓉区45岁以上妇女120余人参加活动。

（周　偲）

【巾帼建功活动】 2021年，芙蓉区实施“领头雁”培训计划，保证街道（园、局）、社区（村）基层妇女干部每年至少接受一次培训。加强网络宣传，组织网评员、网宣员队伍做好网络线上宣传，全年各级妇女组织在各大媒体发稿500余篇。采取主题宣讲、线上直播宣讲形式，组织3场芙蓉区妇联“百千万巾帼大宣讲”活动，2场三八红旗手进基层宣讲活动，1场最美巾帼奋斗者进校园宣讲活动。为“奋斗新征程闪耀她力量”系列宣传推荐优秀2名妇女典型。开展“春风送岗位”活动，组织专场招聘活动及各类招聘活动20余场次，免费服务5万余人，介绍女性就业（含就业意向）2312人，组织参加职业技能培训女性人数（线上及线下）1068人，参加创业培训女性人数（线上及线下）890人。搭建信息平台，提供就业服务。开展13场“春风行动芙蓉区专场招聘会”，为芙蓉区多名贫困单亲母亲实现家门口就业。开展以“扶贫扶志我先行”为主题的“户帮户亲帮亲 互助脱贫奔小康”活动。

（周　偲）

【妇女儿童权益保障】 2020年芙蓉区妇联与9部门联合成立芙蓉区未成年人“一站式”办案救助中心，2021年该救助中心迎接省妇联、市妇联的考察，受到省、市妇联及检察院领导肯定。2021年，芙蓉区妇联继续实施“呵护明天——未成年人保护伞”项目，为孩子家长线上线下开课超百场，家长个案帮助超百人。芙蓉区公立学校100名性教育讲师，开课305场。录制3个宣传课程，制作3个年龄段的《芙蓉区防性侵手册》，覆盖全区播放，超过5万名儿童直接受益。公益讲师送课160场，打造3个护苗计划求助示范点，发放手册及折页1万本，直接受益对象2万人次。3月，芙蓉区妇联联合壹普逻成立“芙蓉区妇女儿童维权服务中心”，引入新媒体宣传，吸收长沙律师事务所22家、湖南省女律师协会和心理咨询社会组织为成员单位。16名律师及心理咨询师轮流坐班，接待妇儿维权案件8件，为妇女儿童申请免费法律援助1次，提供专业心理咨询3次。

（周　偲）

【家庭教育宣传】 2021年，区妇联将每年5月至6月定为全区各级妇联组织家风家教主题宣传月，落实习近平关于注重家风、家教的重要讲话精神，在全区范围内集中开展家风家教宣传展示活动，受教万余人次。每年开展“书韵飘香，悦读人生”家庭亲子阅读活动，200余名家长儿童参加。全区妇联系统联合执委、志愿者等社会力量，在全区开展了300余场防溺水宣传活动，上门宣讲次数100余次，受益家长和儿童数2400余人次。联合芙蓉区检察院等10个部门，制定《芙蓉区家庭教育联席会议制度》（征求意见稿）。（周　偲）

【关爱困境母亲公益项目】 2021年，芙蓉区妇联深化“我为群众办实事”活动，实施“出手吧姐姐——温暖2021”爱困境母亲公益项目，成立专项工作小组，统筹辖区或系统内具体执行标准及实施，指定专人与市妇联儿基会对接具体工作。全区各街道、社区调研摸底，按照申报标准和要求，精准识别困境妇女群体。全年慰问各类型困境母亲64名，慰问金额7.36万元。用区本级资金慰问区域符合条件的“两癌”患病对象3人，金额6000元。（周　偲）

【“天山湘女”代表回湘宣讲】 2021年6月，“八千湘女上天山”湘女代表之一，84岁的胡爱群老人回到家乡长沙。20世纪50年代，8000余名湘女响应党的号召，远赴新疆屯垦戍边，扎根边疆，为祖国统一和民族团结作出贡献。1952年，15岁的胡爱群参军入伍远赴新疆。2021年，为配合“不忘初心、牢记使命”主题教育和党史教育，芙蓉区妇联向胡爱群发出返湘探亲邀请。6月6日，在蓉园社区，胡爱群以自己的扎根边疆、建设边疆经历作党史教育，讲述难忘历史、回顾峥嵘岁月。省委组织部机关党员、省援疆工作队相关人员、芙蓉区委相关负责人、芙蓉先锋共同体成员单位代表、区党史学习教育办公室、全区妇女代表、学生家庭代表100余人现场聆听。（周　偲）

【妇女节维权主题沙龙活动】 2021年3月5日，由芙蓉区妇联主办、壹普逻普法平台协办，“巾帼心向党，奋斗新征程”——“三八”国际妇女节维权主题沙龙活动在壹普逻普法广场举行，长沙市妇女联合会副主席石莉波，芙蓉区政府党组成员、副区长梁汝岚，区妇联主席危勇出席活动，芙蓉区妇儿工委成员单位分管领导，湖南省女律师协会及省内多家知名律师事务所负责人，社工组织代表100余人参与活动。活动现场石莉波、梁汝岚为获得芙蓉区2021年度“三八红旗手”“三八红旗集体”的个人和集体颁发证书及奖牌，危勇宣布芙蓉区妇女儿童维权服务中心成立并授牌，省内17家知名律所为成员单位。律师代表结合自身实操案例普及妇女儿童维权法律知识，并与嘉宾互动讨论。（周　偲）

芙蓉区科学技术协会

【概况】 2021年，芙蓉区科协下辖1个园区科协，13个街道科协，81个社区（村）科普小组。区科协落实《中华人民共和国科学技术普及》和《全民科学素质规划纲要》，为科技工作者服务、为提高全民科学素质服务、为党委政府科学决策服务，完成各项工作任务。年内区科协被长沙市科协评为“2021年长沙市全国科普日活动优秀组织单位”，其组织的活动获得“2021年长沙市全国科普日优秀活动”。推荐湖南省水稻研究所优秀青年专家潘孝武获评第十一届湖南省青年科技奖、袁隆平农业高科技股份有限公司符辰建被评为第二届湖南省优秀科技工作者，推荐湖南省水稻研究所周政获评第六届长沙市优秀青

2021年6月6日，芙蓉区妇联开展党史学习教育“八千湘女上天山”主题宣讲。图为湘女胡爱群以自己扎根边疆、建设边疆经历，在蓉园社区讲党课（区妇联　供图）

年科技人才。（祝　波）

【关爱服务科技人员】 2021 年，芙蓉区科协制定出台《芙蓉区科协联系科技工作者制度》《芙蓉区科协常委、委员联系基层科协组织、科技工作者制度》，组织科技工作者参加各级科协组织的活动，听取科技工作者意见建议，为科技工作者排忧解难。“全国科技工作者日”前后，区科协通过走访看望、微信电话问候、组织召开座谈会等形式慰问科技工作者。开展 2021 年全区有关科技、科普工作者先进典型评选工作，21 人受到表彰。（祝　波）

【科学普及与传播】 2021 年，芙蓉区科协在全区开展科普知识进万家专项科普活动，组织科普专业人士、科技志愿者等深入社区、校园、企业、机关、家庭，开展形式多样的科普教育宣传活动，培养广大青少年和社区居民的科学兴趣，促进城市科普服务体系建设。开展科普信息员注册及科普信息传播竞赛活动，发动居民群众关注“科普中国”信息平台，注册科普信息员，发挥“科普中国”App 作为全国新冠肺炎疫情防控应急科普的权威平台作用。检查指导社区科普e站和科普屏媒，督促街道社区加强日常管理维护，为居民提供便捷精准的科普服务。截至 2021 年 12 月底，全区注册“科普中国”信息员超 1 万人，传播科普信息 26 万余次，传播量居长沙市内五区第一位。（祝　波）

【院士专家工作站服务】 2021 年，芙蓉区服务院士专家工作站建设，宣传院士专家工作站申报认定等相关政策，到企业院士专家工作站调研，完成经费下拨。区域内设立院士专家工作站的企业，有湖南省兵器工业集团有限责任公司、湖南金健种业科技有限公司 2 家，两年拨付经费 60 万元。配合市科协做好新市级院士（专家）工作站的认定，开展海外人才离岸创新创业基地建设和海智计划实施的相关工作。（祝　波）

2021 年 9 月 15 日，2021 年长沙市“全国科普日”芙蓉区主场活动在湘湖街道举行（区科协　供图）

【全国科普日活动】 2021 年 9 月 11—30 日，芙蓉区科协围绕“百年再出发，迈向高水平科技自立自强”主题，举办 5 场全国科普日主题活动。芙蓉区主场活动在湘湖街道湘湖社区举行，湖南省科技厅政策法规与创新体系建设处处长王先民、湖南省科协科普部部长李世才、长沙市文明办副主任丁德喜、芙蓉区副区长方宝华等出席，芙蓉区“最美科技工作者”等四类先进人物，湘湖社区辖区党员、居民群众、科技志愿者等 200 余人参加。方宝华致辞，李世才宣布活动启动。小学生主题朗诵《我的科技梦 我的强国梦》，长沙市公安局芙蓉分局进行反诈骗宣传，科技教师表演科学实验奇幻场景。活动对 2021 年芙蓉区“最美科技工作者”“最美科学传播者”“最美科技志愿者”“最美基层科协工作者”获奖者 21 人予以表彰颁奖。现场设置智慧科普体验区、科普宣传展架，发放反诈骗、安全生产、食品安全、社保就业、垃圾分类宣传折页。2021 芙蓉区全国科普日活动除主场活动外，分别在蓉园小学、五一东村社区、紫薇社区、韭菜园社区举行 4 场分场活动，全区各单位开展群众性科普活动 10 余场次，科技志愿者 200 余人参与，发放科普资料 7000 余份，活动在“新湖南”“华声在线”《长沙晚报》等新闻媒体报道，受益居民群众近 2 万人。（祝　波）

芙蓉区残疾人联合会

【概况】 2021 年，芙蓉区持证残疾人 4673 人，其中重残 2215 人，多重残疾136人，新增办证301人，注销残疾人证179本。2021年芙蓉区残疾人联合会（以下简称“残联”）强化服务能力，提升服务品质，推进为残服务项目实施。（万梦诗）

【落实民生实事项目】 2021年，芙蓉区“0～14岁残疾人儿童康复”项目和“残疾人家庭无障碍改造”项目被纳入省、市重点民生实事项目。区残联专题部署，细化项目目标、标准、流程，部署街道、社区全面摸底对象，做到项目服务应助尽助，残疾人权益应享尽享。儿童康复项目救助任务数156人，实际救助252人。残疾儿童家长根据需求，从30余家专业儿童康复机构自主选择针对性康复。投入工作经费300万余元，降低和预防残疾的发生。按照残疾人需求进行“一户一方案”改造设计，实施无障碍家庭改造83户（任务20户）。便利残疾人生活起居，投入经费1.6万元。（万梦诗）

【助残康复】 2021年，芙蓉区为全区有需求的残疾人对象，集中采购发放轮椅、拐杖、盲杖等辅助器具272件。继续开展“情暖芙蓉共享光明”项目，依托医疗资源，开展“防盲治盲”干预抢救工程，手术治疗白内障患者17人，减少视力残疾发生率。摸底80名残疾人对象实施居家托养服务，区残联与第三方评估机构定期抽查回访残疾人，把对象的需求和建议及时反馈给家政公司和社工机构，保证服务有质量。对残疾人托养机构开展多次消防安全生产督查，组织疫情防控业务培训。为78名残疾人学生和贫困残疾人家庭学生，发放扶残助学补助金27万元。（万梦诗）

【助残活动与宣传】 2021年，区残联组织开展各类宣传慰问活动，组织5个专门协会到高铁南站和会展新城、隆平水稻博物馆参观长沙和芙蓉区改革建设成果。选派残疾人参加全市“动态更新知识竞赛”获得团体二等奖。开展“全国残疾预防日”公益宣传活动，2个集体、3名个人受到市残联“善行四十佳”表彰。组织春节、“全国助残日”“国际残疾人日”的走访宣传慰问活动，全年走访慰问辖区困难残疾人720户，慰问现金48万元。在《长沙晚报》、芙蓉区人民政府门户网站，“芙蓉发布”微信公众号等媒体宣传报道工作情况30余篇。（万梦诗）

【扶持残疾人就业创业】 2021年，芙蓉区残联发掘残疾人自主创业代表，为1名残疾人对象申请1.6万元的省级残疾人创业扶持，发动32名就业年龄段残疾人对象，参与盲人按摩、计算机操作等相关培训，15名视力残疾人参与盲人按摩技能培训。组织残疾人专场招聘会，联系20家企业提供100余个适合残疾人的岗位。为6名残疾人个体工商户发放养老保险缴费补贴3.5万元。（万梦诗）

【爱耳宣传专题讲座】 2021年3月3日，第22个全国“爱耳日”，芙蓉区残联围绕“人人享有听力健康”的主题开展爱耳宣传，在喜来声语言听觉康复中心举办“如何让孩子获得健全的听力”专题讲座。湘雅二医院知名专家伍伟景教授为听障儿童家长讲解听力健康管理知识，并与家长现场互动，解答家长相关问题。讲座还邀请美国AB、奥地利、长沙诺亚三大人工耳蜗公司的专家，现场为植入人工耳蜗听障儿童的家长讲解、交流，解答耳蜗术后康复的相关问题。区残联康复部部长陈芳玉向参会家长介绍国家康复救助政策。讲座结束后，芙蓉区残联与喜来声语言听觉康复中心现场交流，听取相关工作情况汇报，与部分儿童家长交流，解答相关问题。（万梦诗）

【残疾人就业专场招聘会】 2021年3月15日，长沙市残联主办、芙蓉区残联承办，主题为“残健同心向党，共享全面小康”，长沙市2021年残疾人就业专场招聘会——芙蓉区分会场活动在荷花园街道荷花园电信大楼前坪举行。长沙市残疾人联合会就业服务中心主任吴静、副主任姜涛、芙蓉区残联副理事长邓捷参加。市、区两级残联前期通过官方网站、微信业务工作群和电话等多种渠道向各区企业和残疾人发出邀请，安排现场求职登记、政策咨询和招聘指引。湖南颐而康保健连锁股份有限公司、特格尔医药集团股份有限公司、湖南安邦制药股份有限公司等15家企业设展台服务残疾人，为残疾对象设置了电话客服、销售、行政、会计、收发货员、保洁、安保等近100个岗位，吸引来自市内、外近百名残疾人对象参与，现场有7名残疾人与企业达了就业意向。残疾人手工工艺品在招聘会上爱心义卖1000余元。（万梦诗）

【“全国助残日”系列主题活动】 2021年5月第31次“全国助残日”期间，芙蓉区残联围绕“巩固残疾人脱贫成果，提高残疾人生活质量”活动主题举办系列活动。16日，联合五里牌街道在阿波罗商业广场

2021 年 5 月 16 日，第三十一次“全国助残日”活动在阿波罗商业广场举行 （区残联　供图）

举办“全国助残日”主题宣传活动。芙蓉区残联理事长聂帮府、副理事长邓捷、五里牌街道书记及残疾人代表 50 余人参加。聂帮府发表致辞，社区人员表演歌舞，残疾人参与知识抢答。“全国助残日”来临之际，聂帮府带队走访慰问 13 个街道的困难残疾人对象 200 人（户），送去慰问金和节日祝福。（万梦诗）

【为残疾对象解决劳资纠纷】 2021 年 9 月 2 日，芙蓉区残联在荷花园街道恒达社区的会议室组织召开协调会，解决残疾人廖某与用人单位之间的劳动纠纷。廖某为重度听力残疾人，2020 年进入单位工作，后因身体不适，无法适应工作，双方在劳动关系的解除、经济补偿金标准以及失业保险申领等方面未达成一致。芙蓉区残联与荷花园街道得知后介入此事，与用人单位沟通后组织召开协调会。在协调会上，用人单位与区残联提出各自解决方案，荷花园街道政协联络处主任刘朝辉介绍廖某的实际困难情况和诉求。完全没有听力的廖某，通过纸笔交流，最终劳资双方达成一致意见，用人单位给予廖某 8000 元经济补偿金，并协助办理失业金申领手续。（万梦诗）

芙蓉区红十字会

【概况】 2021 年，芙蓉区红十字会落实省、市红十字会改革方案相关精神，推动区红十字会改革，在开展党史学习教育中为民办实事，履行各项社会职能，作出新贡献。开展“我为群众办实事，红十字‘救’在身边”活动，开办 CPR+AED（心肺复苏 + 自动体外除颤仪）培训 14 期，310 人取得证书，救护员培训 9 期，414 人取得证书（2017—2021 年 5 年培训救护员 1777 人）。向蓉园小学、曙光路小学等体育项目培训基地捐赠自动体外除颤仪（AED）2 台，保障训练人员生命健康安全。争取市红十字会 AED 进公共服务场所到长沙晓园公园等 3 处，提升公共服务水平。（袁丹丹）

【慈善救助】 2021 年春节期间，芙蓉区红十字会开展“博爱送万家”活动，发放米、油、棉被和防疫物资等 342 份，价值 7.66 万元。

2021 年 9 月 2 日，在恒达社区会议室，区残联协调廖某与用人单位之间的劳动纠纷 （区残联　供图）

为困难家庭申请友阿公益基金救助6.7万元、省人道救助金3.5万元，申报小天使基金救助金额5例18万元。全年接受个人和企业捐赠款2笔计10.6万元。其中湖南省周宇幕墙材料有限公司向芙蓉区红十字会捐赠人民币10万元，主要用于救助20岁以下患有严重疾病或家庭经济困难无法完成学业的群体。分两次为街道、社区和卫生服务中心购置捐赠一次性口罩、喊话器、隔离带、帐篷、急救用品等计7万元，为基层疫苗接种工作提供保障。发放省红会捐赠一次性口罩14万个、帐篷10个，转赠160双雨靴至一线市政工人。（袁丹丹）

【红十字会“三献”工作】 2021年，芙蓉区红十字会春节回访慰问器官捐献者家属，组织志愿者开展“云上缅怀”和现场人体器官捐献缅怀纪念活动，宣传普及遗体器官捐献知识，开展移风易俗、弘扬时代新风的行动。在机关、教育系统、高校、街道开展无偿献血、造血干细胞捐献宣传活动。组织区直机关完成献血208人。（袁丹丹）

【省级博爱家园项目建设】 2021年芙蓉区文艺路街道南元宫社区和湘湖街道南湖社区申报成功湖南省红十字会博爱家园项目。2个项目点以社区为平台，根据社区实际情况，自主设计、自主实施、自主管理，成立红十字基层组织，建立红十字志愿服务站，建设博爱家园宣传廊，开展红十字特色的防灾减灾、应急救护、健康卫生、“三献”宣传等服务，314名居民参加救护培训并取得救护员证。2个博爱家园项目点的社区红十字会组织成为动员人道资源参与志愿服务的重要力量，在化解社会矛盾、引领和谐社会风尚、反映群众民生诉求、促进社会公平、维护社会稳定等领域发挥作用。（袁丹丹）

【向2所小学捐赠应急救援器材】 2021年1月14日，芙蓉区红十字会向蓉园小学捐赠1台自动体外除颤器（AED）。蓉园小学是2020年中国红十字会总会生命健康安全教育项目——“学校+社区”安全健康教育活动的实施单位。在项目实施期间，蓉园小学24名教职员工参加救护员培训国际认证课程，取得救护员证（国际认证）。该校将生命安全教育纳入学校素质教育课程，为家长和青少年开展4期2000人参与的应急安全知识亲子讲座，利用课外活动时间组织4次1100余人参与的学生生命安全教育和体验活动。蓉园小学还是湖南省跆拳道省级重点后备人才基地。6月，区红十字会向芙蓉区摔跤重点后备人才基地曙光路小学捐赠AED。2台AED为两校学生训练安全和应急救援提供保障。（袁丹丹）

【博爱送万家活动】 2021年1月，芙蓉区政府党组成员、副区长、区红十字会会长梁汝岚，常务副会长易淑珍等上门慰问贫困家庭，启动2021年“红十字博爱送万家”活动。芙蓉区红十字会筹集暖冬棉被和防疫物资232份，米、油110份，友阿公益基金8.2万元，小天使基金8万元，红十字人道救助金3万元，款物总价值26.88万元。通过“红十字博爱送万家”活动，所筹集物资和钱款全部送到有需要的困难群众手中。（袁丹丹）

【“5·8”世界红十字日活动】 2021年5月6日，芙蓉区红十字会在东郡二小，开展以“学史崇德 关爱生命 救在身边”为主题的“5·8”世界红十字日服务启动仪式，芙蓉区红十字会相关理事单位、志愿者、救护师资代表、东郡二小部分师生等参加活动。活动由芙蓉区红十字会常务副会长易淑珍主持，东郡二小校长段美华介绍学校红十字青少年活动开展情况，芙蓉区交通局干部、全国第10091例造血干细胞捐献者王军讲述亲历故事，湘湖街道东湖社区党总支书记欧阳海棠介绍2020年中国红十字会总会“学校+社区”生命健康安全教育项目单元的执行情况，长沙市红十字会党组成员黎跃刚讲述百年红十字会发展史。（袁丹丹）

【“5·12”全国防灾减灾日活动】 2021年5月12日，芙蓉区红十字会在位于韶光社区的区素质教育基地，开展主题为“防范化解灾害风险 筑牢安全发展基础”，“5·12”全国防灾减灾日火灾应急疏散现场救护演练活动。长沙市人民政府副秘书长、市红十字会副会长肖思源，长沙市红十字会党组书记欧阳正松，芙蓉区政府副区长、区红十字会会长梁汝岚等出席。芙蓉区东茅街小学的300余名小学生现场演练火灾发生后安全有序撤退逃生及救治“伤员”，梁汝岚介绍芙蓉区红十字会开展防灾减灾、应急救护知识普及宣传工作的基本情况。（袁丹丹）

【红十字会改革】 2021年9月，根据省、市红十字会改革方案精神，芙蓉区委办印发《芙蓉区红十字会改革方案》，出台20项改革措施，

2021 年 5 月 12 日，芙蓉区红十字会在区素质教育基地举行“防范化解灾害风险　筑牢安全发展基础”第 13 个“5·12”全国防灾减灾日火灾应急疏散现场救护演练活动　（区红十字会　供图）

包括增强会员的代表性和广泛性，会员代表大会的代表、理事、常务理事中来自社会各领域及基层一线的比例分别提高到 50%、30% 和 20% 以上；建立理事办实事的工作机制，明确理事的工作职责；挂职、兼职副会长中来自社会各领域及基层一线的比例达 40%；设立红十字会监事会；加强红十字基层组织建设等，增强区红十字会的政治性、先进性、群众性，推进治理结构、人事制度、运行机制和工作方式等方面改革创新。（袁丹丹）

【芙蓉区第四届红会理事会】2021 年 10 月 28 日，芙蓉区红十字会第四届理事会第一次会议在区政府会议室召开，区委副书记蒋红波、区政府副区长徐青春出席会议，区政府调研员汤孝泽主持会议，区红十字会全体理事单位、监事会成员和列席代表 80 余人参会。会上，区红十字会常务副会长易淑珍宣读《芙蓉区红十字会改革方案》。会议选举产生第四届区红十字会会长、常务副会长、兼职挂职副会长、秘书长和第二届监事会监事长、副监事长、监事等。区人民政府副区长徐青春当选第四届理事会会长，易淑珍当选常务副会长，谢意等 7 人当选兼职副会长，袁丹丹当选秘书长。会议同时选举产生第二届区红十字会监事会，通过该届“理事会理事、理事办实事”项目清单。（袁丹丹）

法　治

Rule of Law

编辑　谭丽霞

政法委与综治

【概况】 2021年，芙蓉区政法系统以党的政治建设为统领，推进常态化扫黑除恶、区域社会治理现代化、政法领域改革、政法队伍教育整顿，建设更高水平的平安芙蓉、法治芙蓉。2021年芙蓉区连续第五次获评湖南省“平安县（市区）”称号。

维护政治安全大局稳定 将国安工作纳入平安芙蓉建设考核体系，逐级签订责任书，压实国安责任。学习《中华人民共和国国家安全法》《中华人民共和国反间谍法》，开展国家安全教育宣传活动80场次，分发宣传资料3.5万余册。落实信访维稳安保责任，以迎接建党一百周年为主线，保稳定促平安贯穿全年工作始终，实现维稳安保工作目标。开展涉稳风险排查整治，掌握房地产建设、涉众金融投资、房屋征地拆迁等重点领域突出不稳定问题，做到风险隐患早发现、早预警、早处置。做好信访积案清零，落实首接、首办责任制要求，全年各级信访3597人（件）次，比2020年下降15.72%。集中治理重复信访积案化解专项工作首批233件，重复信访事项化解（过审）率100%，化解5年以上信访积案19件。

服务发展大局 制定实施《全区政法队伍教育整顿顽瘴痼疾突出问题整治工作方案》《全区政法队伍教育整顿“我为群众办实事”活动实施方案》等指导性文件，全区政法各单位推出“少捕慎诉慎押”“企业合规检察改革试点”“民营企业法治体检”等一批便民利民具体措施42条，为优化营商环境工作的深入开展提供制度保障。聚焦群众“急难愁盼”问题，开展“四联四访，我为群众办实事”活动，细化为民办事举措，走访企业189家、走访群众1027人，为民办实事1116件。

芙蓉政法宣传 聚焦平安芙蓉建设的重点难点，开展平安建设宣传月活动，普及法治教育，提升群众对平安建设的知晓率和参与度。《长沙晚报》分别以《强化“平安芙蓉”护航现代化精彩新芙蓉》（5月14日）和《社会治理现代化的“芙蓉样本”》（9月22日）为题，专版报道平安芙蓉建设最新成果。“芙蓉公安”“长沙芙蓉法院”等相继入驻抖音平台，“芙蓉检察”公众号作为推进阳光检务和深化便民服务的窗口，提升检务信息传递实效。

（黄 珣）

【平安法治芙蓉建设】 2021年，芙蓉区持续推进矛盾纠纷多元化解建设，区、街道、社区三级公共法律服务体系，包括430人专兼职人民调解员队伍建设，92个人民调解委员会、5个专业性行业性调解组织。落实社会矛盾排查调处常态化，2020年11月至2021年10月，排查出民间纠纷183件，调处162件，其余21件依法通过仲裁、诉讼途径化解。推进“一站式”多元解纷和诉讼服务体系建设，有序引导公证处、律师事务所、人民调解委员会、人大代表、政协委员等社会力量参与诉前调解。结合芙蓉区金融机构多、案件多、风险大的特点和需求，在中信银行信用卡中心长沙分中心运行全省首家法院驻金融机构“诉源治理工作站”。至年底，该站引导银行和客户化解信用卡纠纷8000余起，调解回款逾2000万元。针对医患纠纷，文艺路街道设立“医疗纠纷诉源治理工作站”。开展创建“无讼社区”活动，5月，在湘湖街道湘湖社区成立长沙市首个社区“诉源治理工作站”着重化解邻里间民事纠纷，其经验在全区推广。年内13个街道、81个社区完成“诉源治理工作站”或“诉源治理调解点”挂牌。为服务区域经济发展，“驻自贸区诉源治理工作站”在自贸试验区长沙片区芙蓉事务中心成立。强化执法司法监督，成立重点案件评查专班，制定《长沙市芙蓉区政法队伍教育整顿重点案件评查工作方案》，开展重点案件评查工作。重点案件交叉评查2914件，发现并整改瑕疵案件556件，发现不合格案件5件，追责12人。涉法涉诉信访案件清查出重点案件81件，评查135件，发现干警违纪违法线索3条，处理3人。

（黄 珣）

【涉法涉诉信访积案化解】 2021年，芙蓉区推进集中治理重复信访、化解信访积案专项工作。区委政法委统筹，将专项工作纳入绩效考核范畴，执法监督科实时督查考核。政法各单位逐案优化领导包案。办结市委政法委交办的43件信访积案，化解率100%，提前完成市委政法委“化解率达70%”的工作目标。清查涉法涉诉重点信访案件81件，评查136件，问题线索全部整改处理到位。

（黄 珣）

【司法救助】 2021年，芙蓉区制定下发《关于进一步规范和加强我区国家司法救助资金使用管理的规定》，政法各单位对符合司法救助的对象逐一进行摸排，确定重点救助对象。书记办公会议，筛选救助对象，确定人员及救助资金。解决“法理之外，情理之中”的个案事项，全年救助12案12人，发放救助金

（含市级联合救助资金）42万元。

（黄　珣）

【社会基层治理】　2021年，芙蓉区制定下发《关于在全区开展易肇事肇祸精神障碍患者救治管控专项治理的通知》，组织卫健、司法、民政、公安、残联等部门，建立动态监测网络，做好严重精神障碍患者尤其是高风险贫困患者的日常发现登记，基础信息动态录入公安部门专业管理系统。全区摸底排查易肇事肇祸精神障碍患者607人，评定3级以上易肇事肇祸精神障碍患者130人，收治81人，结合具体情况列入重点监护管控49人。实现排查无盲区、评估无遗漏、治理无死角。依据《关于印发芙蓉区实施肇事肇祸等严重精神障碍患者监护奖励政策的暂行办法的通知》，规范芙蓉区行政区域内居住的严重精神障碍患者监护措施，压实监护人责任，对符合条件的270名患者监护人发放奖励金63.9万元。继续推进“智慧安校”建设，整合公安“天网”“雪亮工程”、一键报警等资源，接入区教育局校园视频监控系统，实现校园安全管理可视化、预警预处智能化。健全完善“互联网+群防群治”护学岗勤务长效工作机制，打造市级护学岗校园18所，区级重点护学岗校园8所，所级治安护学岗校园142所，保障中小学校、幼儿园上下学高峰时段平安有序。健全校园法律服务中心（站），成立“芙蓉区校园纠纷调解中心”，打造全省首家校园矛盾纠纷调解专业平台。截至2021年年底，全区建成校园法律服务站10所。（黄　珣）

【常态化扫黑除恶】　2021年，芙蓉区巩固三年扫黑除恶专项斗争工作成果，强化系统治理、依法治理、综合治理、源头治理，推进常态化扫黑除恶斗争开展。全年打掉涉恶集团5个、涉恶团伙1个，破获刑事案件28起，刑拘犯罪嫌疑人87人，破案28起。起诉涉黑案件1件1人，涉恶案件1件6人；审结涉黑恶案件4件，依法惩处被告人16名，依法判处涉黑恶案件罚金刑金额276.6万元。排查软弱涣散基层党组织1个，11月底完成整改验收。区扫黑办以全国政法队伍教育整顿为契机，督促指导各政法单位推进涉黑涉恶案件（线索）倒查工作，倒查案件95件，倒查线索749件，问题线索和问题案件全部核查整改完毕。（黄　珣）

【政法队伍教育整顿】　2021年，芙蓉区委部署开展全区政法队伍教育整顿。区纪委监委、组织、宣传、税务、市场监管、信访等部门协同，同步推进政策宣讲、线索核查、宣传报道等工作。突出铸牢政治忠诚、清除害群之马、整治顽瘴痼疾、弘扬英模精神“四项任务”，推进学习教育、查纠整改、总结提升“三个环节”，全区947名政法干警参加教育整顿。区教整办18次召开教育整顿推进会、工作调度会，全区政法系统先后8次接受省级驻点第一指导组现场督导和评估验收。把学习教育贯穿于整顿全过程，开展2次政治轮训；邀请省委党校吴传毅、谌玉梅等专家授课，开展党规党纪等专题学习。组织政法干警到中共长沙党史馆、刘少奇故里、陈树湘故居、“宁乡四髯”生平陈列馆等革命传统教育基地参观学习，重温入党誓词、观看红色电影、聆听《一腔热血铸忠魂》微党课。区委常委、纪委书记、监委主任王长陵作廉政警示教育专题报告，剖析政法队伍违纪违法问题。组织参观长沙市廉政教育基地，观看警示教育片《警·戒》《代价》，旁听职务犯罪庭审，以案说法。向政法英模学习，集中观看《忠诚·榜样》专题片和《平安中国之守护者》电影。开展政法英模和先进典型选树活动，编印《芙蓉最美政法人》。利用教育整顿推进会、业务培训会、民主生活会（组织生活会），全面宣讲“自查从宽、被查从严”政策规定。区委书记周春晖与政法各单位主要负责人谈心谈话，全区947名政法干警分层分级开展谈心谈话；区教育整顿办对谈心谈话、个人自查填报、民主（组织）生活会召开情况复核4次。收到上级交办举报线索94条，核查94条，全部办结；区纪委监委受理办结市纪委监委交办（转办）问题线索18条。开展队伍建设专项巡查全覆盖，各单位对照反馈意见完成问题整改31条。整治顽瘴痼疾，核实认定违反防止干预司法“三个规定”问题17条，处分处理16人，1人待处理。开展自评复评，邀请“两代表一委员”、案件当事人、基层政法干警和普通群众召开民意座谈会，发放调查问卷，群众对政法队伍教育整顿总体满意度100%，其中非常满意87.5%；知晓度100%。93.75%的参访者认为经过教育整顿，全区政法机关与人民群众的关系更加密切，服务水平明显提升。深化整改，制定《芙蓉区政法队伍教育整顿持续整改方案》，做到所有案件、线索销号清零。推进建章立制，政法各单位对照顽瘴痼疾整治和着力解决人民群众“急难愁盼”问题，探索建立健全长效机制15项，集中推动出台便民利民服务举措42条，从源头防范有案不立、压案不查、

执法不严、司法不公等问题。区委政法委、公检法司分别制定相关制度规定，巩固整治效果。（黄 珣）

法治政府建设

【概况】 2021年，芙蓉区强化各级党政主要负责人履行法治建设第一责任人意识，开展法治政府建设示范创建活动，年内通过中央依法治国办对芙蓉区依法治区委员会工作的督察。持续推进相对集中行政处罚权改革，建立执法协作机制等系列措施，逐步构建权责明晰、运转高效、配合有力的综合行政执法体系。以承诺制办理营业执照的行政许可新模式，入选长沙市2021年度十大典型执法案例。

召开区委依法治区委员会执法协调小组会议，研究行政执法体制改革中职能部门与区行政执法局在日常监督管理权划分、案件受理投诉、上下关系对接等方面的具体权限和责任边界以及行政处罚案件移送抄告制度、流程、标准规范等相关工作。全面梳理、规范和精简行政处罚、行政强制等事项，将权力清单中1644项行政处罚权，梳理归类为7大领域常用法律适用条款，形成工作手册，为基层执法办案提供精准指导。（王明华）

【行政执法监督】 2021年，区司法行政部门履行行政执法监督职责，通过举办落实行政执法"三项制度"及案卷整理规范化培训班，分批次培训执法部门分管负责人、案卷制作管理人员、法制科室审查员及执法业务骨干等144人，按不同执法类别统一案卷制作和管理。2021年分两次评查行政许可和行政执法案卷300宗，对评查过程中发现的较大错漏及时整改并通报全区，在市对区行政执法案卷评查中位列第一位。（汤秀平）

【合法性审查】 2021年，芙蓉区规范行政决策程序，落实国务院《重大行政决策程序暂行条例》，执行重大行政决策公众参与、专家论证、风险评估、合法性审查、集体讨论决定等法律程序。所有重大行政决策遵循公众参与、专家论证、合法性审查和风险评估原则。提交区政府常务会议和区长办公会议审议议题，凡涉及法律问题的文件均提前进行法律审查并出具法律意见，供领导决策参考。司法行政机关负责人全程参与区政府常务会议和区长办公会，实时进行法律风险防控。全年审查备案规范性文件20件，各类文件、重大合同文本254份。

（汤秀平）

【行政复议体制改革】 2021年芙蓉区贯彻落实中央、省、市关于行政复议体制改革实施意见，结合政法队伍教育整顿、党史学习教育"我为群众办实事"实践活动，推进芙蓉区行政复议体制改革落地落实。在芙蓉区公共法律服务中心增设行政复议窗口，为民众提供复议咨询服务，受理行政复议申请，开展行政复议案件立案工作。坚持"应受尽受"，畅通行政复议受理渠道。推动"案统一管""案统一办"。增设行政复议与应诉科（芙蓉区人民政府行政复议办公室），配备专职行政复议与应诉人员编制4名，增设2名事业编制人员作为行政复议辅助人员。过渡期间，从公安分局、交警大队和资规分局抽调4名专业人员充实办案力量。分类处理案件，高效化解行政争议。在案件受理阶段，工作人员向复议申请人初步解释具体行政行为的事实和法律依据，化解部分行政争议。在案件办理阶段，与被申请人沟通，通过调解实质化解争议。发挥行政复议的监督功能，对于事实不清、证据不足、程序存在重大瑕疵的执法行为，应撤尽撤，加大对违法或不当行政行为的纠正力度。2021年受理行政复议案件119件，办结103件，直接纠错34件。办理以区政府为当事人的行政诉讼及检察监督案件123件，应复议案件29件，未出现败诉和败复议情形。（艾梦婕）

公 安

【概况】 2021年，长沙市公安局芙蓉分局以做好建党100周年安保维稳工作为主线，开展党史学习教育和队伍教育整顿，维护全区政治安全、社会安定、人民安宁。组织警力坚守在新冠肺炎疫情防控一线，确保重点场所、重点部位安全有序，其事迹被《人民公安报》（2021年8月7日）专题报道。年内，芙蓉分局获得"全省十佳公安局"、全市"新时代县域警务工作先进单位"等27个集体荣誉，杨曙光获全国公安机关"我为群众办实事"成绩突出个人、"全国优秀人民警察"荣誉，鲍习章被中央政法委授予全国"平安英雄"称号，多人分别获得全省扫黑除恶专项斗争先进个人、庆祝建党100周年安保维稳成绩突出表彰。（莫有胜）

【智慧警务】 2021年，芙蓉分局自主研发"芙蓉智慧警务平台"，完善省委信访维稳指挥调度平台，升级改造电子物证实验室和智慧禁毒系统。依托“1518”大数据战略体系，拓展芙蓉智慧警务中心技术，完成芙蓉网技支撑点建设，进一步扩大基层查询授权范围，强化专业分析建模，鼓励基层应用创新，面向全警提供一系列贴近实战的共性应用，构建“集中统一、关联融合、集约共享”的智慧警务应用体系，为安保维稳提供强大数据支撑。该支撑点入选2021年度全省公安机关县域警务优秀创新项目。（莫有胜）

【警务基层基础建设】 2021年，芙蓉摸清区内风险底数，分别评定一、二、三类风险等级社区（村）24个、31个、26个，将警务资源向一类风险社区、街道倾斜，实施一街一策、挂图作战。检查各级治安保卫重点单位和保安从业单位2099次，停业整顿场所26家。网上巡查涉危涉爆单位90家，办理案件56起，处罚单位16家。强化涉毒管控，缴获易制毒化学品50千克。加强基层基础建设，完成7个派出所枪库改造和3个执法办案区提质改造工程，东湖派出所新建工程有序推进。发放警车2批次21辆，为基层所、队增配30个品种2886件单警装备，派出所“一人一床”全面落实。完成社区警务室验收58个，嘉雨警务室、马王堆派出所分别被评为市级“枫桥式警务室”和“枫桥式公安派出所”。（莫有胜）

【执法规范建设】 2021年，芙蓉分局办案理念从以审讯为中心向以审判为中心转变。落实日常执法监督，审核刑事、行政案件2556起，倒逼办案民警提升执法水平。推动“轻刑快诉”等机制落地见效，为一线执法提供精准高效的法治服务。加强基层法制队伍建设，对法制大队、各派出所专职法制员加强培训和管理。组织开展重点案件专项评查，构建“统一领导、法制牵头、警种主责、协同联动”的大执法监督格局。完善执法办案各环节全流程权责清单。推进政法队伍教育整顿，开展谈心谈话1641人次。对违法违纪人员给予党政纪处分16人。

（莫有胜）

【平安校园建设】 2021年，芙蓉区被评为湖南省“平安校园建设示范区”，年内教育系统未发生安全责任事故和较大及以上安全事故。芙蓉区2019年开始建设“智慧安校”平台，至2020年全区176所中小学校和幼儿园校园安防设施建设实现校园封闭式管理、校园专职保安配备率、校园门口硬质防冲撞设施安装率和校园“110”一键式报警装置、视频监控系统与属地公安机关联网率“五个百分百”目标。近年来，利用“智慧安校”平台共化解涉校矛盾纠纷42起，受理涉校报警求助35起。秋季开学时，副省长，省公安厅党委书记、厅长许显辉到芙蓉区实验小学检查督导秋季开学校园安保工作，对小学校安全保卫工作给予肯定，要求在全市乃至全省推广。（莫有胜）

【打击违法犯罪】 2021年，芙蓉分局完善工作机制，构建“刑侦大队—联点中队—派出所刑侦警组”新型侦查体系，现行案件实现快侦快破、朝发夕破。全年刑事立案3156起，比2020年下降23.77%；破案1500起，比2020年上升16.91%。刑事拘留1982人，比2020年上升72.65%；逮捕1334人，比2020年上升62.09%；取保候审597人，比2020年上升80.36%；移送起诉1904人，比2020年上升56.97%；行政拘留1683人，比2020年上升21.96%。八类案件立案31起，破案率100%。“百日会战”“冬春攻势”综合排名位居全市前列。持续推进扫黑除恶，打掉恶势力犯罪集团5个、涉恶团伙1个。开展“净边”“清源断流”等专项行动，侦破部督“3·23”网络赌博案、省督“5·30”系列网络组织卖淫案等典型案件，反诈中心预警劝阻潜在受害人30276人，挽回损失637.28万元；全区立电诈案件1377起，比2020年下降11.73%，破案率比2020年上升31.2%，国务院打击治理电信网络新型违法犯罪工作联席办对芙蓉区反电诈工作给予肯定。（莫有胜）

【危爆物品管控】 2021年，芙蓉分局从严管控涉危涉爆行业，对全区90家涉危涉爆单位常年网上巡查，督促从业单位严格落实安全防范主体责任，杜绝各类管控风险。全年办理涉危涉爆案件56起，处罚涉危涉爆单位16家，下发限期责令整改法律通知书16份，收缴杀伤力枪支18支，仿真枪2支，管制刀具2把，子弹5204发。（莫有胜）

【户籍和出入境与往来港澳管理】 2021年，芙蓉分局全面推行户政业务网上全流程办理，截至12月31日，全局线上办理户口出生登记252人，死亡注销27人，户口迁入6998人，户口迁出和注销224人；线下办理户口出生登记2854人，死亡注销2805人，户口迁入18805人，户口迁出和注销5274人。全区办理居民身份证41161人，办理临时身份证1209人，军人身份证27人，港澳

台居民居住证90人。办理护照363本，港澳通行证4801本，台湾通行证23本。（莫有胜）

【公安宣传】 2021年“新媒体工作室”融合微信、微博，全年发文11507篇，抖音视频110个，其中原创文章783余篇，总浏览量近3.5亿人次，获赞8221万个，得到众多官方媒体转载和社会的广泛关注。抖音公众号内容涉及警界正面宣传、反电诈、紧急救援现场实况、警示案例提醒、节日暖心专题等多个方面内容。开展全方位、多角度地防范电信网络诈骗的宣传活动，遏制诈骗案件发案势头。自创“五位一体”（防诈骗、防盗窃、禁毒、交通安全、消防安全）安全防范宣传合集，发布29个作品，点击量313.9万次，其中自编自导自演原创反电诈小视频20个。2021年，“芙蓉公安”微信公众号被评为“长沙市最具影响力政务微信”，“芙蓉公安”微博入选全国优秀基层政务微博。（莫有胜）

【庆祝首个“中国人民警察节”】 2021年1月10日，芙蓉区举行首个“中国人民警察节”庆祝大会。区委副书记、区长周春晖，区委副书记蒋红波，区委常委、政法委书记刘文立和副区长、分局党委书记、局长章晓波出席，分局党委副书记、政委刘志平等领导和各科室所队负责人、获奖先进集体及个人参加会议。升警旗仪式在分局大院广场举行，仪仗队员护卫警旗入场，全体人员举拳重温入警誓词，区长周春晖慰问了10名因公伤残民警。在分局会议室召开表彰大会，副局长胡正坤主持，各所、队其他班子成员、中队长及2020年度立功受奖人员在各三级机构视频分会场参会。会议发布2020年度局长嘉奖令、2020年第四季度“季度之星”、“芙蓉金盾”先锋警队、先锋卫士、优秀辅警、优秀警嫂等5个先进集体、34名先进个人获奖名单，章晓波代表分局党委致辞，周春晖发表讲话，祝贺受表彰的先进集体和个人，鼓励全区广大警察为平安芙蓉建设再立新功。（莫有胜）

【芙蓉分局被评为“全省十佳公安局”】 2021年2月3日，全省公安局局长会议在长沙召开，芙蓉分局获省人力资源和社会保障厅、省公安厅组织评选表彰的“全省十佳公安局”。近年来，芙蓉分局推进县域警务和教育整顿试点工作，合成作战成效显著，刑事破案率不断提升，扫黑除恶专项斗争纵深推进。完成中华人民共和国成立70周年、中国共产党成立100周年、习近平到湖南考察期间省委驻地安保维稳、中非经贸博览会等一系列重大安保维稳任务和中央首长来长警卫任务，社会大局平安稳定，群众满意度再创新高。分局先后被评为“湖南省抗击新冠肺炎疫情先进集体”、庆祝中国共产党成立100周年安保维稳优胜单位、严打整治“百日会战”专项行动成绩突出单位等。“芙蓉公安”微博被评为2021年度全国优秀基层政务微博，2020年度中央政法委第二届“四个一百”优秀政法新媒体账号。（莫有胜）

【芙蓉分局在省安防论坛会上介绍经验】 2021年4月16日，湖南省保安协会2021年第一次常务理事会暨“智慧内保保安安防高峰论坛”在湖南国际会展中心召开。芙蓉分局代表长沙公安在论坛上作了学区警务先进典型经验介绍。在论坛经验交流阶段，芙蓉分局以文稿演示的方式，向与会代表作了题为《前端感知 立体防控——芙蓉公安深化学区警务内涵推进校园安全工作提质增效》的学区警务先进经验介绍。近年来，芙蓉分局完善校园安防各项功能和机制建设，落实高峰

2021年1月10日，芙蓉分局庆祝首个“中国人民警察节”表彰大会现场

（芙蓉公安分局 供图）

护学的常态力量，组织民辅警、学校教职员工以及政府部门工作人员、街道社区巡防力量、家长志愿者等群体参与日常护学。组建“邻里守望”的群防群治力量，构建“一呼百应”的警保联动力量。试点“一呼百应对讲机”工作机制，组织学校周边保安建立警保联动队伍，实现“安全管理可视化、预警预处智能化、高峰护学常态化、应急处置专群化”。护校安园的芙蓉样本，受到公安部及省市公安、教育部门好评。三年来，芙蓉分局依托“智慧安校”平台研判、处置校园预警信息1269条，处理校园警情15起，处置数起校园周边寻衅滋事、精神病人冲击校门事件，维护了校园安全。（莫有胜）

·交通安全管理·

【概况】 芙蓉交警大队是长沙市交警支队下辖的勤务大队，负责维护芙蓉区东起长棚路、西至黄兴路、南始人民路，北达八一路、车站路、浏阳河大道沿线的交通安全与交通秩序管理。辖区内现有视频监控479个、电警设备867个摄像头，实现全辖区全时段、无死角的网格化视频巡逻。2021年，大队以疏堵保畅、事故预防、为民办事、队伍管理为工作重点，落实完成各项工作指标。年内，大队被湖南省委宣传部授予“湖南省社会主义核心价值观创建示范点”称号。（张湘阆）

【交通安全日常管理】 2021年，芙蓉大队建立道路交通隐患排查治理常态化机制，对重点隐患治理分级挂牌督办和隐患排查治理的闭环管理。122中队及14个路面中队定期开展道路安全隐患排查工作，年内在辖区排查出交通安全隐患90处。严管重点企业、重点车辆，各中队户籍化管理民警深入辖区15家客旅运单位、3家危爆品运输单位、1家校车单位安全检查，督促企业消除车辆违法350起、督促85台未年检车辆完成年检、下发整改通知书79份。完成全区89台57座以上大客车淘汰工作。交通事故报警数、立案起数、受伤人数和直接经济损失较2020年同期均有下降。其中一般程序事故下降12.82%，死人事故（七日内）下降30.43%，受伤人数持平，财产直接损失下降40.39%。持续开展交通违法整治，实施“一盔一带”“蓝天保卫战”“交通问题顽瘴痼疾集中整治”“打非治违专项整治行动”“减量控大”等专项整治行动，针对五一商圈、地铁口专项整治，精准查缉布控等一系列整治行动。截至11月底，开展整治7160场次，出动警力2.64万人次、警车8012台次，查处各类违法行为67.29万起，其中酒醉驾2503起，噪声车2232起，工程运输车重点违法9546起，电动车不戴头盔11.16万起。年内，完成各级别警卫任务35批次259趟次，各类警保卫任务1118批次2287趟次。（张湘阆）

【交通设施优化】 2021年，芙蓉大队推动交通组织优化、大数据精准治堵、停车需求管理、交通违法整治等一系列综合措施落地，安排工作日勤务值守点位62个，护学岗19个，周末勤务点位25个，覆盖全区主要交通路口节点。推行使用“铁骑巡逻”App和鹰眼铁骑抄牌，落实落细“铁网”勤务。全天交通运行指数1.46，工作日早晚高峰运行指数1.98，平峰1.52。每月收集设施摸排情况，及时整改修复。截至2021年12月，整改更新标志标线126次，标牌更换、安装67次。针对远大路五里牌新天宾馆路段、省委周边、人民路杉木路口、车站路宇成广场等交通拥堵、群众反响强烈的重要交通节点实施一点一策，召开听证会，实施专项优化，获民众赞誉。完成路内交通泊位施划3571个，缓解停车难问题。

（张湘阆）

【交通安全宣传工作】 2021年，芙蓉大队2021年度在中央、省、市各级主流媒体刊发报道249篇，其中在中央媒体发布11篇，省级媒体发布151篇，市级媒体发布87篇。通过“长沙交警”微博、“芙蓉发布”微信公众号发布信息145条。利用社区、街道和辖区单位电子显示屏，滚动播出整治交通顽瘴痼疾宣传标语，在13个街道，81个社区（村）的小区楼栋、人流密集的公共场所悬挂海报图片107张，摆放宣传展板120块，电子显示屏滚动播报顽瘴痼疾宣传信息325条。深入辖区社区、学校、机关单位、客货运企业、场站等单位开展治理交通顽瘴痼疾宣传行动，进入危化品运输、客运、校车重点运输企业宣传124场次，播放警示教育视频106次，进街道、社区开展交通安全宣讲120场，发放交通安全宣传资料8000余份，发送交通安全提示信息156条。携手长沙网红元素茶颜悦色门店，借力“长沙发布”、新浪微博和抖音、快手短视频，推出“七夕·爱在长沙”文明交通主题宣传活动，哈啰集团在全市7700辆共享电动自行车的头盔下设置幸运礼品，引导用户绿色文明出行、骑电动自行车佩戴安全头盔。（张湘阆）

2021 年 1 月 2 日，大同二小向芙蓉交警赠送“人民交警 护学卫士”锦旗

（芙蓉交警大队 供图）

【交通安全为民服务】 2021 年，芙蓉交警大队开展党史学习教育和政法队伍教育整顿，制定《关于加强指挥调度、提升履职效能、强化纪律作风责任追究办法》《日常工作综合评估办法补充规定》等一系列制度措施，设置惩戒教育岗，选树季度雷锋式交、辅警，为民警配备 121 台执法记录仪。推进“放管服”改革措施，大队服务窗口工作日每日办理业务 400 余起，90% 以上通过公众号预约办理。开展交通安全知识进企业、进学校、进社区活动，宣传安全教育 106 场次，接受媒体采访安全教育主题 202 场次。组织开展电动车违法驾驶员宣教点学习考试 5201 人。承办湖南省 2021 年度“12·2”大型交通安全宣传主题活动。以警务评议为抓手，规范接处警流程，完善考核制度，提升人民群众满意度。根据湖南省公安厅警务评议回访数据，2021 年上半年，大队群众满意度由 2020 年的 92% 提升至 94.1%，下半年提升至 95.2%。警校共建设立护学岗，“一校一策”优化校园周边交通设施，护航校园周边交通安全。大同二小向芙蓉交警赠送“人民交警 护学卫士”的锦旗。

（张湘闽）

【小学生安全出行主题活动】 2021 年 6 月 17 日，芙蓉交警大队联合东湖街道，在合平新村社区辖区内的长沙市大同第三小学，开展“安全出行，快乐成长”的主题活动。大队领导、宣传组成员及辖区中队民警 10 名，全校师生、部分学生家长、街道及社区工作人员、志愿者等近 800 人参加。活动中，大同三小的学生表演安全出行相关歌舞节目。大队民警围绕“安全出行，快乐成长”的活动主题，针对学生的出行特点、交通事故成因和交通文明行为、不文明陋习等，学习交通法规。民警组织学生和家长开展交通行为模拟体验，演示小学生中易发生的各种交通违规情景。活动现场展示并嘉奖学生们的优秀手抄报，师生代表、东湖街道办事处代表、合平新村社区代表及大队民警代表共同在交通安全背景板签名。

（张湘闽）

2021 年 6 月 17 日，芙蓉交警大队在大同第三小学开展“安全出行，快乐成长”的主题活动。图为小学生们表演歌舞 （芙蓉交警大队 供图）

【新天宾馆路段优化改造】 远大路车站路口，是长沙城东进出城的重要节点之一，长沙早晚高峰的拥堵点之一。为提升城区道路通行效率，芙蓉交警大队经实地调研后，2021年3月26日召开远大路五里牌东侧（原新天宾馆）路段交通优化听证会，邀请市交警支队、五里牌干休所、五里牌消防站、湘湖管理局、车站北路社区相关人员，3位交通管理方专家，龙骧巴士公司、福兴出租车公司、玉楼东有限公司等代表，商讨优化方案。听证会确定拆除新天宾馆路口原有设施，设置30米的黄色虚实线，调整和增设中央京式隔离护栏，活动式中央京式隔离护栏用于长沙消防车辆出入的紧急开口，4月2日始施工。新天路口交通改造后，早高峰时段东往西方向，通行能力上升7.56%；晚高峰时段从西往东方向，通行能力上升2.18%。优化前，远大路从东往西工作日早晚高峰拥堵指数为2.53，优化后工作日早晚高峰拥堵指数为2.14，下降15.42%。湖南电视台都市频道在3月26日《都市一时间》栏目报道听证会。

（张湘闽）

【“12·2”全国交通安全教育日活动】 2021年12月2日，湖南省2021年“全国交通安全日”现场主题活动在湖南农业大学举行。湖南省政府副秘书长张银桥，省委宣传部、省委网信办、省文明办、省公安厅、省教育厅、省司法厅、省交通运输厅、省应急管理厅、共青团湖南省委的分管领导出席，现场参加活动的志愿者、学生、民众等近1000人。现场摆放交通安全宣传展板、海报、打卡墙，并通过歌舞表演、视频展示、视频连线、儿童头盔赠送仪式多种形式，围绕“守法规知礼让、安全文明出行”主题宣传。现场举行事故现场应急处置演练，通过模拟一起公交车与油罐车碰撞交通事故，交警、消防、医疗等各部门应急联动，处理“事故”。红网、搜狐网、华声在线、澎湃新闻、掌上长沙等多家媒体对活动进行报道。当天，大队联合区委宣传部开展“万屏同播”展示活动，在各广场户外显示屏滚动播放交通安全宣传海报和视频。芙蓉交警深入企业、社区、学校开展交通安全宣讲14场，发放宣传单页1000余份。（张湘闽）

2021年12月2日，湖南省2021年“全国交通安全日”活动在湖南农业大学举行

（芙蓉交警大队　供图）

检　察

【概况】 2021年，区检察院履行宪法和法律赋予的职责，结合党史学习教育和庆祝中国共产党建党百年大庆系列活动，开展政法队伍教育整顿，完成检察长换届选举，统筹抓好教育整顿和日常办案各项工作。

推动政法机关跨部门办案平台、远程提审、智慧出庭系统、检察公开听证室等智慧检务建设。执行区人大及其常委会的决议和决定，开展“司法公正长沙行”活动。向区人大常委会主任会议报告重点检察工作情况，组织员额检察官向人大述职，主动接受评议。邀请辖区内各级人大代表、政协委员、人民监督员参与案件公开审查和视察、座谈、调研等活动30余人次。强化执法司法制约监督机制建设，与区法院、区公安分局合力提升司法公信力。全年向人大、政协通报检察工作或事项10余次。开展为期3月余的队伍教育整顿。向社会公开重点整治的11个方面内容。查摆条班子问题20条，选树先进典型人物4人，完善制度7项。通过“芙蓉检察”公众号推送检察动态、重大案件信息273条，在市级以上媒体发表检察文稿207篇。2021年，区检察院两次在最高人民检察院到湘调研会议上作典型发言，获全国检察宣传先进单位。

2021 年 6 月 28 日，区检察院向 6 名老党员颁发“光荣在党 50 年”纪念章 （区检察院 供图）

1 件案件入选全国检察机关行政诉讼监督十大典型案例，1 人获全国检察宣传先进个人，1 件案件被评为全省检察机关扫黑除恶专项斗争优秀案件，6 名干警获得省级以上表彰，1 名干警被评为 2016—2020 年长沙市普法工作先进个人，区检察院办公室被评为全省检察机关信息工作先进集体。

开展党史学习教育和庆祝中国共产党成立 100 周年系列活动，组织党员干警与群众结对帮扶，2 个支部联系社区 2 个，干警联系社区群众 59 户。在庆祝中国共产党成立百年之际，为 6 名老党员颁发“光荣在党 50 年”纪念章。以开展政治、警示、英模教育为契机，狠抓顽瘴痼疾整治，向社会公开重点整治内容 11 个，选树先进典型 4 人。开展建章立制，在正风肃纪、执法司法制约监督、干警素质能力提升等方面形成制度机制 7 项。记录过问或干预、插手检察办案等重大事 54 件。落实检察“案—件比”质效评价体系，抓实案件质量评价指标，以问题为导向提升检察干警办案质效。抓队伍能力建设，分层分类组织检察干警培训 30 期 421 人次。

（刘文丽）

【案件管理】 2021 年，区检察院案件管理中心受理审查逮捕案件 1037 件 1759 人，受理审查起诉案件 1253 件 2108 人，受理报请核准追诉案件 1 件 1 人，受理强制医疗案件 3 件 3 人，受理批准延长羁押期限案件 34 件 110 人，受理民事行政案件 125 件。移送法院 1271 案 1878 人，移送其他检察院 4 案 10 人。接待律师阅卷 829 件次，律师查询 1646 件次。组织召开检委会 12 次，专题研讨 27 个议题。检察长列席区法院审判委员会 1 次。扫描案卷 1590 案 5636 卷，判决书 1637 份，出庭通知书 1225 份，执行回执类 86 份。纠正案卡填报问题 80 处，撰写统计分析 5 篇。案件信息公开程序性信息 3939 条，法律文书 1832 条，重要信息 277 条。扣押涉案财物赃款 81.58 万元，处理上缴 30.65 万元。将检务公开工作纳入案件管理部门督查督办事项，发布案件程序性信息 3506 条，提供案件流程信息公开查询 1659 件次，公开法律文书 1853 份。进一步完善律师辩护与代理网上预约、微信推送等工作，免费提供刻录电子卷宗光盘 829 张，邀请律师 49 人次驻检参与接访。全面推行律师代理申诉机制，为律师及诉讼当事人提供“掌上一站式”服务。加强检律协作，深化落实民事检察监督律师代理、法律援助等制度。定期邀请人民监督员参与监督，将“四大检察”（刑事检察、民事检察、行政检察、公益诉讼检察）全部纳入监督范畴，组织人民监督员监督案件 16 件。

（刘文丽）

【刑事检察】 2021 年，区检察院受理审查逮捕刑事犯罪嫌疑人 1938 人，受理审查起诉 2930 人；审查批准、决定逮捕 1460 人，起诉 2424 人。贯彻落实少捕慎诉慎押刑事司法政策，对不构成犯罪、犯罪情节轻微或证据不足的案件，依法决定不捕 453 人，不诉 627 人，不捕率 23.68%，不诉率 20.38%。监督立案 14 件，纠正漏捕 23 人、追诉 64 人，发出纠正违法通知书 20 份。对认为确有错误的刑事判决提出抗诉 4 件。维护安全稳定大局，批捕组织、利用邪教破坏法律实施犯罪 4 件 4 人；依法打击危害公共安全犯罪和妨害社会管理秩序犯罪，批准逮捕 865 人，提起公诉 1637 人；惩治“黄赌毒”“两抢一盗”等犯罪，提起公诉 974 人；惩治电信诈骗、网络投资诈骗等电信网络犯罪，批准逮捕 503 人，提起公诉 776 人；办理“奢享荟”“亚太三农”等非法吸收公众存款、集资诈骗、传销案件 47 件

159人；打击各类侵犯市场主体合法权益犯罪，审查起诉涉企职务侵占、合同诈骗13件13人。对侵犯知识产权、生产销售伪劣商品等犯罪批准逮捕20人，提起公诉38人；对危害食品药品安全犯罪案件提起公诉22人，对侵害残疾人、老年人、农民工合法权益犯罪案件提起公诉33件81人。营造法治化营商环境，帮助辖区内1家省百强民营企业进行企业合规建设。对积极挽损、情节轻微的涉民营企业“四类人员”（民营企业法定代表人、实际控制人、主要经营管理者及关键岗位工作人员）案件慎捕慎诉，不批准逮捕3件3人，不起诉43件44人。对涉民营企业“既不移送起诉、也不撤销案件”的刑事挂案逐案审查，清理出挂案7件，已全部审结。坚持扫黑除恶常态化，办理涉黑涉恶案件3件8人，对51件案件、线索实行复查、复核，整改一般瑕疵问题36件。构建新型检警关系，在区公安分局设立侦查监督与协作配合办公室，驻交警大队检察室快速审查起诉危险驾驶和交通肇事案件541件542人，不起诉223件223人。坚持认罪认罚从宽制度适用，认罪认罚适用率90.84%。针对办案过程中发现的问题，向相关单位提出社会治理类检察建议53件。区检察院扫黑办专案组承办的“11·07”涉黑涉恶专案被评为全省检察机关扫黑除恶专项斗争优秀案件。1名干警被评为全省检察机关扫黑除恶专项斗争先进个人。（刘文丽）

【刑事执行检察】 2021年，区检察院强化刑事执行监督，办理刑事执行监督案件54件。其中办理暂予监外执行违法案件4件，发出纠正违法通知书4份。办理脱管漏管案件28件，发出纠正违法通知书4份。办理财产刑执行违法违规案件17件，发出纠正违法通知书17份。办理暂予监外执行违法监督案件15件，发出纠正违法通知书14份，检察建议书1份。办理暂予监外执行审查案件5件，强制医疗监督案件1件，发出检察建议书1份。办理指定居所监视居住案件1件，发出检察建议书1份。办理剥夺政治权利案件1件，发出检察建议书1份。办理司法工作人员职务犯罪案件1件2人。以专项行动为抓手，以个案线索为切入点，挖掘行业同类案件线索，开展类案监督。对芙蓉区社区矫正机构与街道司法所开展专项检查，发现有社区矫正对象多次不按规定接受信息化核查或者利用虚拟定位软件进行日常签到，通过逃避监管的方式达到未经批准离开居住地的违法行为，对社区矫正机构发出纠正违法通知书和检察意见书，要求对其进行处罚。开展狱外罪犯剥夺政治权利刑罚执行情况专项检查监督活动，向公安机关发出检察建议书1份。对近两年来公安机关办理刑事案件中强制措施执行情况开展专项检查，重点检查超期羁押、监视居住和指定居所监视居住等强制措施的执行情况，向公安机关发出检察建议书1份。对2020年以来区检察院办理的强制医疗案件执行情况进行专项检察，向芙蓉分局发出检察建议1份，芙蓉分局根据检察建议，将胡某、李某某送至湖南强制医疗所执行强制医疗。1名干警入选全省检察机关侦查部门二级侦查人才库首批人员。（刘文丽）

【民事行政检察】 2021年，区检察院受理各类民事案件496件，办结406件，办结数比2020年增长2.2倍，其中对生效裁判提请抗诉和提出再审检察建议112件，对审判活动及执行行为开展监督并向法院发出检察建议27件。对审查认为正确的民事裁判，依法不支持监督申请7件。办理的杨某某案外人执行异议之诉裁定结果监督案，涉案金额5000万余元，再审检察建议被采纳。开展专项检察，办理支持农民工、金融消费者等民事主体追索劳动报酬、追偿金融理财损失等起诉案件212件，其中支持任某等208人追偿金融理财损失赔偿系列案，涉案金额7000万余元，支持起诉意见被法院采纳。以在全省检察机关开展的“套路贷”虚假诉讼监督专项活动为契机，灵活运用一体化办案机制，结合扫黑除恶专项斗争精准开展调查取证，虚假诉讼惩治工作成效明显，111件再审检察建议全部被法院采纳。受理并办结行政监督案件136件，结案数比2020年增长4.9倍。其中非诉执行活动监督案件84件，提出检察建议84件，实质性化解行政争议10件。对社会保障、劳资纠纷、交通执法行政处罚等重点领域非诉执行中存在的突出问题向法院或行政机关发出检察建议督促整改。对导致金融借贷纠纷频发的“利率幻觉”问题，向涉案银行发出检察建议，银行采纳并回复。办理的“某执法局申请执行罚款决定检察监督案”入选最高人民检察院行政诉讼监督典型案例，“某人力资源和社会保障局申请湖南某酒店补缴欠缴社保费行政非诉执行监督案”入选《全省行政检察12件典型案例》。（刘文丽）

【公益诉讼检察】 2021年，区检察院第五检察部办理公益诉讼案件

153件；其中民事公益诉讼案件37件（食品药品安全领域22件，生态环境保护领域13件，公民个人信息保护领域2件），办理的民事公益诉讼案件中向法院起诉15件，法院判决7件，支持社会组织起诉案件7件，实现了零的突破。办理行政公益诉讼案件116件（消防安全领域10件，国有财产保护22件，食品药品领域25件，环境卫生领域3件，其他56件），均发出检察建议。专注“办理一案，治理一片”。办理养老资金等国有财产保护公益诉讼案件21件，并督促行政机关对全区养老机构摸底清理和重新评估。办理危害食品药品安全犯罪公益诉讼案件15件，参与长沙市“国家食品安全示范城市”创建，联合市场监督管理局开展食品专项督查活动，强化民生领域检察保障。探索食品安全民事公益诉讼惩罚性赔偿机制，向区法院提出惩罚性赔偿金5800万余元的诉讼请求。以公益诉讼方式涉及公民个人信息保护立案2件。加强生态环境司法保护，建立“河长+检察长”机制，两长联合查看浏阳河（芙蓉区段）水质及沿岸生态环境情况。携手守护浏阳河。办理生态环境和资源保护公益诉讼案件13件，督促违法行为人增殖放流各类幼鱼2500尾，支持社会组织向湘江法庭起诉案件3件。对3起情节轻微的非法捕捞案件，以公开听证方式落实侵权责任人的民事责任。与环保部门、农业农村局协同办理生态损害赔偿案件3起，共同推进生态损害赔偿制度改革。探索“等外”新领域（法律明确规定的领域之外，其他需要同等保护公共利益的领域）的堵点，参与社会治理。2021年1月，针对辖区六中等重点区域消防车通道被非法占用问题向公安、消防等部门发出检察建议，建议联合对辖区消防通道长期被非法占用问题建立长效整治方案、措施，打通“生命通道”。针对辖区内盲道建设违规或被非法占用问题向区市政设施服务中心及行政执法局发出检察建议，辖区内35个“断头”盲道得以整治，为障碍人士出行扫除阻碍。1名干警被评为第一届全市公益诉讼检察业务竞赛“十佳标兵”。

（刘文丽）

2021年11月24日，副区长谢孟（前左）和区检察院党组书记、检察长盛智（前右）一行到浏阳河（芙蓉区段）开展“河长+检察长”联合巡河

（区检察院　供图）

【控告申诉检察】 2021年，区检察院第六检察部接待各类来信70件，来访77件；大厅接待279件479人次；受理国家司法救助案件8件，办结9件（含上年度1件）。受理并办结生效刑事赔偿决定执行案件1件。受理刑事申诉案件4件，办结4件。受理民事行政诉讼监督案件20件，刑事立案监督案件18件，控告类案件2件，抗诉类案件1件。推行固定日接访和预约接访相结合的制度，通过12309检察服务大厅电子大屏及官方网站公开院领导接访时间、地点，接待群众555人次，对70件群众来信7日内程序性回复，对属于检察机关管辖的55件信访案件，3个月内答复办理过程或结果。非诉执行中化解信访案件14件。对因案致贫、因案返贫的“应救尽救”，发放司法救助金13.2万元。对涉及公益、百姓切身利益、未成年人保护的29起案件，依法组织检察听证。与区司法局协作成立检调对接工作室，化解信访问题102个。

（刘文丽）

【未成年人检察工作】 2021年，区检察院惩治侵害未成年人犯罪，批准逮捕14人，提起公诉12人。对涉嫌犯罪的未成年人依法批准逮捕43人，提起公诉51人。对犯罪情节轻微且认罪悔罪的未成年人，依法不批准逮捕22人，不起诉6人，附条件不起诉25人。对65名涉案未成年人进行心理帮教98次，开展犯罪预防5次。检察专干自导自演的“保护自己，远离大灰狼”防性侵情景剧法治课进入校园，预防未成年人犯罪亲职教育系列课线上线下同步开讲。同妇联、教育局、社会公益性组织共同实施“呵护明天——儿童权益保护伞”“亲职教育培训班”“守护花开——女童保护伞”项目，成立“芙蓉区妇女儿童维权服务中心”，联合多部门和社会公益性组织共同做好预防性侵害和综合保护、精准化救助等创新项目。区检察院“芙蓉花蕾”工作室被评为全省检察机关“十佳文化品牌”，1名干警在长沙市检察机关未成年人检察业务竞赛中获“业务能手”荣誉称号。（刘文丽）

【未成年人“一站式”办案救助】2020年7月，芙蓉区未成年人“一站式”办案救助中心设立，由区政法委牵头，区检察院为主体，联合区公安局、法院、司法局、妇联、教育局、民政局、卫健局、湖南省人民医院马王堆院区9部门组成。该救助中心设立在“芙蓉花蕾”未成年人检察工作室，针对遭受性侵害的未成年人，集询问、身体检查、司法救助、转学、复学、民政救助、法律援助、心理干预、医疗救治等于一体，实行综合办案救助运行模式。中心配备员额检察官1名，书记员1名，根据未成年人的身心特点，模拟家居环境设立了询问室，关爱室，心理咨询室，沙盘、绘画治疗室4个功能室，通过一站式运行机制联合多部门共同对被害人实施综合救助。中心成立以来至2021年年底，办理性侵害未成年人的具体案件40余件，帮助12名被害人通过该机制获得25万元的司法救助金，帮助两名被害人转学，为3名被害人提供法律援助，支持1名被害人提前刑事附带民事诉讼并获得物质损害赔偿和1万元心理治疗费用，为12名未成年被害人提供心理疏导90余次，帮助其回归正常生活。年内，省妇联主席姜欣、省检察院副检察长印仕柏等领导到区检察院考察调研未成年人检察工作，重点考察“一站式”办案救助中心。（刘文丽）

2021年4月15日，省妇联主席姜欣（左三）到区检察院调研未成年人工作，考察未成年人“一站式”办案救助中心　　（区检察院　供图）

【“湖湘贷”互联网非法融资案】2021年4月2日，芙蓉区人民检察院以非法吸收公众存款罪，将一起40余人的非法融资案起诉至芙蓉区法院。2017年4月至2019年10月间，涂某某、李某某等人以长沙博澳投资管理有限公司名义，设立“湖湘贷”互联网P2P融资平台（后更名为“湖湘财富”）。在未取得金融管理机构金融许可的情况下，累计向8100余人吸收资金11亿余元，近3.4亿元本金未兑付。长沙市公安局芙蓉分局于2019年11月29日对该案立案侦查，又称“11·29”专案，湖南省公安厅督办。次年2月20日区检察院对主犯批捕。2020年9月21日涂某某、王某某等40人非法吸收公众存款案移送芙蓉区人民检察院审查起诉。芙蓉区检察院受理该案后按政策精准分类处置涉案人员，对主犯涂某某、王某某等人依法报送长沙市人民检察院审查起诉，对于涉案的其他人员，综合判断其责任轻重和刑事追究的必要性。做好信访维稳工作，接待、回复来信、来电、来访的集资参与人，办案期间接待集资群众来访7次。与公安机关协作追赃挽损。截至2021年年底，该案处于芙蓉区法院审理阶段。（刘文丽）

【防范电信网络诈骗法治宣传活动】2021年6月3日，区检察院结合近期高发的刷单类、投资类、冒充公务人员、套取银行卡信息等典型诈骗案例，在长沙火车站周边开展防范电信网络诈骗法治宣传活动。区检察院办公室联合第一检察部6名检察干警在长沙火车站摆放宣传展板、悬挂宣传横幅、设置防诈骗宣

2021 年 6 月 3 日，区检察院在长沙火车站周边开展防范电信网络诈骗法治宣传活动 （区检察院 供图）

传咨询点，向群众介绍电信诈骗犯罪分子的惯用手段、作案方式以及防范技巧，将常见的诈骗类型和反电诈知识印制成宣传手册走街入户发放给周边商户和居民。该次活动发放宣传资料 200 余份，接待前来咨询的群众 60 余人次。正义网、“芙蓉检察”微信公众号同时开展线上防范和打击电信诈骗宣传。

（刘文丽）

【检察听证会】 2021 年 6 月 11 日，区检察院就申诉人兰某某不服被告人文某挪用资金判决申诉案召开公开听证会。听证会由侦查部门、检察院、法院的原案承办人参加，邀请 3 名人民监督员到场全程监督评议，会议由区检察院第六检察部负责人主持。听证会听取申诉人及其代理人的意见，原案承办人依次介绍案件侦办过程，法院阐述审查情况、判决的依据和理由、认定事实的依据和法律依据。作为人民监督员的 3 位听证员对申诉人及原案件承办人分别提问，发表听证意见。区检察院根据案件事实和证据，结合听证评议意见，依法对案件作出了维持原判的处理决定。申诉人对检察机关采取公开听证的方式表示认可和感谢。开展听证会，有利于检察机关听取各方面意见，同时让参与听证的人员对检察机关的办案流程有所了解，更好地化解社会矛盾，促进检察机关的执法规范化。2021 年区检察院组织听证会 29 场。

（刘文丽）

【区检察监督案入选全国十大典型案例】 2021 年 8 月 25 日，最高人民检察院召开以“深化行政检察监督 促进案结事了政和”为主题的新闻发布会，发布全国检察机关行政诉讼监督典型案例。芙蓉区检察院办理的湖南某执法局申请执行罚款决定检察监督案入选十大典型案例。区检察院 2020 年 5 月在办理长沙大蓬汽车客运有限公司客运经营违法行政非诉执行监督一案中，发现行政机关作出的行政处罚适用法律错误，法院未予审查即准予强制执行。检察机关以适用法律错误为由，向行政机关发出纠正错误行政行为的检察建议，同时向法院发出撤销准予执行裁定的检察建议。后行政机关采纳检察建议，变更所适用法律将行政处罚金额从 4 万元降至 3000 元，并在行政相对人缴纳 3000 元的罚款后向法院撤回强制执

2021 年 6 月 11 日，区检察院就一起不服判决申诉案召开公开听证会 （区检察院 供图）

行申请，法院撤销原裁定，并准许行政机关撤回强制执行申请。该案被最高人民检察院和省人民检察院作为行政争议实质性化解、服务民营企业典型案例予以发布。

（刘文丽）

【首次办理企业合规案件】 2021年10月15日，经湖南省绿林建设有限公司申请并逐级上报湖南省人民检察院批准，区检察院决定对李某、周某福涉嫌串通投标罪一案使用企业合规改革办理。企业合规改革试点工作是指检察机关对于办理的涉企刑事案件，在依法做出不批准逮捕、不起诉决定或者根据认罪认罚从宽制度提出轻缓量刑建议等的同时，针对企业涉嫌具体犯罪，结合办案实际，督促涉案企业作出合规承诺并整改落实，促进企业合规守法经营，减少和预防企业犯罪。该案系开展企业合规改革试点工作以来区检察院办理的企业合规第一案，在案件办理过程中检察机关帮助企业树立合规意识，调整经营理念，完善各项制度，规避法律风险。企业经营状况好转，重回湖南省百强民营企业行业。（刘文丽）

法　院

【概况】 2021年，芙蓉区人民法院受理各类案件45359件，审执结43870件，比2020年分别增长22.25%和20.74%，员额法官人均结案609件，收、结案件数均居全省第二位，结收比排内五区第一名，居全省基层法院前列，被评为“2021年度全省法院考核优秀单位”。

改革创新　推进一站式多元解纷，委托诉前调解案件18983件，调解成功13493件。“芙融智审平台”“闪信+”送达助力金融领域诉源治理，派驻调解员诉前调解信用卡纠纷，为银行收回款项2000万余元。全面推进诉源治理，推出“法务咨询”报名二维码，成立长沙市首个社区诉源治理工作站、全省首家驻自贸区诉源治理工作站，推动街道、社区实现诉源治理工作站（点）的全覆盖，服务平安芙蓉建设。区法院诉源治理多元解纷工作经验被最高人民法院推介，《人民日报》等主流媒体予以报道，“芙蓉金融纠纷智审平台”创新案例获2021年“湖南省政法系统智能化建设创新案例”一等奖。

司法为民　升级打造诉讼服务中心，推进网上立案、移动微法院等网络平台应用，网上立案、跨域立案不打烊，服务群众更加方便快捷。以“我为群众办实事”实践活动为抓手，开展网上答疑解惑，提高调解效率，方便群众快速解决纠纷。创新矛盾化解方式，每月11日派出法官走进社区，为居民提供法律咨询、调处矛盾纠纷。推动“庭审语音识别”等智能辅助办案平台上线应用，让群众少跑腿、让数据多跑路。

服务大局　出台优化营商环境工作方案，为民营企业和民营企业家创新创业营造良好的法治环境。妥善处理宇成朝阳广场系列案，一审服判息诉率96.25%。加大涉城市房屋拆迁、集体土地征收项目案件执行力度，对影响拆迁进度的钉子户，上门释法明理，依法强制腾空房屋。派出专门队伍1200余人次，推进蔡锷路两厢、东岸9号地块等重点项目的拆迁，促进城市建设。依法清理僵尸企业，移送“执转破”（执行案件移送破产审查制度）案件116件，使其依规有序退出市场。开展“百日暖企”“民营企业大走访”活动，面对面听取企业的需求和意见，为企业走出困境提供司法对策，助力区域经济高质量发展。

业务提升　学习《中华人民共和国民法典》，专题研讨民诉法的修改，组织参加司法业务培训，评查发改案件306件，预评查上诉案件1428件，开展刑事、民事业务培训及讲评7场；组织开展优秀庭审、优秀裁判文书评选，促进司法能力与案件质效双提升。开展法官沙龙、专家学术讨论、学者专题讲座等活动，培养学术型法官，1篇论文获第九届长江中游城市群法治论坛二等奖，10篇论文、4篇优秀案例分别在省级学术讨论会上获奖。

（谢　丹）

【刑事审判】 2021年，芙蓉区法院受理刑事案件1588件，审结1507件。持续开展扫黑除恶专项斗争，审结涉黑恶案件5件。保持对严重危害社会治安犯罪高压态势，审结严重暴力犯罪、多发性侵财犯罪案件391件，涉黄赌毒犯罪案件204件，社会治安持续平稳有序。保持对腐败犯罪高压态势，依法惩治贪污贿赂、渎职等职务犯罪，服务一体推进不敢腐、不能腐、不想腐。严惩电信网络诈骗、网络传销等案件160件，不让网络成为法外之地。成立少年法庭，依法严惩性侵未成年人犯罪案件6件，向相关机构发出未成年人权益保护的“特殊工作联系函”，汇聚合力护航青少年健康成长。

（谢　丹）

【民商事审判】 2021年，芙蓉区法院受理各类民商事案件24264

件，审结 23016 件。依法保护各类市场主体的合法权益，审结股权、金融借贷、房屋买卖等与市场经济活动密切相关的案件 15602 件，维护市场健康发展。审结劳动争议案件 857 件，注重劳动者与企业的权益均衡保护，营造和谐的劳资关系。妥善审理涉及全面停止有偿服务纠纷案件，依法平等保护军地双方当事人合法权益。依法判决某银行向 251 名刑事案件受害人返还投资本金，维护民众合法权益。防止当事人隐私外泄，向离婚案件当事人发出全省首份离婚证明书，彰显司法审判的人文关怀。用心用情审理一起涉祖孙三代、持续 20 余年的继承遗产纠纷案，维护和谐稳定的家庭伦理关系。发出首份“自动履行证明书”，回应群众需求，解决群众困扰。（谢 丹）

【执行工作】 2021 年，芙蓉区法院受理执行案件 18719 件，执行结案 18578 件。优化执行联动机制，加强与相关部门合作，在线查控、协同查找被执行人财产，努力构建执行工作新格局。重拳打击有履行能力而规避执行的被执行人，发出搜查令，彻查被执行人财产。实施拘留、罚款等强制措施，惩治躲避、阻碍执行的行为，对情节严重的，以涉嫌拒执犯罪移送追究刑事责任。对民生案件的特困申请人，运用司法救助机制予以援助，让群众感受司法温度。实施夜间、节假日执行行动 200 余次，司法网络拍卖 1000 余起，强制腾房 278 起，异地执行 96 次，限制高消费 13641 人次；12 月中旬，召开案款集中兑现大会，当场发放案款近 5000 万元，兑现执行案款 34 亿余元。（谢 丹）

【审判监督】 2021 年，芙蓉区法院落实人大决定决议，支持人大常委会开展专题调研和执法视察，组织员额法官述职评议。自觉接受人大监督和政协民主监督，办理代表建议，及时回应代表委员关切。持续开展“千名代表委员走进法院零距离监督”活动，邀请人大代表视察法院、旁听庭审，走访结对联络代表，增进代表对法院工作的监督支持。加强与民主党派、司法监督员、律师代表的联络，听取其意见，不断改进工作。以司法公开促进司法公信，拓展公开监督渠道，通过“两微一网”（微信、微博及官方网站）等发布诉讼服务和普法信息 2034 条，公开裁判文书 31482 份，网络直播庭审 12706 件，被中国法院网评为“全国优秀直播法院”。周明法官直播案件 2382 件，在湖南省基层法院审理民事案件法官中排名第一位，被中国法院网评为“优秀直播法官”称号。（谢 丹）

【司法宣传】 2021 年落实“谁执法谁普法”责任制要求，芙蓉区法院及时发布诉讼服务和“以案释法”普法信息，官方网站发布稿件 231 篇，微信公众号发布 156 篇、抖音发布 51 条、微博发布 1596 条，国家级、省市级媒体宣传报道芙蓉法院工作 148 次。持续推进“送法进校园”，结合身边案例，为 1100 余名中小学师生讲授法治课。公开审理涉嫌帮助信息网络犯罪案件，100 余名大学生旁听庭审，实现“审理一案、教育一片”效果。开展“6·5”环境日宣传，组织“宪法宣传周”普法，机关干部走进法院旁听庭审，“国家宪法日”当天，区法院在浏阳河婚庆公园与现场群众互动，解答群众的法律咨询。（谢 丹）

【金融领域诉源治理工作机制推进】 2021 年，芙蓉区法院持续推进金融领域诉源治理工作。为探索信用卡纠纷诉前调解，芙蓉区法院指导中信银行信用卡中心长沙分中心通过诉前调解途径处理信用卡逾期还款问题，并于 2020 年 12 月在中信银行信用卡中心长沙分中心成立全省首家“驻银行诉源治理工作站”，吸收公证处、律师事务所、人民调解委员会等多方社会力量参与金融领域的诉源治理和多元解纷。当金融机构提起诉讼时，法院将案件引导进入诉前调解程序，借力“闪信 +”送达技术，“点对点”派出诉前调解员，组织金融消费双方面对面协商，尽可能将金融纠纷预防在源头、解决在诉前。芙蓉区法院驻中信银行诉源治理工作站成立后，银行和信用卡客户均参与意愿强烈。“芙蓉金融纠纷智审平台”为审理金融类案件增速提效，“法务咨询报名二维码小程序系统”方便当事人，实现数据多跑路。芙蓉区法院首家“驻银行诉源治理工作站”的工作情况被《湖南日报》、《三湘都市报》、“新湖南”、《长沙晚报》等各级各类主流新闻媒体报道。中国建设银行等金融机构前来对接法院，学习借鉴诉源治理改革经验、加盟金融纠纷诉前调解。2021 年，诉前调解金融案件 19120 件，调解成功率 71.3%。一审金融案件上诉率从 2019 年的 1.92% 下降到 2021 年的 1.11%。（谢 丹）

【远程视频解纠纷】 2021 年 4 月 28 日，王某与长沙某公司签订一份合同，约定王某受公司委托加工艾草货品，合同期限为2个月。此后王某多次要求公司发货用于加工，公司一直以没货为由推脱延迟发货。在王某把货物加工寄回公司后，公司又以各种理由指出产品包装不合格，扣发加工费。合同期限届满后，王某致电公司催要押金3380元，公司一直未付。6月28日，王某起诉至芙蓉区法院，请求依法裁判处理。调解员了解到王某生活艰辛，又不在本地，于是采取远程视频方式进行调解。调解伊始并不顺利，双方各执一词，争执不下。调解员晓之以理、动之以情，让公司体会到了王某生活的艰辛不易，也认识到自己的行为触犯了法律。最终公司当场向王某转账退回3380元押金，案件成功调解。（谢 丹）

【发出全省首份“离婚证明书”】 2021年4月，区法院在办理人大代表建议中，根据《最高人民法院关于第一审离婚判决书生效后应予出具证明的通知》相关规定，区法院向当事人欧某发出全省首份“离婚证明书”。其基本内容包括相关离婚纠纷案号、当事人姓名、性别、身份证号、判决书或调解书的生效时间、“离婚证明书”的出具时间，并加盖法院院印。离婚后的当事人在办理户口迁移、银行贷款、出国签证、再婚登记、不动产权登记等事务时，可以出示“离婚证明书”，该“离婚证明书”与相应离婚纠纷案件的生效判决书、调解书具有同等的法律证明效力。此举保护了当事人的个人隐私，体现司法审判的人文关怀与温度。2021年，发出离婚证明书74份。（谢 丹）

【审理受贿、巨额财产来源不明案】 2021年4月29日，芙蓉区公开审理宣判邱某某受贿、巨额财产来源不明案。2009年至2019年，被告人邱某某利用其担任长沙市某机关下属技术装备处主任的职务便利，在经手、管理政府采购项目过程中，为龙某、陈某、钟某、孙某某等人提供承接项目、付款等方面的帮助，非法收受现金126.4万元、港币20万元，数额巨大，其行为涉嫌构成受贿罪。同时，被告人邱某某作为国家工作人员，截至2020年6月15日家庭现有财产和历年支出总计1596.22万元，其中合法收入和能说明来源的为1255.85万元，对另外的340.37万元的财产无法说明来源，家庭支出明显超过合法收入，差额巨大，涉嫌构成巨额财产来源不明罪。法庭经审理，当庭宣判邱某某犯受贿罪，判处有期徒刑四年，并处罚金人民币40万元，犯巨额财产来源不明罪，判处有期徒刑八个月，决定执行有期徒刑四年，并处罚金人民币40万元。追缴被告人邱某某违法所得人民币466.77万元、港币20万元上缴国库。芙蓉区组织政法各单位班子成员及中层以上干部近200人，参与区法院旁听，以身边人身边事对政法干警们开展警示教育。（谢 丹）

【湖大法学院研究生旁听区法院民事庭审】 2021年7月16日，芙蓉区法院审理一起合同纠纷案件，湖南大学法学院150名研究生在老师的带领下，开展教学实践活动，到现场旁听庭审。芙蓉区法院民事审判二庭庭长谭令担任审判长并主审案件。2019年12月，原、被告

2021年4月，芙蓉区法院发出湖南省首份“离婚证明书”

（区法院 供图）

双方签订“财务咨询服务协议”一份，约定原告为被告提供信托计划财务咨询服务，被告支付服务费293.7万元。因被告未支付费用致产生纠纷。在举证质证环节，原、被告的诉讼代理人针对双方签订的“财务咨询服务协议”的效力、所覆盖的范围以及原告方与本案相关员工的身份等各项争议焦点各执一词。当事人双方的表现让大家对证据的客观性、关联性、合法性有了具体、深刻的认识，带队老师表示，通过观摩庭审，法学院的学生们直观地感受到法庭的威严、程序的严谨，熟悉了庭审流程，弥补平日课堂教学中所欠缺的实践问题。

（谢 丹）

2021年6月3日，芙蓉区法院审理一起帮助信息网络犯罪案件，湖南农业大学、湖南机电职业学院100余名学生参与旁听 （区法院 供图）

【出具自动履行证明书解民忧】 2020年7月，芙蓉区法院受理某建设集团有限公司诉张某、邵某的合同纠纷案件。事后，该建设集团未向法院申请强制执行，张某、邵某如期主动地履行完毕法律文书确定的义务。裁判文书在网上公示，张某、邵某名下企业在申请银行贷款过程中，多次受阻，遂求助于法院。了解当事人的实情后，2021年7月12日，芙蓉区法院制作并出具“自动履行证明书”，破解困扰当事人许久的难题。 （谢 丹）

【审理帮助信息网络犯罪活动案】 2021年6月3日，芙蓉区法院当庭宣判刘某、周某等6名被告人帮助信息网络犯罪活动罪，判处八个月至一年不等的刑期，并处罚金人民币2万元。2020年11月至2021年1月，刘某、周某等6名被告人提供银行卡帮助上线转账总计3828万余元，获得相应提成9.5万元，刘某、周某等6名被告人明知他人利用信息网络实施犯罪，仍为其犯罪提供支付结算等帮助，故法院作出上述判决。该案6名被告人中，有1人为“95后”，5人“00后”，1名本科在读、5名具有专科学历，犯罪主体年轻，平均受教育程度高，年龄层面及社会认知层面贴近在校大学生。庭审过程中区法院邀请了湖南农业大学、湖南机电职业学院100余名学生参与旁听，以提高年轻人辨别犯罪的能力，敬畏法律，远离网络诈骗。 （谢 丹）

【法制教育进校园】 2021年9月17日，在新学期开学之际，芙蓉区法院副院长贾长俐以“学会自我保护，远离校园欺凌”为主题，到长郡芙蓉实验中学，为800余名师生讲授法治教育课。课堂上，贾长俐根据学生的年龄和心理特征，列举校园欺凌的原因和表现类型，分析校园欺凌的危害性和违法性，讲述国家打击黑恶势力的态度和决心，教导学生远离黑恶势力，围绕民法典、刑法、未成年人保护法讲解，对如何应对校园欺凌提出针对性的指导，就如何预防、应对校园欺凌与同学们提问互动，向学校赠送法律书籍。6月芙蓉区法院审管办副主任谢丹到芙蓉区实验小学，为该校8个班级300余名小学生送去主题为“学法懂法，快乐成长”的法治教育课。谢丹根据小学生的思想特点和行为方式，选取6个典型案例，对应讲解民法典中的相关法律规定。芙蓉区法院持续开展“送法进校园”系列活动，通过法治课堂、模拟法庭、法院开放日等形式为在校学生普及法律知识，帮助广大青少年学生远离校园欺凌，自觉抵制不良行为。 （谢 丹）

【省建行观摩芙蓉区法院诉前调解】 2021年10月19日，芙蓉区法院诉前调解一起信用卡纠纷，建行湖南省分行组织全省二级分行信用卡业务部门贷后业务骨干、合作律所和外包公司负责人近60人到庭旁听。刘某因信用卡严重透支逾期未还，银行久催未果后起诉。区法院将该

2021年10月18日，芙蓉区法院诉前调解一起信用卡纠纷，建行省分行组织二级机构相关人员现场旁听观摩　（区法院　供图）

起纠纷引入诉前调解程序，委派特邀调解员刘精科实施诉前调解。调解员倾听双方当事人的陈述和回答，向刘某释法明理，同时建议银行从实际出发做出适当让步。当事人双方达成一致并共同申请法院出具“民事调解书”。现场员额法官经审查确认，半小时之内做出《民事调解书》。双方当事人手持调解书与调解员合影留念。旁听人员表示，芙蓉区法院诉前调解工作为人民群众提供了一个低成本、高效率的纠纷解决平台，有利于银行和消费者双方的合法权益，践行了“坚持把非诉讼纠纷解决机制挺在前面”精神。　（谢　丹）

【省政协到区法院调研】　2021年12月21日，省政协委员、省政协社会法制委主任高鑫率社法委办公室一行6人，对芙蓉区法院多元解决纠纷工作及民政部门与法院之间实现婚姻登记信息互联共享工作进行专题调研。芙蓉区法院党组书记、院长李才坤，法院相关部门负责人陪同实地调研座谈，区政法委书记李学军，副书记刘汉祥，区政协相关委员会负责人参加调研座谈。调研组先后参观建行长沙华兴支行诉源治理工作站、湘湖社区、芙蓉区法院诉讼服务中心和诉前调解室等场所。座谈会上，李才坤汇报区法院多元解决纠纷工作情况与特色，2021年，区法院加强诉源治理，逐步探索出“点面结合法”，引导社会力量参与诉前调解，构建起党委领导、法院主推、部门配合、全域支持的多元解纷体系。该院一审新收民事案件比2020年增长29.7%，低于长沙市内五区平均值35.36%，通过最高法院“人民法院调解平台”委托调解案件18983件，其中调解成功13493件，调解成功率71%。李学军简要介绍“1+X”社会矛盾纠纷大调解新模式，与会人员围绕一站式多元解决纠纷等工作展开交流与探讨。多元解纷工作获得省政协副主席胡旭晟的关注和批示。高鑫赞赏芙蓉区法院敢闯敢试敢冒，解决了一般人不敢想不敢做的事情。　（谢　丹）

司法行政

【概况】　2021年，芙蓉区在全面依法治区、公共法律服务、特殊人群管控和营造法治化营商环境等

2021年12月21日，湖南省政协领导到芙蓉区法院调研多元解决纠纷工作　（区法院　供图）

方面履行职能，取得成效。在扫黑除恶专项斗争、抗击新冠肺炎疫情和队伍教育整顿过程中，提升服从意识，锻造过硬队伍。依托区位优势，形成“15分钟法律服务圈”“1+X大调解模式”“智慧矫正”等便民利民服务平台。优化行政权责，推动形成全省首个行政许可与行政处罚权责“双集中”区。致力行政复议诉讼，为党政机关破解了一批依法行政、经济发展和社会稳定领域的难题。2021年芙蓉区司法局被评为湖南省法律援助案件质量评估优秀单位，长沙市行政执法案卷评查优秀区县第一名，2016—2020年全市普法工作先进集体，徐永春、汤秀平分获省、市普法工作先进个人。（王 慧）

【法治宣传】 2021年，芙蓉区进一步完善各执法单位“责任清单”，司法行政部门指导机关、街道、企业、学校开展《中华人民共和国宪法》《中华人民共和国民法典》及专业性法律法规宣传活动371场次。推进法治芙蓉建设，利用“农村法治宣传月”“12·4”国家宪法日等时间节点开展大型主题宣传活动10场次。配合开展“蓝天保卫战”“扫黑除恶”专项斗争、优化营商环境、反电信诈骗、湘江浏阳河水域保护和基层政权建设等法律巡讲活动39场次，发放各类普法宣传资料近17万份。分类建立和完善社区法治公园、长廊、农家书屋等16处。“法润三湘”公共法律服务志愿者、“5180”法务工作室、社区法治文化主题公园及法治文化长廊等诸多法律宣传和服务形式贴近群众，推进民众普法向前发展。（汤秀平）

【公共法律服务】 2021年，芙蓉区通过1个区级公共法律服务中心、13个街道公共法律服务工作站、80个社区（村）公共法律服务工作点三级公共法律服务实体平台，为居民群众提供家门口的法律咨询服务。2021年芙蓉区纳入省级重点民生实事项目的法律援助案件数330件，结合建党100周年党史学习教育“我为群众办实事”实践活动，做好农民工、残疾人、妇女、未成年人、老人、低保户等重点人群法律援助工作。扩大法律援助受案范围、提供特殊群体上门受理申请、开通农民工欠薪求助绿色通道，实现“应援尽援、应援优援”。2021年办理法律援助案件351件，完成率106%。其中“对彭某因交通事故损害赔偿提供法律援助案”被省司法厅采用，由省委依法治省办、省司法厅和湖南经视联合制作的法治电视专栏《经视说法》制作播出。2021年全省法律援助案件质量评估活动中，芙蓉区法律援助案件质量评估案件优良率70%，入选2021年全省法律援助案件质量评估优秀单位，区公共法律服务中心收到法律援助受援人送来的锦旗5面，法律援助案件承办律师王晓玲获优秀案件承办律师。（刘 娜）

【人民调解工作】 2021年，芙蓉区形成的三级人民调解网络，包括区联合人民调解委员会驻交警队调解室、区婚姻家庭纠纷人民调解委员会、区物业纠纷调解中心、区医疗纠纷调解中心、区校园纠纷人民调解委员会等5个区属行业性专业性调解组织，13个街道人民调解委员会、80个社区（村）人民调解委员会，拥有专职人民调解员38人，兼职人民调解员378人。人民调解工作坚持“调防结合，以防为主”原则，把风险隐患消除在萌芽状态、把矛盾纠纷化解在基层。2021年全区各级人民调解组织调处矛盾纠纷2316起，涉及金额5015.08万元，其中重大疑难纠纷99起。政法队伍教育整顿期间，针对因工伤亡、农民工讨薪、非正常死亡等与群众利益密切相关事项加大调处力度，维护当事人合法权益，得到省级驻点第一指导组司法行政专班肯定。（刘 娜）

【律师工作】 2021年，芙蓉区强化律师管理工作。芙蓉区原有区属律师事务所3家，律师35人。根据长沙市司法局《关于对市直律师事务所及其律师实行属地管理的通知》，自2021年5月1日起，区域律师事务所及其律师执业活动的日常监督管理职责归口区司法局。截至2021年年底，区司法局负责辖区51家律师事务所353名律师日常监管。制定《芙蓉区司法局律师和律师事务所日常监督管理制度》，摸清律所相关机构、人员情况底数，组建芙蓉区律师事务所微信群。启动律师事务所年度检查考核，通过查验台账记录、核查报表数据、检查专项治理学习教育情况、制度建立执行情况等方式，对律师事务所采取计分制初审，得分70分以下的律师事务所进行实地检查。截至2021年7月底，51家律师事务所均通过年度检查考核。（刘 娜）

【法律援助服务机制创新】 2021年，芙蓉区法律援助中心创新服务机制，为弱势群体提供高效、便捷、优质的法律援助服务，推行“点援办案制”。引导律师根据自身专业特长以及执业经历等，主动报名办理行政诉讼、婚姻家庭、劳动保障、人身损害、交通事故等类别的案件，法律援助机构按照律师的专业领域划分专业团队，引导受援人选择律师。值班律师在咨询解答中认为受援人案件材料齐全、条件符合的情况下，机构直接受理此案并当场指派值班律师承办。视情况当场了解案件具体情况、书写诉讼等文书，减少当事人往返次数。通过政府采购的形式，选定8家律师事务所和2家法律服务所参与法律援助、律师值班等公共法律服务工作。加强案卷质量管理。法援机构组织承办律师学习《全国刑事法律援助服务规范》《全国民事行政法律援助服务规范》《湖南省刑事、民事、行政法律援助案件质量标准》和长沙市刑事一审、民事法律援助案件同行评估标准等，根据标准制定新的案卷质量评查制度，所有案卷均一结案一检查，建立案件跟踪回访制度。法律援助案件从受理之日起，由承办律师及时反馈相关案件进展信息；对于重大疑难、涉法涉诉等案件全程跟踪并对申请类案件做到件件回访。2021年全区受理法律援助案件351件，申请法律援助案件的群众回访满意度100%。

（刘　娜）

【社区矫正】 2021年，芙蓉区新接收社区矫正对象317人、解除矫正313人。区社区矫正中心受法院、检察院、监狱委托办理社会调查评估314例，累计开展各类教育2408人次、社区服务1573余人次。依托湖南省电子监管系统，信息化核查580人，累计开展信息化核查15万余人次，社区矫正对象定位监管率和日常报到率100%。对违反规定的社区矫正对象给予训诫处罚16人次，警告处罚12人次，治安管理处罚2人次。衔接刑满释放安置帮教人员121人，其中重点安帮对象13人。重点刑释解教人员全部“必接必送”，全国刑释系统核实率、回执率、衔接率、刑释解矫人员帮教率均为100%，重新犯罪率控制在2.8%以下。常态化实行远程视频会见，2021年接待服刑在押人员家属远程视频会见105批。区司法局联合区公安分局、卫健局等30家单位，对刑释人员、社区矫正对象、吸毒人员、易肇事肇祸等严重精神障碍患者、生活无着的流浪乞讨人员和重点青少年群体“六类人员”建档归案。2021年芙蓉区社区矫正中心被选为省“社区矫正规范执法示范点”，并被选为长沙市域社会治理现代化试点项目。

（易正君）

【“智慧矫正中心”创建】 2021年，芙蓉区社区矫正中心根据《司法部办公厅关于“智慧矫正中心”创建工作的通知》精神，创建国家级“智慧矫正中心”，6月根据司法部下发的《社区矫正中心建设规范》行业标准，对芙蓉区社区矫正中心实施提质改造，完善相关标识标牌、场地和设备建设，增加立式、台式自助矫正终端各一台，社区矫正对象可通过设备进行自助基础信息录入、人脸指纹声纹身份自助录入，具有学习、报到、查询、请销假、帮扶等功能。改装移动执法车，加装车载摄像机、车载终端、移动生物信息采集终端，总计投入12.7万元。根据社区矫正中心规范化建设要求，增加“社区矫正报到室”，修改“社区矫正宣告室”背景标识以及部分制度牌，对社区矫正对象活动区域用墙裙进行分隔。10月通过司法部现场考评验收（全国并列第一位）。“智慧矫正中心”建设前后，全年接待司法部、省司法厅、安徽省、山东省、深圳市及省内区、县司法局及部分高校考察、观摩学习29批次。

（易正君）

2021年10月，芙蓉区“智慧矫正中心”通过司法部现场考评验收。图为矫正中心宣告室　（区社区矫正中心　供图）

【依法治区委员会司法协调小组会议】 2021年2月1日，芙蓉区委召开芙蓉区委全面依法治区委员会司法协调小组2021年第一次工作会议，研究部署“平安芙蓉”建设中的重点人群管理工作。会议听取芙蓉区司法局、公安分局、民政局、卫生健康局、团委等部门负责人就全区社区矫正（安置帮教）人员、吸毒人员、肇事肇祸精神病人、生活无着流浪乞讨人员和重点青少年管理情况汇报。司法协调小组成员单位负责人、街道政法主任参加会议。会议认为，重点人群管理工作是平安建设的关键环节，中心城区人员流动性大，实时状态难掌握；偶发、突发事件难控制，需要统一协调，部门联动。会议通报了芙蓉区重点人群管理组成单位和职责分工，要求统一协调指挥，形成工作合力，吸收公众力量参与管理。

（易正君）

【民法典进社区公益巡讲】 2021年3月，芙蓉区开展“开启法典时代 赋能美好生活”《中华人民共和国民法典》普法系列宣传活动。23日，在火星街道东盈广场举行活动启动仪式，区司法局全体干部、各街道分管领导、火星街道社区代表等150余人参加。启动仪式上，社区群众表演歌舞、快板、京剧，参与有奖竞答，多种形式宣传普及民法典知识，法律服务志愿者们进行现场解答，为群众提供法律服务。启动仪式后，区司法局在13个街道开展民法典进社区法律公益巡讲活动，指派资深律师进行民法典宣讲和授课，讲述与群众生活息息相关的法条、案例。同时配合市司法局在13个社区开展“民法典进家庭”双百讲座。参与公益巡讲的群众3000余人。

（汤秀平）

【人民调解化解农民工群体讨薪纠纷】 2021年3月，东湖司法所在“我为群众办实事”实践活动中，得知辖区某住房建设项目发生两起农民工集体讨薪纠纷，司法所工作人员到工地现场，引导纠纷各方通过人民调解化解矛盾纠纷，并指派专职调解员。司法所召开数次调解会议，厘清法律关系，明晰法律责任。最终两起纠纷得到化解，一起纠纷涉及17名农民工调解协议金额6.31万元，一起纠纷涉及10名农民工调解协议金额11万元，协议金额当场履行。

（刘 娜）

【汤家岭社区被评为“湖南省民主法治示范村（社区）”】 2021年4月20日，第九批“湖南省民主法治示范村（社区）”授牌，芙蓉区韭菜园街道汤家岭社区获此荣誉。近三年来，该社区以党建引领为龙头，贯彻习近平法治思想，投入法治社会“一体化”建设。推出“红色议事会”“红色管家”队伍，以“网格化”和“责任田”的方式建立居民微信群、物业联动群、困难诉求群、纠纷排解群等，创新基层社会治理方式。组建“胖哆365志愿服务队”，解决小区邻里纠纷等各种难题。盘活驻地司法行政资源，打造“娃娃法庭”品牌，定期开展模拟法庭、行为戏剧、法治夏令营等活动，弘扬社会主义法治文化。开展普法守法活动，得到省直机关、驻区单位的支持和参与。

（王明华）

【国家宪法日宣传周活动】 2021年12月4日，芙蓉区国家宪法日宣传活动启动仪式在阿波罗商业广场前坪举行，区司法局、行政执法局、行政审批服务局等8个职能部门、13个街道和区妇联、区法学会等群团组织、社会团体参加主场活动。500名居民群众参与。主场活动以法治文艺演出、法律法规知识竞答、新法解读、法律条文展示、部门法律规章现场咨询、宣传资料

2021年12月4日，芙蓉区国家宪法日宣传活动启动仪式在阿波罗商业广场举行

（区司法局 供图）

发放和志愿法律服务等多种形式呈现。“宪法宣传周”期间，芙蓉区部署开展了创建法治政府建设示范市暨依法行政专题培训班、防范电信网络诈骗普法大讲堂、宪法进校园暨校园法律服务站授牌仪式、宪法“进社区、进农村、进机关、进企业、进网络”等系列活动，在党政机关、企事业单位、人民团体和居民群众中普及宪法和法律知识。

（汤秀平）

【未成年人法律援助】 2021年6月，芙蓉区司法局收到区检察院提供法律援助通知书，犯罪嫌疑人危某（未成年人）涉嫌盗窃，未聘请辩护律师，需法律援助提供帮助。承办律师通过阅卷、会见、签订意思表示、风险告知书，了解核实案情，及时与犯罪嫌疑人及其家属沟通，解答其法律疑惑，协助家属赔偿受害人损失并取得谅解书，承办人向芙蓉区检察院提交关于对危某涉嫌盗窃罪一案不起诉的法律意见书，提出危某属于初犯、偶犯，盗窃数额不大，能积极配合办案机关，如实供述犯罪事实，认罪态度好，有悔罪表现，自愿认罪认罚的事实，得出法律意识淡薄，主观恶性不深等辩护意见。芙蓉区检察院依法审查后，作出对危某附条件不起诉决定。

（刘　娜）

劳动仲裁

【概况】 2021年，芙蓉区劳动人事争议仲裁委员会收到劳动争议案件2653件，其中立案受理2322件、不予受理253件，78件转入2022年立案。立案中，由于区属史贝斯酒店倒闭、校外培训机构大整顿以及恒大属下房车宝信息公司倒闭，造成的用工工资追欠问题，致使年劳动仲裁标的额急升。劳动者申请仲裁的总金额12.49亿元。受理案件中，调解1474件，裁决848件，调解率63.4%，按期结案率100%。较2020年立案数增加715件。全国劳动人事争议在线调解管理平台网上处理的劳动争议案件166件。所立案件均录入劳动争议仲裁办案系统。通过短信平台发送调解建议和送达告知等短信2.53万条。年内，招聘兼职仲裁员31名，新增3个仲裁庭，解决案多人少、庭审场地少的矛盾。区劳动人事争议仲裁院院长李勇被评为全省首届“最美仲裁员”和“全国人力资源社会保障系统优质服务先进个人”。（李　勇）

【送法律到企业】 2021年11月12日，区劳动人事争议仲裁院院长李勇带着相关法律书籍到湖南省对外劳务合作企业联盟，为近100家企业负责人和人力资源经理开展题为《企业用工管理中的法律风险防范》的宣讲，把相关的用工劳动争议所涉及到的法律敏感问题作详细讲解。把工作触角延伸到企业中、把劳动争议预防在先的做法受到企业的好评。

（李　勇）

【处理房车宝286人集体劳动争议案件】 2021年9—10月，恒大集团下属的湖南房车宝信息科技有限公司300余名员工陆续到芙蓉区政府上访，反映用人单位拖欠工资等情况。区仲裁委在及时平复劳动者的激动情绪后，引导大家通过法律途径进行维权，并指定专人指导劳动者撰写仲裁申请书。286名劳动者提交仲裁申请，要求用人单位支付拖欠的工资和经济赔偿5538.39万元。仲裁委按照重大集体案件处置预案开辟重大案件绿色通道，对该集体案件优先立案、排庭，先后3次约谈企业负责人，督促企业履行好社会责任。连续组织5次庭审，集中开庭审理案件，并在第一时间出具法律文书，最终裁决用人单位支付劳动者工资、经济补偿等共计884.7万元。及时阻止了一场背景复杂、可能引发群体性事件的集体劳动纠纷。双方当事人对仲裁委公平高效的工作表示认可和感谢。

（李　勇）

·表4·　2013—2021年芙蓉区受理劳动人事争议案件数和标的额汇总统计表

年　份	2013	2014	2015	2016	2017	2018	2019	2020	2021
受理案件数（件）	214	433	318	328	350	754	1166	1607	2322
标的额（万元）	413	500	600	800	1968	2498	4000	9528	124888

（资料来源：区仲裁院）

军 事

Military Affairs

编辑 谭丽霞

芙蓉区人武部

【思想政治建设】 2021年，芙蓉区人武部组织学习党的创新理论，推进“支部建在连上”在民兵组织中落地生根，每季度召开1次民兵预建党组织会议。结合“民兵活动日”开展“学老民兵典型、当新时代民兵”活动，推进民兵荣誉体系建设。党委制定《落实巡视巡察问题整改工作的问题清单和整改措施》，落实军队行业部门廉政主管责任。集中观看反腐纪录片，提高拒腐防变的能力。 （张艳芬）

【战备训练】 2021年，区人武部党委研究部署战备训练工作，组织战备形势教育，开展战备防护演练，拟制重要目标防卫计划，修订各类战备方案。对民兵战备器材仓库点验清理，完善账物卡，规范管理程序，充实应急应战物资储备，完成年度基干民兵训练任务。参加省军区组织的群众性比武竞赛活动，定王台街道武装部副部长在竞赛中获“四会”（会讲解、会示范、会纠正、会做观念工作）教学第一名和“想定作业”（一种训练方法）第三名，文艺路街道武装部副部长在全市比武竞赛中获得“业务知识”第二名。 （张艳芬）

【国防动员】 2021年，芙蓉区组织民兵整组潜力数据会审和整组业务培训，对辖区国防动员重点潜力企业和机构开展民兵组织潜力调查工作。联合区政府办、区纪委对各街道和编兵单位整组工作检查验收，接受市联合检查组考评验收。制定《芙蓉区关于抓好民兵建设“三落实”的意见》。完成一年两征任务，连续4年无退兵，1人被评为省征兵工作先进个人，3人被评为市征兵工作先进个人。继续采取联点干部分片指导、军地联合督导的方式，先后5次对基层武装部达标建设检查验收，指导韭菜园和东屯渡2个五星级基层武装部打造成“精品五星级”武装部。 （张艳芬）

【军民共建】 2021年，芙蓉区区委书记、区长到人武部召开现场办公会，调研解决人武部正规化建设、民兵训练基地建设等问题。区武装部资助八一路小学、浏正街小学少年军校，指导小学生军训，为教职工及小学生上国防教育课，探索全民国防教育从娃娃抓起模式。组织芙蓉区“第21个全民国防教育日”

2021年12月22日，以“正青春，当兵去”为主题的长沙市2022年春季大学生征兵宣传启动仪式在湖南农业大学举行 （区人武部 供图）

启动仪式，邀请军事专家举办国防教育讲座。承办长沙市 2022 年春季大学生征兵宣传启动仪式，长沙市 50 余所高校 1100 余名学生代表参加。（张艳芬）

【军人立功送喜报】 2021 年 2 月 4 日，区人武部领导带领退役军人事务局和东屯渡街道办事处负责人一行到白沙湾社区，为获二等功的现役军人唐嘉家人送立功喜报。唐嘉 2011 年入伍，毕业于国防科技大学，长期致力于党的各项创新思想研究学习，探索“理论大众化”“少数民族聚集地教育时代化”2 个课题。2020 年 11 月，在南部战区陆军“优秀政治教员”评比竞赛中，唐嘉成为集团军、战区陆军“优秀‘四会’政治教员”队伍中的“双料冠军”，年底立二等功，被集团军评为 2020 年度“十大南疆先锋”，被誉为“文才状元”。（张艳芬）

【春季征兵活动宣传】 为鼓励和引导高校学子投身军营、献身国防，2021 年 12 月 22 日，以“正青春，当兵去”为主题的长沙市 2022 年春季大学生征兵宣传启动仪式在湖南农业大学举行。湖南省征兵办、军区动员局负责人，长沙警备区主要负责人，长沙市征兵办负责人，各区县人武部主官以及全市高校负责人出席，长沙市 56 所高校的学生代表 1100 余人参加。湖南农业大学的校领导致辞，优秀大学生退役士兵和应征报名大学代表分别发言，全体人员观看征兵宣传短片以及舞龙舞狮、匕首操、捕俘拳等表演，军地领导为报名应征入伍的大学生代表们赠送《像雷锋那样当兵》《兵生活》等励志书籍。启动仪式结束后，征兵办工作人员组织大学生集体签名、观看高校征兵图片展以及为大学生解答征兵政策、参军入伍流程、优待政策等相关问题，数名适龄青年现场报名。活动由芙蓉区人武部和湖南农业大学武装部共同承办。（张艳芬）

2021 年 9 月 17 日，芙蓉区第 21 个全民国防教育启动仪式在区会议中心举行（区人武部 供图）

【全民国防教育日活动】 2021 年 9 月 17 日，第 21 个全民国防教育日启动仪式在芙蓉区机关会议中心举行。长沙市国防教育委员会副主任马运动，区委书记周春晖，区国防动员委员会主任出席，全区部门负责人，人民警察、人民教师、基干民兵和即将入伍的新兵、小学生代表约 600 人参加。区人武部政治委员主持启动仪式。活动通报表彰芙蓉区 2020 年全民国防教育先进单位和个人，知名军事专家、中央电视台特约评论员杜文龙作国防教育专题讲座。芙蓉区在辖区高校同步开展设置“开启时代新征程、全民同心筑国防”主题签名墙，组织全区中小学生收看国防教育直播课，进行十大英模、红色电影进校园等系列活动。（张艳芬）

人民防空

【人防工程日常管理】 2021 年，芙蓉区组织街道对辖区内的人防工程进行普查，区人防办管理科重点检查早期人防工程的安全状况，5 月制定《芙蓉区人防工程防汛抢险预案》发至街道与工程管理单位。汛期检修人防业余应急抢险队防汛设备，保障人防工程安全度汛，及时处置某小区因地下排水不畅出现的严重积水。抓隐患排查，全面排查芙蓉区人防工程安全隐患，督促使用管理单位做好日常维护管理，完善人防工程档案资料。对人防工程私建车库、消防水泵房无人管理、人防区灭火器过期等隐患问题下达整改书，促使整改到位。抓安全生产，结合节假日及汛期，开展领导带队安全生产检查，重点查看人防工程内消防设备、用电安全及危险物品堆放等问题。（汪　琳）

【人防宣传教育】 2021年，芙蓉区人防办联合区应急局在三湘南湖大市场开展主题为“防范化解灾害风险，筑牢安全发展基础”的集中宣传活动。活动现场播放2021年全国防灾减灾宣传片，长沙市绿舟防灾减灾促进中心相关人员讲述参加地震救援故事和地震中逃生注意事项、避灾和自救方法；现场开展知识竞答，组织市场经营户及居民进行躲避和人员疏散演练等活动。年内完成区政府、区人防办、东湖人防宣教基地、芙蓉人防宣教基地多媒体宣教机的安装工作。芙蓉人防宣教基地开展人防教育进课堂，培训中小学生3950人次。在基地开展以“防范化解灾害风险，筑牢安全发展基础”为主题的人防救护开放活动，芙蓉区部分学生和家长参加。在湘湖街道东湖社区人防广场举行“铭记历史 以史为鉴 警钟长鸣 增强国防观念和人防意识”防空警报试鸣日活动。组织芙蓉区公租房合鑫苑小区长房物业、运营管理单位金科智慧服务公司及承租户开展“落实消防责任·防范安全风险”消防安全知识主题实践活动。

（汪　琳）

【人防通信指挥】 2021年，芙蓉区参与省、市人防办组织的集中训练，开展本级机关准军事化训练和专业训练。完成警报器日常维护保养，开展巡检维修2次，警报系统运行正常，“11·1”全省警报试鸣日鸣响率100%。人防指挥所定时对工程开展除湿及巡查，维修故障。推进工程信息化建设，根据最新人防基本指挥所建设标准，重新编制实施方案及详细设计，通过省人防办及国家人防办审批。

（汪　琳）

2021年11月1日，“铭记历史 以史为鉴 警钟长鸣”11·1防空警报统一试鸣日活动在湘湖街道东湖社区人防广场举行

（区人防办　供图）

【“11·1”防空警报试鸣日线上直播活动】 2021年11月1日，芙蓉区住房和城乡建设局（人防办）在湘湖街道东湖社区人防广场，举行“铭记历史 以史为鉴 警钟长鸣 增强国防观念和人防意识”防空警报试鸣日活动。东湖社区书记欧阳海棠致辞，活动实行线上直播。防空警报声分为预先警报、空袭警报、解除警报3个阶段。直播现场逐一讲解不同警报的区分及对应措施，如何开展紧急疏散和自我保护。线上直播观众在评论区提问，区人防办工作人员解答。防空警报结束后，上东印象明诚物业公司及中石化南湖加油站工作人员进入直播现场，演示和解答如何处理各种火情，红十字热跑体育救援队和湖南热跑医师跑者部的医护救援人员线上为观众演示外伤包扎、骨折搬运、心肺复苏3种医疗急救情况。全区人防警报器管理单位及物业人员参加该次直播。

（汪　琳）

【人防通信专业及准军事化训练】 2021年11月16日，芙蓉区住房和城乡建设局（人防办）开展了人防通信专业及准军事化训练，局分管领导、人防管理科及人防指挥通信站6人参训。区人防办按照省人防办下发的《指挥通信训练要点》，着眼使命任务，保证人员、时间、内容的落实，完成指挥通信年度训练任务。

（汪　琳）

经济管理

Economic Management

编辑　谭自然

宏观经济管理

【概况】 2021年，芙蓉区科学制定《芙蓉区第十四个国民经济和社会发展五年规划纲要》。统筹全区经济社会发展，规范铺排项目建设。全年铺排各类重点项目218个（续建70个，新建107个，预备41个），完成投资220.7亿元。年内，芙蓉区发展和改革局被评为“长沙市信用建设优秀单位”“湖南省节约型机关建设先进集体”，芙蓉区老旧小区改造主要做法被湖南省发展改革委投资处作为典型经验向全省推介；芙蓉区为全市唯一超额完成“十三五”能源消费总量和强度双控目标的区（县）。（曹祎靖）

【宏观经济规划】 2021年，芙蓉区联合湖南省社会科学院开展2轮全区专题调研，召开9次征求意见座谈会，全面科学制定《芙蓉区第十四个国民经济和社会发展五年规划纲要》，于2021年1月13日提交芙蓉区人大常委会审议通过。联合上海同济大学编制团队，通过征求意见、研讨调研，于2021年3月18日提交区委常委会审议通过《中国（湖南）自贸试验区长沙片区芙蓉区块实施方案》《中国（湖南）自贸试验区长沙片区芙蓉区块产业发展规划》。调整经济发展态势和产业政策，出台《芙蓉区重点楼宇招商办法》《芙蓉区促进文创产业集聚区高质量发展的若干措施》2项政策。开展经济运行监测分析，建立芙蓉区主要行业重点企业名录库，起草重点企业监测研判机制。完成芙蓉区2021年半年度、年度国民经济和社会发展计划执行情况与报告。开展2020年度经济奖励兑现工作，2月中旬启动申报评审，向359家企业兑现2020年促进区域经济奖励补贴资金3733.69万元。（曹祎靖）

【规范项目管理】 2021年，芙蓉区下达2021年重点项目计划，投资总量比2020年增长13.8%。社会投资继续占据主导地位，全区重点项目年度投资比重连续两年达到70%以上。全年下达政府投资项目立项批复91份；对19个达到一定投资规模的项目进行可行性研究报告评审并下发办结可研批复；对21个项目进行概算审查，审减金额1.47亿元。实行项目月调度，对预期进展可能滞后的项目下达提示函和督办函7份。制定《2021年长沙市芙蓉区县级领导联系重点存量项目工作方案》，计17个项目，涉及投资219亿元，助推全区重点遗留项目进度。（曹祎靖）

【长株潭区域一体化建设】 2021年，芙蓉区出台《芙蓉区2021年推进长株潭区域一体化发展工作方案》，铺排重点项目14个，总投资74.5亿元，年度计划投资15.41亿元，完成34.86亿元，投资完成率226.02%。（曹祎靖）

【“两型”示范创建工作】 2021年，芙蓉区开展“两型”示范创建，培育市级“两型”示范单位1家，市级“两型”创建单位3家。推进公共机构节能，全区298家公共机构纳入系统管理，按月上报各类垃圾处置台账；开展全区公共机构垃圾分类督导检查156家次，开出督导反馈书156份；开展生活垃圾分类“五个一”志愿者活动，全区158家机构实现注册志愿者1023人。（曹祎靖）

【价格监督管理】 2021年，芙蓉区年内办理教育、房地产开发项目、新建商品房小区前期物业、停车场等收费和价格备案服务，办理备案70余起；处理价格投诉咨询件100余起，群众满意率99%以上；开展价格认定，办理各类涉案物和行政执法价格认定357起，标的金额367万元；开展价格监测，疫情期间，加强对市场价格的监测，实行“一日一报”制，跟踪粮油、蔬菜、水果等居民生活必需品市场供应和价格变化，及时上报价格监测数据。（曹祎靖）

【争取政策资金支持】 芙蓉区组织开展2021年保障性安居工程专项中央预算内资金申报，为东屯路、合平路、省政府机关二院老旧小区改造、煤炭大院老旧小区改造4个项目争取中央资金3933万元，间接拉动投资2.8亿元；申报并发行东屯村“城中村”改造项目、东湖渔场“城中村”改造项目政府专项债券1.9亿元；帮助华智水稻、琴海数码等7家企业争取2021年中央预算内投资农业建设项目、2021年湖南省服务业发展建设项目、2021年省预算内基本建设项目专项资金2855万元；推荐湖南药圣堂中药科技有限公司等3家企业分别申报2021年长沙市企业技术中心、2021年湖南省双创示范基地、2021年湖南省工程研究中心，组织咖啡之翼等11家企业申报长沙市2021年“三百工程”项目；选送隆平生物种业产业园等3个项目申报2021年度省级重点招商引资项目；报送长沙市“一老一小”整体解决方案若干“重大”清单项目20余个；推荐

2022年托育领域（普惠托育专项行动）项目储备6家，为企业发展提供政策支撑。 （曹祎靖）

【“信用芙蓉”建设】 2021年，芙蓉区发改局全年公示信息2.17万条，7天公示率99.11%，行政处罚420余条，信用修复率100%；组织信用宣教相关工作，制作建党百年诚信视频2期；开展芙蓉区诚信之星评选，评选“诚信之星”先进单位22家、“诚信之星”先进个人16名。

（曹祎靖）

·表5· 2021年芙蓉区重点建设项目情况一览表

序号	项目名称	建设性质	项目总投资（万元）	2021年预估投资（万元）	2021年累计投资（万元）	项目进展情况
1	长沙火车站片区城市更新项目	续建	1340000	4000	7000	1. 项目指挥部已挂牌成立，人员已进驻，并展开工作； 2. 已完成城市体检，形成城市体检报告； 3. 区政府已与各实施主体签署了框架协议； 4. 火车站西广场已完成提质改造
2	隆平生物种业产业园	新建	1200000	94000	257041	商住地块：1#栋地下室承台土方施工，4#、7#主体5层，3#栋主体8层，6#、9#栋主体10层，5#栋主体12层
3	滨河路防洪提质整治工程	新建	5830	4500	6700	已竣工，已完成项目建设
4	种业硅谷总部集聚区项目	续建	9000	500	1400	已竣工，已完成项目建设
5	大王岭教师新村改造项目	新建	150000	42000	51200	正在进行主体工程建设
6	红旗水库公园	新建	5135	4500	6800	已竣工，已完成项目建设
7	中南大学湘雅二医院门急诊医技楼	新建	77000	21000	33500	已开工，已完成地下室基础工程，正在进行主体建设
8	中南大学湘雅二医院老年医学综合楼改扩建工程	续建	13391	5800	13472	已竣工，已完成项目建设
9	惠泽园二期安置房项目	新建	5000	3500	9500	正在进行主体工程建设
10	芙蓉生态新城三号安置小区（二期）	续建	75630	25000	35000	正在进行主体工程建设
11	公租房建设项目	新建	7600	3100	6200	已竣工，已完成项目建设
12	芙蓉区2021年学校提质改造项目	新建	8500	7000	10500	已竣工，已完成项目建设
13	火车站东西广场及周边提质改造	续建	11500	3000	5700	已竣工，已完成项目建设
14	育英三小	续建	14600	5600	7300	已竣工，已完成项目建设
15	合平村22#地块110千伏杆迁工程	新建	6000	5000	7600	已竣工，已完成项目建设
16	湘府社区提质改造	续建	5315	2200	3600	已竣工，已完成项目建设

·续表5·

序号	项目名称	建设性质	项目总投资（万元）	2021年预估投资（万元）	2021年累计投资（万元）	项目进展情况
17	韭菜园街道棚改安置小区（一期）	续建	139667	33000	42000	已竣工，已完成项目建设
18	辉煌城三期	续建	190000	20000	25000	正在进行主体工程建设
19	芙蓉区“五纵五横”品质提升项目	新建	5200	4000	6000	已竣工，已完成项目建设
20	社会主义学院业务用房改造项目	续建	5100	420	700	已竣工，已完成项目建设
21	芙蓉生态新城三号安置小区四期	新建	28385	15000	23500	已开工，正在进行土方工程
22	气象干部培训学院湖南省分院业务用房建设项目	续建	5015	500	900	已竣工，已完成项目建设
23	芙蓉区2021年老旧小区提质改造	新建	13000	10000	14500	已竣工，已完成项目建设
24	中交广场	续建	670000	15000	20000	已竣工，已完成项目建设
25	滨江四季	新建	108000	35000	45000	正在进行主体工程建设
26	猿辅导长沙总部项目	续建	5635	1000	2000	已竣工，已完成项目建设
27	金茂建发观悦	续建	350000	10400	16000	已竣工，已完成项目建设
28	时代印记花园	续建	129000	12000	18000	已竣工，已完成项目建设
29	韭菜园路特色产业街项目	续建	6230	800	1600	已竣工，已完成项目建设
30	文化广场二期	续建	155000	4000	6500	已竣工，已完成项目建设
31	汇城东景	续建	39700	2500	5500	已竣工，已完成项目建设
32	金铂大厦	续建	26000	6000	9000	正在进行主体工程建设
33	龙湖芙蓉天街	续建	75000	20000	31200	正在进行主体工程建设
34	保利中环文体产业园	续建	390000	50000	69000	已竣工，已基本完成项目建设
35	新楚·敬天广场	续建	650000	45000	53000	正在进行主体工程建设
36	旺德府总部大楼	续建	270000	45000	56000	已竣工，一期已完成项目建设
37	名士豪庭（原温州商贸城）	续建	315000	25500	37000	已竣工，已完成项目建设
38	芙蓉广场地下空间开发工程	续建	30000	1000	2700	已竣工，已完成项目建设
39	三湘南湖总部大楼	续建	21000	10000	15000	已竣工，已完成项目建设
40	平商联创长沙项目	续建	52000	16000	21000	已竣工，已完成项目建设
41	仁孚汽车长沙服务中心	续建	30000	8500	9500	已完成基坑支护和基础工程
42	富力园康新天地（西一地块）	续建	40000	10000	15500	正在进行主体工程建设

·续表5·

序号	项目名称	建设性质	项目总投资（万元）	2021年预估投资（万元）	2021年累计投资（万元）	项目进展情况
43	总部基地建设	续建	60000	5000	6600	已竣工，已完成项目建设
44	辉煌城一期写字楼	续建	25000	3000	5000	已竣工，已完成项目建设
45	窑岭变配套路由	续建	7000	5000	7400	已竣工，已完成项目建设
46	交通银行湖南省分行总部建设项目	续建	12000	1000	1100	已竣工，已完成项目建设
47	城东变配套路由	续建	6100	3000	4700	已竣工，已完成项目建设
48	市场变配套路由	续建	5020	1500	3200	已竣工，已完成项目建设
49	浏京路西段	续建	5265	2400	3300	已竣工，已完成项目建设
50	河山路	续建	6200	2800	3600	已竣工，已完成项目建设
51	经七路	续建	5365	1200	1700	已竣工，已完成项目建设
52	滨河路五标	续建	26600	2473	2900	已竣工，已完成项目建设
53	黄元路二期	续建	5010	1850	3300	已竣工，已完成项目建设
54	龟山路	续建	12500	1750	2200	已竣工，已完成项目建设
55	小古城路	续建	8129	3500	4000	已竣工，已完成项目建设
56	桃园路北段（二段）	续建	5180	2300	3900	已竣工，已完成项目建设
57	长农路东段	新建	8660	6160	7000	已竣工，已完成项目建设
58	合平路北段	新建	8162	5200	7300	已竣工，已完成项目建设
59	桐西路中段	新建	6500	4200	5700	已竣工，已完成项目建设
60	红园路	新建	5812	3700	5000	已竣工，已完成项目建设
61	沙咀子路	新建	5150	3500	4600	已竣工，已完成项目建设
62	浏京路东段	新建	5375	3500	4000	已竣工，已完成项目建设
63	稀土镁铝合金及型材创新项目	续建	62000	13000	17000	已竣工，已完成项目建设
64	琴海数码缩微数字一体化产业园	续建	30000	3000	5600	已竣工，已完成项目建设
65	凯德工业自动化产业园	续建	20000	2000	3400	已竣工，已完成项目建设
66	湘粤先进技术产业园三期	续建	20000	1500	3900	已竣工，已完成项目建设
67	唯特思科技园项目	续建	5200	500	900	已竣工，已完成项目建设
68	新奥集团银通科技生产研发总部基地	续建	23000	1000	2000	已竣工，已完成项目建设
69	技术创新中心建设项目	新建	5000	3500	5200	已竣工，已完成项目建设

（资料来源：区发改局）

国有资产监管

【概况】 2021年，芙蓉区国有资产事务中心围绕区政府工作任务，努力实现国有资产保值增值工作目标，立足经济发展新常态，积极探索国有资产监管途径，在加强行政资产管理、国有资产管理和强化国有资产监管等方面出台新政策，实施新办法。国企改革创新取得新进展。年内，芙蓉区出台《芙蓉区区属国有企业投资监督管理暂行办法》，加强国有企业投资监管，引导、规范国有企业投资行为；持续推进行政事业单位经营性资产移交注入工作，做大企业资产规模，提高企业经营收入，壮大企业市场化运营能力。（李芷璇）

【行政事业资产管理】 2021年，芙蓉区开展全区办公资产检查，摸清全区办公资产“家底”，综合运用检查结果，结合省、市建立国有资产共享共用平台，提高国有资产使用效益的要求，建立芙蓉区资产公务仓，出台《芙蓉区国有资产公物仓管理办法（试行）》，将各部门长期闲置、低效运转和超标配置的资产纳入公物仓集中统一管理。年内公务仓已完成疾控防疫电脑等办公资产调拨300余台，促进国有资产共享共用，实现资产统筹配置。推动放管服相结合，出台《关于进一步简政放权，优化国有资产购置、处置核批流程的通知》，对全区行政事业单位资产管理、购置和处置流程进行精简，优化国资审批流程，在放权给单位的同时加强监管，压实各单位主体责任。2021年审批通过1210件资产调拨申请，调拨资产484.21万元，提升资产使用效益。严格按照程序审批资产处置147批，有效监督1844.08万元的资产处置。（李芷璇）

【经营性国有资产管理】 2021年，芙蓉区与市财政局、市税务局、市国资委沟通对接，争取浏阳河产业带项目政策支持，节省资产交易成本1.5亿元；完成长沙韶光微电子总公司应移交芙蓉区的5处非经营性资产（3159.9平方米，资产价值近3000万元）权属划转工作，到位东五路项目建设征收2处资产的拆迁补偿款309万元；争取在暂缓缴纳省人民广播电台203台2514万元迁建款项的情况下，完成迁建项目立项工作，破解近十年来制约芙蓉区东部片区发展的重点项目建设瓶颈。会同相关部门依据《集体企业国有资产产权界定暂行办法》共同开展对湘湖管理局及局属集体企业国有产权界定工作，最终按照1994年国有资产清查中国有资本11.37%份额计算，核定国有资产总值2.23亿元。（李芷璇）

【国企改革创新】 2021年，芙蓉区成立区属国有企业改革和发展领导小组，出台《长沙市芙蓉区国企改革三年行动工作方案（2020—2022年）》，明确任务清单。2家区属国有企业（长沙市芙蓉城市建设投资集团有限公司、湖南隆平控股有限公司）迈向国企改革新征程。党建引发展，2家区属国有企业及各子公司均建立前置研究讨论重大经营管理事项清单，建立第一议题制度和长效学习制度。开展各类学习活动40余次，并多次安排组织集中培训。建立健全岗位聘任制、绩效薪酬制、业绩考核制等人事管理制度，实行全员绩效考核，新进人员公开招聘率100%。按时按质做好属地国有企业的“三供一业”分离和退休人员移交工作，并协调配合企业解决各种历史遗留问题。（李芷璇）

自然资源和规划管理

【概况】 2021年，芙蓉区自然资源和规划管理工作坚持新发展理念，围绕促进区域经济发展的目标推进违法用地整改、闲置土地、批而未供土地处置工作，进一步规范土地管理秩序。全区2021年度耕地“零违法”。做好来访信件的办理和来访群众的接待工作，及时为群众答疑解惑，维护群众的权益。全年办理依政府信息公开答复39件；办结信访系统案件5件；“12345”市民热线回复245件。做好行政复议、行政诉讼工作，全年办理市政府和市局行政复议案件1件，协办市局行政复议件1件，代市局应诉行政诉讼案件1件。办理征地拆迁和行政管理等各类行政诉讼案件14件。全年未发生较大群体性事件、网络安全及舆情事件。（庞　听）

【土地管理】 2021年，芙蓉区对2020年省自然资源厅例行督察反馈的7宗、面积3.32公顷违法用地，处置到位6宗，1宗因城规与土规不相符未处置到位。月清“三地两矿”违法用地处置任务4宗，面积8.67公顷，已全部处置到位。对2020年以来部、省卫片发现的违法用地进行处置，已处置到位13宗，未处置到位6宗（重复两次），实际未整改到位4宗。2021年芙蓉区闲置土地处置任务5宗，面积3.25公顷，已处置到位4宗，面积2.83公顷；未处置到位1宗，面积0.41公顷（破产清算，司法优先）。2021年芙蓉区批而未供处置任务29宗，总面积161.7公顷，已处置面积37.16公顷。坚持以“全程监控重及时，批后管理重过程”为目标，对批后管理项目从严管理。全年完成建设项目放线16项次，建设位置复验6项次，竣工检查18项次，违法建设查处6项次，移送城管1项次。（庞　听）

【规划管理】　2021年，芙蓉区完成规划公示41项次，下达停工通知3项次，下达整改通知2项，提出规划专业意见68项次。做到批后管理各环节到位率100%。建立健全“防范在先、发现及时、制止有效、查处到位”的执法监察新机制，进一步实施规范化管理，加大执法监察力度。全年开展土地执法监察动态巡查365次，铁路巡查40次，河长制巡查45次。（庞　听）

【地质灾害防治】　2021年，芙蓉区坚持地质灾害动态监测，做到平时动态巡查、气象变化时守点巡查。全年开展地质灾害巡查108次，无地质灾害事故发生。（庞　听）

【审批与监管】　2021年，芙蓉区按照相关审批规定对项目进行审批，全年核发建设工程规划许可证21项，无越权审批行为。其中，临建许可8项，面积9884.49平方米；私房许可12项，面积522.42平方米；公房许可1项，面积1797.35平方米。既有多层住宅增设电梯备案工作，克服老城区房屋结构复杂、历史遗留问题难处置的困难，科学审批电梯加装方案。全年电梯备案项目236个，超额完成年度目标任务。（庞　听）

【征地拆迁项目】　坚持依法拆迁的原则，推进浏阳河东片区征地拆迁工作。全年实施拆迁项目11个，其中跨年度项目7个，新启动项目4个，拆迁腾地面积24.53公顷，拆除合法房屋86栋，房屋面积3.57万平方米。（庞　听）

【突出问题集中化解】　2021年，针对部分房地产公司各种原因造成的业主购房后产权证一直难以办理的问题，芙蓉区成立专项行动领导小组，集中化解房地产办证难问题。区自然资源和规划分局在认真摸清万顺家园、宇成朝阳广场等42个房地产楼盘项目的情况后，主动与项目所在街道、社区、市资规局、市不动产局等部门沟通协调，逐一分析项目难点，按照“一案一策”标准制定化解方案，提高化解效率。全年42个楼盘项目难题全部化解完成。（庞　听）

财　政

【概况】　2021年，芙蓉区完成地方一般公共预算收入36.93亿元，完成原口径地方一般公共预算收入（不含省级下放税收）28.18亿元，其中区级税收18.81亿元，同口径增长9.49%（剔除上年政策性基数），非税收入9.36亿元，比2020年下降10.02%；完成一般公共预算支出61.81亿元。2021年，芙蓉区财政局坚持组织收入、保障财政支出、强化监督管理等工作的强力推进，获得湖南省“市县财政日常管理工作绩效评价A级”、湖南省“预算绩效管理工作先进单位”、湖南省“财政监督工作先进单位”、长沙市“先进基层党组织”、长沙市“爱国拥军模范单位”等称号。（李芷旋）

【收入管理】　2021年，芙蓉区实施财源建设工程，出台《关于进一步加强芙蓉区财源建设的工作方案》，从征管提质、楼宇经济、产业扶持等9个方面细化工作举措。助推区域企业发展，推出《芙蓉区2021年“百日暖企”二十条》，开展“书记区长服务日”活动，落实重点楼宇“楼长制”，从企业用工保障、降低企业经营成本、加强企业服务等方面支持企业发展。提高税收征管质效，坚持常态化推进地方税收清理，加强涉税信息预警分析，房产税、印花税比2020年增长20%以上；建立健全企业定期纳税辅导机制，新增入库税费2亿元以上。（李芷旋）

【预算执行】　2021年，芙蓉区民生支出占比73.25%，其中教育支出10.86亿元、社会保障和就业支出6.83亿元、卫生健康支出3.4亿元。支持乡村振兴战略，投入扶贫专项资金2519万元，巩固脱贫攻坚成果。支持污染防治攻坚，完成节能环保支出6736万元，建设大气污染指挥平台，开展“一江六河”（湘江、浏阳河、捞刀河、沩水、沙河、龙王港、靳江河）水质检测分析，完善生态环境保护基础设施建设，推进水环境综合治理攻坚行动。支持区域建设发展，完成城乡社区支出19.35亿元，争取政府债券资金5.87亿元，用于推进基础设施建设、老旧小区改造、城市更新、东片区征拆等方面。（李芷旋）

·表6·　2021年芙蓉区地方财政收入和支出情况统计表

指标名称	2021年（万元）	2021年比2020年增长（%）
一、地方一般公共预算收入	369252	-9.27
二、公共财政支出	618134	9.99
其中：一般公共服务	78845	-12.85
教育	108640	14.54
科学技术	10608	34.69
文化旅游体育与传媒	2267	-43.48
社会保障和就业	68270	-4.0
卫生健康支出	34018	22.25
城乡社区事务	193462	4.18

（资料来源：区统计局）

【财政事务】　2021年，芙蓉区优化支出结构，落实政府过紧日子要求，取消不必要的项目支出，压减低效无效支出，办公业务费减少至1.5万元／人，三公经费预算比2020年下降25%。盘活存量资金，对2020年度部门预算结余进行清理，收缴结余资金1.29亿元，全部纳入一般公共预算收支管理，统筹用于疫情防控、产业项目、脱贫攻坚及其他民生支出。强化绩效管理，发挥财政评审职能，节约财政资金约10亿元；实施预算绩效管理，提高绩效评价报告质量，运用绩效评价结果，减少2022年部门预算安排2839.6万元。　（李芷旋）

【债务管理】　2021年，芙蓉区坚持定期统筹调度，推进债务化解工作，形成领导靠前指挥、定期研究、部门联动的统筹调度机制。助推国有企业转型，出台《长沙市芙蓉区区属国有企业投资监督管理暂行办法》，加强国有企业投资监管，规范国有企业投资行为。推进行政事业单位经营性资产移交注入工作，提高企业经营收入，壮大市场化运营能力。规范债券资金管理，严格债券项目申报评审，确保债券资金可行性，从源头上避免资金使用进度偏慢等问题；定期调度债券资金使用进度，压实单位主体责任，促进债券资金合法合规使用。

（李芷旋）

【财政改革】　2021年，芙蓉区加强直达资金管理，落实中央直达资金常态化制度安排，确保资金直达基层，为基层保就业、保民生、保市场主体发挥关键作用。提高国有资产效益，精简国有资产审批流程，开展全区办公资产清查，建立资产公物仓，将长期闲置、低效运转和超标配置的资产纳入公物仓集中统一管理，盘活办公资产300余件。用好财政监督抓手，制订财政监督重点检查计划，开展垃圾分类资金、预决算公开等专项检查，规范资金使用；推进“互联网＋监督”民生资金录入工作，制定公开目录67个，提升民生资金透明度。

（李芷旋）

【国库集中支付】　2021年，芙蓉区国库集中支付中心承担全区145家预算单位（含一级单位和二级机构132家、街道13个）的支付业务，比2020年增加1家。全年通过国库集中支付10.24万笔，支付金额66.32亿元，比2020年增长17.17%，增长较快的原因主要是2021年12月湖南省实施预算一体化改革，部分财政实拨资金纳入集中支付范围。其中直接支付6.88万笔，支付金额60.11亿元，占总支出90.63%；授权支付3.37万笔，支付金额6.21亿元，其中公务卡结算金额1024.75万元，占授权支付1.65%。紧盯重点资金监管，对85个政府投资项目账户实行双控管理，全年支付资金1613笔，双控支付项目金额80.43亿元，保障全区重大

项目有序推进和重点资金有效利用。（李芷旋）

【非税收入管理】 2021年，芙蓉区完成非税收入9.36亿元，其中：专项收入1143万元、行政事业性收费收入3199万元、罚没收入5172万元、国有资产（资源）有偿使用收入3.89亿元、其他收入4.52亿元。继续推进非税电子化改革，区市政设施维护中心、区图书馆、育英三小、名仕豪庭幼儿园开通微信缴费。规范涉企行政事业性收费，区财政局联合区发改局制定区本级行政事业性收费目录，通过门户网站对外公开，严格执行收费目录清单。加强财政票据管理，全年发放财政票据88.35万份，比2020年减少38.92万份；开展全区116家用票单位2020年度财政票据年检工作，年检合格率100%。清理待查收入，全年确认待查收入3176条，金额13.84亿元，减少汇缴专户资金沉淀。（李芷旋）

【财政统发工资】 2021年，芙蓉区财政统发工资中心有统发工资单位（包括二级机构）144家，其中区直单位80家、教育系统64家。工资统发月均人数5346人（在职5324人、离休22人），其中区直单位2641人（在职2629人、离休12人）、教育系统2705人（在职2695人、离休10人）。全年发放工资奖金4.87亿元。全年代扣代缴住房公积金1.83亿元。（李芷旋）

【财政评审管理】 2021年，芙蓉区财政评审中心完成评审项目473个，送审金额54.52亿元，审定金额44.29亿元，核减金额10.23亿元，核减率18.76%。形成《关于政府投资项目土方外运运距及定价有关问题的建议》和《关于请求明确EPC项目投资控制及预结算审查相关事项的报告》2个文件，初步规范区土方定价及EPC项目的投资控制管理制度。根据每周的固定资产投资审查和重点预算评审情况编制《固投审核情况动态汇总表》（周报）、《重点预算审核情况动态汇总表》（周报），为项目决策提供信息保障。建立不定期的中心技术会议，不定期发布《预算评审指导意见》《结算评审指导意见》，统一中介机构预算编制和结算审核的口径和标准；市、区两级共建项目相关问题已报请市财评中心统一相关评审口径。组织集中培训，对区直各单位财务和工程基建人员及街道相关科室工作人员进行专题授课和经验交流。（李芷旋）

【政府采购监督管理】 2021年，芙蓉区完成挂网政府采购项目120项，比2020年增加6项。其中：公开招标47次、竞争性谈判21次、单一来源3次、竞争性磋商49次。加强政府采购监管，印发《关于建立预算单位政府采购内部控制制度的通知》《关于做好长沙市政府采购意向公开工作的通知》等文件，建立政府采购内控制度，落细落实单位主体责任。启动湖南省政府采购电子卖场，率先开展宣传培训，2021年11月15日实现从长沙市电子卖场到湖南省电子卖场顺利过渡。运用政府采购政策支持乡村振兴工作，“832平台”全年完成295.55万元，完成率115%。（李芷旋）

【全区财务人员培训会议】 2021年6月21—23日，芙蓉区会计学会结合区预算单位财务工作实际，组织全区财务人员进行为期3天的业务培训。开设的课程有“《中华人民共和国预算法实施条例》释读”“行政事业单位会计实务”“行政事业单位内部控制建设”“心理辅导讲座”“财政业务讲解及答疑”，业务培训内容涵盖目前预算单位所涉及的财政业务知识。本次培训特别邀请湖南省财政厅专家、会计专家、会计事务所所长、国家二级心理咨询师及芙蓉区财政局的中层干部进行授课。参加培训的区直部门和各街道报账员、会计、财务科长120余人。（李芷旋）

【“一卡通”专项检查】 2021年8月24—27日，芙蓉区财政局开展惠民惠农财政补贴资金“一卡通”专项监督检查，检查抽取18个社区的180户补贴对象，对“计生特扶对象生活补贴”和“城市低保户计划生育家庭奖励扶助”2个补贴资金发放及金融机构服务情况进行入户核实。该次专项检查在卡折管理、发放管理、制度建设等方面未发现有违规行为，补贴资金及时、足额发放到补贴对象银行卡内。存在的问题是补贴发放流程的公示环节不够规范，已督促各方整改、进一步规范补贴流程。“一卡通”专项检查进一步促进芙蓉区惠民惠农财政补贴资金，确保惠民惠农政策的落地见效。（李芷旋）

【政府采购内控制度】 2021年4月8日，芙蓉区财政局制定下发《关于建立预算单位政府采购内部控制制度的通知》，对全区所有政府采购内部控制事项实行清单制管理，清单项目设置包括统筹管理、绩效管理、落实政策、采购预算、采购需求、采购活动、合同管理、履约验收、信息支撑、营商环境、完善机制和其他事项12类、40项，并相应提出各项的要求，对照内控清单和要求，实行应控尽控。政府采购内控制度的推行，促进政府采购改革的落实，有效防控廉政风险。

（李芷旋）

税　务

【概况】　2021年，芙蓉区辖区内开业状态纳税人72238户，其中内资企业51271户、外商企业668户、港澳台商企业412户、非企业单位1079户、个体纳税人18797户。增值税一般纳税人14537户。社会保险费企业缴费人1.7万户，居民两险缴费人12万户，灵活就业人员22万户（含市本级灵活就业人员）。年内，芙蓉区税务工作紧扣中办、国办印发的《关于进一步深化税收征管改革的意见》要求，结合“放管服”改革进行探索实践，坚持减收并重、筑牢风控堤坝、加强队伍建设，实现“十四五”税收工作开局平稳向好。在立足区域经济、聚焦税收主业、细化行业对比的基础上，形成第一手数据支撑，向芙蓉区党委政府报送税收经济分析报告，获肯定性批示4次。主动参与区域财源建设，协调解决企业重大涉税问题，为政府招商引资、吸引重大项目落地提供税务支撑。年内，芙蓉区税务局第一税务所党支部被评为“全省税务系统先进基层党组织”，隆平园税务分局杜鹃被评为“全省税务系统优秀共产党员”。

（何　颖）

【税费收入】　2021年，芙蓉区税务局完成区财政口径税收收入18.49亿元。在做好税款征收的同时，坚持“政府主导、部门协作、税务主责、形成合力”，加强社保非税的同征同管，做好征收流程规范、业务培训和宣传辅导等基础工作，完成全区300余户机关事业单位、1.7万户企业、12万户居民“两险”的征缴工作，完成22万户灵活就业人员（含市本级灵活就业人员）的社保费，以及土地闲置费、城镇垃圾处理费、土地出让金等15项非税收入划转和征收工作。全年入库社保费83.68亿元、非税收入4.29亿元。税收、社保、非税“三驾马车”同步发展格局已基本形成。落实减税降费政策，完善直达快享机制，全年新增减税降费10.94亿元，产生退税6.7亿元（不含出口退税），其中增值税留抵退税额2.2亿元。四季度为486户次制造业中小微企业累计缓缴税费2316.8万元。

（何　颖）

【优化营商环境】　2021年，芙蓉区税务局结合“我为纳税人缴费人办实事暨便民办税春风行动”，发挥党员先锋模范作用，召集蓝税青年党员志愿者成立“三师”（注册会计师、注册税务师、律师）业务骨干税宣小组，深入自贸区芙蓉片区、市场、商圈、楼宇等，送政策、送服务、送温暖。开启出口退税“加速度”，平均办结时间压减至2个工作日以内。在世茂环球金融中心政务服务驿站启动5G智慧税务终端自助设备，实现“办事不出楼”。联合政府与中国农业银行长沙分行深入推进“政银合作”新模式，在五一商圈打造24小时智慧政务服务驿站，推行从银行开户、营业执照到税务业务的“一条龙”自助政务服务。开展大调研大走访、“百日暖企”行动，走访调研纳税企业30余家，召开2场次“税企恳谈会”，为纳税人缴费人解决痛点20余个。联合多家金融机构，签约推出“蓉易贷、税易贷”等线上线下信用贷款产品，将纳税信息与企业融资服务相结合，为有意向贷款的企业，向金融机构提供纳税信用等级信息，作为审批贷款的重要参考资料，帮助辖区内590家企业，获取贷款63.17亿元。

（何　颖）

【优化纳税服务】　2021年，芙蓉区税务局整合升级辖区内所有办税大厅的咨询专窗，在人工导税的基础上，引入多功能硬件设施和“互联网＋税务”升级导税服务，通过第一时间印制张贴办税指南二维码，推送最新税收政策微课堂等，确保纳税人和缴费人充分享受政策红利。推行“非接触式”办税缴费服务，围绕拓展“非接触式”办税缴费服务，在便民惠企上提档加速，打造“无事不扰、无处不在”的办税服务新理念，构建以“电子税务局”线上办税为主，自助、手机、邮递等多渠道为补充，实体办税兜底的“1+N+1”多位一体办税服务格局。

（何　颖）

【“律动芙蓉　税惠万家”宣传活动】　2021年4月是第30个全国税收宣传月，芙蓉区税务局以“税收惠民办实事深化改革开新局”为主题，组织蓝税青年志愿者到自贸区芙蓉片区、市场、商圈、楼宇等，开展“律动芙蓉　税惠万家”主题宣传活动。由10余名蓝税青年志愿者们组建的3个业务骨干税宣小组，送政策进企、送服务上门、送温暖入户，为纳税人提供高效、精准的税收政策指导和纳税服务支持。活动在国金中心、五一商圈、三湘大市场等区域设置税收宣传点，向市民介绍税收宣传月的活动安排和"便民办税春风行动"相关内容，向纳税人宣传税费优惠政策，解答涉税疑难问题。（何　颖）

【便民惠民助残行动】 2021年5月14日，在全国助残日来临之际，芙蓉区税务局联合湖南省残疾人劳动就业服务中心，针对入驻省残疾人创业孵化基地的20余户残疾人创业者的税收优惠政策，开展宣讲服务，通过宣讲政策，问需答疑，将政策辅导与助残工作相结合，以"便民办税春风行动"活动为契机，除为残疾纳税人开通"绿色通道"提供办税便利、走访安置残疾人就业企业进行上门服务外，还通过线上线下开展多渠道宣传辅导，让优惠政策扎实落地，发挥税费征收政策促进残疾人就业，实现社会效益、企业效率和个人价值的三方共赢。（何　颖）

【"春雨润苗"专项行动】 2021年6月，芙蓉区税务局先后在世贸环球金融中心和五一商圈开展助力小微企业发展"春雨润苗"专项行动，为楼宇内的小微企业量身订制税法宣传方案，开设"微课堂"，提供"案例式"税收优惠政策指南，以实务操作为重点，以案例讲解为支撑，汇总多个行业、不同类型的案例进行宣讲。由于活动反响良好，芙蓉区税务局与五一商圈党群服务中心达成税费宣传长期联谊共建协议，通过在服务中心设置"税宣专栏"、投放并持续更新税收政策，开辟"银税互动"专区，积极促成银企合作，打造"微课堂"，为商户量身定制税收优惠政策培训课程等举措，让商圈内的小微企业享受足不出户的

2021年5月14日，区税务局在省残疾人劳动就业服务中心开展税收优惠政策宣讲服务。图为税务人员点对点辅导残疾人创业者

（区税务局　供图）

贴心服务，助力全区微小企业发展。（何　颖）

【5G智慧税务终端入驻政务服务驿站】 2021年7月，5G智慧税务终端自助设备入驻芙蓉区世茂环球金融中心一楼大厅政务服务驿站并启动运营。纳税人在工商部门的自助设备上打印好营业执照后，可通过5G智慧税务终端自助设备登录湖南省电子税务局，方便快捷办好新办纳税人套餐业务和快速办理发票申领、代开、完税凭证打印，以及税务税控设备（UKey）发行申领、车购税完税证明查询和打印等高频税务服务事项。终端驿站的启用提高了世茂环球金融中心及周边纳税人的智能化办税水平，缩短纳税人的办税时间，实现城市大型综合商务楼宇企业"办事不出楼"的服务质效。（何　颖）

【税企恳谈会】 2021年9月7日，芙蓉区税务局召开税企恳谈会，辖区近1000名纳税人参会。会上，区税务局党委书记、局长陈学坚介绍深化税收征管改革、优化纳税服务等方面的主要举措，表示将持续坚持为民便民惠民原则，聚焦解决纳税人及缴费人的堵点、难点、痛点问题，提升办税缴费服务质效，顺应纳税人、缴费人的期盼，用心为纳税人提供良好的税收营商环境。业务骨干们分别从税收征管、税收法制、小微企业增值税所得税、个人所得税、社保非税、纳税服务等方面向与会人员讲解最新惠民政策和便民措施。恳谈会最后一个环节是成立芙蓉区涉税服务志愿者中心，10余名纳税人加入志愿者行列，表示将充当服务税收、服务社会经济的践行者。（何　颖）

【"银税互动"活动】 2021年12月3日，芙蓉区税务局联合区金融事务中心、湖南省室内装饰协会和长沙银行东城支行等部门，举办长沙建筑家居装饰行业及企业资本交

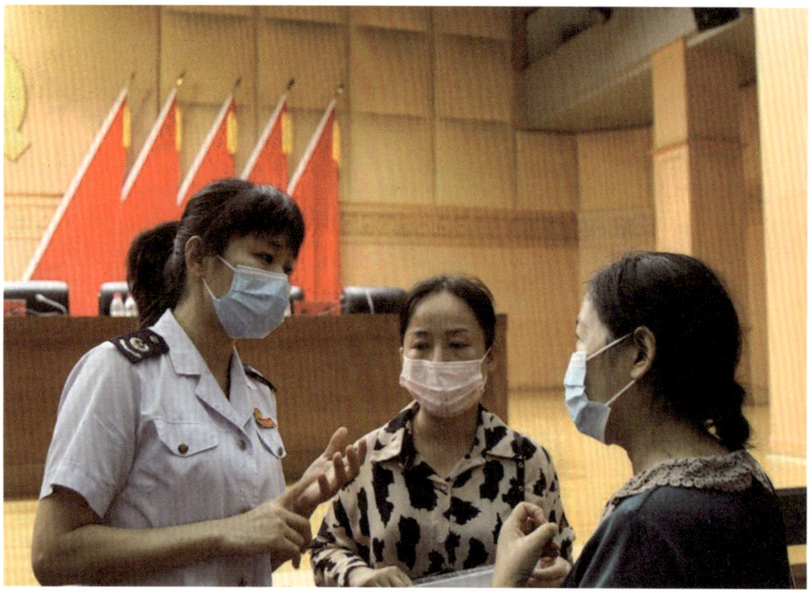

2021年9月7日，税企恳谈会上税务工作人员与纳税人面对面交流

（区税务局 供图）

流论坛暨“银税互动”活动，让纳税信用优良的企业通过政府和银行搭建的“蓉易贷”平台以“信”换“贷”，打通服务企业融资“最后一公里”，该次活动吸引辖区内21家企业参与。论坛会上，税务干部向企业讲解企业所得税税收优惠政策、纳税信用评价知识和“银税互动”内容。芙蓉区税务局通过推进“银税互动”税企互联，盘活企业纳税信用，降低企业融资成本，有效提供资金补给，进而形成“部门密切配合、金融主动服务、企业诚信发展”的良性循环。（何 颖）

审 计

【概况】 2021年，芙蓉区审计局创新工作举措，优化审计资源配置，持续推进审计全覆盖，做好常态化“经济体检”工作，服务全区经济社会发展大局。全年完成审计项目24个，查出管理不规范金额2.44亿元，违规金额231万元，减少财政拨款1125.61万元，归还原渠道资金896万元，上交财政249.32万元，追回其他资金1010.37万元，督促被审计单位收回资金99.38万元；实施的区本级财政预算执行审计项目被评为省“优秀审计项目二等奖”；年内，区审计局被评为“省级文明单位”；《学史聚力 促党建业务提质提效》经验材料在省审计厅《审计观察》第4期报道。

（刘丽君）

【财政财务收支审计】 2021年，芙蓉区落实“一级预算单位每年审计一次”要求，通过“1+N”的预算执行审计模式和大数据分析加疑点核查方式，对全区71个一级预算单位进行审计全覆盖，重点关注国家重大决策部署和政策措施贯彻落实情况、收支预算执行情况、财政管理情况等，进一步促进财政资金配置效率和使用效益的提高，促进政府精打细算过“紧日子”。暂停拨付相关单位违规房租补贴647.47万元；对东岸垸堤委会等3家水管单位实施财务收支审计，核实单位收入支出的真实状况，摸清资产负债的底数，追回违规发放个人福利28万元，为区委、区政府推动水管单位的改革打好基础；通过审计挖掘线索督促各预算单位追回或及时申领生育津贴1010.37万元，促进园区已停止支付违约企业补贴478.14万元、追回多付资金134.28万元，并提出有针对性的建议，促进园区高质量发展。（刘丽君）

【经济责任审计】 2021年，芙蓉区落实《党政主要领导干部和国有企事业单位主要领导人员经济责任审计规定》，依照干部管理权限建立本级被审计对象数据库，分类确定审计重点和频次，加强经济责任审计工作的统筹安排。全年完成9名领导干部经济责任审计项目，查出管理不规范金额8307.81万元，违规金额78.43万元，提出审计意见及建议21条，强化对权力运行的制约和监督，促进领导干部履职尽责。（刘丽君）

【政府投资审计】 2021年，芙蓉区审计局加强对政府重大项目建设和管理情况的审计监督，执行审计流程及相关制度，确保审计质量，防范审计风险。在实施的道路提质改造工程建设项目专项审计中，发现存在现场管理不到位、未按设计图施工、结算工程量计算有误、未办理竣工决算等问题，促进被审计单位追回工程款171.71万元。在实施的政府投资建设项目评审质量情况专项审计调查项目中，发现存在竣工图与现场工程量存在偏差，多计工程量、多计税金、取费不正确、项目在未实施的情况下完成结算付款等问题涉及金额588.91万元，促

进被审计单位挽回财政资金损失。芙蓉区审计局进一步加强项目整体规划，建立健全内控制度、规范项目管理。（刘丽君）

【审计管理与成效】 2021年，芙蓉区审计局围绕持续改善民生深化民生审计，以领导干部经济责任审计、预算执行审计、专项资金审计“三审合一”的形式，开拓思路、“多维度”开展民生资金的监督与检查，对全区14.68亿元、近70%覆盖率的民生资金进行监督检查，追回多付企业、个人的民生资金70.55万元，调减慈善救助预算400万元。被审计单位采纳审计建议制定《长沙市芙蓉区文化旅游体育局专项资金管理办法》《关于进一步明确芙蓉区基层医疗卫生机构财务支出审批权限的通知》等制度，促进全区民生资金管理规范化，保障重大民生政策措施落地见效。加强对审计人员计算机能力的培养，4月派出1人参加南京审计大学计算机审计培训，获得审计署计算机审计中级职称，并引导审计人员参加职称考试。2021年，1人获工程类正高职称，2人获得一级造价师职称，1人通过高级审计师考试；5月13日，组织全区财务及内审人员170人参加芙蓉区内部审计业务培训会，并组织区内部审计机构人员2批12人参加市审计师协会开展的业务提升创新班培训，提升内部审计人员的业务水平；牵头出台《关于进一步加强审计整改工作的意见》的制度文件，落实审计整改。2020年度审计指出的达到整改期限的120个问题中，有99个问题得到基本整改，整改率82.5%，向区委、区政府报送审计专报4篇，发挥审计的建设性作用，针对经责审计的突出问题，促进企业已按要求补缴增值税及附加、企业所得税1389.89万元，并促使全口径税收200万元的富淳餐饮公司在芙蓉区注册。（刘丽君）

【被评为全省优秀审计项目二等奖】 2021年12月27日，区审计局实施的“芙蓉区2019年财政预算执行情况及其他财政收支情况审计”，因主要在撰写3个审计专报并获得区长或常务副区长批示、督促追回并正常申领生育津贴1111.05万元、督促滞留资金1538.95万元完成下拨、被审计单位采纳审计建议制定《关于认真贯彻落实预算法实施条例深入推进预算管理制度改革的通知》《关于机关事业单位生育津贴申领事项的通知》4个制度方面取得成果，获得湖南省审计厅2021年全省审计机关优秀审计项目二等奖。（刘丽君）

统　计

【概况】 2021年，芙蓉区完成地区生产总值1268.24亿元，比2020年增长8.3%，其中实现第一产业增加值0.006亿元、第二产业增加值158.33亿元、第三产业增加值1109.9亿元；实现规模以上工业增加值比2020年增长5.3%；固定资产投资比2020年增长6.2%；社会消费品零售总额658.6亿元；完成外商直接投资2.8亿美元；城镇居民人均可支配收入66324元，比2020年增长7.0%。持续做好“四上”单位新增入库工作，全年申报172家，数量在全市排名第一，年营业收入超过5亿元的服务业企业1家，超过2亿元的服务业企业4家。“统计融合发展模式”被评为芙蓉区2021年度“十大创新案例”；采购经理调查、新设小微和个体户跟踪调查、劳动力调查等工作分获国家统计局长沙调查队多项特等奖、一等奖。（阳　硕）

【基层基础建设】 2021年，芙蓉区按照市委、市政府《关于进一步加强新形势下统计工作的意见》文件精神，配套出台芙蓉区实施意见，在机构设置、规章制度、经费保障、人员待遇等方面进一步提升统计保障水平。全区13个街道设统计岗位，隆平高科技园设经贸局统计科，街道统计人员77人，81个社区均配备兼职统计人员，区、街、社区专（兼）职统计人员186人。采取现场辅导和集中培训相结合的形式，组织街道分管领导、统计骨干和重点企业统计员开展普法教育和业务培训，培训20余场，培训近1500人次。利用周五下午设立统计业务课堂，由各专业轮流组织业务授课和学习交流。（阳　硕）

【数据质量控制】 2021年，芙蓉区统计局为增强党委政府对统计工作的组织领导，防范和惩治统计弄虚作假，推动统计法治建设。区委常委会和区政府常务会4次集体学习习近平总书记关于统计工作的重要论述和指示批示精神，学习中办、国办《关于深化统计管理体制改革提高统计数据真实性的意见》《统计违纪违法责任人处分处理建议办法》《防范和惩治统计造假弄虚作假督察工作规定》等，督促各街道、区直相关部门贯彻落实。按照省、市统计局统一安排部署，开展“千人进企业，服务提质效”专项行动，核查800余家单位，对核查中发现的各类数据问题给予现场指导解决。对1000余家“一套表”单位（含退出一年的单位）进行建档立卡，及时监测经营动态。到街道和经济部门座谈调研，现场了解解决难题，搞好统计服务，提振工作信心。对照国家统计督查工作内容和省委巡视整改相关要求，对全区统计工作进行再排查、再清理，区统计局与区行政执法局联合对8家统计联网直报单位进行执法检查，向区政府常务会就贯彻整改情况进行专题汇报，促进问题整改落实。

（阳　硕）

【统计研究与服务】 2021年，芙蓉区统计局采取主动汇报、及时沟通、撰写材料等方式，为区领导提供“点对点”服务，反馈月度经济数据和提供监测分析，便于区主要领导第一时间掌握全区经济运行状况。每季度及时编撰所有统计专业的统计分析资料和全区综合指标等分析测算，为区领导和相关部门分析经济运行状况，撰写统计分析21篇，刊发《统计监测》6期、《预警信息》6期，组织编印《芙蓉区第七次人口普查公报》和《芙蓉区经济普查年鉴》。与相关职能部门进行对接，为其提供“面对面”服务，进行各项指标测算，帮助部门全面了解行业运行动态，共同做好企业的报表催报和填报指导工作，确保统计部门数据按期上报，应统尽统，助推全区各项经济指标考核工作顺利完成。开展统计干部联点基层活动，为报表企业提供“心连心”服务，对所有新增企业和重点投资项目进行实地走访、上门服务和现场指导；在填报报表期间提供24小时业务咨询服务，对滞后企业进行督导，有效解决企业填报过程中遇到的问题。

（阳　硕）

【被评为“第七次全国人口普查先进集体”】 2021年9月23日，第七次全国人口普查总结表彰会议在北京召开，会上芙蓉区统计局被评为“第七次全国人口普查先进集体”。2020—2021年第七次全国人口普查期间，区统计局承担组织“七人普”全省综合试点项目，全区抽调2600余名“普查指导员”和“普查员”，对60万余名区域普查对象进行各类指标数据的上门登记和核对，确保各阶段的普查进度和质量，积累可复制、可推广、可借鉴的经验成果，得到省人普办的肯定，试点经验向全省推广。

（阳　硕）

2021年9月23日，芙蓉区统计局被评为“第七次全国人口普查先进集体”。图为授予荣誉现场　（区统计局　供图）

【企业统计工作调研】 2021年3月24日，湖南省统计局党组成员、副局长、一级巡视员高勇到芙蓉区调研统计基层基础建设和企业统计工作。市统计局党组书记缪晨光，区委副书记、隆平高科技园党工委书记卓精华，区政府副区长方宝华陪同调研。调研组先后到湖南湘茶茶叶加工有限公司、湖南腾远智能设备有限公司、美恩龙医疗器械股份有限公司和东湖街道，听取企业现阶段发展情况的汇报，了解企业的发展战略，检查企业统计工作台账。高勇对芙蓉区各街道、企业重视统计工作，在服务“三高四新”发展理念中发挥高质高效的统计力量的成绩予以肯定，要求芙蓉区加强对企业及基层基础统计工作的指导培训，提升统计质量和水平，助推全省经济发展。

（阳　硕）

【承办2021年湖南统计法治宣传月活动】 2021年12月8日，由湖南省统计局、国家统计局湖南调查总队、长沙市统计局、国家统计局长沙调查队、芙蓉区人民政府主办，芙蓉区统计局承办的2021年湖南统计法治宣传月活动启动仪式在浏阳河婚庆文化园举行。省、市、区的相关领导、企业代表、长沙市各区（县）统计局领导及芙蓉区各街道统计工作人员、现场群众200

2021 年 12 月 8 日，芙蓉区统计局承办的 2021 年湖南统计法治宣传月活动启动仪式在浏阳河婚庆文化园举行　（区统计局　供图）

余人参加活动。活动现场，湖南省统计局党组书记、局长刘文杰宣布活动启动，与湖南省统计局党组副书记、副局长李绍文，国家统计局湖南调查总队党组成员、纪检组长霍丙森，长沙市人民政府常务副市长夏建平，长沙市统计局党组书记、局长张学峰，国家统计局长沙调查队党组书记、队长张殷海，芙蓉区委书记周春晖共同推动鎏金杆。该活动以加快推进新时代统计法治建设为主题，以悬挂宣传展板和发放宣传资料为主要形式开展户外宣传。《湖南日报》、湖南卫视、红网、湖南电台、《潇湘晨报》、《长沙晚报》、长沙新闻频道等媒体进行现场报道。（阳　硕）

工商行政管理

【概况】　2021 年，芙蓉区市场监管局加强市场监管领域监管，建立以“双随机、一公开”监管为基本手段、重点监管为补充、信用监管为基础的新型监管机制，主要监管全区各类市场主体 12.85 万户，其中企业 5.43 万户、个体工商户 7.41 万户、农民专业合作社 7 户。组织开展 18 个批次市场监管领域内、5 个批次部门内“双随机、一公开”工作，检查企业 1363 家。规范“菜篮子”、医药、教育、水电气、网络平台等民生领域价格收费行为。加大广告监管力度，规范广告经营行为。开展合同格式条款监管，对培训机构、房地产业、汽车销售等行业典型不公平格式条款开展集中整治。开展打击传销、打击走私、电信诈骗、非法集资、计量少量、网络交易等专项行动。完善消费纠纷诉调对接机制拓展消费维权渠道，发展 14 家线上维权站 ODR 企业。年内芙蓉区市场监督管理局被评为“长沙市 2019—2020 年打击传销工作优秀单位”；陈钦被评为湖南省“消费维权先进个人”。（徐　慰）

【交易管理】　2021 年，芙蓉区市场监管局净化网络商品交易市场环境，瞄准“双十一”、节假日等集中促销节点和主要网络交易平台，针对平台上差评多的网店及社会反映强烈的网络平台违法行为开展专项整治。结合电商领域借庆祝名义从事商业谋利活动，开展网剑长江禁渔、野生动植物保护等专项行动，对网络平台、网站、网店开展监测 42 次，检查网站、网店 3125 家，责令 31 家网店下架违规商品，移送区行政执法局网络监管案源线索 3 起。开展打击传销专项整治行动 45 次，出动执法人员 3989 人次，查处传销窝点 20 个，劝返遣散传销人员 66 人次，录入全国涉传人员信息系统 17 人。以“抓巩固、防反弹”为主题，以“进社区、进市场、进学校、进农村、进工厂、进家庭”为主要手段，组织辖区街道（园、局）开展打击传销宣传月活动，开展各类宣传活动 128 次，参与群众 1 万余人，发放宣传册 1.35 万份，制作宣传横幅 185 条、电子滚动屏 726 块。规范校外培训机构合同管理，排查培训机构 63 家，收集原始合同 18 份，推广校外培训合同示范文本 12 家，调解合同格式条款争议 432 件。（徐　慰）

【广告业监管】　2021 年，芙蓉区市场监管局加强新冠肺炎疫情防控期间广告监管，防止利用广告聚众集中营销，重点对辖区药店、超市、楼宇、网络会所、保健品会所等门店开展检查。开展违法违规商业营销宣传集中整治行动，出动执法人员 786 人次，行政约谈广告经营主体 5 家（次）；开展清理整治“知名医院被冒牌问题”专项行动，出动执法人员 58 人次，未发现相关违法行为。发挥广告监测系统平台作用，通过全国互联网广告监测平台处理涉嫌违法广告线索 33 条次。处理广告违法线索移送函 27 起、职业打假人举报信 6 件、标题宣传中使用专利违法广告线索 9 起、“涉嫌借庆祝名义从事商业谋利活动”违法广告线索 5 起。（徐 慰）

【消费维权】 2021 年，芙蓉区市场监管局通过“12315”和“12345”热线平台受理、接待消费者咨询、投诉、举报工单 3.35 万件，工单量较 2020 年增长 59.11%，其中“12345”平台工单 2.04 万件、满意度 99.55%。建立热线工单通报、会商工作机制，每月定期通报工单满意度、投诉按时初查率、投诉按时办结率、举报按时核查率，将热线处理工作纳入对基层市场监管所评先评优和绩效考核指标；营造安全放心的消费环境，3 月 15 日，在万家丽商业广场举办以“守护安全 畅通消费”为主题的“3・15”国际消费者权益日宣传活动。推进在线消费纠纷（ODR）机制建设，将消费维权意识较强、售后服务机制健全的友谊商店、深圳美团优选科技有限公司长沙分公司、湖南苏宁易购有限公司等 10 家企业发展为在线消费纠纷（ODR）单位。建立健全行政约谈工作机制，定期开展行政约谈，对举报数量多、消费纠纷未及时处理的 34 家企业开展行政约谈 3 次。针对“3・15”晚会曝光的名表维修问题，开展钟表维修市场违法违规行为专项整治，对辖区内从事钟表维修的经营者进行调查摸底，建立 91 家经营者台账，发布行政指导建议书 67 份，要求经营者签订“诚信经营承诺书”67 份。（徐 慰）

【诚信体系建设】 2021 年，芙蓉区 3.81 万户企业完成年报，年报率 87.53%；公示经营异常名录 5797 条，其中因未进行年报列入经营异常名单 5414 条，因通过登记住所无法联系列入经营异常名录 383 条；加强企业信用信息修复，按程序移出经营异常名录企业 651 家，修复严重失信企业信用 14 家；协助司法机关冻结股权及解除股权冻结 104 起。（徐 慰）

【“3・15”国际消费者权益日宣传活动】 2021 年 3 月 15 日，芙蓉区“3・15”国际消费者权益日“守护安全 畅通消费”主题宣传活动在万家丽商业广场举行。区政府副调研员虢中华出席活动。活动现场，万家丽生活超市作为企业代表发言，阿波罗商业广场、精彩生活超市等辖区 21 家专业市场及商超代表集体宣读《守护安全畅通消费企业诚信经营承诺书》，承诺诚实守信经营，勇担消费维权责任。现场通过舞蹈、幽默小品等文艺节目形式，将安全、健康、理性的消费维权理念植入消费者心中。消费维权知识互动抢答环节将活动推向高潮。该活动由芙蓉区人民政府主办，区市场监管局、湖南万家丽集团承办，区市场监管局、区教育局、区行政执法局、区司法局、区金融事务中心等 14 个部门，隆平高科技园、湘湖管理局、各街道办事处、社会团体、知名企业代表、消费群众代表等 300 余人参加。（徐 慰）

【钟表维修市场专项整治行动】 2021 年 3 月 19 日到 4 月 20 日，区市场监管局在全区范围开展为期 1 个月的钟表维修市场专项整治行动。针对钟表维修行业“小病大修”“无病骗修”的行业乱象，对辖区从事钟表维修的经营者开展拉网式排查，重点检查企业维修单据、交易明细、广告宣传、零部件采购来源、是否明码标价、是否品牌授权等行为。该次专项整治行动检查市场主体 96 家，约谈经营户 32 家，发布行政指导建议书 67 份，要求经营者签订“诚

2021 年 3 月 15 日，芙蓉区“3・15”国际消费者权益日宣传活动在万家丽商业广场举行。图为专业市场及商超代表宣读企业诚信经营承诺书

（区市场监管局 供图）

信经营承诺书”67 份，向社会承诺诚信经营、守法经营，并在经营场所上墙公示。（徐　慰）

质量技术监管

【概况】　2021 年，芙蓉区市场监管局以新发展理念为指引，对标高质量发展要求，推进“质量强区”建设，被湖南省市场监管局确立为全省质量基础设施“一站式”服务首批试点区县。全年开展电线电缆、火灾防控产品质量安全、特种设备安全、压力容器安全等专项整治行动 15 次。指导的袁隆平农业高科技股份有限公司“基于数字化的‘双全双零’质量管理模式”被评为“第四届中国质量奖提名奖”；推荐 7 家单位获得 2021 年国家级、省级服务标准化试点项目。湖南浩通国际物流有限公司作为中非经贸博览会唯一代理商，9 月通过中非经贸博览会通关服务规范地方标准立项；省茶叶研究所、琴海数码等 4 家单位高分通过省级服务业标准化试点项目评估验收。“芙蓉标准化小镇打造标准化聚集区、赋能产业高质量发展”案例入选湖南自贸试验区长沙片区十大改革创新实践案例。全区保持中国质量奖提名奖 1 个，湖南省省长质量奖 1 个，长沙市长质量奖 1 个，湖南省省长质量奖个人奖 1 个，湖南省省长质量奖提名奖 1 个，国家优质工程奖项目 1 个，中国钢结构金奖项目 1 个，芙蓉奖项目 4 个，省优质工程项目 3 个，高新技术企业 260 家。年内，区市场监管局被评为“2021 年度全省安全设备监察工作优秀单位”。（徐　慰）

【特种设备安全监管】　2021 年，芙蓉区以安全生产月、质量月、电梯安全宣传周活动为契机，开展特种设备安全“七进”（进企业、进学校、进机关、进社区、进农村、进家庭、进公共场所）宣传活动，发放《电梯安全使用常识读本》等宣传资料 3000 余份。对 70 余家电梯维保单位开展集中约谈；开展电梯使用单位安全管理人员培训，组织 600 人次参加培训，举办特种设备安全协管员专题培训班，培训街道、社区特种设备安全协管人员 110 人次。组织开展特种设备应急救援演练 3 次。对辖区内锅炉、压力容器、气瓶充装、电梯鼓式制动器等重点领域开展专项整治；开展特种设备安全检查，检查特种设备使用单位 452 家次，其中重点单位 66 家，下达指令书 87 份，行政约谈电梯维保单位 41 余家次，移送执法部门立案查处 18 起。执行安全隐患“一单四制”的工作模式和要求，对 2 起重大隐患实行跟踪督办，督促隐患单位整改到位。（徐　慰）

【标准化管理】　2021 年，芙蓉区市场监管局成立全省首个标准咨询窗口，免费提供标准、知识产权等咨询服务。加快芙蓉标准化小镇建设，创立“实验室 + 协会 + 院校 + 公司”模式，设立全省首个“质量诊所”，国家市场监管总局国家标准技术审评中心湖南分中心、北京标研科技发展中心产业标准（长沙）分中心 2 家标准化服务机构进驻，皇冠认证检验（湖南）有限公司等 6 家产业链相关企业成立并入驻，国家技术标准创新基地（长株潭）国际标准化服务创新中心于 10 月落户芙蓉标准化小镇。为中南大学湘雅二医院、蓉园宾馆、袁隆平农业高科技股份有限公司等 13 家单位完成支付 2021 年省级标准化专项资金和 2021 年度省现代服务业发展专项资金 103 万元；指导推荐湖南有色金属研究院有限责任公司参与制定《铜、铅、锌精矿化学分析方法镉量的测定　AAS 法》和《铜、铅、锌精矿化学分析方法镉量的测定 ICP 法》2 项国际标准；指导湖南明园蜂业科技有限公司、湖南省湘茶高科技有限公司、长沙市仟吉食品有限公司等通过 HACCP、GMP、ISO 22000 标准体系认证。（徐　慰）

【计量服务】　2021 年，芙蓉区市场监管局开展计量器具备案服务，全区 154 家单位计量器具备案 2425 台（件）数。以满分的成绩通过长沙市“十三五”区（县、市）人民政府能源消费总量和强度“双控”目标责任评价考核验收。结合文明创建和日常巡查，对辖区的大型超市、海鲜市场、农贸市场使用的电子台秤和定量包装产品开展监督检查，检查大型超市 15 余家、农贸市场 30 家、海鲜市场 1 家，电子台秤 600 余台（件）。围绕“测量守护健康”主题，组织开展“诚信计量立品行、放心消费在芙蓉”宣传服务活动；对辖区 5 家加油站开展计量专项监督检查。（徐　慰）

【产品质量监管】　2021 年，芙蓉区市场监管局开展电动自行车、头盔产品和灭火器、电线电缆、成品油等产品质量区级监督抽查，抽查 30 个批次。完成重点工业产品监督抽查不合格报告后处理工作 111 起。开展电取暖器具、钢筋、口罩、儿童玩具和学生用品、棉被加工、眼镜制配场所、消防产品质量、成品油及车用尿素、电线电缆质量安全“联查联打联治”、“3·15”晚会曝光的瘦身钢筋专项检查整治行动和监督检查。开展推进监管促进口罩质量提升专项整治行动，对辖区内口罩和熔喷布生产销售企业进行排摸。（徐　慰）

【袁隆平农业高科技股份有限公司获第四届中国质量奖提名奖】2021年9月16日，在中国质量（杭州）大会上，袁隆平农业高科技股份有限公司被授予第四届中国质量奖提名奖。中国质量奖是中国质量领域的最高荣誉，于2012年经中央批准设立，每两年评选一次，已开展4届评选表彰活动。该次“隆平高科”获奖的项目为“首创基于数字化的‘双全双零’质量管理模式”。该模式以“产品零缺陷、服务零遗憾”为目标，自主开发育种测试、农田地理信息、收获管理、质量追溯及种粮一体化等系统，实现种子“全生命周期、全业务流程”质量管理，确保为农户提供优质综合农业服务解决方案。该模式提升了公司研发效率、种子质量、农业服务水平，在国内年推广面积超533.33万公顷，引领全国种业质量管理模式变革。（徐　慰）

【芙蓉标准化小镇入驻机构（第二批）签约仪式】 2021年4月26日，芙蓉标准化小镇入驻机构（第二批）签约仪式暨湖南农业大学合作签约授牌仪式举行。省市场监管局、市市场监管局、芙蓉区政府相关负责人，以及湖南农业大学、芙蓉标准化小镇入驻企业相关负责人参加活动。活动中，与会领导为湖南农业大学“教学实习基地”揭牌，芙蓉标准化小镇与湖南农业大学将在种业、茶叶、茶油等农业标准化产业发展项目、农业国际标准化高端人才培育等多方面开展合作。签约现场，皇冠认证检验股份有限公司、北京标研科技发展中心标准产业（长沙）分中心等重点企业和机构入驻小镇。中国银行股份有限公司、中国平安财产保险股份有限公司、湖南通程律师事务所等与小镇达成战略合作，为小镇入驻企业提供融资和法务咨询等服务。（徐　慰）

【“质量月”电梯安全宣传周主题活动】 2021年9月16日，区市场监管局联合湖南安卓特种设备科技有限公司、日立电梯（中国）有限公司湖南分公司、长沙市万科物业服务有限公司，在万科金域蓝湾小区开展2021年“质量月”电梯安全宣传周之“电梯安全宣讲”主题活动。现场通过摆放宣传展板、悬挂横幅、派发宣传单、接受群众咨询等形式开展。宣传活动介绍电梯的基本构造、安全装置原理和电梯安全使用，咨询台工作人员为居民详细解答、宣讲电梯出现停电、故障突然停止被困电梯时如何做等特种设备安全、电梯安全运行常识。活动接待群众咨询500人次，派发《中华人民共和国特种设备安全法》《电梯安全使用管理规范》等宣传资料200余册，达到宣传效果。（徐　慰）

【特种设备安全百日大会战活动】2021年11月开始，芙蓉区展开岁末年初特种设备安全百日大会战。11月12日，区市场监管局对天心城市广场、定王台社区卫生服务中心特种设备安全开展专项检查。执法人员从天心城市广场在用的18台电梯中随机抽取南栋1号电梯进行现场检查，对电梯的安全技术档案、维保记录、检验情况，以及物业公司的安全管理制度和安全责任建立情况、事故应急专项预案制度情况和是否进行演练等情况进行检查，检查结果良好。随后执法人员检查定王台社区卫生服务中心的在用特种设备，发现该单位未建立电梯安全应急预案，违规使用不合格电梯，且未签订有效维保合同，执法人员现场下达特种设备安全监察指令书，要求立即停止使用。这是全区安全百日大会战专项检查的一幕。该次行动检查各类特种设备使用单位18家，排查各类隐患10起，下达安全监察指令书6份，现场要求企业立即整改或限期整改到位，达到检查监督的效果。（徐　慰）

【第22个“世界计量日”宣传周活动】 2021年5月13—20日，芙蓉区市场监管局围绕第22个“世界计量日”举办宣传周活动。以“测量守护健康”为主题，开展“诚信计量立品行 放心消费在芙蓉”系列宣传服务活动，宣传计量在与人民健康生活密切相关的电子计价器、加油机、制配眼镜等场所基础保障作用和相关知识；5月13日，召开全区眼镜制配场所“履行质量主体责任 杜绝计量失信行为”专题会议；5月20日，联合湘湖管理局在湘湖街道东湖社区精彩生活超市组织开展“放心消费在芙蓉”诚信计量示范创建活动；5月20日，联合湖南农业大学、长沙市眼镜商会在湖南农业大学校内联合开展“诚信计量进校园”志愿服务活动。宣传周期间，区市场监管局13个市场监管所还对辖区内的海鲜市场、农贸市场和超市使用的电子台秤开展监督检查，督导各商户严格落实主体责任，杜绝计量失信行为，确保量值准确，营造“诚信计量立品行 放心消费在芙蓉”良好氛围。

（徐 慰）

食品药品安全监管

【概况】 2021年，区市场监管局以创建国家食品安全示范城市为抓手，加大食品安全监管力度，实现全区1.34万余家食品生产经营企业（门店）及380余家学校、企事业单位监管全覆盖；创新监管模式，推出校园食堂“互联网+”智慧监管、海鲜水产品“四双”产销对接监管、民办幼儿园“1+3”监管及食品安全特色街巷等新型监管模式；在全区160余家学校、幼儿园推动落实“互联网+明厨亮灶”建设；开展“农产品质量安全行”、“护苗”行动、网剑行动等专项检查整治行动20余次，查处食品类违法案件377起。其中涉刑移送案件3起，罚没款152.8万元，兑现举报奖1.1万元。全区食品安全监管形势持续稳定向好，未发生食品安全事故。《中国食品报》07版专版刊登《芙蓉区多措并举助力长沙创建食安城市》，《湖南省市场监管》杂志第46期刊登《长沙市芙蓉区奋力打造食品安全示范标杆区》经验材料。

区市场监管局结合新冠病毒疫情防控实际，加强“四类药品”（退烧药、止咳药、抗病毒药和抗生素类药）及新冠病毒疫苗接种单位的监督管理，落实精准防疫要求。开展检测监测工作，预防重大医疗隐患，全年上报药品不良反应事件171例、医疗器械不良事件66例、化妆品不良反应事件34例。

年内，区市场监管局“推行‘四双’产销对接监管，织牢海鲜水产‘天网’举措”入选2021年湖南省食品安全工作深化改革典型创新举措。

（徐 慰）

【基础建设】 2021年，芙蓉区168家学校、幼儿园食堂全部实现“明厨亮灶”，53家公办中小学、幼儿园建成“互联网+明厨亮灶”智慧食堂监管平台。该项工作被长沙市食安委作为创新经验在全市推介。继续推进食品安全追溯平台建设，创建“美团”“饿了么”等18家标准化站点建设活动，8家配送站点经过提质达到规范化建设标准。结合街道特色街巷建设，创新夜市管理模式，继续深入打造沁园夜宵一条街、湖南米粉街、扬帆夜市等食品安全特色街巷，积极打造食品安全特色街巷网红模式。加快推进海鲜水产品双快检筛查+双留样比对+双报备溯源+双互动管控的“四双”产销对接监管模式，成立“四双”产销对接监管工作领导小组，在马王堆海鲜市场全面推行海鲜水产品“四双”产销对接监管模式。

（徐 慰）

【食品药品安全监管】 2021年，芙蓉区对全区1.34万余家食品生产经营主体按风险等级A、B、C、D级分类，进行1—4次全覆盖督查检查；深入推进“护苗”“护老”“网剑”“长江禁捕”等专项整治行动，出动检查人员1.75万人次，检查4.11万家，排查食品安全风险隐患2375条，责令改正1020家；严格按照重大活动保障“三五一八”（三个预先、五个一遍、一个总结、八种表格）总要求，完成2021年省、市“两会”、“岳麓种业峰会”、“航天通用装备博览会”、“中非合作论坛”、“全省脱贫攻坚总结表彰大会”等各项重大保障活动61场次的食品安全监督，确保食品安全零事故。在省第十二次党代会后，区市场监管局在会务品安全保障方面工作成绩突出，被省、市场监管局通报表扬，中共湖南省委办公厅接待服务中心向芙蓉区委、区政府致专函感谢省党代会期间的食品安全保障工作。开展对单体零售药店的日常监督检查、药品经营质量管理规范飞行检查、药品流通领域突出问题进行专项整治；开展农村药品安全专项整治，检查药店270家次、医疗机构280家次、化妆品经营使用单位160家次，出动执法人员1600余人，责令改正24家，立案8起，罚没6.86万元。开展打击欺诈骗保套保挪用贪占医保基金专项整治，检查特门药店38家、其他医保定点零售药店75家、医疗机构32家，责令整改14家。聚焦疫情防控类、集中带量采购中选产品、无菌和植入性、网络销售4类医疗器械，特别是注射用透明质酸钠、隐形眼镜等的购进、验收、储存、使用情况，以“械字号面膜”名义进行销售的医用冷敷贴、以“械字号牙膏”名义进行销售的冷敷凝胶等医疗器械产品销售，开展全面监督检查，责令改正7家（次），移交违法线索2起，立案1起，罚款1万元。开展化妆品行业专项检查，检查化妆品经营使用单位160家，立案4起，罚没金额2.2万元；开展打击非法医疗美容服务专项整治，检查医疗美容服务机构32家，责令整改5家。（徐 慰）

【防范安全风险】 2021年，芙蓉区制订年度食品安全检验检测工作方案，加大食品抽检力度，全面监测食品安全。开展监督抽检、快速检测和不合格食品处置工作，完成食品抽检2483批次，其中不合格117批次。开展食品安全快速检测5.59万批次，不合格73批次，合格率99.86%，对不合格食品全部进行处置，做到三级溯源。加强对农贸市场、生鲜超市的监督检查力度，对重点区域、重点食品、重点人群进行不定期核酸检测，共检测环境样1720批次、食品样1457批次、人员6922批次。每周五对马王堆海鲜市场定点开展核酸检测，全年开展核酸检测1.41万批次；每周挑选6个涉冷链企业进行抽样检测，检查进口冷链食品生产主体1624次，及时排除风险隐患。开展医疗器械质量安全风险隐患排查治理，收到医疗器械生产、经营、使用单位自查报告239份，检查医疗器械生产企业4家、医疗器械经营使用单位81家，责令改正21家，约谈药店9家。（徐　慰）

【国家食品安全示范城市创建】2021年，芙蓉区以创建国家食品安全示范城市工作为抓手，将食安创建与经济社会发展各项工作同部署、同落实、同考核，全年未发生食品安全事故。全区落实“党政同责”；隆平高科技园和全区13个街道（局）、82个社区（村）全员发动，2000余名专兼职食安创建人员各尽其责；区食安委各成员单位齐抓共管、协同配合，履行监管责任形成工作合力。全区加大监管力度，打击食品安全违法行为。组织全区食安创建线上知识抢答，动员辖区7187名餐饮从业人员参与网上食品安全学习培训。发送手机食安创建宣传短信82.36万条，朋友圈推广78.8万条，发放调查问卷1.62万份。鼓励群众参与食品安全创建，规范处理消费者投诉举报，受理食品投诉5159件，办结处理5074件，按时办结率98.35%，消费者满意率99.63%。开展校园食堂“互联网+”智慧监管模式，推进海鲜水产品“四双”产销对接监管模式，打造食品安全特色街巷网红模式。《中国食品报》、湖南卫视、《长沙晚报》、华声在线、红网等媒体报道芙蓉区食安创建工作752条次。（徐　慰）

【网络餐饮专项整治“网剑行动（2021）”】2021年3月29日至11月8日，区市场监管局开展网络餐饮专项整治“网剑行动（2021）”，出动1256人次，检查网络餐饮服务第三方平台3家，检查入网餐饮服务提供者514家，查出无证、冒用或使用虚假食品经营许可证5家，未按规定公示有关信息2家，超范围经营2家，其他违法违规问题4家，下达责令改正通知书17份，下线入网餐饮服务提供者13家，下线“幽灵外卖”19家，关停取缔入网餐饮服务提供者2家。开展网络餐饮专项抽检20批次，其中线上抽检16批次，线下抽检4批次。立案查处9件入网餐饮服务提供者涉嫌违法违规行为，起到促进网络餐饮服务健康发展、营造网络订餐放心消费环境的作用。（徐　慰）

【“湘菜管”随机检查餐厅活动】2021年6月25日，区市场监管局执法人员与区人大代表、政协委员、消费者代表等组成的“湘菜管”随机检查小组，突击检查“米粉一条街”的所有门店。检查从业人员健康管理和个人卫生，以及原料进货查验、餐食加工制作、餐饮具清洗消毒、后厨环境卫生，以及制止餐饮浪费、禁止经营野生动物和长江流域非法捕捞渔获物等经营行为，检查情况整体良好。活动委托深圳市通量检测科技有限公司检测人员对“饭香了”和“壹德壹”米粉店2家餐饮店的10个样品、20个批次食材进行快速检测，检测样品为空心菜、丝瓜、黄瓜、大蒜叶、扁豆、青椒、红椒、扁粉等，当天检测样品均没有有毒死蜱，甲氰菊酯（蔬菜类）、甲醛、吊白块等有害指标均为阴性。活动让餐饮单位自觉落实餐饮服务食品安全操作规范，增强自身主体责任意识，市民可以从公开透明的执法行动中了解食品安全监管的工作力度，增强市民对食品安全监管的安全感。（徐　慰）

【“年关守护”药品专项检查】2021年1月20—27日，区市场监管局对辖区20余家药店和3家疫苗接种点开展督查。督查组对连锁药店、单体药店和疫苗接种点进行详细检查，重点查看零售药店是否遵守药品经营质量管理规范、是否有非法购进和过期失效药品，以及购买新冠肺炎防疫药品登记、冷藏冷链药品管理、新冠疫苗运输储存管理等情况。经查，芙蓉区零售药店基本上遵守药品经营质量管理规范，未发现有非法购进和过期失效药品。各疫苗接种单位均能按照《中华人民共和国疫苗管理法》规定开展储存、运输、分发活动，已建立完整的出入库记录、台账、接种记录，及时索要对应批次产品的出库单、冷链运输温度记录等资料，并按疫苗信息化追溯要求扫码，将疫苗（含新冠疫苗）出入库信息、预防接种信息上传到疫苗追溯协同服务平台，确保疫苗流向合法、清晰可控。部分药店存在药品陈列不规范、中药饮片养护不及时、购买防疫药品登记不全面等问题，执法人员当场提出整改要求，并督促整改到位。

（徐　慰）

【校园护苗行动】　2021年3月4日，区市场监管局对星城世家幼儿园、世嘉华城幼儿园、育才三小及鲁比森教育培训机构进行厨房食品安全专项检查，重点检查4所学校食堂进货查验制度落实、环境卫生整洁、业务人员管理、餐饮具清洗消毒、三防设施完善、设备设施使用安全及疫情防控措施的落实等情况。检查发现有厨房从业人员三防设施不全、垃圾桶无盖、未认真落实进货查验制度等问题，检查人员当场发出整改通知，责令整改。

（徐　慰）

价格监督管理

【概况】　2021年，芙蓉区市场监管局坚持以服务发展为中心，发挥市场监管职能作用，以口罩、消毒杀菌用品、抗病毒药品等防疫用品和粮、油、肉、菜、蛋等生活必需品等为重点领域，聚焦药店、商业超市、集贸市场、医疗机构、涉企收费单位等重点对象，在鼓励、支持和引导经营者保障供应的基础上，抓好市场价格监管，保障市场价格秩序基本稳定。加强新冠肺炎疫情防控期间市场价格监管，对辖区药店、超市、农贸市场等人流密集场所开展每日一巡查，发放提醒告诫函数量476份，约谈市场主体39家，责令整改价格问题1次。

（徐　慰）

【价格收费管理】　2021年，芙蓉区市场监管局开展转供电电价大排查大整治，全年出动执法人员99人次，检查转供电单位165次，发现涉嫌违法转供电主体17家，下令责令整改通知书21份，退费35.75万元。开展涉企收费专项检查工作，对通过抽签方式产生的芙蓉隆平中小企业促进服务中心、芙蓉区书法家协会等5家政府下属单位、中介机构、行业协会的停征免收项目、不按要求降低收费标准、强制服务并收费等情况进行检查，未发现有违规收费现象。开展教育专项检查，采取自查和核查相结合模式，对长沙市湘一芙蓉中学、芙蓉区育英学校等学校的价费公示制度执行情况、学费（保教费）收取执行情况、服务性收费和代收费执行情况、民办学校收费执行情况等进行检查，未发现有违规收费现象。对全区停车服务收费行为进行专项检查，以城区主次干道、重要支路的路内停车泊位，以及大型商超、星级酒店、公立医院停车场为主要区域，对定价形式、计费方式和价格公示等方面进行全面检查，出动人员85人次，检查停车服务单位122家，行政约谈服务单位1家。

（徐　慰）

【春节保供稳价检查】　2021年2月8日，区市场监管局对汽车东站周边、精彩生活超市、千金大药房等超市、汽车站和药房进行春节保供稳价情况检查。在汽车东站周边，检查人员检查交通运输价格，查看车站落实重大节假日免收小型客车通行费政策等情况；在精彩生活超市，检查人员详细了解蔬菜、粮油、肉、蛋等商品的价格，检查明码标价及节假日促销情况，督促指导超市守法经营；在千金大药房，检查人员逐一核查药品的生产日期、有效期、生产厂家、价格等记录。对现场检查中发现的问题，检查组要求经营者立即进行整改，确保全区春节市场重点消费品供应充足、价格稳定。

（徐　慰）

2021年2月8日，区市场监管局组织开展春节市场保供稳价专项检查。图为检查人员检查生鲜超市食品明码标价及节假日促销情况

（区市场监管局　供图）

【价格监测】 2021年，芙蓉区加强市场价格监测预警，在节日期间及冰雪天气对米面粮油、蔬菜等商品开展零售价格监测，检查明码标价及节假日促销情况。同时，以商超、菜市场等场所为重点，强化价格政策宣传，要求经营者在显著位置悬挂、张贴价目表，标明监督投诉方式，做到明码标价，接受社会监督。监管人员向市场主办方发放价格提醒告诫函并提出具体要求，督促其落实主体责任，加强价格自律，合法诚信经营。打击囤积居奇、串通涨价、哄抬价格等违法违规行为，出动检查人数871人次，巡查药店269家，农药市场847家，超市213家。（徐　慰）

【新冠肺炎疫情防控期间价格监管】 2021年新冠肺炎疫情防控期间，芙蓉区市场监管局加大监管力度，对疫情防控期间粮、油、肉、菜等生活必需品和防疫物资价格加强监管，开展监管执法92批次，检查生活超市、农贸市场480家，巡查药店116家。发放提醒告诫函360份，约谈市场主体35家，责令整改1家。开展核酸检测收费专项检查，出动监管执法人员26人次，检查医疗机构18家，确保市场平稳。（徐　慰）

【医疗服务价格不规范问题集中整治】 2021年8—12月，芙蓉区市场监管局针对人民群众反映强烈的医疗服务价格项目不规范问题，制定《医疗服务价格不规范问题集中整治方案》，通过自查自纠、系统排查、督导检查等方式，对全区医疗服务机构医疗服务价格项目开展集中整治，重点对医疗服务机构是否存在自立项目收费、串套项目收费、分解项目收费、重复收费、违反计价单位收费等不规范收费行为进行检查。该次行动出动检查人员123人次，检查医疗卫生机构4家，检查医药生产、销售企业9家，检查医疗器械生产、销售企业1家，未发现价格不规范行为。（徐　慰）

知识产权保护

【概况】 2021年，芙蓉区推动省知识产权强区建设，依托隆平园知识产权服务中心、“种业硅谷”、芙蓉区标准化小镇和自贸区芙蓉区块相关知识产权的资源优势，探索常态下知识产权工作新思路，为全区经济高质量发展提供知识支撑。2021年，芙蓉区被评为省级“知识产权建设强区”。（徐　慰）

【知识产权管理】 2021年，芙蓉区市场监督局（区知识产权局）加大财政投入，保障知识产权惠企补助落地，在芙蓉区“5·20”企业服务日系列活动中，累计兑现科技奖补资金594.6万元。推进知识产权运用，实现知识产权质押融资3312万元，完成中小微企业知识产权托管56家。完善知识产权政策，对自贸片区内知识产权质押融资项目贴息力度再上浮50%。激发知识产权创造，推动发明专利拥有量再提升，全区有效发明拥有突破量2236件。完成重点企业知识产权体检30家、指导企业知识产权贯标2家、企业产业预警分析2家。推荐湖南稀土新能源有限公司、惠农网加入市局商贸流通行业商标品牌扶持平台，与多所高校院所达成合作。指导湖南农业大学知识产权（技术转移）中心获得长沙市高校知识产权在长转化突出贡献奖；指导学校专家申报获得高校知识产权转化创新团队奖2项。（徐　慰）

【知识产权服务】 2021年，芙蓉区服务和推动全区知识产权后备力量建设，协助企业健全知识产权制度，走访知识产权企业、高校、知识产权机构等单位38家，开展重点企业知识产权体检30家，指导企业开展知识产权贯标2家，与130余家企业搭建全区知识产权互动平台，为企业发展破解知识产权难题。加速惠企政策落地兑现，受理全区各类主体、单位及个人2020年度发明专利授权补助申报249件，补助金额49.8万元。开展知名医院被冒牌问题专项整治，清查含有“协和”“湘雅”等字样相关企业及个体名单7户。在全区范围内清查非正常专利申请1433件，受理和分流各类知识产权投诉举报1055件。（徐　慰）

【知识产权宣传】 2021年，芙蓉区市场监督局结合“3·15”消费者权益保护日、“4·26”知识产权宣传周、“5·20”企业服务日等主题宣传活动，开展知识产权宣传教育活动20余场次，组织媒体报道40余条次。利用户外宣传、线上微课堂、楼宇电梯公益宣传、新媒体直播等多形式、多渠道展示宣传知识产权信息，组织开展贯标、托管、融资等培训30余场次。成立湖南农业大学校级平台的知识产权中心和技术转移中心，长郡芙蓉中学作为2019年获评的省内唯一全国知识产权示范学校，将知识产权课堂编入学生教学日程。（徐　慰）

2021 年 4 月 26 日，芙蓉区知识产权宣传周主场活动在万家丽广场举行。图为活动现场政策兑现环节　　（区市场监管局　供图）

【知识产权宣传周活动】　2021 年 4 月 26 日，芙蓉区知识产权宣传周主场活动在万家丽广场举行。活动由芙蓉区政府主办，区市场监管局（区知识产权局）、区版权局、湖南省知识产权交易中心承办，区直机关部门负责人及重点企业知识产权相关负责人、知识产权服务机构代表、现场群众等 100 余人参与活动。活动现场进行专利大户奖励、知识产权示范单位奖励、知识产权质押融资贴息补助、中小微企业知识产权托管项目资助 4 个类别政策兑现，湖南农业大学、长郡芙蓉中心、湖南高华环保股份有限公司等 9 个项目兑现 39.18 万元。湖南琴海数码股份有限公司代表在现场分享企业知识产权工作开展经验。湖南芸生律师事务所知识产权法务部主任李颖带来“企业品牌培育与商标保护”主题分享。湖南省机器人与人工智能推广学会代表现场进行自主创新型抗疫消毒喷洒机器人展示。宣传周活动不仅增强全社会的知识产权意识，更营造尊重知识产权、鼓励自主创新的良好环境。

（徐　慰）

【湖南省知识产权建设强县复核验收通过】　2021 年 5 月 25—27 日，湖南省知识产权建设强县考核组对芙蓉区人民政府建设省级知识产权强县工作进行复核验收。考核组对照《湖南省知识产权建设强县指标考评表》，从知识产权管理、知识产权运用、知识产权创造、知识产权保护、试点示范情况和其他特色工作情况等 6 个方面 19 项指标进行量化考核。考核组对芙蓉区知识产权建设强县工作管理体系健全、知识产权创造能力发展势头足、运用工作成效显著、知识产权保护有力度等方面给予认定。8 月 19 日，湖南省市场监管局发布复核结果通报，芙蓉区通过湖南省第二批湖南省知识产权建设强县复核验收。

（徐　慰）

【专利预警分析研究项目及知识产权贯标指导签约对接会】　2021 年 8 月 19 日，芙蓉区召开 2021 年度专利预警分析研究项目及知识产权贯标指导签约对接会，区市场监管局党委书记、局长周旭东，副局长易曙明出席签约对接。区内优秀知识产权企业康通电子、净源环境、惠瑞生物和药圣堂 4 家企业代表，与区市场监督管理局签署专利预警分析和知识产权贯标指导协议，提升企业专利风险管理意识，提高知识产权管理水平，为企业更好地赢得市场竞争主动权。在签约会上，周旭东肯定各企业前期知识产权工作，并从加强协调、准点推进、强化保障、融合共享 4 个方面对签约企业提出要求。　（徐　慰）

农业 · 水利

Agriculture & Water Conservancy

编辑　谭自然

农业产业发展与管理

【概况】 2021年，芙蓉区传统农业基本退出。全区仅有的东屯、杉木、西龙、张公岭、东湖5个行政村分属东岸、马坡岭、东湖3个街道办事处。辖区内有湖南农业大学、湖南省农科院等多家涉农科研院所、高校，拥有以“油菜院士”官春云、“养猪院士”印遇龙、“辣椒院士”邹学校、“茶叶院士”刘仲华、“水产院士”刘少军、“农田杂草防控院士”柏连阳、“柑橘院士”单杨7位院士为代表的生物育种领军人才。辖区有农药农资经营店50家。 （高铭阳）

【农业产业化企业】 2021年，芙蓉区有农业产业化龙头企业12家（总部），其中国家级重点龙头企业4家（袁隆平农业高科技股份有限公司、湖南省茶业集团股份有限公司、湖南省明园蜂业有限公司、绝味食品股份有限公司）；省级龙头企业7家（湖南金健种业科技有限公司、湖南省春云农业科技股份有限公司、湖南隆科农资连锁有限公司、长沙长福餐饮服务有限公司、湖南省银华棉麻产业集团股份公司、湖南科裕隆种业有限公司、湖南希望种业科技股份有限公司）；市级重点龙头企业1家（长沙华创农产品贸易有限公司）。

（高铭阳）

【农资打假普法宣传】 2021年4月19日，由市农业农村局主办，区农业农村局协办的“农资打假 诚信经营”普法宣传活动在马坡岭农资一条街举行，市农业农村局以及区农业农村局、马坡岭街道的50余名干部参加。该次宣传活动主题为打击假冒伪劣种子、农药等农资经营，保障农产品质量安全。现场摆放活动展板10个、横幅6条，发放各式宣传资料1000余份，接待咨询人数200余人次。 （谢 琦）

【农机安全宣传咨询活动】 2021年6月18日，芙蓉区农业农村局联合东岸街道在区体育公园举办“落实安全责任，推动安全生产”农机安全宣传咨询活动。活动现场播放《生命重于泰山——学习习近平总书记关于安全生产重要论述》电视专题片和《不可逾越的红线》警示片，设置“农业机械安全常识及事故警示”“拖拉机顽瘴痼疾整治”和“拖拉机安全知识”宣传栏，向市民发放《拖拉机驾驶员须知》和《农机安全责任手册》等。活动还设置咨询台为现场群众答疑解惑，进一步增强市民对农机安全的法治观念和安全意识，提高群众对农机安全的应急处置能力。 （谢 琦）

【农资经营门店专项检查】 2021年12月4日，芙蓉区农业农村局对全区范围内农资经营门店进行专项检查。被检查门店含区级办理的一般性农药单位42家，市级审批分支线农药经营单位3家，省级审批限制性农药经营5家。该次检查的重点为农药经营单位销售记录、质量承诺制度、质量合格证制度以及开展自检情况，是否存在违法销售农药、添加违禁物质和不遵守农药使用安全间隔期、休药期规定等行为，确保全区农资产品经营的规范和安全。

（谢 琦）

·养殖业·

【概况】 2021年，全区生猪、家禽等规模养殖业退出，仅有金山度假村开展休闲垂钓，鱼塘水面14公顷，水产养殖量近20吨。年内芙蓉区因整体功能区划和生态环境需要，已对东湖渔场开始进行湿地改造。

（谢 琦）

2021年6月18日，芙蓉区农机安全宣传咨询活动在区体育公园举行

（区农业农村局 供图）

【动物疫病防控】 2021年，芙蓉区辖区未发生区域性重大动物疫情。在城区实施宠物狂犬病春、秋集中免疫和授权免疫点定点免疫方式，全区有免疫宠物犬只1.1万余只，发放免疫证4230本，采集血清样115份。常态化防控非洲猪瘟。区防指办制定《2021年长沙市芙蓉区非洲猪瘟等重大动物疫病“大清洗、大消毒”专项行动实施方案》，检查动物诊疗场所160余家次，兽药经营门店100余家次，要求各经营门店做好每日“大清洗、大消毒”防控措施，发放消毒药品1120千克。开展动物防疫法律法规宣传活动。组织编制新修订《中华人民共和国动物防疫法》知识手册、明白纸、宣传单等，通过现场咨询、发放明白纸等多种形式，宣传动物防疫法律法规知识，使市民了解掌握有关知识、提高动物疫病防控意识和公共卫生安全认识。年内开展宣传咨询活动10余场次，出动人员150余人次，悬挂条幅标语20余条，现场发放宣传资料1000余份，接受咨询600余人次。（谢　琦）

【宠物诊疗机构监管】 2021年，芙蓉区对辖区的宠物诊疗机构、病原微生物实验室、兽药经营店等开展监督检查280余次；对辖区的25家动物诊疗机构的“动物诊疗许可证”和63名执业兽医师的“兽医师执业证”完成年审工作。开展授权免疫点资格审核工作。经书面材料核查、现场审核和综合评定，确定13家动物诊疗机构为2021年度芙蓉区犬类动物免疫点。科学设立动物检疫检测点。在原有的2家犬类动物检测点基础上，增加到3家犬类动物检测点，受理动物检疫申报2200余次，检疫动物80万余只。

（谢　琦）

【浏阳河水域禁捕退捕】 2021年，芙蓉区制定下发《长沙市芙蓉区重点水域常年禁渔的通告》《2021年长沙市芙蓉区重点水域禁捕联合巡查执法工作方案》《进一步加强“三无船舶”管理的通知》《长沙市芙蓉区规范禁渔水域垂钓行为管理制度》等相关文件，建立健全成员单位联席会议和联合执法制度，各涉河街道落实属地责任，负责定期巡查，成员单位落实情况纳入区河长制绩效考核，确保工作取得实效。组织开展专项禁捕行动10余次。对辖区浏阳河、圭塘河辖区段加强巡查监管和宣传，各涉河街道按照属地原则开展日常巡查，对垂钓行为进行规范（一人一杆单钩），发放宣传禁渔、护河资料1500余份，沿河设置“禁止一人多杆多钩”等警示牌80余块，开展巡查550余次，出动巡查人员2500余人次，劝导不规范垂钓人员600余人次。

（谢　琦）

【浏阳河禁捕联合行动】 2021年4月27日，芙蓉区禁捕办联合市农业综合行政执法局渔政大队和东屯渡、马王堆、湘湖管理局等街道、社区工作人员20余人，对浏阳河开展水政执法监督检查。现场劝离一人多杆、多线多钩等违规垂钓行为6人，收缴水上浮游工具1个，发放宣传资料20余份。本次联合行动重点对监管薄弱区域的违法、违规水上捕钓行为进行了执法打击，提高了禁捕工作的震撼力，提升了群众对“十年禁渔”工作的知晓度与参与度。确保了浏阳河全面禁捕工作有效推进，让浏阳河流域真正实现“休养生息”，保障芙蓉区良好生态环境及渔业资源。

（谢　琦）

·林　业·

【概况】 2021年，芙蓉区有林地24.16公顷，活立木总蓄积2.56万立方米，森林覆盖率27.22%。

（高铭阳）

【森林情况普查】 2021年，芙蓉区开展包括历史火灾数据及减灾能力调查、野外火源调查、森林火灾隐患调查等。已初步建立数据库，待省林业厅核查。落实森林防火工作措施，全年未发生森林火灾。年内开展森林防火宣传教育，发放宣传教育手册400余份；继续坚持24小时森林防火值班值守和隐患排查工作。开展春秋季松材线虫普查，未发现松材线虫等重大林业有害生物。开展野生动物救护工作，年内救护野生动物102只，包括哺乳动物35只，鸟类59只，两栖及爬行类8只；其中国家二级重点保护动物4只。

（高铭阳）

【全面推行林长制】 2021年，芙蓉区林长制工作体系已建立健全。全区全面建立区、涉林街道（东湖街道）、涉林社区（龙马社区）三级林长制工作体系，构建“区建、街道管、社区用”的林长制责任机制和“一长三员”（林长、护林员、监管员、执法员）（执法员由长沙市林业和园林综合执法支队配置）分区负责的网格化管护体系。

（高铭阳）

·表7· 2021年芙蓉区农、林、牧、渔业总产值统计表

行业名称	2021年（万元）		2020年（万元）		2021年比2020年增长（%）
	现行价	可比价	现行价	可比价	
农、林、牧、渔业总产值	134	121.8	129	124.8	-5.4
一、农业产值	1	1.4	2	1.8	-30.3
二、林业产值	—	—	—	—	—
三、牧业产值	—	—	—	—	—
四、渔业产值	101	88.4	91	87.5	-2.9
五、农业服务业	32	32	36	35.5	-11.1

（资料来源：区统计局）

水　利

【概况】　浏阳河芙蓉区段由南向北再向西穿区而过，河段长约13千米。域内有长善垸和东岸垸2个堤垸一线防洪堤长约15.3千米。其中，长善垸设计防洪能力为200年一遇。东岸垸设计防洪能力为100年一遇。长善垸和东岸垸大堤均为土堤，堤顶高程吴淞标高41.5米左右。浏阳河芙蓉区段保证水位38.68米（吴淞标高）、警戒水位36米（吴淞标高）、最高水位为2017年的40.08米（吴淞标高）。2021年全区防洪形势稳定，未发生较大险情。

（钟静琪）

【防汛抗洪】　2021年汛期，长沙连续遭遇强降雨天气，雨情、水情复杂，芙蓉区分别于5月22日0时、7月1日0时、8月23日22时启动防汛Ⅳ级应急响应，于5月24日10时、7月5日12时、8月26日20时解除防汛Ⅳ级应急响应，洪峰水位5月22日17时的35.52米（吴淞高程）。为确保浏阳河安全度汛，芙蓉区于4月22日制定并下发《2021年度防汛责任制通报》，5月13日举办防汛抢险培训班及防汛动员会，开展防汛应急演练。汛期全区各堤段责任单位及责任人蹲点值守，落实责任，做好城区防汛工作；7处泵站运行正常，重点堤段、区域实行24小时全天候值守。全区在防汛应急响应期间召开防汛会商会19次，派出防汛工作组21批次，巡堤巡查防守投入劳力1075人次。

（钟静琪）

【城区排涝】　2021年，芙蓉区有排渍泵站7处，分别为长善垸内的亭子港、东屯渡、中心、三角塘和东岸垸内的杉木港、砂咀子、罗溪港泵站，排渍泵站装机容量为55台25925千瓦，排渍能力达到年暴雨强度一年一遇的标准，进一步提高排渍能力，满足城区防洪排涝需求。全区7处排渍泵站的供电线路均采用双回路供电，增强泵站运行的可靠性，提高城市防内涝的保证率。2021年，全区累计排渍开机总时长110小时55分钟，总排水量261.41立方米。确保了垸内全年未出现内涝现象，无任何安全生产事故。

（钟静琪）

【水利安全生产】　2021年，芙蓉区农业农村局统筹“发展和安全”两件大事，开展水利安全生产专项行动。组成由电排站站长牵头，“两委”委员及安监员等参加的安全生产检查小组，坚持每月对各部门进行安全生产检查，重点检查排灌设备的维修情况、电路设备运行情况、应急预案的修编情况、节假日、汛期的值班情况及用电、用火情况等，做到发现问题立即整改。年内，组织电排站全体职工进行安全生产学习3次，全员考核1次。

（钟静琪）

工业·软件信息产业·园区

Industry & Software Information Industry
& Industrial Parks

编辑　谭丽霞

工 业

【概况】 2021年，全区规模以上工业企业54家（其中隆平园区规模以上工业企业47家，城区规模以上工业企业7家），较2020年减少3家。全区规模以上工业总产值52.2亿元，比2020年增长17.7%；规模以上工业增加值14.9亿元，比2020年增长5.3%；工业投资47.93亿元，比2020年增长162.8%；工业技改投资10.67亿元，比2020年增长124.6%。全区规模以上工业企业实现利润1.99亿元，实现利税总额3.1亿元。

（周旭鹏　郭泽武）

【工业企业转型升级】 2021年，园区推动工业经济转型发展，推进智能制造，新增一批“小巨人”企业。芙蓉区长沙韶光铬版有限公司入选工信部第三批专精特新“小巨人”企业，湖南稀土新能源材料有限责任公司通过湖南省新材料企业认定，湖南广发隆平高科技园创业服务有限公司被认定为湖南省中小微企业创业创新基地，湖南琴海数码股份有限公司、长沙豆芽文化科技有限公司入选2021年湖南省专精特新“小巨人”企业，湖南康通电子股份有限公司等3家通过2021年湖南省专精特新“小巨人”企业培育复核，湖南德睿科技信息咨询有限公司被认定为2021年湖南省中小微企业核心服务机构，湖南稀土新能源材料有限责任公司、湖南索思科技开发有限公司、湖南恒成信息技术有限公司入选2021年长沙市工业和信息化类“小巨人”企业，长沙和捷实业有限公司、长沙凡代克门窗幕墙有限公司入选第八批长沙智能制造试点企业。

（周旭鹏　郭泽武）

【工业企业安全管理】 2021年，芙蓉区工信局开展重点工业企业安全生产检查23家，现场纠正和建议修正安全隐患76处，完成隐患整改134处，全年工业企业未发生较大及以上安全生产事故。督促指导企业落实“蓝天保卫战”各项要求，开展低挥发性有机物含量的原辅材料推广工作，湖南高波印刷有限公司申报“低挥发性有机物含量的原辅材料替代应用”项目，科学铺排和调度错峰生产。

（周旭鹏　郭泽武）

【新材料新能源生产】 2021年，隆平园有新材料新能源企业7家，总产值4.91亿元。重点企业有长沙和捷实业有限公司，主要产品为制冷设备连接环。湖南稀土新能源材料有限责任公司，产品为钕铁硼等稀土永磁材料。湖南稀土金属材料研究院有限责任公司，主要为稀土金属冶炼。

（于宝祥）

·重点工业企业选介·

【湖南隆平种业有限公司】 湖南隆平种业有限公司是袁隆平农业高科技股份有限公司旗下最大的核心产业全资子公司，中国最大的集育、繁、推一体的专业化杂交水稻种子公司，年推广杂交水稻面积200万余公顷，每年帮助农民增产粮食近3亿千克。公司拥有完善的科研、生产加工、营销、技术服务体系，现有员工近400人，其中本科以上学历人员85%以上。公司建立了完善的商业化育种体系，拥有湖南省企业技术中心、省水稻工程技术研究中心等科研机构，形成“开发一代、储备一代、再研一代”的科研格局。公司年研发投入占销售收入近10%，拥有知识产权160余项，常年研发种植面积近133公顷，科研育种材料8万～10万份，年筛选新组合1000余个，拥有晶两优华占、

·表8·　2021年芙蓉区工业经济主要指标统计表

指标名称	单位	2021年工业总产值	2021年比2020年增长（±%）
一、规模以上工业总产值	亿元	52.2	17.7
二、规模以上工业增加值	亿元	14.9	5.3
三、高新技术产品总产值	万元	4427727	23.9
四、高新技术产品增加值	万元	1754580	28.6

（资料来源：区统计局）

·表9· 2021年芙蓉区规模以上工业主要经济指标统计表

指标名称	单位	2021年
一、企业单位数	个	57
二、工业总产值	万元	521831
三、工业销售产值	万元	514465
四、应收账款净额	万元	130558
五、产成品	万元	63830
六、资产合计	万元	783065
七、负债合计	万元	369732
八、营业收入	万元	494443
九、营业成本	万元	384499
十、税金及附加	万元	2248
十一、销售费用	万元	34118
十二、管理费用	万元	27701
十三、财务费用	万元	1249

说明：不包含3家高新区企业

（资料来源：区统计局）

·表10· 2021年芙蓉区规模工业营业收入完成情况统计表

序号	细分门类	至年底企业数（家）	营业收入（亿元）	同比增长（%）	占规模工业比重（%）
1	种业	12	8.67	-6.09	23.31
2	生物技术及农产品加工	13	15.39	23.19	41.38
3	新材料新能源	7	4.93	-5.35	13.26
4	快速消费品	3	4.59	0.69	12.34
5	电子信息	4	1.91	0.06	5.13
6	其他	8	1.70	-28.27	4.58
	合计	47	37.19	3.96	——

（资料来源：隆平高科技园）

晶两优、隆两优534等一大批科技含量高、商业价值巨大的水稻强势品种，选育了冠两优、平两优、韵两优、梦两优系列等后续强势组合。公司拥有国内最大的稳定优质生产基地近1万公顷、业内最先进的现代加工仓储体系，仓储面积4000余公顷，80%以上为冷储仓库，全自动化生产加工线4条。公司建立了全程机械化制种关键技术体系、全过程质量监控和追溯体系，实行高于国家标准的企业标准。公司是“中国种业行业AAA级企业”“中国种业信用明星企业”成员单位，拥有“省农业产业化龙头企业”“省高新技术企业”“国家火炬计划重点高新技术企业”“高技术产业化示范单位”等称号，获得国家、省、市科技进步奖20余项、拥有发明专利10余项，省级以上行业标准9项，“农平”商标、隆平“龙形图标”连续多次被评为“湖南省著名商标”，“隆平”品牌已成为国内外知名品牌。至2021年，公司已进入高质量发展黄金期，近两年公司销售创近十年新高。晶两优华占、晶两优534、隆两优534三大品种，包揽2020年和2021年度杂交水稻全国推广面积前三席。（于宝祥）

【英氏控股集团股份有限公司】英氏控股集团股份有限公司创立于2008年，总部位于湖南省长沙市芙蓉区隆平高科技园，是中国领先的专业化母婴产品高新技术企业。集团有员工1000余名，拥有湖南长沙、江西奉新、湖南浏阳三大智能制造基地。公司致力于为用户提供健康贴心的喂养护理解决方案。围绕婴幼儿辅食主业，不断拓展版图，持续深耕生产技术、优化产品工艺，形成“英氏忆格”“舒比奇”“Wellingo”“忆小口”四大品牌矩阵，产品涵盖婴幼儿辅食、用品、营养品、儿童食品等4大品类。2020年，英氏控股联合中国妇幼保健协会，以尊重婴幼儿差异化生理发育需求为原则，独创“辅食5阶精准喂养体系”，科学分阶理念奠定了英氏产品高端优质的市场认知。稳步推进管理运营数字化进程，打造直播经济新引擎，与全国95%以上大型孕婴童连锁系统达成战略合作，形成以天猫、京东等综合性电商平台为核心，辐射拼多多、贝店、云集、抖音、快手、社区购等新型渠道的全平台营销网络。公司先后获得“婴童行业最具潜力品牌”“消费者最喜爱产品”“质量安全诚信品牌”“年度产业推动奖”等多项荣誉。（于宝祥）

【湖南药圣堂中药科技有限公司】湖南药圣堂中药科技有限公司成立于2015年10月，是老百姓大药房集团旗下集种植、生产、科研为一体的大健康工业版块。公司位于长沙市隆平高科技园，建筑面积6万平方米，总投资2.5亿元，于2018年11月全面投产，专业生产传统配方饮片、精致包装饮片、贵细中药饮片、直接口服饮片、毒性饮片和食品等，年产值可达8亿元。公司立足于传统中药饮片事业，传承国药经典，专注加工技艺，是国家中药标准化项目制定单位、国家高新技术企业，“药圣堂”商标被认定为湖南省著名商标。（于宝祥）

【长沙和捷实业有限公司】长沙和捷实业有限公司前身为长沙市朝阳照相制版厂（成立于1983年），是一家专业从事制冷配件研发、生产、销售与服务的股份制企业，国内唯一专业从事金属管材冷挤压环连接技术研究与应用的企业，该技术已广泛应用于冰箱、空调制冷系统管路中。公司拥有现代化的生产车间及和捷环生产线等自动化生产设备，一支高素质的员工队伍及由高、中级技术人员组成的科研力量，建立了专业的环连接技术实验中心和检测中心，并与中南大学等大专院校建立合作关系，具备独立研发

2021年，湖南药圣堂中药科技有限公司外景　　（隆平园　供图）

和产品设计能力。公司拥有30多项国家专利及软件著作权，被认定为国家火炬计划“高新技术企业”，是首批进入国家级“长沙高新技术开发区”的企业之一，曾荣获国家级银质发明奖、金质科技成果奖等多种奖项。和捷环技术及系列产品长期服务于海尔集团、美的集团、海信集团、美菱集团、格力集团、创维集团、TCL集团、康盛管业等国内30多家家电公司，在国内冰箱制冷管路冷挤压环连接领域占据第一市场份额。（于宝祥）

·中小微企业服务·

【概况】 2021年，芙蓉区开展服务楼宇经济联点活动，进一步优化营商环境，服务楼宇经济，和联点楼宇广发隆平做好结合文章，新引进市场主体9家，为企业协调解决各类问题10余件，广发隆平全年利税449.23万元。依托芙蓉中小微企业服务中心，举办2021年“创客中国”芙蓉区中小微企业创新创业大赛决赛，15个项目中，评出企业组一等奖1个，二等奖1个，三等奖2个；创客组一等奖1个，二等奖1个。组织芙蓉区中小企业发展政策宣讲会，举办2021长沙专精特新小巨人企业“两上三化”数字讲座沙龙活动、东湖街道营销专题培训活动、2021年湖南专精特新“小巨人”企业线上公益大师课、2021“湖湘精品”中小企业品牌大讲堂等活动，获得企业好评。（郭泽武）

【中小企业发展政策宣讲会】 2021年7月2日，芙蓉区2021年中小企业发展政策解答在广发隆平创业园举行，来自芙蓉区的100余名中小企业代表参加活动。宣讲会

2021年7月20日，“创客中国”芙蓉区中小微企业创新创业大赛决赛在熙林国际会议中心举行。图为湖南苋鲜生态科技有限公司的“苣苋草生态水产养殖全产业链”项目讲解现场（区工信局 供图）

上，云犀供应链服务有限公司合伙人刘思遥对工信、科技、发改等部门申报项目、专项资金、项目申报要求等相关内容作深入解读和案例分析，对有关涉企惠企政策答疑。长沙联通云计算高级工程师、负责人梅誉耀作“‘两上三化’助力企业数字化转型”专题讲解。此次活动，旨在落实中小企业“数字化网络化智能化转型”工作部署，打通惠企政策落地“最后一公里”，增强企业政策理解应用能力。（郭泽武）

【2021年“创客中国”芙蓉区创新创业大赛总决赛】 2021年7月20日，2021年“创客中国”芙蓉区中小微企业创新创业大赛总决赛在熙林国际会议中心举办。该项赛事于6月启动，通过微信公众号、电话、H5、邮箱、街道办和创客空间等方式宣传动员，收到报名咨询记录80余个。参赛项目包括智能制造、新能源新材料、生物医药、互联网+、文化创意等行业类别。经海选评委组初审和复审，在企业组选出10个项目、创客组选出5个项目进入区级决赛。专家分组进行赛前辅导，帮助参赛企业明确企业核心竞争力与商业价值，助推项目路演能力提升。总决赛上，企业组中湖南苋鲜生态科技有限公司“一颗种子的革命——苣苋草生态水产养殖全产业链”项目，获企业组一等奖，长沙韶光铬版有限公司“超性能微金属网格——柔性光电薄膜——取缔ITO”项目获得企业组二等奖，湖南科臣环境科技有限公司“高性能冶炼废渣治理功能材料研发及产业化”项目、湖南恒成信息技术有限公司“银行信贷软件——新型信贷移动营销管理系统”项目获得企业组三等奖；创客组中的湖南华外医疗科技有限公司“微创腔镜吻合器”项目获创客组一等奖，长沙市慧康智能科技有限公司“‘金夕阳’社区智慧养老综合服务平台”项目获得创客组二等奖。其中湖南苋鲜生态

科技有限公司、湖南华外医疗科技有限公司参加市赛晋级省赛，获省赛优胜奖。大赛集中展示了近年来全区域中小微企业转型升级、高质量发展的成果，推动中小微企业创新发展。（郭泽武）

软件信息产业

【概况】 2021年，芙蓉区落实市委、市政府发展软件产业决策部署，发布软件产业扶持政策，成立区软件行业协会，完善芙蓉区软件和信息技术服务业精准服务体系，助推企业发展。帮助80余家企业申报省移动互联网、市工业和信息化发展资金、市软件发展资金、市移动互联网资金项目，为18家企业成功获得省市扶持资金928万元，区级扶持资金128万元，争取市对区软件产业聚集区发展启动资金332万元。组织企业参加首届“名企、名品、名人”评选活动，金天鹅的天鹅会云平台和盛鼎科技的农村土地信息综合应用平台获得湖南软件名品。指导长沙芙蓉软件产业园科技孵化器制定和完善管理办法，优化办公场地，梳理整顿注册企业，清退部分不合规企业，提升孵化器入驻企业的专业性。全年27家规模软件和信息技术服务业企业实现营业收入16.99亿元。（文程遥）

【5G网络建设】 2021年，芙蓉区5G基站建设任务为1532个，实际建设完成1557个，年度任务完成率101.63%。5G汇聚机房建成3个，其中联通建成2个，电信建成1个。完成2021年5G建设任务。（文程遥）

【长沙市芙蓉区软件行业协会成立】 2021年11月19日，芙蓉区软件行业协会成立暨第一届会员代表大会在芙蓉区长沙现代服务产业园举行。大会由区工业和信息化局、区行政审批服务局指导，区中小微企业服务中心、芙蓉区中小企业公共服务平台主办，湖南广发隆平高科技园创业服务有限公司协办。会议审议通过《长沙市芙蓉区软件行业协会章程（草案）》《长沙市芙蓉区软件行业协会选举办法》等相关制度规章。确立“团结合作、互助发展、共赢提高”的办会宗旨，选举第一届理事（监事）会成员，并由理事会推选产生协会第一届领导班子成员。北京神舟航天软件技术有限公司湖南分公司总经理柳沣原当选为会长，李婧担任秘书长。芙蓉区工业和信息化局局长张亚出席并讲话，希望协会充分利用互联网信息化时代有益机制，肩负起为广大软件企业搭建好政企沟通的桥梁作用，壮大全区软件产业。（孙　雄）

2021年11月19日，芙蓉区软件行业协会成立暨第一届第一次会员代表大会在芙蓉区长沙现代服务产业园举行　（区工信局　供图）

隆平高科技园

【概况】 2021年，隆平高科技园新增企业1210家，园区企业总数4285家。2021年，隆平高科技园完成技工贸总收入268亿元；完成规模工业总产值41.78亿元，比2020年增长1.8%，规模工业增加值增长2.7%；完成“四上”服务业总营业收入173.8亿元，比2020年增长24.49%，社会消费品零售总额22.53亿元，比2020年增长19.65%；限额以上批发额121.97亿元，比2020年增长29.76%。完成其他营利性服务业营业收入18.09亿元，比2020年增长46.36%。完成固定资产投资53.83亿元，比2020年增长21.9%。完成全口径税收23.49亿元，比2020年增长31.89%；园区亩均营收和亩均税收分别为924.97万元、31.7万元，分别排在省级园区第二位和第一位。芙蓉区现代农业产业园作为湖南省唯一代表向农业农村

部报送全国产业园建设典型案例，在全省农业发展规划会议上作典范发言。（周　密）

【园区招商引资】　2021年，隆平高科技园全年到深圳、珠海、福建、重庆、广州、上海等地开展招商活动35次，领导带队拜访并洽谈项目近50个。参加各种展会及重大签约活动10余次，其中在首届中国·长沙岳麓种业峰会上，与先正达集团、日本三井物产、北大荒垦丰种业、国药种业等10余家国内外知名企业签署种业产业链招商协议。全年引进企业1210家，产业项目96个（其中投资过亿元以上项目22个），比2020年增长25%，总投资额117.52亿元，比2020年增长58%。重大项目招商。湖南山润铺子食品有限公司通过法拍方式，获得原湖南今升购物股份有限公司闲置土地1.33公顷，打造山润茶油湖南总部基地项目。湖南广发隆平高科技园创业服务有限公司摘牌2.4公顷工业用地，投资3.6亿元打造长沙医疗器械科技创新产业园。产业链项目招商。发挥中央专项资金、市级种业硅谷专项资金作用，推动全市种业产业链项目向隆平集聚。联合长沙县春华镇共建种业硅谷春华基地，努力构建“总部+基地”“核心+配套”的发展格局。全年引进优质产业链企业64家，正邦集团有限公司、广东海大集团股份有限公司为“三类500强”企业。引进山润茶油湖南总部基地等8个过亿元项目，实现产业链总投资51.7亿元。华智生物企业总部基地新签约，入驻湖南甲天下鳖龟种业科技有限公司、湖南旭兴农业科技有限公司、湖南立诚生态科技有限公司、湖南生猪大数据工程中心以及中国企业500强正邦集团旗下中农正邦等一批企业。（周　密）

【园区产业发展】　2021年，隆平园优化产业结构，园区规模工业战略性新兴产业企业17家，占规模工业企业总数比重36%。高技术服务业营收占规模服务业营收比重为26%。动态监测“四上”企业盈亏情况，40家重点监测企业总营收增长17.4%。推进绿色发展，年内完成重点行业低挥发性有机物含量原辅材料推广使用工作。加大科技创新。全年高新技术产值138.1亿元，较2020年增长31.5%。规模工业研发投入强度4.21%。完成技术合同登记7.99亿元，增长40%。完成知识产权质押融资3112万元、知识产权转化合同303.5万元。新增“四上”企业26家。两批申报高新技术企业51家，年底有效高新技术企业110家，净增35家。完成上市报辅1家（隆平农业发展股份有限公司），15家进入长沙市上市企业后备库。智能制造试点企业完成2家。（周　密）

【园区产业链建设】　2021年，岳麓山种业创新中心完成“2+8”（2个关键共性技术研究中心和8个专业研究中心）研究体系建设，启动建设省农业种质资源创新数据库，入选省“数字新基建”100个标志性项目，获批新型研发机构3个、12项湖南省种业“卡脖子”重大攻关项目，“油茶高产稳产品种选育及区域化配制关键技术”获批长沙市“揭榜挂帅”重大科技项目。“2021年长沙市现代农业高质量高水平发展项目”立项并争取资金100万元，现代种业产业链获批产业链工作经费35万元。新增市级以上高层次人才26人，截至年底，园区有市级以上高精尖人才127人，其中国家顶尖重点人才计划4人，占全市1/2。省“百人计划”14人，约占全市1/5。拥有全省唯一省“百人团队”。以岳麓山种业创新中心和隆平高科为依托，获得全省作物种业产业高级职称评审权限，29名产业人才获批。（周　密）

【种业】　2021年，隆平园有种业企业12家，实现总产值12.11亿元。在12家种业企业中，有11家企业的主要产品为杂交水稻种子，1家企业为蔬菜种子。其中，重点企业（杂交水稻种子）湖南隆平种业有限公司（2021年度继续包揽全国杂交水稻推广面积前三席），另有湖南民生种业科技有限公司、湖南金色农华种业科技有限公司、长沙利诚种业有限公司。（于宝祥）

【生物技术及农产品加工】　2021年，隆平园有生物技术和农产品加工企业共13家，总产值为15.18亿元。其中，嘉吉饲料（长沙）有限公司，主要产品为猪饲料。长沙绿叶生物科技有限公司，生产大荘素、牲命一号、护仔康等饲料添加剂。湖南药圣堂中药科技有限公司，主要为中药饮片加工。长沙市惠瑞生物科技有限公司生产的植物提取物，80%出口欧美市场。（于宝祥）

【园区项目建设】　2021年，湖南广发隆平高科技园创业服务有限公司以3124万元成交2.43公顷工业用地，办结全部土地手续，长沙医疗器械科技创新产业园项目完成地下室土方60%的工程量。仁孚汽车项目完成地下室土方及基坑支护，大红陶瓷胚体仓库项目完成主体施工，凯德隆盛、丰兴实业（三期）、平商创智完成项目建设，琴海数码项目完成建设并按要求完成项目观摩工作，龙璟汇项目完成地下室土方工程，因资金原因暂处于停工状态，“一带一路”米业种业生产基地完成主体四层，隆平生物种业创新中心项目完成地下室基坑土方和边坡支护施工，进行人工挖孔桩基础施工。（周 密）

【营商环境优化】 2021年，隆平高科技园开展“百日暖企”行动为企业纾困解难，60名干部联点帮扶128家重点企业，帮助湖南省茶业集团股份有限公司等26家企业解决出口、供电、用地难题95个，帮助湖南扬翔农牧有限公司等企业实现融资7450万元，解决23名高端人才购房、子女入学等困难。举办芙蓉区“蓉易贷”政银企对接会，广发隆平、凯德技术长沙股份有限公司等企业获银行授信政府背书。兑现21家企业2020年第二批中小企业贷款贴息137.63万元。协助长沙绿叶生物科技有限公司等10家企业进行创新平台储备；组织湖南树人牧业科技有限公司等18家企业申报养老保险缴费费率过渡试点；组织广发隆平、湖南丰兴实业有限公司开展2020年度工业地产项目年度评估。召开高质量发展政策兑现大会，推行政策免申即享改革，开展线上政策宣讲，编制惠企“政策包”，助企申报科技、人才、技改等项目60余项，兑现政策资金1.2亿元，惠及企业400余家。实施营商环境对标行动，开展“帮代办”全流程服务1620次，“不打烊”全日制服务5664次，实现“不见面”企业登记1372次，942次政务服务事项100%“一网”通办，2225件企业办事实现“一次不用跑”。省知识产权（隆平园）分中心通过省局中期评估，自贸区分中心挂牌。中心为企业提供专利申请前期咨询服务，举办主题培训6场，专利审查时限从两年多缩短至3个月。知识产权特色服务被《中国市场监管报》《中国知识产权报》专题报道，被选入长沙市营商环境改革创新典型案例。（周 密）

【园区建设与管理】 2021年，隆平生物种业产业园产业（一期）及配套建设稳步推进，对山路项目启动建设。长农路东段和小古城路建成通车。红湖路、新安路道路项目完成初步设计方案，新安路建设获工程规划许可。营盘路10千伏高压杆线下地完成并通电运行，雨污分流雨水管改造项目已完成建设，人民东路F60地块低压杆线拆除工程完成，张公岭片区路灯移交工程完成移交。组织开展全园集中新冠肺炎疫苗接种33场，累计接种1.8万剂次，全年园区零感染、零隔离。实行环保错峰生产、污染防治和日常监测，班子成员91次带队开展安全隐患排查整治，整改隐患263处，移送案件14起。全年解决信访问题14起，化解矛盾纠纷20个。防范化解债务风险，稳步推进隆创投公司市场化转型。培训企业通讯员，开展网络安全、文化阵地隐患排查，落实重大活动备案制度。市级以上媒体报道园区332篇次。（周 密）

【隆平高科技园政策兑现大会】 2021年4月29日，隆平高科技园召开政策兑现暨高质量发展推进大会，215家获奖企业，236位获奖代表，芙蓉区委副书记、园区党工委书记卓精华及全体在家班子成员出席大会并为获奖企业代表颁奖。根据园区《关于鼓励支持企业高质量发展的若干政策》，2021年兑现6600万余元。大会现场发布《关于鼓励支持企业高质量发展的若干政策》。（周 密）

【中国·长沙岳麓种业峰会】 2021年10月9日，中国·长沙岳麓种业峰会在芙蓉区举行，会期3天。峰会以“种业振兴新使命，创新引领新征程”为主题，原国务委员、十一届全国人大常委会副委员长、中国老科学技术工作者协会会长陈至立讲话并宣布峰会开幕，湖南省委常委、长沙市委书记吴桂英致辞。种业界院士、知名专家以及国内相关企业代表近300人参会。峰会旨在通过研讨观摩，凝聚共识，交流经验，打好种业翻身仗。中信农业总经理、隆平高科董事长毛长青出席大会并作《发挥排头兵作用，推进种业振兴行动》主旨报告。开幕式现场发布全国种业领域年度“十大进程”，宣布聘请朱作言、黄路生、桂建芳等15名院士为长沙·中国隆平种业硅谷专家咨询委员会委员。会上，湖南省科技厅与中国农村技术开发中心举行“100+N”战略签约，岳麓山种业创新中心与中信农业、华智生物、湖南大学国家超算长沙中心等签署共建协议，隆平高科技园与先正达集团、日本三井物产、北大荒垦丰种业、国药种业等企业签署种业产业链招商协议。隆平高科联合湖南省农业科学院、湖南农业大学举行作物种业振兴论坛。140余位专家、企业家参加论坛，6位专家围绕国家粮食安全形势及发展对策、水稻种业发展、绿色超级稻培育、玉米种业发展、水稻抗褐飞

2021 年 10 月 9 日，中国·长沙岳麓种业峰会现场　　（隆平园　供图）

虱育种、理论诱变定向改良技术及镉低积累水稻研创作专题报告。除开幕式主论坛外，峰会还包括种业高峰论坛及作物、畜禽、水产、中药材、油茶种业振兴论坛，长沙·中国隆平种业硅谷之夜招商会，问“稻”之旅考察活动。

峰会由科技部中国农村技术开发中心、农业农村部科技发展中心、国家林业和草原局科技发展中心、湖南省科学技术厅、长沙市人民政府等主办，芙蓉区人民政府、国科现代农业产业科技创新研究院等单位承办。　（周　密）

自贸区芙蓉区块

【概况】　中国（湖南）自由贸易区长沙片区芙蓉区块实施面积 1.86 平方千米，范围为人民东路以南、合平路以东，浏阳河、长沙县边界合围区域及省畜牧兽医研究所、韶光社区用地区域。自贸区芙蓉事务中心 2021 年 5 月设立，内设党政综合部、制度创新部和产业发展部，主要负责芙蓉区块招商引资，统筹推进基础设施、重大项目的建设等相关工作，承担改革试点任务的落实，探索改革创新举措，统筹推进高端现代服务业集聚区、现代农业科技创新引领区、中非经贸深度合作示范区、国际化营商环境标杆区建设。　（杨芳颖）

【自贸区招商引资】　2021 年，自贸区芙蓉区块新引进重点项目 19 个，涉及投资 237 亿元；新增企业 421 家，新增“四上”企业 15 家，引进湖南怡亚通智慧供应链有限公司、湖南中农正邦生态农业发展有限公司等“三类 500 强”企业 2 家，实现进出口额 12.79 亿元，比 2020 年增长 931.45%。实际使用外资 600 万美元。“长沙·中国隆平种业硅谷”企业总部基地一期建成并投入使用。芙蓉自贸大厦、隆平生物种业产业园、隆平生物种业创新中心等重点项目建设有序推进。获批全国首个中国国际可可产业创新平台，与利比里亚、马里、马达加斯加共设离岸（中国）产业创新与交流中心。岳麓山种业创新中心体系初步构建，国家耐盐碱水稻技术创新中心、潇湘要素科技大市场种业工作站等一批重大种业创新平台落户芙蓉区，“种业硅谷”品牌影响力得到提升。　（杨芳颖）

【自贸区产业发展】　2021 年，自贸区芙蓉区块打造种业企业股份制合作建设技术平台新模式，促进产学研用深度融合，为全国 26 个省（市、区）400 余家种业企业提供服务。落实中非粮食安全合作战略，创新对非粮食全产业链合作新模式。

打造全国首个标准化产业集聚区“芙蓉标准化小镇”，引进国际标准机构及相关配套企业51家，与工程机械等30余个行业组织成立标委会，参与指导国家及地方标准化试点项目15个。依托小镇入驻企业华晟检测，与马来西亚国家标准局SIRIM洽谈成立合资公司。（杨芳颖）

【营商环境优化】 2021年，芙蓉区发布《中国（湖南）自由贸易试验区长沙片区芙蓉区块实施方案》。在全省率先推行商事主体住所（经营场所）申报登记承诺制改革，率先开设自贸试验区“专窗”和“一站式帮代办”企业服务中心，为企业提供一站式集成服务。探索“包容审慎”执法模式，降低企业试错成本，办理符合免罚行为案件57起。设立“诉源治理工作站”，为企业提供零距离、全方位的法律服务。开辟专技人员职称申报绿色通道，做好“高精尖”人才引进和培养。（杨芳颖）

【8国国际商会及组织到区调研】 2021年2月23日，8国国际商会及组织到自贸区长沙片区芙蓉区块考察，湖南省商务厅投资促进处处长王海梅带队，加拿大、法国、澳大利亚、英国4国湖南商会，美国华人华侨联合总会、泰中东盟贸促会、日本湖南总商会等8家国际商会及组织代表参加。芙蓉区委常委、常务副区长谭雄伟就自贸试验区芙蓉片区建设情况作汇报。长沙自贸片区获批后，芙蓉区在全省率先设立自贸试验区“一站式帮代办”综合服务专窗和企业服务中心，推行“种业硅谷”产业链特派员制度，打造湖南省农作物种质资源库，以标准化体系建设推动国内技术（标准、服务、品牌）“走出去”等创新案例。可世代、雄狮科技等平台企业已进驻办公。自贸办筹备组、商务部门负责人戴静介绍芙蓉区最新的招商政策。（杨芳颖）

【芙蓉区块首期企业沙龙开讲】 2021年8月20日，芙蓉区块首期企业沙龙在华智生物开讲。岳麓山种业创新中心、隆平高科等企业20余人参加。自2020年9月中国（湖南）自贸试验区设立以来，芙蓉区块新引进企业302家，外资、外贸企业占比较高。首期沙龙聚焦外向型经济企业关注的“外汇市场分析及风险防范”主题展开讨论。现场邀请外汇方面专家担任主讲，为企业分析外汇走势及企业的应对措施，助力企业管理汇率风险，解决外汇结算方面痛点难点问题。自贸芙蓉事务中心的工作人员就外籍人士业务办理、出口退税等行政审批方面的问题与企业展开交流。（杨芳颖）

【全国首个可可产业创新平台揭幕】 2021年9月28日，中非农业产学研合作基地、中国国际可可产业创新平台挂牌仪式在湖南农业大学举行。该平台依托辖区高校湖南农业大学和辖区企业可世代科技有限公司，打造政产学研用一体化的协同创新平台。现场举行“中非农业产学研战略合作”签约仪式，省委、省政府有关人员，湖南农业大学负责人分别致辞，马里、马达加斯加使领馆官员作连线致辞，自贸区芙蓉事务中心主任易妹作现场推介。芙蓉区块计划以非洲可可全产业链为切入口，打通行业计量、标准、认证、检验检疫等贸易往来关键环节，扩大非洲进口可可等非资源类产品，促进中非农业合作大发展。同日，举行了首届中国可可全产业链发展研讨会。依托该平台，11月，长沙站中国可可 & 巧克力新品推介会暨资源对接会在芙蓉区块企业服务中心举行。（杨芳颖）

2021年2月23日，8家国际商会及组织到芙蓉自贸区块考察

（区融媒体中心　供图）

商贸服务业

Trade Service Industry

编辑　　谭丽霞

招商引资

【概况】 2021年，芙蓉区外商直接投资2.80亿美元，比2020年下降30.14%，实际利用省外境内资金240.14亿元，比2020年增长34.56%。外贸进出口总额21.70亿美元，比2020年增长44.65%。年内，怡亚通湖南区域公司落户自贸区长沙片区芙蓉区块；中国500强中国黄金集团黄金珠宝股份有限公司首次到湘投资，旗下电子商务总部入驻中国黄金街；中化石油湖南有限公司完成工商注册，落户佳兆业广场。国际高端知名酒店柏悦酒店与九龙仓强强合作并签约，行业500强红海集团平台项目成立，中建一局、中化四建与芙蓉区签署合作框架协议。芙蓉区通过小分队招商、上门招商和专场招商会等方式在北京、上海、深圳等地招商，引进优质资源，推动项目落地。

统筹调度全区招商资源，精心包装中央商务区重点楼宇、隆平新区、浏阳河文旅产业带、自贸区长沙片区芙蓉区块等重点区域招商项目。全年新注册“三类500强”企业4个（湖南怡亚通智慧供应链有限公司、中金珠宝电子商务〈长沙〉有限公司、中国中铁控股的长沙规划设计院有限责任公司、恒大集团控股的长沙恒大商业有限公司），新引进“三类500强”项目7个（种业硅谷商业中心项目、世茂天誉52+Minimall项目、正邦农牧总部基地项目、曹操出行湖南省区域运营中心、美的正荣滨江街项目、怡亚通智慧供应链自贸区总部项目、中国黄金电子商务全国总部项目）；种业硅谷商业中心等两亿元以上重大项目13个。截至2021年年底，芙蓉区参与2021年度年报的外资企业159家。（戴 颖）

·表11· 2021年芙蓉区招商引资情况统计表

指标名称	单位	2021年	2021年比2020年增长（±%）
一、招商项目个数	个	43	16.22
二、招商引资完成情况			
1. 外商直接投资	万美元	28012	-30.14
2. 实际引进省外境内资金	亿元	240.14	34.56

（资料来源：区统计局）

【自贸区招商工作专题研究会议】 2021年1月22日，自贸试验区芙蓉区块招商工作专题研究会议在区政府会议室召开。区政府副区长黄金国、隆平高科技园管委会副主任曾敏出席会议，区商务局、隆平高科技园招商局主要负责人参加会议。商务局党组书记、局长戴静汇报自贸试验区芙蓉区块自2020年10月以来的招商引资总体情况，会上对当前重点跟踪的项目情况进行分析讨论。黄金国对芙蓉区招商团队工作方向及重点提出要求和意见。（戴 颖）

【开放型经济工作座谈会】 2021年4月21日，长沙市商务局副局长汪东华一行到区调研开放型经济工作。芙蓉区政府二级调研员虢中华，区商务局相关负责人，湖南省茶业集团股份有限公司、湖南佰润供应链有限公司等5家重点外贸企业参加会议。会上，区商务局汇报2021年第一季度芙蓉区开放型经济工作情况、2021年工作思路和举措。汪东华肯定了芙蓉区外贸工作取得的成绩以及对长沙市的贡献，对企业的关注重点一一做出回应，并就2021年开放型经济工作进行了部署。虢中华表示芙蓉区要全面落实各项惠企政策，打造最优营商环境，提升开放型经济发展质效。

（戴 颖）

【中小微企业“单一窗口＋出口信保”试点推介会】 2021年6月9

日，芙蓉区在政府会议室举办中小微企业“单一窗口＋出口信保”试点推介会。中国出口信用保险公司湖南分公司、中国建设银行湖南省分行相关负责人、110 家中小微外贸企业代表参加会议。“单一窗口＋出口信保”是一种统保平台，企业可通过“单一窗口”线上投保，投保后可通过手机 App 查询海外买方、行业及国别风险数据，外贸资讯、相关知识等。会上，芙蓉区商务局、中国出口信用保险公司湖南分公司、中国建设银行湖南省分行分别就外贸形势、风险防范、政策背景进行宣讲，针对企业面临的运营成本高、融资难、接单难、抗风险能力弱等问题提出了具体解决方案。在答疑互动环节，企业参会人员提出各种问题，相关部门人员一一解答。该次培训为辖区外贸进出口企业搭建沟通平台，提高各企业对“单一窗口＋出口信保”的认知度。（戴　颖）

【招商引资业务培训班】 2021 年 7 月 1—2 日，芙蓉区商务专员见面会暨招商引资业务培训班在芙蓉区六楼会议室举行。芙蓉区委常委、常务副区长谭雄伟出席，芙蓉区人民政府副区长黄金国做开班动员，芙蓉区商务局相关负责人、各街道招商专干、10 位新入职商务专员参加培训。商务专员系社会专业人力资源公司向社会公开招考的专业商务人员，以三年合同期限的劳务派遣形式为区商务局使用。主要围绕楼宇经济、总部经济、消费经济、数字经济及开放型经济，面向高端现代服务业、软件信息、跨境电商等七大主导产业项目开展招商引资工作。该批 10 人是从 400 余报名者中经面试、笔试选拔而出。黄金国代表芙蓉区政府欢迎商务专员加入芙蓉区大家庭，谭雄伟提出“定位清晰、门槛精准、对象选准、服务到位、提升能力”五点工作要求。芙蓉区商务局、行政审批服务局、财政局、金融事务中心、司法局等部门负责人针对招商项目、商务礼仪、行政审批程序、财政、税务、金融、商务合同等内容授课，同与会者展开现场交流。（戴　颖）

【黄金集团公司高层到访芙蓉区】 2021 年 9 月 26 日，中国黄金集团黄金珠宝股份有限公司董事长陈雄伟一行到访芙蓉区，与区委副书记、代理区长崔晓，区领导蒋苒会见，双方就推进中国黄金街项目洽谈交流，实地考察。针对建筑提质改造、景观升级、交通完善、亮化布局等事项进行察看，详细了解项目进展情况。在座谈会上，双方就项目落地意见展开深入交流。会后，芙蓉区委书记周春晖会见了陈雄伟一行，周春晖强调，中国黄金街项目是 5 月长沙投资环境北京推介会上重点签约项目，要攻坚克难、上下一心、圆满完成项目。（戴　颖）

【参加长沙市粤港澳大湾区推介会】 2021 年 10 月 12 日，芙蓉代表团到深圳参加长沙市推进“三高四新”战略暨投资环境粤港澳大湾区推介会。近 300 位驻大湾区外资企业、跨国公司、商会协会代表出席推介会。推介会上芙蓉区签约三大项目，总投资额 12 亿元。推介会现场芙蓉区与佳兆业健康集团控股有限公司签约，佳兆业健康集团互联网医疗总部（中国）基地项目拟落户芙蓉区。红海人力集团人力资源互联网平台项目和 IFS 柏悦酒店项目亦通过线上签约方式落户芙蓉区，三大项目的签约落户助力推动芙蓉区现代服务业转型升级。在深圳期间，芙蓉区代表团拜访了中国海油、佳兆业、太平财险、怡亚通等粤港澳大湾区企业，探讨合作意向；考察水贝珠宝市场，学习其先进的管理模式与经营理念，为建湘路中国黄金街项目建设发展拓宽思路。（戴　颖）

2021 年 10 月 12 日，长沙市投资环境粤港澳大湾区推介会在深圳举行，芙蓉区代表团参加
（区商务局　供图）

电子商务

【概况】 2021年，芙蓉区重点电子商务企业有湖南中拓电子商务有限公司、湖南友谊阿波罗股份有限公司、湖南惠农科技有限公司、长沙豆芽文化科技有限公司、长沙酷锐百货贸易有限公司、苏宁易购、长沙厚博文化传播有限公司、湖南省潇湘茶网电子商务有限公司。重点跨境电子商务企业有世捷通国际电子商务有限公司、湖南三叶进出口贸易有限公司10家（不完全统计）。2021年芙蓉区实际完成跨境电商交易6985万美元，完成年度目标任务的116.41%。

长沙首个以"湘商回归"为主题的中国（长沙）跨境电子商务综合试验区跨境电商企业联合运营中心于2020年5月开业，截至2021年12月，中心入驻企业21家，租赁面积6200余平方米，一期招商面积80%以上，实现跨境电商进出口数据4550万美元。其中千岸科技、攸品汇、赛维科技、泽利商务、远成达供应链为首次入驻长沙。湖南跨境电商综合服务中心运营主体世捷通国际电子商务有限公司，于2021年1月变更到自贸区长沙片区芙蓉区块，中心于2月启动，2021年完成跨境电商进出口数据2397万美元，引进多家湖南乃至全国的跨境电商企业。（戴　颖）

【参加2021湘粤跨境电商出口卖家峰会】 2021年3月20日，芙蓉区人民政府副区长黄金国带队到深圳，参加2021湘粤跨境电商出口卖家峰会。活动由深圳最大跨境湘商组织湘商汇主办，以"融汇融合跨境湘商力量，共建共享湘粤跨境生态"为主题，是湖南籍跨境电商企业每年度最集中的一次盛会。黄金国在会上全面介绍近年来芙蓉区从"搭平台、招大商、重人才、强服务"入手，重点扶持和发展跨境电商产业的决心，描绘未来芙蓉区自贸区长沙片区芙蓉区块以跨境电商企业联合运营中心为载体，打造长沙跨境电商新增长极的愿景，邀请跨境湘商到芙蓉区发展。

（戴　颖）

商贸流通

【概况】 2021年，芙蓉区实现社会消费品零售总额658.62亿元，比2020年增长14.5%，限额以上企业零售总额266.26亿元，比2020年下降0.46%。分行业看，批发业实现销售额140.03亿元，比2020年增长15.2%；零售业实现销售额440.52亿元，比2020年增长13.9%。根据全区限额以上批发和零售企业商品销售情况统计，全年零售额10亿元以上的商品类别中增速前三位的是：汽车类零售额增

·表12· 2021年芙蓉区社会消费品零售总额统计表

指标名称	2021年（万元）	2021年比2020年增长（±%）
总计	6586152	14.5
一、按销售单位所在地分		
城镇	6586152	14.5
其中：城区	6586152	14.5
二、按行业分组		
1. 批发业	1400272	15.2
2. 零售业	4405220	13.9
3. 住宿业	95629	12.2
4. 餐饮业	685032	17.3

（资料来源：区统计局）

长63.4%，石油及制品类零售额增长12.9%，书报杂志类零售额增长11.6%。增速后三位的是：粮油食品类零售额下降7.9%，化妆品类零售额下降1.9%，日用品类零售额下降1.5%。全年亿元以上商品交易市场15个，排名前三位的是湖南省三湘南湖大市场、马王堆海鲜水产批发市场、长沙市马王堆陶瓷建材城恒广区。

按照《芙蓉区农贸市场、社区门店建设验收办法》的相关标准，年初区组织由政府办、商务局等10个部门组成的芙蓉区验收小组，对5个农贸市场和4个社区门店进行验收通过。长沙市商务局对芙蓉区2020年便民生鲜农产品供应体系建设项目实行复核，对辉恒农贸市场、文华锦尚农贸市场及龚小鲜生鲜店现场复核，察看农贸市场、门店项目建设情况、疫情防控措施以及经营状况。2020年市芙蓉区该项目建设工作考核结果为优秀。"五一"节假日期间，区商务局组织对国金中心等10家大型购物中心及商超和5家加油站实施安全生产检查，发现问题要求及时整改。（戴　颖）

2021年3月7日，芙蓉区新能源汽车消费活动在锦泰广场启动

（区商务局　供图）

【"绿动未来·芙蓉先行"新能源汽车消费活动】 2021年3月7日，2021长沙市芙蓉区"绿动未来·芙蓉先行"新能源汽车消费活动在锦泰广场启动。省商务厅市场运行与消费促进处处长陈靖，市商务局副局长黄立斌，芙蓉区副区长黄金国，相关区直部门、街道负责人、辖区企业代表和新闻媒体120余人出席。"绿动未来·芙蓉先行"新能源汽车消费活动是芙蓉区落实国内国际双循环相互促进的新发展要求、助力新能源汽车产业升级、促进消费主题系列活动。芙蓉区政府发布有关补贴政策，安排100万元专项资金用于补贴购买新能源车。2021年3月7日至3月31日，市民在芙蓉区指定汽车经销商处购车，凭购车发票、交强险单以及购车人身份证，即可领取面值1000元/台的友谊阿波罗电子购物卡。启动仪式上，特斯拉、蔚来、理想、极星、上汽大众、小鹏汽车等新能源品牌车企到场，为消费者提供新能源汽车购车政策。数家银行推出分期手续费优惠、快速审批、分期团购、抽大额购车补贴券、零息方案、低息方案等金融政策。截至5月，车企、银行在芙蓉区进行多场次巡展。（戴　颖）

【2021年商务经济工作会议】 2021年8月25日，芙蓉区召开2021年商务经济工作会议，区领导蒋苒，区政府办、区商务局、区金融事务中心、区现代服务业发展中心主要负责人，隆平高科技园、湘湖管理局和各街道经济副主任参加会议。会议由区商务局党组书记、局长彭海燕主持。会上，区商务局、区金融事务中心、区现代服务业发展中心分别通报了半年度工作完成情况、下阶段工作部署。各街道围绕前期经济工作完成情况、后阶段工作打算及工作中的困难简要发言。会议强调：在全区形成合力抓招商，发挥区内高端优质楼宇资源优势，配套相关落地举措，推动全区招商工作高质量开展。（戴　颖）

【加油站"蓝天保卫战"专项检查】 从2021年10月12日起，芙蓉区商务局联合长沙市生态环境保护综合行政执法局芙蓉执法大队对全区16个加油站开展为期3天的"蓝天保卫战"联合执法检查，重点检查各加油站"蓝天保卫战"相关要求落实情况。当天对金诚、农科院、长安3家加油站的二次油气回收设备运行情况、三期油气回收设备安装和使用情况、在线监测系统的使用情况和加油枪的密闭性进行现场检查。同时抽查了监控视频，查看错峰卸油落实情况。经查3个加油站点所有设备运行正常，能按照市商

务局，市、区蓝天办工作要求，落实“蓝天保卫战”相关要求。

（戴 颖）

【中国黄金街开街】 2021年12月12日，位于芙蓉区建湘南路的中国黄金街开街。长约500米的黄金街地处芙蓉中央商务区的核心地带，由芙蓉区政府、中国黄金集团黄金珠宝股份有限公司联合共同打造。当年5月22日长沙投资环境北京推介会上，市政府与中国黄金集团有限公司签约。该项目是长沙市2021年实施“一环两带十六纵十六横”中的重点项目，中国黄金、周大生、百年周六福、龙凤珠宝、御纯金、金嘉福、融通金等40余家黄金珠宝品牌入驻。其前身为黄金之城珠宝交易中心，是中南地区最大的珠宝交易中心。开街仪式现场，芙蓉区政府与中国黄金集团黄金珠宝股份有限公司，中金珠宝电子商务有限公司与长沙银行分别签署战略合作协议。签约各方携手并进共同打造集商文旅于一体的黄金主题特色商业街，计划与国金中心、都正街、化龙池、黄兴广场构建起五一商圈新的步道经济圈。当天，交易大楼进行现场直播，电商数据主屏显示直播期间累计成交金额。芙蓉区民政局在交易中心设立中国黄金街婚姻登记点，在黄金街开街首日同时开放，交易中心为新人准备钻石对戒等礼品。省商务厅党组副书记谭平，市委常委、市政府党组副书记彭华松，芙蓉区委书记周春晖，区委副书记、区长崔晓等出席开街仪式。

（戴 颖）

【商贸行业安全生产百日大会战工作推进会】 2021年12月24日，芙蓉区召开商贸行业安全生产百日大会战工作推进会，区直相关部门和各街道（园、局）分管负责人参加会议。会上，芙蓉区商务局副局长谭沁解读《长沙市芙蓉区物流仓储安全隐患大排查大整治工作方案》，通报前期相关单位资料报送情况。芙蓉区商务局局长彭海燕解读《长沙市芙蓉区商贸安全专业委员会工作规则》（征求意见稿）、《关

·表13· 2021年芙蓉区销售亿元以上专业市场销售情况统计表

市场名称	摊位出租数（个）	成交额（万元）	营业面积（平方米）	摊位出租率（%）
长沙华海电脑数码广场有限责任公司	272	20130	16000	97.1
长沙国储电脑城	556	846686	17147	100.0
湖南摄影城	116	27110	14000	96.7
长沙市赛格电子市场	224	25088	9599	89.6
鼎星电子城	99	14229	7280	97.1
长沙金苹果大市场	1800	57198	22000	78.3
马王堆陶瓷建材新城新合区	487	37506	71220	98.2
长沙市马王堆陶瓷建材城恒广区	1007	190585	21357	99.0
马王堆海鲜水产批发市场	241	306990	17972	77.0
湖南省三湘南湖大市场	2768	902542	464062	100.0
湖南黄金之城珠宝有限公司（黄金之城珠宝交易中心）	25	130237	18500	50.0
长沙文化广场定王台书市	408	184362	12585	97.1
合计	8709	2988362	822407	91.0

（资料来源：区统计局）

于建立芙蓉区成品油流通市场监管长效机制的通知》（征求意见稿）。区领导蒋苒强调各部门根据职责分工，按照“三管三必须”原则，开展对仓储物流、再生资源回收企业安全排查整治行动，防范安全事故的发生。（戴　颖）

住宿餐饮

【概况】　2021年，芙蓉区住宿业实现营业额9.6亿元，比2020年增长12.2%；餐饮业实现营业额68.5亿元，比2020年增长17.3%。2021年，芙蓉区有星级酒店11家，其中五星级3家，四星级7家，三星级1家。年内，组织辖区企业参加2021（第六届）中国国际食品餐饮博览会，政府全额出资搭建展厅，帮助企业进行宣传推广，芙蓉区获得省商务厅颁发的“2021（第六届）中国国际食品餐饮博览会筹办优秀单位”称号。（戴　颖）

【参加“2021年长沙市夜间消费示范系列评选”活动】　2021年12月2日，长沙市商务局举办的“2021年长沙市夜间消费示范系列评选”结果公示，芙蓉区商务局组织辖区企业参送的项目全部上榜，包括2021年长沙市夜间消费示范街区1个：湖南米粉街；2021年长沙市夜间消费示范名片4个：客串出品、玉楼东、颐而康、长沙溪悦荟蔚来中心；2021年长沙市夜间消费示范门店9家：玉楼东北正街店、客串出品都正街店、7—ELEVEN蝴蝶大厦店、颐而康金帆店、颐而康书院路店、三秒区篮球馆、友阿电器、玉楼东远大路店、友米酒店。（戴　颖）

【参与“味道湖南”（名菜名厨名店）评选】　2021年9月8日—12月29日，芙蓉区商务局组织芙蓉区餐饮企业参与“味道湖南”（名菜名厨名店）网络投票评选活动，获得省级金牌菜1道（米浆三宝），省级银牌菜2道（麻辣仔鸡、小灶吊锅土猪肉），省级金牌名店5家（玉楼东、徐记海鲜、许家故事、新长福、冰火楼），省级金牌名厨4名（李燚、黄建国、贺军、邹建军）；省级银牌名厨1名（曹辉）。（戴　颖）

【芙蓉企业参展“食餐会”】2021年9月10—12日，2021（第六届）中国国际食品餐饮博览会在长沙市国际会展中心举办。芙蓉区组织新长福、绝味食品、墨茉点心局、养乐多、仟吉糕点和明园蜂业等多家本土食品餐饮企业参展。此次食餐会芙蓉区聚焦“网红经济”，从展位整体设计、参展品牌邀约、企业产品展示、现场的互动等多方面展示“网红芙蓉”新形象，通过“政府搭台、企业唱戏”的方式，树立企业形象，帮助企业创新发展。展会期间，芙蓉区展台企业接待各方客商洽谈百余批，参展企业直接实现销售额36万余元，间接带动经济300余万元。布展工作和效果得到了省市领导的肯定，长沙政法频道等媒体予以报道。（戴　颖）

【米粉特色街建设】　2021年，芙蓉区继续推进湖南米粉街建设。自2020年国庆节开街试运营以来，至2021年年底，米粉街聚集了8个市州特色粉店15家，其他各类小吃、饮品23家，形成以“米粉博物馆”为龙头，以湖南各市州特色米粉品牌为主，集美食、文化、旅游、休闲于一体的“米粉网红打卡圣地”、特色餐饮文化街区。2021年“五一”“十一”两个小长假，全街米粉门店总销售额突破500万元，国庆首日到湖南米粉街打卡游客超3万人。“米粉全席”于2021年12月开业，月营业额超20万元。（戴　颖）

烟草专卖

【概况】　长沙市芙蓉区烟草专卖局（分公司）于2020年挂牌成立，隶属于长沙市烟草专卖局（公司），负责芙蓉区的卷烟销售和市场管理。有员工25人，内设有综合室、客户服务分部、专卖监督管理股3个部门。芙蓉烟草树立“国家利益至上、消费者利益至上”的行业共同价值观，坚持“总量控制、稍紧平衡、增速合理、贵在持续”方针，推动企业高质量发展。（陈夏萍）

【卷烟营销】　2021年，辖区在网运行零售商户2318户，建设特色示范街14条，示范区4个，示范片2个，新建文明吸烟点11个。有党员驿站13个、爱心驿站71个。公司以此为载体，联合零售商户开展“炎炎夏日送清凉”“这个冬天不再冷”“‘疫’线慰问暖人心”等爱心活动，为群众提供雨伞、口罩、茶水、医药箱，为进店消费的顾客和来往的群众救急解困，解决周围群众的实际问题。全年，开展客户专题培训36场，培养职业化零售户210名，职业化内训师1名。协助零售商户开通“烟商贷”165户，累计放款4500万余元，免费提供智能终端机65台。（陈夏萍）

【专卖监管】 2021年，芙蓉区烟草专卖局创新市场治理模式，推进联防联治管控，与辖区公安、市场监管、行政执法等职能部门共建烟草市场综合治理协作机制，查获涉烟违法案件56起，涉案卷烟1364.98万支。与公安部门联合查办假烟网络案件4起，刑拘10人，逮捕9人，判刑4人。真烟涉刑案件1起，刑拘1人，判刑1人。保持打假打私高压态势，对五一商圈、火车站、汽车东站、八一路等重点区域开展联合执法10余次，持续净化辖区卷烟市场环境。严打违法违规大户，实施一户一策监管，筛查36户，给予行政罚款48次，取缔21户，打掉涉烟仓库45个。

（陈夏萍）

【“守护五一商圈”主题活动】 2021年11月24日，芙蓉区烟草专卖局联合辖区多家职能部门，组织零售客户50余人在走马楼社区开展“守护五一商圈”。主题活动芙蓉区烟草局、行政执法局、区公安局、市场监管局等职能部门代表，走马楼社区主要负责人参加。活动中播放专题宣传片，宣讲法律法规政策，先进模范讲述，零售商户从身边人物故事中汲取经营理念，尊重烟草相关法律法规，自觉参与“诚信守法、规范有序、公开透明、优质便利”的市场秩序和经营环境的建设，推动标杆市场治理体系升级。

（陈夏萍）

【拒绝烟侵害主题活动进校园】 2021年12月13日，芙蓉区烟草专卖局联合相关部门到长郡芙蓉中学，开展“拒绝烟侵害 守护青春共成长”主题宣讲活动。长沙市烟草专卖局相关负责人，区市场监管局、行政执法局主要负责人，区公安局、教育局、检察院相关人员，长郡芙蓉中学部分师生400余人参加活动。活动通过图文展板、宣传折页、宣传视频，多维度解读电子烟的危害，烟草、公安、检察院人员分别讲授“拒绝卷烟、电子烟侵害”的健康课，以“宣传＋教育＋引导”的方式，用简单易懂的语言讲解法律知识，引导师生增强拒绝卷烟、电子烟的行动自觉，共同构建无烟校园。

（陈夏萍）

楼宇服务

【概况】 2021年，芙蓉区第三产业实现增加值1109.9亿元，比2020年增长9.5%。全区重点楼宇98栋，总建筑面积632万平方米，其中商务楼宇62栋，总建筑面积488万平

2021年12月13日，芙蓉区烟草专卖局联合有关部门在长郡芙蓉中学举行拒绝烟侵害进校园主题活动。图为学生们举手抢答提问

（芙蓉烟草专卖局 供图）

方米。敬天广场西塔楼顺利封顶，佳兆业广场商业部分投入运营。新增税收过亿元楼宇4栋。年内，世茂环球金融中心设立全省首个“24小时楼宇政务服务驿站”，区现代服务业发展中心参与实施的“蓉易办”“蓉e贷”获得芙蓉区2021年度“十大创新案例”。（李　婍）

【楼宇招商】 2021年，芙蓉区依托“芙蓉楼宇”微信公众号、楼宇服务站、“5·20”企业服务日等平台和活动，推介优质楼宇。全区62栋重点商务楼宇，新增市场主体1096个，完成净招商面积16.2万平方米。利用优质楼宇资源，引进中化石油湖南有限公司、湖南爱美化妆品有限公司等一批优质企业。

（李　婍）

【楼宇产业集聚】 2021年，芙蓉区引导企业向同行业、功能相近的楼宇集聚，重点依托湖南投资大厦、佳兆业广场、湖南文化广场二期等楼宇资源，通过政策引导、做优配套、精准服务，引导楼宇围绕金融、电商、文化等产业精准定位，促进相同或相关企业、行业、产业在同一栋楼或临近楼宇聚集，培育更多专业特色楼宇。截至2021年，芙蓉区有专业特色楼宇6栋，即总部大楼（中国石油长沙大厦）、金融服务大楼（中天广场）、影像创意大楼（科佳大厦）、律政服务大楼（华泰尚都）、文化创意大楼（新南天·古汉国际广场）和房产总部大楼（长房国际大厦）。

（李　婍）

2021年7月13日，全省首个24小时楼宇“政务服务驿站”在芙蓉区世茂环球金融中心运营　（区现代服务业发展中心　供图）

【优化服务促楼宇发展】 2021年，芙蓉区实行部门联系重点楼宇，制定下发《芙蓉区2021年度服务楼宇经济成效考核细则（试行）》。通过数据分析，做优服务，在楼宇招商去化、企业关系迁转、“四上”单位培育等方面发力。年内实现市场主体注册地迁转198家，新增“四上”单位49家。2021年兑现律政服务大楼、银华大厦产业扶持资金191万元。联合税务局、行政审批服务局、数据资源中心等单位，在世茂环球金融中心建成全省首个“24小时楼宇政务服务驿站”。至年底全区楼宇服务站17个。落实重点楼宇“楼长制”，依托楼宇服务站，开展科技活动、税务政策解读等活动，为楼宇企业构建优良营商环境。

（李　婍）

【全省首个“24小时楼宇政务服务驿站”】 2021年7月13日，全省首个“24小时楼宇政务服务驿站”在芙蓉区世茂环球金融中心一楼大厅启动运营。该驿站由芙蓉区现代服务业发展中心、行政审批服务局、数据资源中心、税务局联手打造，企业、市民可办理从营业执照到税务业务“一条龙”的高频政务服务事项，实现“办事不出楼”。企业只需在线提交企业注册登记材料并通过受理、审核后，无须前往政务大厅，楼内即可现场打印领取营业执照。通过税务自助设备可进行发票申领、代开、完税凭证打印，以及税务Ukey（数字证书）发行申领、车购税完税证明查询和打印。通过政务服务查询机还可查询获取企业、个人办理事项所需申请材料、受理条件、办结时限和流程等，覆盖企业、个人全生命周期事项。该驿站的建设纳入“蓉易办”“蓉e贷”项目，获得芙蓉区2021年度“十大创新案例”。湖南卫视、《长沙晚报》等多家媒体予以报道。

（李　婍）

金　融

Finance

编辑　谭自然

综 述

【概况】 2021年，芙蓉区金融事务工作以优化金融营商环境优化为目标，推进金融招商稳商安商、银企对接服务、多层次资本市场培育、金融风险防范、地方金融行业监管等工作，助推区域经济发展。截至年底，芙蓉区有省级金融监管部门4家，银行省级分行10家，全国性证券公司的省级分公司10家，全国性保险公司的省级分公司13家，地方金融行业法人机构26家、分支机构14家，银行网点200余家，金融业增加值283.7亿元，比2020年增长5.8%，占芙蓉区地区生产总值的22.4%。2021年，区金融事务中心被评为全市“扫黑除恶专项斗争优秀集体”、长沙市“文明标兵单位”，芙蓉区人民政府被评为长沙市“数字人民币试点优秀组织单位”。

（侯芳芳）

【金融招商稳商安商】 2021年，芙蓉区聚焦中央商务区金融业发展，加大引进核心金融业态的力度，年内，引入天风证券湖南分公司、大童保险销售服务有限公司湖南分公司、湖南汇方典当有限责任公司、天健会计师事务所湖南分所、湖南启元律师事务所5家重点金融及金融服务类机构。联合区财政局，牵头初审区级经济发展奖补资金企业9家，奖补资金395.05万元，省级金融奖补资金企业10家，奖补资金323.89万元。落实芙蓉英才政策，配套出台金融企业芙蓉英才认定目录，解决机构（企业）高管在落户、购房、子女就学等方面的困难。持续打造“金融管家”服务品牌，完善机构台账，强化政企联系走访，年内走访金融机构和企业185家，收集各类问题73个，解决问题62个。

（侯芳芳）

【银企对接服务】 2021年，芙蓉区升级改版“蓉易贷”线上融资服务平台，开发“蓉e贷”微信小程序，引导10家银行机构入驻，发布金融类产品35个，发布金融重点服务企业白名单3批318家企业。开展“百日暖企”走访行动、“520企业服务日”活动，举办大型政银企对接活动12场，搭建银企沟通桥梁，年内为632家企业授信64.1亿元。

（侯芳芳）

【地方金融行业监管】 2021年，芙蓉区内有小额贷款公司、融资担保公司、典当行、融资租赁公司、商业保理公司5类地方金融行业，法人机构26家、分支机构14家，其中融资担保公司法人机构10家，分支机构1家；小额贷款公司法人机构7家；典当公司法人机构8家，分支机构4家；融资租赁公司法人机构1家，分支机构8家；商业保理公司分支机构1家。区金融事务中心坚持源头管理和规范监管并举，强化年检年审、专项整治，推动地方金融企业动态管理、减量增质。全年开展“双随机一公开”现场抽查工作4次，抽查企业15家；开展小额贷款公司、典当公司、融资担保公司分类评级工作3次，抽查小额贷款公司6家、融资担保公司7家、典当公司5家，其中评级为A类的融资担保公司1家，小额贷款公司3家，评级为B类的融资担保公司5家，小额贷款公司3家。

（侯芳芳）

【金融风险防范】 2021年，芙蓉区印发《关于调整打击和处置非法集资工作领导机构及工作机制的通知》，召开年度打非联席会议，完善打非工作机制，完善绩效考核制度。做好监测预警工作，建立涉众型风险企业名录，纳入风险企业448家，处理“12345”、网络舆情工单50余件，电话、现场接访40余次。提前化解风险隐患，组建14个行动小组，开展清理排查行动28次，摸排企业2815家，约谈企业20余家，清退企业10家，完成隐患提前化解13起，清退资金1250.93万元。推进非法集资案件处置，协调公、检、法制定案件处置方案及陈案积案处置计划，全年新增非法集资陈案积案均已破已诉，移送起诉率100%。创新防非宣传方式，开展集中宣传活动100余场、“七进”活动300余次，投放宣传视频、海报3000余次，参与群众超5万人次，承办湖南省防非集中宣传日活动、长沙市防范非法集资直播活动，制作推广12期“芙蓉无‘非’”线上宣传视频，点击量突破100万。

（侯芳芳）

【小额贷款公司】 2021年，芙蓉区有7家小额贷款公司，注册资本金13.8亿元，其中注册资本2亿元（含）以上的共4家，分别为湖南省平安普惠小额贷款有限公司、长沙市芙蓉区旺德府小额贷款有限公司、长沙市芙蓉区友阿小额贷款有限公司及长沙通程小额贷款有限责任公司；注册资本1亿元（含）以上的2家，分别为长沙市芙蓉区崇格小额贷款有限公司、长沙市芙蓉区山水小额贷款有限责任公司。7家公司年度营业总收入6942.99万元。2021年年底，7家小额贷款公司期末贷款余额9.6亿元，6家公司参加全省分类评级工作，因长沙通程小额贷款有限责任公司成立未满一年，根据典当管理办法规定不参加当年分类评级工作。根据省局最终评级结果公示，芙蓉区被评为A类的公司3家：长沙市芙蓉区友阿小额贷款有限公司、长沙市芙蓉区旺德府小额贷款有限公司及湖南省平安普惠小额贷款有限公司；被评为B类的公司3家：长沙市芙蓉区山水小额贷款有限公司、长沙市芙蓉区崇格小额贷款有限公司及长沙市芙蓉区和生小额贷款有限责任公司。

（周　亮）

·表14·　2021年芙蓉区小额贷款公司经营情况统计表

序号	机构名称	资产总计 / 注册资本（万元）	负债总计（万元）	从业人员数（人）	12月末贷款余额（万元）	1—12月发放贷款（万元）				12月末不良率（%）
						贷款总额	个人贷款额	企业贷款额	涉农贷款额	
1	长沙通程小额贷款有限责任公司	20000	305.03	9	19560.21	62162.00	21242.00	40920.00	4650	1.84
2	长沙市芙蓉区旺德府小额贷款有限公司	20000	64.91	27	5135.74	90531.08	90371.08	160.00	—	10.19
3	湖南省平安普惠小额贷款有限公司	50000	1480.72	22	911.01	—	—	—	—	0.00
4	长沙市芙蓉区山水小额贷款有限责任公司	10000	0.41	12	8801.10	1870.00	1870.00	—	—	23.93
5	长沙市芙蓉区和生小额贷款有限责任公司	8000	323.00	6	8042.46	10300.00	10300.00	—	—	24.99
6	长沙市芙蓉区崇格小额贷款有限责任公司	10000	163.02	4	9752.72	629.00	629.00	—	—	52.50
7	长沙市芙蓉区友阿小额贷款有限公司	20000	467.63	12	33783.12	16432.50	12606.50	3826.00	—	4.15
	合计	138000	2805	92	95986.36	81924.58	37018.58	44906.00	4650.00	13.06

（资料来源：区金融事务中心）

【融资担保公司】　截至2021年年底，芙蓉区有11家融资担保公司，其中实收资本2亿元（含）以上的2家，分别为湖南长银融资担保有限公司、湖南友阿融资担保有限公司；实收资本1亿元（含）以上2亿元以下的4家，分别为湖南融泰融资担保有限责任公司、湖南天安融资担保有限责任公司、湖南联保融资担保有限责任公司、湖南中保融资担保有限责任公司；实收资本1亿元以下的5家，分别为湖南中融融资担保有限公司、长沙市隆平融资担保有限公司、湖南立信融资担保有限公司、湖南赛格融资担保有限公司、平安普惠融资担保有限公司湖南分公司。

截至2021年12月，全区11家公司中，全年有新增融资性担保业务的公司7家，全年未新增开展融资性担保业务的公司有4家。2021年全区有10家融资担保公司参加分类评级工作，其中A类1家：湖南长银融资担保有限公司；B类5家：湖南友阿融资担保有限公司、湖南联保融资担保集团有限公司、平安普惠融资担保有限公司湖南分公司、湖南立信融资担保有限公司、湖南天安融资担保有限责任公司；C类2家：湖南赛格融资担保有限公司、湖南融泰融资担保有限责任公司；E类2家：湖南中保融资担保有限公司、湖南中融融资担保有限公司。长沙市隆平融资担保有限公司于2021年11月26日申请注销清算。截至2021年年底，芙蓉区担保公司新增担保户数320953万户，新增担保总额860924.67万元，各担保公司实现净利润79539.71万元，年度纳税15391.91万元。有3家融资担保公司收取客户保证金，并存入合作银行专门账户监管，建立对收取及退还客户保证金的专账及专户管理制度，有效保证融资担保业务的真实、合规。（周 亮）

·表15· 2021年芙蓉区融资性担保公司实收资本情况一览表

序号	公司名称	实收资本（万元）
1	湖南天安融资担保有限责任公司	10000
2	湖南赛格融资担保有限公司	8000
3	湖南友阿融资担保有限公司	20000
4	湖南中融融资担保有限公司	5020
5	湖南联保融资担保集团有限公司	14800
6	湖南立信融资担保有限公司	5000
7	湖南中保融资担保有限公司	10728
8	湖南融泰融资担保有限责任公司	10180
9	湖南长银融资担保有限公司	70380
10	平安普惠融资担保有限公司湖南分公司	0
合计		154108

（资料来源：区金融事务中心）

·表16· 2021年芙蓉区融资担保公司业务统计表

序号	公司名称	2020年数据统计						2021年数据统计					
		新增担保户数（户）	新增担保总额（万元）	融资性担保（万元）	代偿金额（万元）	净利润（万元）	纳税总额（万元）	新增担保户数（户）	新增担保总额（万元）	融资性担保（万元）	代偿金额（万元）	净利润（万元）	纳税总额（万元）
1	湖南长银融资担保有限公司	96071	1217112.94	1067869.83	1958	5686	1447.31	232759	487860.03	55426.77	2854	4645.33	2067.46
2	湖南友阿融资担保有限公司	144	15602.5	15602.5	0	129.44	455.34	80	11927	11927	0	177.5	28.85

· 续表 16 ·

序号	公司名称	2020 年数据统计						2021 年数据统计					
		新增担保户数（户）	新增担保总额（万元）	融资性担保（万元）	代偿金额（万元）	净利润（万元）	纳税总额（万元）	新增担保户数（户）	新增担保总额（万元）	融资性担保（万元）	代偿金额（万元）	净利润（万元）	纳税总额（万元）
3	湖南联保融资担保集团有限公司	22	13252.59	13252.59	0	7.75	6.66	16	7278	7278	385.2	1.06	0.92
4	平安普惠融资担保有限公司湖南分公司	101074	103292.5989	103293	1333	37618	4060	87986	333008.84	333008.84	5574.0461	65083.3529	13281.62
5	湖南融泰融资担保有限责任公司	11	8040	8040	0	9929.45	0.5	12	9760	9760	0	9792.24	0.67
6	湖南天安融资担保有限责任公司	379	18329.51	0	0	34.1	16	79	4804.3	0	101.5	4.3	10
7	湖南立信融资担保有限公司	17	4630	4630	0	26.56	0.78	16	5879.5	5879.5	0	-2.86	2.39
8	湖南赛格融资担保有限公司	83	6279	6279	0	15.56	0	5	407	407	0	1.17	0
9	湖南中融融资担保有限公司	0	0	0	0	-0.79	0	0	0	0	0	-86.64	0
10	湖南中保融资担保有限公司	0	0	0	0	-1	0	0	0	0	0	-25.7	0
11	长沙市隆平融资担保有限公司	0	0	0	0	0	0	0	0	0	0	-50.04	0
	合计	197801	1386539.139	1218966.92	3291	53445.07	5986.59	320953	860924.67	423687.11	8914.7461	79539.7129	15391.91

（资料来源：区金融事务中心）

·表 17· 2021 年芙蓉区融资担保公司客户保证金情况一览表

序号	公司名称	客户保证金专户管理（有/无）	客户保证金台账（有/无）
1	湖南天安融资担保有限责任公司	无	无
2	湖南赛格融资担保有限公司	无	无
3	湖南友阿融资担保有限公司	有	有
4	湖南中融融资担保有限公司	无	无
5	湖南联保融资担保集团有限公司	无	无
6	湖南立信融资担保有限公司	无	无
7	湖南中保融资担保有限公司	无	无
8	湖南融泰融资担保有限责任公司	有	有
9	湖南长银融资担保有限公司	有	有
10	平安普惠融资担保有限公司湖南分公司	无	无

（资料来源：区金融事务中心）

【融资租赁公司】 截至 2021 年年底，芙蓉区有 9 家融资租赁公司。其中包含 1 家法人公司：湖南禾硕融资租赁有限公司；8 家分公司：瓜子融资租赁（中国）有限公司长沙分公司、瓜子融资租赁（江苏）有限公司长沙开福分公司、广州三富融资租赁有限公司湖南分公司、联众融资租赁（上海）有限公司湖南分公司、万量（厦门）融资租赁有限公司长沙分公司、华景融资租赁（深圳）有限公司长沙分公司、诺亚（上海）融资租赁有限公司长沙分公司、通汇融资租赁（深圳）有限公司湖南分公司、天津善义善美融资租赁有限公司长沙分公司、深圳前海佳裕融资租赁有限公司湖南分公司、中安国建（深圳）融资租赁有限公司长沙分公司。湖南禾硕融资租赁有限公司年底注册资本金 1000 万元，实收资本 1000 万元，资产总额 817.21 万元，其中融资租赁贷款笔数2笔，资产总额460万元。华景融资租赁（深圳）有限公司长沙分公司及中安国建（深圳）融资租赁有限公司长沙分公司由于长期现场无人办公或失联，已建议其稳妥消化存量业务，合法合规注销企业主体有序退出融资租赁行业。

（周 亮）

【典当公司】 截至 2021 年年底，芙蓉区有 12 家典当公司（包括法人机构及分支机构）。其中 2 典当公司因经营不善退出典当行业，分别为：湖南正茂典当有限责任公司、湖南浦城典当有限公司。全区法人典当公司年度营业总收入 1.1 亿元，利润总额 6353.84 万元，纳税总额 2395.84 万元，典当总额 16.45 亿元，发放笔数 1767 笔，期末贷款余额 6.76 亿元。8 家法人公司注册资本金 6.7 亿元，注册资本 5 亿元以上的 1 家公司为湖南通程典当有限责任公司；注册资本在 3000 万元到 5000 万元的 2 家公司分别为：湖南中展典当行有限公司、湖南健鸣典当有限责任公司；注册资本在 3000 万元以下的 5 家公司分别为：长沙市万事达典当行有限公司、湖南省金牛典当有限责任公司、湖南顺昌典当有限公司、湖南习成典当有限公司、湖南汇鑫典当有限责任公司。

2021 年 8 月 25 日，典当公司监管分类评级现场检查 5 家典当企业：湖南中展典当行有限公司、湖南顺昌典当有限公司、湖南汇鑫典当有限责任公司、湖南习成典当有限公司、湖南省金牛典当有限责任公司；“双随机一公开”现场检查 1 家违规设立典当公司：长沙民间创富典当有限公司（无审计报告且未进行审计）。

（周 亮）

·表 18·　2021 年芙蓉区典当公司业务情况统计表

序号	公司名称	注册资本（万元）	营业收入（万元）	利润总额（万元）	纳税总额（万元）	典当总额（万元）	发放笔数（笔）	贷款余额（万元）
1	长沙市万事达典当行有限公司	500	120.62	27.94	1.18	2671.94	1099	445.59
2	湖南通程典当有限责任公司	53800	10475.31	6254.70	2387.90	152810.43	546	63163.30
3	湖南省金牛典当有限责任公司	1500	83.5	10.3	2.5	1856.00	75	1423.60
4	湖南顺昌典当有限公司	1500	149.12	24.78	1.51	892	17	1498
5	湖南中展典当行有限公司	3000	0.76	–7.61	0.02	6.2	4	5.2
6	湖南习成典当有限公司	1500	28.47	6.47	0.71	1109	10	985
7	湖南汇鑫典当有限责任公司	500	15.39	8.61	0.73	220	5	80
8	湖南健鸣典当有限责任公司	5000	160.5	28.65	1.29	4935	11	0
总计		67300	11033.67	6353.84	2395.84	164500.57	1767	67600.69

（资料来源：区金融事务中心）

【汇方典当落地芙蓉自贸区块】2021 年 12 月 16 日，长沙市芙蓉区汇方典当有限责任公司在中国（湖南）自由贸易区长沙片区芙蓉区块举行开业仪式。汇方典当与全国最大的典当行吴中典当同属香港上市公司中国汇融金融控股有限公司旗下，是 2021 年湖南省首家拿到典当经营牌照的企业，也是自贸区芙蓉区块第一家落户办公的典当企业。市、区领导、中国汇融高层参加开业仪式。汇方典当主要经营小额房地产抵押业务和民品业务，并依托吴中典当的管理经验和品牌效应，以先进的“汇融 e 通”智能化管理系统为技术保障，为长沙的中小微企业和个人提供更好更周到的融资服务。（侯芳芳）

【第十届长沙金融服务节】2021 年 4 月 9 日，由芙蓉区金融事务中心协助长沙市政府金融办共同承办的第十届长沙金融服务节开幕式暨金融工作座谈会在湘江基金小镇举行，经营地在长沙的 41 家银行机构 57 家保险机构、50 家证券机构及长沙市转贷基金、长沙市风补基金、湖南信托等其他金融机构及金融中介机构参加。湖南省委常委、长沙市委书记吴桂英，市委副书记、市长、湖南湘江新区党工委书记郑建新出席金融工作座谈会并发表讲话。开幕式现场，区金融事务中心唐忠武等 10 位近十年来金融领域突出人物接受献花并致辞，金融机构代表宣读《金融业助力当好“三高四新”战略领头雁倡议书》，表示将以实际行动，服务实体经济、防范金融风险、深化金融改革，以优质高效金融服务，支持长沙经济高质量发展。（侯芳芳）

【“长沙市场金融服务站”挂牌仪式】2021 年 7 月 16 日，由湘湖管理局、芙蓉区金融事务中心、《长沙晚报》、长沙银行共同举办的“践行‘三高四新’战略 金融服务大行动·走进三湘南湖大市场”活动在湖南富丽华酒店举行，70 余家商贸企业代表参加活动。长沙银行的工作人员与参加活动的企业就融资方面存在的困难与需求进行交流。活动当天,"长沙市场金融服务站三湘南湖大市场站"挂牌，金融服务站搭建政府、金融机构和企业的合作桥梁；能促进金融资源与企业需求精准对接，加速实现金融力量和实体经济的同频共振,推动银企共荣共享共发展。 （侯芳芳）

【消费类企业交流论坛】 2021年10月1日，区金融事务中心联合招商银行长沙分行举办主题为"新消费 新趋势"的芙蓉区重点大消费类企业资本交流论坛，点石家装、颐而康、泰迪故事等区内大消费类企业代表，柠季、果呀呀、是隆咖啡等区外大消费企业代表30余人参加。论坛从建设情况、资源优势等方面，对袁家岭中央文化区进行专题推介。天风证券研究所、天健会计师事务所就资本市场相关课题作主题报告，黑色经典、客串出品等相关企业负责人分享创业经验和对资本的认识。活动深化"政证银企"务实合作，提高金融支持服务实体经济的能力。 （侯芳芳）

【新消费行业圆桌论坛】 2021年12月24日，区金融事务中心和中国建设银行长沙铁银支行联合举办"湖南新消费行业圆桌论坛"，德勤会计师事务所、贝莱德建信理财等资本市场专业机构等近30家新消费行业的企业家参加活动。会上，贝莱德建信理财有限责任公司负责人分析新消费产业及新消费领域的发展态势，德勤会计师事务所负责人分析新消费观念和新需求的变化及供给端在产品的内容和展现形式上的变化。活动邀请金融专家和企业精英进行金融专业知识和实战经验分享，共同探索新形势下消费市场的新特点新机遇，共话新消费发展之道。 （侯芳芳）

【芙蓉区被授予数字人民币试点优秀组织单位】 2021年12月23日，长沙市数字人民币试点工作领导小组授予芙蓉区人民政府数字人民币试点优秀组织单位。2021年，区金融事务中心推动数字人民币试点工作。特色商圈领域，芙蓉区打造扬帆夜市、湖南米粉街等数字人民币试点特色示范街，长沙新世界时尚广场、阿波罗商业广场、平和堂、华润万家、精彩生活超市、友谊商店等商超实现数字人民币集中收银；政务服务领域，芙蓉区政府各单位开通数字人民币个人钱包2000余户、对公钱包38户，"智慧食堂"嵌入芙蓉区干部职工日常工作、生活场景；智慧校园领域，生物机电职院打造数字人民币校园生态体系，上线校园一卡通数字人民币线上充值功能和校内数字人民币消费功能。举办的"嗦粉节"活动，是"数字人民币"在全国范围内首次以行业为单位进行规模商用，也是"和包+数字人民币"在长沙试行的特色应用场景。 （侯芳芳）

银　行

【概况】 银行业为芙蓉区主要纳税主体。2021年，芙蓉区聚集银行省级分行10家，银行网点200余家。全年产生总税收15.25亿元，区级税收3.12亿元。2021年，芙蓉区金融事务中心升级改版"蓉e贷"App，开发"蓉e贷"微信小程序，引导10家银行机构入驻，发布金融类产品35个，发布金融重点服务企业白名单3批318家企业，开展大型政银企对接活动11场，累计为632家企业授信64.1亿元。 （周　倩）

【长沙农商银行芙蓉支行】 截至2021年年底，长沙农商银行芙蓉支行存贷规模合计超150亿元。年内，长沙农商银行芙蓉支行与芙蓉区政府签订了"党建共创 普惠金融"行

2021年11月29日，长沙市数字人民币试点特色示范街芙蓉区"扬帆夜市"建设启动仪式

（区金融事务中心　供图）

动战略合作协议，建立了三级党建联盟模式。全力支持芙蓉区内小微企业发展，新增授信 1925 户、用信 1216 户，授信金额 24.32 亿元。履行社会责任，开展社保卡清理排查工作，共计社保卡清理排查 2303 户，涉及 45 家单位，确保社保卡排查情况全面、清晰、真实。治安保卫工作成绩突出，被评为 2021 年度芙蓉区内保单位安全保卫工作“成绩突出集体”。全年纳税额 1.14 亿元。

（周　倩）

【农业银行股份有限公司长沙芙蓉区支行】　2021 年，农业银行股份有限公司长沙芙蓉区支行在职员工 180 人，11 个营业网点。截至 2021 年年底，各项存款时点余额 106 亿元，各项贷款余额 154 亿元，净增 15 亿元，累放 59 亿元。2021 年，支行在市分行综合绩效考核排名始终保持前三。支行被评为湖南省金融五一劳动奖状、芙蓉区尊师重教先进单位、芙蓉区荷花园街道 2021 年度经济发展贡献单位。2021 年配合芙蓉区政府在全国首创“24 小时智慧政务服务驿站”模式，与政府一道惠企利民。（周　倩）

【交通银行湖南省分行回迁】
2021 年 1 月 1 日，交通银行湖南省分行从雨花区韶山中路 37 号回迁至芙蓉区五一大道 447 号交银大厦。时隔 20 年，交通银行湖南省分行重回芙蓉区。在此之前，芙蓉区政府及区住建局、区城管局、区行政审批服务局、区金融事务中心、区园林中心、区税务局等主要负责人，多次上门为交通银行湖南省分行送服务，针对交通银行湖南省分行回迁事宜中面临的消防报建、行政审批、周边绿化等问题现场办公。交行湖南省分行行长陈蔚表示，芙蓉区政企联络强，政企感情好，政府服务氛围浓，交通银行湖南省分行愿为芙蓉区区域经济发展做出更大贡献。（侯芳芳）

【“融资有道”银企对接会】
2021 年 11 月 12 日，区金融事务中心联合长沙市企业服务中心、长沙市小微企业信贷风险补偿基金和中国建设银行华兴支行举办的“融资有道，助力中小企业盘活信用提高融资能力”专场活动在万家丽国际广场写字楼举行，近 40 家企业参加活动。该活动是“2021 融资有道助企系列服务节”系列活动之一。区金融事务中心推介“蓉易贷”平台，长沙市小微企业信贷风险补偿基金运营机构——医械好融通信用管理（湖南）有限公司介绍为小微企业降本增效的相关举措，中国建设银行华兴支行对该行的“云税贷”、“善担贷”、小微企业抵押快贷等针对小微企业的信贷产品进行介绍。年内，区金融事务中心加大对中小企业银企对接和指导扶持力度，为有融资需求的企业和有贷款意向的银行“牵线搭桥”，提高中小企业获贷的便利度。（侯芳芳）

证　券

【概况】　2021 年，芙蓉区聚集证券省级分公司 10 家，全年产生总税收 1.28 亿元，区级税收 1697 万元。2021 年，芙蓉区联合辖区证券公司精准开展助企服务，加大企业上市推进力度。抢抓“北交所”设立的政策机遇，将 20 家企业纳入省上市后备企业库，26 家企业纳入市上市后备企业库，隆平发展进入上市辅导备案企业，英氏控股、兵器集团在申报中。（周　倩）

【资本市场头部机构入驻芙蓉中央商务区】　2021 年 8 月 24 日，全球排名前二十的知名会计师事务所——天健会计师事务所湖南分所签约入驻交银大厦。2021 年 9 月 10 日，全国排名前十的律师事务所——湖南启元律师事务所入驻长沙世茂环球金融中心。天健会计师事务所湖南分所与湖南启元律师事务所的入驻，是芙蓉区将中央商务区核心商圈打造成企业上市基地的一个重要里程碑，将为芙蓉区乃至全省企业投资融资、挂牌上市及产业升级转型贡献提供专业支撑和帮助。

（侯芳芳）

【金融重点服务企业对接会】
2021 年 6 月 11 日，“惠农兴企 贷您兴商”金融重点服务企业政银企对接会在芙蓉广场世茂环球金融中心召开，30 余家金融重点服务企业相关负责人参加活动。区金融事务中心解读 2021 年全区相关金融政策，对芙蓉区推出的“蓉易贷”线上融资服务平台做介绍和说明。医械好融通信用管理（湖南）有限公司和区税务局有关负责人介绍企业如何获得风补基金及纳税应注意事项，为在场企业答疑解惑。长沙农商银行小微金融事业部负责人就企业实操融资事项进行现场教学。对接会上，长沙农商银行与参会的湖南嘉宝印刷材料、长沙尊凯轮胎贸易等 4 家企业现场达成授信意向。

（侯芳芳）

【建筑家装行业交流论坛】　2021 年 11 月 26 日，芙蓉区金融事务中心、湖南省室内装饰协会和长沙银行东城支行联合举办建筑家居装饰行业资本交流论坛活动，辖区21家建筑家装类企业参与。金融事务中心重点推介“蓉易贷”平台，表示将通过该平台，精准服务建筑家装类企业，打通企业融资服务“最后一公里”。大象装饰集团的负责人分享通过平台获得长沙市风补基金贷款的案例。长沙银行东城支行介绍优惠利率、个性化服务、绿色通道等服务建筑家装类企业的系列举措。

（侯芳芳）

【省防非宣传月暨集中宣传日活动在区举行】 2021年6月15日，湖南省防范非法集资宣传月暨集中宣传日活动在长沙国金中心西北广场举办。活动现场，出任湖南省防范非法集资公益宣传大使的知名主持人王燕现身说法，律师、公安民警、金融专家解密非法集资新套路，情景剧、“现场说法”等防非宣传新形式走上长沙街头，20余名防范非法集资咨询服务工作站志愿者倡议市民和投资者提高防范意识、远离非法集资。活动由湖南省地方金融监督管理局主办，长沙市人民政府金融工作办公室、芙蓉区人民政府、湖南红网新媒体集团、长沙金融业联合会承办，得到人民网、“学习强国”、红网时刻、“新湖南”和《长沙晚报》等媒体报道。（侯芳芳）

【资本市场培育】 2021年，芙蓉区推进企业上市，抢抓“北交所”设立的政策机遇，将20家企业纳入省上市后备企业库，26家企业纳入市上市后备企业库，1家企业成功报辅，2家企业进行报辅。开展资本市场培训，承办“红色CEO”智享汇百人大讲堂第三期活动，邀请金融专家为百名企业家讲课。开展专业辅导培育，组织企业赴上海证券交易所、武汉资本市场学习观摩。组织法律、审计、银行专业人士为企业提供上门业务指导。（侯芳芳）

保　险

【概况】 2021年，芙蓉区聚集全国性保险公司的省级分公司13家，全年产生总税收0.95亿元，区级税收1661万元。（周　倩）

【中国人寿保险股份有限公司湖南省分公司】 2021年，中国人寿保险股份有限公司湖南省分公司是芙蓉区辖区内占省内市场份额最大、机构分布最广、服务客户最多的保险公司。截至2021年年底，总保费290亿元。公司承办的大病保险、社保补充医疗和委托管理业务覆盖省内72县市区，服务3200万人民群众，累计赔付超30万人次，金额13亿元；在国家级长期护理保险项目试点中为11万人提供保险保障；民生业务服务老年人、残疾人、退役军人、低保人群、留守儿童等特殊人群上千万，“湘女关爱保”服务146万妇女，被评为“中国民生示范工程”；乡村振兴工作派出60余人，投入400万余元，乡村振兴保险惠及困难群众42万余人，赔付超630万余元。年内，公司被评为“全国巾帼建功先进集体”和湖南省“保险市场服务奖”。（周　倩）

【中国太平洋财产保险股份有限公司长沙中心支公司】 2021年，中国太平洋财产保险股份有限公司长沙中心支公司围绕高质量发展目标，坚持精细化管理和精准施策，有序推进各项重点工作落地实施，业务发展情况逐步转好，成效逐步显现。在上半年综合成本率超百居高不下的情况下，通过组织架构调整、业务结构重塑、业务品质管控、资源配置优化、保全保足、理赔提速、打假降赔等一系列举措，有效保费占比持续提升。全年实现保费收入10.86亿元，实现利润3347万元，综合成本率96.5%，优于行业3.8个百分点，全年赔款总额7.43亿元，税务贡献总额1.26亿元（含代扣代缴）。（周　倩）

邮政·通信

Post & Communication

编辑　谭自然

邮　政

【概况】　2021年，中国邮政集团有限公司长沙市芙蓉区分公司在原有服务设施完善的基础上，继续加强邮政便民点建设，截至2021年年底，全区有邮政服务网点16个，其中，纯邮务类网点6个，叠加邮政储蓄的网点10个；有邮政报刊亭37个，邮政渠道站点99个，邮乐购服务站点1个，邮政自提点3个，邮筒信箱（筒）24个；有各种邮政运输车辆30辆，各类邮政投递车辆229辆，投递人员261人，投递段道210条。2021年，全区邮政企业实现业务收入1.12亿元，收入增幅18.93%。（唐　嵘）

【企业管理】　2021年，芙蓉分公司严抓欠费管控，严格欠费管理的日常工作要求，逾期欠费控制在全市城区五区最低。强化资产运营管控，提高金邮揽投站场地利用率，节约朝晖揽投站租赁场地费70万元/年。严控用工总量，精简压缩高管队伍，选强配优金融营销队伍，全区配备个人客户经理11人，劳务派遣用工转移平稳过渡，且未出现用工纠纷。组织银行从业资格证考前培训，通过率排全市第3位。将“绿色邮政”建设纳入日常培训体系，采取线上与线下、集中与自学相结合的方式，组织管理层、一线操作人员学习“绿色邮政”相关文件、视频、手册，提升每位员工的绿色发展意识，熟练掌握“绿色邮政”建设行动相关要求。强化电子面单的使用率，2021年全区电子面单的使用率99.5%。（唐　嵘）

【能力建设】　2021年，芙蓉分公司严守普服两条“红线”、安全生产“底线”，做到实名收寄和收寄验视100%。比照机要邮件要求，做好各级政府、巡视组邮件的投递工作，屡次赢得各级政府对邮政的认可和赞扬。2021年7月，中央第十二巡视组对芙蓉区邮政秉承“人民邮政为人民”的服务理念，确保巡视邮件寄递服务“零差错、零失误”的细致工作，特致信表示感谢和肯定。代办局所和营投合一单人局所全面实现“见底清零”。全年未发生一起行政监管处罚，未出现重大通信服务质量事故和重大违规经营案件。在揽投网改革上，加强自提点建设，推进网格化作业，人均投递负载力明显提升。加强投递便民点建设，全区建成有效自提点268个，其中邮政自提点3个，自提66%。“专投网”建设成效显著，法院邮件、保单配送、税务专递等业务实现专网专投。完成八一揽投部和芙蓉揽投部机构整合。朝晖揽投部站与金融部站合署生产办公，曙光营业网点完成新址改造搬迁。（唐　嵘）

【业务发展和经营成果】　2021年，芙蓉分公司总资产规模20.76亿元，2021年新增总资产2.24亿元，新增余额6933万元，新增总资产比2020年增长1205万元。持续推进保险业务转型，全年实现保费1.07亿元，比2020年增长2266万元，增幅27%。全区开门红保险7746.96万元，完成年度计划目标。东岸新桥成为全市首个破千万的网点，火星大道、东岸新桥晋级首爆日千万级保费网点，且绝对值分列全市第一位、第二位。有效客户持续增加，全年新增有效客户3810户。寄递业务：2021年特快业务实现收入1370万元，增幅51%。快包业务量质并重，实现收入3898.36万元，增幅32.81%。传统业务：全年完成收入1554.48万元，进度列全市第二位，增幅列全市第一位。集邮专业成功申报长沙首枚邮资图明信片“橘子洲头”，实现收入500万元；函件专业新媒体项目创收60万元，增幅30%。报刊发行专业推进政务图书项目，完成流转额30万元，进度排全市第一位；党报党刊及行业报刊分别完成进度116.8%和124.1%。2022年度报刊大收订中，完成3049.23万元，完成计划的100.04%。集团公司六大重点协同项目实现收入1786.45万元。其中惠农农产品寄递完成1598.64万元，汽车产业链实现收入78万元、政务服务实现收入97.27万元，医药市场项目实现收入12.54万元。渠道平台转型网点完成5个，其中校园、主题邮局、商圈转型、社区转型网点分别达到1个、0个、2个、2个。注重高效增值业务发展，其中简易险实现保费25.52万元，实现收入7.8万元，保费和收入规模均排全市第二位。车险业务全年完成车险出单462台，完成保费金额64.56万元，居全市第二位。（唐　嵘）

通　信

·中国电信芙蓉分局·

【概况】　2021年，中国电信股份有限公司长沙分公司在芙蓉区范围内有员工235人，下设14个营业部，2个维护分部，为辖区内居民提供通信网络保障工作。2021年，完成宽带、移动、固网业务收入2.83亿元；期末移动用户规模26.25万户、宽带用户规模15.44万户、天翼高清用户规模11.49万户。加强网站备案管理，网站备案率由原来的85%提升至100%，不良信息处置5条，处理及时率100%。网站备案接IP地址准确率100%，建立备案网站IP地址详账，做到常态化稽核、清理，防范打击通信诈骗投诉。2021年，芙蓉分局被评为中国电信湖南省公司“天翼先锋号”、中国电信长沙市公司“先进生产经营单位”“优秀基层党组织”。（伍晓芳）

【客服服务】 2021年，芙蓉分局通过强化各客户触点的规范服务、改进各流程环节的服务短板；开展客户工单十分满意行动，暗访跟踪实时改进效果；全年公众客户满意度表现值由行业第二位提升至行业第一位，实体渠道满意率、智家交付满意率均超95%，政企交付满意率100%，修障满意率提升0.5PP，装移满意率持续保持在98%以上。做好通信保障支撑，确保“零服务事件”。2021年，城北综合维护中心保障人民群众正常通信，保障重点抗疫单位抢险应急通信。新冠肺炎疫情期间，芙蓉分公司实施“十大举措”为代理商减免房租，追加积分激励，为渠道核心门店提供防疫物品。（伍晓芳）

【智慧社区建设】 2021年，芙蓉分局利用中国电信安全稳定性更好的“天翼云”，拓宽芙蓉区内各行业5G应用的内涵和范围，与各产业领域携手合作，运用电信5G网络、光纤网络、云网产品、信息安全、本地化维护等领先优势，提高芙蓉区社会发展智能化水平。年内，在芙蓉区推广的天翼智慧社区平台，属公安部备案国家信息安全三级等保认证，底座平台“中国电信物联网安全管理平台”为“工信部2020年网络安全应用技术试点示范名单”之一，也是工信部推荐的十大物联网安全项目之一。天翼智慧社区平台中开通的公共能力板块和标准产品板块，其功能包括数据管理、物业服务、系统配置、党群e家、智能慧眼、社区安全、社区广播、居民充电8项内容，采用PC端+物管、业主APP+物管、业主服务号三位一体模式，以居民基础信息为依托，结合人脸摄像头获得的居民行为数据，通过3块屏（街道/社区的智慧社区大屏，物业/业委会的智慧小区管理屏，业主的智慧社区微信公众号的手机屏），达到政府通知及时下发，业主报修/建议及时反馈，物业服务精准及时。截至2021年年底，天翼智慧社区已开通长房东郡、世嘉国际、新世纪家园等17个小区，覆盖用户2.2万户，日通行人数3万余人。（伍晓芳）

·中国移动芙蓉分公司·

【概况】 2021年，中国移动通信集团湖南有限公司长沙分公司芙蓉区分公司（以下简称“芙蓉移动”）秉持“客户为根 服务为本”理念，完善“全覆盖、全支撑、全触点”服务体系和全方位联动的服务协同，为辖内居民提供通信保障工作。截至2021年年底，芙蓉移动完成通服收入4.3亿元，客户规模近60万户，5G客户近25万户，辖区内有线资源覆盖率超98%，室外5G覆盖率99.10%。（谢翠薇）

【市场运营】 2021年，芙蓉移动按照中国移动创世界一流“力量大厦”总体部署，以做网络强国、数字中国、智慧社会主力军为总目标，以推进数智化转型，实现高质量发展为主线，坚持以基于规模的价值经营体系、高效协同的组织运营体系为着力点，稳步实施“5G+”计划，实现个人、家庭、政企、新兴“四轮”市场融合融通协同发展。年内提供千兆光纤、智能摄像头、智能门铃、智能猫眼、精准触达、大数据宣传展示等智慧产品，推出“移动办公云”“云视讯”“5G+大数据防疫平台”等产品，现拥有外部合作伙伴200余家，为辖区内近2万家集团单位提供数智化信息服务。（谢翠薇）

【客户服务】 2021年，芙蓉移动巩固服务领先优势，开展针对性服务质量提升工作，家庭宽带满意度和手机客户满意度均在行业内排名领先。开展反诈宣传。依托5G技术，赋能“云视讯”产品升级，助力“5·17”全市反诈宣传。在全市“全民行动·无诈星城”活动期间，芙蓉移动各网格内设置分会场，邀请周边社区、小区等居民现场观看“全民行动 无诈星城”打击治理电信网络新型违法犯罪集中宣传月启动仪式，学习反诈知识。截至年底，反诈宣传进驻辖内小区300个，张贴反诈宣传贴牌4000余个，开展上门宣传服务100余次。年内涉案号码降量达到45%。协助文明城市创建工作。开展移动外网线路“飞线整治”，完成社区楼栋废旧线缆、皮线清理工作。协助芙蓉公安分局解决天网监控在校园周边的盲区问题，通过建设固定点位视频监控摄像机等总集成方式，达成芙蓉区雪

亮工程及安校平台项目合作，确保校园周边安全。（谢翠薇）

【重大活动保障】 2021年4月13日，由省总工会、省人社厅、省工信厅、省国资委、长沙市人民政府联合举办的“大国工匠 湖湘论坛”和湖湘工匠年度人物颁奖典礼在省委九所宾馆综合楼多功能厅举办。芙蓉移动开通1辆应急通信车，确保活动现场4G/5G网络信号良好；同时提供1条200兆互联网专线用于现场直播。活动期间安排技术人员现场值守，后台技术人员举行实时监控，确保活动顺利举行。11月23—28日省十二次党代会期间，芙蓉移动提前对党代会代表驻地省委九所宾馆、蓉园宾馆、湖南宾馆、华天大酒店、芙蓉华天酒店等场所进行网络信号测试，会议期间对保障站点进行实时监控，确保代表驻地4G、5G网络的正常使用。8月新冠肺炎疫情期间，芙蓉移动成立疫情期间党员先锋队，对核酸检测点、疾控中心、定点医院104个2G、4G、5G基站进行重点监控保障，扩容11个站点，优化调整23个站点，确保用户扫码及日常通信需求。疫情期间保障区域基站各项性能指标正常，无网络拥塞问题发生。（谢翠薇）

【打造“跃进未来”智慧社区】 2021年，芙蓉移动通过搭建硬、软件平台，运用智慧化、信息化的方式打破信息壁垒，在湘湖街道跃进湖社区打造“跃进未来”智慧社区。该项目通过在跃进湖各小区出入口安装人脸识别及自动测温系统、配置口罩佩戴识别提醒；通过智能门磁产品，实现对社区隔离区域及留观室等自动化管理；设置一体化智能灯杆监测环境和空气质量。智慧社区平台还结合人脸门禁、人工智能摄像头采集的大数据，实现对社区内空巢老人、失独家庭、幼儿防拐等重点关注人员信息即时更新，并经由后台结合公共区域采集到的出现频次及轨迹等信息判断异常情况，助力工作人员及时识别、快速响应，提升社区特殊人群的关注、管控和服务效率。“跃进未来”智慧社区项目提升了社区治理效能，成为湖南省首个智慧社区。（谢翠薇）

·中国联通芙蓉分公司·

【概况】 中国联合网络通信有限公司长沙市分公司芙蓉区基层单元（以下简称“联通芙蓉分公司”）负责经营在芙蓉区行政区域内通信业务及相关的系统集成业务。2021年，联通芙蓉分公司立足本职，担负起“数字信息基础设施运营服务国家队、网络强国数字中国智慧社会建设主力军、数字技术融合创新排头兵”的职责重任，完成辖区内1086个小区的5G网络信号覆盖，5G基站建设360个，室外覆盖率99%。截至年底，辖区内用户29万户；累计营业额2.68亿元。2021年，联通芙蓉分公司获长沙联通渠道运营“一把手”工程第一名；在新冠肺炎疫情防控期间，助力智慧社区、芙蓉区教育局智慧课堂等智慧城市项目建设。（陈　茜）

【重大活动保障】 2021年2月25日，联通芙蓉分公司组建两会重保项目组，制定“两会”应急保障方案，从资源准备、技术调度、各专业专家支持等方面筹划准备；对党、政、军驻地2/3/4/5G网络217个站进行负荷预测以及驻地网络的预检预修；完成51个施工工地、7条干线、85个节点站的巡检巡查；值班值守、专业保障全部到位。3月3日，云网运营中心进入重保模式，全天候双人双岗监测、有效发现各类告警，保障各场景“零故障”运行；对党、政、军驻地重要区域的基站、传送网节点、宽带网络、重要环路在7×24小时的监控基础上进行重点关注，如有断站、开环告警则进行升级通知，确保异常及时处置，确保设备运行正常。各专业及合作伙伴技术专家还提供7×24远程或驻场技术支持，实现突发情况的实时响应；云网监控组每天进行两次网络运行情况通报，确保“两会”期间的网络通畅无故障。（陈　茜）

【“5·17”电信日活动】 2021年5月15日，第52个“电信日”到来之际，长沙联通开启“联通为民办实事，网络检测服务行”活动，以实际行动为民解决用网过程中的“烦心事、操心事”。在长沙万家丽西广场现场，长沙联通党委书记、总经理伍文亮发言致辞，联通智慧家庭工程师代表向市民们表达为民服务的决心，各区域网络服务队伍秉持“匠心网络，贴心服务”的精神，承诺为用户提供便捷预约、0元检测、流程规范、检测专业的上门服务。现场，华为、小米、荣耀、VIVO、OPPO、沃阅读、京东之家及平安城市各大展区让市民体验智能家居、智能安防、5G网络应用及各类信息化产品，让市民体验到数字化的便利与智能。活动现场还设立防范诈骗宣传展区，通过展播典型诈骗案例及发放防诈要点单页，提醒市民谨防电信诈骗。活动吸引广场上近300名市民参与。

（陈　茜）

【承办芙蓉区中小企业发展政策宣讲会】 2021年7月2日，芙蓉区2021年中小企业发展政策宣讲会在隆平高科技园区举行。该次活动由芙蓉区工业和信息化局、隆平高科技园管理委员会主办，长沙联通承办，隆平高科技园区60余家重点企业的负责人参加。会上，工信政策解读专家对企业项目申报等相关内容进行专题解读和分析。长沙联通云计算高级工程师以“‘两上三化’助力企业数字化转型”为主题，阐述“上云上平台”及“数字化网络化智能化转型”内容，展示长沙联通云平台信息化建设能力及优势。该次宣讲会，出席会议的企业负责人对长沙联通云平台整体集成方案给予极大兴趣和认可，为长沙联通后续进一步推动隆平高科技园区内的中小企业云平台的建设推广奠定基础。

（陈　茜）

【签订“互联网+”合作协议】 2021年7月26日，长沙联通与芙蓉区政府签订“互联网+”合作协议，实现长沙联通在芙蓉区政府业务合作关系的重大突破。根据协议，双方围绕芙蓉区政府智慧教育、数字城市、平安芙蓉等方面开展合作，共同建设数字化芙蓉。协议合同签订前期，联通公司党委书记、总经理伍文亮等班子成员拜访芙蓉区委书记周春晖等区委、区政府领导，分别就芙蓉区信息化建设项目等内容进行深入交流，表达长沙联通助力打造数字芙蓉的决心，为双方合作奠定基础。

（陈　茜）

2021年7月2日，芙蓉区2021年中小企业发展政策宣讲会在长沙现代服务业产业园举行　（联通芙蓉分公司　供图）

【网络故障处置】 2021年8月7日19点32分，芙蓉区火车站附近网络中断，突发大量网络告警，给新冠肺炎疫情防控工作带来影响。联通芙蓉分公司在紧急时刻，迅速出动排查、解决故障。副总经理宾光兴第一时间做出指示，要求市、区公司紧密联动，云网运营中心现场迅速组织芙蓉区建维组恢复通信，确保新冠肺炎疫情防控网络需求；基层单元现场仔细勘察，经排查确认，阿波罗光交箱内光纤被人为剪断，芙蓉区基层单元立即向110报警，并协同警力开展侦查。通过网络维护人员努力，所有故障网络在当晚22时30分全部恢复，从网络遭破坏到恢复全程不足3小时，4小时后的23点30分，肇事人被抓获。该起网络故障得到有效处置。

（陈　茜）

【防网络诈骗公益宣传】 2021年10月14日，联通芙蓉分公司与省通信管理局的志愿者12人在扬帆小区开展“益爱同行，我为群众办实事”的防电信网络诈骗主题公益宣传活动。志愿者们通过张贴宣传海报、发放宣传手册、设置反电诈咨询点等方式为社区群众、商户普及反诈骗知识，并将长沙市反电诈中心整理的9类常见电信网络诈骗案例做了详细宣贯，现场演示下载并注册“国家反诈中心”App，指导现场群众如何识别、防范各类电信诈骗，提高公众网络安全意识和防护技能。扬帆小区附近居民及过往市民近1000人参与该次活动。

（陈　茜）

城市建设

Urban Construction

编辑　谭丽霞

城市人居环境建设

【概况】 2021年，芙蓉区城市人居环境局深入推进城市更新、城镇老旧小区改造、危旧房屋改造、街区微改造、棚户区改造工作。铺排城镇老旧小区改造项目27个，涉及143栋、5334户，总建筑面积43.93万平方米。5个街区微改造项目完成建设。危房改造工作116处实现开工建设，部分项目已经完工。马浏片区有机更新（一期）完成建设，湘雅二医院周边提质改造完成，火车站片区广场单元完成建设。蔡锷中路两厢与西龙片区联动开发进行多轮磋商，韶光片区、远大路沿线片区启动前期工作。省级棚改任务为50户，改造面积4000平方米，投资5500万元，全面完成省级棚改任务。多种渠道筹措资金4.6亿元。2021年棚户区安置补贴审批通过169户，友谊商店东边地块项目土地挂牌出让，五里牌肉联厂及周边项目、火星镇项目、都正街项目及黄土塘项目办理结算手续中，黄土塘配建商品房实现交房。

（齐 浩）

【城市更新项目】 2021年，芙蓉区推进蔡锷中路两厢片区、湘雅二医院片区、火车站片区3个长沙市首批城市更新项目，筹备西龙片区、韶光片区、远大路沿线片区等预备项目，计划将蔡锷中路两厢项目与西龙片区城市更新项目进行捆绑实施，以异地平衡方式解决市统贷平台蔡锷中路两厢棚改盈亏问题。

蔡锷中路两厢片区　2021年长沙首批重点城市更新单元之一，属于市统贷平台棚改项目。棚户区改造项目二期于2021年6月发布第五公告（共涉及私房338户、长房集团公房7户、单位12家），征收签约工作推进中，截至2021年12月31日已签约私房297户，单位9家，长房公房6户，私房签约率88.1%。有机更新三标段展开施工，完成道路工程绿植移栽、花池等地表障碍物拆除，设计施工图已进入审图报建阶段，八路军驻湘办事处广场深化设计完成、设备已进场，市教委宿舍屋面、外立面更新施工已完成90%。

西龙片区　位于马坡岭街道，北至西龙路、南至远大一路、西至滨河路、东至双杨路，主要由西龙村城中村、佳亨钢厂、张公岭、车辆施救站、西龙安置区等地块组成。该片区2021年12月完成初步方案设计及经济测算工作。

火车站片区　分广场、南片、西北片三个单元实施。其中广场片单元总投资1.13亿元，由芙蓉区城市管理局通过提质改造模式更新，年内完成建设。南片单元计划分二期实施，其中一期占地面积6.87公顷，总投资50亿元，计划采用TOD（以公共交通为导向的发展模式）开发模式，保留公共交通使用功能，沿车站路适当开发商业服务、公寓式住宅及办公，东侧长铁用地作为居住用地开发。西北片单元计划采取拆除重建方式实施更新，公铺楼拆迁腾地工作、湘运小区入户调查摸底完成，形成调查报告。

湘雅二医院　芙蓉区委、区政府提出“整体规划，分期实施，立行立改，立竿见影”思路，按照远期异地新增院址、中期汽发小区腾地征拆、近期周边提质改造三个维度支持医院发展及周边环境综合整治。2021年年底远期规划异地选址新增院区，湘雅二医院完成项目可研方案（第一版），医技楼单元完成基坑支护验收。该片区周边综合整治年内全部完成，总投资4500万元，包括拆除违章建筑、人行道拓宽、打通交通微循环、增设非机动车、设置电子警察和电视监控、解决屋顶漏水等内容，D级危房重建2栋、C级危房加固1栋，42户居民回迁，改造“旱厕”解决如厕难问题。

韶光片区　区委、区政府与长沙市长房更新公司多次洽谈，对片区城市体检、成本测算、规划设计及实施路径等方面研究探讨，取得初步成效。9月底通过区政府常务会，同意长房集团长房城市更新投资运营有限公司作为该片区城市更新实施主体，后续启动框架协议的签订工作。

远大路沿线片区　经现场调研远大路沿线，召开专题调度会，确定片区内“拆、改、留、补”范围。委托设计单位完成该片区经济测算及概念方案设计。

（孙敏锐）

【城市有机更新】 2021年，马浏片区（一期）有机更新完工。2020年完工的白果园化龙池有机更新项目，2021年吸引国内10余批次人员考察学习，全国政协常委、民盟中央副主席曹卫星9月到白果园考察。12月，白果园历史文化旅游街区获批国家AAA级旅游景区。

马浏片区（一期）有机更新项目分为浏正街和马王街2个片区，项目靠近五一商圈，交通便利，人流量车流量大。浏正街片区东临芙蓉中路，南至解放中路，西接蔡锷中路，北接五一大道。马王街片区东接建湘路，南靠人民西路，西至蔡锷南路，北临解放中路和湖南省人民医院。项目占地14.67公顷，改造面积10万平方米，涉及改造居

2021年9月14日，全国政协常委、民盟中央副主席曹卫星（前排左三），带队考察区白果园城市更新街区（区城市人居环境局 供图）

民1779户，总投资1.1亿元。项目从居民生活功能需求出发，针对自来水、燃气、网络、用电、通风、采光、照明等14项内容，逐一细化方案，逐项改造到位。包括沿线建筑外立面改造、修缮及保护，道路排水及管网改造，居民生活基础设施改造，基础照明工程等，是市、区两级重点民生工程项目，该项目于2020年5月初陆续进场施工，2021年8月完工。（孙敏锐）

【城市体检】 2021年，芙蓉区对煤炭大院等27个城镇老旧小区改造项目开展城市体检工作，为城镇老旧小区改造工作打下基础。根据《长沙市2021年城市自体检工作方案》要求，区城市人居环境局召集街道负责人调度协调，组织参与网络社区问卷调查及居民问卷调查，民众参与度位居市前列。（孙敏锐）

【棚户区安置补贴审批】 2021年，芙蓉区棚户区安置补贴审批通过169户，其中蔡锷中路两厢棚户区改造项目53户，黄土塘棚户区改造项目115户，新华书店棚户区改造项目1户。蔡锷中路两厢棚改项目安置补贴查询94户162人，其中东玺门58户101人，芙蓉星城32户55人，新桥4户6人。（孙敏锐）

【城镇老旧小区改造】 2021年，芙蓉区改造城镇老旧小区27个，143栋，户数5334户，实现开工率100%，满意率100%。完成违章建筑拆除195处，2.4万平方米，新增消防设施20处，电梯28台，地面停车位313个，非机动车停车场13处，垃圾分类设施21处，公共晾晒设施107处，惠及居民22159人。老旧小区改造秉持以人为本的理念，把群众呼声作为启动改造的首要前提和重要依据，通过前期意见征集、开展座谈会、设计团队面对面听意见，梳理和总结居民提出的意见，修改和完善改造方案，达到居民意愿与整体改造的有机统一。（易郁琼）

【危旧房屋改造】 2021年，芙蓉区铺排危旧房屋改造项目99处（含长房集团），实际开工116处（含长房集团），开工率117%。压实产权人主体责任，广泛收集居民意愿，稳步推进工程质量和进度。其中上宜园8号、白沙路57号等处危房改造项目被央视新闻、湖南卫视、湖南红网等多家主流媒体宣扬报道，市住建局纪检监察组、市城市人居环境局相关负责人到2处危房改造项目调研考察，对改造前后的变化和人居环境改善给予充分肯定。区人居环境局被市局评为危房改造工作先进单位。（易郁琼）

【国企"三供一业"提质改造】 2021年，央企、省企"三供一业"（国企移交地方中的供水、供电、供气和物业管理）提质改造稳步推进。芙蓉区办理荷花园街道荷晏社区中国电信长沙分公司电信小区、杨家山社区中国电信湖南分公司邮电新村及韭菜园街道汤家岭社区中国电信湖南分公司73分局、汤家岭社区湖南省湘绣研究所湘绣南北两院宿舍4个"三供一业"提质改造项目竣工验收，拨付改造资金633.13万元。全区31个由区政府改造的项目，其中30个项目完工，东岸街道市邮政职工家属区，因桃园路建设涉及市邮政宿舍拆迁，至年底尚未完工。（郭泽武）

【街区微改造】 2021年，芙蓉区铺排城市人居街区微改造项目5个，包含湘雅二医院周边小区道路提质改造道路工程一标、二标，湘雅二医院弱电下地改造、杆线迁改工程项目，文艺新村社区复兴街周边提质改造项目。微改造强调保留现有建筑的同时，融入现代生活理念，注入新的生活元素，改善水、电、燃气、停车等基础配套设施，满足人民生活的需求，重塑街区活力。上述微改造项目2021年全部完工。

（易郁琼）

【棚户区改造】 2021年，芙蓉区承担省级棚改任务为50户，改造面积4000平方米，完成投资5500万元，至7月已全面完成省级棚改任务。全年筹措棚改资金4.6亿元。

续建扫尾项目 蔡锷中路两厢棚改项目二期于2021年6月启动征收签约，截至12月31日签约291户，总体签约率88.7%。五里牌肉联厂及周边项目、火星镇项目、都正街项目及黄土塘项目在办理结算手续中。

项目土地出让 五里牌肉联厂及周边、友谊商店东边地块项目分别于2021年1月、10月实现土地出让4.27公顷，可实现土地收益26亿元。黄土塘项目中省政府办公厅、省邮电局等省属1.65公顷土地收回使用权，项目回迁商品房土地变性工作完成。

项目服务情况 关于黄土塘配建商品房，韭菜园嘉苑项目指挥部开展项目回迁房签约、交房工作。截至12月31日完成838套回迁房签约。与芙蓉星城开发商对接，为蔡锷中路两厢棚改项目（二期）预定150套安置房源。配合相关街道做好棚改项目遗留处理工作。

（刘　蓉）

【城市房屋征收补偿】 2021年，芙蓉区征收办贯彻湖南省高级人民法院印发的《国有土地上房屋征收补偿决定案件裁判指引（试行）》文件，举行专题法务研讨，依法依规开展城市房屋拆迁补偿。年内芙蓉区新启动国有土地上房屋征收项目4个，涉及征拆面积4.3万平方米，需征收私房352户，单位16家。年内完成私房签约295户，单位13家，解控拨付征收补偿资金4.36亿元。袁家岭新华书店周边零星地块棚户区改造项目2月发布征收公告，启动征收签约工作。该项目占地面积0.1公顷，涉及征收私房14户、单位1家，征收房屋面积2000平方米。该项目为促进区域优势资源整合、打造袁家岭中央文化区提供坚实基础。省委宣传部副部长刘尤碧年内到该地调研袁家岭新华书店棚改工作。项目扫尾，年内完成黄土塘地块、西龙路项目等4个项目拆除交地，拆除面积5000平方米。完成远大路（一期）棚改项目、芙蓉生态新城四号安置小区（一期）等9个项目结算，解控回笼财政资金8085万元。

（王艳平）

【全市危旧房屋改造现场交流会】 2021年3月23日，长沙市城市人居环境局在芙蓉区召开关于全市城镇危旧房屋改造工作现场培训交流会议，市局业务处室、内五区人居环境局、长沙县住建局、长房集团及相关街道、社区负责人60人参加。会议前，全体人员到芙蓉区白沙路57号项目现场观摩，听社区工作人员对小区改造过程中重点、难点和亮点情况介绍。会议在芙蓉区识字里社区举行，芙蓉区城市人居环境局、文艺路街道、识字里社区及项目施工方作经验介绍，与会人员就危房改造中具体问题和做法进行交流学习，市城市人居环境局副局长潘宏作总结点评，肯定了白沙路57号老旧小区改造项目取得的成绩。

（易郁琼）

【友谊商店东地块项目土地挂牌出让】 友谊东项目为全市首个由社会资本参与的大型棚改项目，位于芙蓉区五里牌街道，东起市政支路，西至韶山路，南临五一大道，北达燕山街，占地面积2.67公顷。该地块范围内建筑建成年代较久，基础设施老化，且配套严重不足，存在较大的消防安全隐患。项目2014年启动征收，2021年10月19日由湖南建工地产投资有限公司、湖南友谊阿波罗商业股份有限公司联合以18亿元摘牌。该项目为日后社会资本参与棚改项目提供借鉴和指导。

（刘　蓉）

农村土地征收

【概况】 2021年，芙蓉区征地拆迁工作在2020年基本完成全区集体土地征地拆迁基础上，重点为征地农民安置回迁和项目扫尾工作，推进芙蓉东部片区建设。2021年实施合平路（远大路—红平路）（2019年报部项目）、长沙市城市建设合平路用地（2010年报部项目）、东湖村“城中村”改造三期项目3个项目，征拆农村集体土地5.67公顷，拆迁房屋9栋，动迁人口23人，推进合平路、远大路、东四路等项目建设。东片区17个“城中村”改造项目工作扫尾，拆除私房44栋、企业及集体设施9处、违章近3万平方米。2021年发放被征地农民双倍过渡费1.14亿元，初审认定申请加入农村集体经济组织成员2批130人次。全年应纳入被征地农民207人，已全部纳入到位。全年处理信访诉求4起，政府信息公开申请9起，“12345”市民热线76起。

（刘昱沣）

2021年7月18日，四号安置点东合新苑小区项目房源摇号仪式现场，回迁群众代表检验房源球 （区征地服务中心 供图）

【公开透明完成保障房回迁】 2021年4月始，芙蓉区征地中心在马王堆街道及火炬村等相关部门的协助下，完成火炬保障住房（嘉雨兴园）的回迁安置工作，安置指标1305.5个。四号安置点（东合新苑）的回迁安置合计91.67公顷，包括东湖大拆违、合平村“城中村”改造等9个项目总计2379个指标。二号安置点二期（东宜新园）E地块分房选房，回迁安置新安村“城中村”改造、二号安置点扩增、7号地块、3号地块等22个项目1484.5个安置指标。全年总计回迁安置指标5169个。办理124个指标货币补贴，芙蓉区已建成被征地农民安置房全部分配完毕，5000余名群众入住新房。工作过程中，芙蓉区征地中心坚持将保障住房回迁工作的各个环节面向群众全面公开，公开摇取房源，当场唱号标号，公证处工作人员全程公证。在安置点回迁现场张榜公示项目房源、房屋户型、面积以及各项目选房序号，接受群众监督。实时公布选房进度，帮助群众及时调整选房目标。开展“我为群众办实事”活动，结合市、区相关社会保障和住房政策，在安置房退税、户型自愿调换等方面为群众提供方便。 （刘昱沣）

电力建设

【概况】 2021年，芙蓉区完成电力“630攻坚”（长沙电网供电能力提升三年行动计划）年度各项任务。全年铺排变电站项目5座、配套路由17条。5个变电站项目（农大、马王堆、窑岭、市场、城东）已实现变电站交地，长白路塔基交地等15条配套路由均已完工，远大路电力埋管（双杨路—京港澳高速辅道东侧）、双杨路电力埋管（变电站—远大路）因涉及变电站站址变更后新增路由部分，由长沙市交通投资控股集团有限公司负责出资修建。下半年新增7个配套路由项目明确施工单位和资金来源，山塘变、韶光变、马王堆变新增配套路由已完成立项或初步设计。3个新增变电站选址控规征求意见报市电建办，竹园公寓等16个小区“专改公”工作完成。申报2021年三湘大院等21个小区的“专改公”计划。优化企业服务，49家大型用电企业的电力需求响应签约，协调市供电公司同意免除特格尔医药、琴海数码、丰兴实业、凯德隆盛置业4家企业的双电源高可靠性收费400万余元，保障琴海数码科技产业园的顺利建设。配合城北供电支公司做好迎峰度夏等电力保障。 （陈佳豪）

【电网“630攻坚”项目】 2021年芙蓉区电网“630攻坚”项目包括220千伏窑岭变电站配套工程曙光路电力隧道项目和市场110千伏变电站配套路由项目。窑岭变电站配套工程包括电缆隧道和10千伏埋管，路由沿曙光路新建电缆隧道，长度约600米，沿曙光横街、曙光路新建10千伏管道，分别接至解放路和人民路，长度735米。该项目投资近4400万元，于2020年8月进场施工，2021年12月底实现贯通。市场110千伏变电站配套路由项目包括车湘路10千伏埋管（400米），湘湖路110千伏、10千伏埋管（300米），远大一路110千伏、10千伏埋管（500米，需穿越京广铁路、城际铁路），该项目投资约3030万元，于2020年3月进场施工，2021年12月底完工。上述2项目投产后可保障省委片区用电需求，满足长沙河东城区中部地区负荷发展需求，缓解周边湘湖变电站、马王堆变电站的供电压力。 （陈佳豪）

供 电

【概况】 国网湖南省电力有限公司长沙供电分公司城北供电支公司（以下简称“国网长沙城北供电支公司”或“城北支公司”）是长沙城区属地供电机构，为国网长沙供电公司二级机构。服务于芙蓉区、开福区29个街道、173个社区、3个产业园区范围内的高低压电力客户。公司负责经营、管理芙蓉区电网，保障电力供应和电网安全。规划和建设电网，满足区域经济建设和社会发展需求。

2021年，国网长沙城北供电支公司围绕“人民电业为人民”宗旨，坚持“转型升级、行稳致远”，守住安全、合规底线，为芙蓉区经济社会高质量发展提供电力支撑和投资保障。推进芙蓉区2021年“630攻坚”主网项目建设，完成14条配套路由项目立项、设计交付，12条配套路由施工进场，5条配套路由交付工作。应对电力供应紧张形势和夏、冬负荷高峰考验，建立应急保供机制，优化电网调度，配合政府精准实施有序用电，打赢电力保供攻坚战。完成中国共产党成立100周年、省市党代会、中非经贸博览会、北斗规模应用峰会等150余项重大保电任务。芙蓉区全年电力供应可靠，电网建设、运行安全平稳。公司被评为湖南省电力公司安全生产先进集体、长沙供电公司安全工作优秀单位、长沙市文明单位、长沙市国资委先进党组织，国家电网湖南电力东方红（城北电雷锋）共产党员服务队被评为国网公司优秀共产党员服务队。

（宁 奕）

【重要客户应急保电】 2021年，城北支公司重要及重点关注客户62家，占全市39%，涉及省级党政机关和媒体、医院等保障城市运转的基础要素资源单位，芙蓉区包括湖南省委、中南大学湘雅附二医院、湖南省军区后勤部、湖南城际铁路有限公司、中国电信股份有限公司长沙分公司等单位。2021年保电工作150余项，涉及重要客户保电92项，占比61%，在现有线路和设备运行的客观条件下，城北支公司内部强化管理，制定应急保电管理标准管理模式，实现重要客户保电期间供电可靠性100%，用户满意率100%。在重要客户应急保电管理工作上，城北支公司成立保电团队，建立保供电流程制度，专项工作有专项制度进行保障，初步实现保电工作提质增效。（宁 奕）

【配电网建设】 2021年，城北支公司完成配电网工程投资1.47亿元，涉及44个批次工程，112个单项工程，新建、改造配电变压器59台（容量38140千伏安），新建、改造10千伏线路60.52千米，低压线路40.07千米。实现1座变电站的2条线路同步配套送出。

主网项目建设，“投产一批”8个项目，完成220千伏农大变及其配套、马王堆变及其配套、窑岭变及其配套、110千伏市场变等7个项目变电站场平进场、交地等相关工作，城东变完成核准。“开工、核准一批”2个项目，其中山塘变取得线路相关协议，榔梨—黎托双回线路工程有序开展选址选线相关工作。完成芙蓉区“630攻坚”93个配网项目施工集中安排审批，政企联动共同推进项目落地，2021年上半年联合芙蓉区政府电建办针对五里牌线（区市场监管局五里牌宿舍）配电改造工程等3个项目开展现场查勘及手续审批工作。

配网项目建设，城网改造实现11个批次，31个单项竣工。专改公小区改造完成土建15个，竣工7个。“三供一业”改造22个小区竣工，湘雅二医院、省军区等3个重要客户改造工程完工，通过补点解决7个台区重过载问题，增加居民夏冬季供电保障。解决重过载线路3条，芙蓉区电网结构得到优化。完成配电自动化改造工程5项，提高电网供电可靠性。（宁 奕）

【电网设备运维】 2021年，城北支公司按照“统一安排、分层管控”原则，稽查各类现场736个，实现高风险现场稽查全覆盖，发布79份风险预警单。推进配网设备隐患整治和线路运维消缺，完成芙蓉路隧道中间头加装及防火整治，对黎托变、湘湖变、窑岭变等重要客户电缆通道加装防爆盒48套，湖南省委等重要客户环网柜凝露隐患治理42处。推进专项整治三年行动，完成东湖线、麻纺线等5条线路集中检修，利用停电计划开展逢停必检38次，带电作业消缺41次，消除缺陷658处。提升技术监督应用水平，对汉城线、嘉盛线等架空绝缘子开展超声波探伤工作，发现并处理缺陷21处。完成省市重点民生项目“湘雅医院周边环境提质”杆迁工程。开展供电服务隐患百日专项行动，排查用户侧隐患并督促整改200余处。开展电力设施保护百日专项行动，解决烈士公园等区域外破隐患点物防措施执行难等电力设施保护问题28项。供电可靠率99.92%。

（宁 奕）

【供电营销服务】 2021年，公司深化需求侧管理与有序用电工作，重点突出保障居民生活和涉及公众利益、安全的重要客户用电需求，最大限度减少对用电企业生产影响。开展供电服务隐患排查治理百日攻坚行动，提升客户安全用电水平。开展涉农政策宣传及排查，为电价改革政策平稳落地保驾护航。完成“网上国网”与地方政务系统融合，实现政企服务渠道和客户资源全共享。推广线上办电，网上国网App推广注册用户数18.32万户。推进数字化供电所建设，更换国网公司1249块非智能表，完成2021年电价市场化改革专变表计（电能表计量检测装置）更换项目190块表计的更换。服务不动产转移登记与电力联动过户238件。2021年夏天，配合政府实施有序用电，完成芙蓉区新需求响应签约41户，签约负荷2.23万千瓦，完成率100%。

（宁　奕）

【春节保供电】 2021年1月，国网长沙城北供电支公司针对迎峰度冬和岁末年初电网安全生产的特点，开展对高负荷线路、老旧线路的配电设备特别巡视，对树线矛盾的架空线路实施砍青扫障。巡查走访燕山街等社区居民安全用电，向小区居民宣传冬季安全用电常识，解决困难居民用电难题，治理小区楼道电表安全隐患。巡视检查商场商户的配电间及用电设备情况，发现安全隐患提出整改建议，保障居民、商业安全用电。（宁　奕）

【东方红（电雷锋）共产党员服务队获赞誉】 2021年6月，长沙城北支公司东方红（电雷锋）共产党员服务队获得国家电网有限公司“优秀共产党员服务队”称号。该服务队15年持续守护敬老院，“一对一”班组结对帮扶困难群众。每年汛期开展线路巡视，消除隐患，保障河岸照明。2020年1月，72小时打赢新冠肺炎疫情救治定点医院电力供应“攻坚战”，2021年8月，26小时完成长沙定点救治医院核酸检测方舱增容工作。2020年2月，人民网、“新湖南”、“学习强国”新媒体平台对该服务队对定点防疫医院保供电事迹宣传报道，4月，该服务队获长沙市委市政府“雷锋家乡学雷锋 疫情防控我先行”最美逆行志愿服务组织，10月，获中共国网有限公司党组“抗击新冠肺炎疫情先进集体”称号。（宁　奕）

供　水

【概况】 长沙供水有限公司城东分公司成立于2004年8月，位于长沙市芙蓉区马坡岭街道双杨路948号。服务范围涵盖韶山路以东、五一大道以南、车站北路以东、至星沙东四路、湘府路以北的区域（芙蓉区，雨花区大部分）。主要业务涉及辖区内的供水管道安全、计量水表管理、供用水业务办理等。服务辖区内有22个街道、165个社区（其中芙蓉区10个街道，56个社区），46万块结算水表、管径300毫米及以上供水管线349.7千米、市政消火栓4583座、二次供水泵房337个。服务三湘片区、东湖片区、火星片区、高桥片区、左砂片区、武广片区、井湾片区7个片区，片区集“巡线、维修、抄收、催费、联络、宣传”六大职能于一体。服务人口超过200万人。在长沙举行的湖南省第十二次党代会等重大活动中，制定科学的供水保障方案，定期监测保水区域水质水压，保证优质高效安全供水。全年开展文明实践“为民办实事，志愿服务进社区”活动80余次。累计接受锦旗23面。2021年，供水城东分公司被评为湖南省供水行业先进集体。

（何明慧）

【供水保障】 2021年，城东分公司推进供水管网改造工程，广泛使用更耐腐蚀、更环保卫生的球墨铸铁管，杜绝自来水二次污染。接管二次供水标准化泵房337个，做好供水水质保障。对原水采用深度处理工艺，确保所有出厂自来水106项指标均达到国家标准。发挥“鲁琪劳模创新工作室”示范引领作用，制定《管网抢修实施细则》《管道爆裂专项应急预案》等10项管网工作规章制度和考核细则，提出《城东区域管网优化及调整方案》，调整管网闸门及在关键位置增设减压阀，确保城东片区水压的稳定。保高层居民稳定用水，对19个重点泵房环境、设备、水质进行日检，另318个进行月检，每年对供水水箱全面清洗消毒2次。开展“水质监测服务进家庭”活动，全力保障居民用水水质安全。供水设施维护维修。年内，供水城东分公司按时完成排气、排污阀门、管径300毫米及以上管线复核和阀门复核、GIS（地理信息系统）巡线、消火栓巡查任务。2021年完成维修7550处，其中动土开挖维修2428处，比2020年开挖维修上升134%；检出漏点1850处，比2020年增加18.76%。（何明慧）

【供水客户热线办理】 2021年，供水城东分公司营业厅全年接待

2021年3月22日，火星街道曾家坪社区市民代表参观廖家祠堂水厂

（供水城东分公司　供图）

来访用户1.7万户，综合业务处理1.34万笔，全年处置“96533”热线工单7.33万条，办结率100%，用户满意率99%以上。供水公司“96533”客户服务热线形成工单后，片区15分钟内完成受理，半小时响应联系客户，2小时内到达现场核实。2021年，东屯渡街道湘域熙岸二、三期市政区用户因高层水箱进水影响水压波动，在夏季用水高峰期水压问题尤为明显。公司对小区泵房进水实行双浮球改造，减缓水箱进水对市政楼层的影响，同步调整市政管网相关的控制阀，改造完成后再无水压投诉工单。

（何明慧）

【供水服务优化】　至2021年，供水公司利用信息技术手段与互联网平台，开辟微信公众号、支付宝、银联在线、移动和包等多种线上缴纳水费渠道，满足不同用户使用习惯与需求。推动智能水表的广泛应用，至年底供水城东分公司辖内有46万块水表，其中小口径智能水表23万块，大口径电子远传表近4000块，占总供水量90%以上。智能水表每日采集数据实行每日预结算。通过远传智能水表系统实时监控水表用水情况，及时发现水表水量异常，有效降低用户和供水企业损失。对标行业先进、聚焦用户需求，推出30项服务举措。打造“长沙水滴”线上营业厅，制定并实施《长沙供水有限公司城东分公司客户服务首问责任制》。与芙蓉区政府对接，推动用水业务一网通办。芙蓉区政府2021年12月13日出台《芙蓉区水电气小型外线工程审批承诺备案制（试行）》。“世界水日”期间，举行水厂开放日活动。公司工作人员带领火星街道曾家坪社区热心群众30余人走进水厂，参观制水的一系列工艺流程，增强市民对供水安全保障和优质饮水的了解。

（何明慧）

【打击违规用水】　2021年3月，供水城东分公司成立纪检监察办，对区域内私开消火栓、私自安装管道用水等偷盗水行为主动出击。全年开展夜间巡查36次，施工项目实地巡查上报长沙水业GIS系统305处，核实331处用户新装水表或变更用水工作，处理涉及违规用水的工单40条，全年核实处理违规用水156处。

（何明慧）

供　气

【概况】　2021年，长沙新奥燃气有限公司在芙蓉区设置八一桥、德政园、锦湘、窑岭、芙蓉苑5家网格服务中心和星沙漓湘路网格（负责部分芙蓉区燃气用户），网格服务人员96人，负责天然气户内燃气抢修、安全宣传、安全检查、户内燃气置换点火、热水器管道连接、管道设施拆改移、故障检修、抄收、燃气具和燃气保险推广等各项业务。2021年，芙蓉区已开通燃气居民用户31万户，工商用户1700家，区内有天然气次高压管道10.2千米、中压管道294.85千米、低压管道313.33千米。

（周晓坤）

【供气服务】　2021年，燃气公司为全区用户提供快速便捷的天然气综合服务，开设“95158”24小时服务咨询热线，为用户提供咨询、报修、投诉等服务，在辖区内设置邮政、物业、社区等购气点13家，满足辖区燃气用户的充值缴费服务。对辖区内用户按工商用户每半年1次、居民用户每年1次的要求，开展管网和户内管线、燃气设施设备例行安全检查和免费入户安检，确保用户燃气使用的安全稳定。全年辖区内未出现燃气安全生产责任事故。公司持续开展天然气安全宣传进社区、进企业、进学校的“三进”

活动。全年在辖区内开展各类燃气安全宣传72次，发放安全宣传资料10.15万份。（周晓坤）

【老旧铸铁管网改造】 2021年7月，长沙新奥燃气有限公司全面铺开城区内老旧铸铁管网的清理改造工作，与市城管局、各区政府成立了联合指挥机构，将全市128个待改造小区分为5个片区，协同推进老旧铸铁管网改造工作。其中，位于芙蓉区需改造的老旧铸铁管网有9个小区，管网长度2130米。截至年底，除省委接待办小区老旧管网改造的气源点需要进一步勘测外，8个小区的老旧管网改造主体工程全部完成。（周晓坤）

公共工程建设

【概况】 2021年，芙蓉区公共工程建设中心铺排各类项目46个，其中市重大项目16个，区级项目30个，年内完成投资5.8亿元。

教育项目 育英三小完成建设并交付使用，八一路小学及幼儿园项目科技楼完成建设并交付学校投入使用，西垅小学扩建主体完工。

房建项目 黄土塘地块棚改安置小区完成，文体中心一期（文化中心）全部完成，五里牌消防站重建项目启动建设，东湖派出所及芙蓉公安分局执法办案管理中心项目（一期）进场开工。

道路项目 政企共建道路浏京西路、河山路东段（农园路—桃园路）完成，桃园南路河山路—白竹坡路段完成，桃园北路完成污水管道施工。政府投资的经七路、塘湾子路完成，科教路进场施工；九嘉路、九如斋路及公共绿地项目完成部分道路，为黄土塘项目顺利交房提供保障。

电力“630攻坚”项目 韶光变、农大变、窑岭变、市场变配套路由及车站北路电力扩容项目完成，城东变配套路由除涉及长沙交通投资控股集团有限公司出资部分外其余已完成。

其他项目 年内完成的项目包括：区政府办公大楼加固项目，三个学校管网改造项目，马坡岭街道办事处维修改造项目，迎宾路地铁站港湾式即停即走、区应急指挥中心、区不动产登记中心、杉木路与人民路交叉口交通优化及新增出入口、南元宫巷及复兴街道路提质改造、上宜园巷及黄泥坑巷道路提质改造项目。（邓雪晴）

【育英三小项目】 该项目位于芙蓉区东岸街道瑞祥陶瓷市场南侧，南临黄元路，西临桃园路，北临东屯路，项目规划总用地面积2.4公顷，净用地面积1.75公顷，总投资1.55亿元，办学规模30个班，容纳学生1350人。建设内容包括教学楼、科技综合楼、体艺楼、食堂及操场、传达室、地下停车库、绿化等附属工程，项目于2020年7月开工，由湖南顺天建设集团有限公司和湖南省建筑设计院有限公司联合承建，监理单位为友谊国际工程咨询有限公司。2021年8月底投入使用，缓解了周边适龄儿童上学问题。（邓雪晴）

【经七路及周边路网工程】 该项目位于马坡岭街道汇一城小区东侧，北起东郡二小车库出入口，南至远大路，全长545米，标准路幅宽度20米，双向2车道，总投资4629万元。该项目于2019年7月进场施工，2021年1月通车，为东郡二小及周边小区的出行带来便利。（邓雪晴）

建设投资

【概况】 2021年，长沙市芙蓉城市建设投资集团有限公司共铺排各类项目34个，其中建设项目29个，预备库项目5个，总投资140亿元，年度计划完成投资25亿元。全年完成新增融资金额80.63亿元。经营性资产总面积近22万平方米，2021年出租率总体91%，租金收入7700万元，较2020年增长超60%。挂牌出让地块3宗，总成交金额20.89亿元。（郭　炯）

【城投融资】 2021年，区城市建设投资集团有限公司完成新增融资金额80.63亿元，归还融资本金70.26亿元。通过在直接市场融资方式，改变融资结构、有效降低成本，全年平均融资成本4.45%，低于2020年年底的4.8%，全年节约财务成本0.6亿元以上。同时，公司未出现债务违约情况，均按时归还到期债务本金及利息。（郭　炯）

【城投建设项目】 2021年，城投建设项目包括市政项目、房建项目、其他项目三种类型。

市政项目 合平路一期、滨河路防洪堤质整治工程、东湖路二期、桃园路北段、黄元路二期、浏京路、桐西路中段、桐西路东段、沙咀子路、东屯路西段、红园路、白竹坡路、红旗水库清淤清污工程完成建设，自贸区配套道路（经九路、长农路东段、红湖路）、东湖公园、白竹坡路中段、王家垅路等按计划推进。

房建项目　四号安置小区一期、二号安置小区二期E地块完成建设，火炬地块四、三号安置小区二期、一号安置小区A地块、三号安置小区四期、三号安置小区三期、二号安置小区二期F地块、二号安置小区三期、六号安置小区西地块、芙蓉自贸大厦、五号安置小区、六号安置小区东地块等按计划推进。

其他项目　马王街片区及浏正街片区有机更新项目、芙蓉新城四号点一期周边绿带项目完成建设，合平村22#地块110千伏杆迁电气工程、隆平新区城中村改造项目等按计划推进。（郭　炯）

【马浏有机更新项目一期建设】2021年8月，马王街片区及浏正街片区有机更新项目（一期）完成竣工验收。该项目位于定王台街道，东接建湘路、西至蔡锷南路、南临人民路、北达解放中路，涉及马王街社区、藩后街社区及浏正街社区3个社区，总占地面积约8公顷，项目总投资1.2亿元，改造总建筑面积约12万平方米，道路6条。项目于2020年5月进场施工。主要改造内容包括综合管网改造（包括电力下地改造、片区道路污水管网改造、弱电改造、自来水改造、燃气改造等），建筑立面改造、危房改造、屋顶改造、拆除片区违章搭设、打通微循环等。（郭　炯）

【芙蓉生态新城部分实现分房】芙蓉生态新城二号二期、四号安置小区一期是芙蓉区政府贯彻落实市政府103号令建设的集中高层安置小区。其中四号安置小区一期位于合平路以西、红园路以南、白竹坡路以北的合围区域，总用地面积8.91万平方米，总建筑面积28.51万平方米。建设安置房1964套，可回迁安置村民2414人，项目于2021年7月完成交付。二号安置小区（二期）E地块项目位于京珠西辅道以西、沙咀子路以南、桐西路以北、张公岭安置小区以东的合围区域，总用地面积5.39万平方米，总建筑面积18.25万平方米，建设安置房1315套，可回迁安置村民1551人，项目于2021年10月完成交付。（郭　炯）

【红旗水库公园完成建设】红旗水库公园位于远大路与红旗路相交处西南角，原始现状为5个大小不一的水面，水域合计面积5.01公顷。水库水质情况总体较差，基本丧失水景功能，散发的恶臭味严重影响周边居民生活。为提升城市品质，公园通过种植香蒲、美人蕉等植物构建水生态系统，修复护栏和新建临水走廊方便游人通行。该项目于2021年3月开工，2021年12月完工。项目的建成为城市增添一“绿心”。（郭　炯）

建筑业管理

【概况】2021年，芙蓉区建安企业351家，其中一级总承包建安企业16家。2021年，区属资质建筑企业完成建安产值累计390亿元，比2020年增长18.2%。全部建筑企业实现增加值108.09亿元。2021年，芙蓉区完成公开招标项目34个，招标金额12.86亿元，中标金额11.98亿元。（张晓芳）

【施工项目管理】2021年，芙蓉区累计受理施工图审查申请268笔，办结217笔，其中消防设计审查项目16笔。对违反设计规范强制性条文的设计单位组织集中约谈1次，下达不良行为告知书7份。通过优化办事流程、缩短审验时限、代付审图费用等方式，为企业申报施工图审查和消防设计审查购买服务148笔、代付费用80余万元。2021年参加区投区建项目方案评审、可行性研究评审、初步设计评审37次。对区域范围内在建项目开展打击违法转包分包和标后稽查抽检项目10个，未发现违法违规行为。通过优化招投标流程、降低投标人保证金、清理区域政策文件、畅通投诉举报渠道、推行远程异地评标等多种举措，持续优化工程建设项目招投标营商环境，助力企业发展。室内二次装饰装修项目联合验收改革入选芙蓉区2021年度“十大创新案例”。（张晓芳）

【安全生产监管】2021年，芙蓉区落实安全生产责任，住建局领导班子分组带队巡查，在节假日、“两会”等重点特护期，对辖区内55个建筑工地、307个物业小区、人防工程及芙蓉区管理的2087套保障性住房、822套棚改房源实行地毯式巡查。通过开展物业小区建（构）筑物外立面安全隐患排查整改、消防安全隐患排查整治、安全生产整治三年行动等一系列举措，年内发现处理整改各类安全隐患159处。2021年芙蓉区住建领域未发生一起安全责任事故。（张晓芳）

【工程质量管理】2021年，芙蓉区质安监管项目55个，完工验收45个，优良项目10个，合格项目35个，优良率22%，合格率100%，受监率实现100%。监管项目塔吊及施工电梯11台。先后组织开展安全标准化阶段性评价4次，完成消防验收备案项目93个，消防验收项目18个，既有住宅增设电梯验收105台。发现并整改处理质量安全隐患138处，下达质量安全隐患整改通知32份、停工整改通知2份、不良行为告知书2份，设备限制使用通知4份。（张晓芳）

【施工扬尘治理】 2021年，为落实建设工程领域扬尘治理目标，芙蓉区住建局出动1038人次，现场督导工地346次，开展专项整治行动64次，发现处理问题35个，约谈项目49个，下达建筑工地和渣土工地整改通知书20份，移交执法案件9例。加强日常监管，强化培训指导，曝光违法行为，提高辖区在建工地的防尘意识，严控辖区建筑工地二氧化硫和氮氧化物（$PM_{2.5}$）的排放。（张晓芳）

【保障农民工工资支付】 2021年，为做好国务院《保障农民工工资支付条例》（以下简称《条例》）实施一周年宣传工作，芙蓉区住建局开展为期一个月的宣传普法，印发《条例》至各建筑企业、在建工程项目，普及《条例》基本知识。在建项目利用宣传横幅和标语、工地围挡、黑板报、LED显示屏等方式加强宣传，班前教育、工地例会等宣讲，把《条例》落实到建筑工地。区建设管理机构定期组织安全巡查，完善湖南省建筑工人实名制管理信息平台建设。通过实地核查、明察暗访、约见访谈等方式，对旺旺医院、中交5号地块、旺德府工程等3个在建项目实施督查指导，对大王岭教师新村商住房建设项目、保利中环南广场项目欠薪问题予以处理，保证被拖欠工资发放到位。（刘禅丹）

房地产市场管理

【概况】 2021年，芙蓉区50余个房地产项目在售，商品房源供应充足。2021年芙蓉区新建商品房批准预售面积113.5万平方米，同比上升9.07%；销售面积73.27万平方米，同比上升1.86%；成交均价住宅10917元/平方米，同比下降8.64%；非住宅9859元/平方米，同比下降8.89%。壹廷、恒大江湾、长城宾馆、南海宾馆4个项目纳入到市闲置楼宇处置，壹廷、恒大江湾2个项目启动。敬天（擎天）广场、长株潭汽车站项目闲置楼宇处置全部完成，予以销案。旭日东城安置小区、东方云都安置小区、育英西垅小学扩建项目落实绿色建筑设计和装配式设计，其中旭日东城与东方云列入2021年建筑信息化模型（BIM）技术应用示范项目，完成年度指标。（刘　佳）

【租赁住房项目】 2021年，芙蓉区申报保障性租赁住房项目6个，筹集房源718套（间），面积4.89万平方米，计划总投资2.6亿元。贯彻“房住不炒”精神，为后阶段培育和发展住房租赁市场试点工作推进打下基础。（刘　佳）

【化解恒大舆情风险】 2021年9月，恒大集团突发全国性资金问题，芙蓉区域恒大江湾、恒大珺悦府2个项目涉事其中。因项目前期房屋销售资金被总部划走，当地项目存在无力偿还贷款、拖欠工程款项、商业汇票无法兑现和违规销售等诸多问题，导致项目全部停工，众多购房民众意见大，形成社会不稳定因素。为应对突发重大舆情风险，芙蓉区住建局上报区政府，成立防范化解房地产项目风险工作专班，以“保交楼、保民生、保稳定”为工作目标，接待维权群众，做好政策解读和疏导化解工作。同时全面收集恒大项目资金、销售、债务和工程建设信息，制定“一楼一策”工作方案，协调设立专项监管账户，对恒大地产公章实行双向监管，通过政府有关部门共同努力，芙蓉区恒大珺悦府、恒大江湾项目分别于11月12日和11月18日实现复工，舆情风险得到化解。（刘　佳）

物业行业管理

【概况】 2021年，芙蓉区住建局受理审核有项目物业服务企业诚信等级126家，无项目物业服务企业16家，审核新备案物业服务企业资料11份，受理审核自律信息资料163份，指导业委会选举、成立、换届、委员变更33例，开展业务指导和培训8次，指导307个物业小区文明创建，下达280份整改通知书。全年处理各类物业投诉纠纷2014例，创建74个标准化样本小区。（陈伻依）

【物业行业安全督察】 2021年，芙蓉区住建局累计巡查307个物业项目3200余次。根据省、市、区文件要求，对小区消防安全、电动自行车违停现象，建筑物外立面、电缆井、管道井等处开展专项物业领域安全生产整治5次。组织各街道、社区物业专干、各物业服务企业负责人召开大型物业服务企业安全生产工作培训会议2次。结合物业绩效考核督察，完成市对区物业小区联合督察4次。年内物业小区消防划线工作基本完成，207个物业小区设置电动自行车集中停放点。

（陈佴依）

【既有住宅加装电梯】 2021年，芙蓉区以党史学习教育"我为群众办实事"实践活动为契机，服务民生，聚焦"梯位"建设，在全市率先提前两个月完成加装电梯208部任务。截至2021年12月31日，芙蓉区实现老旧小区加装电梯516部，发放补贴资金1080余万元，辖区内近80个小区、6500余户、1.8万余居民受惠。市委书记吴桂英在芙蓉区调研时，首次将"梯位"建设纳入全省"五位"建设内容。6月，"全省既有住宅加装电梯工作现场推进会"在芙蓉区召开，省内各市、区120人组成的考察团队到长沙晚报小区和芙蓉公寓小区现场考察、观摩辖区内多个加装电梯小区作为典型示范在全省推广。湖南省副省长陈文浩向与会人员推介芙蓉区经验。加装电梯工作获得2021年度省政府真抓实干督查激励奖。（陈佴依）

【党建引领助推物业服务提升】 2021年，芙蓉区住建局启动"党建聚合力"工程，发挥物业行业党委功能，指导小区党支部履职尽责。党建引领助推物业服务提升，启动74个精品物业小区服务标准化示范点创建工作，全部实现达标。开展"红色物业"品牌创建活动，打造王府花园、湘域熙岸、东方新城等20个"红色先锋物业"。重点打造东岸街道中交中央公园D3区为全市红色物业示范点。建立芙蓉区住宅小区物业服务"红黑榜"评价制度，结合社区、街道、物业行业党委综合考评，定期在长沙诚信平台公布物业服务质量"红黑榜"。全年上报优秀物业服务企业27家，黑榜企业10家，引领物业行业良性发展。夯实基层党组织建设，深化党建引领，以群众利益为导向，让党组织和党员在引导群众化解矛盾、统一共识中发挥作用。全年处理各类矛盾纠纷2000余例，满意率96%以上。

（陈佴依）

2021年12月28日，长沙市党建引领物业管理示范点现场观摩座谈会芙蓉区召开，与会人员参观中房瑞致小区示范点（区住建局 供图）

【市党建引领物业观摩座谈会在区召开】 2021年12月28日，长沙市党建引领物业管理示范点现场观摩座谈会在芙蓉区召开，长沙市委"两新"工委专职副书记肖剑锋，长沙市住房和城乡建设局副局长、市物业行业党委书记刘晓军率市区行业党委成员、各区住建局人员，现场观摩芙蓉区中房瑞致小区党建引领物业管理示范点。东岸街道东瑞社区书记刘树介绍在党建引领下，社区与物业共建共治共享、居民生活和谐融洽的经验。该社区与辖区多家企业单位建立联席会议制度，定期举行会议，研究解决群众民生问题，化解棘手矛盾，处置各类问题投诉，将物业服务和基层治理有机结合，依托先锋共同体平台，创建以党建为核心的物业管理模式。芙蓉区住建局党委书记、局长黄革全程陪同。（陈佴依）

城市管理

Urban Management

编辑　　谭自然

城市规划管理

【拟定“十四五”城市管理规划】2021 年，芙蓉区城管局结合区政府“十四五”规划制定，加强城市规划管理，联合区环境卫生维护中心、区市政设施维护中心、区园林绿化维护中心，深入各街道、社区听取意见，主动会同市城市规划管理相关部门，拟定出“提高城市治理水平，启动建设城市管理云平台、大数据中心、建设智慧交通、智慧政务、智慧警务、智慧社区、智慧旅游等智慧城市管理项目和平台，实现城市智慧化运营和管理”等城市规划管理内容，写入全区“十四五”规划，为“十四五”期间的城市规划管理制定发展方向。（邹　兰）

【支路街巷环境综合整治规划】2021 年，芙蓉区城管局服务“强省会”战略和全区“五区”建设，加快全区支路街巷环境综合整治提升工作的规划拟定，整治规划以“提升人居环境和城市品质”为目标，以“全面覆盖，应改尽改”“整治为主，整改结合”为原则，将城市精致管理向支路街巷延伸，实现全区支路街巷更加整洁靓丽、规范有序、功能完善、安全舒适，展示美丽舒适宜居现代化新芙蓉的靓丽形象。规划方案制定截至年底已完成听取意见，现场审定等相关前期工作。

（邹　兰）

【城管项目建设】2021 年，芙蓉区城管局组织并实施营盘路、五一路、建湘路、解放路 4 个项目的提质改造工程。提升路段的市政设施、绿化亮化、景观铺装以及建筑物立面、门店招牌等的配套建设，提升了城市城区形象和面貌。

（邹　兰）

·表 19·　2021 年芙蓉区城管项目建设一览表

序号	项目名称	起止时间	建设性质	总投资额（万元）	2021 年投资额（万元）	建设内容
1	营盘路空间品质提升项目	2021 年 7—12 月	改建	500	500	主要对营盘路（车站路—东二环）进行综合提质，包括立面、市政设施、绿化、亮化等
2	五一路空间品质提升项目	2021 年	改建	2800	1300	主要对五一路（车站路—黄兴路）进行综合提质，包括景观铺装修复、绿化花坛改造（含亮化及灌溉）、建筑立面及门店招牌、建筑亮化、其他配套设施完善等
3	黄金街建湘路（人民路—解放路）提质改造设计施工总承包项目	2021 年 9—12 月	改建	3000	3000	主要对建湘路（人民路—解放路）进行综合提质，改造事项涉及到建筑提质、景观升级、交通完善、强弱电下地、亮化布局等
4	解放路空间品质提升项目	2021 年	改建	2600	1600	主要对解放路（车站路—蔡锷路）进行综合提质，改造内容包括建筑前区提质、城市家具建设等

（资料来源：区城管局）

城市综合管理

【概况】 2021年，芙蓉城市管理工作围绕推进“四精五有”品质城市建设目标，以市、区考核办法和细则为指挥棒，依托数字化管理平台，以网格化管理为基础，落实城市管理负面清单扣分制。全年受理市数字化平台案卷7.87万条，案卷处置率100%；市网格化平台上报案卷1.13万条，案卷处置率99.37%，2021年案卷处置率90.5%，案卷处置率比2020年提升8.87%。通过数字化平台运转，城市管理问题得到较好解决，市容秩序和社区环境状况得到改善，城市管理常态化效果得到提升。全年城市管理工作在全市内五区考核中排名第一位，是全市唯一四个季度都是一类单位的区（县）。（邹　兰）

【停车场建设】 2021年，芙蓉区住建局负责牵头、协调域内停车场的新建、改建工程。通过老旧社区提质改造“挖潜”、智慧停车升级“盘活”、重点区域实施一点一策“治理”、可用空闲地块“改造”4大举措，实现新建改建公共停车设施项目25个，新增停车泊位11110个，超额完成“重点民生实事”考核任务，“两年行动计划”完成率100%。接入智慧平台停车场41个，初步缓解火车站东西广场周边、韭菜园米粉街周边、人民新村一期周边等5个区域停车难的问题。2021年度新建停车场全部投入使用，缓和停车供需矛盾。（黎　佳）

【创建国家节水型城市宣传活动】 2021年5月10日，芙蓉区住建局与湘湖街道在三湘大市场共同举办“贯彻新发展理念，建设节水型城市”的节水宣传活动。芙蓉区制定城市节水用水宣传周工作方案，下发到全区各街道和社区。活动现场100份宣传资料发放到居民和门店老板手中，全区宣传周活动期间开展线上线下节水活动59场次，发放各类宣传材料2000册，张贴宣传横幅、海报202条（幅），推送各类节水信息5000条，各类线上活动及线上宣传材料点击量2万次，覆盖20余万人。（蔡　进）

2021年，人民新村一期通过提质改造新增车位　（区建设局　供图）

【燃气安全管理】 2021年，芙蓉区协调新奥燃气公司对火星街道陶家山社区“新合四组”小区129户进行天然气入户改造，全部开通天然气；协助新奥燃气对东湖街道、东岸街道、马坡岭街道部分小区楼栋20处占压燃气管网的安全隐患进行定期整改；协助新奥燃气对新世纪家园保安亭占压燃气管网一处隐患完成整改；采取日常检查与专项检查明察与暗访相结合的方式，对瓶装液化气站专项整治工作进行督查，全年对7家液化气供应站进行检查35次，消除各类安全隐患75处（起）。为增强液化气管理人员、从业人员及市民对液化气安全隐患的识别及应急处置能力，区城管局制定并发放各类燃气宣传资料8000余份，安全宣传做到每个社区和物业小区全覆盖。（邹　兰）

【城区综合整治】 2021年，芙蓉区城管局牵头对城市市容环境、道路品质提升等重点工作统筹调度，制定并落实《芙蓉区“百日奋战 扮靓星城”市容环境整治实施方案》《芙蓉区城市管理品质提升专项行动实施方案》《芙蓉区城市管理委员会办公室重要节会市容环境卫生提标提档工作方案》等各种城市管理方案的工作要求，严控主次干道、重要场所市容秩序，严抓全区各主次干道和重点区域和重大节日、重要活动期间市容市貌巡查管控工作，全年督查交办下发各街道市容秩序问题近4万条，各街道在规定时间全部整改到位。从年初开始，全区实施《芙蓉区城市管理品质提升专项行动实施方案》，通过开展

2021年7月28日，市、区领导一行视察长沙火车站西广场及车站北路品质提升工作（区城管局 供图）

“六大行动”提升全区市容环境、“清洁芙蓉”行动，清理道路不洁1.66万处，清洗路面油污8755处，清理道路遗撒2542处，清洗道路设施不洁3270处，清洗路名牌765处，清洗环卫设施不洁1.57万处，果皮箱维护6140处，站厕设施维护9803处，清理裸露垃圾1.42万吨；“联巡联处”行动，抓实路面显性勤务工作机制，确保定岗执勤、机动巡查、应急响应相结合的路面显性勤务机制落实到位，定期对共享企业进行约谈，压实企业管理主体责任。狠抓共享单车企业未履行维护管理责任，影响道路交通秩序案件办理，办理相关案件31起，处罚7.4万元，对违停机动车抄牌执法2.78万台次。配合市政、街道开展施工围挡治理工作，加大对施工不设围挡及围挡破损污秽的执法力度，办理相关案件162起，处罚9.73万元；“垃圾分类”提升行动，加大对非法收运餐厨垃圾、擅自处置餐厨垃圾和违反生活垃圾分类行为的执法力度，办理相关案件222起，罚款8.15万元；“控违拆违”行动，拆除违法建设128处3.56万平方米，实现新建违章“零容忍”、历史违建“零投诉”、拆违行动“零事故”；“城市乱象”整治行动，办理未履行“门前三包”责任类案件347起，处罚8.31万元；办理店外经营案件255起，罚款10.06万元；办理占道设摊案件1584起，罚款20.46万元；乱吐乱扔案件390起，处罚7800元；拆除市、区级交办及“两点两线”区域违规设置的户外广告招牌181处。对违规运输、倾倒渣土行为依法从重处罚，办理相关案件349起，处罚115.51万元；开展“街巷提质”行动，对路面进行提升改造，疏通下水道及各类井道，更换井盖、清理淤泥，清掏化粪池1.71万座。修剪乔木4000余株、灌木35万余株、绿篱草皮70万平方米。补栽地被植物30万余株、乔灌木2万余株、时令鲜花100万余株、草皮20万余平方米。绿化带除杂25万余平方米，清运绿化带垃圾30万余吨，清运公园保洁垃圾35万余吨。“六大行动”贯穿全年城市管理工作，提升了全区市容的品质。（邹　兰）

【“清洁城区”志愿服务活动】 2021年3月5日，区城管局联合区市容环境卫生维护中心、浏正街社区100余人开展“清洁城区”志愿服务行动。穿着红马甲的志愿者在湖南投资大厦门口集合，经简单分工，志愿者们冒雨将地铁口和社区各个卫生死角清理干净，将乱停乱放的共享单车、自行车、电动车摆放整齐，当日的志愿者清洁城区活动清洁面积3000平方米、清理垃圾16车。志愿者还向过往行人发放宣传资料1000余份，呼吁市民参加整理安全通道的堆物、清扫路边垃圾等公益行动，确保城市环境干净整洁有序。（邹　兰）

【燃气安全生产约谈会】 2021年6月15日，区城管局在区政府会议室组织召开燃气安全生产约谈会，新奥、百江、冰宇、澄海、长液、雪纳6家燃气企业以及辖区内瓶装液化气供应站门店负责人15个单位被约谈。区城管局局长罗明立对该企业在平时检查中存在的钢瓶污垢较多、过期钢瓶没及时转运、入户安检登记等问题进行通报及分析，要求各燃气企业务必吸取“6·13”湖北十堰市张湾区艳湖社区集贸市场燃气爆炸事故教训，责令有问题的燃气企业以及辖区内瓶装液化气供应站门店负责人立即整改到位。（邹　兰）

【城区品质提升工程督察】 2021年7月28日，长沙市人大常委会主任谢卫东一行20余人实地督察长沙火车站西广场及车站北路品质提升工作，区领导周春晖、崔晓、廖铁成、陈亚静、严国益、文升云及区直相关部门主要负责人陪同参加。谢卫东一行听取区城管局主要负责人对火车站西广场及车站北路品质提升情况汇报，对火车站西广场及车站北路品质提升工作给予肯定，并要求芙蓉区要加强长沙火车站周边市容环境管理，擦亮长沙城市的窗口。

（邹　兰）

【火车站广场候车厅改造项目】2021年7—9月，芙蓉区投资800万元对长沙火车站西广场普速站前雨棚和东广场城际场候车厅进行改造。改造后的西广场普速站前雨棚，检票通行、安检等区域得到扩容，旅客安检、进站的室内空间增加376平方米。外墙增设全透明玻璃幕墙，视觉效果与火车站主楼完全融为一体，风格一致，成为新的网红打卡地。改造后的东广场城际场候车前厅，旅客安检、候车面积增加405平方米，同时在进站口增设带玻璃幕墙的雨棚，增加空调、照明等设备，整个建筑与原候车厅融为一体，实现旅客进站通行的高品质候车体验。（邹　兰）

【城东市容环境大清洗活动】2021年9月1—23日，芙蓉区对城东新城区开展3次市容环境大清洗活动。大清洗集中安排在由农村转为新城区的浏阳河以东地区进行，以红旗路、人民路、远大路、东湖路、合平路、红园路等为主要轴线，实现浏阳河以东地区街道所辖范围内的所有主次干道全覆盖。3次行动出动水车、喷雾车、人机清扫车等各类作业车辆90余台，对主次干道及重点区域进行大清理、大清扫、大清洗和洒水降尘，清除建筑、生活垃圾900吨，清扫、清洗路面6.6万平方米。区城管局、环卫中心、园林中心、蓝天办、东岸街道、东湖街道、马坡岭街道等单位4200余人参加活动。（邹　兰）

市容环境卫生

【概况】2021年，芙蓉市容环境卫生维护工作结合市、区两级部署的重点工作，以持续提升环卫作业水平、创建良好市容市貌为主攻方向，强化管理措施，加大工作力度，提升全区市容环境质量。

（尹艺璇）

【清洁城市建设】2021年，芙蓉市容环境卫生维护中心每天出动清扫清洗作业人员2000余人，环卫作业车辆200余台，对全区150余条400余千米640万平方米主次干道和226万平方米背街小巷进行精细化作业，对全区126处公共站厕保洁维护提高标准，实行专人维护管理，确保随时洁净。坚持生活垃圾日产日清，日运处垃圾700余吨，生活垃圾无害化处理率100%。3—5月开展“百日奋战，扮靓星城”、6—9月开展“百日奋战，扮靓芙蓉”、10—12月开展“百日奋战，更洁芙蓉”行动，明确主次干道“五无”（道路无烟头、果皮纸屑、裸露垃圾；无污泥积水；城市家具无污渍；公共设施无乱涂乱写乱张贴；环卫工具无乱摆放），公共站厕“四不”（不脏、不臭、不滑、不黑），背街小巷“三净”（房前屋后净、居民楼道净、公共设施净）的工作标准，将二环线以西区域由一级维护提标为特级维护，二环线以东由二、三级维护提标为一级维护，明晰省委机关大院、省政府机关二院、省军区机关大院等18个重点单位周边，八一路、韶山路、车站北路等24条主次干道，国金中心大楼、火车站广场等15处重要场所作为工作区域重点。在春节、国庆节等

2021年9月23日，芙蓉区环卫工人在长沙火车站广场清洗打扫

（区环卫中心　供图）

重要节日期间集中组织清洗清扫，清理堆物等整治行动，日常常态化安排洒水车20台、机洗机扫车35台、护栏清洗车2台，联合街道、发动市民群众开展“周末大清洗”活动，保持主干道和重要场所一天一清洗，次干道和背街小巷三天一清洗。（尹艺璇）

【环卫设施建设】 2021年，芙蓉区有公共站厕188座，其中公共垃圾站92座、公共厕所96座。2021年，按照“早谋划、速启动、快施工”工作目标，完成市委市政府“厕所革命”的5座公共厕所建设。新建芙蓉中央产业园站厕（站厕一体）一座，项目总投资120万元（含设备），该项目位于广东商会院内，建设内容为拆除原有站厕，原址重建双机位水平压缩垃圾站一座，公共厕所一座，占地93.17平方米；惠泽园小区垃圾站改造项目总投资66万元（含设备），该垃圾站位于荷花园街道马王堆中路238号惠泽园小区C8栋北边，建设内容为将原有地埋式垃圾站改造为一个机位水平密闭压缩式垃圾站，占地59.04平方米；省委机关大院内原有垃圾站旁扩建一个机位垃圾站，项目总投资40万元（含设备），扩建占地43.68平方米。农大、农科院2处站厕项目竣工验收并投入使用。新建改造的站厕坚持以人为本理念，引进先进设备，完善内部设施，公厕如厕环境干净整洁，垃圾站垃圾处理性能优质高效。（尹艺璇）

【城市道路除尘】 2021年，芙蓉区在城区主次干道及重点区域每天安排各型机洗车20台、人机配合清洗水车15台、洒水作业车15台、雾炮车3台，专门安排清洗人员300人，对全区主要道路、重点部位进行1日3次（特护期1日4次）洒水降尘和深度清洗，保证道路洁净无泥沙扬尘。抓好建筑工地渣土运输管理，全年开展联合整治100余次，协助关停整改工地18处，配合渣土执法中队暂扣违规车辆200余台。（尹艺璇）

【生活垃圾分类】 2021年，芙蓉区实行“156”行动（1：以垃圾分类提升年为总揽，5：实现群众知晓率100%、分类投放率100%、分类处置率100%、在上年基础上回收利用率提高20%、垃圾减量率提高20% 5个目标，6：宣传发动提升、分类减量提升、撤桶并点提质、降塑减害、资源利用扩容、制度机制

·表20·　2021年芙蓉区城市环境卫生基本情况统计表

项目	单位	2021年
一、完成工作量		
1. 收运垃圾	吨	264259
2. 清扫面积	万平方米	905
二、环卫专用设备		
1. 垃圾运输车	台	64
2. 洒水车	台	106
3. 机扫车	台	44
4. 融雪车	台	2
三、环卫设备		
1. 公共厕所	座	98
2. 垃圾站	个	93

（资料来源：区统计局）

创新六大行动），坚持“一日一督查、一周一调度、一月一通报”，推促指导全区13个街道81个社区和相关部门完善设施设备、开展分类投放、建立工作台账，完成在2020年基础上回收利用率提高20%和垃圾减量率提高20%的目标。牵头制定下发《芙蓉区餐厨垃圾收集桶归店设点30日攻坚行动方案》，制作餐厨垃圾桶收集箱300余个，全区沿街门店基本实现餐厨垃圾收集桶归店或集中摆放。2021年可回收物占本区生活垃圾总量的比例为26%，厨余垃圾（含餐厨垃圾）收运量占比27.15%，均在全市排名第一位。

（尹艺璇）

2021年12月17日，芙蓉区环卫中心第二十六届环卫工人节先进表彰暨职工大会召开

（区环卫中心　供图）

【重点工作保障】　2021年12月26日，芙蓉区抗冰除雪工作出动2000余人对全区主次干道、桥梁进行人工撒盐、扫雪除雪行动，环卫中心机关组成30余人的志愿者队伍，在省委周边开展铲冰除雪工作。安排巡查皮卡车5台，撒盐车3台、铲雪车2台、滚雪车1台、融雪车1台，重点对主要道路及桥梁进行撒盐防冻处置。年内，在重大节庆活动和各级领导视察调研等80余次接待任务中，出动保洁200余人次，清运垃圾200余车，确保会议期间重点区域及周边环境卫生干净整洁。在文明创建迎检工作中全力以赴完成文明创建迎检任务。

（尹艺璇）

【学雷锋志愿服务活动】　2021年3月5日，环卫中心开展洁净城市大清洗、垃圾分类宣传、文明劝导、勤俭节约等志愿服务主题行动，清除卫生死角、白色垃圾、城市“牛皮癣”等。在火车站东、西广场出站口设立垃圾分类、疫情防控宣传点，发放宣传单，传递垃圾分类、新冠肺炎疫情防控的相关知识。环卫中心100余名志愿者参与到该次火车站东西广场的大清扫活动和垃圾分类知识宣传活动中。（尹艺璇）

【庆祝环卫工人节】　2021年12月17日，区环卫中心100余名干部职工在中心会议室召开第二十六届环卫工人节先进表彰大会暨职工大会。表彰岗位红旗手18名、岗位能手60名、先进集体12个和“优质服务单位”12个以及第一届“芙蓉杯”环卫技能比武大赛获奖的道路快速保洁和人机配合清洗项目团体奖、生活垃圾分类项目团体奖、机械清扫单项奖、勾臂垃圾车放斗单项奖各4个。　（尹艺璇）

【环卫技能大比武活动】　2021年10月23日，区环卫中心举行芙蓉区第一届“芙蓉杯”环卫技能比武大赛。芙蓉区14个街道环卫所的环卫工人代表和机械化作业队、汽车队以及中心机关16支队伍参赛，角逐技术能手。该次比赛设立道路快速保洁和人机配合清洗、生活垃圾分类团体项目以及机械驾驶单项操作技能比赛项目，参加人员近200人，出动各型作业车辆10台，最后决出每个团体项目一等奖1个、二等奖1个、三等奖2个；每个单项比赛一等奖1个、二等奖1个、三等奖2个。该次比赛旨在引导环卫战线广大干部职工立足本职岗位，提素质、强技能，争当岗位能手，提升城市管理品质，塑造整洁、有序、文明的城市形象。

（尹艺璇）

市政建设与维护

【概况】　2021年，芙蓉区市政维护道路231条，总长度191千米，总面积589.18万平方米；人行道面积120.6万平方米、排水管网695.33千米、市政下水井36196座、化粪池13092个；截至年底，有维护车辆设备70台（辆），分别为维护车辆48台，工程设备10台，防汛应急设备12台。年内，芙蓉区市政维护工作以提升城市精细化管理水平为引领，围绕“目之所及无垃圾、无斑点、无乱象”工作目标，为全区打造净化、美化、亮化、序化的现代化新长沙建设标杆区提供保障。中心继续保持市级“文明单位”称号，中心党支部被认定为长沙市示范化“五化”党支部。（黄 宇）

【市政设施维护】 2021年，芙蓉区完成沥青灌缝43.5千米，路槽修整42157平方米，铺摊沥青47924平方米，运料土2004立方米；修整人行道32506平方米，隔离设施2718个，侧平石3201.5套米，运料土4640立方米；管道疏浚4528.81千米，清理淤泥3490立方米，疏通各类井2.96万个，更换各类井盖939座，清掏化粪池17123座。坚持标准化保障、精细化维护、常态化管控，做好火车站及周边、省委周边、五一商圈等重点地段的常态化精细化巡查维护工作。

（黄 宇）

【民生项目建设】 2021年，芙蓉区完成湘雅附二医院周边道路交通设施优化工程、芙蓉区地铁入口垂直电梯口盲道改造工程、湘雅二医院交通微循环改造项目3个优化提升道路品质改造项目，致力于打造精品、精细、精美化市政道路设施格局；持续优化道路窨井设施，完成荷花路、浏阳河大道、万家丽路、火炬路等路段855套窨井改造；处理群众反映较多的化粪池堵塞问题，清掏湘湖、火星、荷花园、马王堆及东屯渡等街道的农安小区和无物业小区化粪池2406个，对粪污进行无害化处理；完成东屯渡街道高岭小区6栋排水改造、走马楼社区青石井巷主排水修复等19个惠民利民项目建设。（黄 宇）

·表21· 2021年芙蓉区市政民生项目建设一览表

序号	项目名称	地址	工程建设内容及工程量	起止时间
1	2021年度窨井设施整治	荷花路、浏阳河大道、万家丽路、王家湖路、火炬路、远大路、嘉雨路、马王堆路、长嘉路、古曲路、解放东路	对上述路段不符合“防沉降、防盗、防异响、防坠”要求的市政井盖进行整治更换，完成855套井盖更换	2021年7月8日至10月31日
2	砂咀子泵站、双杨路排水管网疏浚项目	双杨路、砂咀子泵站	对砂咀子雨水泵站箱涵高家坡路段（农园路至滨河路）和滨河路段（高家坡路至砂咀子雨水泵站格栅网）XH1-XH8、H2-XH11雨水箱涵、双杨路段（远大一路至人民东路）W28-W58、Y30-Y57雨污管道进行全面清淤、疏浚。砂咀子箱涵清淤4686.56立方米，双杨路管道清淤2705.15立方米	2021年9月1日至10月30日
3	2021年粪污无害化处理项目	湘湖、火星、荷花园、马王堆、东屯渡街道	清掏上述4个街道的农安小区和无物业小区化粪池2406个，并对粪污进行无害化处理，粪污8300立方米，帮助社区疏通堵点45处	2021年12月1日始
4	芙蓉区地铁入口垂直电梯口盲道改造工程	芙蓉区各地铁入口、垂直电梯口	凿除万家丽、芙蓉广场等15处地铁口人行道板，并铺贴盲道板309平方米	2021年8月14—30日

· 续表 21 ·

序号	项目名称	地址	工程建设内容及工程量	起止时间
5	湘雅二医院交通微循环改造项目	湘雅二医院	对路面范围检查井进行提升施工，院外连接韶山路道路 11 个井盖全部更换为重型金龙防沉降五防井盖；5400 平方米原路铣刨后撒布透层后整体摊铺厚度 5 厘米 AC-10 沥青混凝土；对原标高较低的易积水区域，在面层摊铺时，采用 AC-10 沥青混凝土进行找补，全线约 380 平方米施画标识标线、网格线、人行通道线	2021 年 5 月 1—5 日
6	湘雅附二医院周边道路交通设施优化工程	芙蓉区南元宫巷及黄泥坑巷	完成立杆式禁停提示标志 7 套；立杆式禁左（右）标志 4 套；立杆式禁止驶入标志 1 套；立杆式禁右与禁止驶入组合标志 1 套；立杆式单行路与急弯组合标志 1 套；立杆式反光镜 3 套；施划热熔标线 490 平方米；反光油漆 800 平方米；高压水洗热熔反光标线 151 平方米；电子警察 1 套；立杆式高清电视监控 12 套	2021 年 2 月 28 日至 4 月 17 日
7	东屯渡街道高岭小区 6 栋排水改造	东屯渡街道高岭小区 6 栋	开挖排水沟槽，拆除原管道，基础处理后安装 DN400HDPE 排水管 11 米，新建检查井 1 座，改建原有检查井 1 座	2021 年 6 月 2—8 日
8	走马楼社区青石井巷主排水修复	定王台街道走马楼青石井巷	开挖排水沟槽安装 DN600 污水管 5.4 米，对东牌楼路、青石井巷、犁头街的化粪池、管道及井内进行疏通清污 1 千米	2021 年 7 月 6 日至 9 月 5 日
9	滨河路唯特思科技园微循环道路改造项目	滨河路唯特思科技园	拆除现有人行道无障碍出入口，采用 C20 混凝土 +AC-13 沥青砼材质新建出入口约 100 平方米；对园内现有沥青混凝土地面采用彩铺的方式加层处理约 3400 平方米；拆除部分绿化花坛，采用 C20 混凝土加麻石板的形式新建一座主席台 160 平方米；更换部分已损坏堵塞的下水管道，清掏化粪池	2021 年 1 月 15—24 日
10	袁家岭立交桥整治及桥下空间品质提升试点项目	袁家岭立交桥	将立交桥原中间环岛层侧立面采用花岗岩板挂板；涵洞顶面新刷乳胶漆；明沟改暗沟；强、弱电系统下地或桥架设置及新建照明系统等	2020 年 12 月 31 日至 2021 年 7 月 27 日
11	解放路、火炬路积水点改造项目	解放路、火炬路	破除原有道路及拆除侧、平石；铺设 DN200HDPE 双壁波纹管排水管网 350 米；新建 450×750 毫米泄水井 39 座、检查井 5 座，恢复相关设施	2021 年 3 月 5—28 日
12	大有商住楼 1 栋排水管网改造项目	火星街道紫薇路 80 号	疏通管道 56 米，改建化粪池 2 座，新建检查井 5 座，新建泄水井 3 座；新建 DN400HPDE 管道 36 米；恢复地坪 190 平方米	2021 年 4 月 12—17 日

·续表 21·

序号	项目名称	地址	工程建设内容及工程量	起止时间
13	马王堆社区卫生服务中心地坪排水改造项目	马王堆社区卫生服务中心	新建进粪管、排水管 67 米，检查井 7 座，化粪池 2 座，并恢复沥青路面 230 平方米；人行道破除原水泥路面，铺 300×600 麻石板 120 平方米，更换隐形井盖 4 座；院内围墙 70 米修补，更换不锈钢栏杆 21 米，不锈钢大门 1 套	2021 年 7 月 7 日至 8 月 7 日
14	昊天大厦地坪、排水改造项目	八一路 418 号	拆除原有泄水明沟盖板，新建不锈钢排水沟槽 108 米，新建 DN200HDPE 排水管 58 米，新建泄水井 18 座，拆除原有麻石立柱，新建带芙蓉花立柱 46 个，新建侧石 108 米，修复人行道、地坪 168 平方米	2021 年 4 月 20 日至 5 月 8 日
15	五一大道城市家居提质项目	五一大道沿线	五一大道（袁家岭—五一广场）南北双向绿化带桂花树人工修剪 399 株；路灯、交通指示牌、电箱、招牌杆等立面涂刷灰色油漆 3782.05 平方米；花坛景观灯改装 73 个，抱树灯安装 128 套，花坛灯带安装 1.6 千米；花坛雾化喷头 1556 个，DN32 球阀 9 个，DN50 球阀 69 个，自来水开梯口 8 个，花坛地被给水喷灌安装 3300 平方米	2021 年 8 月 5—25 日
16	桐荫里积水堵点改造工程	迎宾路 36 号南侧巷口	新建 DN400HDPE 排水管 40 米，φ700 污水井 4 座，摊铺沥青路面 129 平方米，铺贴人行道板 115 平方米	2021 年 9 月 1—15 日
17	省委机关四区公寓东向下水管道改造项目	八一路杜家园巷	拆除原管道基础设施后，开挖新建 DN300HDPE 管道 30 米；新增 φ700 污水井 3 个，改建化粪池 1 座；疏通污水管道 80 米；浇筑砼地坪 120 平方米	2021 年 11 月 19—25 日
18	恒达花园南苑北门应急抢险项目	芙蓉区恒达路	开挖塌陷位置清理原破损污水井和污水管，新建 φ700 污水井 2 个，新建 DN400HDPE 管道 7 米；维修道闸 1 座；浇筑砼地坪和摊铺沥青 110 平方米	2021 年 11 月 25—29 日
19	远大路与双杨路交叉口东南角人行道及排水改造工程	远大路与双杨路交叉口	新建人行道，铺贴人行道板 180 平方米、侧石 60 米；凿除路面后，开挖新建 DN200HDPE 双壁波纹管 110 米；新建 φ350×700 雨水井 9 座，更换隐形井盖 4 座；沟槽回填砂，现浇砼基础，摊铺沥青 120 平方米；围墙美化 629 平方米；安装麻石柱 4 个	2021 年 12 月 31 日始

（资料来源：区市政设施维护中心）

【城区防涝排渍】 2021年汛期期间，区市政中心按照等级响应模式，完善城区防汛应急预案，落实24小时领导带班、服务热线值班、值守制度，加强辖区强降雨天气期间市政维护应急处置工作。汛前对省委、五一大道等重要道路、重点区域及易渍点的排水设施疏浚和改造，完成砂咀子泵站前段双杨路排水管网疏浚，完成解放路、火炬路、车站北路、省高院公交站、省信访局、省委南门、桐荫里等31处小型积水点的改造。全年出动防汛次数42次，出动巡查、抢险人员3134人次，车辆设备941台次，在第一时间确保区内涝险情得到快速、妥善处置，汛期辖区内无内渍情况发生。

（黄　宇）

【重大活动保障】 2021年，芙蓉市政维护中心做好文明典范城市创建工作，按照网格化管理将辖区内所有的主次干道、支路街巷划分为4个片区，道路责任分解到个人，采取拉网式摸排，维护队伍对照创建全国文明城市标准，重点对辖区内主次干道、道路路口、重要部位、车站广场、五一商圈等区域的市政设施开展恢复、补缺工作，以精细化、精准化的工作实效确保迎检效果。迎检期间，完成路槽修整10104平方米，补沥青路面10921平方米，运废土500立方米；修整人行道6268平方米，侧平石647套米，隔离设施366个，运料土858立方米；疏通各类井4874座，更换各类井盖244套，疏通管道90.28千米，运淤泥776.5立方米。

（黄　宇）

【民生诉求处置】 2021年，芙蓉市政维护中心受理“12345”群众来电，及时处置路面修复、化粪池和下水道疏通等民生诉求，坚持做到当天热线及时处理，并及时回复和回访热线。全年处置群众来电1104条，“12345”市民服务热线472条，在芙蓉区“12345”政务热线区直部门工单办理考核中获得11个并列排名第一名的成绩；数字化案件处置11381条，做到无重复二次案件，每月结案率、处置率均100%。

（黄　宇）

【防涝排渍网格化管理平台培训】 2021年4月20日，区市政设施维护中心组织13个街道及下辖社区网格管理员54人，开展防涝排渍网格化管理平台用户操作培训。长沙市防涝排渍网格化平台的开发商，中科软科技股份有限公司专家刘威讲解市级防涝排渍网格化管理平台中街道、社区需要录入的属地责任人、易堵点、值班值守3大块基础数据的填报要求和平台管理的具体细则事项。防涝排渍网格化管理平台从技术上保障各网格之间无缝对接，确保辖区防涝排渍责任全覆盖，不留盲区和死角。培训提高全区网格管理员对平台管理的认识，强化平台操作水平。

（黄　宇）

【城区防涝排渍应急演练】 2021年4月29日，芙蓉区在高家坡路下穿京港澳高速涵洞处开展城区防涝排渍应急演练，区城防办和马坡岭街道相关负责人及抢险队员180人参加。演练出动防汛车辆设备32台，演练内容模拟遭遇暴雨时，高家坡路下穿京港澳高速涵洞管网内污水倒灌，路面出现大面积积水，芙蓉区城区防涝排渍指挥部办公室立即启用防汛Ⅱ级应急响应。20点应急演练开始，马坡岭街道安排人员疏散交通，疏散群众，做好安全保障工作，区市政中心A、B两组抢险队按照各自分工铺排设备，模拟汛期情况安装抽水管，对积水点进行紧急抽排，A组、B组分别在高家坡路下穿京港澳高速涵洞南、北两侧马路上，打开井盖，安装水泵，接通管道，将污水引流至京珠西辅道雨水井内，确保没有出现大面积

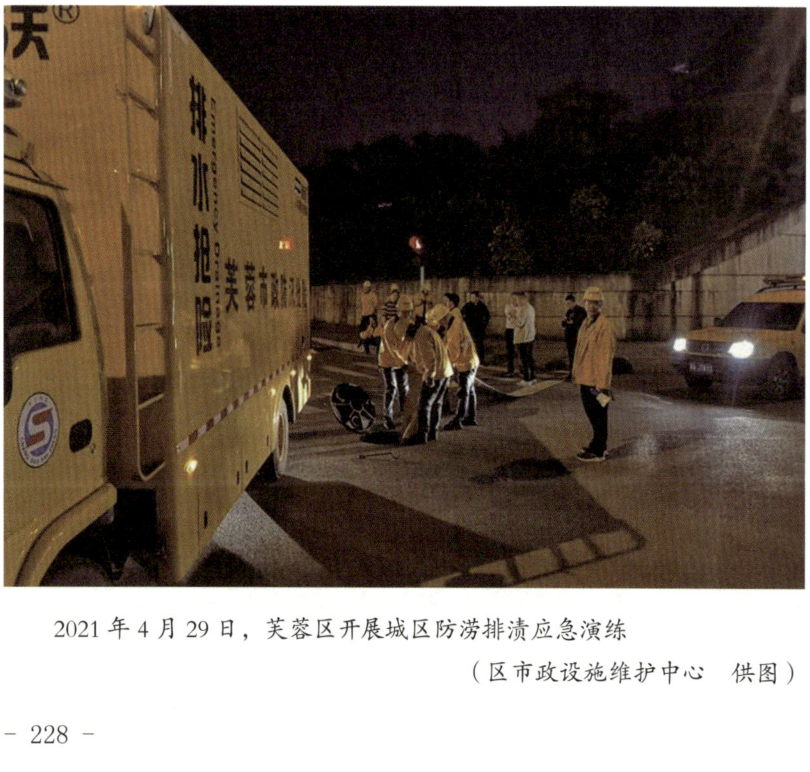

2021年4月29日，芙蓉区开展城区防涝排渍应急演练

（区市政设施维护中心　供图）

积水。演练强化市政维护中心防涝排渍处置能力，提高区城防办成员单位协同作战、快速处置的应急反映处置能力。（黄　宇）

【湘雅二医院交通微循环改造项目】2021年5月1—5日，区市政维护中心对湘雅二医院交通微循环改造项目完工。主要对路面范围检查井进行提升施工，院外连接韶山路道路11个井盖全部更换为重型金龙防沉降五防井盖；5400平方米原路铣刨后撒布透层后整体摊铺厚度5厘米AC-10沥青砼；对原标高较低的易积水区域，在面层摊铺时，采用AC-10沥青砼进行找补，全线380平方米施划标识标线、网格线、人行通道线。项目提升湘雅二医院周边道路品质，优化了人民群众就医出行环境。（黄　宇）

【"5·15"暴雨防涝排渍处置】2021年5月15日晚上11时后，长沙市气象台连续发布雷雨大风黄色、暴雨橙色预警信号，芙蓉区3小时内降雨量达到50毫米，区市政设施维护中心迅速启动应急预案，连夜出动巡查抢险人员115人次，巡查车辆和抢险设备36台次，通宵对辖区人民东路东岸建材、芙蓉广场西南匝道、曙光路五一大道口路段进行高密度的动态巡查，按防涝排渍网格化责任安排，进行蹲点值守和应急处置，保证城区安全度汛。（黄　宇）

【抗冰除雪保通行】2021年12月26日，长沙迎来首场大雪，区市政设施维护中心第一时间启动抗冰除雪防冻方案，全体干部职工采取轮番作业的方式，昼夜不息抗冰除雪，对全区迎宾路、韶山路、营盘东路、东二环等主要干道积雪进行清理，出动抢险人员195人次，车辆设备63台次。在支持各街道抗冰除雪的同时，市政中心主要集中力量对省委西门周边的营盘路、迎宾路、东二环团结立交桥周边、国金中心周边等重点区域进行铲冰除雪，确保道路畅通，人民群众出行安全。（黄　宇）

园林建设与维护

【概况】2021年，芙蓉区园林绿化维护中心围绕"打造现代化新长沙建设标杆区"的目标任务，推动"百日奋战、扮靓星城"行动走深走实、高标准完成新华联家园小区、省委周边园林景观、省委机关大院桂园等绿化提质改造项目，匠心妆点绿化环境。紧盯规范化管理，推进城区公共绿地、行道树、古树名木和社区公园的绿化维护工作提档增效，持续夯实绿色生态基底。年内被市委、市政府评为"以'四精五有'标准建设精美长沙工作先进单位。"（蒋　磊）

·表22·　2021年芙蓉区园林工程特色项目（改造）完成情况一览表

序号	项目名称	改造面积（平方米）	地址	改造内容及相关特色	起止时间
1	新华联家园绿化提质	8000	芙蓉区车站北路319号	栽植香樟、桂花等乔木或地被植物；安装路缘石	2021年5月26日—2021年7月2日
2	省委机关大院桂园	4250	韶山北路1号	补栽补种花卉、植被；广场铺装	2021年9月25日—2021年11月7日
3	省委周边园林景观提质	20000	火炬路与万家丽路交会处	栽植乔灌木、时令花卉、地被、修补人行道，新建风雨廊架1座、芙蓉花造型树池1处	2021年6月5日—2021年6月25日
4	迎"七一"五一大道绿化提质项目	4500	浏阳河大道与塘湾子路	栽植时令花卉、地被；新建麻石花坛	2021年6月5日—2021年6月24日

·续表 22·

序号	项目名称	改造面积（平方米）	地址	改造内容及相关特色	起止时间
5	八一路景观角绿雕建设	—	八一路与韶山路交会处		2021 年 11 月前完成
	总　计	36750			

（资料来源：区园林绿化维护中心）

·表 23·　2021 年芙蓉区新增绿化面积（含新增公园绿地面积）情况一览表

序号	名　称	面积（公顷）	地　　址	进度（%）	实施主体及协同单位
1	三角花园游园	0.155	中山路	100	区城投
2	湘湖市民游园	0.15	远大路与湘湖路交会处	100	长沙世茂
3	南梦园小游园	0.5	火炬路与万家丽路交会处	100	市工务中心
4	浏心湾小游园	0.3	浏阳河大道与塘湾子路	100	马王堆街道
5	八一路景观角	0.11	八一路与韶山路交会处	100	区园林中心
6	夕阳红市民公园	1.5	合平路与滨河路交界处	100	区工务中心
7	消防站带状公园	0.8	远大二路	100	区工务中心
8	佳兆业一期	0.6	双杨路与人民路交界处	100	佳兆业
9	芙蓉区文体中心	0.6	浏阳河风光带与嘉雨路交会处	100	区工务中心
10	滨河路新建绿化	0.6	滨河路	100	区城投
11	湘域芯城一期	2	人民东路与东四线交会处	100	湘域湘遇
12	二号点二期	0.8	张公岭	100	区城投
13	四号点一期	1	和平路	100	区城投
	新增公园绿化面积	2.715			
	总　计	9.12			

（资料来源：区园林绿化维护中心）

【园林工程】　2021 年，芙蓉市政设施维护中心完成新华联家园小区绿化提质改造工程，改造面积 8000 平方米；完成省委机关大院桂园提质和园林景观环境提质项目，改造总面积2.43万平方米；完成迎“七一”五一大道绿化提质项目，改造总面积 4500 平方米；湘雅二医院周边设计打磨不同主题花境 10 个，精致微观空间别具特色。推进造绿复绿工作，新增绿地面积9.12公顷，其中公园绿地面积2.72公顷。完成三角花园游园等5个“街心拐角”小游园工程。（蒋　磊）

【园林维护】 2021年，芙蓉市政设施维护中心修剪行道树10950株、更换修复栏杆等基础设施2000处、补栽乔木3000株、灌木74万株，地被植物7万平方米，修剪绿化带、草坪12万平方米，清理枯枝落叶等杂物2.5万吨。辖区绿植外形美观，公共绿地干净整洁，绿化精细化管理水平得到显著提升。及时处理死危树、断枝事件200起。开展抗旱保苗工作，出动洒水车辆2000台次，作业人员5000人次，保障城区绿地植物正常生长。结合春节、中秋、国庆及党代会、中非经贸博览会、岳麓种业峰会等不同主题元素，完成城区主要道路节点布花增彩工作，强化巡查，确保营造良好氛围。在韶山路口东、西两侧花坛因地制宜，设计2座高10米、宽4米的大型绿雕，总造价50万元；八一路、五一路、韶山路等重要道路两侧以红、黄两色为主，更换栽植时令草花，计划更换鲜花30万余株，烘托党代会热烈氛围；在省委南门、蓉园大门两侧等重要区域摆放造型优美鲜花景观，摆放鲜花5万余盆；在火车站西广场重要位置设计安装党代会标语5条，营造党代会热烈气氛；对韶山路、迎宾路开展精细化养护，清理落叶枯枝2000平方米。对芙蓉立交桥鲜花绿雕进行补栽提质，补栽时令鲜花5万盆。（蒋　磊）

【绿化管理】 2021年，芙蓉市政设施维护中心办结城管数字化来单8100件、办结率100%，处理“12345”市民来电575件，满意率100%。加强古树名木后备资源保护管理，对蓉园路、车站北路、远大路馨苑小区等地20株50年以上树木进行挂牌保护公示。年内巡查发现并及时处理占绿毁绿事件10起，协助办理占用绿地、移栽树木行政审批22起。出动900人次上路巡查，及时更新广场、社区公园等绿地公益广告75块。在全区范围内认真筛选、对接小区物业和相关单位，现场踏勘，实地测评绿化率，仔细考察周边景观环境，完成11家园林式单位和9家园林式居住区的资料收集和申报工作，并通过验收，评选出市级花园式单位芙蓉区敬老院、湖南省农业大学，隆平水稻博物馆等10个；评选出东云台、中交公园、东方新城、新华联等9个市级花园居住区，促进单位庭院和居住小区园林绿化建设，提高城市园林绿化整体建设管理水平。（蒋　磊）

2021年11月22日，为迎接湖南省第十二次党代会召开，区园林绿化维护中心在省委门前打造立体绿雕景观　（区园林绿化维护中心　供图）

【“3·12”植树节活动】 2021年3月12日，芙蓉区四大家领导班子带领500名干部群众到远大一路与红旗北路交界处东北侧地块，参加2021年全民义务植树活动，该次植树节的活动主题是“共同谱写绿化美好家园、建设美丽芙蓉新篇章”。当日在5000平方米的转角空地上，栽植樟树、北美红枫、榉树等7个树种200株，为全区街道增添绿色风景。（蒋　磊）

【中国共产党成立100周年主题花卉景观】 2021年6月，芙蓉区园林绿化维护中心精心准备、以花献礼，打造特色园林街景，营造浓郁的氛围庆祝中国共产党成立100周年。分别在省委周边、芙蓉广场立交桥、火车站广场等重要节点进行布置，在设计上注重鲜花造型和色彩搭配，融入建党百年主题元素的园林景观，形成热烈喜庆、大气美观的景观效果。各园林街景栽植更换夏堇、一串红、凤仙花、孔雀草等时令鲜花60万株。（蒋　磊）

【城市立体绿雕】 2021年11月，为迎接中共湖南省第十二次党代会召开，芙蓉区园林绿化维护中心以“突出重点、喜庆热烈”为特点，运用时令鲜花、宣传标语结合艺术造型打造景观亮点，在韶山路口东北角、西北角新增高4米、长10米的2座大型立体绿雕，以一角堇、海棠和三角梅为绿色基底，草花色彩大气典雅，金色号角、红旗、红丝带等景观小品点缀于花海之中，吸引很多市民打卡拍照。芙蓉广场立交桥处的绿雕简洁大方，以红、黄两色为鲜花主色调，沿用基础骨架分三层放置，搭配宣传标语，整体线条优美流畅。（蒋 磊）

晓园公园管理

【公园基础管理】 2021年，晓园公园坚持完善基础设施建设与维护管理。定期维护、及时维修园内石桌椅、健身器材等基础设施设备，确保基础设施完好。对东侧破损的铁艺围栏拆建82米，东苑给水管网改造1处，安装电子识别门禁系统1套，新增温馨提示牌10块，新增挂物架10个，修理健身器材5处，更换流泥井盖10块，修复石桌石凳8处，增设和刷新车辆停车位2个，完善无障碍入口10余处。强化综治管理。定期召开安全生产和综治建设工作会议，制定各科室、驻园单位安全生产、综治维稳目标管理责任书，落实责任制，全园连续10余年无火灾、无重大刑事案件、无安全生产责任事故，继续保持“市红旗等次平安单位”“市级文明单位”。推进文明创建，发动驻园单位经营业主、“市民园长”成员、市民游客投身到创建迎检活动中。更换调整公益广告牌98处，发放宣传资料850份，提高文明创建知晓率和参与率，营造全员参与的创建氛围。开展环境整治工作，补栽补种3000平方米，清理园内卫生死角20处，清理枯枝败叶125车次，主次游道路面清洗6次，清理积水10处。对园内4处公共厕所派专人守点冲洗保洁，强化除异味措施，定时维修更新公厕内设施，确保公厕符合公共卫生管理标准。（邹阳辉）

【公园绿化美化】 2021年，公园绿化美化实行网格化管理，组建绿化养护专业队伍，加大公园养护日常巡查力度，对绿化修剪、病虫害防治、水肥管理、卫生保洁等工作情况进行督查，确保园内植物生长健康，确保园区四季有景。坚持绿化、美化、彩化的有机统一。夏季栽植睡莲65盆、荷花50盆；开展冬春绿化，根据园内微地形变化，配合公园红旗渠改造施工需要，调整大型乔木150余株；全年新植、移植乔、灌木500余株，主要品种为樱花、栾树、杨梅、玉兰树、香樟、合欢、银杏、红叶李、榉树等，丰富园内植物品种的多样性，增添游客游览的趣味性；整治园内裸露黄土，种植鸢尾、麦冬、吉祥草等多种耐阴花草，种植面积5000余平方米，填补空缺，恢复植被，美化了公园景观；在园内主游路、次游道拐角处和草坪边缘地带，种植多年生宿根花卉和时令草花，结合小灌木：黄金柳、水果兰、杜鹃和龟甲冬青等，打造具有季相特色的花带花境，面积4000平方米，凸显出公园花常开、草常绿、水常清的景观特色。在重要节日期间，更换花境、花坛、花带内鲜花5万余盆，营造出浓厚的节日氛围。（邹阳辉）

【公园优质服务】 2021年，公园联合五里牌街道社区、晓园游客代表、市民锻炼团队开展学雷锋志愿者活动、社会公益性活动，公园形成上下联动，横向互动，齐抓共管的共建共管氛围。与“市民园长”共同开展三伏天气送凉茶活动、噪声整治行动等各类志愿者活动，提升市民在园内生态环境建设中的参与度，“开门评园”现场测评满意度92.5%。全年处理“12345”市民热线20起，收集市民游客意见23条，做到及时回复，及时处理，办结率100%。（邹阳辉）

【汉桥管理】 精细维护汉桥桥上花箱和绿化，适时实施病虫害防治、林相修剪、抗旱保苗以及水肥管理，确保桥上花卉的健康生长。同时，对双层桥面的卫生进行常态化管理，保证桥面干净、整洁。另外，管理人员对在桥面上叫卖、垂钓、乞讨的人员进行制止，并对乱扔果皮、垃圾、攀爬等不文明行为进行及时劝导，维护游玩秩序。整洁、靓丽、有序的汉桥，逐渐成为芙蓉的网红“打卡点”。向阳湖管理。在向阳湖开展水质环境大整治行动，对驳岸边800米林相去除陈年枯枝、死树、地面杂草，运送园林垃圾30余车；增加湖面打捞频率，打捞湖内陈年枯枝败叶、漂浮物30余车；增加水泵循环的频次，加强水循环，喷施蓝藻灭杀药物，控制湖面蓝藻生长，防止水体富营养化。向阳湖的水质得到提高，营造水清、岸绿、宜人的生态景观，赢得省委大院及周边居民一致好评。（邹阳辉）

【锦泰广场管理】 实施火车站东广场（锦泰广场）7000余平方米林下空间提升景观层次改造工程，以

“锦绣中华、国泰民安”为设计主题，配合“曲折柔美、错落有致”的植物景观，营造出富有意境的景观空间，展现出长沙国泰民安、秀美壮丽的城市风景。对锦泰广场2.1万平方米的绿地实行日常化、精细化的维护与养护，适时实施病虫害防治、林相修剪、抗旱保苗以及水肥管理，提升绿化品质。（邹阳辉）

【火车站西广场管理】 结合重大节日、事件或节气变化，及时更换火车站西广场花卉，为迎接省第十二届党代会的召开，更换以石竹、羽衣甘蓝、角堇为主的花卉。2021年，改建后的长沙火车站西广场更换花卉4万余盆，种类10余种，优化城区园林品质，打造出舒适优美、可人风味的城市人居环境。

（邹阳辉）

交通运输管理

【概况】 2021年，芙蓉区交通运输局加强道路运输行业管理，提升运政管理服务水平，坚持新冠肺炎疫情防控常态化管理，推进各项工作有序开展。芙蓉区有班线客运和旅游客运企业13家，车辆651台；危险化学品运输企业3家，车辆394台；校车企业1家，车辆33台；普通货运企业106家，个体业户682个，已办理“道路运输证”营运车辆1839台（总质量4.5吨以下的已注销）；注销逾期年审车辆709台；二类以上机动车维修企业38家。（李　露）

【道路运政管理】 2021年，芙蓉交通运输局在贯彻落实区委区政府关于优化营商环境的相关工作要求前提下，审核相关资料，确保应进都进。同时，在审核过程中，做好安全生产方面的宣传教育，发放安全事项告知书，签订安全生产承诺书等。加强事后管理。对全区56家符合条件的普货企业开展质量信誉考核，结合开展安全执法检查，对已备案的38家维修企业进行日常安全检查。对不符合货运市场要求的车辆及时清理退出市场。比如逾期半年未审核的车辆，以及在日常检查中发现的已搬迁易址、转让经营的货运和维修企业等进行公告，并予以注销，退出市场。2021年清理湖南申瑞运输服务有限公司等5家搬迁易址企业。（李　露）

【道路运输行业安全监管】 2021年，芙蓉交通运输局对区行政审批局许可的道路运输经营业户、三类机动车维修业户和区交通运输局办理“道路运输证”的营运车辆进行安全监管，实行计划执法检查。坚持履行道路运输行业安全属地监管责任。落实领导干部带队检查工作制度，班子成员带队到“两客一危”企业开展安全生产检查。压实企业安全生产主体责任，督促落实企业安全隐患清零、交通违法清零。以安全生产大检查和交通问题顽瘴痼疾整治为契机，2021年开展各类安全检查4次，对44处突出安全隐患进行闭环整改。与区交警大队建立常态化联合检查机制，联动形成安全监管检查合力。对1台货车超限超载3次违法行为，要求按照“一超四究”处罚到位，已对车辆违法次数3次以上的19家客货运输企业进行5次约谈。狠抓安委办“三个一”，做好排查防范。检查企业158家，对32家企业存在的44项安全隐患进行交办。（李　露）

【淘汰87台57座以上大客车】 2021年8月，根据《长沙市关于全市57座以上大客车淘汰工作的实施方案的通知》要求，由区交通局牵头联合区交警大队、区法院、区司法局、区财政局等部门，组织客车企业和车主，采取专题调研、持续督导、宣传引导和报废补贴等措施，

·表24· 2021年芙蓉区交通运输基本情况统计表

指标名称	单位	2021年
一、载货汽车	辆	1821
二、交通运输经营户数	户	429
三、交通运输从业人员	人	6178

（资料来源：区统计局）

克服时间紧、任务重、资金少等重重困难，加快推进淘汰57座及以上大型客车各项工作。至12月底，芙蓉区87台57座以上大客车全部完成淘汰、报废、解体工作，从源头上降低客车事故群死群伤发生的概率。（李　露）

【交通运输安责险推广实施工作】根据《长沙市交通运输局关于深入推进实施全市交通运输行业安全生产责任保险的通知》要求，在全市范围内从事道路运输（经营性道路客货运输、城市客运、城市轨道交通、铁路专用线、站场运营、货运仓储）、水路运输（经营性客货水路运输、港口码头经营）、公路工程建设和养护施工、水运工程建设施工、公路运营、驾驶员培训及汽车维修服务等生产经营单位应该投保交通运输安责险。2021年7月22日，芙蓉区交通局召开全区交通运输行业安责险推广动员部署会议，启动交通运输安责险推广实施工作。辖区“两客一危”运输企业、普货运输企业、机动车维修企业和客运站场负责人72人参加。交通运输安责险采取政策引导、行业监督、市场运作的模式，以共保体具体承保、理赔，经纪公司承担风险管理，通过市场调节、费率调整、专业服务等方式，改变原来政府高压、企业被动、行业疲于奔命的监管怪状，打造政府、行业、市场三方共同发力共保安全的模式，促进交通运输行业安全生产的稳定向好和长治久安。会议要求，全区交通运输行业道路客运、规模以上道路货运、机动车维修企业参与购买安责险。（李　露）

【汽修行业污染防治培训会】2021年5月21日，芙蓉区交通运输局、区生态环境综合执法大队、区蓝天保卫战办公室联合组织召开汽修行业污染防治工作培训会。隆平高科技园、湘湖管理局、马坡岭街道、东湖街道、东岸街道以及全区范围内所有带喷漆房的汽修门店等单位参加培训。主要培训汽修行业VOC_S（挥发性有机物）污染防治及危险废弃物管理规范等相关知识，通过学习汽修行业产生VOC_S工序及提升VOC_S污染防范与治理能力，加强危险废弃物管理能力，提高参会人员的环保责任意识和专业能力，为蓝天保卫战工作夯实基础。（李　露）

【“路政宣传月”集中宣传活动】2021年5月21日，芙蓉区交通运输局在汽车东站开展“学党史、见行动、护公路、优服务、当先锋”主题的路政宣传活动。在长沙汽车东站设立宣传咨询点，在车站候车区、停车大坪、下客区向各方乘客及驾驶员发放宣传资料，向沿线群众和司乘人员发放公路法律法规宣传单，解答相关问题，活动当天发放各类宣传资料500余份，为20余人次群众现场解答释疑，提供政策、法律咨询服务。（李　露）

【重点货运企业违法安全隐患约谈会】2021年5月13日，芙蓉区交通运输局在会议室对3家道路运输违法隐患突出企业进行集体约谈。芙蓉区交通运输局运政管理科科长黄志深通报在日常监督检查中发现湖南中弘物流有限公司有188台货运车辆逾期年检，湖南九裕物流有限公司和长涟机械化施工有限公司2家企业迁入芙蓉区车辆行驶证未变更，存在一定的安全隐患。芙蓉区交通运输局企业安全监管科科长王军就3项隐患整改提出一周内必须整改到位的要求。约谈中，3家企业主要负责人反思安全生产管理存在的问题，认识到安全生产的重要性，表示要深入学习相关安全生产的文件和要求，抓实抓细安全生产各项工作，并承诺在区交通局规定的时间内整改到位。（李　露）

2021年5月21日，区交通运输局在汽车东站开展路政宣传活动。图为向市民发放宣传资料现场（区交通运输局　供图）

火车站综合治理

【概况】 长沙火车站地区分为东、西广场两区域，面积26万平方米；集铁路、城际轻轨、地铁、公交、长途客运、短途客运枢纽于一体，是省内最重要的人车物集散地之一，日均人流量12万人次，春运、国庆长假等高峰时段，日人流量超过50万人次。2021年，长沙火车站服务全区“打造现代化新长沙建设标杆区”大局，聚焦站区“建设、管理、服务、运行”品质提升，发挥协调职能，联合长沙车站等铁路单位、公安交通城管等各职能部门、驻区单位和周边街道，建设“平安有序 文明 洁净”站区。年内，长沙火车站综合管理办公室更名为长沙火车站地区综合事务中心，升格为副处级，由市编委重新核定事务中心职能配置、内设机构和人员编制规定，负责火车站地区发展和综合治理工作。（肖健康）

【平安站区建设】 2021年，芙蓉区启用锦泰广场综合服务用房（城际铁路长沙站出站口对面），将公安、交通、交警、城管等部门力量集中到综合服务用房，实现统一调度、统一行动，提升各部门快速反应和日常防控能力。区公安分局在站区成立反恐防暴维稳工作联勤联动办公室，市特警、市武警、长铁特警、长铁车站派出所、区治安二大队、区巡特警大队“六位一体”继续实现在站区24小时武装警戒和巡逻防控；2019年建成的站区安全维稳指挥调度中心引入基于5G的智慧管理平台，144个高清摄像头全天候实时监控着站区各个区域，与市公安局天网工程对接，实现信息共享、站区人车物大数据收集分析、人脸识别、事件预警、任务按设定责任自动分派、警力部署实时调度、广场秩序实时监控等诸多功能，路地警力治安维稳和快速处突能力、各管理部门的管理服务能力均得到提升。实现站区历年来没有发生任何涉恐暴涉黑恶案件、重大刑事案件、有影响的群体性事件等，站区发案数持续降低，市民安全感持续上升。火车站地区作为省内最大的旅客集散中心，新冠肺炎疫情防控工作尤为重要，中心结合站区特点，始终做好进出站旅客体温检测、出站口设置免费核酸检测点、售票厅候车室等人员密集公共场所通风消毒等防疫举措，做到新冠肺炎疫情防控持续不断、时间贯穿全年度。（肖健康）

【有序站区建设】 2021年，芙蓉区牵头组织路地公安、城管、交通、交警、市监、民政、残联等职能部门，针对拉客喊客、非法营运、流浪乞讨、电的摩的等各种乱象，开展非法营运专项整治行动、治安秩序专项整治行动、流浪乞讨专项救助管理、喊客拉客专项治理等联合执法行动，劝导和劝阻各种乱象问题，发现、报告和协助公安、交通、交警、城管等执法部门处置各种违法违规行为，2021年路地警力在站区行政拘留99人次、行政罚款263人次，警告教育334人次；处罚电摩200余台次，查处违停车辆4000余台次；查处非法营运车辆399台次；查封销售假烟门店3家次、处理投诉89起。这些专项整治和联合执法模式把“各家事、分别办”变为“一家事、共同办”。站区治安、交通、经营、市容等各项秩序得到有效管控，各类乱象问题得到有效治理。开展经营秩序专项整治行动，打击假冒伪劣、短斤少两、“打叶子”等违法违规行为；组织全体经营户进行集体培训1次，开展食品安全检查10余次，组织全体经营者签订诚信经营承诺书，警醒和约束其经营行为；区市监局派驻1名工作人员常驻站区，专职负责站区经营秩序，对辖区经营户开展日常检查。站地联席会议制度持续发挥作用，提升协同处置效率，在“2·8”“12·31”2次列车晚点、旅客滞留的处置中快速反应，采用临时延迟公交、地铁运营时间和临时调度大巴车等办法，进行有效处置。（肖健康）

【洁净站区建设】 2021年，芙蓉区完成火车站“南北公共卫生间整体改造”项目建设，改造后的南北公厕面积扩大至376.2平方米，厕位从77个增加到92个，男女厕位比例由原来的1∶1调整到2∶3，增设无障碍厕所、母婴哺乳间等场所，解决女性特殊群体的需求。安装新风系统、中央空调等设备，改善厕内空气质量，配备智能自动冲水系统和防冻给排水设施以及感应水龙头、高速烘干器、大件行李寄存箱、休息等待坐凳、充电宝、开水器等各类设施。来往旅客赞该公厕为“五星级厕所”。在东西广场进站口应对冰雪天气和高峰客流时旅客测温和进站候车新增370平方米、503平方米的验证测温厅“车站走廊全封闭改造”项目完成建设；“东广场地铁二号线与城际轻轨无缝衔接通道”建设项目还在实施。设置指引标识标牌20余块。环卫保洁方面，分为东、西广场两个2级网格，按照作业量大小划定5个4级网格，每个网格均明确1名管理

2021年年初，火车站东西广场及周边提质改造，改造后的西广场，增加公交和社会停车场停车位。图为智慧停车场入口

（长沙火车站地区综合事务中心 供图）

人员负责，将全体员工全部充实到每个网格，清扫保洁面积4.25万平方米，坚持每天对60个果皮垃圾桶及其他公共设施等擦抹4次、2台水车1台机扫车对广场地面每日2次清洗。在东广场建设安装绿植自动浇灌系统，节约水资源和延长植物的寿命。（肖健康）

【文明站区建设】 2021年，芙蓉区利用省会窗口优势，建设社会主义核心价值观宣传阵地，成为全市三个试点之一。制作语音资料在巡逻车24小时不间断地播放温馨提示、文明守则和法律法规；所有一线执勤人员耐心劝导袒胸赤膊、随地躺卧、大声喧哗等不文明行为；协调和组织火车站行政执法中队、3个周边街道中队开展严查严治无证摊贩、违规广告、乱扔乱吐、共享单车无序停放等。常抓不懈，完成全国文明城市建设迎国检工作。

（肖健康）

【5G智慧停车平台】 2021年，中心在东西广场建成基于5G互联的智慧停车场3个，车位400个，实现车辆自助扫码缴费出入，减少人工近20人。停车位较以前增加近1倍且车辆出入效率更高。停车场免费停车时间由15分钟延长为30分钟。（肖健康）

【红火炬志愿服务】 2021年，中心践行“雷锋家乡学雷锋”理念，传播正能量，弘扬真善美，组建40人的“红火炬”站区志愿服务队，佩戴统一志愿服务标识，无偿为站区旅客市民提供温馨帮助和服务，志愿者全部来自于热心志愿服务事业的市民，由事务中心无偿招募并进行相应培训，每日开展志愿活动。“红火炬”志愿服务还与市血液中心合作，在西广场地铁4号口处建设志愿献血屋，每天在站区血液采集量近3000毫升。（肖健康）

【火车站新冠肺炎疫情防控检查督导】 2021年10月26日，省委常委、市委书记吴桂英到长沙火车站，督导检查广场新冠肺炎疫情防控工作。区委书记周春晖陪同检查。吴桂英实地查看进站口、出站口、西北四省旅客专用出站通道，查看出站旅客健康码、体温监测等数据记录，询问进出站旅客流量、查验码和新冠肺炎防疫防控各项措施落实情况。她强调，火车站是进入一座城市的第一道门，疫情防控工作尤为重要，大家要认识当前新冠肺炎疫情严峻形势，抓好疫情防控各项工作，打赢新冠肺炎疫情防控这场硬战。

（肖健康）

生态环境

Ecological Environment

编辑　谭自然

环境质量

【概况】 2021年，芙蓉区生态环境质量总体保持稳定，全区水环境、声环境质量稳中有升，土壤环境安全可靠，大气环境治理成效明显，辐射、固废监管到位，环境风险隐患可控，生态文明建设和生态环境保护各项事业取得明显成效。芙蓉区空气质量优良天数为299天，比2020年减少8天，优良率81.9%。细微颗粒均值浓度为45微克/立方米，比2020年上升4.7%，臭氧浓度为147微克/立方米，比2020年下降2.6%，全年重污染天数9天。浏阳河芙蓉段市控考核断面（黑石渡）水质均稳定达到或优于Ⅱ类水质，市控断面（婚庆公园、年嘉湖等5个）水质达标率100%。长沙市生态环境局芙蓉分局被评为长沙市“生态环境保护系统先进集体”。

（徐　东　赵紫君）

【空气质量】 2021年，芙蓉区空气质量主要监测指标中，细颗粒物（$PM_{2.5}$）、可吸入颗粒物（PM_{10}）、二氧化氮（NO_2）、二氧化硫（SO_2）4项指标的年平均浓度分别为45微克/立方米、54微克/立方米、32微克/立方米、7微克/立方米；臭氧（O_3）、一氧化碳（CO）的特定百分位数浓度分别为147微克/立方米、1.2毫克/立方米。

（徐　东　赵紫君）

【水环境质量】 2021年，浏阳河芙蓉区段水质稳定达到或优于Ⅲ类，月度水质优良率均100%。出境断面（黑石渡）水质监测结果：1月、5月为Ⅱ类，其余月份均为Ⅲ类。

（徐　东　赵紫君）

【声环境质量】 2021年，芙蓉区稳定达到声环境功能区标准（1类区1个，2类区18个，3类区1个，4a类声环境功能区1个，4b类声环境功能区1个），整体水平达到2

·表25·　2021年芙蓉区环境保护基本情况统计表

指标名称	单位	2021年
一、空气质量优良率	%	81.9
二、城市污水集中处理率	%	100
三、环境影响评价和“三同时”执行率	%	100
四、城市生活垃圾无害化处理率	%	100
五、重点工业企业污染治理情况		
1. 工业废水排放达标率	%	100
2. 工业二氧化硫排放达标率	%	100
3. 工业烟尘排放达标率	%	100
4. 工业粉尘排放达标率	%	100
5. 工业固废综合利用率	%	95
六、建成高污染燃料禁烧区	个	1
七、建成高污染燃料禁烧区面积	平方千米	42.8
八、建成环境噪声达标区个数	个	10
九、建成环境噪声达标区面积	平方千米	31.2

（资料来源：区统计局）

类区标准。其中，东岸街道、马坡岭街道和东湖街道优于Ⅲ类区标准。

（徐　东　赵紫君）

环境保护与治理

【污染防治攻坚战】　2021 年，芙蓉区环保局完成年度 6 大项市级污染防治攻坚重点任务。办理一般行政处罚案件 24 起，移送行政拘留案件 1 起，办理生态损害赔偿案件 3 起，无通报负面清单问题。牵头全区“蓝天保卫战”，每日综合 VOC_s（挥发性有机物）在线监测、小微站、组分站数据，定期组织专家团队会商并提供特护期管控措施建议。实施好马坡岭区域大气污染防治帮扶行动，全年参与督巡查 400 余人次。推动浏阳河芙蓉区段 18 处入河排污口排查建档。再次组织对辖区 226 家涉危废企事业单位开展大调查大排查，督促指导其依法履行在线申报和管理计划备案责任。

（徐　东　赵紫君）

【大气污染综合治理】　2021 年，芙蓉区以“六控十严禁”（“六控”是指控尘、控车、控排、控烧、控煤、控油；“十严禁”是指严禁渣土车、混凝土搅拌车、运砂车等各类车辆带泥上路，严禁违法倾倒渣土，严禁工地裸露黄土，严禁重污染天气下土石方施工，严禁燃烧散煤，严禁露天焚烧垃圾，严禁露天烧烤，严禁露天焚烧秸秆，严禁拖拉机等高排放车辆进城，严禁在禁燃区域时段燃放烟花爆竹）和臭氧污染防治为工作重点，推进“蓝天保卫战”十大专项整治行动（加油站油气污染专项整治、油品油质及车用尿素质量管控专项整治、建筑工地扬尘污染专项整治、汽修和汽车 4S 店专项整治、工业企业挥发性有机物污染专项整治、非道路移动机械排气污染专项整治、高污染排放车辆专项整治、餐饮油烟、垃圾焚烧等面源污染专项整治、渣土扬尘污染专项整治、混凝土搅拌扬尘污染专项整治）。全区累计出动 14478 人次，开展生态环境类综合执法 1024 次，查处案件 4448 起，共处罚款 286.89 万元。开展站点周边污染源治理专项整治行动 20 次，清退大型建材门店 20 余家。加强马坡岭区域柴油货车管控，部门联动常态化开展路检路查，查处闯禁 320 起，劝导重型货车绕行 200 余台。开展东片区建筑工地扬尘专项执法行动 69 次，集中约谈 20 余次。成立专门队伍开展全方位、不间断督巡查，发现并交办各类涉大气污染问题 1320 个，整改率 99.8%。（徐　东　赵紫君）

【水污染防治治理】　2021 年，芙蓉区压实各级河长主体责任，建立完善“三长三员”（河道河长、河道警长、民间河长；监督员、巡查员、保洁员）体系，全年开展区级河长巡河和街道河长巡河机制，村级河长巡河 836 次。全年投入近 6000 万元，持续推进浏阳河堤坝、排渍泵站等基础设施建设，不断提升防洪、防内涝能力，确保河湖安澜。建设浏阳河两岸城市滨水风光带。对全区 13 处黑臭水体进行彻底整治，始终做到长治久清。开展清“四乱”（乱占、乱采、乱堆、乱建）回头看工作，对已销号的 10 处“四乱”问题一一实地核查。（徐　东　赵紫君）

【土壤和噪声污染防治】　2021 年，芙蓉区加大土壤污染防治法宣贯力度，开展土壤污染普查调查和风险评估。建立生态环境、国土和街道协同机制，完善土地收储信息台账；加强对重点行业地块监管，严防土壤污染事件发生；督促转变用地性质的地块开展土壤污染风险场地初步调查，完成原北汽福田汽车股份有限公司新安厂区地块土壤环境初

2021 年 5 月 10 日，保洁船集结开展河道清洁

（区农业农村局　供图）

步调查评审工作。强化社会生活噪声治理，完成五一东村噪控区建设任务以及“吉祥谣”歌厅、东南明苑古筝培训教室噪声整治项目。

（徐　东　赵紫君）

【生态环境保护督察整改】 2021年，芙蓉区配合开展第二轮中央生态环境保护督察，强化常态化管控和举一反三整改。全区64件信访交办件全部办结，信访件、重复件、重点件在全市内五区数量最少，办结率最高。在中央第二轮生态环境保护督察中芙蓉区无垃圾站厕恶臭扰民投诉（全市60件）、无建筑工地扬尘和噪声扰民投诉（全市30件）。针对占道经营、露天烧烤、私搭乱建、垃圾堆积等脏、乱、差问题，采取定点值守和步行巡查的显性勤务模式，背街小巷加大城管数字化问题采集力度，督察期间数字化平台案件数量大幅降低，扬帆市场、马王堆海鲜市场和沁园夜宵街等重点区域零投诉。

（徐　东　赵紫君）

【依法行政】 2021年，芙蓉区落实生态环境“三线一单”（生态保护红线、环境质量底线、资源利用上线和生态环境准入清单）分区管控制度，实施以排污许可为核心的“一证式”管理。全年共审批环境影响报告项目11项，受理新增排污许可申请9项，变更排污许可6项。统筹新冠肺炎疫情防控和经济社会发展，执行审批和监管2个“正面清单”，全年办理夜间施工许可378次，完成非道路移动机械编码登记并通过审核1063台，上牌率99.1%。审批发放医疗机构辐射安全许可证41份。

（徐　东　赵紫君）

【环境监管监测】 2021年，芙蓉区推行行政执法“三项制度”，基本建立以“双随机、一公开”监管为基本手段，以重点监管为补充、以信用监管为基础的监管机制。优化执法方式、规范执法行为，依法查处环境违法行为。年内，区生态环境执法部门含办理环境违法行为案件25个，刑事拘留案件1个，罚款金额66.6万元。加强环境监测，确保5处水质自动监测站、18处空气质量监测小微站和16处VOC_S（挥发性有机物）在线监测设备正常运转，在浏阳河流域布设38点位水质监测点位，为科学合理治理流域污染提供依据；加强对组分站、小微站和VOC_S（挥发性有机物）在线监测数据的整合应用，为蓝天保卫战提供技术支撑，为空气质量精细化管理提供科学依据。

（徐　东　赵紫君）

【生态环境宣传教育】 2021年，芙蓉区环保工作以宣传习近平生态文明思想和普及环保知识为重点内容，紧扣“‘6·5’世界环境日”宣传主题，制作公益宣传片开展宣传活动。在辖区300余个楼盘733座电梯滚动播放10万余次。组织辖区街道、部门开展“争当环保志愿者，同绘美好长沙蓝”志愿服务等各类宣传活动32次。全年在国家、省、市各类媒体刊发生态环境报道160余篇，发放宣传手册5000余份。

（徐　东　赵紫君）

【餐饮行业负面清单建立】 2021年，长沙市生态环境局芙蓉分局探索建立了餐饮行业选址负面清单。组织人员摸底核实建筑物4584栋，筛查出53栋商业楼、1栋商住楼基本具备餐饮选址条件，另外570栋商住楼、544栋商业楼、3470栋其他楼栋不具备开设餐饮条件的全部进入负面清单并交其他部门备案。相关部门在办理餐饮行业市场主体营业执照、食品经营许可证、店招店牌许可证等证照的环节予以源头控制，确保区域内不再新增选址不合规的餐饮商家，从源头上杜绝油烟扰民问题，还市民舒心的生活环境。建立餐饮行业选址负面清单工作走在长沙市内五区前列，在长沙市属于首创。

（徐　东　赵紫君）

【建立容缺受理机制】 2021年，长沙市生态环境局芙蓉分局开通夜间施工审批绿色通道，对于符合产业政策、选址合理、污染治理设施有保障的项目，予以先行办理；对如申报材料只存在非原则性问题，且短期内能迅速补齐的，允许先立项办理相关手续，后续补齐相关材料，以压缩审批时限，促进区域经济发展。年内办理容缺机制受理审批的企业15家次。

（徐　东　赵紫君）

【黑臭水体综合治理】 2021年，芙蓉区围绕治理黑臭水体“长治久清”目标，建立健全月巡查和月通报长效机制，对芙蓉区明渠暗沟周边环境、溢流、黑臭反弹等情况进行专项检查，检查结果通报至各相关街道，督促整改，检查结果与考核直接挂钩，全年下发通报12期，督查、督办函2件，督促整改问题11个。通过加强排水许可监管，进一步落实城市饮用水二次供水监管责任，功能性排查地下管网409千米，配合杨家湾撇洪渠、双桥港流域水环境综合整治。杨家湾撇洪渠项目沿线排口长效截污完成，附属工程西拢路排水工程接近尾声。红旗渠三角塘泵站排口溢流风险得到改善，三角塘、东屯渡、亭子港等泵站排口整治完成，同步改造长善垸污水提升泵站进水廊道，推进农大片区二期雨污分流建设项目和农科院片区雨污分流改造精细化工作。在全市率先实现旱季全截污、全收集、全处理的目标，实现浏阳河芙蓉区段达到Ⅱ类水质标准。

（蔡　进）

河长制

2021 年 7 月 12 日，浏阳河河道保洁员高温作业

（区农业农村局　供图）

【概况】　2021 年，芙蓉区河长制工作以加强生态环境保护为核心，确保浏阳河芙蓉区段河湖环境明显改善为目标，浏阳河水质年均值达到三类以上，全区河湖在“人水和谐”上实现新突破，努力建成人民满意幸福河湖。（刘玉陶）

【河长履职】　2021 年，芙蓉区各级河长均按照河长履职规范要求，做到知河、巡河、护河。9 名区级河长巡河 39 次，18 名乡级河长巡河 324 次，19 名村级河长巡河 836 次，发现河湖问题 7 起，及时交办并解决 7 起。（刘玉陶）

【水质达标】　2021 年，浏阳河芙蓉区段水质稳定达到或优于Ⅲ类标准，浏阳河黑石渡出境断面水质 1、5 月为Ⅱ类，2、3、4、6、7、8、9、10、11、12 月为Ⅲ类，水质优良率 100%。（刘玉陶）

【媒体宣传】　2021 年，《湖南日报》“新湖南”等省级媒体和长沙新闻频道等市级媒体就芙蓉区浏阳河河长制工作报道 31 篇次，广大市民互动参与监督，全区上下形成了政府主导、部门联动、社会各界广泛参与的全民治水良好氛围。

（刘玉陶）

【系统联治及综合治理】　2021 年，市级下达芙蓉区浏阳河流域综合治理重点任务 25 项（其中工程类 5 项，管理类 20 项），已按照市河长办工作部署全部完成。全区 18 处排口均实现旱季全截污，14 处黑臭水体均实现长治久清，10 处“四乱”问题均销号无新增，1 处小微水体示范片区成功通过复检验收。滨河路防洪提标污水管网整治、红旗水库清淤和泉坝垅水库水葫芦清理等问题整改推进。河委会成员单位结合自身职责全面履职保护浏阳河，区农业农村局采购 8 条保洁船保障河道清洁，生态环境芙蓉分局设置 38 处水质监测点确保水质实时监测，沿河涉水街道开展“十年禁渔”专项巡查 230 余次。2021 年 10 月，芙蓉区检察院联合区河长办下发《关于建立“河（湖）长 + 检察长”协作机制实施方案》，明确 4 名检察长为区域河湖检察长，并开展“河湖长 + 检察长”联合巡河。1—12 月，芙蓉区检察院办理非法捕捞水产品的民事公益诉讼案 9 件，芙蓉公安办理浏阳河涉水案件 3 起，移送刑事拘留 3 人。（刘玉陶）

应急管理

Emergency Management

编辑　谭自然

安全生产监管

【概况】 2021年，芙蓉区安全生产工作以完善工作机制，强化监管执法为基础，补齐工作短板，夯实企业主体责任，没有发生较大及以上事故，安全生产形势稳中向好。全年发生生产安全事故12起、死亡12人（含生产经营性交通事故7起、死亡7人），事故起数与2020年持平，死亡人数下降14.3%。发生亡人交通事故16起、死亡16人，事故起数、死亡人数比2020年下降30.4%。发生亡人火灾事故1起、死亡1人。年内，芙蓉区政府被评为全省、全市“安全生产和消防工作优秀单位”。

（孟成奇）

【安全生产监管执法】 2021年，芙蓉区安全生产类处罚297起，罚款118.3万元，注销危化企业2家、烟花企业1家。“打非治违”发现非法违法行为3541起，责令停产停业整顿87家，移交执法部门案件484件，处罚金额608万元。工贸企业事故防控集中攻坚行动检查企业467家，发现隐患问题524处，下达责令限期整改指令226份，责令整改226家，将76家企业违法行为移交立案查处。以新《中华人民共和国安全生产法》生效为契机，成立检查组414个，检查单位7077家，督导问题2086个，行政处罚731次，停产、吊销证照、取缔12家。

（孟成奇）

【安全生产专项整治】 2021年，芙蓉区聚焦交通安全，开展渣土车、混凝土车、电动车等专项整治，交通事故大幅下降。聚焦工贸、危化、烟花等直管行业，开展事故防控集中攻坚，实现直管行业零事故。聚焦消防安全，对火灾事故单位实施通报、约谈、宣教、整改、演练五条措施。对重要节点作专项部署、专项排查、专项督查，对重点部位实行精准布控、严防死守，实现重点时段、重点部位零事故。

（孟成奇）

【芙蓉区应急指挥中心建设】 2021年，芙蓉区政府投入1500万余元建设芙蓉区应急指挥中心，包括综合指挥系统、融合通信系统、行政执法综合管理平台、智慧城管以及指挥大厅智能化系统等5大部分，并与街道、社区建成五级视频会商系统。区应急指挥中心上可联国家、省市，下可通街道、社区，将芙蓉区行政执法、应急、城管、交通、公安、教育、卫生、消防等相关职能部门调度指挥资源进行整合，成为区委区政府的决策中心、研判中心、治理中心和指挥中心，形成全区统一管理、总体调度、分级响应的管理体系，实现全区统一的日常综合管理和应急指挥协同。

（孟成奇）

【较大危险因素辨识管控行动】 2021年4月21日，区应急管理局聘请专业机构，以“专家＋执法”的模式，科学开展重点烟花、危化、工贸企业重大生产安全事故隐患排查治理和较大危险因素辨识、标识、管控行动。8月18日至10月21日，对全区61家重点监管企业进行事故隐患排查和较大危险因素辨识管控，排查治理隐患531处，督促企业管控安全风险1126处。2021年注销危化企业2家和烟花企业1家。

（孟成奇）

【安全生产百日大会战】 2020年12月1日至2021年2月28日、2021年4月30日至2021年7月31日，芙蓉区开展两轮“百日专项整治行动，建立“日跟踪”和“周调度”两大机制，“日跟踪”机制由区安委办每天梳理重点部门工作开展情况，报区委、区政府主要领导

2021年1月29日，芙蓉区建成应急指挥中心并投入使用

（区应急管理局　供图）

审阅；“周调度”机制由区长或分管区领导召集相关部门进行一周一调度，总结上周工作、谋划下周重点。百日攻坚行动期间，全区安全生产各单位深入开展安全隐患自查自纠，参加检查7558人次，检查单位4752家，发现问题隐患2241个，立行立改2225个。（孟成奇）

【工贸行业集中攻坚行动】 2021年8月23日，区应急管理局启动直管工贸行业企业安全生产执法检查，聘请第三方安全技术服务机构专家全程参与，将科学执法、从严执法落到实处。检查集中针对全区冶金机械、出租厂房、粉尘涉爆、危险化学品、有限空间作业等行业领域，下达责令限期整改文书35份，整改事故隐患249处，移交企业违法行为立案查处76家。有效防范和遏制工贸行业事故多发频发态势。

（孟成奇）

【芙蓉应急云广播投入使用】 2021年11月5日，芙蓉应急云广播投入使用，应急云广播系统由芙蓉区指挥调度平台、各街道（园区、局）及社区（村）前端和分布在全区各物业小区与居委会之间的终端3个部分构成。覆盖全区各小区和居委会1070个应用终端。为更好发挥应急云广播宣教作用，区应急局联合专业公司参与广播节目制作，播放内容涵盖校园安全、消防安全、气象预警预报等安全生产领域内容，及疫情防控、防范电信诈骗等居民群众关心关注的热点问题，宣教成效显著。应急云广播开通之后，芙蓉区月度火灾事故环比下降40%，季度火灾事故环比下降30%。

（孟成奇）

2021年12月2日，芙蓉区在湖南农业大学开展“知危险，会礼让”交通事故救援应急演练。图为现场模拟公交车追尾油罐车事故

（区应急管理局 供图）

【应急演练活动】 2021年12月2日，区应急局、卫健局、交警大队、消防大队等在湖南农业大学开展“知危险，会礼让”交通事故救援应急演练。演练通过模拟公交车追尾油罐车事故，训练多部门短时间紧急处置能力水平，区交警大队迅速疏散乘客、疏导事故路段交通、上报信息、进行现场勘查；救护车及时赶赴现场救助伤员；消防大队进行现场灭火救援；环保部门开展空气环境监测等，现场师生、居民、外卖小哥等沉浸式体验一场突发事故处置全过程。全年开展各级各类应急演练339场次，参加演练2.4万余人次，有效增强人民群众安全防范意识、提高应急处置能力。

（孟成奇）

【市级挂牌督办重大隐患销号清零】 2021年12月21日，区消防救援大队对梦泽园小区重大火灾隐患予以销号，标志着芙蓉区8个市级挂牌督办的重大隐患全部完成整改销号。年内芙蓉区聚焦重大安全隐患整治，坚持常态化隐患排查和集中专项整治相结合，推进安全生产专项整治三年行动，省人大常委会“一法一条例”和“一法一办法”检查出的问题全部整改到位，三湘南湖大市场、湘聚大厦、人民新村37栋等隐患实现整改销号，以实际举措切实维护人民生命财产安全，筑牢安全防线。（孟成奇）

防灾减灾

【概况】 2021年，芙蓉区推进自然灾害综合风险普查，工作进度、普查质量始终走在全省全市前列，承办全国普查工作现场会。13个街道基层应急能力建设实现全部创建达标。新增省级综合减灾示范社区1个。修订全区应急预案，组织开展各类应急预案演练339次，2.4万人参与。妥善处置“12·29”湘湖南路燃气管道泄露事件，避免了一

2021 年 5 月 10 日，区应急管理局联合湘湖街道在三湘大市场家电城举行第 13 个全国“防灾减灾日”宣传活动　　（区应急管理局　供图）

起重特大事故发生。　　（孟成奇）

【防灾减灾日宣教活动】　2021 年 5 月 10 日，区应急管理局联合湘湖街道在三湘大市场家电城举行第 13 个全国“防灾减灾日”宣传活动，活动吸引门店业主及顾客近 200 人参加。该活动主题“防范化解灾害风险，筑牢安全发展基础”，活动现场以播放宣传片、解说避灾自救方法、应急逃生体验、有奖知识竞答等方式，让现场群众在现实地震场景下提升自救能力水平。“防灾减灾日”宣传活动期间，各街道、社区开展形式多样的宣传活动，展示防灾减灾应急知识展板 312 块，橱窗 196 个，宣传横幅 200 余条，宣传资料 8000 份，开展宣传演练和技能培训 85 场次，参与人数 1 万余人次，居民防灾减灾意识和基层社区综合减灾能力得到提升。

（孟成奇）

【第一次全国自然灾害综合风险普查】2021 年 9 月 16 日，芙蓉区第一次全国自然灾害综合风险普查数据调查、质检核查工作全部完成，较国家普查办规定时限提前 1 个月，数据完成率、差错率均排名全市第一位。普查期间，芙蓉区上报数据 2503 条，其中涉及承灾体 298 条、减灾能力 158 条、年度历史灾害 706 条、重大历史灾害 14 条、家庭减灾能力 1327 条。这次自然灾害普查摸清全区自然灾害风险底数，为提升防灾减灾能力水平提供科学数据支持。　　（孟成奇）

【“12·29”湘湖南路燃气泄漏处置】　2021 年 12 月 29 日凌晨，芙蓉区湘湖街道环卫所清扫员刘社礼、李社安在日常清扫时闻到一股刺激气味，怀疑燃气发生泄漏，后迅速向有关部门报告险情，区委、区政府、湘湖管理局等有关领导第一时间赶到现场调度，芙蓉公安分局联合湘湖街道对相关路段开展全面排查确定燃气泄漏源点；区交警大队对相关路段实施交通管制，配合开展周边居民疏散，周边市场、门店封闭歇业等；区消防大队派出救援力量现场待命；湘湖管理局组织对湘湖路近 500 米范围所有下水道和管道等开井放气。经技术人员现场检测发现，泄漏点附近空气燃气浓度已超过燃爆临界点，泄漏范围 3 万平方米，一旦遇火源随时可能燃爆，后果不堪设想。由于在第一时间多方高效率分工合作，有效避免一起重特大事故发生。　　（孟成奇）

消防救援

【概况】　2021 年，全区发生火灾 427 起，死亡 1 人，受伤 4 人，直接经济损失 163.4 万元，火灾起数比 2020 年上升 31.87%，直接财产损失比 2020 年下降 15.51%。全区消防救援队伍接处警情 1341 起，出动车辆 2550 台次，出动人员 1.6 万人次，抢救被困人员 75 人，疏散人员 96 人，抢救、保护财产价值 3120 万余元。2021 年，芙蓉消防救援工作围绕“杜绝重大火灾事故、防范较大火灾事故、遏制‘小火亡人’事故”总目标，强化消防救援力量提升。年内，芙蓉消防救援大队 1 人次被省消防救援总队记个人三等功；32 人次被长沙市消防救援支队记个人嘉奖，4 人次被评为优秀共产党员，7 人次记三等功，3 人次被评为先进个人，1 人次被评为优秀指挥员，3 人次被评为优秀消防员。五一广场消防救援站被长沙市消防救援支队记集体嘉奖，被评为“执勤训练先进救援站”“队伍管理先进救援站”，定王台消防救援站被长沙市消防救援支队评为“装备管理先进救援站”。

（宁　倩）

【消防岗位训练】 2021年，芙蓉消防救援大队贯彻“党委议训、主官抓训、机关领训、全员参训”原则，固化“周抽考，月普考、季比武”的考核制度，统计体能训练情况，对体能差的个人进行帮扶，科学制定分层、分组训练计划，大队所辖消防救援站全体队员从2020年体能基础考核达标率65.4%，提高到平均达标率90.1%。练兵成效持续攀升，全区6个消防救援站在全市季度训练考核成绩从倒数后10名，提高到全面中等水平，五一广场站一直保持全市前五的成绩。在全面开展体能训练的同时，大队在克服训练场地不足的情况下开展技能训练，在全市年终技能大比武中芙蓉大队取得全市第五的良好成绩。

（宁 倩）

【消防安全监督执法】 2021年，芙蓉消防救援大队持续开展消防安全专项整治三年行动，规范电动自行车集中管理，全区187个住宅小区设置电动自行车集中充电棚。10—11月，检查销售电动自行车单位（门店）36家，查处违规停放电动自行车行为342起。整治大型商业综合体中庭及室内步行街设置店铺、摊位、展览场所、游乐设施、堆放可燃物的违法行为，摸排设有中庭的大型商业综合体7家，下发查封文书7份，依法拆除中庭违规设置店铺、摊位5处；整治“多合一”场所，发动803家门店开展自查自纠，对737家“多合一”场所进行消防安全专项整治。整治重大火灾隐患。对26家重大火灾隐患单位进行挂牌，每半年对重大火灾隐患单位约谈一次，所有新立案重大火灾隐患全部按照“一单四制”进行交办，年内立案重大火灾隐患单位54家，销案27家。开展重点行业消防安全管理达标创建。教育、民政、文旅、商务、卫健、宗教、文物等行业部门完成消防安全标准化管理单位185家。至12月31日，消防救援大队检查单位2462家，发现火灾隐患1054处，整改隐患980处，下发责令改正通知书639份，行政处罚324家，临时查封76家，“三停”45家，罚款505万余元。

（宁 倩）

【消防宣教】 2021年，芙蓉消防救援大队组织开展“119消防宣传月”“防灾减灾日”“安全生产月”等宣传活动和多种形式的消防宣传活动1500余场次，提高全区消防安全意识。消防宣传进社区60余次，消防站开放和实战演练250余次，发放宣传资料5万余份。深入辖区各派出所开展消防监督业务系统培训，使派出所民警熟悉法律文书制作程序和方法，明确消防监督范围和职责，为形成全警动员、消防为主、多警联动消防监督格局及提升消防工作社会化水平奠定基础。大队制作的培训课件内容丰富、重点突出、排版整洁，整体质量高，被列入市消安委宣传教育课件。大队全年消防宣传工作相关信息稿件多次被中央、省、市电视台及平面媒体报道，素材稿件《下来参观一下咯》被共青团中央和《人民日报》微信公众号采稿，阅读量超30万人次。

（宁 倩）

【依法查封两家餐厅】 2021年3月26日，芙蓉消防救援大队依法对位于湘湖街道车站北路289号综合用房C栋163号的民鸽餐饮餐厅及106号的侯师傅餐厅进行检查时发现，两家餐厅均只有一个安全疏散出口。29日，大队对该单位存在的隐患问题作为临时查封案进行集体议案讨论，根据《中华人民共和国消防法》和《消防监督检查规定》相关条款，经集体讨论，集中审议，一致同意对该单位做出临时查封决定；责令该单位于4月28日前完成隐患整改工作。3月29日，大队

2021年3月29日，芙蓉消防救援大队监督员上门依法对存在隐患问题的餐厅进行查封 （芙蓉消防救援大队 供图）

监督员上门依法对民鸽餐饮餐厅全场及侯师傅餐厅进行查封。

（宁　倩）

【火灾战评会】 2021年4月1日，芙蓉消防救援大队在五一广场消防救援站召开“3·26”三湘大市场火灾战评会，各参战消防站指战员代表20余人参加。会上，五里牌消防救援站主官回顾火灾的基本情况，针对火场进攻点的选择、任务分工、力量部署、战术运用、现场通信、协同配合等重要环节进行讲解，全体指战员针对火灾扑救的各个环节展开讨论，大家结合自身的实际经验提出建议，查找扑救过程中存在的不足，研究制定相应整改措施，明确努力方向。通过战评会，提升指战员的战术理念和实战水平，丰富指战员的战斗经验，加强指战员现场安全防护意识，增强了指战员的灭火救援作战能力。

（宁　倩）

【火灾扑救复盘演练】 2021年4月2日，芙蓉消防救援大队组织五里牌站、湘湖站、五一广场站消防指战员20余人开展“3·26”三湘大市场火灾扑救复盘演练。演练中设定灾情发生、作战指挥、灾情突变、危机处置、成果对比、结束篇6个篇章。完整还原“3·26”三湘大市场火灾扑救全过程，从力量调派、指挥体系运行、联勤联动、任务部署与技战术运用、火场作战安全、应急通信保障、供水保障、战勤保障等方面依次复盘演练分析。演练后，指挥员对复盘演练进行讲解，重点点评基本情况、灾情特点、处置经过、经验教训、存在不足和下一步工作措施等方面。参会人员参与研讨，并针对接警出动、社会力量联勤联动、火场供水、现场通信、现场警戒、内攻处置、灭火处置、装备配备、后勤保障等工作，提出意见和建议。该次复盘总结，全面分析参战队伍在灭火救援作战行动中存在的问题和薄弱环节，全方位总结了实战经验。

（宁　倩）

2021年4月16日，芙蓉消防救援大队开展大型商业综合体消防安全检查

（芙蓉消防救援大队　供图）

【大型商业综合体消防安全检查】 2021年4月16日，芙蓉消防救援大队到长房东郡开展大型商业综合体消防安全检查。检查过程中，大队监督员听取相关单位负责人对单位消防安全管理等情况的介绍。重点检查该单位消防安全主体责任制度是否落实；安全出口、疏散通道、消防车通道是否保持畅通；消防设施、器材是否完好有效等情况。对易引起商场火灾事故的电气线路、电器设备配备及运行情况，电气线路敷设是否符合要求，是否出现违规用火、用电、用气现象进行排查，对单位微型消防站灾情处置，员工“四个能力”掌握情况，使用灭火器、消火栓等情况进行检查。该次检查及时发现并清理了一批火灾隐患问题，加强大型商业综合体消防安全负责人消防安全意识，同时大队监督员要求物业及重点单位消防安全责任人加强日常防火检查，加大防火宣传与培训，普及防火常识和疏散逃生技能，加强火灾防控能力。

（宁　倩）

【大型商业综合体消防安全约谈会】 2021年4月12日，大队召开大型商业综合体负责人约谈会，对辖区阿波罗商业广场、万家丽商业广场等10家大型商业综合体消防安全责任人和管理人进行集中约谈，提升单位风险意识，筑牢消防安全防线。会上，大队监督员向各单位负责人解读《大型商业综合体消防安全管理规则》文件内容，针对大型商业综合体规模大、人流量大、内部空间复杂、火灾危险性大的特点进行剖析。要求各单位严格落实主体责任，开展以内部管理责任、建筑消防设施、餐饮后厨消防安全、电气消防安全、安全疏散条件、应急处置能力等作为重点的自查自纠。会议还要求各单位重视应急能力建设，发挥微型消防站救早、灭小和“三分钟”到场扑救初起火灾的作用，定期对消防器材进行清点，通信网络设施进行测试，加强微型消防站的联勤联动，提升单位整体应急处置能力。（宁　倩）

【“三自主两公开一承诺”工作检查】 2021年4月25日，芙蓉消防救援大队对重点单位“三自主两公开一承诺”工作落实情况进行检查。前期，大队督促各单位对照检查标准，进行自主评估风险、自主检查安全、自主整改隐患，向社会公开消防安全责任人、管理人，并承诺本场所不存在突出风险或者已落实防范措施。检查中，大队仔细检查了辖区3家重点单位，查看单位消防安全责任制度是否健全、落实，消防通道、安全出口是否畅通，消防设施、器材配备是否符合规定，消防控制室值班人员是否在岗、能够熟练使用消防控制柜，员工是否掌握防火灭火和疏散逃生知识等。检查发现个别单位存在消防通道及安全出口堆放杂物的现象，已当场责令单位进行将杂物搬离的立行整改。（宁　倩）

【“5·12”防灾减灾日集中宣传活动】 2021年5月12日，芙蓉消防救援大队出动10余名指战员在平和堂商城前坪开展主题为“防范化解灾害风险，筑牢安全发展基础”消防宣传活动。活动中，大队通过摆放宣传图板、发放宣传资料、鼓励关注支队微信、抖音账号等方式，向群众宣传普及消防法律法规和消防安全知识，对夏季常见消防安全隐患，家庭用火、用电、用气安全，畅通“生命通道”、火灾逃生自救方法等内容进行宣讲。宣传内容包括高温、大风天、暴雨、地震等极端天气和自然灾害的防范常识，提升群体的自防自救能力。活动当日发放各类宣传资料300余份，受教育群众500余人。（宁　倩）

【消防工作会议】 2021年5月19日，芙蓉区在区政府召开2021年全区消防工作会议暨消安委第一次联席会议。区政府副区长、区公安分局局长章晓波，区消防救援大队大队长、教导员参加会议。隆平高科技园、湘湖管理局、各街道消防工作分管负责人、区消安委成员单位分管领导、各派出所分管副所长、重点单位代表及重大火灾隐患单位法定代表人100余人参加会议。会议由区消防救援大队大队长主持。与会人员在观看火灾警示教育片后，区消防救援大队教导员通报了2020年和2021年前5个月的全区火灾形势。区消防救援大队大队长报告2020年全区消防工作情况，部署2021年消防工作主要任务。章晓波在会上肯定2020年全区消防工作取得的成绩，就做好2021年的消防工作提出具体要求。（宁　倩）

【宣传服务队送培训到企业】 2021年6月11日，芙蓉区消防救援大队宣传服务队到辖区重点单位曼斯特健身房、安辰酒店开展消防

2021年5月12日，芙蓉消防救援大队在平和堂商城前坪开展“防范化解灾害风险，筑牢安全发展基础”消防宣传活动。图为指战员向群众宣传普及消防法律法规和消防安全知识（芙蓉消防救援大队　供图）

安全培训活动。培训过程中，大队宣传人员给企业员工发放消防安全知识手册，采取理论知识与实践操作相结合的授课方式，讲解消防安全管理工作的重点和难点。随后，根据单位实际情况从日常消防安全管理工作、重点区域部位的消防安全巡查、检查工作、火警电话的正确报告方法、安全引导疏散中的注意事项、逃生自救的基本技能等方面对企业员工进行讲解培训。该次活动提升了企业员工的消防安全意识和技能，增强群众消防安全责任感，让更多的群众了解消防、参与消防、支持消防，使消防安全意识深入人心。（宁　倩）

【张公岭政府专职中心消防救援站投入使用】 2021年6月25日，芙蓉消防救援大队在张公岭政府专职中心消防救援站举行投入执勤分会场启动仪式，市消防救援支队副政委吴宏武、区人民政府副区长、公安分局局长章晓波等出席活动，大队主官、干部及指战员代表100余人参加。启动仪式上，全体与会人员观看长沙市消防救援队站建设汇报片，吴宏武、章晓波为张公岭政府专职中心消防救援站揭牌。张公岭消防救援站建于远大路与望龙路交会处东北角，总用地面积1.17公顷，建筑面积1.27平方米，建设内容包括综合楼、附楼、门卫等附属设施，其中综合楼建筑面积7493.14平方米，共地上5层；附楼建筑面积3876平方米，地上3层地下1层，建筑高度17.9米，整个消防救援站内设立地上停车位25个，室内消防车位10个。张公岭政府专职中心消防救援站投入使用，代表着芙蓉区6个消防救援站全面守护芙蓉区消防安全的开始。（宁　倩）

【残疾人托养、康复机构消防安全督查】 2021年7月20日，芙蓉消防救援大队联合区残联、隆平园社会发展局、区住房和城乡建设局、区应急管理局等部门，到喜来声语言听觉康复中心、健峰残疾人托养服务中心等机构进行消防安全大排查。检查组对消防疏散通道、安全出口、消防设施器材、消防应急设施以及用火、用电等方面进行检查，同单位负责人着重分析残疾人托养中心和残疾儿童定点康复机构火灾的常见原因和预防措施，针对残疾人行动不便、自我防护意识不强、室内空间狭小等问题，要求康复中心负责人加强消防安全责任制度的落实，做好消防设施、设备的维护保养，要求加强值班制度的落实，做到火灾隐患的及时发现、及时上报、及时整改，确保隐患彻底清除，为残疾人创造良好的消防环境。（宁　倩）

【重大火灾隐患整改联合执法】 2021年8月25日，芙蓉消防救援大队与马王堆街道、社区消防专员对长沙中燃百江能源有限公司十八号供应站重大火灾隐患整改开展联合执法。8月20日，长沙市芙蓉区消防安全委员会办公室下发“长沙中燃百江能源有限公司十八号供应站重大火灾隐患整改工作的通知”。该次联合执法听取供应站重大火灾隐患整改计划、整改情况的汇报，实地查看单位隐患整改情况，责令该站在当天将“液化气经营许可证”“营业执照”等上交区消安委办公室；同时责令该站对存在的重大火灾隐患违法行为[易燃易爆（燃气瓶）店不能设置在高层住宅小区和人员密集场所]限期整改到位，街道、社区将密切跟踪，随时报告整改情况。10月25日，大队消防监督员对该重大火灾隐患进行复查时发现该单位已将液化气空瓶搬离，隐患消除。（宁　倩）

【海鲜市场周边消防安全检查】 2021年9月10日，芙蓉消防救援大队到马王堆海鲜市场周边开展海鲜加工餐饮场所消防安全专项检查。根据前期摸排情况，成立3个专项检查组，选定你好大海、海港湾海鲜加工坊、湘高记、海旺角、海鲜一族、海尚舫6个营业面积超过500平方米以上属于海鲜加工的营业性场所同时开展检查。检查内容包括是否办理营业前消防安全许可手续；已办理营业前消防安全许可手续的场所，其场所面积、平面布置、使用性质与原审批证件是否一致；场所内营业区域是否独立设置疏散通道；餐饮单位厨房是否按照相关要求进行防火分隔，并配备相应的消防设施设备；是否存在经营场所违规住人等“多合一”情况，在第一时间录入执法监督系统。该次专项检查提高了各海鲜场所负责人的防范意识，强化消防主体责任，消除了安全隐患。（宁　倩）

【夜查马王堆海鲜市场“多合一”场所】 2021年9月27日凌晨，芙蓉消防救援大队联合公安部门、火星街道到马王堆海鲜市场开展“多合一”专项夜查行动，邀请媒体全程跟踪拍摄。检查组查看门店是否在门店内违规设置居住场所或违规住人；住宿部分与其他部分防火分隔符合要求；疏散逃生设施设置符合要求；场所内是否未配备必要报警、灭火等消防器材设施；是否存在不安全用火用电，尤其是电动车违规停放充电问题。检查发现，部

2021年9月27日，芙蓉消防救援大队联合多部门到马王堆海鲜市场开展“多合一”专项夜查行动　　（芙蓉消防救援大队　供图）

分门店一层是经营场所，二层违规设置居住场所，摆放床铺等生活用品，且房间较多可容纳多人留宿，但未有防火分隔措施，又用了防盗窗，只有一个内部的狭小楼梯可用于逃生，并无直通室外可供人员逃生的门窗，火灾报警、灭火逃生器具均无。对此，芙蓉大队现场对门店负责人及市场管理人员进行宣传教育，要求立即拆除违规搭建，增设防火分隔，加强营业场所及居住场所的分隔管理，责令限期整改，确保“多合一”场所真改造，遏制火灾发生、避免火灾亡人。

（宁　倩）

【参加地铁应急救援演练】 2021年9月29日，芙蓉消防救援大队参加长沙市轨道交通6号线突发事件应急综合实战演练。该次演练模拟地铁6号线韶光站1号出入口站台层轨排井位置配电箱短路“起火”，当班作业人员发现后，立即进行紧急处置，并迅速上报项目部。演练中，芙蓉大队负责处置轨排井吊装口火情，指挥员根据火场情况，分成火情侦察组、灭火攻坚组、安全警戒组，采用“先控制，后消灭”“先重点后一般”的灭火战术，先控制火势的蔓延，再开展全面扑救。火情侦察组在接警到达现场后立即成立，确定起火部位是否有人员被困，现场是否断电，同时利用可燃气体探测仪进行检测，设立警戒范围，并对现场进行安全评估，确认是否会有爆炸坍塌等其他危险。该次演练提升指战员备战意识和临机应变能力，进一步完善地铁6号线灭火救援预案，筑牢消防安全屏障。

（宁　倩）

【消防产品专项整治】 2021年10月27日，芙蓉消防救援大队联合区市场监督管理局开展消防产品专项整治行动。检查发现，湖南金安消防器材制造有限公司涉嫌售卖国家明令淘汰的产品比如荧光消防应急标志灯，不符合国家标准的灭火毯、消防员灭火防护胶靴、烟感报警器，以及偷换日期的防火面罩等，芙蓉大队当即移交市场监督管理局处理。银港水晶城礼之道足疗馆存在灭火器配置数量过少、消防控制主机主备电源故障的问题，芙蓉大队责令该单位限期整改。该次检查单位8家，消除火灾隐患6条。检查强化消防产品监管力度，提高商家对销售合格消防产品重要性的认识。

（宁　倩）

【“119”消防疏散演练】 2021年11月4日，在“119”消防日即将到来之际，芙蓉消防救援大队联合湖南农业大学组织开展消防安全培训和应急疏散演练。演练中，芙蓉大队接警后立即出动2台消防车、14名消防员迅速赶到火灾现场。到达现场后，联合湖南农业大学立即开展侦检、警戒、疏散救助被困人员，提醒大家靠一侧行走，利用毛巾、衣物等捂住口鼻，尽量采取低姿按照安全疏散标志指示的方向行进，切忌惊慌、乱跑。同时，利用2台20米举高喷射消防车在大楼外对起火楼层进行灭火，安排2组消防员携带水枪进入大楼进行人员搜救与扑灭火灾。该次演练活动，提高全体师生的应急逃生安全意识及应对火灾的能力，让学生掌握了遇到突发事件时的应急疏散方法。

（宁　倩）

【“119”消防宣传活动】 2021年11月9日，芙蓉消防救援大队在开福万达广场开展以“落实消防责任，防范安全风险”为主题的全国第30个“119”消防日宣传活动。大队创新消防宣传形式，将宣传资料及“119”内容的书籍进行集中宣传、发放，资料主要以消防知识“四懂、四会”、“消防安全三提示”、正确报警方法、自救逃生技能、防

2021 年 11 月 9 日，芙蓉消防救援大队在开福万达广场开展“119”消防日宣传活动 （芙蓉消防救援大队 供图）

火常识、灭火器使用方法、消防安全“四个能力”、如何扑救初起火灾等为内容的消防基本常识。活动现场还设置消防车辆、器材、装备展示区、消防法制内容咨询区、消防宣传车宣传区等区域。该次活动提醒群众关注消防安全，学习消防安全常识，做到平安用火、用电、用气，消除身边的火灾隐患，提高群众的消防安全意识。（宁 倩）

【依法临时查封“多合一”场所】 2021 年 11 月 29 日，芙蓉消防救援大队联合公安、园区等对湖南金丹科技投资有限公司进行多合一场所监督检查，并依法实施临时查封。湖南金丹科技投资有限公司位于隆平高科技园，建筑大楼为工业厂房性质，检查发现该单位 4 楼、14 楼均设有员工宿舍，且 4 楼员工宿舍采用彩钢板搭建，而彩钢板为易燃可燃材料，不符合《建筑设计防火规范》，其行为分别违反《中华人民共和国消防法》第十九条第二款、第二十六条第一款的规定，不及时消除这些火灾隐患可能导致重大人员伤亡。该次查封对辖区的“三合一”场所起到震慑作用。（宁 倩）

【消防车通道专项整治】 2021 年 12 月 31 日，芙蓉消防救援大队联合行政执法部门、街道、社区，到马王堆汽配城开展消防车通道大检查。主要针对汽配城内消防车通道是否符合规范要求，是否通畅、有无存在擅自占用、堵塞或设置墩柱等障碍物影响消防车通行以及消防车通道上锁封闭等现象进行检查，并对汽配城内消防车通道划线区域进行指导。检查发现，3 辆私家车违规占用消防车通道。大队监督员立即联系车主进行教育，责令当场移车并处以罚款，使其认识到占用和堵塞消防车通道的危害性，自觉摒弃占用、堵塞消防通道的违法行为。该次行动进一步提高群众对堵塞消防车通道违法行为的认知，对心存侥幸占用、堵塞消防车通道的车辆驾驶员起到警示作用。

（宁 倩）

2021 年 12 月，芙蓉消防救援大队联合多部门开展消防车通道专项整治 （芙蓉消防救援大队 供图）

科学技术

Science and Technology

编辑　谭丽霞

科技管理

【概况】 2021年，芙蓉区域（含驻区单位）研究与发展（以下简称R&D）投入18.63亿余元，比2020年增长7%，R&D投入占地区生产总值比重1.63%。规模以上工业企业研发投入2.04亿元。全年登记备案科技型中小企业287家，比2020年增长116%；认定高新技术企业134家，全年有效高新技术企业326家，比2020年增长20.2%。完成技术合同成交额20.3亿元，比2020年增长35.5%。发挥岳麓山种业创新中心的优势资源，推荐辖区企事业单位申报重点实验室、工程技术研究中心、科技孵化器等创新平台。以湖南农业大学和湖南省农业科学院为首的农业科研力量，在国内相关领域独树一帜，为解决"大种业"领域内的"卡脖子"技术，做出了突出贡献。截至2021年年底，全区拥有省级以上科技企业孵化器、众创空间、重点实验室、工程技术研究中心以及新型研发机构等创新创业载体101家。2021年"科技活动周"活动被科技部科技人才与科学普及司表彰。

【科技企业认定】 2021年，芙蓉区继续实施高新技术企业强基工程，推进高新技术企业健康发展。2021年第一批高新技术企业认定78家，第二批认定公示56家，全年有效高企328家，比2020年增长20.2%。全年登记备案科技型中小企业287家，比2020年增长116%。全区高新技术产业规模进一步扩大。

（黄立成）

【研发费用管理】 2021年，芙蓉区鼓励辖区企业、高校、院所申报省、市研发经费奖补资金，引导企事业单位加大研发投入力度。通过政府购买服务的方式，引进湖南省金科财智专家团队，指导帮助辖区50余家重点研发大户实行"一对一"的业务帮助，规范研发费用的归集和报统，提升各单位的研发费用管理能力。（黄立成）

【科技项目建设】 2021年，芙蓉区有12个项目被纳入2021年度湖南省种业创新项目，3个项目被立为2021年度湖南省科技创新重大项目，2个项目被立为2021年度长沙市科技重大专项，2个项目被立为2021年度长沙市"揭榜挂帅"重大科技项目。搭建产学研合作桥梁，5月中旬依托湖南农业大学举办特色科研成果推介会，20个优质创新创业项目参加现场路演。10月，岳麓种业峰会在岳麓山种业创新中心盛大开幕，助力种业科技交流，成果对接转化。在成果转化指标方面，2021年完成技术合同成交额20.3亿元，比2020年增长35.5%。

（黄立成）

【区域科技政策兑现】 2021年，芙蓉区落实《芙蓉区促进区域经济发展的奖励办法》等政策精神，对85家2020年认定且符合奖励条件的高企兑现375万元区级科技奖励（隆平园自行兑现27家高企奖励104万元）。通过"免申即享"（不用申请，评定为高新技术企业即可兑现奖补）创新举措兑现2021年第一批高新技术企业50万元奖励10家。落实长沙市有关规定，组织2020年认定的112家高新技术企业申报长沙市"升高"（由普通企业被评定为高新技术企业）补贴。落实《湖南省支持企业研发奖补办法》，组织推荐73家企业申报湖南省企业研发奖补资金1078.61万元。

（黄立成）

·表26· 2021年芙蓉区科技发展情况统计表

指标名称	单位	2021年
一、全社会研究与发展经费支出	亿元	18.93（2020年）
二、高新技术企业认定	家	326
三、发明专利授权	件	505
四、技术合同成交额	亿元	20.3

（资料来源：区统计局）

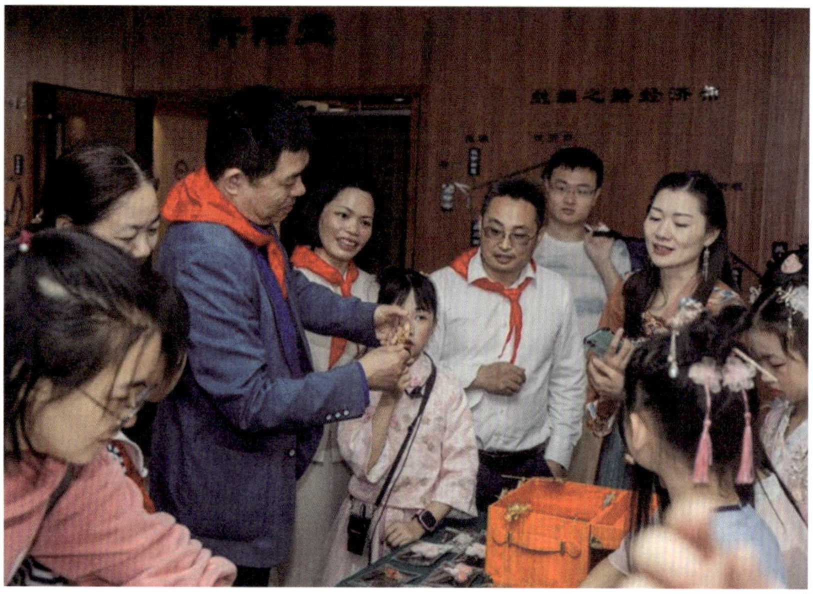

2021 年 5 月 25 日，芙蓉区“科技活动周”启动仪式上，马王堆小学的学生们进行科学小实验　（区科技局　供图）

科技活动

【概况】 2021 年，芙蓉区浓厚科技创新氛围。采取线上、线下形式，抓国家、省、市、区科技优惠政策宣传与推广。全年组织线上线下政策培训 8 次，培训企业（人员）700 余家（人次），发放政策汇编 1000 余册。策划以“百年回望：中国共产党领导科技发展”为主题的“科技活动周”系列活动，举办 3 场区级主场活动和 7 场联合活动，获市文明办的好评和科技部科技人才和科学普及司的表彰。

（黄立成）

【2021 年科技活动周启动仪式】 2021 年 5 月 25 日，芙蓉区“全国科技活动周”启动仪式在芙蓉区马王堆小学举行，以“百年回望：中国共产党领导科技发展”为主题。长沙市科技局党组成员、副局长周一平，长沙市科技活动中心主任钟双林，芙蓉区人民政府副区长方宝华，区科技局、教育局负责人，芙蓉区各中小学主管科技行政、科技教师及马王堆小学师生代表参加活动。启动仪式以人工智能与创客为主打项目，分成“活动启动”和“科技体验活动”及“编程一小时”比赛三部分。50 幅“百年回望”展板，展示了中国共产党成立以来引导科技发展取得的巨大成果，操场上展示着马王堆小学一至六年级学生的 400 余个优秀创客作品。数十架无人机盘旋在马王堆小学的操场上空，其中一架是长沙 2020 年新冠肺炎疫情期间执飞的大无人机 MC6-1550。还有身高 2.8 米的真人版变形金刚、机器人、机器狗等等，各种新朋友来到科技节的活动现场，和同学们一起玩乐、合影。活动期间，穿插了学生的文艺表演和科技制作讲解，表现科技与文化的融合。当日，芙蓉区科技局联合紫薇社区举行芙蓉区“科技活动周”分会场活动暨“百年回顾：我与科技发展”市民论坛，活动特邀请湖南农业大学马克思主义学院陈生伟以《从党的百年历史中汲取奋进力量》为课题，讲授百年科技发展史，普及科学知识。社区党员们畅谈科技发展变化。活动后，芙蓉区科技局党组书记李莉霞带队走访新南天楼宇内拟申报的高新技术企业。

（黄立成）

2021 年 5 月 31 日，芙蓉区“科技活动周”期间，科技志愿者在跃进湖社区向居民展示科学小实验　（区科技局　供图）

【智慧科技主题活动】 2021年5月31日，芙蓉区科技局联合跃进湖社区开展以“百年发展‘犇’新途，智慧科技创未来”为主题的科普宣传主题活动,活动由长沙市文明办、长沙市科技局、芙蓉区文明委主办，芙蓉区委宣传部（文明办）、芙蓉区科技局、长沙市湘湖管理局承办，跃进湖社区、中国移动通信集团湖南有限公司、步步高超市王府店、长沙市第六中学、湘湖社区、长沙银行华信支行、黑天鹅舞蹈海派校区、童程童美少儿编程机构协办。活动现场通过科普展板、科普宣传台和图文展示等形式，展示了建党百年来科技创新重大成就、重大成果，特别是人工智能、信息技术、生物技术等方面的新技术、新装备、新产品。活动中表演的情景剧《科技与文明同行》为观众普及智慧社区的相关知识，长沙银行华信支行讲解数字人民币,长沙市第六中学、蓉园小学的青少年带来科技创新展示。智慧社区演示、机器人表演吸引了居民驻足观看。志愿者合唱队《灯火里的中国》将活动推向高峰。

（黄立成）

驻区主要科研机构

【湖南农业大学】 湖南农业大学是农业农村部与湖南省人民政府共建大学、湖南省国内一流大学建设高校（A类）。“杂交水稻之父”袁隆平院士曾担任学校名誉校长。

学校设有22个学院、1个独立学院、研究生院和继续教育学院，学科涵盖农、工、文、理、经、管、法、医、教、艺等10大门类。有国家重点学科1个，农业农村部重点学科1个，植物与动物科学、农业科学、环境科学与生态学、化学、工程学、生物学与生物化学等6个学科ESI排名进入全球前1%。有博士后科研流动站10个，博士学位授权一级学科11个，硕士学位授权一级学科23个，硕士专业学位授权类别14个，是全国首批获得硕士学位授予权单位；有本科专业80个，其中国家级一流本科专业建设点21个，省级一流本科专业建设点19个。

学校是全国首批新农村发展研究院试点建设单位，牵头组建国家级“2011”协同创新中心1个、省部共建“2011”协同创新中心2个、省级“2011”协同创新中心3个；国家级科研平台9个、省部级科研平台83个。累计获得国家级科技成果奖27项、省部级科技成果奖500余项；审定新品种300余个；获授权专利1400余项。选育出的油菜、辣椒、茶叶、水稻、玉米、马铃薯、花生、葡萄、棉花、柑橘、生猪、烟草等新品种和形成的实用技术成果推广覆盖全国。

（黄立成）

【湖南省农业科学院】 湖南省农业科学院源于1901年始创的省农务试验场，1964年正式命名为湖南省农业科学院。全院设有设有水稻、土壤肥料、农业环境生态、蔬菜、农产品加工、农业信息与工程、茶叶、核农学与航天育种、生物技术等15个专业科研机构，与湖南大学联合组建了湖南大学研究生院隆平分院。湖南省农学会、湖南省园艺学会、湖南省植物保护学会、湖南省食品科学技术学会、中国园艺学会湖南辣椒分会5个学会挂靠该院。

湖南省农业科学院自主培养了袁隆平、邹学校、柏连阳、单杨4名中国工程院院士，拥有国家有突出贡献专家4人，新世纪“百千万工程国家级人才”9人，“国家万人计划科技创新领军人才”5人，国家创新人才推进计划重点领域创新团队3个，农业部“100个农业科研杰出人才及其创新团队”7个，农业部第九届科学技术委员会委员1人，国家水稻品种审定专业委员会主任委员1人；中国工程院光华工程科技奖、光召奖、省杰出贡献奖获得者、省科技领军人才、省优秀专家、省121人才工程人选等69人，享受国务院特殊津贴专家共71人。

全院建有国家耐盐碱水稻技术创新中心、杂交水稻全国重点实验室、国家杂交水稻工程技术研究中心、国家水稻工程实验室、柑橘资源综合利用国家地方联合工程实验室等国家、省（部）级创新平台91个，院士工作站1个，博士后科研工作站1个，院士团队创新工作基地10个，野外试验台站和试验示范基地49个，专业示范点200余个。

（黄立成）

·表27·　2021年度芙蓉区域获湖南省科技奖励重点单位及项目一览表

序号	单位	项目名称	奖项
1	湖南农业大学	博落回中血根碱生物合成与饲用替抗的分子机制	湖南省自然科学奖一等奖
2	湘雅二医院，浙江大学	儿童感音神经性聋致病新机制及诊治新方法研究与应用	湖南省科技进步奖一等奖
3	湖南农业大学，湖南省蔬菜研究所（辣椒新品种技术研究推广中心），湖南湘研种业有限公司，湖南兴蔬种业有限公司	辣椒育种技术创新与优质多抗加工新品种选育	湖南省科技进步奖一等奖
4	湖南农业大学，北京金色农华种业科技股份有限公司，湖南希望种业科技股份有限公司，湖南金健种业科技有限公司，湖南金色农华种业科技有限公司	水稻高异交率温敏核不育系与强优势组合的选育及其应用	湖南省科技进步奖一等奖
5	湖南省农业科学院，湖南省作物研究所，湖南科技大学	甘蓝型油菜属种间杂交新种质创制及应用	湖南省科技进步奖一等奖
6	中南大学，湘雅二医院	非小细胞肺癌侵袭转移的调控机制和靶向治疗研究	湖南省自然科学奖二等奖
7	湘雅医院，湘雅二医院	肾脏纤维化发病机制研究	湖南省自然科学奖二等奖
8	湖南杂交水稻研究中心	水稻重要功能基因OsGRF4的发掘及其分子机理	湖南省自然科学奖二等奖
9	湖南科技大学，湖南涟邵建设工程（集团）有限责任公司	地下矿山大型溜破系统建设与修复成套关键技术	湖南省技术发明奖二等奖
10	湘雅二医院	IgA肾病精准诊疗的临床与基础研究	湖南省科技进步奖二等奖
11	湖南农业大学，国家农产品保鲜工程技术研究中心（天津），江苏省农业科学院，福建农林大学	高萝卜硫素青花菜新品种选育与应用	湖南省科技进步奖二等奖
12	湖南杂交水稻研究中心，湖南桃花源农业科技股份有限公司，湖南年丰种业科技有限公司，湖南金健种业科技有限公司，湖南省水稻研究所	广适抗稻瘟两系杂交稻恢复系P143和P305的创制与应用	湖南省科技进步奖二等奖
13	湖南省农业科学院，湖南省蔬菜研究所（辣椒新品种技术研究推广中心），华南农业大学，湖南省农业经济和农业区划研究所	早熟抗病茄子种质资源创制与新品种选育	湖南省科技进步奖二等奖
14	湖南省农业科学院，湖南省水稻研究所，湖南省农机事务中心，株洲市农业科学研究所，湖南神农大丰种业科技有限责任公司	双季稻全程机械化生产农艺农机融合技术研究与应用	湖南省科技进步奖二等奖
15	湖南省农业科学院，湖南省农业生物技术研究所，湖南新长山农业发展股份有限公司，祥霖美丰生物科技（淮安）有限公司	植物激素类和山椒素衍生类稻田除草剂安全剂研发与应用	湖南省科技进步奖二等奖
16	长沙学院，湖南农业大学	苎麻茎杆木质素积累与生物合成分子机制研究	湖南省自然科学奖三等奖

·续表 27·

序号	单位	项目名称	奖项
17	湖南省人民医院	HIF-1 调节下游靶基因在低氧性肺动脉高压中的作用及机制研究	湖南省自然科学奖三等奖
18	湖南文理学院，湖南农业大学	基于氮磷净化的外源微生物对养殖水体铜绿微囊藻休眠体复苏的影响	湖南省自然科学奖三等奖
19	邵阳学院，湖南农业大学	生物测序数据的分析方法	湖南省自然科学奖三等奖
20	湖南农业大学	铁系纳米材料性能优化方法及去除水中有害污染物机理研究	湖南省自然科学奖三等奖
21	湖南农业大学，香港理工大学，中山大学	荧光粉中缺陷能级构筑与能量传递调控发光和抗热猝灭性能研究	湖南省自然科学奖三等奖
22	湖南农业大学，湖南科技大学	水稻耐逆基因鉴定与调控机制研究	湖南省自然科学奖三等奖
23	湖南农业大学	水稻纹枯病微生物源杀菌剂新先导化合物的挖掘及作用机理	湖南省自然科学奖三等奖
24	湖南农业大学，湖南文理学院	草鱼、赤眼鳟及其远缘杂交 F1 遗传特性分析	湖南省自然科学奖三等奖
25	湘雅二医院	产前超声多模态技术评估先心病胎儿脑发育异常或损伤的研究	湖南省科技进步奖三等奖
26	湘雅三医院，湖南省科学技术信息研究所	公民自愿捐献器官理论、临床实践及应用	湖南省科技进步奖三等奖
27	湖南省人民医院	胆管癌创新综合诊治技术及应用	湖南省科技进步奖三等奖
28	湖南农业大学，中国烟草中南农业试验站，中国农业科学院烟草研究所，湖南省烟草公司永州市公司，湖南省烟草公司郴州市公司	湖南主要茄科作物病毒病绿色防控技术及应用	湖南省科技进步奖三等奖
29	湖南农业大学	基于数据驱动的动物疫情公共危机演化机理及防控政策创新	湖南省科技进步奖三等奖
30	湖南中医药大学，湖南省人民医院	中风病中医护理关键技术及应用	湖南省科技进步奖三等奖
31	湖南省农业科学院，湖南省茶叶研究所	名优绿茶与低氟高品质黑茶兼用型茶树新品种湘波绿 2 号选育与应用	湖南省科技进步奖三等奖
32	湖南省农业科学院，湖南省核农学与航天育种研究所	农作物秸秆能源化、基料化利用关键技术及应用	湖南省科技进步奖三等奖
33	湖南省农业科学院，湖南省蔬菜研究所，湖南农业大学，长沙市农产品质量监测中心	番茄优质多抗种质资源创制与新品种选育	湖南省科技进步奖三等奖

（资料来源：区科技局）

教　育

Education

编辑　谭自然

综 述

【概况】 2021年，芙蓉区有区属中学5所、小学36所，在职教师2523人，在校中小学生54300人；辖区内幼儿园132所，其中公办园40所（区属17所），民办园92所，在园幼儿26620人；民办培训学校60所，在校学生6643人。区域内有湖南农业大学、湖南生物机电职业学院等6所公办、民办大专院校。2021年，长沙市在芙蓉区远大二路316号建成“长沙东雅中学”并开学。2021年，芙蓉区紧扣“办老百姓家门口的好学校，打造芙蓉幸福教育升级版”目标任务，从情系百姓、改善民生的战略高度，落实立德树人根本任务，深化教育改革，提升区域整体办学水平。学前教育普惠优质发展，义务教育积极推进“双减”落地。营利性学科类培训机构压减率54.42%，芙蓉区义务教育学校课后服务覆盖率100%，义务教育学校教师参与课后服务的比例94.59%。防溺水工作得到国务院副总理孙春兰肯定批示；体教融合工作经验在省委政策研究室《送阅件》刊发，获省委副书记乌兰批示肯定。完成国家义务教育质量监测组织实施工作，并获得全国“县级优秀组织单位”“第十九届全国小学信息技术与教学融合创新学术活动优秀组织奖”“教育部网络学习空间应用普及活动优秀区域”“省平安校园建设示范区”“第二批省智慧教育示范区培育单位”等荣誉。

（朱 珠 张定浙）

【教育经费投入】 2021年，芙蓉区财政性教育经费投入11.13亿元，比2020年增长13.04%。一般公共

·表28· 2021年芙蓉区教育事业基本情况统计表

指标名称	单位	2021年
一、学校数	所	41
其中：小学	所	36
中学	所	5
二、在校学生人数	人	54300
其中：小学	人	44170
中学	人	10130
三、小学生入学率	%	100
四、小学生普及率	%	100
五、小学生巩固率	%	100
六、普通初中入学率	%	100
七、教职工数	人	3445
八、适龄人口入学率	%	100
九、在校学生辍学率	%	0
十、小学毕业生升学率	%	100
十一、初中毕业生升学率	%	99.03

（资料来源：区统计局）

预算教育经费10.57亿元，比2020年增长11.47%。其中幼儿园一般公共预算教育支出7491.50万元，比2020年增长11.01%，生均支出1.18万元，比2020年增长1.13%。小学一般公共预算教育支出6.50亿元，比2020年增长14.14%，生均支出1.52万元，比2020年增长10.07%。初中一般公共预算教育支出2.41亿元，比2020年增长7.49%，生均支出2.54万元，比2020年增长2.13%。高中一般公共预算教育支出2205.44万元，比2020年增长17.89%，生均支出3.36万元，比2020年增长23.69%。幼儿园一般公共预算公用经费支出2257.33万元，比2020年增长14.85%，生均支出0.36万元，比2020年增长4.63%。小学一般公共预算公用经费支出2.46亿元，比2020年增长4.11%，生均支出0.57万元，比2020年增长0.4%。初中一般公共预算公用经费支出7249.97万元，比2020年增长6.10%，生均支出0.76万元，比2020年增长0.8%。高中一般公共预算公用经费支出243.16万元，因高中2021年不招生，比2020年减少4.63%，生均支出0.37万元，比2020年增长0.06%。

（吴　坚　张定浙）

【教育基础设施建设】　2021年，芙蓉区按照省颁合格学校建设标准和消灭大班额目标、增加公办幼儿园等要求，全年投资1.6亿元完成育英三小新建、育英西垅小学扩建任务，增加学位1080个；投资700万元，完成育才三小等校的安全隐患改造工程；投资2760万元，完成名士豪庭、张公岭、合平、火炬4所幼儿园的装饰和装修任务，秋季全部投入使用。

（吴　坚　张定浙）

【教育改革】　2021年，为推进全区学生评价改革工作，提高教师开展教育评价的能力与水平，4月，区教育局面向全区教科室主任和质量监测与评估专干开展学生评价改革线下培训活动。7月，芙蓉区组织全区教师开展为期6个月的网络培训学习，内容包括全面培养与学生评价、学校治理与学校评价、教师素养与教师评价、教育改革形势任务、教育评价改革政策与理论等48个专家讲座，时长4652分钟。组织开展评价改革网络研修成果评优活动，评选出特等奖9项，一等奖26项，二等奖27项，三等奖27项。

（杨维钢　张定浙）

【招生考试】　2021年，芙蓉区教育局组织招生考试有普通高等学校招生统一考试、高中学业水平考试、初中学业水平考试；全国高等教育自学考试、成人高校招生考试、全国硕士研究生招生国家考试、成人高等教育学士学位外语水平考试报名、组考工作；负责教师资格证考试（笔试）、全国公共英语等级考试报名、组考工作等。2021年，湖南省高考综合改革落地，实行“3+1+2”模式。芙蓉区教育考试中心协助上级考试院开展招生考试工作11次，服务考生6.5万余人，启用考点40个，属地中学平均组考5次，居全市之最。共同参与护考的职能部门28个，出动义工近3000人次。参加高考的人数2458人，其中录取一本的芙蓉区户籍人数1353人，报飞行员1人。在年内招生考试工作上，芙蓉区被评为全省高考优秀考区和全国招飞先进单位。

（杨维钢　张定浙）

学前教育

【概况】　2021年，芙蓉区遵照“建设高质量教育体系”的政策导向和发展方向，发展公办幼儿园。采取小区配套幼儿园回收的方式，将名士豪庭、火炬、张公岭、合平幼儿园办为区属公办幼儿园，增加公办幼儿园学位900个；采取盘活学位的方式，将芙蓉区南明苑幼儿园、东方剑桥恒大江湾幼儿园、三之三东宜兰园幼儿园等6所普惠性民办幼儿园转为公办幼儿园，增加公办幼儿学位1530个。全年新增公办幼儿学位2430个，完成市下达增加公办幼儿园学位700个任务数的347%。全区幼儿在园数26620人，其中公办幼儿园数14758人，占全区幼儿园总数的55.44%，超过考核指数（50%）的5.44个百分点。年内下拨69所普惠性民办幼儿园奖补资金1100万元，用于普惠性民办幼儿园提升保教质量，改善办园质量。建立全区132所公办、民办幼儿园帮扶体系，缩小各级各类幼儿园之间的差距，促进均衡发展，逐步实现从“有园上”到“上好园”。举办全区幼儿园新任教师、骨干教师、保育员、园长等培训班，培训人数800人次。　（张定浙）

【幼儿园分类分层质量评估】　截至2021年12月，芙蓉区完成全区132所幼儿园含69所普惠性民办幼儿园进行年度办园质量评估。按照幼儿园不同性质、不同等级进行分层分类质量评估，评出年度办园水平优秀单位33所，合格单位92所，限期整改的2所，停办的1所。新建幼儿园未满1年未参加评估的4所，评选结果向社会公告。幼儿园质量评估活动旨在引导幼儿园规范办园。主动接受社会监督。

（张定浙）

【幼师业务知识竞赛】 2021年，芙蓉区教育局以赛事促进幼师业务能力提高，组织全区幼师开展各种竞赛活动。5—11月，全区组织“主题角色游戏”评选活动，评选优秀案例37个；“养成教育案例”评选活动，评选优秀案例29个；“幼儿园教育科研论文”评选活动，评选优秀论文87篇；“全区第三届幼儿园教育能手赛”评选教育能手3人，并选送李冬梅、陈瑶瑶、彭嫦云参加市级比赛，促进全区学前教育教学工作，提升幼儿教师的业务能力和素养。（张定浙）

【幼儿园对口帮扶行动】 2021年9月15日，芙蓉区幼儿园对口帮扶工作协议签订仪式暨全区幼儿园开园工作会议在芙蓉区大同瑞致小学举行。区教育局党委副书记、副局长杨红出席仪式并讲话。区教育局民办教育科全体工作人员、全区幼儿园园长、书记等140余人参加。该次对口帮扶行动实现公办民办园所全覆盖，帮扶内容全方位，评价考核全过程，帮扶采取“一对多”形式，全区132所公办民办幼儿园全部纳入帮扶体系。计划以层级帮扶、梯队帮扶、精准帮扶为突破口，发挥优质教育资源的示范、辐射、引领作用，增强园所之间的交流，为园长、教师的成长搭建优质平台，提升幼儿园的办园品质，缩小各级各类幼儿园之间的差距，实现从“有园上”到“上好园”。

（朱 珠）

·表29· 2021年芙蓉区属幼儿园基本情况一览表

序号	单 位	地 址	成立时间（年度）	班级数（个）	学生数（人）
1	芙蓉区教育局朝阳幼儿园	长沙市芙蓉区凯通国际城78号	1981	12	423
2	芙蓉区教育局德政园幼儿园	长沙市芙蓉区德政街46号	2002	9	398
3	芙蓉区教育局星城世家幼儿园	长沙市人民东路398号	2011	9	375
4	芙蓉区教育局东岸锦城幼儿园	长沙市芙蓉区长星路165号东方人家小区内	2014	9	384
5	芙蓉区教育局农园路幼儿园	长沙市芙蓉区农园路7号	2015	9	500
6	芙蓉区教育局白沙湾幼儿园	长沙市芙蓉区东屯渡街道白沙湾社区	2015	6	268
7	芙蓉区教育局鑫科明珠幼儿园	长沙市芙蓉区浏阳河大道98号	2017	6	265
8	芙蓉区教育局芙蓉公寓幼儿园	长沙市芙蓉区荷花路469号	2016	9	340
9	芙蓉区教育局东湖路幼儿园	长沙市芙蓉区东湖街道合平社区内	2016	12	411
10	芙蓉区教育局万国城幼儿园	长沙市远大路1389号（芙蓉万国城小区内）	2018	12	464
11	芙蓉区教育局金域蓝湾幼儿园	长沙市晚报大道569号万科金域蓝湾小区	2019	12	497
12	芙蓉区教育局东云台幼儿园	长沙市人民东路469号东云台小区东门处	2019	7	279
13	芙蓉区教育局八一路幼儿园	长沙市芙蓉区韭菜园街道桐荫里138号	2020	5	189
14	芙蓉区教育局火炬幼儿园	长沙市芙蓉区万家丽北路三段36号	2021	3	68
15	芙蓉区教育局名士豪庭幼儿园	长沙市芙蓉区东岸街道农园中路29号	2021	1	37

·续表 29·

序号	单　位	地　址	成立时间（年度）	班级数（个）	学生数（人）
16	芙蓉区教育局张公岭幼儿园	长沙市芙蓉区张公岭路与桐西路交会处西北角	2021	0	0
17	芙蓉区教育局合平幼儿园	长沙市芙蓉区合平路与泉坝路交会处	2021	0	0

（资料来源：区教育局）

小学教育

【概况】　2021 年，芙蓉区有小学 36 所，设置小学 1—6 年级 996 个班级，有小学生 44170 名。小学教育深化改革，落实“双减”，并以“减负不减责任，减负不减质量”为目标，抓部署、抓推进、抓落实，成立“双减”工作专班，召开“双减”工作推进会，推动校内“减负”，加强校外监管，统筹实施“五项管理”，发挥学校主阵地作用，构建学校、家庭及社会协同育人的教育生态。年内改扩建育英西垅小学，增加学位 270 个，新建育英第三小学开学，增加学位 1350 个。推进智慧教育示范区创建，开展智慧校园建设，应用网络学习空间开展教学的教师参与比例 98%，学生比例 85%。修业学校被教育部评为 2021 年度“网络学习空间应用普及活动优秀学校”，育英西垅小学被评为市“未来学校创建学校”。推进“体艺 2+1”项目落实，建立特色联盟，体艺俱乐部进校园发展机制，举办区首届“泳王”争霸赛，鼓励学生通过游泳提高运动水平和避险自救能力。开展项目化学习，发展学生关键能力，火星小学等 9 所小学先行先试，探索体教融合，打造 2 个区域体育特色联盟。引入“勇往直前”体育俱乐部近三年投入 2100 万元建设区域西部（育英）、中部（实验）、东部（育英西垅）3 个恒温游泳馆，为近 5 万名小学生提供每人 10 课时免费游泳普及课程。0 月 15 日，芙蓉区教育局中心游泳馆开馆仪式暨首届小学生“泳王”争霸赛在芙蓉区实验小学举行。

（朱　珠　张定浙）

【智慧校园建设】　2021 年，芙蓉区继续落实“长沙市智慧教育示范区”和“长沙市未来学校”创建工作，向长沙市教育局申请创建专项经费 1751 万元，主要用于 18 所学校 69 个信息化课改班硬件环境建设、15 所学校的 436 个班网络环境建设、2 个“智慧课堂”示范教学点建设、6 间共享网课录播室建设等开课硬件建设。区本级投资 500 万元，主要用于更新各学校的学生计算机房、办公计算机、广播系统、安防系统及教育城域网光纤租赁等配套建设。新增区级“未来学校”7 所。在 2021 年年底市教育局对区教育局的绩效考核指标中，“智慧校园”相关指标获得“优秀”评价。

（吴　坚　张定浙）

【“双减”工作推进会】　2021 年 11 月 11 日，芙蓉区召开“双减”工作推进会，区委副书记、统战部部长、党校校长、区委教育工作领导小组组长蒋红波，区直相关部门和各街道分管负责人参加会议。副区长徐青春主持会议。会议听取区教育局党委书记、局长曾志伟关于全区“双减”工作推进情况的汇报。参会人员就“双减”工作面临的困难和问题建言献策。蒋红波要求，全区各成员单位和相关部门要以更高的站位抓“双减”，增强对“双减”工作重要性、复杂性和紧迫性的认识；要以更实举措抓“双减”，持续推进校内减负，加强校外培训机构监管；要以更强合力抓“双减”，加强部门联动和调度巡查，进一步压实责任，提升实效。（朱　珠）

【全市小升初微机派位在区举办】　2021 年 6 月 30 日，2021 年长沙市城区小学毕业生升初中联合微机派位在长沙市一中双语实验学校举行。市委、市人大、市政府、市政协领导，特邀教育督导员、民主监督员，市教育局班子成员，芙蓉区委、区人大、区政府、区政协领导，市中心城区分管副区长及教育局局长、副局长、纪检组长以及全市城区小学的校长、家长代表以及民办中学教师代表近 500 人参加会议。2021 年长沙市小升初招生的基本原则为“区为主，保入学，市协调，保公平”。公办学校初中招生，按照单校划片（对

2021年1月31日，芙蓉区与宁乡市举行联合办学签约仪式

（区教育局　供图）

口升学）、多校划片和配套入学相结合的方式进行。高新区按照单校划片的方式入学。多校划片的方式为“相对就近、免试入学、指标到校、微机派位”。各区微机派位和对口升学具体人数分别为：芙蓉区参与微机派位6428人，其中乡镇（场）学校对口升学、配套学校配套入学以及志愿录取人数1861人；天心区参与微机派位6936人，其中乡镇（场）学校对口升学、配套学校配套入学以及志愿录取人数3452人；岳麓区参与微机派位13660人，其中乡镇（场）学校对口升学、配套学校配套入学以及志愿录取人数6633人；开福区参与微机派位7088人，其中乡镇（场）学校对口升学、配套学校配套入学以及志愿录取人数为3085人；雨花区参与微机派位13249人，其中乡镇（场）学校对口升学、配套学校配套入学以及志愿录取人数5186人。城区21所民办学校、子弟学校，除配套入学、体艺基地后备人才、特色学校招生、九年一贯制小学部直升等提前录取外，有8409个计划面向小学毕业生进行派位。　（朱　珠）

【大同灰汤小学签约揭牌】　2021年1月31日，芙蓉区大同小学与宁乡灰汤镇中心小学合办宁乡市大同灰汤小学举行签约揭牌仪式。长沙市教育局党委委员、主任督学周灿，芙蓉区人民政府副区长梁汝岚，宁乡市副市长陈德奇，以及芙蓉区、宁乡市教育局领导出席签约仪式。梁汝岚祝贺大同灰汤小学的成立，对双方合作的融合方式、五育并举的落实及合作成果的要求作具体指导。陈德奇感谢芙蓉区大同小学到宁乡市灰汤镇中心小学对口协助联合办学，他强调这是宁乡教育发展史上的一个重要里程碑，对于推动宁乡教育优质均衡发展、对缓解社会民众对优质教育的迫切需求、对提高宁乡教育的质量和提升教育美誉度具有重要意义。周灿肯定芙蓉教育在优质均衡发展方面的领先作用和大同小学深厚的文化底蕴以及在现代教育发展中取得的成绩；对该次长沙与宁乡的教育合作寄予厚望，希望该次合作办学能成为长沙市集团化办学新的典范，让城区名校牵手农村学校共同发展，促进“城乡一体化优质均衡发展”。

（朱　珠）

【育英第三小学开学】　2021年9月2日，育英第三小学开学。该校是芙蓉区教育局重点打造的东片新

2021年9月2日，育英第三小学开学　（区教育局　供图）

城区公办学校，位于芙蓉区东岸街道桃园路与东屯路交汇处，毗邻浏阳河，占地面积1.73公顷，总建筑面积1.7万平方米。校园分为运动、教学、艺术素养综合三大区。规划教学班级36个，满员招生可容纳学生1600余人。（朱　珠）

【《红领巾飘飘》德育电影首映礼】 2021年10月13日，德育电影《红领巾飘飘》湖南省首映礼在芙蓉区育英学校大礼堂举行。活动由湖南省校园文联主办，芙蓉区教育局承办。省文联党组书记、副主席夏义生，省教育厅党组成员、副厅长、省委教育工委委员王玉清及省、市、区相关领导和长沙各地市教育局代表、育英学校四年级至六年级全体少先队员参加首映礼活动。育英学校美术教师、湖南省教育厅“我是接班人”网络大课堂总班主任郭晓芳担任活动主持。王玉清宣布《红领巾飘飘》电影首映启动。省校园文联副主席、秘书长胡根深，邵阳市教育局团工委书记胡楚湘，育英学校党总支书记陈喜琴先后致辞、发言。德育电影《红领巾飘飘》由湖南省校园文联和湖南省教育厅等单位联合制作。电影融合了研学旅行、羽毛球运动和红领巾精神要素，讲述“问题”少先队员王丁丁刻苦学习、努力拼搏的精神变化，是一部弘扬积极进取、拼搏奋斗、为国争光精神的中小学生德育电影。（朱　珠）

·表30·

2021年芙蓉区属小学基本情况一览表

序号	单　位	地　址	成立时间（年）	班级数（个）	学生数（人）
1	长沙市芙蓉区修业学校	长沙市芙蓉区马王街28号	1903	12	491
2	长沙市芙蓉区东茅街小学	长沙市芙蓉区东茅街72号	1912	6	192
3	长沙市芙蓉区浏正街小学	长沙市芙蓉区浏正街芋香巷7号	1946	12	381
4	长沙市芙蓉区楚怡学校	芙蓉区文运街104号	1906	12	480
5	长沙市芙蓉区八一路小学	长沙市芙蓉区韭菜园街道桐荫里136号	1945	15	568
6	长沙市芙蓉区五一中路小学	长沙市五一中路乔庄37号	1945	12	469
7	长沙市芙蓉区育才学校	长沙市解放中路南元宫巷8号	1976	24	1075
8	长沙市芙蓉区育华小学	长沙市芙蓉区复兴街94号	1957	12	462
9	长沙市芙蓉区大同小学	长沙市芙蓉区八一西路315号	1948	28	1274
10	长沙市芙蓉区燕山小学	长沙市芙蓉区长岛路24号	1989	24	1095
11	长沙市芙蓉区育英学校	长沙市解放东路398号	1950	32	1515
12	长沙市芙蓉区曙光路小学	长沙市芙蓉区曙光北路130号	1950	21	827
13	长沙市芙蓉区朝阳小学	长沙市人民中路585号	1978	24	1071
14	长沙市芙蓉区东晖小学	长沙市芙蓉区车站中路62号	1982	13	534
15	长沙市芙蓉区蓉园小学	长沙市芙蓉区和光街105号	1999	22	997
16	长沙市芙蓉区火星小学	长沙市芙蓉区凌霄路6号	1942	28	1312
17	长沙市芙蓉区育才双新小学	芙蓉区火星街道陶家山社区新合四组	1926	40	1820

·续表 30·

序号	单位	地址	成立时间（年）	班级数（个）	学生数（人）
18	长沙市芙蓉区燕山第二小学	长沙市芙蓉区芙蓉苑小区内	2009	33	1505
19	长沙市芙蓉区育英第二小学	长沙市芙蓉区马王堆中路东玺门社区内	2010	36	1661
20	长沙市芙蓉区东郡小学	长沙市芙蓉区马王堆中路 201 号	1911	40	1891
21	长沙市芙蓉区育才第二小学	长沙市芙蓉区古曲路育才二小	2010	51	2310
22	长沙市芙蓉区育英西垅小学	长沙市芙蓉区马坡岭街道农园路 8 号	1945	54	2503
23	长沙市芙蓉区育才东屯小学	芙蓉区东岸街道育才东屯小学	2018	32	1399
24	长沙市芙蓉区东风小学	长沙市芙蓉区马坡岭街道（汽车东站后）	1940	37	1648
25	长沙市芙蓉区杉木小学	湖南省长沙市芙蓉区东岸街道杉木村六组	1935	12	448
26	长沙市芙蓉区大同第三小学	长沙市芙蓉区东湖街道合平村泉坝路	2015	39	1737
27	长沙市芙蓉区马坡岭小学	长沙市芙蓉区马坡岭街道白竹坡路 66 号	1936	42	1897
28	长沙市芙蓉区大同第二小学	长沙市芙蓉区晚报北街 10 号	2006	36	1647
29	长沙市芙蓉区火星第二小学	长沙市芙蓉区龙泊路朝霞巷 46 号	2007	16	692
30	长沙市芙蓉区马王堆小学	长沙市芙蓉区古汉路 88 号	1990	30	1375
31	长沙市芙蓉区大同古汉城小学	湖南省长沙市古曲北路	2011	34	1495
32	长沙市芙蓉区育才第三小学	长沙市芙蓉区古曲路与朝晖路交汇处东北角	2012	42	1901
33	长沙市芙蓉区大同瑞致小学	长沙市芙蓉区东岸街道望龙南路	2016	55	2467
34	长沙市芙蓉区实验小学	长沙市芙蓉区马王堆街藠子园路和嘉雨路交会处	2018	35	1586
35	长沙市芙蓉区东郡第二小学	长沙市芙蓉区马坡岭街道远大二路 725 号	2019	23	1016
36	长沙市芙蓉区育英第三小学	长沙市于芙蓉区邮电路和东屯路交会处	2021	12	429

（资料来源：区教育局）

中学教育

【概况】 2021 年是中国共产党成立 100 周年，芙蓉区属各中学始终把立德树人作为根本任务，以党史学习教育为契机，赓续百年初心、担当育人使命，深化教育改革。整体推进智慧教育示范区创建，全区中学建有 92 个信息化试点班，利用实验监管平台对全区 44 间中学实验室进行智能化管理，一中双语实验学校被评为市“网络空间应用优秀学校”。年内，承办湖南省智慧教育主题研讨会和全国德育创新思维与班主任管理艺术高级研讨会，以及“奔跑吧·少年”主题健身活动全国主会场启动仪式。争取市教育局支持，投资 2.2 亿元建设的东雅中学选址于芙蓉区，并于 2021 年 9 月 2 日开学。（张定浙）

【全国德育创新思维与班主任管理研讨会在芙蓉区举行】 2021 年 3

月20—21日，由中国教师发展研究会主办、长郡芙蓉实验中学承办的“全国中小学德育创新思维与班主任管理艺术高级研讨会”在长郡芙蓉实验中学举行。来自北京、长沙、株洲、邵阳近60所学校500余名班主任参加该次会议，研讨会由专家授课和现场交流两部分组成。《小活动大德育——活动体验型主题班会的设计与实施》《让班级文化从心里长出来》等5场德育创新思维与班主任管理艺术的主题交流，分别由与会的知名教育工作者、全国知名班主任、优秀辅导员主讲。研讨会为新形势下中小学德育创新教育的主题、形式、方法提供了新思路。（张定浙）

【湖南省智慧教育主题研讨会在长沙市一中双语实验中学举行】 2021年12月16—17日，由湖南省教育科学研究院主办，芙蓉区一中双语实验中学承办的“湖南省智慧教育赋能课堂，学科教育系列创新发展”主题研讨会在长沙市一中双语实验中学举行。参加研讨会的有全省教育信息化领域的知名专家、省教育厅、市教育局、区人民政府的领导、各地市州代表、长沙市各兄弟区县中小学行政及教师代表等400余人，芙蓉区教育智慧网面向全省提供全程直播。湖南省教科院基础教育研究所所长刘建琼主持开幕式，湖南省智能课堂和教育大数据研究开发中心副主任、中南大学教授胡超作题为《人工智能与教育教学融合现状及发展》报告，从前期成效，当前形势、未来发展3个层面描绘中国利用人工智能助推教育高质量发展的举措，芙蓉区教育局在研讨会上作题为《突出课堂中心地位让智慧教育焕发新活力》《技术赋能、网课众研，提升区域教研的共生效应》的主题报告。一中双语实验中学副校长蒋玲丽作题为《智慧课堂、减负增效提质》的经验分享，为“双减”背景下学校如何减负增效提供了思路。一中双语优秀青年教师曾曼玉、邓尧、庄茗湛在录播室为与会代表开启了三堂精彩的直播课。（张定浙）

【东雅中学开学】 2021年9月2日，长沙市东雅中学开学。该中学是一所由长沙市政府重点打造、市教育局直属的示范性完全中学。位于芙蓉区远大二路316号，占地7.2公顷，投资2.2亿元，办学规模60个教学班。2021年秋季完成初一6个教学班、高一4个教学班的招生。学校秉承百年雅礼的优良传统，恪守“公勤诚朴”校训，坚持“为学生的终身发展奠基”教育理念，聘请知名大学教授、专家及社会知名人士、学者等为校外生涯导师，联合校内师资力量，共同为学生发展搭建学习和体验平台，进行职业生涯规划教育、学习与心理指导，为学生的终身发展奠基。（朱　珠）

【承办“奔跑吧·少年”儿童青少年主题健身活动全国主会场活动启动式】 2021年5月31日，由国家体育总局青少年体育司指导，湖南省体育局、湖南省教育厅主办的2021年“奔跑吧·少年”儿童青少年主题健身活动全国主会场活动启动式在长郡芙蓉实验中学启动。参加启动仪式的有国家体育总局青少年体育司副司长周锦瑶，湖南省体育局党组成员、副局长龚旭红，省教育厅体育卫生与艺术教育处处长彭四龙，奥运冠军、湖南省举重运动管理中心副主任王明娟等领导和

·表31·　2021年芙蓉区属中学基本情况一览表

序号	单　位	地　址	成立时间（年）	班级数（个）	学生数（人）
1	长沙市湘一芙蓉中学	长沙市芙蓉区五一大道502号	2012	43	1964
2	长沙市长郡芙蓉中学	长沙市芙蓉区马王堆中路238号	2010	43	2094
3	长沙市湘一芙蓉第二中学	长沙市芙蓉区马王堆北路39号	1972	37	1756
4	长沙市长郡芙蓉实验中学	长沙市芙蓉区远大二路43号	2016	51	2468
5	长沙市一中双语实验学校	长沙市芙蓉区火炬路与王家湖路的路口东北角	2018	39	1848

（资料来源：区教育局）

2021年5月31日，“奔跑吧·少年”儿童青少年主题健身活动全国主会场活动启动式在长郡芙蓉实验中学举行　（区教育局　供图）

嘉宾，长沙市、芙蓉区相关领导，以及全省青少年体育工作各级机构代表1000余名青少年参与启动仪式。《中国体育报》、新华社、央视新闻等40余家媒体对现场活动进行报道，腾讯视频全程直播了活动启动仪式。活动结束后，省、市体育局主要领导龚旭红、肖方军、彭四龙、覃事平等相继调研芙蓉区“体教融合”工作和青少年体育工作并给予肯定。　（张定浙　杨　凡）

特殊教育

【概况】　截至2021年年底，芙蓉区内有特教班2个，学生13人，是全市普通学校特教班个数最多、覆盖年级最多、学生人数最多的区县。年内，组织参加市教育局开展的融合教育活动，6名教师参加长沙市融合教育师资培训并开展二级培训。东风小学、育才东屯小学作为代表迎接省、市随班就读实地评估及融合课堂教学指导。12月，芙蓉区被评为长沙市“首批融合教育示范区”。　（吴　坚　张定浙）

【承办市2021年特殊教育工作推进会】　2021年5月13日，芙蓉区教育局承办长沙市特殊教育工作年度推进会暨首届融合教育课堂教学研讨会。研讨活动在育才东屯小学举行，全市各区县的教师代表参加研讨活动。作为在全市率先开设普通学校特教班的区县，芙蓉区教育局副局长杨红在研讨会上作主题为“爱满芙‘融’”的经验推介；育才东屯小学校长张宏军围绕特教班的开设分享学校经验做法；育才东屯小学老师何依苓执教融合课堂教学音乐研讨课《春天来了》，区林嘉添小学音乐工作室骨干成员对课堂教学进行评课交流。该次推进会激发全市融合教育工作新思路。　（朱　珠）

【特殊教育专家委员会成立】　2021年10月，区教育局联合区民政局、卫健局、残联等部门相关领导、专家及各相关学校主管负责人、相关老师在内的“芙蓉区特殊教育专家委员会”，负责对全区特殊教育进行日常指导与督查，落实随班就读“一生一案”、送教上门等常规工作，为特殊学生的教育安置及评估、教师及家长培训等提供更专业的平台。　（吴　坚　张定浙）

【组织参加湖南省首届特殊教育教师教学基本功暨融合教育案例评比活动】　2021年11月，芙蓉区教育局组织全区特殊教育教师参加湖南省首届特殊教育教师教学基本功暨融合教育案例评比活动，有5个作品荣获融合教育案例奖项，有1节课例荣获省级基本功特等奖，宋璇被省教育厅选定代表湖南省参加教育部评比。是全市参加该次湖南省首届特殊教育教师教学基本功暨融合教育案例评比活动中获奖作品最多的区县。《湖南教育快讯》2021年第229期对芙蓉区融合教育的发展经验进行介绍。

（吴　坚　张定浙）

民办教育

【概况】　2021年，芙蓉区有民办幼儿园92所，在园幼儿26620人（其中69所属普惠性民办幼儿园）。民办培训学校60所，在校学生6643人。区辖范围内无民办性质的中小学及九年一贯制学校以及十二年一贯制学校。　（张定浙）

【向民办学校选派党建指导员】　2021年，芙蓉区教育局加强对民办幼儿园和民办培训学校管理，分类登记完成率100%。区教育局选派党建指导员52名，指导民办幼儿园和民办培训学校的党员教育管理工作，完善党内组织生活制度，充实党建工作队伍，发挥党组织在民办教育机构的作用，指导和推进党的建设和贯彻党的教育方针等方面的工作，推动民办教育健康发展。

（张定浙）

【民办教育“双减”专项整治】 2021年，芙蓉区落实中共中央办公厅、国务院办公厅印发《关于进一步减轻义务教育阶段学生作业负担和校外培训负担的意见》精神，对全区116个民办教育培训机构进行全面摸底调查，按政策取缔无证办学机构7所，整顿压缩转向培训机构49所，余下60所均为非学科类培训学校。湖南省教育快讯2021年第27期，以“芙蓉区靶向发力‘双减’实施及全面加强校外监管工作”为题进行报道。（张定浙）

师资建设

【概况】 2021年，芙蓉区中小学（幼儿园）在编教师2523人，临聘教师907人。为进一步优化芙蓉区教师队伍建设，面向社会公开招聘中小学（幼儿园）教师186名，其中骨干教师13名、在职和毕业生126名、遴选公费师范生2名、择优录用备案制教师45名。41名教师被遴选为长沙市第四批中小学卓越教师，217名教师被评选为芙蓉区第三批中小学卓越教师。年内，创评长沙市第四届第三批名师工作室1个，即林嘉添小学音乐名师工作室；评选芙蓉区第三届名校长工作室1个、第四届名教师工作室20个、第二届名班主任工作室2个，首席名校长、名班主任、名师23名。将2021年定为师德师风建设年，开展系列主题教育活动，组织《湖南省师德师风教育读本》《典型案例警示录》的学习和交流，举办“践行《芙蓉教师宣言》”庆祝第37个教师节主题教育活动，表彰“十佳教书育人”“十佳教坛新秀”“十佳服务标兵”“班主任坚守三十年”“夫妻双方从教三十年纪念奖”“首批教育世家奖”等433个先进个人、单位。（朱　珠）

【教师资格认定】 2021年，芙蓉区先后于6月11日至7月26日、10月11日至11月19日，开展春季教师资格认定和秋季教师资格认定工作。认定工作经过认定申报、咨询及体检、提交资料、审核与颁证4个阶段，在春季1241人的申报中，认定幼儿园教师、小学教师、初级中学教师1060人；在秋季260人的申报中，认定幼儿园教师、小学教师、初级中学教师200人。

（张定浙　李　立）

【教师招聘录用】 2021年，芙蓉区通过网上公开报名，审定资格，参加体检、笔试和面试等程序，全区面向社会计划招聘中小学幼儿园教师129人，实际聘用126人。其中一中双语实验学校和长沙市湘一芙蓉中学面向社会计划招聘高级人才、名优骨干教师20人，实际聘用18人。计划引进公费师范生5人，实际聘用2人。（张定浙）

【教师职务评聘】 2021年，芙蓉区在教师职务评聘中，坚持正确的政策导向，把立德树人、教育书人的实绩摆在首位，全区1名教师通过中小学教师系列正高级职称，26名教师通过中小学高级教师职称（副高），68名教师通过中小学一级教师（中级），303名教师认定为中小学二级教师（初级）。

（张定浙）

【教师培训】 2021年，芙蓉区全面实施新周期国培、省培、市培、区培计划，完成教师送培和参训工作。制定2021—2025年教师全员轮训方案，重点开展全区中小学校教师轮训，开办好新周期区级学科教师全员岗位培训班、思政教师研修班、新任教师培训班、后备干部培养班、校长信息化领导力提升研修班、教研员引领力提升高研班等，教师心理健康教育纳入区级培训班公共课程。全年完成上级送培429人，其中国培78人，省培62人，市培289人。开办区级培训班18个，培训1219人。四级培训1648人。组织全区176名中小学教师参加长沙市义务教育统编三学科新教材专项培训网络研修，合格率100%，平均成绩85分，评为“优秀组织单位”。组织实施湖南省“国培计划（2021）”自主选学研修项目——殷蓉小学数学名师工作坊和赵敏小学心理名师工作坊线下集中研修活动，全省100名各地种子教师在芙蓉区进行为期5天的现场培训。

（杨维钢　张定浙）

【教研活动】 智慧教育新型教与学模式创新。2021年5月8日举办教育部“基于教学改革、融合信息技术的新型教与学模式”实验芙蓉区推进会。教育部信息化专家钟绍春教授为全区教师进行《智能技术支持新型教学模式构建方向与途径》作通识培训，召开15所实验学校与专家团队交流座谈会，持续研讨区域规模化推进“智慧课堂”建设工作。6月聚焦“智慧教育”背景下学科教学问题，组织开展智慧课堂调研。

12月16—17日承办湖南省“智慧教育赋能课堂,学科教学创新发展”主题研讨会，向全省展示智慧教育典型课例6节。

优化创新教学方式。2021年，芙蓉区教育局举办以“新时代，新理念，新课堂——深度融合与创新，变革教与学方式”为主题的“幸福教育生本课堂”学术节活动。开展课堂比武、作业设计、中学命题设计、教育科研案例等专项行动，以学科融合、单元设计等重点研究方向，建立课堂改革的学术导向。全区遴选出460节智慧课堂、76项教育科研优秀案例、524份学科类和14个教研共同体综合类的创新作业设计、27份中学命题设计进行颁奖表彰。

实施项目化学习试点，催生学习方式变革。2021年6月24日，举办“今天，我们如何学习英雄——‘项目化学习’之课堂教学创新研讨活动”，展示主题关联的语文、美术、体育课3节和《小英雄雨来》课本剧。暑期举办“名师大讲堂”——“项目化学习”专题培训活动，与北师大签订项目化学习提升教育高质量发展合作框架协议，邀请北师大桑国元教授团队开展全区通识培训，开启项目化学习8所实验校的试点。10月12—14日在燕山、东风等学校正式启动项目化学习工作坊研究活动。12月18日承办组织由北师大主办的“新时代新生态新作业”教师核心素养国际研讨会暨项目化学习年度论坛之芙蓉区专场在线论坛，8所实验校向全国展现芙蓉区区域推进项目化学习的成效和思考。（杨维钢　张定浙）

【学科竞赛】　2021年，芙蓉区教育局组织各学科参加市级及以上教育行政或教研部门组织的教学竞赛获国家级奖2项、省级奖23项、市级一等奖21项；组织参加省级、市级2021年“基础教育精品课”征集遴选活动，获省级精品课16节、市级精品课34节，芙蓉区获市级优秀组织奖；获湖南省义务教育优秀教学案例征集遴选省级优课9节。组织参加湖南省中小学教师信息技术与学科教学深度融合在线集体备课大赛活动获奖281项，其中特等奖11节、一等奖52节，4所中小学获优秀组织单位。

（杨维钢　张定浙）

【课题研究与管理】　2021年，芙蓉区加强省市区立项课题管理，年度举行省、市课题开题论证、中期评估、结题鉴定会议14场，组织完成6项省教育学会课题的中期评估，省级课题结题3项。编制2022年课题指南。年内，省级规划课题立项3项，市规划课题立项14项，市社科联课题立项5项。立项区级规划课题33项，区微课题265项。获市级成果奖励16项，其中一等奖5项，二等奖11项。创新“幸福教育”的研究内容，面向区教育局二级机构和区属学校、幼儿园征集《幸福教育之芙蓉行动》专著的优秀案例200余项，择优遴选70余项入选由湖南教育出版社出版的《幸福教育之芙蓉行动》专著。撰写的区域案例《在线科研提升芙蓉“幸福教育”软实力》获市级奖励。1项成果在2021年长株潭教育科研成果展示会上作现场汇报，5项优秀成果在会上作展板展示。创新作业设计与考试评价，推进“双减”有效落地。2021年共立项244项智慧教育、课程教学、育人方式变革区级微课题，创新作业设计与考试评价。燕山第二小学完成《幼小衔接视角下一年级学生社会适应性的研究》，并获2项市级奖励。

（杨维钢　张定浙）

【芙蓉区校长读书会成立】　2021年4月22日，芙蓉区校长读书会成立仪式、首届少儿辩论赛在大同瑞致小学举行，长沙市教育局党委书记、局长孙传贵，长沙市教育局副局长邓芸，芙蓉区人民政府副区长梁汝岚，长沙市教育局教师工作处处长陈利群，湖南省新华书店副总经理沈剑锋，长沙市新华书店党委副书记、常务副总经理李海峰等出席，区县（市）教育局分管教师工作的局领导和人事科长，市属各中小学校分管教师工作的负责人，区属各中小学校长、幼儿园园长、教师代表以及湖南卫视、湖南教育电视台、红网、长沙晚报等媒体参加活动。活动由邓芸主持。孙传贵强调，全体教师一定要以书为本、以书为伴、以书为镜，把专业性和创造性阅读转化为教书育人的实践能力，在阅读中汲取前进的动力和体验职业的幸福感。（朱　珠）

【“师德师风建设年”活动】　2021年9月，芙蓉区教育局印发《2021年长沙市芙蓉区教育局师德师风建设年推进工作方案》，方案确立2021年为全区“师德师风建设年”，要求全区各中小学（幼儿园）老师全员参与“学理论、树师德”学习教育活动，活动期间，区教育局向教职工发放《湖南省师德师风教育读本》2000余册，在全区各中小学（幼儿园）建立教师学习制度，提升全区教师思想政治素质和师德水平。（朱　珠）

教育管理与督导

【概况】 2021年，芙蓉区教育开展“平安校园”创建活动，维护校园安全与稳定，全年未发生安全责任事故和较大及以上安全事故。年内被评为湖南省“平安校园建设示范区”。完成深化新时代教育督导体制机制改革，学前教育普及普惠区工作迎接市级督导评估。补充选聘中小学专职督学3名、幼儿园责任督学10名。出台《芙蓉区专职督学管理办法》。按月常态开展中小学和幼儿园责任督学挂牌督导。《以解决问题为导向，推进“五项管理”落实落地》在教育部教育督导局“中国教育督导”官微推介。完成2021年国家义务教育质量监测组织实施工作。（朱　珠）

【教育机构办学情况监督检查指导】 2021年，芙蓉区把落实“双减”为教育督导一号工程要求，区教育局结合“五项管理”在全区开展“双减”问题自查工作，共排查出问题191个且全部整改到位；开展中小学校课程管理与实施，组织数学、体质健康、心理健康（试点）科目监测组织工作，以及春、秋两季开学工作督导；持续推进2019年国家义务教育质量监测结果应用工作，形成“芙蓉区2019年国家义务教育质量监测结果分析报告”；组织开展优秀案例征集工作，评出一等奖案例47篇，二等奖案例93篇，三等奖案例92篇。完成2021年国家义务教育质量监测组织实施工作。（杨维钢　张定浙）

【素质教育】 2021年，芙蓉区素质教育工作以中国共产党成立100周年和中国共产主义青年团建团100周年为教育契机，紧扣“五四”“六一”“10・13”少先队建队日等重要节日纪念日，推出《在青春的赛道上奋力奔跑》——芙蓉教育青年纪念建团百年主题宣传片，举行“我与共青团共成长”基础团务知识竞赛等团队活动，筑牢思想之基。抓细抓实德育常规工作，培育德育项目教育“一校一品”。有计划、有针对性地开展爱国主义教育、集体主义教育、劳动教育、法制教育、安全教育等，强化养成教育，提升学生文明素质。优化学校、家庭、社会“三位一体”教育网络，办好各级家长学校，形成家校社育人合力。（张定浙）

【教育信息化管理】 2021年，芙蓉区教育信息化管理工作，以“智慧课堂”“智慧网校”“智慧管理”为主要管理抓手。在“长沙市智慧教育示范区创建区域”的基础上，被湖南省教育厅评为第二批“湖南省智慧教育示范区培育单位”。年内，芙蓉区在全市首创实施区域整体推进“智慧课堂”的建设模式，在技术保障、常态化开课、互动资源征集、提升精准教学水平、提高研究实践积极性5个方面强化措施。全年“智慧课堂”开班总数近200个，全域全覆盖推进规模化因材施教的机制基本形成。构建“芙蓉幸福网校”师生线上学习平台，全年开展各类教育教学直播活动72场次，全年访问人数超6.83万次。服务日常远程教学和新冠肺炎疫情期间的“停课不停学”。年内芙蓉区学生空间发表成长记录170万余条，图片700万余张，教师空间发表日志10万余条。组织湖南省“名校网络课堂”“名师网络工作室”申报工作，开展“三点半”课后服务精品课遴选和录制工作。通过“智慧管理”，赋能“教师减负”，实现消息的可靠安静传递、通知的实时精准推送、业务审批的网上快捷办理、视频会议的常态稳定保障。全年完成视频会议67次，总时长超过4000分钟。全区109间中小学实验室全部实行智能化管理。（吴　坚　张定浙）

【2021年区委教育工作领导小组第一次会议】 2021年1月27日，芙蓉区委教育工作领导小组召开2021年第一次会议。会议听取区教育局党委书记、局长徐青春关于全区教育工作情况的汇报，审议并通过《芙蓉区委教育工作领导小组2021年工作要点》，研究相关问题。会议明确，芙蓉区教育系统要全面加强党的政治建设，落实党管办学方向、管思想政治、管意识形态、管改革发展、管干部人才，把党的教育方针全面贯彻到学校工作各方面；要在立德树人上再发力，坚持五育并举，着力构筑三全育人的教育格局；进一步加强师德师风建设，引导广大教师以德立身、以德立学、以德施教、以德育德，着力打造一批有影响力的思政教师队伍。同时，要持续深化教育评价改革，探索更加多元的促进学生全面发展的过程性评价办法，进一步激发中小学办学活力，鼓励学校结合实际，开展办学模式和育人方式的实践探索，办出自身特色，提升学校管理能力现代化水平，助力教育事业优质均衡发展。（朱　珠）

【校园及周边综治工作会议】 2021年3月18日，芙蓉区召开2021年学校安全委员会全体会议暨全区校园及周边综治工作会议，区学校安全专业委员主任、区人民政府副区长梁汝岚，全区学校安全委员会成员单位负责人，中小学、幼儿园分管安全的副校长、副园长及综治专干160人参加会议，会议由区政府副调研员汤孝泽主持。会议听取区学安委副主任、区教育局党委书记、局长徐青春关于全区校园安全工作的汇报。区政法委副书记李清在会上对校园周边综合治理工作提出“高度重视、抓好整治、保持常态、严格考评”等4点要求。梁汝岚在会上要求全区各成员单位一定要认识到学生安全的重要性、敏感性，务必全力做好校园及周边综合治理工作，为全区师生创造安全和谐的学习、工作环境，为办好人民满意教育提供坚强的保障。（朱　珠）

【校园安全隐患大排查大整治督查】 2021年4月25—30日，芙蓉区学校安全专业委员会牵头，由区政府督查室组织区学安委相关成员单位负责人60余人，分成13个督查组，对全区300余家中小学、幼儿园及民办培训机构开展的安全隐患大排查大整治情况进行专项督查。该次督查行动帮助各学校解决校园及周边安全问题200余处，确保校园及周边安全稳定。（朱　珠）

【防范学生溺水工作督查】 2021年7月29日至8月13日，芙蓉区委教育工作领导小组牵头，区委督查室、区政府督查室、区教育局等相关部门人员组成2个专项督查组，采取查看资料、走访询问、电话核查、现场察看相结合的方式，督查各街道（含学校）防范学生溺水工作情况。半个月的督查情况表明，全区各街道落实防范学生溺水20条措施，全部建立防溺水“六个清单”；各学校落实开展教育部防溺水“六个一”活动，组织教师对所有特殊情况的学生开展家访活动，开展防溺水知识宣传和警示教育提醒；相关部门在辖区内浏阳河近20千米沿岸和水塘周边均设置安全隔离带、防护栏，配好救生绳、圈。区教育局结合区域特点和实际，搞好疏堵结合、源头治理，确保了浏阳河芙蓉段十余年未发生学生溺水事件。2021年10月，芙蓉区防溺水经验材料在中央教育工作领导小组秘书组《教育工作情况》第146期刊发，相关工作举措获国务院副总理孙春兰批示肯定。（朱　珠）

【15～17周岁学生新冠肺炎疫苗接种启动】 2021年8月6日，芙蓉区教育系统启动辖区内15～17岁学生（含8月6日前满15岁）新冠肺炎疫苗接种，统一组织辖区内长沙市实验中学、长沙市第六中学、长沙铁路第一中学等普高学校设立15～17岁学生新冠肺炎疫苗接种工作点，在知情自愿的原则下，做到“应接尽接”。（朱　珠）

【芙蓉区完成2021年国家义务教育质量监测组织实施工作】 2021年5月27—28日，芙蓉区19所样本校完成监测组织实施工作。教育部基础教育质量监测中心指导实施专家组组长、天津市教育招生考试院原常务副院长岳伟，中国基础教育质量监测协同创新中心交叉学科组郭露阳到区指导实施工作。长沙市教育科学研究院副院长涂立奇、副院长章勇陪同，芙蓉区教育督导委员会主任、副区长梁汝岚，芙蓉区教育局党委委员、主任督学周率和样本校校长迎接视导。指导实施专家组听取区级、校级组织实施工作汇报，查看蓉园小学、长沙市第六中学测试场地布置、保密工作落实、应急预案准备、新冠肺炎疫情防控工作等情况，认为芙蓉区高度重视，由分管副区长任工作领导小组组长，工信、人社、卫健等职能部门共同参与的统筹机制，为芙蓉区监测工作的顺利实施提供重要保障；培训到位，组织工作提纲挈领，提炼的“1233451”口诀易记实用；考虑参测学生编号、休息和后续的教学安排，形成了区域的特色。12月1日，该项工作获国家县级优秀组织单位荣誉。（朱　珠）

【《芙蓉区关于深化新时代教育督导体制机制改革的实施方案》印发】 2021年12月1日，《芙蓉区关于深化新时代教育督导体制机制改革的实施方案》文件下发，两个配套文件《长沙市芙蓉区教育督导成员单位主要职责》《长沙市芙蓉区实施中小学综合督导评估五年规划（2021-2025）》以区人民政府教育督导委员会名义发布。文件旨在“完善管理体制”“优化运行机制”“强化问责机制”“规范督学聘任和管理”“改革保证机制”5个方面深化教育督导体制机制改革，明确区总督学作为区教育局班子成员兼区教育督导委员会办公室主任，设副总督学1名，为区教育局督导室主任。（朱　珠）

文化 · 旅游

Culture · Tourism

编辑　谭自然

公共文化

【概况】 2021年，芙蓉区公共文化设施、队伍建设、活动开展开放服务等文化事业的硬、软件建设有明显提升。新建的芙蓉区文化活动中心全部建成并投入使用。组织开展第六届“芙蓉杯”新节目大赛，开展送戏送演出进社区（村）文化惠民活动60场次。区文化馆、图书馆继续免费开放，联合辖区内一所学校、二所幼儿园建设“馆校（园）”共建资源共享图书流动服务站点3个。

（彭 晖 何 媛）

【公共文化服务建设】 2021年，芙蓉区着力公共文化服务体系建设和文化旅游市场建设，繁荣文化事业，实现文旅融合发展。五一商圈入选第一批国家级夜间文化和旅游消费集聚区，白果园历史文化旅游街区被评为国家AAA级旅游景区，袁家岭中央文化区写入市委、市政府《关于进一步推动文化旅游深度融合高质量发展的意见》。年内，区级文体中心建成并投入使用，建成5个标准化社区综合文化服务中心、3个公共文化机构文旅融合示范点、3家智能化自助图书分馆，建成文物智慧信息平台，区文化馆被评为国家一级馆。组织开展第六届“芙蓉杯”新节目大赛、“春节不打烊·文化暖芙蓉”、革命现代京剧《向警予》观演等文化惠民系列活动100场次。参加第七届湖南艺术节长沙市第三届“群星奖”评选，原创戏剧《奶奶忘不了》、歌伴舞《边防战士》、表演唱《打蚊子》分别获市级金奖。

（易跃峰）

【图书阅览】 2021年，芙蓉区图书馆新办理图书证1546次，全年接待读者近10万人次，图书外借量9.92万册次，年内新采购图书25万册。开设“党史百年天天读”“红色故事会”专栏，每天向读者推送党史小知识，开展各类读书活动72场次，参与群众1.5万余人次。推进书香“七进”（进农村、进社区、进家庭、进学校、进机关、进企业、进军营）活动，组织辖区书店、农家书屋、社区图书室等开展“阅读马拉松”“4·23”公益阅读挑战等各类活动200余场次。

（彭 晖 何 媛）

【图书服务馆点建设】 2021年4月，芙蓉区图书馆在育才三小、红黄蓝幼儿园、人之初幼儿园建立图书流动服务站点，为3所学校（园）全体师生办理免押金借书证2400张。12月，在区政务大厅、锦泰广场旅游咨询服务中心、隆平水稻博物馆新建立了3个微型自助馆图书分馆，微型自助图书分馆可实现自助办证、借还图书，每个微型自助馆图书分馆配置图书500册，与市图书馆总分馆体系联通，图书资源通借通还。2021年，芙蓉区建有图书分馆16个，流动图书车服务点7个，图书馆总、分馆建设得到进一步完善。

（彭 晖 何 媛）

【芙蓉区文化馆、图书馆新馆开放试运行】 2021年10月1日起，芙蓉区文化馆、图书馆新馆开放试运行，实行预约制。新馆位于芙蓉区浏阳河大道与嘉雨路交汇处东南

·表32· 2021年芙蓉区文化事业发展情况统计表

指标名称	单位	2021年
一、区级文化馆总馆	个	1
二、区级公共图书馆	个	1
三、图书馆分馆	个	15
四、博物馆	个	4
五、健身设施	处	482

（资料来源：区统计局）

角，文化馆建筑面积5627.4平方米，内设多媒体视听教室、舞蹈教室、合唱教室、器乐教室、书法教室、美术教室、计算机网络教室、多功能直录播等功能室21个，401座（位）小剧场（芙蓉剧场）1个。图书馆新馆建筑面积7135平方米，5层，内设视障借阅室、儿童借阅室、青少年借阅室、综合借阅室、专题文献室、国学室、培训室、报告厅等功能区域，现有藏书量40万册，以满足不同群体的阅读需求。试运行期间，区图书馆准备了一系列阅读推广活动，包括长征主题3D互动灯展、少儿连环画主题展览、自助服务设备体验、增强现实（AR）体验、虚拟现实（VR）体验、乐高机器人体验等体验活动，吸引大量市民前来阅读打卡、参与活动。芙蓉区文、图新馆成为集社会宣传教育、公益文化服务、文化艺术普及、非物质文化遗产保护等功能于一体的区域文化地标。

（彭　晖　何　媛）

【电影院管理】　2021年，芙蓉区有电影院11家。年内，芙蓉区着力开展电影文化氛围浓厚年工作，推进红色电影展映、“湘观影”职工观影、“光影铸魂”等观影活动。中影星美国际影城万家丽广场店、百丽宫影城观影人次或观影票房继续稳居全省前列，其中中影星美国际影城万家丽广场店2021年票房2319万元，位列全国第35位，保持全省第一位。（彭应斌）

文化活动

【概况】　2021年，芙蓉区广泛开展群众文化活动，以“春节不打烊文化暖人心”“人民的非遗人民共享”“公共文化进村入户”为主题的送戏、送演出进社区（村）三大文化惠民系列活动贯穿全年。开展非物质文化遗产保护和宣传工作，传统和香制作技艺入选第七批市级非物质文化遗产代表性项目。

（彭　晖　何　媛）

2021年6月10日，“人民的非遗　人民共享——2021年‘文化和自然遗产日’芙蓉区非遗宣传展示暨‘戏曲进乡村（社区）’”文化惠民活动在锦泰广场举行

（区文旅体局　供图）

【文化和自然遗产日非遗宣传展示】　2021年6月10日，“人民的非遗　人民共享——2021年‘文化和自然遗产日’芙蓉区非遗宣传展示暨‘戏曲进乡村（社区）’”文化惠民活动在荷花园街道锦泰广场开展，长沙市文化旅游广电局党组成员、工委主任隆建光出席，现场观演观展群众1000余人。活动以“人民的非遗 人民共享”为主题，以传统戏曲表演、芙蓉区非遗项目等文化遗产为内容，融展演、展览、互动为一体，集中展示芙蓉区非遗项目成果、芙蓉革命文物遗址、芙蓉区精品旅游路线等。芙蓉区部分非遗项目传承人也到活动现场展示其非遗技艺及工艺作品。

（彭　晖　何　媛）

【第六届“芙蓉杯”新节目大赛决赛举办】　2021年12月14—15日，第六届“芙蓉杯”新节目大赛决赛在区文化馆芙蓉剧场举行。比赛分为音乐类、综合类、舞蹈类3个专场，涵盖声乐、器乐、戏剧、曲艺、小品、舞蹈等艺术形式。参加预赛节目200余个，进入决赛获奖节目40个，其中音乐类15个，综合类11个，舞蹈类14个。“芙蓉杯”新节目大赛是芙蓉区自主创办的文化活动品牌，旨在通过整合辖区内社区、企事业单位、学校、文艺院团资源，创作一批新节目，展示芙蓉区文化艺术事业创新发展成果。大赛现场每场开放400个观看名额，同时通过“芙蓉文旅体云”平台进行线上直播。作为芙蓉区文化馆新馆落成后迎来的第一次大型文艺演出活动，该场大赛是芙蓉群

2021 年 12 月 14—15 日，芙蓉区第六届"芙蓉杯"新节目大赛决赛在区文化馆芙蓉剧场举行　　（区文旅体局　供图）

文章根明星的秀场，也是芙蓉剧场的首秀。　　（彭　晖　何　媛）

文化市场管理

【概况】　2021 年，芙蓉区文化市场工作做到常态化和全覆盖，文化市场平安稳定、健康有序，区文旅体局被评为 2021 年长沙市"扫黄打非"先进集体。落实责任制，强化文化市场日常管理，细分片区，加大巡查力度；组织全区网吧、娱乐场所文化市场经营业主进行法律法规培训，对长沙国储电脑城的部分商家展开盗版光碟案件的查处；对荷花园街道东方新城社区育英二小周边的文具店涉及教科类书籍进行现场检查，收缴违规售卖教科类书籍 500 余本；在保障"三考"期间，分别对长铁一中、长沙市实验中学、长郡芙蓉实验中学等 8 所学校周边的文具市场进行清查，确保学生"三考"顺利进行。开展"清源 2021""净网 2021""护苗 2021""秋风 2021""固边 2021"等专项行动，确保芙蓉区文化市场安全有序。全年检查文化经营单位 1896 家次；联合市文化执法五大队查缴非法出版物 300 余册，立案查处 30 余起。　　（郑仕清）

【新闻出版管理】　2021 年，芙蓉区加强新闻出版市场管理，年内新设立出版物零售单位 70 家、办理延续 27 家、变更 18 家，年检印刷企业 10 家、出版物零售单位 468 家。组织参加"我的书屋 · 我的梦"农村少年儿童阅读实践活动，选送作品获评中宣部印刷发行局评选的全国硬笔书法组优胜奖，为长沙市唯一获奖作品。开展"知识产权宣传周"等活动，发放宣传资料 5000 份，接受群众答疑咨询 1000 人次，刊发新闻报道 10 余条次。组织开展新闻出版行业安全隐患大排查 10 次，排查单位 2000 家次，整治隐患 10 余个。　　（彭应斌）

【"三考"护考行动】　2021 年 5 月 16 日，芙蓉区制定 2021 年"三考"工作实施方案，区文旅体局文化市场科采取轮流值守、分点到人、到岗巡查的方式，分别对长沙铁路第一中学、长沙市实验中学、长沙市第六中学、一中双语实验学校、湘一芙蓉中学、湘一芙蓉第二中学、长郡芙蓉中学、长郡芙蓉实验中学 8 所"三考"学校周边的文化娱乐市场进行重点巡查。行动分为两阶段，通过考前巡查宣传和考试期间严格执法进行全方位监管。前阶段对娱乐场所有关文化审批手续进行统一检查，依法查处未办理文化经营许可证或其他批准文件擅自从事经营活动的行为。考试期间要求各娱乐场所采取缩短营业时间、调低音量、增加隔音设施等措施控制噪声污染，确保在"三考"期间考场周边的清净、安全，为考生营造良好的考场环境和氛围。　　（郑仕清）

【网吧行业综合培训班】　2021 年 5 月 21 日，区文旅体局在机关会议室举行 2021 年芙蓉区网吧行业综合培训。全区 120 余家网吧负责人、各街道文化站长 150 人参加培训，会议由芙蓉区文化旅游体育局副局长胡敬容主持。培训旨在进一步强化芙蓉区营业性网吧守法经营，文明创建、意识形态、扫黑除恶和安全生产意识，提升网吧行业自我管理水平，促进芙蓉区网吧行业安全、有序、健康发展。整个培训包括网吧行业法律法规的宣讲学习、消防安全知识讲座。芙蓉区应急管理局局长喻林就网吧在落实主体责任、健全管理制度、落实防患措施等方面提出宝贵的建议和意见，湖南省消防协会教官吴悔针对网吧普遍存

在的火灾安全隐患问题、消防安全管理特点及安全防火措施进行详细剖析和讲解。（郑仕清）

方志档案

【地方志编纂】 2021年，《芙蓉年鉴（2021）》编纂9月基本定稿，总计82.3万字，年底，送交方志出版社质检。芙蓉区地方志编纂室为2021年《湖南年鉴》和《长沙年鉴》提供芙蓉区条目，完成省年鉴条目4篇、市年鉴条目11篇。推荐申报《长沙年鉴》2020年度人物2名、年度事件4条，其中推荐人物杨远柱入选长沙市“十大年度新闻人物”。年内（11月），《芙蓉年鉴（2020）》出版发行。配合省委宣传部“纪录小康工程”数据库项目建设，整理编写芙蓉区全面建成小康社会大事记。全文2.5万字，上传大事记253条，收集整理党和国家领导到区考察的照片1幅，文字资料2份。大事记采用编年体体裁，记述时限1949年至2020年。重点记述改革开放以来，特别是中共十八大以来，在小康进程中统筹推进五位一体建设的重大政策、重要历史事件、重大活动开展、重要项目落地竣工等有影响的事件。《长沙乡镇简志·芙蓉篇》编修工作4月启动，组建各街道专职编纂队伍，完成资料收集与组稿。截至年底，6个街道提交资料。组织街道社区开展国务院《地方志工作条例》、国务院办公厅《全国地方志事业发展规划纲要》和方志知识宣传活动。参与中指组、省、市组织的各种地方志会议、业务培训、评议等活动，提高业务能力。芙蓉区档案馆副馆长邓斌被评为湖南省地方志系统2021年度先进个人。（苏洁）

【档案管理】 2021年，芙蓉区档案馆接待查阅档案2856人次，提供档案5610卷次。开展脱贫攻坚工作档案和疫情防控档案的归集整理，接收民生档案5000余卷，接收国有企业退休人员人事档案286卷。推进档案信息化建设，年内完成馆藏档案数字化扫描19万余页。开展档案信息安全检查，增强档案数字化数据安全。截至年底，增加36太字节（TB）信息量档案数字化数据离线备份能力。做好新修订档案法宣传教育及指导工作，组织开展“6·9”国际档案日主题宣传活动，宣传新修订的《中华人民共和国档案法》等档案法律法规。（苏洁）

文博

【概况】 2021年，芙蓉区有不可移动文物保护单位28处（其中，全国重点文物保护单位2处，省级文物保护单位2处，市级文物保护单位10处，一般不可移动文物保护单位14处），国有博物馆（陈列馆）3家，民办博物馆1家。健全安全机制，压实街道文物安全管理责任，与所有文物巡护员签订《文物安全管理责任书》，成立由区文物局牵头、街道统筹、社区参与、群众自愿的文物安全管理体系和组织，进一步完善区、街道、社区三级文物安全巡护体系，文物安全管理社会化、专业化水平逐步提升。加强队伍管理，截至年底，全区有文物安全巡护员33人，志愿服务者队伍200余人，在马王堆汉墓遗址、白果园程潜公馆、圣经学院旧址、八路军驻湘通讯处旧址等国保和省保单位安全巡护员每处达到2人配置，其他文保单位每处达到1人配置。年内，投资20万元重点建设区文物智慧信息平台。实行打防结合，严厉打击文物犯罪。全年开展各级领导带队安全检查12次，区文物巡护员检查500余次，下发整改通知书5份。（刘勇）

【马王堆汉墓M3墓穴调研】 2021年7月22日，湖南省文物局处长陈利文、调研员李光衡等一行到区调研马王堆汉墓M3墓穴本体保护工程项目。保护工程方案由湖南省博物馆报经省文物局、国家文物局审批通过，由国家文物局下拨专项资金290万元，主要对墓穴本体和室内展陈进行修缮和更新。经过半年多的时间，马王堆汉墓M3墓穴本体及室外周边均已完成修复修缮工作，年底面向各地游客开放参观。（刘勇）

【芙蓉区智慧文物信息平台建设完成】 2021年8月，芙蓉区投资20万元在区文物局建成智慧文物巡护系统，对全区28处文物点进行可视化、痕迹化、信息化检测，对国家、省、市级文物保护单位进行全天候的视频监控，提高和促进文物保护员安全巡护的效率，确保全区重要文物保护单位的安全。（刘勇）

【破获倒卖交易文物案件】 2021年9月29日，芙蓉区文物局根据相关线索，协调湖南省文物局、长沙市公安局刑侦支队六大队、市文物局及芙蓉区公安分局，在芙蓉区丽日王朝酒店破获一起河南籍团伙到长沙倒卖交易文物的线索案件，现场抓获郭某某为首的5名嫌疑人，当场缴获汉、唐时期文物45件，其中二级文物5件，三级文物12件。经查实，该团伙系河南籍团伙作案，从河南运送文物到长沙市芙蓉区进行交易，该案件已移送区检察院起诉。（刘　勇）

·隆平水稻博物馆·

【概况】 2021年，隆平水稻博物馆发挥场馆作用，拓展社会教育阵地，提高服务水平，扩大品牌影响，发挥“芙蓉文化”名片的影响作用，先后获得“湖南省青少年教育基地”“长沙市文明单位”“长沙市爱国主义教育基地”“长沙市关心下一代教育基地”荣誉。与辖区单位共建共享，成功挂牌为“湖南农业大学思想政治教育基地”“湖南生物机电职业技术学院思政教育基地”“中国气象局党校湖南分校现场教育基地”。（刘　翀）

【社会教育】 2021年，隆平水稻博物馆先后举办“反对浪费、崇尚节约”社会实践活动，“元宵佳节做汤圆、稻博园里说丰年”“学雷锋精神，做稻博传人”“长沙市第三期青少年科普研学训练营”研学活动，“谷雨栽早秧，节气正相当”科普教育活动，“粽叶青青艾草芳，湖湘儿女品粽香”非遗文化研学活动，“金秋论‘稻’，一脉相承”——长台两地稻米文化线上交流活动等，传播农耕文化独特魅力，开展隆平精神的宣传和学习。与湖南卫视合作，在博物馆以稻米为主题拍摄鲜厨100第二季第9期并于6月10日播出，平台播放4636.5万次；“追梦中华·幸福湖南”2021海外华侨媒体走进隆平水稻博物馆，进一步扩大了博物馆影响力。先后举办“牛转乾坤——辛丑（牛年）新春生肖文物联展”、“庆祝建党——百周年沙画艺术展”、“红色中国——百年革命文物专题图片展”、“童年的大空”第五回展、“长沙本土文化的传承与创新”原创公益艺术精品展、长沙设计艺术周开幕式暨“大地之生——乡村振兴设计成果展”5个临时展览，观展人数10万人次。同时，将“红色中国——百年革命文物专题图片展”送展到湖南农业大学，进一步拓展了社会教育的效果。（刘　翀）

【接待服务】 2021年，博物馆接待全国各地的观众36.28万人次，日均接待游客人数超1000人次，博物馆社会效益进一步凸显，打造精品党课《新时代的拓荒牛——袁隆平》和故事微宣讲《妈妈，稻子熟了》，接待省委外事办、省委编办、省直机关工委、市委统战部等165个单位、近5000名党员到馆开展党史学习教育。接待布基纳法索驻华大使孔波雷、商务部国际经济合作事务局、吉林省梨树县政协和县委统战部、永州道县等专程考察学习团30余批次。（刘　翀）

【文物馆藏】 2021年，博物馆征集袁隆平生前经常使用的按摩椅、老花镜、放大镜、小提琴、授共和国勋章时穿的衬衣等珍贵文物藏品34件，并举行袁隆平院士物品捐赠仪式，湖南卫视、湖南经视、《湖南日报》、《长沙晚报》等省、市主流媒体进行专题报道。征集农耕文物藏品62件，其中西汉铜灶、陶牛及20世纪60年代水稻挂图、文革期间稻作农业宣传画、1986年湖南省杂交水稻世界研讨会湖南省副省长的讲话和官斛等6件可定级为珍贵文物。《馆藏可移动文物预防性保护申报书》获省文物局批准。（刘　翀）

【“反对浪费、崇尚节约”社会实践活动】 2021年1月23日，隆平水稻博物馆举行以“厉行节约、反对浪费”为主题的社会实践活动。长郡双语实验中学1913班全体同学在讲解员的带领下，参观水稻历史厅、水稻科技厅和袁隆平与杂交水稻厅，在观展中了解从种子到稻谷的生长过程。现场的剥谷取米环节，让学生知道稻谷从生长到加工再到储存的全流程，感知每一粒粮食的来之不易，从而树立“反对浪费、崇尚节约”的生活理念。隆平水稻博物馆馆长张璎为学生分享了袁隆平院士的“知识、汗水、灵感、机遇”八字成功秘诀，并将“把握今天，创造明天”的亲身感悟与大家共勉。（刘　翀）

【中国华侨国际文化基地授牌仪式】 2021年2月5日，“中国华侨国际文化基地”“湖南省华侨文化交流基地”授牌仪式在隆平水稻博物馆举行。湖南省侨联党组书记、副主席黄芳，长沙市侨联主席陈慧等领导为隆平水稻博物馆授牌。黄芳一行参观隆平水稻博物馆3个常设展厅和特色展厅。在之后的交流会上，隆平水稻博物馆就发展现状、规划建设、特色展览和未来的发展方向进行简要介绍。黄芳希望加大创新力度，增强参与感和实际性，让更多海外华裔青少年感受、学习中国稻作文化。（刘　翀）

【元宵研学活动】 2021年2月26日，隆平水稻博物馆开展“元宵佳节做汤圆、稻博园里说丰年”研学

2021年2月26日，在隆平水稻博物馆，教学老师指导参与活动的孩子制作汤圆

（隆平水稻博物馆　供图）

活动，通过博物馆微信公众号报名预约的30组学生家庭参加。活动中，教学老师为参与活动的孩子和家长介绍元宵节传统知识，让孩子们了解元宵节和猜灯谜、踩高跷等习俗的由来。在教师们的示范和指导下，身穿汉服的小朋友们动手操作，经过揉、搓、捏、包、煮等多道工序，掌握制作汤圆的全过程。

（刘　翀）

【“学雷锋精神，做稻博传人”研学活动】　2021年3月21日，隆平水稻博物馆开展雷锋月研学活动，芙蓉区育才东屯小学和大同瑞致小学的20名学生代表参加。活动现场，20名小雷锋投入到隆平水稻博物馆的各个岗位，拾取白色垃圾，做环境保护小卫士；把控疫情安检，当疫情防控小能手；巡视展馆工作，变身文明小管家；扮演热心客服，化身文明的引路人等，用实际行动践行雷锋精神，动员和引导更多的人投身到学雷锋活动中来。

（刘　翀）

【“长沙市关心下一代教育基地”授牌】　2021年3月30日，“长沙市关心下一代教育基地”授牌仪式在隆平水稻博物馆举行。长沙市关工委主任董学生、芙蓉区关工委主任罗树林出席仪式并讲话，隆平水稻博物馆馆长张璎接受授牌。隆平水稻博物馆和市关工委相关负责人参加。董学生强调，隆平水稻博物馆要以授牌为契机，立足实际，守正创新，打造成青少年教育示范基地。

（刘　翀）

【“谷雨栽早秧　节气正相当”科普教育活动】　2021年4月18日，隆平水稻博物馆组织开展“谷雨栽早秧，节气正相当”科普教育活动，大同瑞致小学和育才东屯小学20名学生参加。在讲解员的带领下，大家参观博物馆历史厅，通过《耕织图》了解中国古代水稻栽培技术的全过程。在研学课程中，学生观看幻灯片学习育秧的基本步骤和操作要领，到隆平水稻博物馆的梯田进行栽秧实践操作。

（刘　翀）

【“5·18”国际博物馆日活动】　2021年5月15日，隆平水稻博物馆组织来自省内参加“争做稻博人，小小讲解员”选拔赛最终获奖的40名学生及家长、共建单位大同瑞致、育才东屯小学20名学生及家长100余人，在隆平大讲堂举行以“人勤不负好春光、小小农夫插秧忙”暨小小讲解员颁奖仪式为主题的国际博物馆日特别活动。“争做稻博人，小小讲解员”选拔赛吸引全省2000余名优秀少儿参加，其中40人经过三轮比拼脱颖而出。活动从8名优秀选手讲述稻博文物故事中拉开序幕，与会领导分别为40名获奖学生颁奖并聘请其为隆平水稻博物馆志愿小小讲解员，为观众提供志愿讲解服务。颁奖结束后，在研学导师带领下，获奖选手代表与大同瑞致、育才东屯小学学生代表分别组成3支队伍，在博物馆水稻梯田中进行“人勤不负好春光、小小农夫插秧忙”插秧比赛，最后还进行了磨制米浆、制作饭团等主题研学活动，让孩子零距离感受农耕文化的独特魅力，了解米食文化，感悟大自然独特的生命力。湖南农业大学副校长吴波和湖南农业大学党委宣传部，区委统战部副部长袁光敏，芙蓉区副区长梁汝岚，区文化旅游体育局局长李启杰出席活动。作为馆校共建单位，活动当天吴波代表湖南农业大学为隆平水稻博物馆授牌“思想政治教育基地”。

（刘　翀）

【非遗文化研学活动】　2021年6月12日，隆平水稻博物馆举办以“粽叶青青艾草芳，湖湘儿女品粽香”为主题的非遗文化研学活动。参与研学活动的23位学生及其家长在讲解员的带领下参观博物馆的科技厅、隆平厅，了解水稻科技发展及袁隆平院士的两个梦想，深刻感受袁隆平院士的爱国主义情怀。在随后的课程中，孩子们学习了端午佳节的起源及其习俗的由来，亲手体验粽子的制作，上台分享活动的感悟和收获。（刘　翀）

【承接“红色中国　百年革命文物专题图片展”】　2021年6月16日，在芙蓉区政府二楼大厅展出的“红色中国 百年革命文物专题图片展”移展至隆平水稻博物馆继续展出。展览展出342件（套）全国范围馆藏革命文物和45处文物保护单位的图片资料，内容分为“革命岁月开辟新天地”“建设年代描绘新画卷”“改革开放谱写新篇章”“万众一心奋斗新时代”4个部分，形象、直观地展现中华民族实现从站起来、富起来到强起来的伟大飞跃过程。展品以高清图片形式呈现，有98块展板，以重要革命文物图片作为载体，力求体现全国性、代表性、典型性，引导观众了解革命文物背后的革命故事，更好地领悟革命文物背后的革命精神。隆平水稻博物馆还将临时展览送至湖南农业大学图书馆展出，加强馆校共建单位的友好合作，诠释博物馆进行公众文化教育的责任和担当。（刘　翀）

【沙画艺术展演活动】　2021年6月20日，庆祝中国共产党成立100周年沙画艺术展演活动开幕式在隆平水稻博物馆举行，活动由湖南省文学艺术界联合会、长沙市文明办主办，国家杂交水稻工程技术研究中心、芙蓉区文明办、隆平水稻博物馆、湖南省沙画艺术协会承办，活动收到沙画固彩作品、动态作品397幅，线上、线下展出作品95幅。活动现场，湖南省文联党组书记、副主席夏义生宣布活动开幕，湖南省沙画艺术协会秘书长、党支部书记贺春丽进行以“中国共产党建党百年”为主题的现场沙画表演。现场播放了庆祝中国共产党成立100周年湖南百名少先队员沙画快闪，以及袁隆平沙画作品视频，展现沙画艺术魅力。在隆平水稻博物馆临展厅展出的沙画作品件件精美、题材丰富、形式多样，艺术性和时代性相结合，从不同角度讴歌了党的丰功伟绩、伟大祖国的巨大变化、神州大地的壮美景色和人民群众的美好生活。（刘　翀）

【“万亿城市”系列报道长沙站走进隆平水稻博物馆】　2021年7月28日，由中央广播电视总台英语和西班牙语环球节目中心推出的“万亿城市”系列报道第二站长沙站，在隆平水稻博物馆展开。报道通过线上参观直播讲解的形式，让电视机前的观众朋友们度过了一段奇妙的中华文化之旅。直播中，主持人在讲解员的带领下，通过巡展双语播音的方式，在线参观了隆平水稻博物馆，了解中国传统农耕文化以及杂交水稻的发展历程和袁隆平院士研究杂交水稻的艰难困苦，在交流参观过程中传播稻作知识，弘扬农耕文化。（刘　翀）

【文创商店开业】　2021年8月17日，隆平水稻博物馆文创商店正式开业，整个文创商店围绕“米元素”进行，店内既有以大米为底料的饮品，又有与袁隆平院士、水稻等相关的文创用品，更有各种类型、各种容量包装的袁隆平大米，满足了到馆观众的不同需求。隆平水稻博物馆为文创商店顺利开业做足准备，通过举行投标比选会，让参与竞标的4家企业分别展示各自的方案。最终，长沙泽米餐饮管理有限公司投标成功，联手隆平水稻博物馆，发挥稻博文创商店（线上

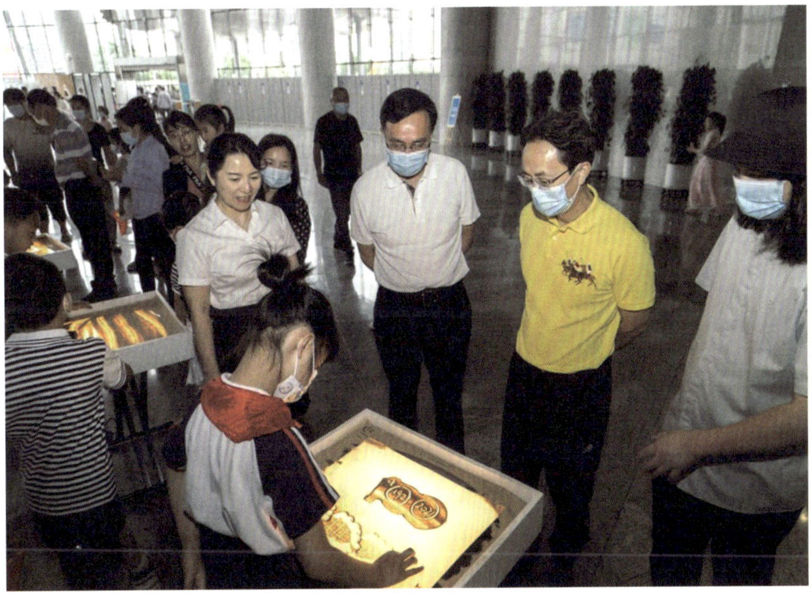

2021年6月20日，庆祝中国共产党成立100周年沙画艺术展演活动开幕式在隆平水稻博物馆举行。图为小学生制作沙画现场

（隆平水稻博物馆　供图）

线下）社会效益和经济效益，向社会传播更加优质的稻博文化。

（刘　翀）

【袁隆平院士物品捐赠暨馆校共建活动】 2021年9月7日，袁隆平院士物品捐赠暨馆校共建活动在隆平水稻博物馆举行。芙蓉区委副书记、党校校长蒋红波出席活动并讲话，芙蓉区副区长徐青春，袁隆平院士长子、袁氏种业高科技有限公司董事长袁定安等出席活动。活动仪式上，隆平水稻博物馆馆长张璎致欢迎辞，徐青春为芙蓉区素质教育基地、长郡芙蓉实验中学、马坡岭小学、曙光路小学授牌“课外实践合作共建单位”；隆平水稻博物馆党组书记孙中华向袁定安颁发收藏证书。蒋红波在讲话中代表芙蓉区委、区政府和全体与会人员表达对袁隆平院士的深切缅怀和崇高敬意，并感谢袁隆平院士家属向隆平水稻博物馆捐赠物品。仪式前，全体与会人员在隆平水稻博物馆一楼大厅为袁隆平院士塑像敬献鲜花，参观袁隆平与杂交水稻展厅，一起欣赏隆平水稻博物馆工作人员为缅怀袁隆平院士编排的节目诗朗诵《稻子熟了》、歌曲《我有一个梦》和孩子们带来的古筝演奏《稻香》。

（刘　翀）

【商务部国际经济合作事务局交流考察】 2021年9月25日，商务部国际经济合作事务局局长李小兵一行到芙蓉区隆平水稻博物馆交流考察。李小兵一行先后参观了隆平水稻博物馆的历史厅、科技厅、隆平厅3个常设展厅。他们在动态耕织图里了解中国传统农耕文化，在农家小院里感受湖南特色美食，在袁隆平与杂交水稻展厅里见证杂交水稻的研究发展与巨大成就。在之后的座谈会上，李小兵对博物馆的陈列布展给予肯定，对隆平水稻博物馆开馆以来接待来自联合国粮农组织、非洲、欧洲、东南亚各国政府官员、中非经贸博览会、中部农业博览会、南南合作培训班学员等国际经济组织参观考察并获“中国对外援助培训实训基地”表示赞许。

（刘　翀）

2021年10月23日，“童年的天空”第五回展——“长沙本土文化的传承与创新”原创公益艺术精品展在隆平水稻博物馆开展

（隆平水稻博物馆　供图）

【国庆假期迎来参观热潮】 2021年10月1—7日，隆平水稻博物馆迎来参观热潮。在实行单日观众限流措施下，隆平水稻博物馆单日最高流量接近4000人次，国庆节假期7天接待观众2.36万人次。节前，博物馆提前安排，做好各项接待准备，进行安全隐患排查；加强对展厅管理、观众接待的值班安排；强化讲解、安保、保洁等工作人员培训；足量配备防疫物资，保证参观秩序和场馆安全，确保国庆期间接待工作有序、安全。节日期间东雅中学、南雅中学、湖南农业大学、田家炳实验中学、沅江公益小天使等多个集体参观团队到博物馆参观，感受传统农耕文化，掀起国庆参观高潮。

（刘　翀）

【“童年的天空”第五回展开展】 2021年10月23日，“童年的天空”第五回展——“长沙本土文化的传承与创新”原创公益艺术精品展在隆平水稻博物馆开展。展览透过孩子的眼睛，向观众呈现本土文化中那些璀璨的艺术瑰宝。展览分为传承和创新两个部分，以饮食文化、建筑文化、民俗文化等极具特色的长沙本土文化为核心内容展开。通过孩子们自主创作的作品，以儿童视角，展现长沙近现代本土文化的发展历程，并在传承的基础上，展望城市发展的未来。展览由长沙市文学艺术界联合会、长沙市文化旅游广电局指导，长沙市青少年艺术工作者协会、隆平水稻博物馆、芙蓉区文学艺术界联合会、芙蓉区社会科学界联合会主办，溢美教育平台承办。展览持续至10月31日，吸引近1万名观众观展。

（刘　翀）

【海外华侨媒体走进博物馆】2021年10月12日，中国侨联、湖南省侨联、海外华人媒体、涉侨中央媒体一行40人走进博物馆开展“追梦中华·幸福湖南”海外华文媒体湖南采访行活动。海内外华文媒体记者走进隆平水稻博物馆参观博物馆以水稻为主题举办的三大基本陈列《稻米香万年——中国水稻历史文化陈列》《奇异的旅程——水稻的一生陈列》和《梦想成真——袁隆平与杂交水稻陈列》，感悟杂交水稻的产生、发展和影响，中华民族悠久的稻作文化以及水稻科技。海外华侨媒体记者还品尝了博物馆特色文创米饮，深入了解馆内特色文创产品。隆平水稻博物馆于2020年被中国侨联评选为中国华侨国际文化交流基地，作为湖南省面向国际的一张文化名片和丰富对外文化交流的重要载体，博物馆积极传播稻作知识，弘扬农耕文明，提升“中国华侨国际文化交流基地”的海内外影响力。活动旨在通过各海外知名媒体的宣传报道扩大隆平水稻博物馆的国际知名度和影响力，促进中外文化和农业科技的交流与合作，搭建起国际稻文化交流互动的桥梁。（刘　翀）

·湖南和平解放史事陈列馆·

【概况】　湖南和平解放史事陈列馆位于人民西路白果园19号，是在程潜公馆保护修缮的基础上建成，2015年10月面向公众免费开放。程潜公馆始建于民国时期，建筑面积340平方米，是程潜时任长沙绥靖公署主任兼湖南省政府主席的居所，同时也是湖南和平起义期间，中国共产党代表与程潜的重要联络地点和谈判地点之一，是湖南和平解放重要的历史见证。2019年10月，由国务院公布为第八批全国重点文物保护单位。2021年，湖南和平解放史事陈列馆的品牌影响日益扩大，全年接待参观5万余人次。全国政协常委、民盟中央副主席曹卫星、省委常委、市委书记吴桂英、省人大常委会副主任、民盟省委主委会主委杨维刚、北京朝阳区委书记王灏、市领导谢卫东、文树勋、夏建平、陈刚等相继到馆调研参观。接待各级各单位中共党员、中小学生开展党史教育主题宣讲100余场次，参与人数5000余人次。年内，湖南和平解放史事陈列馆被列入学习强国App“芙蓉红色之旅”推介视频在全国总平台进行展播；国际博物馆日湖南公共频道以“家门口的博物馆”为题对陈列馆进行专题报道；湖南卫视对湖南和平解放史事陈列馆进行了专题报道，并收录在大型节目“百炼成钢”中，在湖南卫视“党史上的今天”栏目播出；2021年9月，湖南和平解放史事陈列馆被收录入国家文物局主编的《中国革命纪念馆概览》专著，并成为湖南唯一一处被收录入全国解放战争主题革命纪念馆名录的场馆。（刘　勇）

【全国政协常委、民盟中央副主席曹卫星参观】　2021年9月14日，全国政协常委、民盟中央副主席曹卫星，省人大常委会副主任、民盟省委会主委杨维刚等一行20余人到湖南和平解放史事陈列馆参观调研，听取“苦难湘人盼和平”“和平起义成大业”“湖南和平起义大事记”等篇章介绍。（刘　勇）

【被收录入《中国革命纪念馆概览》】2021年9月，湖南和平解放史事陈列馆被收录入国家文物局主编《中国革命纪念馆概览》专著。湖南和平起义是中国近现代史上的重大事件，使湖南大部分地区免遭战祸，对促进华南、西南、西北的解放产生重要影响，加速了人民解放战争的进程。毛泽东、朱德曾致电程潜、陈明仁称“义声昭著，薄海同钦”；刘伯承、邓小平亦致电程潜、陈明仁，称“义声远播，举国欢迎”，给予肯定。湖南和平解放史事陈列馆是这一重大历史事件的重要见证，具有重要的历史价值。《中国革命纪念馆概览》收录全国56处解放战争主题革命纪念馆，湖南和平解放史事陈列馆是湖南唯一一处被收录入全国解放战争主题革命纪念馆名录的场馆。（刘　勇）

旅　游

【概况】　2021年，芙蓉区有星级旅游饭店11家，其中五星级3家，四星级7家，三星级1家；有旅行社总社177家，其中5星级旅行社14家，四星级旅行社6家，三星级旅行社3家，2021年新增五星级旅行社2家、四星级旅行社3家，有国家AAA级景区2家，其中2021年新增国家AAA级景区1家；五星级乡村旅游区1家；旅游厕所7座。文旅融合初显成效，成立芙蓉区浏阳河文旅产业带规划建设领导小组，编制《芙蓉区浏阳河文化旅游产业带规划建设三年行动计划》，重启浏阳河文旅产业带建设，工作运转上正轨。培育文旅聚集区，组织芙蓉区文旅企业进行 2021 年文化和旅游消费专项资金申报。年内接待国内外游客总人数 1918.35 万人次，实现旅游总收入 232.17 亿元，接待量和旅游收入排名长沙市第二位。

（魏菊芳）

【长沙五一商圈获批第一批国家级夜间文化和旅游消费集聚区】 2021 年 10 月，芙蓉区与天心区联合申报，长沙五一商圈获批第一批国家级夜间文化和旅游消费集聚区。长沙五一商圈夜间文化和旅游消费集聚区依托成熟的古老长沙的文化中心，业态高度集聚，是幸福长沙的网红地标；商业极其繁荣，是魅力湖湘的夜游范本。其时尚元素形成强大的聚集效应，成为长沙的商务中心、金融中心和休闲娱乐中心。在全国首批 120 个国家级夜间文化和旅游消费集聚区名单中，长沙仅有五一商圈、阳光壹佰凤凰街两地入选。（魏菊芳）

【芙蓉区“文旅体”联盟成立暨百日暖企行动启动】 2021 年 11 月 26 日，“文旅体共融合 同发展 立标杆”——芙蓉区“文旅体”联盟成立暨百日暖企行动启动式在区文化馆举行。活动现场，湖南省文化和旅游厅一级巡视员王超祥宣布芙蓉区文旅体联盟成立，首批 8 家创始单位（湖南省中国国际旅行社、隆平水稻博物馆、湖南华天大酒店、大脑工场文化产业发展有限公司、湖南省茶叶博物馆、湖南乐运智能科技有限责任公司、长沙古米网、温莎 ktv 解放东路店）、22 家成员单位(湖南琴岛文化传播有限公司、湖南湘绣博物馆等）获得授牌。文旅体联盟的成立对文旅体企业联合发展起到桥梁和纽带作用，活动标志芙蓉区“百日暖企”活动启动。

（魏菊芳）

【白果园历史文化旅游街区获批国家 AAA 级旅游景区】 2021 年 12 月，白果园历史文化旅游街区申报并获批国家 AAA 级旅游景区。白果园历史文化旅游街区地处长沙市最繁华的商业中心区，是五一广场不可多得的静谧之处，涵盖古城长沙的商街、文街和官街，北接解放西路，东接蔡锷南路，南接人民西路，西与黄兴路步行街接壤，面积 0.13 平方千米。白果园历史文化旅游街区历史底蕴深厚，下辖白果园、登隆街、苏家巷、观音井、育英街、东茅街、丰盈西里等一众长沙历史文化老街，街区人文情怀浓厚，系近现代长沙古迹及历史风貌留存最为集中的片区之一。该处不仅汇聚着老长沙特有风貌，也彰显着新长沙时代气息。古韵白果园、程潜公馆、湘江评论印刷旧址、长沙剧院、公沟遗迹、苏式建筑、丰泉古井等古迹，以及老长沙特色民居古巷均位于该地。有机更新改造后的街区，引入咖啡甜品、时尚潮品、特色民宿、网红餐饮等现代业态，已成为年轻人创业聚集地，是长沙历史步道中最具历史韵味与时尚网红融为一体的精致精美文旅片区。（魏菊芳）

【纾困帮扶旅游企业】 2021 年，芙蓉区文旅体局组织辖区内文旅企业积极申报长沙市文旅建设补助资金和文化旅游消费专项资金补助，帮助文旅企业克服发展中的资金困难。年内，组织湖南省圆点美术馆、湖南龙骧浏阳河水上客运有限责任公司等 7 个文旅企业，申报并获批长沙市浏阳河文旅产业带规划建设补助资金 210 万元；组织湖南富丽华大酒店、湖南省中国国际旅行社共 8 个文旅企业，申报并获批长沙市文化和旅游消费专项补助资金 64 万元；组织湖南光大国际旅行社、湖南省同程亲和力旅游国际旅行社等 15 家旅行社，申报并获批长沙市文化和旅游消费专项资金 165 万元。

（魏菊芳）

【旅游咨询服务中心建设】 2021 年 12 月，东湖街道旅游咨询服务中心、定王台街道丰泉古井社区旅游咨询服务中心、荷花园街道杨家山社区旅游咨询服务中心完成建设并通过长沙市文旅广电局验收，各获得启动资金 15 万元。旅游咨询服务中心服务的功能：免费提供旅游指南、景点介绍，免费提供旅游相关信息的咨询，提供餐饮住宿门店预订服务，提供团队拓展、党建活动、研学活动组织策划服务，提供导游讲解服务，提供具有本地特色的旅游纪念品服务，提供投诉受理服务，以及救援帮助服务。（魏菊芳）

【浏阳河婚庆文化园】 芙蓉区浏阳河婚庆文化园，是国内首个婚庆文化园，于 2013 年 10 月评定为国家 AAA 级景区。景区总用地面积约 11.87 公顷，总建筑面积约 10 万平方米，包括婚庆文化产业园、时尚娱乐街、爱情星光街、家庭运动公园等主题文化街区，是商业、旅游、文化相结合的主题文化产业园区。景区定位为一站式休闲娱乐文化综合体，独特的滨河低密度商业景观和婚礼主题公园，打造中部地区最有影响力的大型体验式消费主题街区。（魏菊芳）

【浏阳河文旅艺术节】 2021 年，芙蓉区文旅体局举办 2021 年浏阳河

2021年，芙蓉区举办浏阳河文旅艺术节活动。图为5月20日在浏阳河婚庆公园举行的“爱在芙蓉，520百对党员夫妻同唱浏阳河”活动现场（区文旅体局　供图）

文旅艺术节，活动贯穿全年，包括区级开展的“爱在芙蓉，520百对党员夫妻同唱浏阳河”、袁隆平院士物品捐赠暨校馆共建、圆点美术馆开馆、“百圆同心”全国名家书法邀请展、芙蓉区文化中心开放试运营、姚托党支部陈列馆开馆、水稻田边袁隆平院士巨幅油画揭幕7大主题活动及各街道组织的文化旅游艺术体育活动93场。活动以传播汉文化、伟人文化、美术艺术、稻文化、家风美德为主要内容，宣传浏阳河文化和旅游产业品牌。相关活动在《长沙晚报》等媒体报道。

（魏菊芳）

·表33·　2021年芙蓉区浏阳河文旅艺术节区级文旅活动一览表

序号	活动时间	地点	活动名称及形式
1	5月20日	浏阳河婚庆公园	100对党员夫妻同唱浏阳河
2	7月6日	东湖街道东沙社区	姚托党支部陈列馆开馆
3	9月6日	湖南省农科院水稻研究所职工活动中心	水稻田边袁隆平院士巨幅油画揭幕活动
4	9月7日	隆平水稻博物馆	袁隆平院士物品捐赠暨校馆共建活动
5	9月19日	湖南省圆点美术馆	圆点美术馆开馆试运营
6	9月19日	湖南省圆点美术馆	“百圆同心”全国名家书法邀请展
7	10月1日	芙蓉区文化中心	芙蓉区文化中心开放试运营

（资料来源：区文旅体局）

卫生健康

Hygiene and Health

编辑　谭自然

综　述

【概况】　2021年，芙蓉区卫生健康工作围绕“健康芙蓉”建设，守住新冠肺炎疫情防控底线，提升基层医疗卫生服务质量，统筹推进新冠肺炎疫情防控与卫健事业发展。年内，芙蓉区慢性病综合防控示范区建设通过国家级复评，被评为“湖南省健康促进示范区”，鼠蟑密度控制水平通过省级技术评估验收。芙蓉区智慧医疗信息平台以优秀典型应用被收录进“共享智慧成果 共建数字生态”首届长沙市新型智慧城市典型应用和优秀解决方案案例集。芙蓉区卫生健康局被评为市级“爱国拥军模范单位”“全省计生协重点工作优秀单位”，芙蓉区疾控中心被评为“长沙市文明单位”“长沙市优秀基层党组织”。

（梁蓉蓉　熊　梦）

【智慧医疗信息平台建设】　2021年，芙蓉区卫生健康局与长沙银行股份有限公司东城支行、湖南长信畅中科技股份有限公司共同建成芙蓉区智慧医疗信息平台，包括远程医疗服务、就医诊间支付、区域实验室信息管理系统（LIS）、公卫体检、家庭医生、综合监管、绩效评价等应用，通过运用互联网技术，加快实现医疗资源上下贯通、信息互通共享、业务高效协同，开展预约诊疗、双向转诊、远程医疗等服务，推进“基层检查、上级诊断”的分级诊疗格局。芙蓉区智慧医疗信息平台以优秀典型应用被收录进“共享智慧成果　共建数字生态”首届长沙市新型智慧城市典型应用和优秀解决方案案例集中。2021年芙蓉区智慧医疗平台签约43942人，全区13个街道社区卫生服务中心组建家医团队130个，实现信息共享、科普宣教、人才培养、远程医疗、慢病管理、科研协同、双向转诊等服务，让患者在家门口获得更多的优质医生资源和医疗资源。

（梁蓉蓉　熊　梦）

【爱国卫生】　2021年，芙蓉区投入142万元开展病媒生物防治工作。春秋两季公共地带灭鼠投放灭鼠毒饵16000千克、灭鼠蜡块4035千克，留发给街道、社区居民灭鼠毒饵4000千克、粘鼠板6000张。全区下水道烟雾熏杀共喷洒热烟雾剂560千克、4.5%高效氯氰菊酯可湿性粉剂290千克、8%高氯残杀威悬浮剂380千克，防制专业机构及单位社区投入防制技术用工1600余个。全区公共地带加建毒饵站5009个，诱蝇笼406个，灭蚊灭蝇全区喷洒高效氯氰菊酯水乳剂406.1千克、残杀威乳油172.1千克，清理各类小型容器积水3830处，在灭前灭后组织开展以清除蚊蝇孳生地为目的的全区大扫除活动，以提高和保障灭杀效果。建设维一星城小区和湘府小区2个病媒生物示范性小区。全区创建无烟学校173所，通过省级鼠蟑密度B级达标评估。

（梁蓉蓉　熊　梦）

·表34·　2021年芙蓉区医疗卫生基本情况统计表

指标名称	单位	2021年
一、医疗卫生机构数	个	341
其中：社区卫生服务中心	个	13
社区卫生服务站	个	47
二、医疗卫生人员数	人	13493
三、年末医疗卫生机构床位数	张	9879
四、五岁以下儿童死亡率	‰	0.87
五岁以下儿童死亡数	人	4

（资料来源：区统计局）

新型冠状病毒肺炎疫情防控

【概况】 2021年，芙蓉区制定《芙蓉区应对新冠病毒肺炎疫情应急预案》，组建区卫健局、区公安分局、区数据资源中心骨干力量组成的三级流调队伍，按照“前台混编，后台合署”的原则构建流调溯源专班，提升流调溯源的及时性、精准性。全年无新增新冠肺炎疫情本土病例。

（朱双杨）

【新冠疫苗接种】 2021年，芙蓉区安全有序开展新冠疫苗接种，推进3～17岁人群、老年人、重点人群加强针接种，完成147万剂次接种，12岁及以上人群全程接种率96%，3～11岁人群第一剂次接种完成率97.4%，第二剂次接种完成率73.4%，12岁及以上人群新冠疫苗加强针占比34.34%，60岁以上人群新冠疫苗接种覆盖率64%。

（朱双杨）

【新冠疫情防控】 2021年，芙蓉区储备11个隔离酒店、835间隔离房间，全力应对和处置广州荔湾区、南京禄口机场、西北游3次大的新冠肺炎疫情造成的区域疫情控制。接待肯尼亚内罗毕到长沙的国际航班5班次，完成1110人集中隔离医学观察，发现处置境外输入确诊病例13例，无症状感染6例，均未发生关联病例。全年落实入境人员管控1923人（含5次入境航班隔离人员）。定期对重点冷链食品及经营环境和从业人员进行新冠肺炎病毒核酸检测，检测9492人份，包括重点食品及包装样1640份、市场环境样1884份、从业人员5968人。

（朱双杨）

2021年8月6日，长沙市第六中学设置新冠疫苗临时接种点。图为医疗工作人员核对学生信息 （区疾控中心 供图）

【应急核酸检测力量储备】 2021年，芙蓉区率先通过公开招标方式，将区域新冠肺炎病毒核酸检测及重点人群核酸检测工作委托长沙市艾迪康医学检验公司和长沙市卫实医学检验公司承担。1月，先后与上述2家公司签订补充协议，在应急状态下，每家公司确保1万单管日检测能力服务于芙蓉区新冠肺炎疫情防控。建立芙蓉区辖区医疗机构、疾控机构、第三方医学检验公司核酸检测能力及耗材储备台账，芙蓉区新冠肺炎病毒核酸日检测能力5.7万单管，为新冠肺炎疫情防控提供有力保障。

（朱双杨）

【隔离人员心理干预】 2021年，芙蓉区关注涉疫隔离人员和隔离场所工作人员的心理健康，11—12月，芙蓉区疾控中心与中南大学湘雅二医院、长沙市疾病预防控制中心合作，邀请精神卫生专家为新冠肺炎涉疫隔离人员开展心理健康服务，全年调查干预1171名医务人员、隔离人员，其中62人参与心理正念干预。

（朱双杨）

【隔离酒店监督管理】 2021年，在5月广州荔湾区、7月南京禄口机场、10月西北游3次全国性新冠疫情当中，芙蓉区累计管理密接和潜在密接439人，次密接1432人。肯尼亚内罗毕到长沙的国际航班5班次中，完成1110人集中隔离医学观察，发现处置境外输入确诊病例13例，无症状感染者6例。先后启用4家隔离酒店500余间隔离房间，确保涉疫人员得到及时隔离管控，区疾控中心累计派出80余人次对集中隔离场所进行指导，严格划定隔离场所三区两通道，落实隔离场所预防性消毒和终末消毒工作，全年未出现一起隔离酒店交叉感染事件。

（朱双杨）

【检验检测机构资质认证】 2021年12月15—16日，区疾控中心迎接湖南省市场监督管理局组织的检验检测机构资质认定，获得9类131项检验检测能力认证。通过该次能力认证，进一步完善中心质量管理体系，提升中心实验室检验检测能力。（朱双杨）

医政管理

【概况】 截至2021年年底，芙蓉区有各类医疗卫生机构341家，社区卫生服务中心13家（其中湘湖、五里牌2家为民办社区卫生服务中心），社区卫生服务站47家，村卫生室2家。各类医疗卫生机构编制床位数7880张，实有床位数9879张。卫生技术人员13493人，其中注册执业（助理）医师数4602人，护士数7335人。（张 鋆 程铁帛）

【医疗质量控制管理】 2021年，芙蓉区贯彻落实《医疗质量管理办法》《医疗纠纷预防和处理条例》等规定，健全医院感染管理及质量控制工作组织体系，组织做好对辖区医院感染管理及质量控制的评价工作，并将质控结果运用至全区医疗卫生机构的校验、医疗机构等级评定结果中。完善巡查、点评、约谈、通报、处罚5项制度建设，落实《医疗机构校验管理办法》，牵头组织开展区发证的医疗卫生机构的校验工作，聘请省市级专家参与对一级综合医院的现场审查，围绕医疗质量、院感、临床用药、处方和病历书写管理等重点环节进行指导。全年完成医疗机构校验331家（歇业的除外），暂缓校验7家，下达限期整改通知书34份。加强对基层医疗机构医疗服务过程中重点环节、重点区域、重点人员管理，规范医疗行为，促进医疗质量的持续改进，处理辖区内医疗机构医患纠纷，全年受理医疗事故争议和医疗纠纷投诉300起，现场受理答复56起，组织医患双方协调解决223起，报省、市医学会进行医疗事故技术鉴定11起。无二级以上医疗责任事故发生，有效缓解医患关系，确保医疗安全。（张 鋆 程铁帛）

【卫生健康行业监管】 2021年，芙蓉区开展新冠肺炎疫情防控督查工作，检查定点医院5家、医疗机构358家、公共场所70余家，出动监督人员420余人次，出具卫生监督意见书180余份，现场整改问题160余个，跟踪整改问题90余个。开展“食品安全护苗行动”（春季、秋季），及时发现和处置卫生安全隐患，预防介水传染病和水污染事件的发生，保障学校师生饮用水卫生安全，出动卫生监督人员130人次，监督检查中小学校49所、幼儿园托幼机构128所，责令整改12所。开展医疗美容机构、医疗废弃物、放射诊疗、职业卫生专项整治。共出动监督人员860余人次，检查医疗机构358家（放射诊疗单位13家）、停业整改54家；检查医疗美容机构31家、职业卫生用人单位62家。全年向区行政执法局移交线索70余条，区行政执法局立案卫生领域案件66件。（张 鋆 程铁帛）

·表35· 2021年芙蓉区辖区内医疗机构基本情况一览表

序号	等级	机构名称	机构地址	性质	床位数（张）	专技人数（人）
1	三级	中南大学湘雅二医院	人民中路139号	非营利性	4555	4760
2		湖南省人民医院天心阁院区	解放西路61号	非营利性	2613	2610
3		湖南省人民医院马王堆院区	古汉路89号	非营利性	838	951
4		长沙市八医院东院	五一大道39号	非营利性	/	
5		长沙市口腔医院五一路院	五一大道844号	非营利性	0	196
6		长沙市一医院南院	水絮塘巷67号	非营利性	/	
7		湖南省旺旺医院	人民东路318号	营利性	563	1125

·续表 35·

序号	等级	机构名称	机构地址	性质	床位数（张）	专技人数（人）
8	二级	长沙科尔雅口腔医院	建湘南路 84 号	营利性	0	30
9		长沙泰康拜博口腔医院	蔡锷南路 48 号天心华庭 1~2 层	营利性	10	23
10		长沙东协盛医院	东二环二段 233 号	营利性	380	136
11		长沙丽人妇产医院	人民中路 499 号	营利性	68	70
12	一级	长沙长江医院	车站北路 251 号	营利性	25	49
13		长沙长海医院	东二环一段 1029 号铭威大厦	营利性	50	73
14		长沙芙蓉湘城医院	东二环一段 1178 号	营利性	60	58
15		长沙芙蓉鑫远博爱医院	东湖街道长椰路 88 号	营利性	38	28
16		长沙和谐医院	芙蓉中路二段 16 号	营利性	20	36
17		湖南农业大学医院	湖南农业大学校内（农大路 1 号）	非营利性	50	44
18		中共湖南省委机关医院	韶山路 1 号	非营利性	60	61
19		长沙东大肛肠医院	远大一路 820 号	营利性	70	62
20		长沙艺星医学美容医院	五一大道 199 号	营利性	20	49
21		长沙鹏爱医疗美容医院	韶山北路 192 号湘农大厦 2~4 楼	营利性	0	42
22		长沙中研皮肤病医院	人民中路 817 号	营利性	50	60

注：数据来源于全国卫生健康统计信息网络直报系统。

·表 36·　2021 年芙蓉区社区卫生服务中心一览表

序号	机构名称	机构地址	床位数（张）	专技人数（人）
1	湘湖街道营盘路社区卫生服务中心	晚报大道 99 号	0	33
2	五里牌街道车站北路社区卫生服务中心	车站北路 127 号	50	65
3	文艺路街道社区卫生服务中心	解放中路 200 号	0	43
4	韭菜园街道社区卫生服务中心	长沙市燕山街 83 号	0	40
5	东湖街道社区卫生服务中心	远大二路 892 号	28	47
6	马王堆街道社区卫生服务中心	纬二路 183 号	0	62
7	东屯渡街道社区卫生服务中心	扬帆小区 F18 栋	0	69

·续表 36·

序号	机构名称	机构地址	床位数（张）	专技人数（人）
8	火星街道社区卫生服务中心	紫薇路五片 21 栋	0	61
9	东岸街道社区卫生服务中心	东岸街道远大二路与望龙路交会处（远大二路 369 号）	99	51
10	朝阳街道社区卫生服务中心	曙光北路 109 号	47	56
11	定王台街道社区卫生服务中心	浏正街 57 号（总部）马王街 45 号、吉庆巷 25 号（分部）	30	62
12	荷花园街道社区卫生服务中心	东二环一段 938 号	0	60
13	马坡岭街道社区卫生服务中心	芙蓉区生态新城二号安置小区 8 标段 C8 栋	0	65

（资料来源：区卫健局）

中医药事业

【概况】 2021 年，芙蓉区加强中医药事业的发展，全区所有街道的社区卫生服务中心全部设立了“中医药科”。年内，通过与上级医院共建中医药联盟、选送优秀医生进修培训，培养自己的中医药人材，打造本土中医名医工作室等措施，推动全区中医药事业的发展。

（张 鋆 程铁昂）

【中医药服务】 2021 年，芙蓉区 13 家社区卫生服务中心均按照标准设置中医科、中药房，均配备至少 300 种中药饮片，能提供针灸、推拿、火罐、牵引、熏蒸、蜡疗、穴位注射 7 类 15 项以上中医药适宜技术。截至 2021 年年底，全区 45 家社区卫生服务站和 2 家村卫生室均配备 1 名中医医师或者是能西会中的临床医生，都能提供针灸、推拿、刮痧、火罐 4 类以上中医药适宜技术。

（张 鋆 程铁昂）

2021 年 10 月 15 日，芙蓉区中医名医工作室授牌 （区卫健局 供图）

【中医药联盟建设】 2021 年，芙蓉区与长沙市中医医院共建中医药联盟，开展“名中医”下基层坐诊带教，促进优质中医药资源下沉，搭建专科进修培训平台，年内组织基层中医药人员开展“基层中医药服务能力提升培训”4 次、“芙蓉区基层常见中医优势病种诊疗方案和中医药适宜技术推广培训”1 次，参训 360 人次。全年选送 33 名中心骨干到长沙市中医医院进修培训，并将中医药服务项目融入慢性病管理，在基层社区卫生服务机构打造具有中医特色的家庭医生签约服务包。2021 年 9 月，芙蓉区在荷花园街道社区卫生服务中心打造“本土中医名医工作室”，培植社区的“本土名医”，发挥基层名中医在中医药事业发展中的示范、引领、辐射作用，助推基层中医药人才队伍建设。（张　鋆　程铁昂）

基层医疗卫生服务

【概况】　2021年，芙蓉区基层卫生健康工作坚持以“健康芙蓉”为主线，以人民健康为基本着力点，推进基本公共卫生服务和基本医疗服务有效融合。继续实施“补设备、补人才、补服务”专项计划，分别为9个政府办社区卫生服务中心配备全自动视力筛查仪；对政府办社区卫生服务中心名医工作室、在岗全科医生、全科医生转岗培训及住院医师规范化培训等补助172.9万元；在全区社区卫生服务中心开展“优质服务基层行”创建活动，定王台街道社区卫生服务中心创建为“优质服务基层行”推荐标准，文艺路、韭菜园和湘湖街道营盘路社区卫生服务中心创建为基本标准。

（龚倩妮）

【家庭医生签约服务】　2021年，芙蓉区卫健局以“稳定签约数量、巩固签约覆盖、做实签约服务”为主要工作目标，把工作重点向提质增效转变，做到签约一人、履约一人、做实一人，提高签约居民对签约服务的获得感和满意度。2021年芙蓉区家庭医生签约采用芙蓉区智慧医疗信息平台家庭医生签约服务管理系统开展家庭医生签约服务，截至2021年12月31日，全区签约148073人，签约率25.40%，重点人群签约率69.83%，其中：老年人签约42819人、高血压患者签约26996人、糖尿病患者签约10113人、0～6岁儿童签约25708人、孕产妇签约4431人、严重精神障碍患者签约2517人、低保特困签约2730人、计划生育特殊家庭签约1184人、残疾人签约4671人、肺结核签约228人。（龚倩妮）

2021年7月2日，荷花园街道社区卫生服务中心联合长沙市八医院专家进机关开展家庭医生履约活动　（区卫健局　供图）

【基本药物管理】　2021年，芙蓉区卫健局执行落实国家药品采购“两票制”、实施药品销售零差率政策，贯彻国家基本药物制度，推进基本药物综合试点工作。2021年，全区11个政府办社区卫生服务中心通过湖南省药品集中采购管理平台（以下简称“平台”）采购药物总金额2232.6万元，其中基本药物采购1922.1万元，占采购总金额的86.09%，符合不低于83%要求；非基本药物采购金额310.5万元，占采购总金额13.91%，符合不超过17%的要求，通过平台统计，基本药物品规占采购总品规84.91%。2021年，销售基本药物总金额1847.7万元，非基本药物销售金额317.3万元，按照先预拨后结算的原则，已经预拨中央、省、市级补助资金273.01万元（包含2020年的市级奖励资金5万元），区级资金待年终绩效评价结果通报后结算。全区无网外采购行为，无加价销售行为，均实施基本药物网上采购和执行基本药物零差率销售。

（龚倩妮）

【基本公共卫生服务】　2021年，芙蓉区卫健局坚持“四实”举措（措施要扎实、工作要落实、数据要真实、结果可核实），为居民免费提供12项基本公共卫生服务，提高基本公共卫生服务质量和水平。采取定期通报制度，充分依托公卫3.0系统，每半月对老年人、高血压、糖尿病患者等重点人群目标任务完成情况进行通报，对存在的问题提出具体整改措施，确保按质按量完成项目工作目标任务。开展即时性智能电话调查，利用省级搭建的即时性智能电话调查平台，以重点人群为切入点，及时完成服务真实性和居民满意度电话调查，推动全区基层医疗卫生机构做真做实基本公共卫生服务。根据《湖南省基本公共卫生服务项目绩点制管理实施方案（试行）》文件，推行项目绩点制管理，制定区级绩点制方案，推进项目经费与各机构服务数量及服务质量挂钩，激发基层工作积极性和工作活力。结合新冠疫苗接种开展项目工作，推进居民电子健康档案务实应用，持续提升基本公共卫生服务质量，全面完成基本公共卫生服务项目工作目标任务。2021 年全区建立居民电子健康档案 62.23 万份，按照省级核定的 58.29 万人口数计算，建档率 106.75%，档案开放率 70.15%；新生儿访视数 4839 人，新生儿访视率 98.61%，0 ～ 6 岁儿童数 42830 人，健康管理数 42141 人，健康管理率 98.39%；全区产妇数 4823 人，活产数 4908 人，早孕建册人数 4631 人，早孕建册率 94.38%，产后访视人数 4803 人，产后访视率 97.88%，孕产妇系统管理人数 4786 人，系统管理率 97.53%；老年人建档率 85.54%，规范体检率 61.33%；高血压患者建档人数 3.73 万人（管理任务数 3.45 万人），高血压患者规范管理率 71.51%；2 型糖尿病患者管理人数 1.36 万人（管理任务数 1.11 万人），2 型糖尿病患者规范管理率 71.04%；全区管理严重精神障碍患者 2667 人，规范管理 2567 人，规范管理率 96.25%；肺结核患者规范管理率 93.69%；老年人中医药健康管理率 65.57%，0 ～ 36 个月儿童中医健康管理率 79.93%。传染病疫情报告综合率 100%。国家基本公共卫生服务项目工作均达到和超过省、市级任务指标要求，高质量完成国家基本公共卫生服务项目工作。

（龚倩妮）

【卫生人才培训】 2021 年，芙蓉区卫健局 2021 年，根据《国家卫生健康委基层司关于印发 2021 年基层卫生人才能力提升培训项目实施方案的通知》精神，组织社区卫生服务中心骨干全科医生、骨干人员及乡村医生 8 人，采取线上基础培训与线下实操培训、常态培训与定期考试相结合的方式进行基层卫生能力提升培训。组织基层医疗卫生机构人员参加省、市级组织的相关培训班，包括全省基本公共卫生服务项目绩点制培训班、湖湘居家健康管理学术研讨会、长沙市乡镇卫生院（社区卫生服务中心）院长（主任）培训班、基层医疗卫生机构“健康湖南—基层巡讲”培训活动、呼吸慢病诊疗技术规范化培训、“雄鹰计划”项目培训等各类基层医疗卫生人员能力提升培训 6 次，培训 80 余人次。举办区级国家基本公共卫生服务项目专题培训班、基层医疗卫生机构高血压糖尿病诊治专题培训、基本公共卫生服务绩点制管理培训、学史力行—省医社区医生提高班（第一期至第四期）等 6 次培训，培训 575 人次。督促基层卫生人员通过“华医网”“云鹊医”“糖医帮”等网站进行线上学习和自测，参加全省组织的基层卫生人员服务能力在线考试，促进基层卫生人员加强学习，提升能力，持续改善基层医疗卫生服务质量。

（龚倩妮）

【夜间门诊服务】 2021 年，全区 13 个社区卫生服务中心继续设立夜间门诊，成立便民医疗服务工作领导小组和工作实施小组，制定双向转诊工作制度和转诊工作流程，规范夜间门诊登记，对外悬挂夜间门诊灯箱，公布夜间门诊咨询电话，对夜间门诊值班人员进行排班，明确相关人员进行值班值守和电话咨询，为居民提供家门口的夜间门诊服务。

（龚倩妮）

【推进城市医联体建设】 2021 年，全区已经形成了驻区三级公立医院（湖南省人民医院、中南大学湘雅二医院）和市级专科医院（长沙市妇幼保健院、长沙市中医医院）为主体与辖区内社区卫生服务机构组建的城市医疗联合体。进一步与湖南省人民医院共建紧密型城市医联体，在急救转诊、优先救治、专科建设、人才培养、远程心电、家庭医生签约专家团队、高血压糖尿病专病门诊等方面开展共建合作。截至 12 月 31 日，省人民医院派驻心内科、内分泌科、神内科、全科、老年医学科、风湿免疫科、中西医结合科、骨科、儿科等科室专家 165 人次，到全区各社区卫生服务中心坐诊；全区选送 17 名优秀医护人才到省人民医院进修培训。与长沙市中医医院签署中医药联盟合作协议，共同启动以业务协作、人才培养、资源共享、共同发展为目标的协议项目，采取“名中医”坐诊、会诊、中医药适宜技术带教、中医药服务能力系列培训讲座等多种形式，为各社区卫生服务中心培养中医药人才，打造“一中心一中医”品牌特色服务。

（龚倩妮）

【紧密型乡村卫生服务一体化管理】 2021 年，芙蓉区根据《关于推进紧密型乡村卫生服务一体化管理的通知》要求，推行紧密型乡村卫生服务一体化管理，乡村医生与社区卫生服务中心签订紧密型乡村一体化管理协议，村卫生室作为社区卫生服务中心延伸机构，社区卫生服务中心对村卫生室实行“六统一”为基本内容的紧密型乡村一体化管理，全年全区对西龙村、东屯村2个村卫生室补助运行经费1.5万元/年。

（龚倩妮）

【“学史力行——省医社区医生提高班”开班】 2021年5月18日，“学史力行——省医社区医生提高班第一期”在区妇幼保健所会议室开班。区卫健局公共卫生科和医政医管科相关人员、各社区卫生服务中心、社区卫生服务站、村卫生室医疗业务骨干等80余人参加培训。区卫健局副局长屈沪军、湖南省人民医院社会医学部副主任邓丽出席开班仪式。该次培训采取线上、线下相结合的方式举行，湖南省人民医院耳鼻咽喉头颈外科主任肖旭平、心血管内三科主任潘宏伟和呼吸与危重症医学科主任胡瑞成分别讲授“与内外科纠缠不清的耳鼻喉头颈外科症状与体征的鉴别”“急性胸痛的诊断鉴别和胸痛单元建设”“社区获得性肺炎的诊治”等知识。两年来，区卫健局与湖南省人民医院全面落实分级诊疗制度，着力构建“小病在社区、大病到医院、康复回社区”的紧密型城市医联体，在人事分配、财政投入、信息化支撑等多方面建立和完善保障城市医联体运行的政策措施，实现信息共享、科普宣教、人才培养、远程医疗、慢病管理、科研协同、双向转诊等服务。该次通过建设“省医社区医生提高班”，旨在“软硬件”同步助推芙蓉区基层医疗卫生机构的服务能力更上一层楼。

（龚倩妮）

妇幼保健

【概况】 2021年，芙蓉妇幼保健工作以《中华人民共和国母婴保健法》《中国妇女发展纲要》《中国儿童发展纲要》为核心，以加强母婴安全和民生实事项目为重点，夯实工作基础、优化服务模式，提高服务能力和科学管理水平，完成省市各项工作任务，被长沙市卫生健康委评为“省重点民生实事项目工作成绩突出单位”。

（丁　俊）

【母婴安全保障】 2021年，芙蓉区产妇总数4823人，其中户籍产妇2465人，流动产妇2358人；活产总数4908人，其中户籍活产2523人，流动活产2385人。全年高危妊娠管理总人数4365人，新增高危孕妇3086人，其中红色预警31人，橙色预警736人，紫色预警66人。孕产妇死亡率0。全区5岁以下常住儿童数16341人，其中婴儿死亡3人，新生儿死亡1人，1～4岁死亡1人，5岁以下儿童死亡率0.87‰，婴儿死亡率0.65‰，新生儿死亡率0.22‰。

（丁　俊）

【省市健康民生项目】 2021年，芙蓉区完成省级民生项目：为35～64岁农村和城镇低保适龄妇女提供免费“两癌”检查服务1288人，目标人群覆盖率105.14%，发现宫颈癌前病变11人，未发现乳腺癌及宫颈癌。为4417名孕产妇进行免费产前筛查服务，目标人群覆盖率105.17%，高危人群干预诊断率100%，高危人群妊娠结局随访率100%；完成市级健康民生项目：为35～64岁适龄妇女“两癌”免费检测7422人，查出宫颈癌前病变66人，宫颈癌6人，乳腺癌4人。完成无创产前检测（NIPT）4763人，发现21、13、18三体高风险和其他异常38例，确诊15例。完成新生儿疾病筛查免费检测4578人，可疑阳性276人；耳聋基因筛查4579人，筛查异常207人。

（丁　俊）

【出生缺陷防控】 2021年，芙蓉区完成免费婚前医学检查2330人，婚检率78.08%。全年完成孕前优生健康检查2105人，目标人群覆盖率105.25%。免费叶酸发放6528人，叶酸服用率98.57%，叶酸服用依从率94.96%。报送围产儿出生缺陷个案194例，活产出生缺陷个案172例，围产出生缺陷率万分之364.59，活产出生缺陷率万分之325.82。孕产妇艾滋病、梅毒和乙肝检测率100%，孕早期检测率93.35%。无艾滋病孕产妇。梅毒感染孕产妇17人，梅毒治疗率100%，其所生儿童预防性治疗率92.31%。乙肝免疫球蛋白接种率100%。乙肝感染孕产妇所生儿童首剂乙肝疫苗及时接种率98.93%，乙肝免疫球蛋白及时注射率99.29%。先天梅毒报告发病率0。

（丁　俊）

【集体儿童管理】 2021年，芙蓉区落实0～6岁儿童眼及视力筛查保健工作，全年完成0～6岁儿童眼及视力筛查40677例，覆盖率96.08%，筛查出异常儿童2402人。完成入园体检9712人，托幼机构工作人员体检3454人。对辖区内17所托幼机构进行卫生评价，对91家托幼机构进行综合评估。

（丁　俊）

【计划生育基本公共卫生服务】 2021年，芙蓉区开展免费计生手术

719 例。其中人工流产及药物流产 216 例，放置宫内绝育器 105 例，取出宫内节育器 387 例（含围绝经期取环 157 例），结扎手术 3 例，引产 8 例。为 156 对夫妇开具计划生育爱心助孕特别行动介绍信，新鉴定计生手术并发症 1 例。

（丁　俊）

【妇幼健康教育】　2021 年，芙蓉区转播省、市孕妇学校直播网课 399 次，线下实体孕妇学校授课 3 次，参加人数 23637 人次。推广的“12320”网络孕妇学校参与人数 5112 人，观看人次 37440 人次。全年开展 20 次妇幼健康教育活动，包括省市健康民生项目义诊宣传，地贫防控宣传、母乳喂养知识宣传、更年期知识宣传；青春期、眼保健、艾滋病知识进学校等主题宣传活动，义诊咨询 2021 人次。全区开展健康教育宣传活动 151 次，义诊宣传人数 18017 人次。印制 15 种宣传折页 16.5 万份，印制长沙市健康民生项目宣传用伞 2000 把，健康民生项目宣传环保袋 2500 个。发放宣传折页和健康教育处方 15.5 万份。

（丁　俊）

【妇幼健康服务培训】　2021 年 5 月 27 日，芙蓉区妇幼保健所举办 2021 年芙蓉区妇幼健康服务及健康民生项目培训班。培训邀请长沙市卫健委及长沙市妇幼保健院的专家，就母婴安全、健康民生项目、出生缺陷三级预防等内容进行授课培训。芙蓉区各街道公服办、社区卫生服务中心、卫生服务站以及助产医疗机构妇幼专干 100 人参加。培训通过理论讲解和病例分析，提高了全区妇幼健康工作的服务能力。

（丁　俊）

【“孕育健康　护佑新生”宣传活动】　2021 年 9 月 24 日，芙蓉区妇幼保健所联合荷花园街道社区卫生服务中心到东方新城社区开展主题为“孕育健康　护佑新生”的预防出生缺陷义诊宣传活动，有东方新城社区以及过往行人 300 余人参加。活动采取义诊咨询、观看宣传展板、发放预防出生缺陷宣传折页等形式进行，发放宣传折页 10 种 1000 余份。宣传内容有免费婚检、免费孕前优生健康检查、免费增补叶酸、免费地中海贫血筛查、免费孕产妇无创 DNA 筛查和血清学筛查、免费新生儿疾病筛查和耳聋基因筛查等国家和省市健康民生项目，目的在于让居民群众知晓免费服务政策，把自己当成预防出生缺陷的第一责任人，预防出生缺陷儿的出生。（丁　俊）

2021 年 9 月 24 日，区妇幼保健所联合荷花园街道社区卫生服务中心在荷花园街道东方新城社区开展“孕育健康　护佑新生”预防出生缺陷义诊宣传活动

（区妇幼保健所　供图）

疾病预防控制

【概况】　2021 年，芙蓉区疾病预防控制工作以新冠肺炎疫情常态化防控为核心任务，统筹协调做好其他重大传染病疫情和食源性疾病调查处置及常规各项疾病预防控制工作。2021 年，区疾控中心被评为“长沙市文明单位”“长沙市优秀基层党组织”，被省癌症防治中心评为“肿瘤防治工作最具执行力奖”。

（朱双杨）

【传染病防控】　2021 年，芙蓉区报告传染病 6548 例，比 2020 年下降 13.51%，年度传染病发病率 1019.93/10 万，死亡率 0.47/10 万。无甲类传染病发生，乙类传染病 1672 例，比 2020 年上升 20.11%；丙类传染病 4876 例，比 2020 年下降 21.09%，传染病疫情报告综合率 99.99%。全年未报告突发公共卫生事件。（朱双杨）

【结核病防控】　2021 年，芙蓉区接诊初诊结核病人 547 例，登记管理肺结核患者296例；登记在管的结核患者艾滋病病毒（HIV）检测率94.94%，发现1例聚焦结核杆菌/艾滋病病毒（TB/HIV）双重感染患者。肺结核患者病原学阳性率51.90%，报告肺结核患者和疑似肺结核患者的总体到位率97.68%，肺结核患者成功治疗率94.16%，基层医疗卫生机构肺结核患者规范管理率95.81%，肺结核患者规则服药率93.87%，阳性病人耐多药筛查率84.71%，耐多药肺结核高危人群筛查率100%。全年调查处置散发学校肺结核疫情34例，及时处置144起学校结核病疫情预警，全年辖区内学校无聚集性病例发生。对4万余名2021年秋季入学新生进行结核病筛查，共筛查出学生肺结核病例6例，单纯结核菌素试验（PPD）强阳性161人。（朱双杨）

【艾滋病防控】 2021年，芙蓉区纳入日常随访管理的艾滋病感染者和病人已接受结核病筛查的病例检测比例99.84%；艾滋病病毒感染者/病人CD4检测比例98.68%；接受抗病毒治疗比例91.86%；配偶检测率98.85%；在校学生病例占总病例数比例2.04%。新发现艾滋病病毒感染者/病人98例。2021年，芙蓉区疾控中心及街道社区卫生服务中心快检点针对各类艾滋病感染高危/重点人群(除外医疗机构性病患者)检测3865人次，新发现报告阳性确诊艾滋病病毒（HIV）感染者/病人93例；发现梅毒筛查阳性者114例（48例梅毒既往已确诊且治疗），丙肝筛查阳性病例2例。全年通过开展外展干预活动，干预各类艾滋病病毒感染高危人群3.23万人次，发放宣传资料3.13万份，安全套6.19万支。2021年，区本级财政通过各种途径对全区HIV感染者/病人发放各类关怀救助金50.17万元。（朱双杨）

【慢性病防控】 2021年，芙蓉区肿瘤数据库1.27万条，死亡病例7715例，存活病例4977例，对存活病例进行随访。2021年1月14日，组织辖区医疗机构开展肿瘤登记工作专项培训。年内对2028例无证件号码及地址不详或者无法随访到的肿瘤数据人员进行核查，更新肿瘤数据库。城市癌症筛查项目：2021年7月启动本年度城市癌症早诊早治项目，完成3980份的高危问卷、742份经济学问卷、4.37万份城癌随访问卷、1378份上消化道癌行业专项随访问卷、509份肺癌和直结肠癌筛查的多中心前瞻性对照研究随访问卷，经过问卷筛查，其中1559名高危对象到省肿瘤医院参与临床筛查。心脑血管事件报告：2021年全区报告2137例心脑血管病例数据，发病率366.61/10万。全年在慢性病综合防控示范区建设工作中，打造健康步道、健康主题公园等健康支持性环境，做实慢性病人群管理，建立健康自我管理小组，开展1000余名居民健康素养基线调查，加强疾病防控科普知识宣传，实现疾病三级预防。严重精神障碍患者管理：聘请中南大学湘雅二医院精神科专家每季度开展一次患者风险评估和疑似病例筛查，全年评估精神障碍患者1618人次，其中3级及以上患者数498人次。为符合条件的辖区严重精神障碍患者监护人发放200元/月的监护奖励金，320名严重精神障碍患者监护人员符合奖励标准。开展重点人群抑郁调查项目，全年完成居民心理健康调查问卷6336份。（朱双杨）

【免疫规划】 2021年，芙蓉区下发免疫规划疫苗113.56万剂次，非免疫规划疫苗35.43万剂次。适龄儿童国家免疫规划疫苗接种率达到省级要求的90%以上。全区报告疑似预防接种异常反应（AEFI）计44例，发现后48小时内报告率100%，无疫苗质量事故或接种事故，无死亡、严重残疾、群体性疑似预防接种异常反应。落实贯彻《中华人民共和国疫苗管理法》，100%扫码入库和下发疫苗。2021年3月14日，组织开展预防接种相关技术培训，下发预防接种资质证书428份。全年组织3次新冠疫苗接种技术专项培训，下发新冠疫苗接种资质证书433份。（朱双杨）

【检验检测】 2021年，芙蓉区疾控中心实验室全年完成密接、潜在密接、次密接等重点人群新冠病毒核酸采样检测6000余份，完成生活饮用水、医疗器械、公共场所、疾病监测相关生物样品等2700余份标本1万余项项目检测，出具检验检测报告472份，合格432份，合格率91.15%。全年检测大米和稻谷样60份、蔬菜样30份，检测项目160项；甜品30份，检验项目90项，重点监测大米、稻谷和新鲜蔬菜的重金属污染状况及甜品中的微生物污染状况。通过国家、省级组织的新冠病毒核酸检测、艾滋病病毒（HIV）、梅毒、水中砷、盐碘、尿碘等检验项目能力验证。

（朱双杨）

【健康促进】 2021年，芙蓉区重点组织开展世界结核病日、肿瘤防治宣传周、世界无烟日、全国爱牙日、世界艾滋病日、全民健康生活方式行动日6场卫生主题日宣传活动，2021年全区举办健康教育讲座204次，参加听讲人数3.32万人次；举办健康咨询活动165次，接受咨询人数1.03万人次。全年招募并培训257名健康生活方式指导员。2021年10月，通过居民健康素养调查显示全区居民健康素养水平27.5%。死因监测。2021年全区报告死亡卡3238张，报告死亡率5.04‰；常住人口死亡人数2900人，粗死亡率4.98‰；户籍死亡人数2748人，粗死亡率6.42‰。职业病防治工作。在全市率先按时按量完成区内20家企业职业病危害因素监测，全部通过省级审核。采购19.8万元职业卫生现场检测仪器，提高监测能力。食品安全工作。制定《芙蓉区食品安全风险监测实施方案》，全年在超市和学校周边、农贸市场完成食品安全风险监测样品150批次，监测项目包括理化指标和微生物及其致病因子，样品总体合格率96%。完成年内二次供水、直饮水、末梢水等水质监测样品227份，总体合格率98%。全年报告342例食源性疾病病例，23家食源性疾病哨点监测医疗机构均进行病例报告，开展27起疑似食源性疾病事件调查处置。

（朱双杨）

【国家慢性综合防控示范区复评】2021年11月30日，芙蓉区迎接并通过国家慢性病综合防控示范区线上复审。通过7年的慢性病综合防控示范区建设，芙蓉区慢性病防控工作成效显著。复审中，国家专家组对芙蓉区的健康警队建设、心理健康社区打造、“一校一医，健康从娃娃抓起”3个特色亮点工作给予肯定。（朱双杨）

【免费心理咨询热线开设】2021年11月17日，芙蓉区疾控中心与湖南省心理卫生协会合作，新开通24小时免费心理咨询热线，为辖区居民提供心理健康咨询服务。自心理咨询热线开通以来，接听咨询电话400余起。（朱双杨）

生育健康服务

【概况】2021年，芙蓉区总人口64.49万人，出生人口符合政策生育率99.47%，出生人口性别比104.88，全年出生人口2850人，二孩及以上出生1277人，占总出生人口44.8%；完成辖区一家托育机构的备案登记；计划生育特别扶助资金发放到位率和“三个全覆盖”制度落实率均100%；全员人口信息与公安数据匹配率97.61%。加强全区人口动态监测工作，建立教育、公安、卫生健康、医保、统计等多部门信息完善人口数据管理和共享核查运行机制，利用生育服务登记、住院分娩、预防接种、出生医学证明、死亡医学证明办理等数据的协同采集和比对，增强出生人口信息完整性，为准确评估生育变动态势提供数据支撑。以第七次人口普查工作为契机，对全员人口数据进行了补充和完善，提高全员人口数据覆盖率和全员人口信息质量。

（陶红军　谭　宇）

【生育奖励扶助】2021年，芙蓉区生育奖励扶助对象上报准确和资金到位率100%。发放独生子女保健费43.91万元，城镇独生子女父母奖励（计生发放）1093人，发放金额115.08万元。计划生育特殊家庭奖励扶助1127人，发放扶助资金1230.68万元，到位率100%；特扶家庭老年护理补贴763人，发放护理补贴183.12万元；发放计划生育特殊家庭春节慰问金1026人，102.6万元；发放计划生育特殊家庭医疗补助金1005人，100.5万元；城市低保扶助460人，扶助金额52.23万元；特扶专项扶助50人，扶助金额27万元。

（陶红军　谭　宇）

【二孩、三孩生育政策宣传落实】2021年，芙蓉区深入贯彻《中共中央国务院关于优化生育政策促进人口长期均衡发展的决定》，完善生育配套措施，降低生育成本，促进二孩、三孩生育政策落地，落实育儿假和独生子女父母护理假制度。根据《长沙市关于推进3岁以下婴幼儿照护服务发展的实施意见》文件精神，制定《长沙市芙蓉区关于推进三孩以下婴幼儿照护服务发展实施细则》，加大对托育服务政策宣传,联合有关部门开展日常督导，引导辖区托育服务机构进行规范经营，推进普惠托育机构建设，开展托育机构备案。2021年，芙蓉区开展托育服务的机构38家，托位数1209个，其中1家托育机构已完成备案登记；指导辖区1家有条件、有意愿的机构申请国家普惠托育项目，争取国家资金扶持。2021年12月组织辖区托育机构负责人40人参加市卫健委组织的全市托育机构负责人培训班。（陶红军　谭　宇）

【计划生育服务】2021年，芙蓉区计生协会被评为湖南省计生协重点工作优秀单位，常务副会长陈莉群被评为全省计生协计划生育特殊家庭帮扶“暖心之星”。年内，创建定王台街道马王街社区、东岸街道黄泥塘社区、马坡岭街道东站社区3个市级计生基层群众自治示范社区。3月，辖区81个社区（村）计生协全部完成换届选举工作。4月，湖南农业大学计生协中标中计协“青春健康·你我同行”青春健康高校项目。5月，区计生协在五里牌街道火车站社区建立芙蓉区的“暖心家园”，被确定为中国计生协“暖心家园”项目点。该项目点依托芙蓉区好女儿志愿者服务中心，通过组织开展户外踏青、秋游、学习参观、集体庆生、联谊等大型活动和提供法律援助、家政服务、住院探访等方式为计划生育特殊家庭成员提供帮扶服务；长期在“暖心家园”活动的人数130余人，手工、义诊、健康讲座、文化娱乐等活动开展经常；计生特殊家庭成员主动加入“暖心家园”志愿者队伍的人数逐渐增多，由服务对象转变为志愿者的人数30余人，服务对象的满意率也得到提高。8月，区计生协承办第五次中国城乡老年人生活状况抽样调查。2021年11月，在湖南省计生协会举办的全省计生协能力建设培训班就如何做好全省计生协重点工作绩效评价上报工作作典型发言。（陶红军　谭　宇）

【生育关怀】 2021春节期间，芙蓉区组织开展生育关怀送温暖走访慰问活动，区计生协共走访慰问计生特殊困难对象、因灾因病致困的计生协会会员、卫生计生干部、困难流动人口家庭等共113名计生困难对象，发放慰问金5.7万元。全年为失独、子女伤残和计生手术并发症对象，发放重大病住院护理补贴243人次、30.79万元；为计生特殊困难对象办理计生特殊家庭健康险理赔280人次，理赔金额27.52万元，赔付率162.89%；为14周岁以下独生子女家庭办理独生子女家意31人次，理赔金额4.37万元，赔付率43.6%；有效缓解计生家庭特别是计生特殊家庭因意外、重病等原因导致的生活、经济压力。（陶红军　谭　宇）

2021年5月28日，“学党史 办实事 促健康”庆祝建党100周年暨计生协“5·29会员日”宣传服务活动在区政府会议中心举行

（区卫健局　供图）

【计生协会宣传】 2021年5月28日，由省计生协主办，长沙市计生协和芙蓉区计生协共同承办的“学党史 办实事 促健康”庆祝建党100周年暨计生协“5·29”会员日宣传服务活动在芙蓉区会议中心举办。活动当天通过网络直播方式开展宣传，点击观看量31.86万人次，中国计生协微信公众号专门推出“5·29”活动湖南篇，社会效果显著。2021年，区计生协在“新湖南”、省计协官网、微信平台等省级以上新闻媒体发表稿件40余篇次。

（陶红军　谭　宇）

体　育

Physical Education

编辑　　谭自然

体育场馆建设

【体育设施建设】 截至2021年年底，芙蓉区实现全民健身路径100%社区全覆盖，建成全民健身广场76个，健身路径372套，篮球场108个，健身活动室58个，象棋、围棋、台球、乒乓球桌椅206张，建成社区智慧健身中心21个、全民健身工程点21处，完成东屯渡街道扬帆社区E区篮球场的提质改造工作。继续做好公共健身设施管理维护服务外包工作。

（黄 薇）

【社区智慧健身中心】 2021年，芙蓉区建设21个社区智慧健身驿站。市民可以以每月最低25元获得“器材多、收费少、离家近”的专业健身设施服务。此项工作为全市2021年10件民生实事之一，是着力打造15分钟全民健身圈的重要举措之一。芙蓉区采取“政府出资+社区出地+企业以互联网思维运营”的模式，为推动全民健身战略的落实开辟一条新路径。

（黄 薇）

【健身器材添置更新及管理维护】 2021年，芙蓉区新建全民健身工程点21处，优先到期更新室外健身器材，为居民群众家门口健身提供方便。继续做好公共健身设施管理维护服务外包工作，把专业性较强的工作交由专业队伍来做，让健身惠民工程成为健康芙蓉的精品工程。

（黄 薇）

【暑假免费开放部分体育场馆】 2021年暑假，芙蓉区向全区相关体育场馆购买服务，免费向中小学生开放。免费开放场馆有汇一城游泳馆、芙蓉苑游泳馆、汇一城天空足球场、育英小学篮球馆、翎云羽毛球馆、翎云气排球馆、电信花园乒乓球馆、友阿围棋院、STK体育舞蹈馆共9家，免费开放时间为7月19日至8月27日，共40天。

（黄 薇）

竞技体育

【参加长沙市第十届运动会获奖】 2021年11月，历时8个月的长沙市第十届运动会结束。芙蓉区派出老年组、成年组、青少年组三个代表团，1000多人参加79个项目中的40余个大项的比赛，摘得金牌163.9枚，总分4768.3分，芙蓉区夺得金牌榜、总分榜第二。除参赛，芙蓉区还承办了市十运会的老年组气排球、成年组羽毛球两个项目的比赛，在场馆养护、赛程服务等方面为市十运会做出芙蓉担当。

（黄 薇）

·表37· 2021年芙蓉区第十三届全民健身运动会马王堆导引操比赛名次、积分情况一览表

机关组				街道组			
单 位	名次	名次积分	成绩	单 位	名次	名次积分	成绩
人社局联队	1	13	一等奖	东湖街道	1	9	一等奖
教育局代表队	2	11	二等奖	马王堆街道	2	9	一等奖
环卫中心代表队	3	10	二等奖	定王台街道	3	6	二等奖
行政执法局联队	4	9	二等奖	荷花园街道	4	5	三等奖
区委办联队	5	8	三等奖	东屯渡街道	5	4	三等奖
住建局代表队	6	7	三等奖	朝阳街道	5	4	三等奖
公建、征地、金融联队	6	7	三等奖	马坡岭街道	7	2	三等奖
卫健、医保、红会联队	8	5	三等奖	东岸街道	8	1	三等奖

（资料来源：区文旅体局）

·表 38· 2021 年芙蓉区第十三届全民健身运动会团体赛获奖情况一览表（摘录）

一、羽毛球赛						
名次	机关组	奖项	街道组	奖项	企业组	奖项
第 1 名	区人民法院	一等奖	隆平高科技园	一等奖	育才双新小学	一等奖
第 2 名	人社局、科技局、党校、机关事务中心联队	二等奖	五里牌街道	二等奖	华天股份有限公司	二等奖
第 3 名	公安分局	二等奖	东岸街道	二等奖	湖南新浪潮信息科技有限公司	二等奖
第 4 名	纪委	二等奖	荷花园街道	三等奖	长沙东协盛医院	三等奖
第 5 名	教育局	二等奖	火星街道	三等奖	平和堂（中国）有限公司	三等奖
第 6 名	区委办、宣传部、总工会、文旅体局、隆平水稻馆联队	二等奖	文艺路街道	三等奖	湖南旺旺医院有限公司	三等奖
第 7 名	交警大队	三等奖	马王堆街道	三等奖	湖南宾馆	三等奖
第 8 名	城市建设投资集团有限公司	三等奖	东屯渡街道	三等奖		
第 9 名	行政审批局、编办联队	三等奖				
第 10 名	商务局、统计局、现代服务业发展中心联队	三等奖				
并列第 11 名	退役军人事务局、信访局、团委、妇联、残联、科协联队	三等奖				
	财政局	三等奖				

二、趣味运动会					
序号	单位	奖项	序号	单位	奖项
1	区行政执法局、行政执法大队联队	一等奖	8	区城市人居环境局、征收办、轨道办联队	三等奖
2	区委办（接待中心）、宣传部、文旅体局、总工会、水稻博物馆、档案馆联队	一等奖	9	区政法委、司法局联队	三等奖
3	区教育局代表队	二等奖	10	区卫健局、医保局、红十字会联队	三等奖
4	区人社局、科技局、党校、机关事务中心联队	二等奖	11	区人大机关代表队	三等奖
5	区纪委监委（巡察办）代表队	二等奖	12	区政协机关代表队	三等奖
6	区审计局代表队	二等奖	13	区政协办	优秀组织奖
7	区市容环境卫生维护中心代表队	三等奖	14	区委办	优秀组织奖

·续表 38·

三、职工篮球赛					
序号	单位		名次		
1	生物机电		总冠军		
区直机关街道组			企业驻区单位组		
1	芙蓉教育	冠军	1	生物机电	冠军
2	芙蓉交警	亚军	2	泽鹿体育	亚军
3	芙蓉消防	季军	3	湖南农大	季军
4	芙蓉公安	第四名	4	湘雅附二	第四名
5	湘湖管理局	第五名	5	绝味食品	第五名
6	区法院	第六名	6	湖南新浪潮	第六名
7	区直机关	第七名	7	中国邮政	第七名
8	东岸街道	第八名	8	长沙特巡警	第八名

四、门球赛		
序号	单位	名次
1	省妇联队	第一名
2	朝阳街道队	第二名
3	火星街道队、文艺路街道队	第三名

（资料来源：区文旅体局）

【马王堆导引操比赛】 2021年6月4日，芙蓉区第十三届全民健身运动会马王堆导引操比赛在区机关前坪举行，全区48支队伍参加比赛。比赛分为机关组和街道组2个组别。区人社局联队和东湖街道、马王堆街道分别获得机关组和街道组的一等奖。“马王堆健身操”是芙蓉区文旅体局根据马王堆汉墓出土的、现存最早的道家保健运动工笔彩色帛画《马王堆导引图》，结合肢体开合提落、旋转屈伸、伸筋拔骨等动作，融入广播体操形式编排而成。作为芙蓉区全民健身运动会的特色项目在全区推广。（黄 薇）

【参加市第十届运动会（老年组）气排球比赛获金牌】 由芙蓉区承办的长沙市第十届运动会（老年组）气排球赛于2021年5月29日至30日在湖南生物机电职业技术学院举行。来自全市六区三市（县）的18支队伍200名运动员发扬“更高、更快、更强”的体育精神，打出新时代老年朋友的精气神。芙蓉区男、女两支代表队为芙蓉区代表团夺取2枚金牌，成为芙蓉区代表团参赛十运会的首金。（吴文超）

【承办长沙市第十届运动会（区县组）羽毛球赛】 2021年6月19日，由长沙市人民政府主办，市体育局、芙蓉区人民政府承办的长沙市第十届运动会（区县组）羽毛球比赛在芙蓉区曙光798翎云羽毛球馆举行，来自长沙市各区县（市）9支队伍200余名运动员参赛。比赛设置一个项目即男女混合团体赛，分别为2组混双和3组男双，比赛均采用三局两胜21分每球得分制。第一阶段9支队伍分3个小组进行循环赛，每轮打满五场，第二阶段进行淘汰赛，采取“见三就收”赛制。芙蓉区在活动前期对比赛场馆及周边环境进行全面治理，落实新冠肺炎疫情防控及食品安全工作，为参赛队伍提供优质服务，确保赛事活动安全有序开展。最终，雨花区代表队获得冠军，芙蓉区代表队、长沙县代表队分列二、三位，芙蓉区代表队获得道德风尚奖。（黄 薇）

【第八届“芙蓉工运杯”职工篮球赛】2021年10月11日，芙蓉区第八届“芙蓉工运杯”职工篮球赛暨芙蓉“同心杯”篮球赛开幕式在区政府机关球场举行，开幕式由芙蓉区委、区政府主办，区委统战部、区总工会承办。芙蓉区委书记周春晖，市总工会党组副书记、副主席匡涛涛，区委其他领导，区总工会主要负责人出席开幕式。从10月11—29日，43支球队参赛，在区机关篮球场、育才二小、马坡岭小学三个赛场，历时19个比赛日、119场次比赛，生物机电、泽鹿体育、湖南农大获企业组前三名，芙蓉教育、芙蓉交警、芙蓉消防获机关组前三名。其余参赛队分别获得优胜奖和道德风尚奖。（李 妍）

全民健身

【概况】 2021年，芙蓉区体育工作以全面提升全民身体素质为目标，致力于把体育惠民工程做实做优，让全体市民能在家门口享受到便民的体育运动。年内，组织举办以“百年奋斗路 精彩新芙蓉”为主题的“芙蓉区第十三届全民健身运动会”，组队参加长沙市第十届全民健身运动会，获得金牌榜第二、总分榜第二的成绩。（黄 薇）

【芙蓉区第十三届全民健身运动会】2021年，芙蓉区举办“百年奋斗路 精彩新芙蓉”第十三届全民健身运动会。运动会设置门球、羽毛球、健步走、广播体操、趣味运动、篮球6个比赛项目，分为机关、各街道（园、局）、辖区企业和青少年学校俱乐部4个序列进行比赛。运动会从3月22日开始至12月10日结束，历时近7个月，全区3000余名运动员参加赛事，涵盖老、中、青3个年龄段，比赛带动芙蓉区全民健身运动的发展。（黄 薇）

2021年6月4日，芙蓉区第十三届全民健身运动会在区机关大院开幕。图为各区直机关及街道代表组成的48支代表团 （区文旅体局 供图）

【芙蓉区老体协更名】 2021年7月，芙蓉区老年人体育协会更名为芙蓉区老年体育工作委员会，全区所有街道及区老干局所属各老年体育协会都纳入区老年体育工作委员会成员单位。年内，区老体委充分发挥区、街及社区、协会的职能作用，努力扩大老年健身队伍和人口。截至2021年12月底，芙蓉区13个街道都有完善的基础老体协组织，81个社区（村）都有老年健身队伍，12个专项健身协会，其中老年门球协会、老年气排球协会、老年广场舞协会等各类老年体育协会12支，专项协会队员总数近1600人。（吴文超）

【芙蓉区广场舞比赛】 2021年5月19日，“建党百年唱颂歌，舞动芙蓉展风采”全区广场舞比赛在芙蓉区婚庆公园举行。芙蓉区文旅体局、区老年人体育协会主办，区广场舞协会承办。各街道的老体协、广场舞协会，文艺团队及健身队等18支队伍300余人参加。火星镇龙柏艺术团《幸福中国一起走》、东屯渡街道《沂蒙情怀》等6个团队获得优胜奖，东岸街道《大海航行靠舵手》、韭菜园街道《共筑中国梦》获得优秀奖。（吴文超）

【芙蓉区老年健身运动培训班】 2021年11月25—27日，芙蓉区老年体育工作委员会会同区文旅体局举办老年门球、健身操、气排球、武术、广场舞、柔力球6个健身运动项目的培训。参加培训的有各街道的老年健身爱好者120余人，培训邀请体育职院体育教育训练学硕士、副教授、国家级社会体育指导员郭剑，芙蓉区科普艺术体育中心、国家级社会体育指导员、广场舞国家级裁判任彦霖等授课。培训旨在发现、培养骨干队员，加强梯队建设的目标，补齐街道老年体育队伍的发展短板，解决发展不平衡的问题。（吴文超）

【社会体育指导员培训】 2021年11月22日，芙蓉区社会体育指导员培训活动在曙光798翎云羽毛球馆和乐运运动街区开班，活动由区文旅体局主办，为期3天，开展羽毛球、篮球2个培训项目的培训，邀请湖南体育职院副教授郭剑、湖南省体育局功勋总教练韦建月等专家团队现场授课。各街道文体专干、

·表39· 2021年芙蓉区老年专项体协情况一览表

序号	协会名称	成员单位	人数（人）
1	桥牌协会	老体协	42
2	棋牌协会	老体协	39
3	围棋协会	老体协	39
4	气排球协会	总工会	91
5	武术协会	民政局	156
6	健身球协会	文旅体局	156
7	广场舞协会	教育局	156
8	柔力球协会	文旅体局	156
9	门球协会	妇联	91
10	钓鱼协会	老干局	39
11	地掷球协会	老干局	42
12	乒乓球协会	财政局	42

（资料来源：区老体协）

健身团队队长、学校体育教师、俱乐部教练员120人参加培训。活动旨在进一步推动芙蓉区社会体育指导员队伍建设，提高社会体育指导员的综合素质，更好地服务广大群众，为全区科学指导全民健身发展打下基础。（黄 薇）

青少年体育

【概况】 2021年，芙蓉区青少年体育工作以全面提升学生身体素质为重点，开展了区域游泳、篮球、足球、田径、羽毛球、跆拳道、体操、跳绳等主要竞赛活动。全区有全国青少年足球特色学校11个；篮球特色学校4个；排球特色学校1个；市级体育后备人才基地7个，体育传统项目学校21个。年内，全区参加区级竞赛活动人数3000余人。

（张定浙 杨 凡）

【参加市“十运会”青少年组获佳绩】 2021年6—11月，芙蓉区参加市“十运会”青少年组的运动员共3020人，参与了“十运会”篮排足、田径、体操、游泳、冰雪等30项运动的竞技比赛，芙蓉区青少年组在长沙市第十届运动会上获得奖牌272枚，其中金牌97枚，占全区金牌总量的92.1%；总分3799分，占全区总分的94.4 %。是芙蓉区参加全省青少年羽毛球竞标赛以来取得的最好成绩。

（张定浙 杨 凡）

【芙蓉区获省青少年羽毛球锦标赛3枚金牌】 2021年12月13日，2021年湖南省青少年羽毛球锦标赛在永州市体育馆结束，芙蓉区代表队夺得3枚金牌，创历史最佳成绩。比赛由湖南省体育局、湖南省教育厅主办，是全省羽毛球项目最高级别的赛事。设6个组别，全省19支队伍、700余人参赛。芙蓉区是省羽毛球后备人才基地，经过区文旅体局和区教育局科普艺体中心的层层选拔，芙蓉区代表队由育才双新小学和育才二小的运动员联合组成。两所学校行政团队和俱乐部为运动员、教练员提供有力保障。队员们坚持每天一练，周末加练，家长支持。经过9天赛事，芙蓉区代表队获得3枚金牌、3枚银牌、3枚铜牌。

（文 进）

2021年10月15日，芙蓉区教育局中心游泳馆开馆仪式暨芙蓉区首届小学生“泳王”争霸赛在芙蓉区实验小学举行（区融媒体中心 供图）

【芙蓉区教育局中心游泳馆开馆】 2021年10月15日，芙蓉区教育局中心游泳馆开馆仪式暨首届小学生“泳王”争霸赛在芙蓉区实验小学举行。省体育局党组副书记、副局长熊倪，省教育厅二级巡视员曾四清，省委政研室科教文卫处处长姚杰，区委副书记、代理区长崔晓以及市教育局、市体育局相关领导出席。区教育局班子成员、区属中小学校校长和体育组组长100余人参加活动。2019年起，芙蓉区以“体教融合、共建共享”理念为指导，在全区科学布点东、中、西部3个恒温游泳馆，引入第三方机构勇往直前俱乐部参与学校游泳场馆建设，建成场馆与其就近10余所学校开放共享。该次中心游泳馆开馆意味着芙蓉区实现区域共享游泳场馆资源的全覆盖。芙蓉区已投入近200万元，由政府购买服务的方式，为芙蓉区每个小学生提供每人10课时的免费游泳课程，鼓励学生参与游泳运动，提高运动水平以及避险和自救能力。（朱 珠）

社会生活

Social Life

编辑　　谭自然　谭丽霞

居民生活

【概况】 2021年芙蓉区城镇居民人均可支配收入66324元，比2020年增长7.0%。其中人均工资性收入31156元；经营性收入7944元；财产净收入13435元；转移净收入13789元。全区城镇居民人均消费支出46032元，其中人均食品烟酒支出12253元；人均衣着支出3612元；人均居住支出8245元；人均生活用品及服务支出2960元；人均交通通信支出4525元；人均教育文化娱乐支出9305元；人均医疗保健支出3630元；人均其他用品和服务支出1501元。（阳 硕）

【居民收入】 2021年芙蓉区城镇居民人均可支配收入66324元，比2020年增长7%。从构成收入的四大板块看：工资性收入保持平稳增长。随着新冠肺炎疫情防控形势转好和复工复产、稳就业政策的有效推进，芙蓉区工资性收入继续保持平稳增长。2021年芙蓉区人均工资性收入31156元，比2020年增长6.8%，是居民增收的最主要动力。经营净收入快速回升。受益于宏观经济稳定恢复、创业支持政策以及2020年同期基数较低的叠加影响，居民经营净收入快速回升。2021年，芙蓉区人均经营净收入7944元，比2020年增长6.1%。财产净收入增长稳定。随着投资环境的不断优化、投资渠道日益多元和居民理财意识的不断增强，芙蓉区财产净收入稳定增长。2021年，芙蓉区人均财产净收入13435元，比2020年增长6.2%。转移净收入增长较快。在困难救助、失业补助、政策性生产补贴等投入持续加大，及离退休金正常增长机制支撑下，居民转移净收入保持高速增长。2021年，芙蓉区人均转移净收入13789元，比2020年增长8.8%。（阳 硕）

【居民消费】 2021年，芙蓉区消费增长强劲，随着居民收入持续提升和社会发展，居民对衣食住行及生活质量的要求越来越高。2021年芙蓉区人均消费46032元，比2020年增长5.8%；八大类消费“七升一降”。食品烟酒、衣着和居住消费韧性十足。收入持续提升和健康饮食的观念不断普及，居民饮食习惯转向追求营养均衡、新鲜多样、科学健康。网购和微商等新型购物方式的盛行及2021年芙蓉区记账户中有装修房子及陪读租房等都是拉动消费增长的因素。2021年芙蓉区居民人均食品烟酒、衣着和居住消费支出分别为12253元、3612元和8245元，比2020年分别增长4.3%、3%和2.1%。生活用品及服务支出稳中有升。随着网购和微商等新型购物方式的盛行，低成本的销售平台大大降低生活用品购买的成本。2021年芙蓉区居民人均生活用品及服务支出2960元，比2020年增长1.2%。交通通信支出下降。2021年国内疫情零星散发再加上长沙市内多条地铁线路的开通以及当前居民出行方式的转变，大大降低了交通支出。2021年芙蓉区居民人均生活用品及服务支出4525元，比2020年下降4.3%。教育文化娱乐、医疗保健及其他用品和服务消费持续增长。随着医疗保障体系的持续完善，居民自我防疫意识增强，同时和对身体健康的重视程度也不断提升，社会发展及生活的多样化也让居民越来越注重教育文化活动。2021年，芙蓉区居民人均教育文化娱乐支出、医疗保健及其他用品和服务支出分别为9305元、3630元和1501元，分别比2020年增长20.1%、8.8%和4.8%。（阳 硕）

【人口监测】 2021年，芙蓉区以第七次人口普查工作为契机，开展全员人口数据清理工作。补充和完善全员人口数据，通过教育、公安、卫生健康、医保、统计等多部门信息，完善人口数据管理和共享核查运行机制，利用生育服务登记、住院分娩、预防接种、出生医学证明、死亡医学证明办理等数据的协同采集和比对，增强了出生人口信息完整性，提高了全员人口数据覆盖率和全员人口信息质量。2021年全员人口信息与公安数据匹配率97.61%。（陶红军 谭 宇）

【婚姻家庭】 2021年，芙蓉区办理结婚登记3119对，比2020年降低23.63%，办理离婚登记983对，比2020年降低33%，办理补办结婚登记335对，补办离婚登记138对。全年出生人口2850人，其中二孩及三孩以上出生1277人，占总出生人口的44.8%。（夏婉婷）

·表 40·　2021 年芙蓉区城市居民家庭生活主要指标统计表

指标名称	单位	2021 年	2021 年比 2020 年增长（%）
一、城镇居民人均可支配收入	元	66324	7.0
二、城镇居民消费性支出	元	46032	5.8
1. 人均食品烟酒支出	元	12253	4.3
2. 人均衣着支出	元	3612	3.0
3. 人均居住支出	元	8245	2.1
4. 人均生活用品及服务支出	元	2960	1.2
5. 人均交通通信支出	元	4525	-4.3
6. 人均教育文化娱乐支出	元	9305	20.1
7. 人均医疗保健支出	元	3630	8.8
8. 人均其他用品和服务支出	元	1501	4.8
三、城镇居民家庭恩格尔系数		0.26	-3.7
四、城镇居民人均住宅使用面积	平方米	33.3	0.7

（资料来源：区统计局）

就业创业

【概况】 2021 年，芙蓉区新增城镇就业 14902 人，完成年度目标的 109%；失业人员再就业 10595 人，完成年度目标任务的 145.14%；就业困难对象实现就业 4417 人，完成年度目标任务的 122.69%；完成职业技能培训 43201 人次（含以工代训），创业培训 5388 人次，完成年度目标的 324%。（陈婕璇）

【就业困难对象兜底工作】 2021 年，芙蓉区开展零就业家庭调查摸底工作，完善“零就业家庭”台账，开展“一对一”帮扶，确保零就业家庭动态清零。全年发放就业困难人员灵活就业社保补贴 1380.55 万元，补贴 3817 人次。2021 年全区享受“311”公共就业服务 1.69 万人次，东屯渡、白沙湾等 16 个社区被评为省级充分就业社区。（陈婕璇）

【高校毕业生就业创业服务】 2021 年，芙蓉区年内新增 3 家高校毕业生见习基地，全年见习人数 132 人；线上线下联动举办高校毕业生就业服务季专场招聘会、“百日暖企”“春风行动”专题招聘会等 10 余场次，达成初步就业意向 500 余人；鼓励企业吸纳高校毕业生就业，全年为辖区内 9 家中小微企业发放一次性吸纳毕业年度高校毕业生就业补贴 4.1 万元。（陈婕璇）

【重点企业用工监测】 2021 年，芙蓉区派出专人负责对接 14 家重点企业，每月生成台账持续跟踪企业缺工工种、缺工原因等，有针对性地开展岗位招聘工作，通过广泛宣传、点对点推介等方式缓解企业用工缺口。（陈婕璇）

【创业带动就业】 2021 年，芙蓉区发放创业担保贷款 1817 万元，其中小微企业新发放创业担保贷款 1447 万元，小微企业占比 80%。通过向初创企业宣传创业政策，提供创业担保贷款帮扶，帮助企业纾解困难，助力企业和劳动者在芙蓉区创业就业。（陈婕璇）

【职业技能培训】 2021 年，芙蓉区结合区域产业结构特点和用人需求，坚持需求导向，开展保健按摩、美容师、西式面点师、茶艺师等热门工种职业培训，年度享受补贴的职业技能培训人数4.3万人，实现职业技能提升。52人参加长沙市第一届职业技能大赛，16人分别获得奖项。技能培训还根据新业态开辟新的创业培训课程，开展“直播带货”等网络创业培训活动等，全年创业培训5000余人。（陈婕璇）

【援企招工小分队到湘西开展招工】2021年2月18日，芙蓉区人社局劳务协作援企招工小分队一行10人，到湘西古丈、保靖和永顺3个省内劳务协作县，开展劳务协作援企招工。活动携蓝思科技、比亚迪、南景饭店、仟吉食品有限公司、湖南徐记酒店管理有限公司等知名企业100余个岗位“进乡入村”开展招聘对接，将劳务对接触角直接深入当地群众家门口，现场为用工对象解答政策、待遇、交通、防疫等问题，现场提供职业指导、招聘面试、当场签约等服务。该次招工活动接待用工对象400余人次，49人现场与用人单位签订正式用工合同，有100余人达成劳务意向。

（陈婕璇）

【招聘直播间进社区】 2021年3月19日，由市人社局和区人社局主办，湘湖街道办事处和湘湖社区承办的春风行动之“搭建供需平台，助推乡村振兴”线上线下大型招聘会在香泽南湖大厦体彩中心举办。现场设置直播间与网络端口，进行岗位直播，并开放线上报名，企业与求职者可面对面交流，也可远程互动。该次招聘会有70家国企、上市公司、民营企业等优质企业参加，带来岗位2200个。当天，直播间观众7.5万人，芙蓉就业与人才服务网点击率超10万次。线上线下有100余人达成就业意向。（陈婕璇）

【“点亮万家灯火”就业帮扶专场招聘会】 2021年7月28日，芙蓉区在万家丽国际购物中心西广场举办“点亮万家灯火”就业帮扶专场招聘会。该次招聘会由区人力资源和社会保障局、东屯渡街道主办。主要帮助辖区内高校毕业生、就业困难人员、失业人员就地就近就业。长沙比亚迪股份有限公司、长沙市仟吉食品有限公司、长沙和捷实业有限公司等60余家企业带来就业岗位800余个，包括普工、采购员、营业员、仓管员、保安员、保洁员、销售员等。活动现场参与招聘会的求职者800余人，现场达成用工意向56人。（陈婕璇）

【参加长沙市第一届职业技能大赛】2021年12月20日，长沙市第一届职业技能大赛在贺龙体育场举行。芙蓉区代表团经过前期的区级选拔，派出来自各大高校、公司的52名优秀选手参加30个赛项的角逐。经过3天比拼，芙蓉区人社局获得优秀组织奖，芙蓉区代表团在花艺、MR资源开发等11个赛项上获得13枚奖牌。李朝红、余佳、李艳3名选手获“长沙市技术能手”称号，余佳、李朝红2名选手获评“长沙市青年岗位能手”称号，李朝红、李艳2名选手获评市级“巾帼建功标兵”称号。（陈婕璇）

【网络创业培训（直播版）】2021年6月20日，长沙市职业技术学校组织的芙蓉区第一期网络创业培训（直播版）在湖南生物机电职业技术学院举行。该次培训56个课时，34名学员结业。培训从项目选择、市场分析、运营管理等7个方面帮助学员快速了解创新创业基础知识，通过模拟直播训练帮助学员快速掌握直播操作技能。网络创业培训（直播版）是2021年开始在全省范围试点实施和推广的新创业培训项目，属于网络创业培训的细分课程，旨在启发学员的互联网创业意识。年内，全区开展网络创业培训（直播版）19期，培训学员653人。（陈婕璇）

社会保险

【概况】 2021年，芙蓉区社会保障工作围绕惠民生、防风险、保稳定，推进各项工作任务，探索建立社保基金监测平台，加大内控管理，确保资金安全。年内，全区城乡居民养老保险参保缴费达到全年目标任务的102%，实现城乡居民养老保险全覆盖，居全省第一位。企业养老保险参保缴费率超出目标任务1.82%。针对征地拆迁项目存在欠缴医疗保险费情况，主动作为，向区政府申请报告，于2021年4月完成12个项目1342万元缴费到账，及时保障被征地农民的医疗保险权益。（潘　媛）

【养老保险】 截至2021年12月31日，芙蓉区企业职工养老保险参保人员214909人，基金征缴20.51亿元，养老保险待遇支出4.55亿元；城乡居民养老保险参保人员12892人，基金征缴725.35万元，养老保险待遇支出1501.99万元；机关事业单位养老保险参保缴费人员5391人，基金征缴9069.34万元，养老保险待遇支出2.3亿元。（潘　媛）

【工伤、失业、生育保险】 长沙市工伤、失业、生育保险实行市级统收统支，区级只配合做好征缴宣传工作和失业待遇申领、生育津贴金报销工作。2021年，芙蓉区人社局通过制作、发放宣传资料，安排各街道、社区制作宣传板报，以及微信公众号、微信群推送相关知识等形式，引导区域内的企事业单位、社会团体、民办非企业单位、基金会、律师事务所、会计师事务所等组织和有雇工的个体工商户，依法参加长沙市工伤、失业、生育保险；在失业待遇申领和生育津贴金报销方面，芙蓉区完成1300人失业金申领工作，5943.23万元生育津贴金的报销工作。年内，芙蓉区继续执行阶段性降低失业保险、工伤保险费政策，惠及2.24万家企业，减免费用1.28亿元。（潘　媛）

【社保内控监督管理】 2021年，芙蓉区完善《芙蓉区社会保险经办机构内部监督制度》，重新修订《芙蓉区社会保险经办手册》，结合社会保险征管体制改革和经办服务的最新要求，对内部控制制度、经办流程和工作职责重新进行梳理和规范，所涉业务均要求建立工作台账，确保业务经办的质量和效率。新建立内部联审机制，抽调业务骨干成立质控小组，采取内部科室交叉督查的形式，对社保日常业务经办情况进行监管。（潘　媛）

【社保基金专项整治】 2021年4月，芙蓉区出台《芙蓉区社会保险基金管理防风险堵漏洞专项整治整改方案》，组织区、街道社保条线召开专题工作会议，对风险防控工作进行布置。对部级和省级下发的503条疑点数据分类建立台账。到12月，完成40条疑点数据整改工作，追缴7.74万元。（潘　媛）

【养老保险待遇核查"回头看"工作】 2021年7月，芙蓉区在全区开展养老保险待遇核查"回头看"工作。联合农商行研发上线社保卡排查系统小程序，实现社保卡信息3分钟快速核查，增强工作效率；按照全市的时间节点安排，做好数据的比对分发和业务指导；建立入户核查的日调度、日汇总、日上报工作机制，在1个月内完成90万余人入户核查，在全省养老保险待遇核查"回头看"工作专报中被通报表扬。（潘　媛）

·表41· 2021年芙蓉区社会保障基本情况统计表

指标名称	单位	2021年
一、城镇新增就业人员	人	14902
二、失业人员再就业	人	10595
三、年末城镇登记失业率	%	1.66
四、新增养老保险人数	人	18935
五、新增基本医疗保险人数	人	23196
六、基本养老保险发放率	%	100

（资料来源：区统计局）

医疗保障

【概况】 2021年，芙蓉区医疗保障工作坚持聚焦群众办事的"痛点、难点、堵点"，优化医保服务、创新监管方式、强化托底保障，提高医保治理能力和水平。截至2021年年底，城乡居民基本医保参保人数92438人。年内，国家医疗保障局、公安部等部门先后专题调研芙蓉区医保基金网格化社会监管云平台。医保基金监管改革经验在《中国医疗保险》《省委改革调研专报》《市政府决策咨询》上刊发，被湖南省人民政府副省长朱忠明批示。论《芙蓉区探索医保基金基层网格化监管的实践与思考》获长沙市第21届哲

学社会科学优秀成果二等奖。（童　漾）

【职业医保经办】 2021年，芙蓉区生育津贴报销3275人次，报销金额5943.23万元；医疗保险异地报销830人次，报销金额415.02万元；生育费用异地报销778人次，报销金额135.86万元；男职工一次性生育补助55人次，报销金额7.27万元。对全区街道社区卫生服务中心医保服务质量进行综合评价，评定5家优秀街道社区卫生服务中心和5名先进医保专干。推进2021年重点民生实事，全区新增18家医保定点协议特殊病种门诊药店，实现医保定点协议特殊病种门诊药店在全区13个街道全覆盖。（童　漾）

【医疗救助】 2021年，芙蓉区统筹加强医疗救助托底功能，将农村户籍低保对象、特困供养人员全部纳入健康扶贫“一站式”结算范围。新增长沙市中康精神病医院纳入精神障碍患者住院定点协议范围，提高精神障碍患者紧急救治能力。截至2021年年底，医疗救助710人次，救助金额244.07万元；精神障碍患者药物治疗救助2253人次，发放药品43.39万元；精神障碍患者住院救助197人次，救助金额18.64万元。全年采取免缴方式资助2869名困难群众参加城乡居民基本医疗保险，实现应保尽保，参保率100%。（童　漾）

【医保基金监管】 2021年，芙蓉区与中国人寿保险股份有限公司长沙市分公司签订《芙蓉区2021年度第三方协助医疗保障监管服务协议》，实行第三方监管。建立打击欺诈骗保套保挪用贪占医保基金集中整治工作协调机制，制定下发《长沙市芙蓉区开展打击欺诈骗保套保挪用贪占医保基金集中整治工作方案》和《医保定点医疗机构集中整治实施方案》等12个方案，建立区打击欺诈骗保套保挪用贪占医保基金集中整治工作协调机制，区医疗保障局、区法院、区检察院等17个部门作为成员单位，按职责分工推进相关工作。组织定点医药机构开展自查自纠，两轮自查自纠共查出违反医疗服务价格政策、串换项目、其他不规范等31个问题，已全部整改到位，涉及金额2.26万元全部退回基金账户。开展打击欺诈骗保网格化监管集中行动，开展假病人、假病情、假票据等“三假”专项治理。邀请第三方监管专业力量参加医保基金监管交叉检查和本辖区定点医药机构全覆盖监管。成立“医保小蓝帽”网格志愿服务队，有13个网格、70名志愿者，提供志愿日常协查等服务。对市级飞行检查的超物价标准收费、康复理疗项目不符合内涵的2家医院，追回金额14.62万元，对2020年至2021年日常检查的6家违约医院，追回金额3.85万元。截至年底，检查定点医药机构219家，约谈4家，解除协议10家，追回医保基金2.11万元，移交4家定点医疗机构违规线索到芙蓉区行政执法局进行行政处罚。（童　漾）

【医疗服务价格】 2021年，芙蓉区落实医疗服务价格日常监测监管工作，督促公立医疗机构和基层医疗卫生机构执行长沙市医疗服务价格管理的有关政策规定，规范管理医疗服务项目和价格行为。组织芙蓉区16家医疗机构参加六批国家组织药品集中采购和湖南省抗菌药物采购，持续推进药品集中带量采购规范化、常态化开展。（童　漾）

【医保宣传】 2021年，芙蓉区开展医保基金监管集中宣传月活动，发放宣传资料2800余份，制作宣传板、横幅等1432个（条）。制作播放《小网格　大监管——芙蓉区基层医保基金“135”网格化监管模式纪实》等视频，编印发放《芙蓉区医保网格化监管宣传折页》等资料。开展“医保微服务”宣传活动5次，点对点地开展医保政策宣传服务，实现医保政策进社区、进医院、进企业、进楼宇、进机关，提高群众对医保政策的知晓率和支持度，树立医保机构全新形象。在国家级、省级、市级媒体平台发布信息报道29篇。（童　漾）

【基本医保全覆盖】 2021年，芙蓉区扎实做好2021年度城乡居民基本医保集中缴费工作，定期督促和通报工作进度，发布“2021年度城乡居民基本医疗保险集中缴费”微信朋友圈广告，编印发放《“特七类”人员参加城乡居民医疗保险指引》。对2020年度基本医保全覆盖工作结果进行评定，评定5个街道（局）为“优秀”，评定26名医保专干为“先进个人”。（童　漾）

【深化“135”网格化监管】 2021年，芙蓉区医保工作深化“一网覆盖、三化（网格化、信息化、标准化）融合、五位（五步闭环、生物识别、智能分析、分类预警、数据融合）一体”的“135”网格化监管模式，继续试点建设医保基金网格化社会监管云平台，建立由“一网一端一平台一中心”构成的监控信息平台，通过流程闭环、生

2021 年 2 月 23 日，国家医疗保障局领导到芙蓉区公卫大楼查看芙蓉区医保基金网格化社会监管云平台（区医保局　供图）

物识别、智能分析、动态预警、数据融合等手段，实现医保基金全过程全覆盖监管。在芙蓉区医院、区红十字医院、定王台街道社区卫生服务中心、五里牌街道社区卫生服务中心 4 家住院和火星街道社区卫生服务中心、朝阳街道社区卫生服务中心 2 家门诊统筹的定点医疗机构、芙蓉区蓝色地标大药房等 21 家定点零售药店安装线下监控摄像头 48 个，存储检查巡查记录 347 条，设置违约违规预警规则 6 条，有效遏制冒名住院、挂床住院、虚假就医、刷医保卡购买非药品等违约违法行为。（童　漾）

【医保基金网格化社会监管云平台调研】 2021 年 2 月 23 日，国家医疗保障局党组成员、副局长李滔一行到芙蓉区公卫大楼，调研医保基金网格化社会监管云平台，省医疗保障局党组成员、副局长许达，长沙市副市长刘明理，区委副书记、区长周春晖，市医疗保障局党组书记、局长谭果等参加调研。李滔一行实地查看芙蓉区医保基金网格化社会监管云平台中心，了解医保经办服务、医疗救助、基本医疗保险全覆盖和基金监管等工作，对芙蓉区医保基金网格化监管工作和医保基金网格化社会监管云平台给予肯定。（童　漾）

【“医保微宣传进社区”活动】 2021 年 4 月 30 日，区医疗保障局在火星街道月桂社区举办“医保改革宣传进社区 我为参保群众办实事”“微宣传”活动，湖南省委深化改革办改革三处和区医疗保障局全体干部、居民群众 200 余人参加。在医保政策“微宣讲”环节，党员干部宣讲群众密切关注的医保改革事项、医保政策等。在医保知识“微问答”环节，活动现场设置宣传咨询台发放《医疗保障基金使用监督管理条例》宣传折页、医保政策问答手册、医保宣传环保袋等宣传资料，并在现场咨询答疑。在医疗保健“微服务”环节，为群众提供测血糖、量血压、健康咨询等义诊服务和家庭医生现场签约服务，并给现场群众发放医用口罩、中药香包等防疫物资。在联系群众“微走访”环节，区医疗保障局干部走访月桂社区周边企业、农贸市场和居民家中进行医保政策宣传。省委深化改革办改革三处处长罗琛，区医疗保障局党组书记、局长田松柏一行走

2021 年 4 月 30 日，“医保改革宣传进社区　我为参保群众办实事”活动在芙蓉区火星街道月桂社区举办（区医保局　供图）

访社区居民刘明德家中，送上医保宣传资料，了解其家庭状况、身体状况和生活需求。通过活动，提高群众对医保工作的知晓率和获得感，让医保改革红利直达基层、惠及群众。（童　漾）

【《医疗保障基金使用监督管理条例》宣传启动式】 2021年4月16日，由省医疗保障局主办，市医疗保障局承办，区人民政府协办的“宣传贯彻条例 加强基金监管——《医疗保障基金使用监督管理条例》湖南省集中宣传活动启动仪式”在浏阳河婚庆广场举行，芙蓉区医疗保障局负责启动式全程事宜。副省长朱忠明，省人民政府副秘书长彭翔，省医疗保障局党组书记、局长王运柏，市人民政府副市长刘明理，区委书记周春晖等省、市、区相关领导参加启动式，活动现场有省、市、区的公安、卫健、市场监管、医疗保障等系统相关负责人及定点医药机构代表、志愿者等200余人参加。朱忠明宣布“省市区三级《医疗保障基金使用监督管理条例》集中宣传活动”启动，王运柏、刘明理就《医疗保障基金使用监督管理条例》宣传普及工作进行讲话。活动现场播放芙蓉区医保基金网格化监管工作视频。该活动在2021年4月16日被湖南新闻联播报道。（童　漾）

住房保障

【概况】 芙蓉区住房和城乡建设局负责全区公共租赁住房等保障性住房资格审批，公共租赁住房房源管理、摇号配租、租金收缴、维修报送，全区棚改房源管理及区机关职工住房货币补贴等工作。2021年度，芙蓉区公租房实物配租在保对象1864户，完成租金收缴270万元。公租房租赁补贴在保83户，保障人数151人，全年发放租赁补贴57.59万元。定向公益性岗位租赁补贴在保733户，全年发放租赁补贴69.3万元。审批非定向公租房资格160户，经适房货币补贴资格5户，棚改项目经济适用房资格4户，“城中村”改造项目半边户资格10户。受理世居非农查询19户，限价房查询117户，定向公共租赁住房资格备案189户。做好区棚改房源的日常管理、调拨分配、安全巡查、统筹安排工作。（曹　婷　刘　佳）

【保障性住房小区管理】 2021年，区住建局按公租房工作相关要求，开展疫情防控、入户巡查、租金收缴、安全监管、矛盾调处、违规整治、腾退清理、维修报修等各项工作。2021年办理新增实物配租180余户，腾退清理房屋118套，处理市民热线工单及投诉50余例、维修勘查140余户。全年开展入户巡查5000余次，小区安全巡视170余次，开展合鑫苑公租房小区消防培训讲座及演习1次。在合鑫苑小区，春节前组织开展“辞旧迎新度新春、美化环境大扫除活动”，端午节开展“欢度祥和端午佳节·喜迎建党一百周年”主题活动；每季度联合东湖社区医院举行义诊活动，为居民免费量血压、测血糖、宣传健康知识。通过多种活动的开展，营造小区的和谐氛围。

（曹　婷　刘　佳）

【机关职工住房货币补贴】 2021年，配合芙蓉区蔡锷路两厢棚改项目、红花坡官塘村公改私等项目实行公改私的信息查询备案，为芙蓉区职工查询、办理福利分房证明及职工住房货币补贴退还等各类相关手续，退还金额5.02万元。

（曹　婷　刘　佳）

民政事务

【概况】 2021年，芙蓉区民政事务工作坚持“以人为本，为民解困，为民服务”的工作理念，以打造“阳光民政、科技民政、幸福民政”为工作目标，以民政服务对象为中心，聚焦民生保障、基层服务、社会服务3项职能，推进民政事业高质量发展。年内，芙蓉区在创建湖南省社区治理和服务创新实验区工作中，围绕“建立健全城市社区居务监督委员会”主题完成实验任务，创新实验被省民政厅评为“优秀”，创新实践成果被湖南省社区建设联席会议办公室编发专辑，供各地学习借鉴。（夏书婷）

【东瑞社区创建省级示范儿童之家】 2021年，芙蓉区民政局指导东岸街道东瑞社区对原有的社区儿童之家进行提质改造，提质后的东瑞社区儿童之家面积150平方米，设置有课外学习室、文体活动室、亲情沟通室、图书阅览室、档案管理室、心理咨询室等功能区，为社区儿童提供免费的公共服务，组织儿童开展各类活动。年内，经湖南省民政厅综合评定，芙蓉区东瑞社区儿童之家被评为2021年省级“示范儿童之家”。（夏书婷）

【殡葬改革宣传月活动】 2021年3月31日，区民政局、区文明办会同朝阳街道，在国储电脑城前坪举行“网络祭祀立新风、文明殡葬扬美德”清明祭扫和绿色殡葬改革宣传活动，朝阳街道社区的居民群众100余人参加。活动向市民倡议要把清明文明祭扫殡葬改革工作作为践行社会主义核心价值观“内化于心，外化于行”的行动，推进移风易俗，培育文明乡风。通过宣读移风易俗倡议书、手印签名、有奖问答和网上祈福、发放宣传资料等形式，让市民了解政府殡葬改革相关政策以及疫情防控和文明绿色祭扫的要求，取得良好的宣传效果。（夏书婷）

2021年12月12日，“中国黄金街结婚登记点”正式启用。图为第一对新人领证（区民政局 供图）

【“中国黄金街结婚登记点”开办】2021年12月12日，建湘南路提质改造完成，全新打造的“中国黄金街”开街，区民政局联合黄金城打造的“中国黄金街结婚登记点”启用。有别于其他婚姻登记点，该点只办理结婚登记手续，不办理离婚手续。凡长沙市民均可前往办理结婚登记。当天首对办理结婚的新人获得“黄金之城珠宝交易中心”赠送的钻石对戒、“百年同心”金钻手链与鲜花。（夏书婷）

·基层治理·

【概况】2021年，芙蓉区按要求完成75个社区5个村的“两委”换届，全过程无一信访举报情况。年内，开展“扮靓社区工程”、创建“三零社区”（“零上访、零事故、零发案”社区）活动、实施“社区党建聚合力工程”、加大“三社联动（社区、社会组织、社工）”力度、提升基层公共服务“一门式”全覆盖工程，全区基层社会治理得到进一步健全和完善。（夏书婷）

【社会组织和社工站建设】2021年，芙蓉区本级登记在册的社会组织317家，其中社会团体40家，民办非企业277家。社工总站1家，街道社工站4家。年内，芙蓉区发展及规范整治社会组织，全区清理僵死社会组织80余家。鼓励社会组织参加政府购买服务，全区80%的社区（村）都对外开展针对以老年人为主要服务对象的政府购买服务。（夏书婷）

【2021年全区社区（村）“两委”换届完成】2021年3月，芙蓉区社区（村）“两委”换届完成。芙蓉区此次社区（村）换届工作，范围涵盖13个街道所辖的5个村和75个社区。按照先社区（村）党组织，后居（村）民委员会的顺序，从2020年12月开始，在2021年元旦前后基本完成社区（村）党组织换届，在春节前基本完成居（村）民委员会换届，所有工作在3月底前全面完成。此次社区（村）“两委”换届共选举产生新一届社区（村）党组织书记80名，居（村）委会主任80名，社区（村）书记、主任“一肩挑”比例100%。社区党组织书记（主任）平均年龄37.6岁；村党组织书记（主任）平均年龄44.6岁；“两委”委员平均年龄38.4岁，大专以上文化程度占比95.5%，较上届相比，“两委”委员年龄、学历实现了“一降一升”。社区（村）党组织委员398人，居（村）委会委员402人，其中交叉任职241人，“两委”总人数559人。（夏书婷）

【基本公共服务】2021年，芙蓉区加大婚姻登记的优质服务力度，在建湘路中国黄金街设立结婚登记点。关爱困境儿童，出台《芙蓉区儿童主任绩效评价办法》，全区创建社区、单位“儿童之家”85个。深化殡葬改革，落实惠民殡葬政策，开展殡葬领域乱收费、乱搭棚治丧、大操大办及奢侈浪费等专项整治行动16次，全区火化率达到100%。加强地名管理，2021年对不规范的曼哈顿大厦、爱尚国际小区等命名进行规范整治，对高家坡路、芙蓉区范围内的部分雨花大道、黄元路、白竹坡路、泉坝路等进行更名。

（夏书婷）

【区社会组织能力建设培训会】 2021年4月24日，由区民政局主办，芙蓉区社会工作总站基地、长沙市暖心社工综合服务中心承办的“聚凝心，合发展”芙蓉区社会组织能力建设培训在区政府会议室举行。芙蓉区各社会团体、民办非企业单位负责人及财务负责人近200人参加，区民政局党组书记、局长吴立平出席培训并进行开班致辞。长沙市民政局社会组织管理局主任罗磊、湖南工蚁坊财务咨询有限公司总监胡会明、中南大学公共管理学院公共管理系副教授董文琪分别对社会组织的年检、财务管理、团队建设3个方面进行了专题培训。培训提高社会工作总站基地对芙蓉区社会组织的认识，增强社会组织自身能力建设，促进芙蓉区社会组织健康有序发展。

（夏书婷）

·社会救助·

【概况】 2021年，芙蓉区发放低保、特困、临时救助1937.24万元，发放残疾人两项补贴52479人次，开展“五帮扶”（就业、住房、急难、医疗、基本生活帮扶）活动、“八大慈善救助”（慈善助困、慈善助医、慈善助学、慈善助老、慈善助贫、慈善助葬、慈善助急、慈善助无）项目、高龄津贴等帮扶救助3778.29万元。各项兜底保障及时到位，全区困难群众的基本生活得到有效保障。年内，区、街道、社区三级民政工作部门提升工作效率，缩短各类社会救助项目审批时间，提高群众办事效率和对政府工作的满意度。

（夏书婷）

【最低生活保障】 2021年底，芙蓉区城乡居民低保2304人，年内最低生活保障标准由650元/月提高至750元/月，全年发放29138人次，1714.44万元。5月，将低保审批权限下放至各街道，实现低保审批和监督管理职能分离，使低保对象的认定更加精准，申请程序更加简化，低保全流程时间由原来的35天压缩至20个工作日。

（夏书婷）

·表42· 2021年芙蓉区社区服务及社会福利事业基本情况统计表

项目	单位	2021年
一、基层社区服务中心	个	76
二、敬老院床位数	床	300
三、敬老院供养人数	人	24
四、接受社会捐赠	万元	0
五、全年共发放低保金	万元	1871.78
六、全年领取最低生活保障救济人次	人次	29138
七、城镇居民得到政府最低生活保障	人	2304
八、城镇各种社区服务设施	个	1158
其中：综合性社区服务中心	个	76

说明：

1. 芙蓉区敬老院原有床位128个，于2021年1月23日搬迁至芙蓉区社会福利中心，截至2021年12月31日，芙蓉区敬老院床位数为300个
2. 2020年芙蓉区慈善会因疫情原因接受捐赠600万元，2021年区民政局无任何社会捐赠

（资料来源：区统计局）

【特困人员救助】 2021，芙蓉区特困保障金由845元/月/人提高到975元/人/月，年内全区特困供养人员67人，其中分散供养29人，集中供养38人，全年发放特困救助金85.88万元。按规定与集中供养以外的分散供养特困人员签订照料服务四方协议，落实分散供养特困人员救助和照料工作，以480元/人/年的标准为分散特困供养人员购买生病住院照料护理险。（夏书婷）

【临时救助】 2021年7月，芙蓉区颁发《长沙市芙蓉区临时救助实施细则》，主要针对芙蓉区户籍的居民和连续缴纳12个月社会保险的居住在芙蓉区的居民，可申请支出型临时救助（因家庭生活必须支出突然增加超出家庭承受能力，导致基本生活一定时期内出现严重困难的家庭给予的过渡性救助），救助金额不超过6倍低保标准和急难型临时救助（因遭遇突发事件、意外伤害、重大疾病、重大突发公共事件或由于其他特殊原因导致基本生活暂时陷入困境的家庭或个人给予的应急性救助），年内最高可以救助10万元。2021年，全区临时救助135人次，给予救助资金65.46万元。年内，芙蓉区启用街道临时救助备用金制度，救助金额2000元（含）以下的由街道审批，救助金额超出街道审批额度的由区民政部门审批。（夏书婷）

【慈善救助】 2021年，芙蓉区对低收入群体在享受法定救助满足基本生活需要后，再为其解决“急、难、愁、盼”问题。主要针对低保户、特困户、孤儿、事实无人抚养儿童等特殊困难群体及低收入者的急难帮扶、子女就学、老有所养、逝有所安等帮扶，实现慈善救助与法定社会救助制度无缝衔接。全年慈善助困、助医、助学、助老、助贫、助葬、助急16264人次，发放救助资金1767.7万元。（夏书婷）

【残疾人补贴】 2021年，芙蓉区按照困难残疾人补贴140元/人/月，重度残疾人护理补贴100元/人/月的标准，发放残疾人补贴。截至2021年12月，全区两项补贴对象2330人，全年发放困难残疾人生活补贴178153人次，384.61万元，发放重度残疾人护理补贴160949人次，250.01万元，两项补贴发放339102人次，634.62万元。

（夏书婷）

【高龄补贴】 2021年，芙蓉区有60岁以上老人约9万，80岁以上老人14000人，空巢老人4700人，低保老人460人，特困老人58人，100岁以上老人18人。芙蓉区推进老年社会保障体系建设，落实老年普惠政策，为全区80岁以上高龄老人每月发放高龄津贴，标准为80～90岁的老人每月100元，90～100岁老人每月200元，100岁以上老人每月500元。2021年全年发放55605人次，1873.89万元高龄补贴金。（夏书婷）

【专项救助行动】 2021年7月和11月，芙蓉区救助站分别开启“夏季送清凉”和“寒冬送温暖”专项救助行动。“夏季送清凉”专项救助行动在辖区内进行拉网式巡查168人次，劝导救助707人次，站内救助129人次，发放口罩836只，矿泉水836瓶，方便面1672桶，藿香正气水和清凉油49盒，抗病毒口服液、夏桑菊、板蓝根、凉茶等消暑药品258包，物资价值1.54万元。“寒冬送温暖”专项救助行动，街面巡查402人次，救助350人次，街面救助物资发放棉被4条，棉衣6件，棉鞋13双，方便面166盒，矿泉水83瓶，口罩10只。专项救助行动采取“社工+流浪救助”的模式，以“助人自助”为理念，使更多的流浪乞讨困难人员及时得到救助服务。（夏书婷）

【救助站管理】 2021年，芙蓉区救助站救助1253人，其中站内救助557人次，站外救助696人次。年内芙蓉区救助生活无着危重病人按照“先救命，后治病”的原则，构建生活无着危重病人“公安城管送，卫生治，民政救”的救助模式，保障生活无着人员危重病人等身体健康和生命安全。抓好疫情常态化防控工作，制定《芙蓉区生活无着人员救助站新型冠状病毒肺炎疫情防控工作方案》，对救助场地进行疫情防控改造，设立检测区、消毒区、隔离区，每日定期对救助场地消毒，留站人员测量体温，对入站求助人员进行核酸检测，保障站内无感染事件发生。推进“社工+流浪救助”工作模式，采取政府购买服务的形式对入站流浪乞讨人员进行心理干预、个案帮扶，开展对街面流浪人员进行主动救助的社工项目，力争通过项目的开展使芙蓉区救助工作从管理式救助向服务式救助转变，使更多的流浪乞讨困难人员及时得到救助服务。年内通过社工干预，救助街面流浪乞讨人员返乡回家、就业援助、户籍恢复35人；常态化街面排查流浪乞讨人员并救助572次。（夏书婷）

【救助站“开放日”活动】 2021年6月19日是第九个“全国救助机构开放日”,芙蓉区在救助站举行“携手相助，让爱团聚”救助开放日活动，邀请社会爱心人士、普通市民90余人参加。参加的市民通过到站内业务科室参观，近距离感受受助人员被救助情况，听取工作人员介绍站内照料服务、救助寻亲、街面巡查、综合治理等救助渠道和救助程序，向社会公众宣传救助法规政策，普及寻亲知识。该次“开放日”活动，芙蓉区救助站主动向社会展示全区救助工作救助模式和效果，取得了引导社会参与、接受社会监督的效果。 （夏书婷）

退役军人事务

【概况】 2021年，芙蓉区退役军人事务工作强化服务意识，主动担当作为，各项工作有序推进。年内，芙蓉区有32名符合颁发条件的志愿军老战士获得“抗美援朝出国作战70周年”纪念章。区退役军人事务局被评为“2021年长沙市爱国拥军模范单位”和“2021年长沙市国防教育先进单位”。 （李静锋）

【保障体系建设】 2021年，芙蓉区退役军人事务局围绕“一中心两站”建设，以示范型退役军人服务中心（站）创建为抓手，强“硬件”，优“软件”。全区各街道退役军人服务站紧扣“五有”标准，保障人员、经费、场地建设，做到有机构、有编制、有人员、有经费、有保障；各服务站定期组织业务培训，开展常态化走访，设立法律服务专班，打造退役军人温馨港湾，实现从“五有”到“五优”转变。年内，区退役军人服务中心及朝阳街道、定王台街道等8家街道退役军人服务站创建为全国示范型退役军人服务中心（站）。 （李静锋）

【拥军优抚】 2021年，芙蓉区退役军人事务局按时、按标准为各类优抚对象发放各类定期生活补助，按时完成伤残人员认证工作及伤残金发放工作。制定《芙蓉区关于规范军休人员服务管理工作的实施方案》，开展军休人员户外休闲活动1次，坚持对优抚对象进行住院慰问和生日慰问，丰富军休职工精神文化生活。春节、“八一”期间走访慰问驻区部队，发放慰问物资80万余元；按照慰问“全覆盖”原则，走访慰问退役军人并发放慰问品，对重点优抚对象进行重点走访并发放慰问金100万余元。浏正街小学等4家单位被评为长沙市“双拥示范点”；芙蓉区财政局、芙蓉区韭菜园街道办事处等5家单位被评为市级“爱国拥军模范单位”，寻红日等4人被评为市级“爱国拥军模范个人”。 （李静锋）

2021年7月23日，长沙市2021年自主择业军转干部“八一”座谈会在区政府会议室召开 （区退役军人事务局 供图）

【退役军人安置就业】 2021年，芙蓉区退役军人事务局做好退役军人安置工作，推动实现更好就业。10月21日，在湖南农业大学举办退役士兵“返乡第一面”适应性培训班，开设创业政策解读、《中华人民共和国退役军人保障法》解读、职业生涯规划等课程。组织线上线下退役军人暨随军家属专场招聘会2次。全年开办退役军人免费职业技能培训一次，为退役士兵就业提供帮助。 （李静锋）

【退役军人权益保障】 2021年，芙蓉区退役军人事务局办结部、省退役军人信访系统信访件办结率均100%。年内，坚持面对面沟通工作机制，全年局领导和各科室负责人下基层走访慰问60人次，有效解决矛盾。牵头组织召开2次退役军人工作联席会议，解决有关退役士兵待遇提标、晋升职务等级等历史遗留问题。全年各级帮扶资金153万元，解决一批退役军人因病致困生活难题。 （李静锋）

老龄事业

【概况】 2021年，芙蓉区有常住人口64万人，60岁以上老人近9万人，80岁以上老人1.4万人，空巢老人4700人，低保老人460人，特困老人58人，100岁以上老人18人。年内，芙蓉区坚持“政府指导、政策扶持、社会参与、市场运作”的总体思路，探索以居家养老为基础、以社区养老为依托、以机构养老为补充的养老新模式，逐步建立芙蓉区养老服务新体系。芙蓉区现有福利中心1家，民办养老福利机构4家，街道、社区居家养老服务中心41家，床位2875张。全区推进老年社会保障体系建设，落实老年普惠政策，为全区80岁以上高龄老人每月发放高龄津贴（80～90岁的老人每月100元，90～100岁老人每月200元，100岁以上老人每月500元）；为年满60周岁以上低保老人每月发放200元基本养老补助金。 （夏书婷）

【老龄工作】 2021年，芙蓉区争取区财政支持，为辖区内60岁以上“五类特殊老人”以及80岁以上老年人购买老年人意外伤害保险。建立和完善“银龄安康”工程工作联动机制，优化理赔程序，维护老年人的合法权益，确保“参保到位、宣传到位、服务到位”。开展“敬老月”、老年健康宣传周活动和慰问活动，“敬老月”活动期间，组织开展主题宣传活动95场次，为老年人提供免费健康咨询和开展义诊服务8200余人次，发放各类宣传资料1.4万余份，各类新闻媒体报道27篇。老年健康宣传周活动组织开展讲座和免费义诊63场次，为老年人免费健康咨询和开展义诊服务5453人次，发放各类宣传资料47257份；申请专项经费3万元对获得“七一勋章”“光荣在党50年”纪念章的老党员以及贫困、失能、高龄、空巢、计划生育特殊家庭老年人50人进行走访慰问。开展示范性老年友好型社区创建工作，韭菜园街道蓉园社区被评选为“2021年全国示范性老年友好型社区”。 （陶红军 谭 宇）

【国有企业退休人员社会化管理】 2021年，芙蓉区根据市企改办批复要求，与长沙火车站客运服务公司、湖南省化肥工业总公司、湖南省纺织工业销售总公司、湖南省纺织物资设备总公司4家国有企业，签订国企退休人员社会化管理移交协议，涉及退休人员250人，退休党员30人。2021年，向上级申请补助资金327.24万元，拨付补助资金336.71万元。中共长沙市芙蓉区委组织部、长沙市芙蓉区工业和信息化局、长沙市芙蓉区人力资源和社会保障局3个单位，芙蓉区马王堆街道古汉城社区等6个社区，黄金国等10名个人，被长沙市企业改革和发展领导小组分别评为国有企业退休人员社会化管理工作优秀单位、优秀社区和优秀个人。 （郭泽武）

【养老护理员职业技能培训】 2021年7月16日，区民政局在思大职业培训学校举办全区养老护理员培训班，全区各养老机构80余名养老护理员参加培训。培训内容包括理论知识和实践技能两类，从养老护理相关基础照护、康复服务、心理支持、培训指导等理论知识，到认知障碍老人记忆力训练、肢体障碍老人桥式运动康复训练、服药、健肺操等实操训练，多方面提高参训学员的护理技能和综合能力，助推全区养老事业的高质量发展。 （夏书婷）

【新疆维吾尔自治区民政厅一行考察养老服务工作】 2021年9月28日，新疆维吾尔自治区民政厅党组成员、副厅长刘强一行考察芙蓉区养老服务工作，湖南省民政厅养老处处长、长沙市民政局党委书记、局长陈昌佳等陪同考察。刘强一行先后参观芙蓉区社会福利中心、芙蓉区阿默认知症照护中心、东屯渡街道金科社区居家养老服务中心，实地考察养老服务中心药房、康复评估室、多功能感官室、认知症长者居住房间、无障碍洗手间、就餐区域、手工风采墙、屋顶记忆花园等场地与设施，了解养老服务中心的各项服务标准与运营管理流程，并调研医养结合、老年人智能管理系统以及社区居家养老服务中心的总体居住环境等养老服务体系建设情况。考察组询问养老服务中心在经营、管理中面临的困难和问题，对芙蓉区秉持“用爱沟通，用心服务”理念，为社区老年人提供精准化、精细化的养老专业服务，以及对所探索创造的经验和模式给予肯定。 （夏书婷）

·表43· 2021年芙蓉区城乡居家养老服务中心情况一览表

序号	机构名称	地　址	类别	启动运营年份
1	朝阳街道二里牌社区居家养老服务中心	韶山北路81号长勘院内老年活动中心2楼	AA	2020
2	朝阳街道朝阳社区睦邻居家养老服务中心	凯通国际城5栋2单元、3单元1楼架空层	AAAA	2017
3	定王台金沙里社区居家养老服务中心	建湘路105号	A	2020
4	定王台街道马王街社区居家养老服务中心	吉庆巷33号	AAA	2017
5	定王台街道丰泉古井社区湖南发展居家养老服务中心	蔡锷南路190号	AAA	2018
6	定王台街道藩后街社区湖南发展居家养老服务中心	定王台街道藩后街35号湘域城邦内藩后街社区居家养老服务中心	AAA	2018
7	东岸街道东瑞社区居家养老服务中心	中交中央公园D4区牛津街商业4栋	AA	2020
8	东岸街道东宜社区居家养老服务中心	半边山巷嘉盛和园小区物业公司旁	A	2016
9	东岸街道黄泥塘社区居家养老服务中心	东岸街道亚大路16号东驿竹园商业区A-140二楼	A	2020
10	东屯渡街道嘉雨社区居家养老服务中心	星城世家西门综合楼三楼	AA	2017
11	东屯渡街道扬帆社区居家养老服务中心	扬帆小区F18栋	AA	2018
12	东屯渡街道湖南发展综合养老服务中心	东屯渡街道农科家园A区14栋对面居家养老服务中心	AAAA	2018
13	东屯渡街道嘉雨社区万众和居家养老服务中心	香堤雅境B2栋一帆风顺阁104	AA	2016
14	东屯渡街道东屯渡社区居家养老服务中心	东华路枫树小区13栋	AA	2016
15	火星街道月桂社区居家养老服务中心	龙柏路67号	AA	2016
16	火星街道曾家坪社区居家养老服务中心	远大一路718号	AA	2020
17	火星街道兴和社区居家养老服务中心	马王堆陶瓷城纬二路334号	AAA	2020
18	韭菜园街道汤家岭社区居家养老服务中心	车站北路157号竹园公寓5栋	AA	2020
19	马坡岭街道东站社区居家养老服务中心	东站社区办公楼4楼	AA	2020
20	马坡岭街道锦林社区居家养老服务中心	东岸锦城C4栋104	A	2020
21	马王堆街道新桥社区睦邻综合养老服务中心	新桥小区5-1	AAAA	2020
22	马王堆街道滩头坪社区睦邻居家养老服务中心	火炬路芙蓉苑小区南门西侧	AAA	2020
23	马王堆街道古汉城社区居家养老服务中心	古汉城社区	AA	2020
24	文艺路街道南元宫社区居家养老服务中心	人民中路139号	AA	2016
25	文艺路街道韭菜园社区弘益健康居家养老服务中心	金烨融府16号三楼	AAA	2020
26	文艺路街道东广济桥社区湖南发展养老居家养老服务中心	芙蓉区韶山路186号	AAA	2017

·续表 43·

序号	机构名称	地址	类别	启动运营年份
27	文艺路街道湘府社区湖南发展养老居家养老服务中心	五一大道 351 号省政府机关二院，湘府社区办公二楼	AAA	2020
28	五里牌街道火车站社区居家养老服务中心	五里牌街道火车站社区朝阳一村 15 栋东	AAA	2020
29	五里牌街道五里牌社区居家养老服务中心	车站中路 289 号	AA	2020
30	湘湖街道湘湖社区五行居家养老服务中心	金利中路 165 号	AAA	2018
31	湘湖街道东湖社区居家养老服务中心	晚报大道东湖新寓 10 栋 10 单元	AA	2017
32	湘湖街道湘湖社区居家养老服务中心	湘湖街道金利路 165 号	AA	2017
33	荷花园街道综合养老服务中心	东二环一段 1178 号	AAAA	2020
34	荷花园街道德政园社区万众和居家养老服务中心	德政园小区怡心苑 6 栋 105、106	AAAA	2016
35	荷花园街道东郡社区居家养老服务中心	万家丽中路一段 148 号	A	2016
36	东湖街道综合养老服务中心	东湖街道长椰路 88 号韶光社区	AAA	2020
37	东湖街道韶光社区睦邻居家养老服务中心	长椰路 88 号	AAA	2018

（资料来源：区民政局）

·表 44·

2021 年芙蓉区养老机构情况统计表

序号	养老机构名称	地址	运营时间	总入住人数（人）	养老床位（张）		从业人员情况（人）	
					数量	其中：护理型床位数	人数	其中：养老护理人员总数
1	湖南阿默养老服务有限公司长沙一分公司	隆平路 869 号东科园 12 栋 101 室、201 室、301 室、401 室	2018 年 6 月	54	60	60	27	20
2	湖南阿默养老服务有限公司长沙二分公司	湖南省长沙市芙蓉区东湖街道隆平路 869 号东科园 6 栋、7 栋 102 室、202 室、302 室、402 室	2019 年 12 月	62	74	74	28	22
3	长沙市芙蓉区鑫远博爱养老中心	长椰路 88 号韶光社区	2019 年 7 月	79	352	160	24	17
4	长沙市芙蓉区常青树老年公寓	五里牌街道燕山街 83 号	2010 年 7 月	84	200	100	21	11
5	芙蓉区福利中心	东湖街道合平路 1 号	2020 年 10 月	452	1850	833	159	81

（资料来源：区民政局）

民族宗教事务

【概况】 2021年，芙蓉区开展宗教专项整治工作，推进民族团结进步创建，强化民族、宗教政策宣传教育，完成各项工作任务。2021年辖区内少数民族群众2.8万人，以土家族、苗族、回族为主，集中在马坡岭街道、马王堆街道、东屯渡街道。芙蓉区民族团结进步创建工作把握“共同团结奋斗，共同繁荣发展”主题，以保障各民族合法权益为核心，坚持服务与管理并重的方针，五一中路小学创建为全市民族团结进步创建示范单位，韭菜园街道军区社区获“全国民族团结进步示范社区”奖牌。（曾维平）

【民族事务】 2021年，芙蓉区根据辖区少数民族群众分布特点，在少数民族常住人口集中的地区建立军区社区和东湖东沙少数民族服务站，在少数民族流动人口集中的地区建立马坡岭汽车东站少数民族流动人口服务站。为少数民族群众开展业务咨询和办理，就业培训，纠纷调处。以“少数民族服务站”为载体，服务清真食品经营户，定期组织经商务工代表与民宗、公安、城管等部门的联席会议，解决诉求，调解矛盾纠纷。年内调解农大辖区内2家清真餐饮门店因经营竞争可能引发的群体性事件。春节走访慰问特困家庭41户，送去慰问金1.64万元。审核参加高考的少数民族考生民族成份111人，按政策为少数民族同胞办理民族成份变更手续15人，协助65名少数民族学生家长办理子女入学和转学事宜。

（曾维平）

【宗教事务管理】 2021年，在宗教领域做好新冠肺炎疫情防控，8月和10月疫情期间，全区20处民间信仰场所全部关闭，省圣经学校亦暂行关闭，基督教学习小组活动暂停。各社区安排专人值守，做好场所消毒防疫工作。各街道结合“安全生产月”活动主题，在民间信仰活动场所显眼位置悬挂宣传横幅10余条，张贴《宗教事务条例》大海报。芙蓉区召开民族宗教领域“安全生产月”工作部署会暨安全生产专项培训，相关人员40余人参加。民间信仰活动场所所在街道分别开展安全生产培训。各街道组织对辖区内的民间信仰场所安全生产大检查，发现问题10处，整改10处。区民宗局对全区民间信仰场所进行安全检查，发现问题1处，责令整改到位。定期（每季）检查消防设施、防盗设施，水、电、气使用情况，消除隐患。（曾维平）

【少数民族相关法律政策培训班】 2021年3月25日，区委统战部（民宗局）在东屯渡街道会议室举办区域务工经商少数民族群众相关法律政策培训班，内容包含适龄儿童入学、市场经营及法律援助有关法律政策，区委统战部副部长、民宗局局长阳颖主持会议，区教育局、区市场监管局有关负责人，少数民族群众近80人参加。民族联谊会芙蓉区分会会长冉青汇报民族联谊会工作，区教育局教育科长阳艳萍宣讲《芙蓉区义务教育阶段学生入学政策》，区市场监管局食药监管科长张国林宣讲《餐饮服务管理规范》和《中华人民共和国食品安全法》，金州律师事务所合伙人、四级律师左文杰讲解相关法律援助知识。

（曾维平）

【军区社区获“全国民族团结进步示范社区”奖牌】 2021年5月20日，湖南省民宗委党组副书记、副主任赵仁秀代表国家民委向军区社区颁发“全国民族团结进步示范社区”奖牌，省、市民宗委、局领导等同行。赵仁秀一行实地了解军区社区民族团结阵地建设，观看社区民族团结工作视频，听取社区党委书记徐香关于创建民族团结进步示范社区的工作汇报。军区社区居民中有10余个少数民族，少数民族人口200余人，社区与省军区、省民宗委、省兵器集团、湖南宾馆等单位结对共建，挖掘军地少数民族典型代表故事，建成国防长廊，组织各民族群众开展国防教育。该社区曾于2019年被评为“全省民族团结进步创建示范单位”，并接受湖南省民族团结进步创建工作交流会现场观摩。（曾维平）

精神文明建设

【概况】 2021年，芙蓉区以助力长沙市争创全国文明典范城市为目标，推进“文明城市全域提质年”行动，通过强基础、补短板、亮特色，城区文明程度和公民道德素质稳步提升。创新机制，开展市级以上文明单位（校园）与文明创建实践点联创共建，全区73个单位与162个实践点“同创、同建、同职、同责”。深化志愿服务，建立健全专职“雷锋志愿者”管理、培训、考核和保障制度，在全区165个点位开展志愿服务体验活动。全区8万余人次群众志愿者、375名专职“雷锋志愿者”助力疫情防控工作。在新一轮全国文明城市创建周期的开局之年，芙蓉区通过省检、国检测评，

其创建经验获得中央电视台等主流媒体报道推介。（谭 颖）

【公民道德建设工程】 2021年，芙蓉区在全区实施公民道德建设工程。全年推评“中国好人”1人、“湖南好人”6人、“长沙好人”6人，第六届长沙市道德模范提名奖2人，“新时代湖南好少年”1人、“新时代长沙好少年”4人，首批湖南省学雷锋活动示范点和湖南省岗位学雷锋标兵各1个。彭连清、彭友良2人入围“中国网事·感动2021”网络感动人物评选。建设志愿服务岗，重点打造中南大学湘雅二医院、长沙火车站等学雷锋志愿服务示范站。统筹抓好“文明实践365”工作品牌，开展“红心向党 志愿同行”“做文明践行者 汇星城新风尚”等文明实践活动1200余场，其中主办“雅韵红色经典庆祝建党百年”湖南省名师公益朗诵会等省市活动30余场。在湖南米粉街、袁家岭中央文化区等重点区域建设一批精美文明微景观。全区新时代文明实践工作经验文章在《湖南精神文明建设工作简报》刊发，创建经验获中央电视台《新闻联播》以及《人民日报》《光明日报》和中国文明网等重点央媒报道推介。

（谭 颖）

【城市文明环境提升】 2021年，芙蓉区开展文明城市、文明单位、文明社区、文明校园、文明家庭“五大创建”，治乱、治脏、治堵、治陋习等专项整治，推进《长沙市文明行为促进条例》常态执法。加大督查力度频度，保持创建工作常态化。发现整改问题4万余个，问题整改率达到96.8%以上。结合“我为群众办实事”实践活动，累计办成各类实事2900余件，改造老旧小区30万平方米。解决民生问题，完成东雅中学、育英三小及4所幼儿园建设，新增学位6030个；既有住宅加装电梯新增200余部，其经验在全省推广。通过盘活资源、加快配套，新增停车位1.1万个、厕位70余个。长沙火车站东西广场及周边环境提质改造，城市窗口焕然一新。（谭 颖）

【“践行文明 清洁芙蓉”志愿服务活动】 2021年3月8日，芙蓉区“践行文明 清洁芙蓉”志愿服务活动在长沙火车站广场启动。活动由长沙市委宣传部（市文明办）指导，芙蓉区委宣传部（文明办）、区城管局、区市容环境卫生维护中心、火车站综管办主办，五里牌街道新时代文明实践所、五里牌社区新时代文明实践站承办。来自市、区、街道相关负责人、志愿服务团队及个人、辖区单位和爱心企业代表等200余人参与。活动现场表彰了戴荣辉等16名最美雷锋志愿者、阿波罗商业广场学雷锋志愿服务站、火车站综管办学雷锋志愿服务队等8支最美雷锋志愿服务团队。志愿者代表发出携手推进“清洁城市”建设的倡议。象征志愿传递的火炬被点亮，志愿者、网格长、热心居民等组成的志愿者队伍，以省委周边、火车站广场及周边等为重点，从清扫保洁、站厕卫生提档、垃圾清理提升到全域清洁提质，深入所在地展开清扫行动。（谭 颖）

【名师公益朗诵会暨经典诵读进校园活动】 2021年5月21日，“雅韵红色经典 庆祝建党百年”湖南省名师公益朗诵会暨长沙市经典诵读进校园活动，在芙蓉区八一路小学举行。活动由省委宣传部、省委军民融合办公室、省军区政工局指导，长沙市委宣传部（市文明办）、长沙市教育局、芙蓉区文明委主办，芙蓉区委党史学习教育领导小组办公室、芙蓉区委宣传部（文明办）、芙蓉区教育局承办，省人艺汉语艺术实践中心、韭菜园街道、八一路小学执行。省委办公厅朗读学习小组朗诵《七十三个补丁的教义》，回顾毛泽东艰苦奋斗的岁月；省军联国防教育基地表演抗疫情景剧《坚守》；韭菜园街道朗诵《红色经典——“声”临其境》，重现国歌选定的历史片段。活动特邀吕铭、杨召江、李少平、佘以滄、蔡青青等朗诵人，与八一路小学师生同台演出，朗诵《鹰之击》《骆驼草》《最后一分钟》《妈妈，只有你欣赏我》等节目。活动举行红色诗词抢答赛，对八一路小学开展的“我与你，交互的光芒——献礼建党百年”系列诵读活动进行总结和表彰。

（谭 颖）

街　道

Sub-districts

编辑　　宾雪丰

湘湖管理局（湘湖街道）

【概况】 长沙市湘湖管理局系“政企合一、国社合营”的副处级事业单位，与湘湖街道办事处、湖南省三湘南湖大市场实业总公司合署办公。街道地处长沙火车站以北，东起东二环线，西至车站北路，南至远大路，北靠浏阳河，2021年，街道下辖东湖、南湖、西湖、湘湖、跃进湖、车站北路6个社区，辖区总面积2.16平方千米，常住人口4.85万人，户籍人口2.18万人，家庭户1.87万户。局属企业湖南省三湘南湖大市场实业总公司，由家电城、建材城、灯石城、汽配城4个专业市场和富丽华大酒店组成。湘湖管理局（湘湖街道）锚定“现代化精彩新芙蓉”的建设目标，抬高坐标，真抓实干，被评为“湖南省充分就业街道”“长沙市禁毒工作成绩突出街道”“长沙市无偿献血先进单位”“长沙市基层人力资源和社会保障平台标准化建设优秀街道”“长沙市垃圾分类示范街道”。全年在中国文明网、“学习强国”、《湖南日报》、《长沙晚报》等媒体发表稿件669篇。

（王　芸　武　莎）

【街域发展】 2021年，街道完成限额以上商贸业社会消费品零售额4.69亿元；限额以上批发企业商品销售额11.84亿元，比2020年增长11.03%。全社会固定资产投资15.46亿元，比2020年增长11.3%。完成税收1.2亿元。引入全口径50万元以上单位4家，其中全口径税收超1000万元以上单位1家。辖区重点项目三湘南湖大厦已相继对接省、市、区三级有关部门，确立以三湘南湖大厦为依托，协助推进区政府与省移动共同达成“湖南5G应用生态产业园”的战略合作框架协议，数字经济产业园的雏形正在显现。发挥三湘南湖党群服务中心示范作用，通过擦亮诚信经营品牌名片、调整经营策略模式、进行品牌整体包装，发挥市场党建联盟的作用，促进市场转型升级，2021年完成营业收入2.5亿元。根据老百姓诉求和湘湖实际情况，组织全民自主选择确定出“政企分开，逐步推动企业改制”的发展路径，先后召开理顺体制专题会议40余次，对相关章程条款已修改17稿，推进理顺局属企业体制工作。

（王　芸　武　莎）

【城市管理】 2021年，街道抓好省委周边环境整治，完成车站北路沿线违规广告招牌拆除50处、清理铁路沿线圈地种菜260平方米，投资80万余元开展铁路沿线安全整治，通过规范公益广告、立面清洗、标准化围挡等措施，提升车站北路品质。完成晚报大道、湘湖小苑等6处老旧小区的提质改造。全面整治建材二区、水暖市场等顽固盲点；拆除历史违章建筑6处1280平方米。强化安全稳定，完成梦泽园“重大火灾隐患单位”摘牌与富丽华D级危房拆除工作。辖区餐饮门店新装油烟净化器240台，安装率100%；生活垃圾分类实现全覆盖，生活垃圾回收率、利用率均达95%以上；做好河道保洁，浏阳河湘湖段水质稳定保持Ⅲ类及以上标准。

（王　芸　武　莎）

【社会事业】 2021年，街道发放春节慰问金8.07万元、慰问物资158套；医疗帮扶3人，帮扶金额1.3万元；为2户残疾人家庭进行无障碍设施改造。推进“一件事一次办”改革，在改革事项中推动跨域通办、智能导办，线上线下同质办，全年办结个体工商事项1416件，食品、小餐饮经营许可事项107件，非重大和非限制类企业投资项目备案27件。做好重点民生项目，成立街道社工总站，落实办公场地，配备专职工作人员；在西湖社区和车站北路社区建成智慧社区健身中心，为居民日常健身提供方便实惠优质场地。为辖区705件原创文化作品完成版权登记。响应国家“双减”政策，关停辖区内培训机构7家，转型1家。开展职业技能培训，全年组织开办技能培训及“创业培训班”16场，培训607人，为1590人申报以工代训补贴。化解信访积案2起，及时办结网上信访件40件。调解矛盾纠纷218起，纠纷调解率、成功率100%，协议履行金额600万余元。辖区涉毒人员全部管控到位，禁毒工作成绩在全区排名靠前。2021年疫情防控期间摸排管控国内中高风险地区来湘湖辖区人员3500余人，境外归国人员158人，重点人员核酸检测3000余人次，接种新冠疫苗6.9万剂次。

（王　芸　武　莎）

【区域党建】 2021年，街道党史学习教育贯穿全年，举办“红动湘湖　礼赞百年”系列红歌会、故事会、微宣讲、党史知识竞赛10余场，25名科职干部联点小区党支部帮助解决居民急难愁盼问题50余件。组宣科宣传专干邓福君长篇小说《奔向红船》获得“省优秀社会科学普及作品”。推进支部“五化”建设，新建“两新”党支部4个，培训入党积极分子31人，发展党员22人，完成22个小区党支部集中换届，组织“万名党员进党校”党员轮训10余次，集中培训党员900余人，基层党组织书记集中培训率100%。打造“党建+诚信”品牌，开展企业家论坛、红色沙龙20余次，实现党建核心与市场诚信经营同频共振，其经验做法《为消费保驾护航 长沙“好人团”共引诚信经营好风尚》在中国文明网首页、首屏刊播。建设标准化示范小区党支部6个，市级“老党员之家”1个，被评为“两优一先”市级先进党组织3个、优秀党务工作者2人，区级先进基层党组织2个、优秀党员5人。

（王 芸 武 莎）

【社区建设】 2021年，街道以高质量党建凝聚社区强大发展合力，实现6个社区48个小区居民自治。东湖社区打造“志愿者之家”阵地，铺开“关爱健康 你我同行”“志愿者流动驿站”“益路同行 共同成长”三大项目，开展活动130余场，17家联盟单位参与社区治理和服务；被评为“湖南省充分就业社区”“长沙市先进基层党组织”，《益路同行 共同成长》服务品牌案例被长沙市社区教育优秀工作案例集采用。南湖社区打造“红色记忆 党史学堂”，组建红船志愿服务队；举办“非遗市集进社区 千年文化润百姓”元旦游园会活动；启动省红十字会“博爱家园”项目，开展救护员培训3期；改造环卫宿舍电网，推进社区综合减灾组织体系，被评为2021年度“湖南省综合减灾示范社区”。西湖社区完成长港党支部“五化”阵地建设；与省少儿出版社合作共享阅读项目“书香西湖”；200余名少年儿童参与“爱心存折”品牌活动，捐出零花钱2800元；被评为长沙市“EAP”（员工关怀行动）示范单位、长沙市老年教育基层教学点。湘湖社区整合辖区资源，与芙蓉区法院第六党支部合力打造长沙市首个社区“诉源治理工作站”，开展法律咨询7期，解决矛盾纠纷22起；承办芙蓉区首届网络“搭建供需平台，助推乡村振兴”线上招聘直播，实时观看点击率8万余人次；落实惠民政策，为4个小区加装34台电梯，解决1400余名居民上下楼难的民生问题，被评为“长沙市既有住宅电梯加装示范社区”；“共建时代科普，全民素养行动”科普专题项目获得湖南创新型省份建设基金。跃进湖社区承办长沙市“百年发展‘犇’新途 智慧科技创未来”科普宣传主题活动；解决遗留21年的颜家嘴产权证办理和遗留16年的向阳湖栋证办理问题；被评为“湖南省居务监督示范社区”。车站北路社区承办“冬日暖阳送岗位 暖企行动惠民生”大型现场招聘会；与14家辖区单位签署“联动车北 和乐一家”共驻共建协议；在车湘街新增车位28个，解决建材二区18栋公共厕所用水遗留问题；被评为“芙蓉区关心下一代优秀集体”。

（王 芸 武 莎）

2021年3月14日，芙蓉区“文明实践365”系列活动之三湘南湖大市场“践行诚信经营·优化营商环境”启动式现场　　（湘湖街道　供图）

【“践行诚信经营·优化营商环境”启动式】 2021年3月14日，芙蓉区“文明实践365”系列活动之三湘南湖大市场“践行诚信经营·优化营商环境”启动式在家电城新时代文明实践广场举行。长沙市委宣传部副部长唐曙光，芙蓉区委副书记、统战部部长、党校校长蒋红波等参加活动。活动现场颁发诚信类奖项100个，与中国银行签署战略合作协议，支持数字人民币支付，8位诚信示范商户代表现场签约加入“品牌联盟”。让品牌共建和输出形成合力，成为拉动市场发展的新势能。让三湘南湖大市场成为诚信经营、放心消费的最佳注解。200余人参加该次活动。

（王 芸 武 莎）

【春风送岗专场招聘会】 2021年3月18日，由芙蓉区总工会主办、湘湖管理局工会联合会、人力资源和社会保障服务站、东湖社区工会联合会承办的“牵手芙蓉·温暖就业”芙蓉区2021年春风送岗专场招聘会在东湖社区上东印象东广场举行。中国平安集团、长沙蓝思科技有限公司等70余家用人单位进场招聘，涉及汽车、电子、化工、财会、营销、软件等10余个行业，提供就业岗位1000余个。该次招聘会采取“现场招聘＋云上设岗”的双线模式，面向困难失业人员、下岗职工、高校毕业生等群体，进一步拓宽就业渠道，为企业和求职者搭建起快捷、高效、诚信、满意的人力资源供需桥梁，促进困难失业人员充分就业。活动当天入场求职人员近500人，现场达成就业意向200余人。

（王 芸 武 莎）

【“诉源治理工作站”揭牌】 2021年5月11日，芙蓉区法院和湘湖社区创建的长沙首个社区诉源治理工作站——长沙市芙蓉区人民法院驻湘湖社区诉源治理工作站正式揭牌。推出“11号我要咨询”小程序，采取“专家问诊”分时间预约咨询模式，为居民提供专业法务咨询，将矛盾化解在萌芽状态、化解在基层、化解在诉前，让困扰群众的问题在家门口得到解决，实现司法为民方式的新探索。截至2021年年底，诉源治理工作站开展法律咨询7期，解决矛盾纠纷22起。

（王 芸 武 莎）

【“跃进未来”智慧社区项目】 2021年8月18日，跃进湖社区与湖南移动长沙分公司共同打造的“跃进未来”智慧社区项目正式启动。省移动公司出资80万元，建成包含智能大屏、30余个摄像头、4个云广播以及10余个智能充电桩的智慧网，覆盖6个小区，3523位居民群众，294户商铺。线上线下民生服务资源通过“党建引领、跃进治理、应急处置、社区商圈”4个版块，实现学习教育、阵地资源线上共享，楼宇招商、就业信息公益发布，空巢、独居老人家庭安全和幼儿防拐、防走失安全预警，社区商圈活动及15分钟生活圈智慧便捷。多年未解的疑难事项、沉疴痼疾、民生痛点在“云端”中得到解决，推进社区治理从量变到质变，将居民群众对美好生活的期待转化成安全感和幸福值。

（王 芸 武 莎）

2021年12月23日，“非遗市集进社区 千年文化润百姓”主题元旦游园会在南湖社区星典时代文化广场举行 （湘湖街道 供图）

【非遗市集进社区】 2021年12月23日，“非遗市集进社区 千年文化润百姓”主题元旦游园会在南湖社区星典时代文化广场举行，辖区党员、居民100余人参加。非遗市集上，和香、糖人、粽编、戏剧脸谱、金柞面塑、浏阳油纸伞等非遗观赏、制作项目，供社区居民鉴赏工艺或动手体验。游园会给居民提供了近距离接触非遗文化的机会，让全民共同参与、关注、保护和传承优秀传统文化。

（王 芸 武 莎）

定王台街道

【概况】 2021年，定王台街道东至芙蓉中路，南至人民路南，西至黄兴中路，北达中山路，下辖丰泉古井、金沙里、黄泥街、宝南街、藩后街、走马楼、马王街、化龙池、浏正街9个社区。辖域面积1.48平方千米，域内有家庭户数2.91万户，户籍人口7.68万人，常住人口8万人。年内街道围绕“党建先锋、经济高地、城市客厅、幸福家园”的发展目标，推动各项工作取得新进展，被评为“全省第一批乡镇应急能力标准化建设达标乡镇”“省级红色退役军人服务站”“2021年长沙市无偿献血工作先进单位”“2021

年度长沙市网络舆情报送信息点先进单位”，丰泉古井社区白果园历史文化旅游街区被评为“国家AAA级旅游景区”。（饶　坤）

【街域发展】 2021年，街道实现规模以上工业总产值7.17亿元，比2020年增长100%。完成限额以上商贸业社会消费品零售额143.49亿元，比2020年增长15.4%；限额以上批发企业商品销售额125.62亿元，比2020年增长14.9%。完成全社会固定资产投资25.97亿元，比2020年减少12.5%。完成税收4.82亿元。新增“四上”企业35家，“个转企”42家，“一年一件事”10栋选定楼宇税收迁入127家，新引入税收50万元以上企业8家。完成140余家企业工商、税务关系转迁，去化存量物业1.1万平方米，新引入市场主体580家。中部地区首家柏悦酒店、湖南首家苹果直营店落户。制定《楼宇服务专项工作方案》，成立楼宇服务小组；制定《2021年“百日暖企”行动工作方案》，实现企业“办事不出楼”，在世茂环球金融中心设立全省首个24小时楼宇政务服务微厅。以国金、世茂、白果园街区为核心，实施党建引领、资源引入、业态引导，形成五一商圈、白果园片区青年创业集聚区，新消费业态辐射带动周边街域，五一商圈被评为首批“国家级夜间文化和旅游消费集聚区”。（饶　坤）

【城市管理】 2021年，金沙里老旧小区改造项目改造小区8个，惠及城区居民639户，建筑面积6.87万平方米。马浏片区项目一期完工，蔡锷中路两厢棚改项目二期签约率85%，蔡锷中路两厢有机更新项目一、二标段全面完工。每月30日设为街道、社区城市管理集中宣传日，分物业、门店召开“门前五包”讲评会，签订责任书，建立门店台账。由街道评选“最佳网格”“最差网格”，社区评出“最佳门店”“最差门店”。处理第二轮中央环保督察投诉6件，安装40余个摄像头对垃圾乱扔乱堆现象实施溯源曝光，完成3座垃圾分类厢房建设并通过验收。采取“定车定时定路”的垃圾清运模式，设置夜间垃圾暂存点，由环卫所安排专车在16:30—22:30统一临储、集中清运，解决夜间垃圾桶爆棚问题。制定《定王台街道“城市精致管理年”工作考核方案》，每月对各社区进行考核，提升城市管理水平。（饶　坤）

【社会事业】 2021年，街道组织9个社区协同街道卫生服务中心，采取定点和上门两种接种方式，开设接种专场60余次，完成疫苗接种6.61万剂次，开展宣传活动70余场，实现“全摸排、全管控、零确诊”目标。办结“12345”政务服务热线工单1200余起，满意率99%以上。办成“我为群众办实事”300余件，项目清单办结率100%。中央电视台《新闻联播》以《长沙：办好民生实事诠释文明内涵》为题报道白果园化龙池文明创建工作。办理低保户医疗救助122人次，发放低保金等各类补贴救助金900余万元。街道与各社区签订《安全责任书》，与辖区单位签订《特种设备安全主体责任承诺书》50余份，强化安全生产工作第一责任人的安全主体意识。组织各类大型宣传咨询活动4次，安全培训130余次，应急演练90余次，安全生产新闻上稿350余条，参与安全及应急志愿者巡查1000余人次，发放各类安全教育宣传资料1.9万余份。移交案件22起，未发生较大以上安全生产责任事故和重大食品安全事故。街道安全生产月期间组织开展“落实安全责任，推动安全发展”应急和安全知识网络答题竞赛活动，被评为“2021年芙蓉区应急安全知识网络答题活动先进单位”，并获“2021年芙蓉区安全生产‘双十佳’评选活动组织奖”。中国石油长沙大厦楼宇工会联合会被评为“长沙市小三级工会规范化建设示范单位”。（饶　坤）

【区域党建】 2021年，街道党工委下属党组织64个，其中直管党员2100人，在职党员1099人，发展党员33名，完成9个社区“两委”换届工作，推进“万名党员进党校”落地生效。落实省委加强基层建设文件精神，实施“党建聚合力”工程，推动10栋重点楼宇成立党群服务中心。发挥院校专家、辖区单位等社会力量资源，依托世茂环球楼宇党群服务中心，建成“红色CEO”智享汇基地，引进省政协经济界别委员工作室。加强“两新”党建指导，完成4家“两新”省、市、区示范化标杆党组织建设。五一商圈常态化开展先锋志愿服务，“学习强国”以《湖南长沙百名志愿者日夜守护五一商圈》为题报道文章点击量超100万次。走马楼社区地处五一商圈核心区域所在地，实施商务楼宇“1+3+N”党建工作机制，开展党务、政务、社务等多元化“+N”服务，定期召开五一商圈党委联席会议，以党建为龙头，形成“大事共决、工作共抓、资源共享、环境共创”的工作局面，实现区域化组建、功能化整合、社会化融入。走马楼社区党委、丰泉古井社区党委被评为

“湖南省先进基层党组织”“长沙市示范化五化党支部”。（饶　坤）

【社区建设】　2021年，街道各社区根据各自特点开展工作，构建和谐社区。金沙里社区推动长沙黄金街项目落地建成，完成建湘南路提质改造工程，依托辖区企业资源做好业态培育和招商引资，对重点商户进行门店整体租赁洽谈，有8家签约。藩后街社区融合社区管理创新，打造社区基层治理红色品牌“红色藩后家”。走马楼社区推进“网格化”机制建设，整合社区各类资源，健全治理体系，划分为6大网格，定人、定岗、定区域，全覆盖。社区以楼栋为单位，社区网格员负责定期或不定期的检查，做到卫生不留死角，优化小区绿化建设，提升小区绿化品位。走马楼社区以国金中心楼宇服务站为依托，选派社区工作人员担任重点楼宇的“楼小二”，建立“一企一档”，推动“能办”向“好办”转变，让“有困难、有问题先找楼宇管家”理念深入人心。同时，通过举办五一商圈第二届运动会、“马克思青年说”、“CBD先锋志愿行”等活动，定期开展“三会一课”、“万名党员进党校”、党员“三亮”“三进”活动，向商圈楼宇内的经营户和员工提供政策宣传、就业培训等服务，激活商圈楼宇新活力。社区联合湖南山水体检有限公司，在国金中心负二楼为五一商圈餐饮门店177名从业人员上门办理健康证，提升便民服务水平。马王街社区创建为“计划生育基层群众自治省级示范社区”，丰泉古井社区被评为“芙蓉区社区监督管理创新社区”“芙蓉区关心下一代工作优秀集体”。（饶　坤）

2021年4月27日，五一商圈“庆五一”活动中，参赛队员领受荣誉证书
（定王台街道　供图）

【五一商圈庆“五一”活动】　2021年4月27日，五一商圈联合党委组织企事业单位举行“百年奋斗 同梦同行”中央商务区先锋港庆“五一”最美劳动者表彰暨第二届全民运动会，25个单位组成16支代表队，近3000人参加。运动会开始前，20名杰出代表被授予最美劳动者称号，表彰他们在不同领域施展才华、建功立业，推动五一商圈经济蓬勃发展。比赛中，参赛者展现出“不抛弃、不放弃”的体育精神。最终，平和堂（中国）有限公司获跳绳比赛第一名，湖南格德仁电子商务有限公司获得拔河比赛第一名。五一商圈党群服务中心致力为不同行业、领域的白领提供“定制”服务，推进“我为群众办实事”活动。（饶　坤）

【定王台街道送疫苗进楼宇】　2021年1月，定王台街道落实国家新冠肺炎疫情防控政策，巩固新冠肺炎疫情防控成果，做到疫苗接种“应接尽接”，街道及时摸排楼宇企业疫苗接种需求，对接社区、企业及街道卫生服务中心，组织开展疫苗接种工作。街道联合街道卫生服务中心，在世贸环球金融中心、湖南投资大厦、国金中心多次设立楼宇职员新冠疫苗接种专场。为解决接种排队时间较长、接种时间不便、接种地点离商圈较远等问题，社区工作人员提前到接种现场踩点、布置接种场地、熟悉接种流程、通知企业职员，保障疫苗接种高效有序进行。此外，每个接种点设立1名社区网格员作为现场具体联系人，负责组织协调工作，维护现场秩序，引导接种人员按步骤接种，形成“到场—登记—接种—留观—离场”的闭环。为3800名职工提供疫苗接种服务，让疫苗“多跑路”、群众“少跑腿”，筑牢群众健康免疫屏障。（饶　坤）

【五一商圈志愿服务】　2021年五一期间，街道号召500名志愿者，通过“五一商圈学雷锋志愿站”，为市民游客提供打卡导览、购物咨

2021年五一假期期间，定王台街道开展五一商圈安全巡查

（定王台街道　供图）

询、医药应急等服务。社区特别制作五一商圈网红打卡点展览板，方便外地游客打卡，用笑容与行动展现长沙“城市客厅”的待客之道。同时，街道社区300余名党员干部自愿放弃休假，全员24小时轮值在岗、在线、在路上，联动公安、城管、环卫、卫健、安监、消防、食安等部门，不间断开展五一商圈安全巡查，做好假日期间的城市管理、疫情防控、安全保障工作，维护市容秩序，服务市民游客。

（饶　坤）

【阅享青春读书会活动】　2021年5月13日，共青团定王台街道工作委员会联合定王台街道工会在中国石油长沙大厦楼宇服务站开展“弘扬五四精神，阅享青春活力”读书会活动。12名楼宇员工通过游戏互动，迅速拉近彼此之间的距离。在好书分享及分组自由讨论环节，5名爱书人士主动上台分享自己喜爱的书籍、读书心得和阅读技巧。大家畅所欲言，踊跃阐述观点，产生思想上的交流与碰撞。读书会活动为青年白领搭建起情感交流桥梁，传递“阅享生活”读书理念，让书香飘溢楼宇。

（饶　坤）

【定王台“夏日集市　文明老街”活动】　2021年6月19日，“夏日集市 文明老街”文明旅游主题宣传暨网络文明宣传活动在定王台街道白果园举行，该次主题活动由长沙市文明办、芙蓉区文明委主办，芙蓉区委宣传部（文明办）、定王台街道承办。现场设立“我在长沙文明旅游”明信片免费邮寄点，游客寄送明信片800余份；设置文创品、手工饰品、老长沙特产、网红产品等摊位，向市民朋友宣传文明旅游常识以及文旅产品；设置打卡墙，墙上既有当下最热的网络热搜体，也有向市民群众广泛征集的生动且接地气的长沙方言版文明提示，吸引游客和市民驻足拍照。

（饶　坤）

【石油大厦设楼宇托管班】　2021年，辖区单位中国石油长沙大厦党群服务中心牵头，由大厦物业方中油阳光物业免费提供场地，引入专业的托管机构贝尔安亲教育，在大厦内开设暑期托管中心，解决职工暑期带娃难题。2021年7月20日，中国石油长沙大厦暑期托管班开班，开班时间为早上八点半到下午五点，

2021年7月20日，中国石油长沙大厦暑期托管班开班。图为孩子们手工制作创意作品

（定王台街道　供图）

有4名老师，20名托管学生。暑期托管班以服务性质为主，班级课程内容涵盖经典诵读、健康运动、作业补习、创意绘画、手工制作、课外阅读及数学思维游戏等。暑期托管班按周收费，一周的托管费为200元，低于市场价格，家长可以根据自身需要，灵活选择托管周期。父母在大厦上班，孩子在大厦托管，暑期托管班既给孩子提供了学习、娱乐的场地，又能让家长安心工作，实现双赢。（饶　坤）

【垃圾分类厢房投入使用】　2021年8月3日，丰泉古井社区4个仿古垃圾分类厢房投入使用。古色古香的厢房造型给人雅致的感受，提升了垃圾投放点形象。垃圾分类厢房内部配备四种分类垃圾桶、除臭杀菌设备、驱蚊器等，解决了露天垃圾桶臭味难处理、蚊虫滋生的情况。厢房内安装摄像头、防雨屋檐，并具有多媒体宣传功能和投放后洗手功能。设备配备感应开盖和语音开盖多种投放方式，集语言互动问答和宣传教育于一体，让居民感受到垃圾分类厢房的有趣、便利和实用性。垃圾分类厢房安装落地解决垃圾投放点脏乱差的问题，有效引导群众自觉、科学参与生活垃圾分类。（饶　坤）

韭菜园街道

【概况】　2021年，韭菜园街道位于芙蓉区中部，东起车站北路，与湘湖街道相连；南临五一大道，与文艺路街道相邻；西至芙蓉中路，与定王台街道相连；北接烈士公园，与开福区相接。辖区总面积约1.99平方千米，户籍人口3.56万人，常住居民3.29万人，下辖蓉园、军区、汤家岭、八一桥、桐荫里5个社区。年内，街道围绕“创建三湘首善之街，提升省会窗口形象”的目标，着力党建引领、经济发展、城市品质、保障民生，实现党的建设和经济社会各项事业协调发展，被评为“湖南省第一批乡镇（街道）应急能力建设达标单位”“湖南省助残先进集体”“长沙市爱国拥军模范单位”“基层人民武装部全面建设星级达标考核评定五星级”“长沙市无偿献血工作先进单位”“长沙市模范职工之（小）家”。（唐小娅）

【街域发展】　2021年，完成区级税收9088.31万元，固定资产投资9.92亿元，比2020年减少46.5%，社会消费品零售总额7.73亿元，比2020年减少31.5%，批发企业销售额61.18亿元，比2020年减少18%，其他营利性服务业营业额4.13亿元，比2020年增长44.4%。新增“四上”企业12家，“个转企”18家。新增规模以上文化企业2家，新引进独立核算企业20家。新引进财信证券五一大道营业部、湘龙国际、湖南如金律师事务所、湖南旭荣教育科技有限公司等重点税源企业，太平财险、工商银行湖南省分行等企业明确驻区意愿。全年通过楼宇企业服务站平台开展暖企座谈会、培训等系列服务活动10余场。强化打非工作，建立非法集资活动监测预警体系，每季度对辖区楼宇内养老机构、老年人聚集门店和保健品经营店进行定点清查，共清理楼宇8栋，企业122家，疑似风险企业3家，查处非法集资企业2家。强化商会功能，疫情防控时期，辖区海逸大酒店、安客消防、纲维律所等18家企业积极响应，共捐赠爱心抗疫物资992件，价值6万余元。（唐小娅）

【城市管理】　2021年，街道专项整治店外经营、违章搭棚、流动摊点、涉黄小卡片等行为乱象，修缮地面与立面破损97处，清理沿街门店乱张贴乱悬挂3600余处，拆除历史违章建筑9处，收缴小卡片10万余张。全年处置市级数字化案卷3728条，区级数字化案卷506条，处置率100%。开展清理、清扫、补损、撤桶设点等垃圾分类整治行动，更换和新增标识标牌320余块，清理垃圾堆物510处，新建垃圾厢房2个、厨余垃圾中转站1个、厨余垃圾站1个，全年厨余达标量、分类达标率及居民参与率考核指标达标。完成省政府韭菜园住宅小区、纺织品公司宿舍、老干活动中心、特勤局等项目提质，煤炭大院老旧小区提质改造、黄土塘棚改回迁房项目进展顺利。在湖南米粉街、省政府三宿舍、湘绣院等地增加车位70余个，加装电梯130余部。（唐小娅）

【社会事业】　2021年，街道新增城镇就业人员746人，再就业861人，组织1353人参加各类培训，发放困难人员灵活就业社会保险补贴92.72万元。新增医疗参保317人，灵活就业参保25人，城居养老参保21人，医疗救助59人次，救助精神障碍病患住院17人次。发放特服对象扶助金146.33万元，低保金额95.08元。为200余名残障人士申报“两项补贴”40余万元，组织医院专家深入社区义诊12场次、惠及370余人次，完成12户家庭内部设施与省委60余个院内道路无障碍改造。发放生育服务证169本。完成“两癌”检查450人，组织250人参加无偿献血。开展核酸检测2.95万人次，接种疫苗7万余剂次。八一路幼儿园新增学位90个，协调新湘幼儿园和省军区幼儿园招收一部分辖区幼儿入园。行政审批窗口登记办件1205件，受理“12345”热线工单515件，同比下降6%，回复满意率98.8%，完成调解辖区劳资纠纷8例。设立“问计于民　为民办实事”办公室，处理食品安全类投诉10起，打击传销工作获全市优秀奖。培养7支群众艺术团，建立2家智慧健身驿站，完善街道新时代文明实践所和新时代文明实践站阵地。举办第二届“米粉擂台赛”，重点推出“5·20长沙　我是你的粉”特色活动，为湖南米粉街引流近400万人次。开创“戎装少年”特色品牌，培养专职“雷锋志愿者”25名，开展志愿服务活动80余场次，服务居民近3000人次，志愿服务时长1万余小时。

（唐小娅）

2021年6月6日，“全国战斗英雄”罗振明在韭菜园街道为全体党员干部上专题党课　（韭菜园街道　供图）

【区域党建】　2021年，街道党工委直属党组织53个，直管党员1775名。成立全市第一个以街命名的党支部——湖南米粉街党支部，年内53个党支部标准化规范化建设全部达标。亚大楼宇党群服务中心接受全市村（社区）党组织书记学习观摩，5月代表区参加“2021年商办不动产（长株潭）资管论坛”。与25家单位共驻共建，“蓉园党旗红”和“红色联盟”两个共建品牌被评为“区十佳芙蓉先锋共同体项目”，联合省军区政工局共同打造“党史百年文化长廊”成为党员群众“家门口的学习阵地”。联合省湘绣研究所共同打造“党建＋非遗”体验式党员教育活动基地，开展专场活动130余次，接待省内外60余个单位、5000余人次观摩体验。开展党史学习教育和庆祝建党100周年系列活动，邀请全国战斗英雄罗振明等红色人物上专题党课17次。打造九如巷井文化廉政公园红色阵地，推出3条红色精品路线。向《长沙晚报》推送“老旧楼宇焕发新活力”和“党建引领　老街巷焕发新活力”等正面宣传报道。全年在市级以上媒体发表新闻报道670篇，“学习强国”上稿16篇，央级媒体采稿42篇。　（唐小娅）

【社区建设】　2021年，街道完成社区“两委”换届选举工作。建立省政协民族和宗教委员会工作室，军区社区被评为“全国民族团结进步示范社区”。推进“红色物业”工程，探索形成问题共商、困难互帮、睦邻友好、共建共治的“爱尚竹园”模式，竹园公寓小区业委会被评为“2021年度湖南省物业行业优秀业主委员会”。丰富各社区群众文娱活动，定期开展葫芦丝、手工、声乐、瑜伽等学习课程，开展中医养生、急救知识、健康生活等讲座10余场，举办诗朗诵、月月演等文化活动50余场。关注弱势群体，主动帮扶孤儿、无人抚养儿童，为辖区突发白血病儿童申报“五帮扶”救助，蓉园社区被评为“长沙市妇女儿童之家”。深化“娃娃法庭”社区教育特色培训项目，通过直播间、暑期活动，培育法治小网红，汤家岭社区被评为第九批“湖南省民主法治示范社区”。　（唐小娅）

【老龄事业】　2021年，街道推进老年友好社区建设，现有60岁以上老龄人4691人，其中，80岁以上1964人，全年为80岁以上高龄老人申请高龄补贴324.52万元。打造老年环境友好型社区。推进社区环境优化，省委大院绿化覆盖率90%；推行适老环境改造，配置户外专用厕所、地面防滑毯、便捷坐便器，设置花园、凉亭、长廊30余处，安置轮椅、门铃、扶手等生活区设施设备100余处，将社区公共服务中心、小区电梯加装、家庭内部改造纳入老旧小区提质项目，加装电梯120余部，改造无障碍道路60余段、老年人家庭无障碍设施改造4户，蓉园社区被评为“全国老年友好型社区”。打造老年服务友好型社区。通过开设智能手机学习课程、搭建智能化养老健康平台，帮助老年人跨越“数字鸿沟”。对接辖区相关单位，为老年人提供上门医疗、维修等服务。按照“一人一档、一日一访、一户一结对”模式，开展党员结对帮扶计划。全年为2000余名老年人建立健康档案，帮扶空巢（独居、孤寡）老人40余户。开设老干部大学基层教学点，根据特长兴趣爱好进行分班教学，开放棋牌室、书画室等活动场所，军区社区被评为“长沙市老年教育基层教学示范点”。将国有企业退休人员与社区老年人同管理、同服务，汤家岭社区被评为“长沙市国有企业退休人员社会化管理工作优秀社区”。打造老年参与友好型社区。鼓励离退休人员主动参与到基层治理中，邀请300余位省委离退休干部参与网格管理、吸纳100余名老党员组建志愿者服务队、成立10人“革命传统教育”宣讲团，发挥退休党员在民主监督、民事调解、文明创建、政策宣讲等方面作用，涌现“红袖章”巡逻队、“胖哆”巡逻队等优秀老年志愿者队伍，全年开展志愿服务活动100余次、微宣讲30余次，解决实际问题20余个。

（唐小娅）

【军区社区红色剪纸活动】 2021年3月28日，军区社区联合长沙市零点智能青少年成长服务中心在军区社区“鱼水书院”里开展“童心向党，红色剪纸‘绘’初心”主题活动。20余名小朋友在社区党委书记徐香带领下认真学习党史知识，在互动问答中学史明理，累积知识。通过“半条被子”的党史纪录片，让孩子们感受不忘初心、艰苦奋斗的革命情怀和荣辱与共、风雨同舟的鱼水深情。在社区志愿者老师指导下，小朋友开展红色剪纸活动，学习中华民族剪纸文化、欣赏各式各样剪纸作品。在老师细致指导折叠与剪法后，小朋友用双双巧手剪出北京天安门，并用金黄色的镰刀锤子加以点缀，爱国主义剪纸作品就这样在小朋友指间诞生了。社区党委在中国共产党建党100周年之际，深度挖掘辖区“红色资源”，在社区党员干部、居民群众中掀起党史学习热潮，并开展系列“童心向党”活动，引导未成年人厚植爱党爱国爱社会主义情怀，“扣好人生第一粒扣子”，成长为中国特色社会主义事业建设者和接班人。

（唐小娅）

2021年3月28日，军区社区开展“童心向党，红色剪纸‘绘’初心”主题活动。图为小朋友现场学习剪纸 （韭菜园街道　供图）

【湖南米粉街第二届米粉擂台赛】 2021年“五一”假期期间，第二届“湖南米粉大擂台”在长沙市湖南米粉街举办，原汤肉丝粉、常德炖粉、岳阳华容团子等30余种极具湖南特色的米粉和小吃汇集于此，为赶到长沙打卡的游客展现舌尖上的湖湘味。湖南省政协副主席贺安杰，湖南日报社党组书记、社长姜协军，湖南日报社党组成员、副总编辑王志红，芙蓉区委书记周春晖，芙蓉区委副书记、区长崔晓等出席活动，启动仪式由芙蓉区副区长黄金国主持。活动期间，不仅有湖南各市州特色米粉同台竞技，还有北京、广东、广西等省区市的米粉前来比赛。粉、面、馄饨、寿司、糖油粑粑、紫苏杨梅……口味正宗、品类丰富，食客可逐一品尝、线上投票。壹德壹、米鲜米线、刘聋子等品牌现场派送代金券。现场有电商平台直播互动，线上线下直接连通销售。第二届“米粉大擂台”期间，米粉街日均接待量突破3万人次，街区整体日均销售额近200万元，米粉街原有商户及活动期间招募的30家企业，向消费者展示推介湖南特色粉面小吃超400款。（唐小娅）

【“5·20长沙 我是你的粉”活动】 2021年4月以来，韭菜园街道对湖南米粉街“长沙”网红墙及周边环境进行升级布置，使长沙在“五一”假期新增了湖南米粉街和“长沙”打卡墙的新晋网红打卡点。5月20日，湖南米粉街举办“5·20长沙，我是你的粉”主题活动，只要游客带着爱人在“长沙”网红墙前大声喊出“长沙，我是你的粉”，并把短视频发布社交平台，即可获赠情侣套餐。同时，还邀请专业交响乐团进行街头演奏快闪，吸引游客们纷纷驻足欣赏。湖南米粉街的专业摄影志愿者根据游客需求，为游客免费拍照，并建立“5·20”打卡“长沙”趣味分享群，游客通过自愿入群获取照片。该次活动，游客不仅尝到湖南舌尖上的美味，也感受到长沙的浪漫和热情，当天湖南米粉街人流量1万余人次。（唐小娅）

【“共享花园”扮靓竹园小区】2021年7月13日，韭菜园街道汤家岭社区竹园公寓的共享花园建成，解决了小区居民晾衣难、养花难、纳凉难等多个急难愁盼问题。竹园公寓是一个建于20世纪90年代的老旧小区，香樟树等高大绿化树木生长茂盛，树下的草坪由于见不到阳光逐渐荒芜，夹杂落叶变成了滋生蚊虫的卫生死角。一些居民将花卉盆景搬到楼顶，导致原本不多的晾晒空间被挤占得更加狭小。社区了解情况后，将老旧小区养花与晾晒、绿化与车位等实际矛盾纳入“我为群众办实事”问题清单，通过“红色议事会”“屋场会”“金点子征集会”广泛征求居民群众意见。根据收集到的意见，社区因势利导，挪动居民盆景，清理枯枝烂叶，铺设草坪砖，修剪高大树木，设计特色景观，将150平方米的林下杂草区打造成集乘凉、花草放置、儿童玩乐等功能于一体的共享花园。小区环境耳目一新，楼顶的空间也开阔了。小区居民轮流当“园长”，照顾“众筹”公共花园，按月展示养花技艺，主持养花交流会、评选会及现场培训班，吸引越来越多的居民前来赏花休闲。社区党员和居民还变等靠为主动，齐心合力挖树填坑，将10余棵香樟树整体后移2米，新增车位20余个。（唐小娅）

2021年7月13日，建成的韭菜园街道汤家岭社区竹园公寓共享花园
（韭菜园街道 供图）

【九如巷廉政主题公园开园】2021年，韭菜园街道在辖区原有古井公园的基础上，挖掘井的廉洁元素，按照以案示警、反省自查、学习榜样、主动作为的思路，设置“警、镜、静、劲”4个主题，运用警钟、古镜、长廊、铁牛等景观与主题辉映，打造占地3000余平方米的九如巷井文化廉政主题公园作为清廉文化阵地，常态化开展党史学习教育，推动全社会形成崇廉尚洁的氛围。2021年7月1日，九如巷井文化廉政主题公园开园，第一批到园参观的韭菜园街道50余名党员干部，以走进廉政文化公园接受廉政文化教育的方式，庆祝中国共产党成立100周年。党员干部们在园中一边学习水井文化，从中汲取廉洁力量；一边重温警言廉句，感悟“吃水不忘挖井人”的深刻含义。自九如巷井文化廉政公园开园以来，韭菜园街道开展廉洁文化宣传教育，先后接待省市区领导及广大党员群众20余批次1000余人参观学习。同时，韭菜园街道以湘绣研究所、亚大时代楼宇党群服务中心、迎宾路国防教育长廊、九如巷廉政公园为线路，打造“一街一品”3

2021 年 6 月 24 日，韭菜园街道辖区党员代表在省湘绣博物馆共绣党旗

（韭菜园街道　供图）

条红色精品路线，为广大党员干部和群众尤其是青少年提供理想信念教育、爱国主义教育、核心价值观教育。（唐小娅）

【薪火相传绣党旗活动】 2021 年 6 月 24 日，韭菜园街道党工委组织辖区 100 余名党员到湖南省湘绣博物馆开展“红心向党迎华诞 薪火相传绣党旗”主题活动暨“光荣在党 50 年”纪念章颁发仪式，芙蓉区人武部政委王黔军出席并为韭菜园街道辖区 60 名党员颁发“光荣在党 50 年”纪念章。党员们现场学习党史，近距离感受湘绣藏品，现场体验共绣党旗，重温党史、感悟初心、坚定信仰。在绣党旗活动中，老中青党员代表上台共绣党旗，在湘绣高级工艺美术师王爱玲的带领下，绣花针从耄耋老党员手中传到风华正茂的年轻党员手中，通过一针一线将千丝万缕对党的情义绘制成党旗，寄托着对建党 100 周年美好的祝愿。（唐小娅）

【桐荫里社区重阳节活动】 2021 年 10 月 11 日，桐荫里社区在柏曼酒店前坪开展“我们的节日·重阳”“湘剧芳华贺重阳 湘味浓浓满桐心”主题活动，为辖区老年人送上节日祝福。活动由欣赏湘剧表演、体验网红湘味、分享幸福重阳糕、开心快乐游戏、制作精美手工、体验桐心保健 6 个部分组成。湘剧表演由长沙市湘剧传承中心带来开场舞《看山看水看中国》、器乐《牧羊曲》、歌曲《少年》、戏曲串烧《打猪草》《花木兰》、小品《考演员》、舞蹈《吉祥》等老年人喜爱的节目。美食体验区，辖区内各网红餐馆提供鱼丸汤、东安鸡等一道道美食供老人们品尝；手工制作区，在工作人员的示范下，老人们掌握制作百合花等手工作品的技巧，绘制各自创意；欢乐游戏区，专门设置套菜、套水果、垃圾分类等游戏供老人们玩乐；公益集市区，医护志愿者免费为老人测量血压、检查牙齿，解答老人提出的健康问题。该次活动以群众听得懂、看得明、喜闻乐见的形式传承孝善新风，辖区 200 余名老人参与。（唐小娅）

【韭菜园街道获评“湖南省助残先进集体”】 2021 年 12 月 30 日，第五次湖南省自强模范和助残先进

2021 年 11 月 16 日，湖南米粉街开展芙蓉区无障碍行动体验活动，在八一桥社区志愿者的帮助下，残疾人士体验专用停车位、无障碍呼叫按钮、业务办理等无障碍设施

（韭菜园街道　供图）

表彰大会暨全省残疾人事业工作会议在长沙召开，韭菜园街道获评“湖南省助残先进集体”。韭菜园街道属于残疾人工作重点区域，辖区有智力、精神、肢体、视力等方面残障人士443人，街道组建5个志愿服务组织，配备8名专职人员，利用34名残疾人党员组织建设优势，夯实工作基础。在政策落实上，致力生活保障，为200余名残障人士申报“两项补贴”40万余元，完成12户家庭内部设施与省委60余个院内道路无障碍改造；致力康复医疗，为52名残疾人精准适配康复辅具，为5位自闭症儿童申请康复训练，为6位重症精神病患者申请常年免费住院救助和免费领物服务，为36名患者提供免费听力检测和康复性治疗，联合爱尔眼科医院专家对370余名患者进行干预治疗12次；致力劳动就业，为创业就业人士减免房屋租金、申请社保补贴28万元，帮助17名具备基本就业能力的适龄人士实现就业，重点扶持3名盲人开办按摩店自主创业。在人文关怀上，发动辖区党政机关、社会团体，定期上门走访，街道领导牵头“三包一”重点帮扶重大残疾和特殊残疾人士，逢年过节上门慰问，患病住院及时看望。2021年，重点走访慰问67人次，慰问金额4.4万元。在典型树立上，发挥长沙市“十佳残疾人共产党员”杨博文等自强模范的示范引领作用。（唐小娅）

文艺路街道

【概况】 2021年，文艺路街道位于长沙市芙蓉区西南部，东起韶山北路，西接芙蓉中路，南临人民中路，北至五一大道，略呈正方形。下辖识字里、文艺新村、韭菜园、乔庄、东广济桥、湘府、南元宫7个社区，辖区面积0.95平方千米。域内有家庭户1.22万户（含集体户），常住人口3.44万人，户籍人口3.16万人。年内，街道践行区委打造现代化新长沙建设标杆区的使命任务，围绕“锁定全区一类，争当芙蓉先锋”的发展目标，担当作为、攻坚克难，被湖南省应急管理厅评为全省“第二批乡镇（街道）应急能力建设达标单位”“长沙市信访工作三无乡镇（街道）”“2021年度长沙市社区戒毒（康复）工作示范点”、长沙市信访部门“人民满意窗口”“长沙市城镇危旧房屋改造工作突出单位”“长沙市民族团结进步创建示范单位”。（李巧理）

【街域发展】 2021年，街道完成区级税收1.8亿元；完成限额以上商贸业社会消费品零售额2.82亿元，比2020年增长29.5%，完成全社会固定资产投资40.43亿元，比2020年增长7.9%；产业投资总量全区第一位。建筑业产值71亿元，比2020年增长33.96%；其他营利性收入20亿元，比2020年增长28.83%；新增“四上”企业21家、“个转企”23家。新引进区级税收50万元以上企业4家。深挖产业项目资源，连续三年实现湖南省电信5G基站建设项目全省投资继续在芙蓉区申报，2021年完成30亿元以上投资入库。配合湘雅二医院门急诊医技楼和老年医学综合楼2个省重点项目建设，做好服务保障工作。7月，从长沙市天心区引进湖南省水运建设投资集团有限公司的“澧水石门至澧县航道建设工程”项目，计划总投资36亿元。9月，引进湖南省酒店旅游发展集团有限公司落户芙蓉区，该企业涵盖了阳光集团、芙蓉华天集团、韶山路旅游集团三大版块，有望辐射带动周边相关产业发展。全年医疗健康产业类项目落户18家，其中50万元以上产值企业2家。（李巧理）

【城市管理】 2021年，街道完成上宜园8号、南元宫巷7号院2栋C级危房改造项目，外墙立面粉刷一新、空调外机安装有序，增设雨阳棚、晾衣架、护窗等便民设施，打造小清新、文艺范的“网红”景点。完成湖南省政府机关二院小区24栋居民楼外墙立面改造、屋顶防水改造，解决30栋居民楼屋顶漏水问题。推进湘雅二医院周边智慧升级，建成市容秩序高效能治理指挥平台，医院周边所有道路均实现5G摄像头和云喇叭覆盖，形成医院、交通、公安、执法队等部门联动治理常态模式，助力平安街区建设。抓实市容环境整治，对主次干道、背街小巷每周集中清洗，消除卫生死角。4月迎接中央环保督察“回头看”工作，在规定时间内15个交办问题全部整改并结案。小微站点的空气质量数据情况每月都在全区平均线以上。全年开展网格化常态排查企业门店731家，发现并整改安全隐患96处。组织新富城居民筹资300万余元更换消防系统，发动城市花园群众彻底清退小旅馆6家，引导人民路129号居民腾房招商，每月每户收益提高1500元。提质改造文华农贸市场，迎接食安示范城市创建工作。（李巧理）

【社会事业】 2021年，街道“互联网+政务服务”一体化平台权责清单事项下放到街道81项，下放到社区 88 项，办理工商营业执照 1167 件，食品许可统计 112 件，小餐饮许可统计 154 件；办理“12345”市民热线 812 条，满意率 98.7%；慰问困难户 460 户，发放慰问金 26.98 万元；发放“五帮扶”资金 23 人，金额 5.8 万元；发放高龄津贴 270.23 万元；发放低保金 214.32 万元；发放医疗救助金 218.32 万元，发放住保补贴 9 户，金额 5.4 万元；发放灵活就业补贴 53 万余元；新增城镇就业人数 1638 人。全年安全检查 616 处。查处隐患 78 处，责令违规作业现场停工整治 115 次，检查单位 115 家，移交行执法中队案件 32 起，实施经济处罚 7330 元。组织观看安全生产电视专题片 14 次，各类大型宣传咨询活动 5 次，安全培训 35 次，应急演练 15 次，发放各类安全教育宣传资料 2 万份，签订《安全责任书》120 份，办理执法处罚案件 32 件，完成小门店、农贸市场等专项整治行动 12 次。社区养老中心实现全覆盖，识字里社区银龄食堂 11 月营业，是全区第一家社区养老中心食堂，小区居民好评如潮。成立“文艺路街道中南大学湘雅二医院诉源治理工作站”，化解全街纠纷案件 1193 件，涉及金额 1021 万元。（李巧理）

2021 年 3 月 30 日，中南大学湘雅二医院党委领导干部一行在街道骄杨公园开展党史学习教育“学史明理”实践研学（文艺路街道 供图）

【区域党建】 2021 年，街道党工委下属党组织 57 个，其中机关党组织 2 个，社区党组织 26 个，“两新”党组织 29 个，直管党员 1518 名；培育入党积极分子 28 名，发展党员 20 名；组建“两新”党组织 1 个，撤销 1 个，完成 1 个“两新”组织换届选举工作。严明主体责任，党组织工作实行“2+3”督查考评，“2”即绩效考核和重点讲评，“3”即交叉检查、季度点评、现场观摩。落实班子成员每人联系 1 个基层党支部和干部考察听取所属党支部意见制度。完成“骄杨公园”提质，持续放大“开慧”影响力，深挖红色本土资源，打磨提升“骄杨公园—西南联大教学旧址—古潭坪党支部”红色教育路线；与湖南省金融事务局携手打造长沙临时大学历史陈列馆，于 7 月 1 日揭牌开放，全街党员和驻街企业党员就地开展高质量的党建活动、过生动的主题党日。做实与先锋共同体单位党史教育共学、建党百年共庆、社区建设共推、长效管理共商、民生实事共办，先后与各驻街大型单位开展各类学习和实践活动 20 余场次。表彰优秀共产党员 84 名、优秀党务工作者 8 名、先进基层党组织 8 个，向 30 名老党员颁发“光荣在党 50 年”纪念章。（李巧理）

【社区建设】 2021 年，街道完成 7 个社区“两委”换届工作，选拔一批优秀青年人才进入社区“两委”班子。2021 年 10 月乔庄社区搬迁至韶山北路 132 号，新服务阵地面积约 850 平方米，设有一站式服务大厅，会议室、书法绘画室、阅览室、手工室、老少活动室、舞蹈室等场地，集“党群、文体、服务”于一体，硬件软件得到大幅提升；投资 200 万余元提质乔庄智慧社区治理平台阵地，将居务监督纳入智慧管理体系。识字里社区联合“弘益养老”机构，建设社区养老服务中心，设有银龄餐厅、棋牌室、书法室、休息室、理疗室等场所，打造养医学为乐一体化综合养老服务体，率先在全市推行离退休党员分类管理试点，通过创新“志愿服务换取积分，积分兑换课程”的方式，锻造“骄杨 520”志愿者队伍，吸引志愿力量参与社区治理，获评长沙市文明社区。南元宫社区立足于“夯实党建工作基础、建设高质量宜居环境”的发展路径，被评为长沙市两型创建单位、芙蓉区同心社区，社区党总支被评为长沙市先进基层党组织、社区“德先锋”志愿服务队被评为长沙市最美“五老红”志愿服务组织。

韭菜园社区打造华美欧大厦党群服务中心，整合企业资源，采取“党建＋社工＋X”为模式，实现企业调研走访全覆盖，建立需求清单和服务清单，打造“菜单式”服务模式，全年开展惠企帮扶活动20余次，倍受企业好评。（李巧理）

【街道与辖区单位共享优质红色资源】 2021年，芙蓉区文艺路街道推行“开放式组织生活”，与辖区单位共上党课、同过主题党日，携手开展党史学习教育。3月30日，辖区“芙蓉先锋共同体”单位中南大学湘雅二医院党委领导干部50余人到街道开展党史学习教育“学史明理”实践研学。芙蓉区委副书记、党校校长蒋红波等参加。湘雅二医院党委一行首先参观识字里社区骄杨公园，在“汇声慧色”讲解员的带领和介绍下，全体人员踏上“红色步道”，阅读“红色书信”、聆听杨开慧手稿及毛泽东与杨开慧伉俪情深的故事，了解这位巾帼英雄的革命事迹。全体人员在公园里回顾入党初心，重温入党誓词，接受党性教育和精神洗礼。随后，一行人移步文艺路街道一楼会议室，芙蓉区委党校教师谢晓棠为大家讲解党课——《湘江评论》。（李巧理）

【湘雅二医院周边改造项目竣工】 2021年5月3日，文艺路街道启动湘雅二医院周边提质改造项目。项目涉及4个社区，楼栋69栋（独栋40栋，多层建筑29栋），9家单位，1117户居民，改造范围约0.3平方千米。项目总投资4700万元，改造内容为优化交通循环、清理道路路障、人车通道改造分离、环境品质整治等内容。至2021年8月20日，拆除违章建筑152处，1.27万平方米；增设非机动车道350米、专项人行道400米，释放公共空间600平方米；改造旱厕36处、安装电梯68台等，以高品质市容市貌展示芙蓉区作为中心城区的城市形象，辖区单位和居民满意度越来越高。省委党史学习教育指导组组长宋建民给予高度评价；长沙市委书记吴桂英现场视察，长沙市委副书记、市人民政府市长郑建新先后3次到现场指导并给予高度评价；被评选为芙蓉区重点项目拉练第一名。（李巧理）

【南元宫社区博爱家园项目点授牌】 博爱家园项目是中国红十字会总会在城乡社区开展的以“推动社区治理、提升社区能力、促进社区发展”为目标，以“防灾减灾、健康促进、生计发展、人道传播”为主要内容的人道公益项目。2021年6月8日，南元宫社区举办博爱家园项目点授牌暨首届“社区公益节”活动。湖南省红十字会副会长代贺龙、长沙市红十字会党组书记、专职副会长欧阳正松等领导出席。辖区党员群众、社会爱心人士近200人参加活动。该次活动设主会场和分会场。在主会场，欧阳正松为南元宫社区博爱家园项目点授牌后，现场还准备了手语舞、模特秀、诗歌朗诵、歌曲献唱、剪纸巡展、党史知识竞答等内容。在分会场，中南大学湘雅二医院血液科和离退休义诊队志愿者与南元宫社区“七色花”志愿者一同设台，为来往市民提供造血干细胞捐献、遗体器官捐献、无偿献血咨询服务和专家义诊服务等公益活动，前来咨询的市民络绎不绝。（李巧理）

【“医路相伴”服务站缓解就医难】 湘雅二医院日均门诊量1.8万人次，高峰期人流量6万人次，2021年7月18日街道成立“医路相伴”志愿服务站，服务就医群众。“医”代表医院，“路”代表人民路、文艺路，“相伴”代表就医路上有爱心相守、陪伴。站内有专职志愿者

2021年8月，湘雅二医院周边提质改造项目竣工

（文艺路街道 供图）

35名，其中商户、门店党员12名，设有爱心轮椅、自助除颤器、爱心医疗包等便民设施，并为患者提供停车指引、问路咨询等12项便民服务，日均接待240人，高峰期时400人，接待近3万人。为发挥“两新”党员的示范引领作用，街道整合周边17家“爱心门店”通过爱心券和爱心物资加入对就医人群的帮扶中来，其中有5家党员“先锋门店”。如好护士提供“爱心轮椅”；凯迪餐馆、无名粉店提供“爱心用餐”；心乐宾馆提供“爱心洗衣房”、还有“爱心厨房”“爱心超市”等，让患者从点点滴滴细微之处感受到来自雷锋家乡——长沙的关怀和温暖。志愿服务站被中央电视台《新闻联播》、湖南经视、《长沙晚报》等多家媒体报道10余次。

（李巧理）

【以“诚”为美“信”达星城活动】

2021年9月24日，以“诚”为美“信”达星城——2021年长沙市诚信建设主题教育宣传暨共筑食安喜迎国庆活动在湘府社区大礼堂前坪举行。该次活动由市文明办、区文明委主办，区委宣传部（文明办）、区食安办、文艺路街道新时代文明实践所承办。餐饮企业代表、志愿服务队伍、居民、党员等100余人参加。活动围绕诚信经营、食品安全主题教育宣传展开，通过舞蹈、歌曲、宣誓、绘画、互动问答等形式，给居民带来了一次明礼诚信的精神洗礼。活动中，开展了“志愿服务队街巷认领仪式”：文艺新村“红帽子”志愿服务队认领解放中路商业街，乔庄社区“益先锋”志愿服务队认领乔庄巷小吃一条街，南元宫社区“医路湘伴”志愿服务队伍认领湘雅二医院周边门店。“湖南好人”王湘莲化身为诚信“监管员”，表示要发挥退休后的余热，用好自己的专业，做好文明诚信服务。湖南文明网等媒体报道该次活动。

（李巧理）

【“新古谭坪党支部”引领街巷自治】

古潭坪党支部成立于1925年11月，是长沙市近郊区第一个党支部（今湘雅二医院职工宿舍），是中国革命的策源地之一，滕代远、徐特立、杨开慧等都曾在这里留下过革命足迹。2021年，文艺路街道党工委探索成立新古潭坪党支部，将支部建在街巷上，继承发扬伟大建党精神，推动“我为群众办实事”实践活动取得新进展新成效。于2021年10月成立新古潭坪党支部，有正式党员12名，除参与湘雅二医院周边综合环境提质改造项目外，新古潭坪党支部通过“党建聚合力”工程，联合“医路相伴”党员志愿者，成立餐饮、旅馆、零售等行业自治小组，开展行业规范、市容环境、交通秩序联合整治。引导党员经营户带头，评选“党员先锋门店”“爱心门店”“红黑榜”，创新以街巷门店、商户、行业自治为基础的治理机制，让党建赋能发展、赋能治理、赋能服务，使“最堵一公里”变“最畅一公里”，切实提升湘雅二医院周边高质量发展、高水平服务、高效能治理。

（李巧理）

【“五彩课堂”打造社区教育新模式】

2021年12月，文艺新村社区“五彩课堂耀社区，润物无声谱新篇”社区教育项目被长沙市教育局评为教育工作优秀案例。“五彩课堂”是以家园式亲子成长、体验式能力训练、互动式兴趣活动3种教学模式为依托，创新开设“红色教育、金色文化、蓝色防护、绿色礼仪、橙色服务”5个不同系列课程，构建了一张覆盖“德智体美劳”全方位的“教育版图”。“红色教育课堂”树情怀，主要开展爱国主义教育和革命传统教育活动；“金色文化课堂”传文化，主要开设国学、道德讲堂、才艺展示等项目；“蓝色防

2021年9月18日，文艺新村社区在育华小学开展“迎中秋做花灯 传承红船精神”中秋节活动

（文艺路街道 供图）

护课堂"保安全，主要开展普法宣传、禁毒知识、防盗防骗等安全知识普及教育；"绿色礼仪课堂"促文明，主要是开展"爱绿护绿活动""讲文明树新风""社区小主任"等主题活动；"橙色服务课堂"树爱心，主要是为辖区内孤寡老人、残疾人等弱势群体提供便民服务。至2021年年底开展主题课堂70次，组织各类主题活动400余次，发展各类志愿者100余人，服务学生2000余名，得到社会各界与家长的认可。

（李巧理）

【"文明新风进万家　文化惠民润人心"活动】　2021年11月30日，由袁家岭中央文化区建设指挥部、芙蓉区委宣传部、芙蓉区文化旅游体育局主办，文艺路街道承办，识字里社区等社区协办的"文明新风进万家 文化惠民润人心"——"牵手芙蓉"广场文化月月演活动在骄杨公园举行，100余名居民群众参与活动。各社区艺术团表演了越剧舞蹈《绣红旗》、葫芦丝演奏《沂蒙山好风光》、花鼓戏《刘海砍樵》、模特秀《家乡》以及红歌联唱《阿瓦人民唱新歌》《北京的金山上》《浏阳河》等文化节目；辖区育华小学带来朗诵《我骄傲，我是中国人》，现场观众受到感染和共情。该次活动被《湖南日报》、红网、长沙文明网等媒体报道。　（李巧理）

朝阳街道

【概况】　2021年，朝阳街道位于五一路以南、人民路以北、车站路以西、韶山路以东，下辖朝阳、五一东村、向韶、曙光、二里牌、人民新村6个社区，辖域总面积约1.36平方千米。域内有家庭户1.99万户，户籍人口3.53万人，常住人口4.29万人。年内，街道精准发力补短板，创新有为强动能，统筹推进疫情防控、经济社会发展、平安创建工作。被评为"长沙市2021年度公共机构生活垃圾分类示范单位"。　（李梦婷）

【街域发展】　2021年，街道拥有铁银大厦1栋亿元楼宇，湘域中央、文化大厦、友阿总部、宇成朝阳广场等7栋重点商务楼宇，华天、通程、中国城戴斯等3家星级酒店。聚集国储、华海、赛格、科佳、合峰5大电脑卖场，建行铁银支行、建行华兴支行、中国银行芙蓉支行、长城证券、东海证券、国泰君安等重点金融机构。2021年完成财税2.18亿元；完成限额以上社会消费品零售总额58亿元，比2020年增长8.86%，完成限额以上批发总额213.97亿元，比2020年增长57.37%；完成其他营利性服务业5.58亿元，比2020年增长21.17%，完成软件业2.44亿元，比2020年增长7.85%；完成建筑业产值14.4亿元；完成全社会固定资产投资16.5亿元；新增高新企业21家；新增限额以上企业26家，引进全口径税收百万级企业"湖南冠西投资管理有限公司"。走访企业920余家，协助楼宇引进企业296家，协助企业迁转32家，完成净招商面积2.69万平方米。　（李梦婷）

【城市管理】　2021年，街道开展施工围挡、景观亮化、广告招牌、违法停车、顶楼平台五大整治行动，整治占道经营3000余处，暂扣处罚乱停乱放车辆7000余辆，整治游摊散贩2000余处，整治学校周边及市场烧烤200余处，规范户外广告店招200余处。数字化平台市级交办案件8177件、区级交办案件695件，结案率100%。门店散煤燃烧全面清零，空气质量指数优良天数300天，被评为芙蓉区蓝天保卫战三年行动（2018—2020）空气质量改善先进单位。街域品质持续提升。推进垃圾分类工作全覆盖，改造辖区垃圾分类投放设施。有色院窑岭住宅小区提质改造顺利完工；人民新村社区老旧小区提质改造（一期）如期完工，（二期）工程稳步推进；"三三五处"提质改造进场施工；协助推进袁家岭中央文化区编制设计规划，主导规划建设"一广场三街区（文化广场、人民新村戏剧街、书香文化艺术街）"。

（李梦婷）

【社会事业】　2021年，街道新增城镇就业岗位1460个、失业人员再就业942人、就业困难人员再就业385人。针对失业人员，开展育婴师、美容师等各类技能培训320人次。向664名低保户发放低保金484.74万元。对209人次发放医疗救助金59.99万元，慈善救助3791人，449.97万元。帮助32户困难家庭办理保障性住房。推动人民新村37号栋启动排危收购，26天内35户全部签约。完成向韶社区路灯安装等各类民生实事42项。重视"12345"政府热线办理，收工单1447件，办结1209件，满意率97.8%。核实新冠肺炎疫情防控大数据9844条，摸排实施管控的中高风险地区人员234人、入境人员68人。协助卫生服务中心组织核酸采样2.87万人次，完成新冠疫苗接种10.5万剂次。依托"朝阳街道综治中心""老沈工作室"等工作平台，开展企业法制宣讲等活动。组建由朝阳派出所、长铁公安处特警支队、长铁一中三家单位组成的“红色护卫队”构建联防联控、群防群控新格局。搭建平台将宇成朝阳产权证办理纳入市处遗程序。完成上级交办信访事项65件，及时受理率、按期答复率均为100%。开展安全生产联合整治行动，排查各类安全隐患96条，督促整改96条。开展安全知识培训会活动34场，应急救援演练26场。

（李梦婷）

【区域党建】 2021年，街道党工委下属6个党委、81个党支部、“两新”党组织29家、共有直管党员2600名。推出“党建聚合力，有事大家议”工作模式，凝聚社会治理合力《长沙晚报》专版进行了推介。2021年街道新增省花鼓戏保护传承中心、省湘剧院、湖南大剧院、市新华书店、长沙通程国际大酒店、湖南华天大酒店先锋共同体单位6家。人民新村社区、湖南图书馆、湖南省京剧保护传承中心的共建项目“党建+文化惠民乐民”被授予芙蓉先锋共同体2021年度十大共建项目。开展社区书记述职评议，推进基层党组织比学赶超。与建设银行铁银支行、长沙银行汇融支行签订《共联共建协议》，定期走访东富房地产开发有限公司、曙光798物业等辖区单位，形成“社区党委+单位党员”共同参与的区域化党建工作新格局。成立人民新村社区居民议事委员会、探索“党建+网格+民事民决”沟通议事平台。成立长勘院小区党支部、金色华庭小区党支部，树立凯通国际二期小区党支部先进典型，探索党建引领居民自治新途径。由凯通国际城二期小区党支部打造的党建学习阵地“hui客厅”先后接待了湖南省政策研究室领导、芙蓉区委书记周春晖、长沙学院原党委副书记率领的市委党校学员以及宁乡市历经铺街道工作人员的考察调研。开展专题学习宣讲、老党员话党史等活动50余次。召开街道“两优一先”表彰大会，发放“光荣在党50年”纪念章483枚。发动党员募捐4600元资助麻阳县贫困学生。完成各级报道724篇，其中中央媒体23篇、省级媒体393篇、市级媒体53篇。落实意识形态工作责任制，年内未发生一起意识形态领域舆情。“朝阳大叔”沈振武被评为8月湖南好人。（李梦婷）

【社区建设】 2021年，人民新村社区打造三角花园“戏剧舞台”、“清风亭”、社区新时代文明实践站，开展电影进社区20余场次，文化惠民活动10余场次，各类媒体新闻报道100余篇。二里牌社区在党委牵头下组织通过居民议事会，依照议事程序，完成长沙市液化石油气公司宿舍屋顶修缮、恒泰五金管理有限公司宿舍拆违排危、向韶村28栋安全护栏修建、曙光路沿线防汛应急机制完备、辖区路灯亮化建设。长勘院小区第二、第四党支部的支部委员担任加装电梯建设工程的牵头人，依托小区党支部架构发挥聚能效应，以“共商共建”破解难题，推进工程实施，建成投入使用电梯4台，规划在建电梯2台。五一东村社区引进专业的社会组织，成立壹基金·儿童服务站，服务社区6～15岁儿童，开展各类活动100余次、服务1000余名学生，发展各类志愿者100余人。向韶社区通过“智慧小组工作室”——“先锋红色集思汇”为党员学习管理、社区建设建言献策，搭建“谈心说事睦邻角”化解矛盾纠纷28起，组建8支“平安向韶”志愿巡逻队维护辖区平安、8个智慧小组24名支委成员轮流坐班社区兼任政策宣讲员、民情联络员、实事服务员；组建“红色小分队”送学上门、送暖入心，拉近党组织和党员距离；组建韶之韵合唱团、五老宣讲团等平台，丰富居民群众文化娱乐生活；挖掘身边居民的好人故事撰写“向韶人物志”，讲述“老口子”的向韶故事。二里牌社区、向韶社区被评为“全市国有企业退休人员社会化管理工作优秀社区”，五一东村社区被评为“长沙市示范妇女儿童之家”。（李梦婷）

【省人民医院专家公益义诊活动】 2021年3月6日，朝阳社区医院携手医联体上级单位湖南省人民医院在街道社区卫生服务中心举办“关爱女性、关爱健康”健康公益活动。该次义诊专家有妇产科主任黄薇、乳甲外科主任范培芝、老年病科主任梁力晖等13人。妇科副主任医师郑小青和王静云结合自身工作经验，分别就“流产后关怀”和“关注盆底”方面指导居民科学避孕，保护好生育力，关注盆底健康。同步进行的还有专家查房、义诊、检查、赠药，湖南省人民医院为女性同胞准备20个免费的TCT筛查，乳甲外科团队原预定的20个免费乳腺、甲状腺彩超，实际完成27人，同时对需要服用相关药物的女性同胞准备了免费的药物，该次义诊活动受惠居民60余人。（李梦婷）

【清明网络祭祀主题活动】 2021年3月31日，由区民政局、区文明办、朝阳街道主办，五一东村社区承办，

2021 年 3 月 31 日，五一东村社区开展清明网络祭祀主题活动。图为活动现场与居民互动环节　　（朝阳街道　供图）

长沙市殡葬事务中心协办的“网络祭祀立新风，文明殡葬扬美德”暨我们的节日·清明主题活动在五一东村社区开展。芙蓉区政府副调研员尹上敏等领导出席活动。活动现场，志愿者们共同进行“网络祭祀立新风，文明殡葬扬美德”手印仪式。党员志愿者宣读《清明节文明祭祀倡议书》，倡导鲜花祭祀、网络祭祀等文明祭祀活动。参与现场活动的近 100 位居民通过“天堂信封”撰写 60 余封心灵家书寄托对逝者的思念，通过网络祭祀平台搭建线上祈福馆，为逝者祈福。

（李梦婷）

【家风家教家训主题宣传活动】2021 年 6 月 10 日，朝阳社区百姓大讲台开展“颂百年风华，传红色家风”长沙市家风家教家训主题宣传教育芙蓉区专场活动。该次活动由长沙市委宣传部（市文明办）、芙蓉区文明委主办，芙蓉区委宣传部（文明办）、朝阳街道新时代文明实践所承办。市委宣传部副部长唐曙光，市文明办副主任丁德喜等领导出席活动，辖区内 100 余名志愿者、群众参与到活动中。活动由舞蹈表演开场，家风家训互动游戏、原创快板、家风家训现场分享、“文明家庭”赠书仪式、红色家书诵读等环节逐个呈现。邀请社区“孝老爱亲、热心公益”的最美家庭，讲述他们的故事，展示新时代最美家庭风采，让居民见证身边优秀家风家训，唤醒文明建设的家庭力量，让美德善行走进千家万户。

（李梦婷）

【宇成朝阳广场办证情况报告会】2021 年 7 月 27 日，朝阳街道在办事处会议室举办宇成朝阳广场办证情况报告会暨宇成朝阳广场项目不动产权证书颁发仪式，区委常委、区政府党组成员、副区长刘宪，区化解办、朝阳街道相关工作人员及 9 位业主代表等参加颁发仪式。宇成朝阳广场位于车站中路 39 号，项目总建筑面积 26.8 万平方米，主体由 4 栋 27 层的楼宇组成。由于宇成开发商未缴纳税款，导致已售房屋 3000 余户业主产权证无法如期办理。为解决该问题朝阳街道分别向市区两级汇报情况，争取市区相关部门的理解、支持、配合，及时做好群众思想教育疏导工作，化解矛盾，最大限度降低和控制突发事件的发生，确保社会大局和谐稳定。报告会上，朝阳街道党工委书记尹亮围绕宇成朝阳广场项目“基本情况”“存在的问题”“办证完成情况”进行汇报。颁发不动产权证 2592 本。

（李梦婷）

【朝阳街道反家暴普法培训】2021 年 9 月 18 日，朝阳街道联合湖南省司法厅规范性文件管理与法律事务服务处、湖南湘之说律师事务所，在街道一楼会议室开展“反家暴”普法培训。湖南省司法厅规范性文件管理与法律事务服务处处长李振宁、朝阳街道党工委书记尹亮及朝阳街道各级妇联组织代表 70 余人参与活动。湖南湘之说律师事务所律师龙菲从家庭暴力的概念、预防、处置、法律责任和证据支持等方面，结合典型案例和法律条款详细讲解，为基层妇联干部处理家庭暴力信访案件提出有针对性意见和建议。李振宁对该次活动给予肯定。该次培训充实了基层妇女干部工作的知识储备，开拓基层妇女干部的视野，提升基层妇女干部的工作能力。（李梦婷）

【人民新村社区老旧小区改造项目（一期）工程完工】人民新村社区为开放式老旧小区，20 世纪 70 年代建成并投入使用。常住户占 60%，出租户占 40%。人民新村社区老旧小区改造项目（一期）工程于 2020 年 12 月 18 日开工，2021

年12月30日竣工验收，改造内容包括：建筑屋面防水保温改造、给排水及化粪池改造、弱电管线规整、景观绿化改造、建筑立面提质改造、违章建筑拆除及门窗恢复、实施路面、交通改造、照明改造及非机动车充电改造。公共配套工程涉及居民楼43栋，1631户，4803人，拆除违章建筑4670平方米，屋面防水保温改造23栋，建筑外立面改造16栋，室外排水化粪池改造27个，上半街路面全部白改黑，增设停车位150个。总建筑面积7.49万平方米，项目区域总面积6.76万平方米。一期提质改造期间，针对社区水、电、气、市政配套设施同步开展提质建设，48栋、49栋完成水表上墙及水管改造，燃气改造18栋，检修2个高压变电站高压线，清理化粪池42处。（李梦婷）

五里牌街道

【概况】 2021年，五里牌街道位于芙蓉区中部，东起五里牌铁路二桥，南以五一大道、人民中路为界，西至韶山北路，北以八一路、远大路为界。下辖五里牌、火车站、燕山街3个社区，辖区面积1.11平方千米。有常住人口2.32万人、户籍人口1.54万人、家庭户8047户。年内，街道以“强化项目驱动、聚力集约发展、深化精细治理、打造和谐街区”为目标，统筹疫情防控和经济社会发展，继续保持“湖南省安全生产示范街道”“湖南省卫生计生依法办事示范窗口”“长沙市文明单位”等称号，被评为“长沙市平安建设红旗街道”“长沙市禁毒成绩突出街道”“长沙市公共机构生活垃圾分类示范街道”“长沙市信访工作‘三无’街道”。（邓　洁）

【街域发展】 2021年，街道完成税收总额4500万元，剔除限售股减持后，比2020年增长45%；实现全社会固定资产投资18.42亿元；实现限额以上商贸业社会消费品零售额1.48亿元、限额以上批发企业商品销售额7.3亿元、其他营利性销售额2.8亿元，分别比2020年增长34.9%、20.4%、28.6%。完成招商引资400万元，实际到位外资1000万美元，市外境内资金形成固定资产投资12亿元。新增“四上”企业9家、“个转企”18家、高新企业4家。袁家岭中央文化区建设顺利推进，佳兆业广场12月31日营业；敬天广场西塔已封顶（总62层），35层以下公寓销售基本清盘；东塔建至45层（总58层），计划2023年完工；友谊商店东边地块10月19日由湖南建工地产投资有限公司和湖南友谊阿波罗股份有限公司联合摘牌。火车站片区城市更新项目西北片区完成233户居民房屋调查摸底测算，地铁7号线五里牌站点拆除龙骧集团公铺楼顺利启动建设，火车站南广场提质改造及解放东路拉通下穿的南片区规划正在协调推进。依托佳兆业楼宇服务站，开展“百日暖企行动”，围绕行政审批、政策落地、资金人才保障等环节，为金苹果大市场、华天酒店等企业解决问题72件。佳兆业项目写字楼自持招商进展顺利，商铺招商完成96%，写字楼招商完成75%，引进湖南建工友阿房地产开发有限公司、中化石油湖南有限公司等优质企业56家。佳兆业跨境电商联合运营中心湘商回归运作较好，引进湖南鲸鱼跨境电子商务有限公司、湖南博米汇信息科技有限公司、深圳千岸科技有限公司等知名电商企业14家。（邓　洁）

【城市管理】 2021年，街道以老旧小区提质改造及企业的供水、供电、供热和物业管理移交改造为契机，完成五矿小区（住建部示范点）、鸿飞巷、湖南省商务厅宿舍等老旧小区提质改造；完成芙蓉华天宿舍、科学器材厂等“三供一业”移交改造项目；完成朝阳一村34、33、27号栋C级危房改造项目。加强推进省委、火车站“两个周边”精细化管理，开展巡路打卡、执法问效、清洗芙蓉等专项行动68次，处置市、区数字化案件4225起，处置率100%，朝阳一村涉“黄”、金苹果大市场“流商”等顽疾得到遏制。围绕“清霾、碧水、静音”三大行动，对工地扬尘、油烟、噪声扰民等进行集中整治150余次，对友谊东项目裸露黄土覆盖1万余平方米，修补降尘围墙800余米。规范辖区内无物业小区管理，指导人瑞潇湘国际、天扶华庭小区、金苹果宿舍、燕山小区成立业主委员会。创建市公共机构生活垃圾分类示范点，全年组织垃圾分类主题活动25次、专题培训16次。（邓　洁）

【社会事业】 2021年，街道有60岁以上老人4912名，80岁以上高龄老人774名，有民营养老服务机构常青树老年公寓，有街道日间照料服务中心1家、社区居家养老服务中心3家。2021年，街道在社区居家养老服务中心引入“好女儿”志愿服务项目，设立“老百姓大食堂”，开设专门健身服务区，组织春节亲情陪伴、老年大学网络课堂、老年人趣味运动会等活动50余次，实现居家养老服务全覆盖。设立流动人口再就业指导服务站，承办“点亮万家灯火”等大型招聘会，开设就业培训班 6 个，服务涵盖 669 人，推荐岗位 2049 人次。全街低保对象 69 户 88 人，发放城市居民低保金 5.5 万元，医疗救助金 13.3 万元，残疾人两项补贴 42.2 万元，城市低保实现应保尽保。发放特别扶助家庭补助金 52.4 万元，独生子女保健费 1.3 万元，特扶医疗补助 4.7 万元，特扶老年护理补贴 9.6 万元。依托晓园安全生产智慧宣传平台，开展“创建国家食品安全示范城市”“刑法修正案（十一）”等系列宣教活动，开展应急演练培训 102 场次，化解各类应急突发险情 142 处，推广安装“国家反诈中心”App1.33 万余人。调解各类民事纠纷 178 起，受理各类信访件 23 件，“12345”市民服务热线 351 次件，满意率 98% 以上。全员核酸检测 2 万余人次，接种新冠疫苗 6 万余剂次，全街无一例确诊和疑似病例。街道零重大安全事故、零进京上访、零重特大刑事案件发生。（邓　洁）

【区域党建】 2021 年，街道党工委下辖 31 个党组织（其中“两新”党组织 21 个），直管党员 1044 名。实施“党建聚合力”工程，多元化升级社区党群服务中心和党组织活动场所，成立前程无忧湖南分公司、佳兆业房地产公司两个党支部；新增蔗菜街党支部、湘运小区离退休党支部活动阵地。利用辖区晓园党建主题文化公园、长沙车站铁路党史馆等红色资源，对党员干部开展全员轮训，依托“五韵课堂”“先锋之声”等广播平台，专题推送党史学习 30 期，实现“家门口”党史学习教育。分批组织党员干部到长沙市党史馆、隆平水稻博物馆、何叔衡和谢觉哉故居等红色教育基地开展现场教学，组织观看《开天辟地》《大地颂歌》等党史题材电影，为党员干部补足精神之钙。整合“先锋共同体”资源，与湖南省文学艺术界联合会、湖南省商务厅、长沙市残疾人联合会等单位签署共驻共建协议，凝聚企业代表、人大代表、楼栋长等各方力量，打造“红色聚力坊”治理平台，该模式作为典型经验在全省社区居务监督管理创新实验区课题中推广。（邓　洁）

【社区建设】 2021 年，街域内 3 个社区均属于长沙市典型的老旧社区，基础设施薄弱，问题遗留较多。2021 年完成社区“两委”换届选举工作，实现社区基层公共服务（一门式）全覆盖。聚焦“我为群众办实事”实践活动，向长沙铁路争资 300 万元用于朝阳一村老旧小区维护和改造；将潇湘国际二期规划建成社会停车场；在武警巷增设便民通道；对晓园工商宿舍等老旧小区进行电线规整；解决朝阳一村 228 户天然气安装问题、蔗菜街 2 栋 48 户近 20 年水改历史遗留问题和湘运小区 108 户屋顶漏水修缮问题。火车站社区被评为“长沙市文明社区”“长沙市示范化‘五化’党支部”“长沙市最佳‘五老红’志愿服务组织”“长沙市离退休干部先进党组织”“长沙市巾帼建功先进集体”“长沙市示范‘妇女儿童之家’”；五里牌社区被评为“湖南省省级充分就业社区”“长沙市文明社区”“长沙市基层人力资源和社会保障平台标准化建设优秀社区”。（邓　洁）

【火车站社区搭建离退休党员自治平台】 2020 年年底，215 名广铁集团离退休党员组织关系转入火车站社区，社区老党员在直管党员数中占比增至 90% 以上。2021 年 3 月 10 日，火车站社区以党史学习教育为契机，为离退休党员设置“三长三员”新角色（网格长、楼栋长、小组长、宣传员、巡逻员、劝导员），搭建由 52 名离退休党员组成的自治队伍，让老同志“退而不休，老有所为”。引导其参与疫情防控、垃圾分类、环境管理、防电信诈骗等工作中，破除了社区党务工作人手不足的瓶颈，为社区治理注入了银发“芯”活力，让无物业老旧小区变成居民自治小区。（邓　洁）

【湖南首座智慧汽车站长株潭汽车站运营】 2021 年 1 月 1 日，改造升级后的长沙长株潭汽车站正式运营，升级后的长株潭汽车站为湖南省首个具备一证通行能力的智慧车站。在售票候车一体化大厅配备高标准母婴室，增加自动售取票机，配置 2 台人脸识别闸机，增加停车坪面积 1500 平方米。在应对旅客乘车方式和乘车需求方面，加快传统班线客运与互联网技术的融合，加大互联网技术应用，采用无纸化人、证、票合一的电子客票，实现无纸化全流程乘车，集售检智能化、设备管理自动化、旅客服务自助化为一体的智慧出行模式。（邓　洁）

【蔗菜街 48 户用水“黑户”变“有户”】 2021 年 1 月 11 日，长沙市城东供水公司清查居民楼水费支出情况时，发现芙蓉区远大一路 58 号蔗菜街 2 栋 48 户居民由于水改历史遗留问题水表变“黑户”，已有近20年未交水费。因供水公司与居民补缴水费方案未达成一致，导致连续两天停水，给居民生活造成困扰。五里牌社区党委得知情况后，带上相关情况报告迅速抵达城东供水公司，停水33小时后，居民用水问题得以恢复。针对水表“黑户”问题，社区党委历时四个月，先后召开党群议事12次，水费补缴方案终达成一致，长达20余年未交水费、水表未入户的问题得到解决。该事例作为“为民办实事”典型案例在全区分享。（邓　洁）

【五里牌社区打造“红色聚力坊”】2021年1月25日，五里牌社区立足地处长沙火车站周边，老旧小区多、老龄人口多、流动人口多等现状，打造“红色聚力坊”治理平台，发挥街道社区党组织轴心作用，引领居务监督委员会、人大代表、党员、居民代表、楼栋长、企业单位代表、志愿者等150余人加入议事队伍。通过网格反映问题、召集居民议事收集问题、向党委反馈问题、监督问题解决的进度，全年解决群众急难愁盼问题106个。该模式作为典型经验在全省社区居务监督管理创新实验区课题中推广。（邓　洁）

【长沙火车站提质改造】2021年1月31日，长沙市火车站东西广场及周边完成提质改造施工。该次改造按照“提质形象、交通优先、空间有序、智慧广场”的原则，分步行广场区、中心广场区、北侧公交广场区以及南侧社会停车区4个功能区进行。以西广场为重点，对西广场近3.4万平方米、火车站南侧广场1.27万平方米及周边建筑进行提质。此外，东广场（锦泰）近5万平方米范围，车站路、人民路至八一路段也同时进行提质改造。通过改造，火车站广场采用导视系统、智慧公交站、全场无线Wi-Fi，实现广场亮化、地下管网改造、排水系统优化等功能提升。提质改造后的长沙火车站颜值更高、设施更现代化，乘客体验更舒适，新晋为长沙“网红打卡”热点。（邓　洁）

【“迎春送暖、稳岗留工”专项行动】2021年2月9日，街道在辖区内开展“迎春送暖战疫情 稳岗留工聚人心”大走访、大慰问活动，鼓励务工人员留在就业地安心过年。各社区设置“暖民稳岗服务站”，在春节期间提供全天候服务，为各企业留长过年的外地员工发放“新春留长大礼包”400余份。驻街企业门店友阿集团阿波罗商业广场、松花江餐饮店、兰州拉面等为120余名留岗人员春节期间提供免费就餐，并举办看春晚、文艺会演等活动，确保留长人员过上安心年、温暖年。（邓　洁）

【火车站社区成立“开讲啦”草根宣讲团】2021年3月1日，火车站社区党委结合实际情况，挖掘和创新符合社区实际的党群宣教模式，依托党建品牌“先锋故事汇”，号召社区“两代表一委员”、企业在职党员、铁路退休老党员、教师等各行各业的“草根”市民52人，成立“开讲啦”草根宣讲团。宣讲团采取居民点单、社区下单、宣讲员接单的“三单”服务模式，挖掘周围优秀党员群众的先进事迹，以宣讲、座谈、拉家常等接地气的形式，全年走进支部、单位、校园、居民楼栋轮流开“讲”18场次，把爱国主义、遵纪守法、勤俭节约、邻里互助的精神传递给居民群众。（邓　洁）

【“迎旭课堂”体验式党课开讲】2021年5月31日，五里牌社区党

2021年2月9日，“迎春送暖战疫情　稳岗留工聚人心”大走访、大慰问活动

（五里牌街道　供图）

2021 年 5 月 31 日，“迎旭课堂”体验式党课开讲

（五里牌街道　供图）

委围绕党史学习教育组织辖区“两新”党组织、直管党员共 32 人，在晓园党建文化主题公园开展学党史“迎旭课堂”体验式党员教育活动。迎旭亭下，中国好人叶小兰以身说教为党员讲述了其坚持八年为老人服务的“大德大爱”精神。五里牌社区党委书记吴美云与党员分享袁隆平院士的故事。参与人员纷纷针对社区发展和治理建言献策。“迎旭课堂”体验式党课每季度召开一次，通过“户外体验式教学 + 专题研讨”的方式，引导党员学党史、强信念、跟党走，让党员在党史学习中汲取精神力量，鼓舞和激励他们在新的长征路上继续奋勇前进。

（邓　洁）

【房车变身“核酸检测车”】

2021 年 8 月 9 日，户外温度 39℃，爱心企业家、伊宅购集团董事长谭远程免费提供 2 台房车给五里牌街道社区卫生服务中心医护工作人员使用。房车被临时改造成流动核酸检测点和新冠疫苗接种点，房车内桌凳、床铺、卫生间、空调、冰箱等一应俱全。核酸检测的新“神器”，既能方便医务人员穿戴防护设备、方便核酸采样，还可供医务人员暂时小憩，极大地减轻医护人员高温工作负荷，提高核酸采样质量和效率。同时房车还可以开进小区，将核酸检测、疫苗接种服务送上门。

（邓　洁）

【线上云课堂助力开学】 2021 年 8 月 31 日，五里牌街道新时代文明实践所联合长沙市壹社区社会组织公益服务中心开展“线上云课堂，暖心助力开学”公益活动，60 余组家庭参与线上系列课程活动。壹社区社工以幻灯片播放和文字聊天相结合的形式，从破冰游戏、认识“德尔塔”毒株、家长及孩子的开学准备、有奖知识竞答 4 个环节入手，帮助儿童掌握如何正确佩戴口罩、如何培养健康礼仪等，引导孩子和家长做好调整作息时间、总结个人成长、制定学习计划等准备工作。线上云课堂通过教育新科技，帮助学生提升学习效率和知识储备，以良好的姿态迎接新学期到来，助力辖区儿童安全有序开学。　（邓　洁）

【火车站社区“妇女儿童之家”揭牌】

2021 年 11 月 3 日，长沙市妇联对火车站社区妇女儿童之家阵地完成验收。2020 年 10 月，经社区多方协调，向湖南金苹果经贸集团有限公司争取近 200 平方米的场地，投入资金 20 万余元，打造集学习活动、风采展示、议事协商、志愿服务为一体的多功能“妇儿之家”，组建“红色议事会”，鼓励女性党员、群众积极发声，为社区治理建言献策，推动群众自治，实现了阵地升级，服务升级，幸福升级。（邓　洁）

【首届全民健身云上运动会开幕】

2021 年 12 月 7 日，五里牌街道与好女儿志愿服务中心联合开展“云民云动，乐享生活”首届全民健身云上运动会。该次“云”上运动会设置了跳绳、仰卧起坐、瑜伽、俯卧撑等 6 个项目，旨在借助数字化云上平台，在疫情常态化时期调动社区居民运动热情，强健体魄，展示辖区居民的运动风采。活动分为宣传发动、线上征集、线下颁奖三个环节，参赛人员由辖区内小区居民、商圈企事业单位职工组成。运动会设置了 6 ~ 60 岁不同年龄段区间，共有 200 余人参与报名，历时 21 天，49 人上传视频。经过评委会综合评定，最终 16 份作品被评为优秀。　（邓　洁）

【长沙佳兆业广场开业】 2021 年 12 月 31 日，佳兆业集团在湖南省首个代表商业项目——长沙佳兆业广场开业。长沙市文化旅游广电局党组成员、副局长李小军，芙蓉区人民政府副区长蒋苒，芙蓉区商务局局长彭海燕，以及佳兆业集团管理层等出席开业仪式。作为袁家岭中央文化区重点项目，该项目综合面积22万平方米，集5万平方米高端商业与AAAAA甲级写字楼于一体，坐拥4万人次高端商务白领，享有双地铁交汇区位优势。项目商业裙楼聚焦“城市潮趣乐享地”定位，汇集国内时尚、特色餐饮、品质生活、运动潮流等业态，引进盒马鲜生全新升级店、华夏国际影城、星巴克臻选、麦当劳LUNA、奈雪的茶PRO等知名品牌阵容。同时结合湖南特色，引进茶颜悦色游园会、墨茉点心局、柠季手打柠檬茶、时间仓等本土孵化的新潮网红店。此外，薄荷香原生态汤火锅、椿桃、麦如麦立送、名义初品、Hotmaxx、上酥壹品、乐沙儿等均为区域首进。长沙佳兆业广场聚焦星城青年多元化业态组合，着力打造赏玩生活、体验美好的“玩”美空间，为长沙市民提供潮趣乐享新去处。

（邓　洁）

【佳兆业广场智慧健身中心启用】2021年12月31日，长沙佳兆业广场智慧健身中心启用。佳兆业广场智慧健身中心坐落在芙蓉区五里牌街道燕山街社区佳兆业文化广场主楼823号房。智慧社区健身中心建筑面积168平方米。使用人只需用手机扫描二维码下载App，完成注册和人脸录入后，便能直接“刷脸”进入。室内明亮干净，安装了新风系统，划分为操课区、有氧运动区、固定力量区及体测区等多个功能区，跑步机、臂力器、形体塑造机等各类健身器械一应俱全。每项设备均有云端指导，并配备洗手台、更衣间等设施。用户通过人脸识别进入，每人每月仅需花费25元即可享受原地“上班—健身—上班”工作模式，有效解决佳兆业白领“健身去哪儿”的问题。

（邓　洁）

马王堆街道

【概况】 2021年，马王堆街道位于芙蓉区中部偏北，东北临浏阳河，南与东屯渡街道毗邻，西与火星、湘湖两街道接壤，下辖马王堆、滩头坪、古汉城、九道湾、新桥新村和火炬（筹备组）6个社区。辖域面积3.91平方千米，域内有家庭户1.24万户，户籍人口3.4万人，常住人口3.39万人。年内，街道坚持党建引领，围绕“创新提能”主题，统筹推进新冠肺炎疫情防控和辖区经济社会发展，展现新作为，街道被评为“长沙市无偿献血先进单位”。

（欧阳金慧）

【街域发展】 2021年，街道紧扣营商环境建设，拓宽招引渠道，在红橡国际广场和华泰律政大楼分别成立楼宇服务站，利用“马王堆”品牌，引进湖南佳厚建设工程有限公司、湖南玖平建设工程有限公司入驻长城万悦汇，实现现有五栋楼宇入驻企业注册本区率95%，有效提高街道可持续税源。创建优质营商环境，推进“送政策、帮企业、送服务、解难题”专项行动，加强精准服务，摸清找准企业需求问题100余条，对省人民医院马王堆院区新门诊大楼和省机关事务局“德才苑”项目开展跟踪服务，及时对接营造良好的亲商、营商氛围。2021年，域内高新技术企业认定单位6家，新增“四上”入库单位21家，“个转企”25家，招商引资全口径50万元（含）以上税收单位2家。完成区级财税收入1.35亿元，完成固定资产投资39.22亿元，限额以上社会消费零售额2.6亿元，限上批发额12.6亿元，其他营业性服务业营业收入9.2亿元，软件信息产业营业收入0.8亿元，规模以上服务业营业收入10.1亿元，建筑业总产值17.8亿元。处置火炬村拆迁安置及相关扫尾问题，火炬强拆群体签约21栋35户，完成拆迁火炬村60号令1～2片生产安置用地集体变国有的手续办理和初步招商引资工作；九道湾8个居民小组生产安置用地项目建设分别完成竣工验收和办理两安用地调规调容手续，九道湾18组生产安置用地项目建设及17组星城美域项目处遗工作稳步推进。火炬村103号令一、二期高层安置项目完成回迁工作，三期四、五标段1、2栋主体竣工。完成晚报宿舍、新桥小区老旧小区改造项目和同鑫佳园小区地下停车场项目及农安小区消防通道划线项目工作；拆除火炬小学教师宿舍D级危房，对2022年城镇老旧小区改造项进行前期摸底工作，糕点厂宿舍西栋D级危房加固项目已选定施工单位，富力圆康新天地和保利中环广场两个社会项目主体结构建设已完成并开始预售。

（欧阳金慧）

【城市管理】 2021年，街道处置市、区数字化数字案6300件，结案率100%，配合解决“12345”投诉问题207单，办结率100%。开展“蓝天保卫战”专项整治行动60余次，摸排辖区内非道路移动机械，存档备案，每月实时更新，完成九道湾停车场数据录入、智慧停车升级行动及3个社区规范点取缔和夜市规范点管理工作；建立餐饮单位选址建筑物正面、负面清单，更新餐饮油烟动态管理台账，配合做好区、县级领导带队巡查和中央环保督察工作，3个投诉案件整改到位，结案率100%；处理15个市蓝天办交办的环保问题，持续摸排统计辖区工地、餐饮单位、汽修门店、医院、学校实验室等污染源单位，建立台账。市容环境综合集中整治行动89次，拆除破旧违规招牌和废弃烟囱398处，签订门店“门前五包”责任书1078份。处置市、区督查交办整改问题451件，整治小区楼“圈地占用”120平方米、新增户外广告牌82家。开展垃圾分类宣传活动80场，推进主次干道餐厨垃圾桶进店、餐饮门店餐厨垃圾无害化处置承诺书上墙工作，联合整治农贸市场、校园周边交通乱源乱象30余次，持续深化“河长制”工作机制，开展综合整治行动4次，清理枯枝及白色垃圾80余吨。做好浏阳河管护段常态化保洁，完成水利部河湖调研河长制和2021年物业绩效考核工作，指导成立天平公寓、丽景新贵业主委员会。监督检查60家汽修厂、物流公司安全生产工作。

（欧阳金慧）

【社会事业】 2021年，街道完成第十次社区“两委”换届选举工作，实行社区书记主任“一肩挑”工作模式，完善疫情防控工作长效体系，构建街道、社区、单位、网格员信息互通、宣传覆盖、处置协作四级防控工作网络。慈善助困659户，发放慰问金35.36万元，临时救助25户因病因灾受困家庭，救助金额6.19万元，开展城市无着落人员巡查摸排工作，实行针对性的劝离和救助管理。职业技能创业培训378人，完成长沙市企业以工代训补贴1120人，办理低保户救助697户，发放救助金53.86万元。实现就业2689人，职业技能创业培训378人，马王堆社区、滩头坪社区被评为省级充分就业社区，马王堆社区被评为长沙市人力基层资源和社会保障平台标准化建设优秀社区。社会救助工作实行动态化管理，申报城乡居民丧葬补助金14.3万元，医疗救助金14.45万元，城乡居民医疗保险参保率100%，完成区人社局养老保险待遇核查“回头看”工作，详细核查1.4万余人，为1100名城乡居民养老金领取人员进行资格认证。巩固疫情防控成果，接种新冠疫苗12.2万剂次。调解各类矛盾纠纷73起，化解疑难复杂突出信访积案9件，9人签订息访息诉协议，办结重复信访积案51件。完善“互联网＋群防群治”治安防控机制，实现“人在格中走，事在格中办”，推进扫黑除恶常态化工作，年内全街无重大刑事案件、无重大群体性事件。推进安全生产专项整治三年行动，查处并整改安全隐患150处，全年未发生安全生产事故和突发事件。按照国家食品安全示范城市创建要求，着重监管疫情防控、餐饮企业、集贸市场、超市、学校、幼儿园、单位企业食堂。排查整治涉食涉药企业200余次，检查网格餐饮门店400余家，提升“沁园夜市食品安全示范街”的标准，深化品牌效应，建立健全食品安全网格化监管三级网络，确保食品安全无盲区、无漏洞。

（欧阳金慧）

【区域党建】 2021年，街道党工委直属党组织44个，党员1696名，全年培训入党积极分子18名，发展新党员27名，党员转正14名，新成立21个小区党支部和12个非公党组织。开展党史教育学习会和读书分享会12场次，基层党员干部参与率100%。注重学用结合，开展“我为群众办实事”实践活动，街道聚焦“六位”（学位、床位、车位、厕位、梯位、摊位）坚持用走访调

2021年4月20日，马王堆街道在南湖军休所开展百年党史邮展主题活动

（区融媒体中心 供图）

研、召开恳谈会、书记直通车、意见箱等方式，收集群众急难愁盼诉求，增设停车位280个、电动车充电桩140个、加装电梯35部、规范及劝导流动摊位200个、修缮路灯70盏、疏通下水道30次，整治违规地锁800个，做到以实事践初心，以服务暖人心。落实意识形态工作责任制，加强对“七大类阵地”“五类重点人群”的管控，处置网络舆情50余起，全年未发生重大网络舆情事件。邀请辖区6家单位加入“芙蓉先锋共同体”，“党群联动温暖回家路”入选芙蓉区“党建聚合力共融强省会”十大共建项目之一，街道党工委联合辖区8家单位开展“邮票寄党情、方寸忆党史”百年党史邮票主题活动在湖南卫视新闻联播播出，全年市级以上媒体报道750余次。火炬社区筹备组万科金域蓝湾小区党支部和湖南中屹项目管理有限公司党支部被评为2021年度芙蓉区先进基层党组织。

（欧阳金慧）

【社区建设】 2021年，街道所辖6个社区立足街区基础，寻找破解社区发展治理难题新路径。打造马王堆社区“邻有爱”、滩头坪社区“我要帮您”、古汉城社区“五彩同心”、九道湾社区“美丽九道湾”、新桥新村社区“建乐”、火炬社区“萤火虫”志愿服务队伍，以志愿服务＋社会治理的形式，设置“为民办实事”项目114个，实现为民服务治理新格局。滩头坪社区与《长沙晚报》合作探索“掌上网格”网格化管理平台已试点运行，开放办事预约、投诉建议、门店管理等功能，居民预约670人次，处理居民投诉建议50条，与辖区单位共驻共建、信息互通、人员互驻，与辖区居民群防群治、工作互联进入常态化模式；以“把握服务青年是共青团的生命线”为载体，推动团的组织形态、工作力量、服务项目在团员青年身边实现有形化、日常化，让“青年之家”成为广大青年在遇到困难时想得起、找得到、靠得住的力量，2021年被评为“湖南省示范性青年之家”。九道湾社区南三片试行片区大物管，指导居民自治，安装智能匝道7个，缓解“停车难”问题。马王堆社区借助“汉道文化”“邻有爱”家庭互助社会工作服务项目，持续推进社区治理与社工服务工作，达到公众参与、社会协同互动新局面。古汉城社区按照基层公共服务要求和建设标准，规范化简述社区“一门式”办理、“一站式”服务的全方位功能服务与宣传阵地，服务群众引进2家专业化社会组织，利用创新打造的“五线同心”服务载体和“同心协会”“同心工作站”“同心广播站”，面向在职党员、楼宇企业和居民群众常态化开展技能培训讲座、垃圾分类、读书交流、消防安全、亲子教育等系列活动；及时摸清人民群众的就业失业情况，推进落实就业服务和全市国有企业退休人员社会化管理工作，2021年，被评为“2018—2021年度长沙市全国月度劳动力调查先进社区”“长沙市国有企业退休人员社会化管理工作优秀社区”。新桥新村社区利用特色“何立伟工作室”，开设廉政书法班，在青少年心中播下廉政种子。（欧阳金慧）

【社区新一届“两委”任职培训】 2021年3月23日，马王堆街道开展社区新一届“两委”班子任职培训，邀请区民政局党组书记、局长吴立平为新当选的30余位社区“两委”委员授课。培训分领导授课和“两委”讨论两个环节，吴立平结合贯彻落实中共中央决策部署“最后一公里”，站在建党100周年、十四五开局和全面建设社会主义现代化新征程的高度讲解使命和责任。讨论环节马王堆社区书记胡静结合社区特色“邻友爱”公益子项目，畅谈社区通过“党建＋”的工作模式，发挥党建引领作用，消除邻里隔阂，促进邻里相融互助。各社区书记就如何增强为民服务能力交流互动，把提升自身理论知识和业务水平的思想认识根植在“两委”干部的心中。该次培训加强了社区新一届“两委”担当意识、责任意识，为推进基层治理、树立全心全意为民服务的信念打下坚实基础。

（欧阳金慧）

【红十字应急救护志愿服务活动】 2021年5月9日，马王堆社区联合马王堆街道社区卫生服务中心组织开展“文明实践365”红十字应急救护志愿服务活动，80余人参加。活动中，急救医生结合疫情防控，采取理论讲述和实践演练相结合的方式，用真实案例，围绕日常生活中的突发事件，通过在人体模型上操作，指导居民群众如何判断意识、心跳和呼吸，展示胸外心脏按压和人工呼吸技能，并对每一环节的体位及各种手法等细节进行演示；在互动环节，急救医生邀请群众参与技能操作训练，手把手给予指导，对群众的急救姿势进行纠正和补充，通过活动让群众了解“博爱 人道 奉献”的红十字精神，提升了群众的自救互救技能，营造“人人学急救，急救为人人”的良好氛围。

（欧阳金慧）

【酒类市场整治行动】 2021年5月14日，马王堆街道联合市场管理所、行政执法中队和当下热销品牌酒厂打假工作人员开展酒类市场专项整治行动，40余人参加。该次专项整治，针对商场、超市、酒类批发商、酒类专营店，集贸市场酒类经营者，重点检查履行进货查验登记制度情况，相关证照是否齐全、索证索票制度是否落实到位情况、所销售的酒类商品是否存在商标侵权、是否存在以次充好等行为，街道将专项行动与日常监管相结合、整治与规范相结合，查出涉嫌销售假酒1家，依法暂扣问题白酒95瓶，保障了消费者合法权益，提升辖区酒类市场监管水平。

（欧阳金慧）

【尊老敬老便出行活动】 2021年6月2日，马王堆社区党委在社区会议室携手长沙市出租车有限公司党委开展主题为“我为群众办实事 尊老敬老便出行”结对活动启动仪式，40余人参加。活动充分发挥马王堆街道党建引领作用，依托基层服务型党组织建设，利用党建共建，动员区域各方参与社区志愿服务，共同创建爱心公益品牌，推进“爱心车厢”和“爱心车队”服务，该服务以叫车服务热线为平台，推出并实行“六统一”管理，（即统一叫车服务热线、统一服务标识、统一服务标准和规范、统一开展爱心志愿活动、统一宣传推广、统一表彰奖励），解决老年人“出行难”“乘车难”问题，该志愿服务活动年年推进，中国好人彭友良和蓝的雷锋车队连续每年定期约车送老人到养老院，送低保户出行，他们用行动践行“奉献、友爱、互助、进步”的志愿精神，打造共建共治共享的社会治理格局。

（欧阳金慧）

【排查居民用电用气隐患】 2021年7月20日，马王堆社区开展主题为“立足岗位显担当展作为”我为群众办实事实践活动。社区组织“两委”、网格员和志愿者及电力和燃气公司工作人员20余人，用时1天，分3组深入50余户业主报告存在生活用气安全隐患的楼栋，开展拉网式排查，电力、燃气公司工作人员负责检查住户的用电线路是否老化、燃气软管、阀门排烟管是否达标，同时开展燃气电力安全知识宣传讲解，社区通过小喇叭向居民告知排查进度及解决排查中普遍存在管线使用时间长、阀门关闭不及时、燃气螺栓不紧固或丢失、腐蚀、气罩有堵塞等问题，并向社区居民群众推送各种用气安全常识及事故案例，警示居民安全用气的重要性，让燃气安全宣传深入人心。该次活动排除隐患20余处。 （欧阳金慧）

【新桥新村社区便民服务活动】 2021年10月22日，新桥新村社区联合马王堆派出所民警开展主题为“服务窗口前移、温馨为民送服务”便民活动，完善二代身份证信息登记，解决老弱病残群众出门不便的实际困难，核实居民身份信息，免去群众的奔波之苦，解决群众指纹采集认证难的问题。便民服务小队携带采集仪器到30余户行动不便的居民家中，上门补录指纹，向居民们解说活动目的。保障了居民基本养老保险发放不受影响，维护了居民的切身利益，方便了群众的生活。

（欧阳金慧）

荷花园街道

【概况】 2021年，荷花园街道东起万家丽路，西至东二环，南达人民路，北抵远大路，下辖德政园、荷晏、恒达、杨家山、东郡、东方新城、荷花园7个社区。辖域总面积2.33平方千米，常住人口5.36万人，户籍人口3.93万人，家庭户1.38万户。年内，街道深入推进“富民强街，品质美街”建设，围绕实力更强、生态更美、氛围更好、满意更多、夯实基础推动各项事业取得新的进展。全街（含社区）获市级及以上荣誉16项，在市级及以上主流媒体宣传推介150余篇，其中党建、垃圾分类、志愿服务、智慧养老等多项工作获人民网、“学习强国”、《湖南日报》《湖南新闻联播》“新湖南”等媒体宣传推介。

（庞 慧）

【街域发展】 2021年，街道实现规模以上工业总产值5517.4万元，比2020年增长100%。完成限额以上商贸业社会消费品零售额6.17亿元，比2020年增长21.88%；限额以上批发企业商品销售额12.5亿元，比2020年增长5.65%。完成全社会固定资产投资37.3亿元，比2020年增长316.5%。其他营利性服务业完成11.59亿元，比2020年增长15.23%。软件产业完成3293万元，比2020年增长40.3%。完成区级税收1.35亿元。招商引资年税收50万元以上企业5家。5月28日，国家级高新技术企业培育与发展服务站——“荷花园街道高新技术企业服务站·湘域相遇服务点”挂牌。中铁二十五局集团第三工程有限公司科创中心项目完成主楼建设、外墙装饰和室内装修。101公馆完成建筑主体建设。惠泽园二期F区项目开工建设。城镇老旧小区提质改造项目总投资1368万余元，完成对湘运新村小区、乡镇企业局宿舍提质改造。杨家山社区广铁巷铁路沿线、车站南路铁路沿线人居环境提质提档项目进入收尾阶段。

（庞　慧）

【城市管理】　2021年，街道落实网格化管理，细化措施，压实责任，处置城管信息平台案卷8500余条，处置率100%。拆除违章建筑10处，300平方米。拆除大型广告招牌10处，小灯箱及发光字处理58处。开展周末大扫除50次，清洗路面4300米，铲除“牛皮癣”6200处，清运垃圾堆物200余车。建设垃圾分类示范点，在德政园社区教师二村建立一座垃圾分类集中投放厢房。落实蓝天保卫战工作要求，加大对环保督察回头看案件的巡查力度。开展监督检查和零点夜查行动60余次，在建施工工地5家，发现问题8处，已全部完成整改。查处渣土车辆8辆，处罚1.6万元。出动执法队员1250人次，整治夜市摊点82处，排查餐饮油烟整治单位680余家，安装油烟净化装置350余家，全部整改到位。　（庞　慧）

【社会事业】　2021年，街道接种新型冠状病毒疫苗11.28万剂次。全街低保对象61户97人，发放城市居民低保金69.4万元，城市低保实现应保尽保。慈善救助项目救助457人，救助金额51.28万元。慰问高龄老人782人，发放慰问金101.2万元。开展五帮扶工作，帮扶18人，发放救助金3.09万元。组织实施16户残疾人家庭无障碍改造，在恒达花园小区搭建残疾人便民服务点。完成80名退役军人困难救助，发放救助资金20万元。举办“就业点亮万家灯火　服务连通三湘四水”就业招聘会，提供岗位信息数2200个，签订就业（意向）协议人数75人。办结“我为群众办实事”项目清单56个，完成老旧小区改造2个，新增小区停车位42个，为老旧小区加装电梯14部，惠及1500余户居民。“12345”热线受理工单1734条，回访满意度96.59%。　（庞　慧）

【区域党建】　2021年，街道党工委下属党组织61个，其中“两新”党组织25个，直管党员1759名。发展党员24名，11名预备党员按期转正。新成立1个“两新”支部，街道开展党工委中心组集体理论学习12次。发展“芙蓉先锋共同体”成员单位2家。开展“就认这个理”主题宣讲80余场，覆盖受众7000余人。录制“就认这个理”芙蓉区新思想进基层理论微宣讲视频《做一名忠诚为民的孺子牛》。升级红色芙蓉陈列馆，新征集一批红色老物件，让党史馆内容更丰富。高标准打造湘域相遇党群（楼宇）服务站，楼宇党建迈出新步伐。在长房东郡小区、阳光走廊小区各新建新时代文明实践基地1个，打通“所—站—基地”三级文明实践架构。

（庞　慧）

【社区建设】　2021年，街道城镇老旧小区提质改造项目总投资1368万元，对东方新城社区湘运新村小区、荷花园社区乡镇企业局宿舍进行提质改造。杨家山社区广铁巷铁路沿线、车站南路铁路沿线人居环境提质提档。德政园社区引进智能看护、烟雾燃气报警等智能装置，打造智慧养老服务站，民生实事有“温度”。东郡社区承办“文明之花　芙蓉绽放”等市级活动3场。德政园社区启动雷锋少年“薪火计划”，增添志愿服务新项目。杨家山社区以创建国家食品安全示范城市为契机，将诚信教育、疫情防控相结合，组织辖区近百家商铺、餐厅、药店从业人员开展食品安全培训。德政园农贸市场被评为“长沙市2021年一季度最佳农贸市场”，德政园社区团支部被评为全国五四红旗团支部。杨家山社区被评为2020年度“湖南省最美志愿服务社区”，并推荐参加国家级最美志愿服务社区评选。恒达社区被评为“湖南省第二批优秀村规民约（居民公约）”社区。街道政协委员刘朝辉被评为长沙市“最美基层宣讲人”、敬业奉献类“湖南好人”。　（庞　慧）

【荷晏社区主题党日活动】　2021年3月16日，荷晏社区党委与结对共建单位湖南省新疆籍长沙联合党支部携手开展“学党史 悟思想 办实事 开新局”主题党日活动。20名党员志愿者重温入党誓词，为10名环卫工人子女和辖区困难孩子赠送“爱心助学——红色故事汇”礼品袋，里面有《习近平讲故事》少儿版、四大名著、红色党史故事等书籍。党员了解孩子的生活以及学习情况，嘱咐他们一定要刻苦学习，读好书，将来报效祖国。随后，共建单位党员张妮给孩子分享了“半条棉被”的故事，孩子认真聆听。（庞　慧）

【杨家山社区元宵喜乐会】　2021年2月26日，杨家山社区联合长沙市社区文化建设促进会举办“承载传统中国年　唱响杨家山风采”2021元宵喜乐会主题活动，100余名社

2021 年 2 月 26 日，杨家山社区举办元宵喜乐会主题活动。图为小朋友参与制作手工风筝体验活动 （荷花园街道 供图）

区居民和小朋友参加。工作人员为居民准备灯笼、团扇、风筝、灯谜、包汤圆等传统手艺体验活动，小朋友参与制作手工风筝，体验劳动的快乐。猜灯谜环节，猜字、猜地名人名、猜名言名句等各式各样的灯谜吸引大家开动脑筋。活动弘扬了中国优秀传统文化和传统美德，营造节日氛围，和谐了社区居民的人际关系。 （庞 慧）

【东方新城社区举行开笔礼活动】

2021 年 5 月 22 日，东方新城社区联合凯英东方幼儿园、长沙市社区文化建设促进会共同开展“开笔润成长 晨曦传家风”开笔礼活动，30 余名学龄儿童身着汉服、头戴长冠，在老师、家长和居民的见证下，开启求知探索之路。活动分为“正衣冠”“拜孔礼”“朱砂开智”“击鼓鸣志”“启蒙描红”“诵读经典”“感恩行礼”7 个环节。开笔礼伊始，孩子们自正衣冠，在老师的带领下，学习中国传统的揖礼，并向至圣先师孔子像行深揖三拜礼。邀请“杨氏笔庄”第三代传人黄希林为孩子们点朱砂，意为开启智慧，以此寄托美好的愿望，从此眼明心亮。孩子们共同击鼓，表明自己远大的志向。开展开笔礼活动，传承和弘扬优秀传统文化，为孩子们扣好“第一粒扣子”，助力他们健康成长。 （庞 慧）

【“礼赞劳动美”庆“五一”活动】

2021 年 4 月 28 日，芙蓉区委宣传部、区总工会、朝辉劳模创新工作室举办，荷花园街道办事处、恒达社区党委承办的“党建 + 劳模、礼赞劳动美”庆“五一”主题活动，在长郡芙蓉中学礼堂举行。芙蓉区总工会、区委宣传部、区文明办相关领导和街道全体班子成员，芙蓉区交警代表、环卫工人代表、驻区单位职工代表、居民群众 400 余人参加活动。活动设有《游击队之歌》《我为祖国献石油》大型红歌联唱等节目。恒达社区对辖区 16 名“最美职工”“最美劳动者”进行了表彰，全国先进工作者、街道政协联络处主任、恒达社区第一书记刘朝辉发表“劳动者感言”——劳动是幸福之源，劳动最美。 （庞 慧）

【德政园社区开展“智能养老”】

2021 年 6 月 2 日，德政园社区首批独居老人家里安装了智能设备。德政园社区是个纯居民社区，8000 余名居民中，70 岁以上老人就有 520

2021 年 5 月 22 日，东方新城社区“开笔润成长 晨曦传家风”开笔礼活动现场，黄希林（左一）为孩子点朱砂 （荷花园街道 供图）

2021年6月2日，德政园社区工作人员指导居民使用智能监控设备——智能手表

（荷花园街道 供图）

人，其中不乏独居、重疾、残疾、失能老人。社区携手“红色服务合伙人”单位，以党建引领促服务提升，推出“智慧养老、居家养老、健康养老、爱心养老”的“四养模式”，打通老有所养“最后一百米”。为48位独居老人家庭安装智能设备，在社区三楼打造“智慧养老服务站”，实现老人有需求，第一时间提供服务。在怡心苑小区设置微型养老院——日间照料中心，配备30个床位，回应老人就近养老需求。社区520位70岁以上的老人，都已经签约“家庭医生”，由卫生服务中心人员定期上门服务，让老人拥有安心、放心、舒心的养老氛围。

（庞 慧）

【杨家山社区非遗曲艺表演】 2021年6月10日，“人民的非遗 人民共享”主题活动在杨家山社区锦泰广场举行，来自长沙各地的10余支队伍组成非遗曲艺表演团队提供惠民演出。京剧《梨花颂》、舞蹈《党的光辉照边疆》、歌伴舞《边防战士》等节目轮番上演。全国戏曲表演“梅花奖”“文华奖”获得者刘赵黔登台与花鼓戏“发烧友”同台对唱花鼓戏代表作品《刘海砍樵》，引得现场观众拍手叫好。该次“文化和自然遗产日”芙蓉区非遗宣传展示暨“戏曲进乡村（社区）”文化惠民活动由长沙市文化旅游广电局指导、芙蓉区浏阳河文旅产业带规划建设指挥部、芙蓉区委宣传部、芙蓉区文化旅游体育局、荷花园街道办事处主办，芙蓉区文化馆、湖南和平解放史事陈列馆、杨家山社区承办，150余人参加该次活动。

（庞 慧）

【乡镇企业局老旧小区改造】 2021年12月3日，荷花园社区乡镇企业局宿舍老旧小区改造竣工。乡镇企业局宿舍建于20世纪80年代，面积约1200平方米，小区总户数72户。因年代久远，小区出现墙面脱落、地面坑洼、停车困难等问题，居民群众反映强烈。7月，荷花园社区启动小区改造项目。改造范围涉及违章搭建拆除、围墙提质改造、小区楼道粉刷等。在改造过程中，荷花园社区坚持“党建引领、社区统筹、群策群力、共建共享”理念，切实改善人居环境。在党员的带动下，不少小区居民加入改造队伍中，注入小区改造强大合力。12月初，小区改造顺利完工。

（庞 慧）

东屯渡街道

【概况】 2021年，东屯渡街道东临浏阳河、南接雨花区、西至万家丽路、北抵远大路，下辖东屯渡、芙蓉、扬帆、嘉雨、白沙湾、金科6个社区，辖域面积1.94平方千米。域内常住人口6.87万人，户籍人口3.02万人，家庭户1.14万户。年内，街道围绕实力更强大、群众更满意、城市更美丽的工作目标，打造“和谐、文明、幸福”东屯渡。被评为“长沙市基层人力资源和社会保障平台标准化建设优秀街道（乡镇）”，党政综合办被评为“长沙市青年文明号”，武装部被评为“长沙市‘五星’级基层武装部”，创业孵化基地长沙市君竹创业服务有限公司被评为“长沙市级创业孵化基地”，街道统计站被评为“‘长沙市乡镇街道统计站点目标管理综合考评二类’单位”。

（李 茜）

【街域发展】 2021年，街道有主要经济楼宇5幢，其中商务综合楼宇（万家丽国际购物中心）1幢，商住一体楼宇（宽寓大厦、世嘉国际、芙蓉明珠、中惠锦堂）4幢。完成限额以上批发业企业销售额21.63亿元，比2020年增长57.07%；限额以上社会消费品零售额1.7亿元，比2020年增长58.9%；服务业营业收入20.67亿元，比2020年增长58.11%，完成区级税收5162万元，完成全社会固定资产投资15.07亿元，完成建筑业产值4.99亿元。新增“四上”企业10家。万家丽国际购物中心全年净招商面积8807平方米，新迁入市场主体35个，楼内新增四上单位4个；宽寓大厦净招商面积602.13平方米，新迁入市场主体28个。（李　茜）

【城市管理】　2021年，街道推进城市精细化管理，落实网格责任，开展城管专项整治行动，整治农安小区违规地锁、楼顶种菜、违章亭棚、店外经营、垃圾乱堆、共享单车乱放、餐厨垃圾桶不进店等乱象，对“牛皮癣”、垃圾堆物、卫生死角等问题进行大清理，收缴流动摊贩经营工具680余件，收缴违规移动灯箱、广告牌、横幅650余个（块），收缴违规伸缩棚、遮阳伞、雨棚890余个，拆除违规地锁2000余把，拆除违章建筑1100余平方米，铲除楼顶菜地980余平方米。清理僵尸车90余台。在公共区域设置无障碍专用停车位15个。处置数字化平台案件5600余条。摸排餐饮单位选址负面清单662家。开展垃圾分类精准施策，量化物业小区厨余垃圾考核，实施小区垃圾桶“撤桶并点”，白沙湾社区先行试点建设垃圾分类厢房2个。落实街道、社区两级河长每月巡查打卡、每周巡河。对金科社区菜市场、农科市场、扬帆水果市场、富家湾水果市场开展综合整治行动160余次。对马王堆海鲜市场周边开展集中整治行动，劝导违规卸货车辆130台，交警部门处罚41台。关停废品店23家。金科社区被评为“长沙市两型示范创建单位”。长房白沙湾小区被评为“长沙市无‘牛皮癣’非法小广告小区”。（李　茜）

【社会事业】　2021年，街道核实处理涉外、涉高中风险地区大数据1万余条。接种新冠肺炎疫苗13.59万剂次，核酸采样3.39万人。对35家学校、幼儿园、办学机构和45家医疗机构开展卫生监督、防疫及安全生产检查，重点检查学校、幼儿园的消防设施、用电用火用气、防溺水安全教育、饮用水质检测和消毒情况。全街低保对象共23户41人，发放城市居民低保金29.09万元，医疗救助金7.13万元，城市低保实现应保尽保。发放特别扶助家庭补助金42.59万元、独生子女保健费3.11万元、特扶医疗补助3.3万元、特扶老年人护理补贴5.76万元。为辖区困难人员申请各类救助，发放春节以及节日慰问费26万余元、重残两项补贴26万余元，雨后彩虹爱心协会救助金额5万元。走访慰问部队、退役军人及其他优抚对象，发放慰问金9.56万元。申报社保补贴48万余元、小额贷款90万元、以工代训补贴220万余元。实施“一门式”全岗通，成立街道社工站。新办、补办、注销个体工商户营业执照、小餐饮许可证、食品经营许可证3853户。一网通平台办理业务1485件。“12345”热线工单办结1249起，工单回复满意率99.67%。依法受理档案查询200余人次，政府信息依申请公开法定时限办结率100%。推动工贸企业防范事故集中攻坚行动，对52家工贸企业开展安全生产监督检查，对33家企业下达整改责任书，移交案件17家。重点巡查芙蓉公寓小区加装电梯施工等作业行为，劝导和叫停违规施工70余起。完成仁和香堤雅境小区消防隐患整改。督查各类餐饮流通门店680余家、学校食堂26家。关停各类涉黄按摩足浴场所28家，疫情期间关停辖区麻将馆134家，整治小旅社136家。司法调解矛盾纠纷39起，成功率100%。（李　茜）

【区域党建】　2021年，街道党工委下属党组织48个，1343名党员，新成立1个“两新”党组织、1个功能型党支部，其中浩天建工党支部被评为芙蓉区“五化”党支部。借助“先锋议事”、“互联网+”智慧建设等平台，配强小区党支部和业委会班子成员，鑫科明珠党支部被评为“长沙市示范化‘五化’党支部”。扬帆社区党建引领农安小区治理经验被红星云、长沙党建和组工通讯推介，被评为“长沙市开放式物业服务‘推广社区’”。全年组织党员集中思想政治教育4次，党工委书记上党课4次，金科社区红色党课“东屯渡的征程——金楫奋搏砥砺前行”在全街巡回宣讲。多形式开展党史学习教育活动：金科社区“‘迎解古樟’下听党课”在《光明日报》头版报道；嘉雨社区在社区建立中共长沙特别支部陈列室，由社区退休党员刘士明（原中共长沙特支书记刘晴波之子）担任宣讲员，讲述长沙和平解放故事。（李　茜）

【社区建设】　2021年，金科社区设置了老兵活动室、浏阳河风情展厅，白沙湾社区设置了廉政展厅，嘉雨社区改造“一门式”大厅，重新划分功能区，增加居民休闲区。东屯渡社区以陈红丽工作室为中心，全年开展各项爱心活动20余次，公益课堂近100次；30名党员组成的“先锋·护”志愿服务团队开展治安巡逻、环境维护、疫情防控等活动。白沙湾社区突出社区“廉心·连心”特色，依托连（廉）心亭理论学习中心角等阵地，开设党史“微课堂”，播“红”视频、讲“红”故事、唱“红”歌曲等主题活动12次，联合长沙市湘剧团、潇湘电影厂开展“送戏进社区”文化惠民活动6次，芙蓉公寓电梯加装工作作为湖南省电梯加装工作经验交流现场观摩点迎接省市考察团调研。东屯渡社区、白沙湾社区整合社会资源，为居民提供用工资讯，拓宽居民就业渠道，被评为“湖南省省级充分就业社区”。芙蓉社区“红色邻里帮”志愿者成为服务企业“店小二”，为企业解决急难问题：联合东屯渡街道卫生服务中心、湖南旺旺医院组建流动接种队，把疫苗接种点送办公楼，推进新冠疫苗接种工作的开展；“网格员”深入了解企业需求清单，及时联系市场监管、税务、社保等部门为楼宇入驻企业排忧纾困，获企业好评。扬帆社区优化智慧社区建设，公共大屏提升社区治理的信息传播力，智慧停车系统在扬帆小区F区运营一年多，解决了F区停车难、停车乱问题，智能门禁系统帮助社区掌握流动人口情况。嘉雨社区指导仁和凯乐湘园小区消防设施进行整改并顺利验收，集中整治仁和凯乐湘园、香堤雅境、万科西街花园楼顶种菜问题，建立长效管理制度。金科社区推进“我为群众办实事”实践活动，开展大型惠民利民活动6次，解决鑫科明珠北向人行通道加装减速带、金科佳苑C区电力增容、78栋安置房灭火器更换加粉及采购新灭火器等问题。（李　茜）

【扬帆夜市建设】　扬帆夜市北起芙蓉区荷花路，南至芙蓉区法院路，全长约300米；东起芙蓉区古曲路，西至芙蓉区嘉雨路，全长约270米，已有10余年历史。扬帆夜市周边居民住宅楼密集，与万家丽国际购物中心相邻，地铁2号线、5号线交汇于附近。扬帆夜市按照经营内容划分为ABCD四个区域，A区为服装、百货、小商品，B区为小吃、食品，C区为水果，D区为其他，有摊位356个，吸纳就业人员近800人，最高日均人流量5万人左右。2009—2010年，原金苹果市场管理方允许小吃食品摊贩进入市场摆点。2011年，扬帆夜市成为长沙市城管局批准的夜市示范点，2018年，被评为“长沙市精品夜市规范点”，2020年，被评为“长沙市十大夜市街区”，2021年，成为长沙市首个数字人民币特色示范街，360余户夜市商贩开通数字人民币。扬帆社区联合夜市改造小区电路，建设智能充电桩，解决乱接线、飞线安全隐患；清理小区路面油污，保持干净整洁的卫生环境，顾客体验感更佳；建设夜市公共大屏幕，每天更新发布小区内房屋信息，规范小区房屋租赁业务。（李　茜）

【“迎解古樟”树下听党史】1949年8月5日，长沙市芙蓉区浏阳河西岸东屯渡渡口，中国人民解放军第46军138师渡河从这里上岸，进驻长沙城。渡口旁，一棵古樟树上挂着的“湖南省古树名木保护牌”显示：树龄两百年。这棵树被群众称为“迎解古樟”。2021年3月24日，一场以“东屯渡上忆百年峥嵘 芙蓉国里续时代荣光”为主题的党史学习教育课，在“迎解古樟”树下开讲。150余名党员、群众相聚，听党史故事，忆红色往昔，谈为民服务。兵不血刃、湖南和平解放的这段历史引起了大家共鸣。围绕如何办好实事、解决难题，现场展开了热烈讨论。（李　茜）

【万家丽商圈工会联合会成立】2021年11月25日，东屯渡街道在芙蓉社区组织召开万家丽商圈工会联合会第一届会员代表大会第一次

2021年，扬帆夜市美食街成为美食达人和游客打卡集合点，最高日均人流量5万人次

（东屯渡街道　供图）

全体会议，长沙市君竹创业服务有限公司、长沙景天大酒店等9个单位的29位会员代表参加会议。会上成立了万家丽商圈工会联合会，选举产生万家丽商圈工会联合会第一届工会委员5名、经费审查会委员3名，芙蓉社区党委书记师政当选为万家丽商圈工会联合会主席。万家丽商圈工会联合会的成立，解决了工会组织覆盖不全、联系职工渠道不畅等问题，健全了万家丽商圈后勤服务，促进商户与职工双赢，推动商圈健康发展。（李　茜）

【“清廉之声”护航食品安全】2021年12月29日，东屯渡街道“廉润初心传递清廉之声 浏河赤子护航食品安全”活动在扬帆社区举行。“清廉之声”宣讲平台正式上线，将通过“清廉之声”主题活动展示廉政文化建设成果，向群众收集意见和建议，让群众沐浴廉风、倾听廉声。2位“90后”夜市经营户讲述他们是如何通过清廉经营（即合法经营、诚信经营、文明经营）、艰苦奋斗实现人生致富的创业故事；政府部门代表、夜市管理方、夜市经营户代表分别宣读清廉承诺宣言；扬帆社区现场聘任5位“清廉监督员”，对执法部门、夜市管理方、夜市经营户进行监督，评选“五星商户”10户。扬帆社区与湖南省生态农业联合会、长沙市社区文化建设促进会、亲爱社区平台签约共建协议，签约方就乡村振兴、城乡帮扶体系、社区文化品牌建设等重点工作达成一致。（李　茜）

【芙蓉公寓电梯加装】芙蓉公寓小区建成于21世纪初，小区近五分之一的居住人口为60岁以上的老年人。东屯渡街道有序推进芙蓉公寓小区电梯加装“前期筹备、中期实施、后期维护”三步走，形成“党建引领、多方参与、灵活多变、物业兜底”的电梯加装模式，针对增设电梯全过程“点对点”列服务清单，满足居民平层入户、错层安装、电梯直入客厅等个性化需求，打造共建、共治、共享“梯位”，获得居民交口称赞。截至2021年12月底，芙蓉公寓小区已建电梯38部，多次接待全省各地州市领导观摩，山东省德州市政协考察调研。（李　茜）

【智慧大屏取代城市“牛皮癣”】2021年1月，东屯渡街道在扬帆小区F区显著位置引进室外公众屏，通过社区终端展示屏实时联动，为居民实时滚动发布房屋出租广告等信息，利用室外大屏每天定点推动“党史上的今天”学习资料，用3块智慧大屏取代“牛皮癣”广告栏。至12月31日，发布房屋信息384条，成交率98%，房源信息涵盖扬帆小区高层、B区、D区、E区、F区，所有租房信息均为房东直租。同时，社区通过云广播系统实时播放政策宣传、天气预报、停水停电停气等信息。（李　茜）

火星街道

【概况】2021年，火星街道西起二环线，与湘湖街道为邻，东依古曲路，与马王堆街道毗邻，南接远大路，与荷花园街道接壤，北至古汉路。辖区总面积1.8平方千米，下辖紫薇、凌霄、月桂、兴和、曾家坪、陶家山6个社区，常住人口5.5万余人，户籍人口2.75万人，家庭户2.08万户。年内，街道围绕“五融共治”工作思路，以经济建设为中心，以民生工程为重点，被评为“长沙市百岁健康推进示范街道”“湖南省乡镇（街道）应急能力建设达标创建单位”。（苏飞飚）

【街域发展】2021年，街道实现规模以上工业总产值3758万元，比2020年增长70.3%。完成限额以上商贸业社会消费品零售额3.02亿元，比2020年增长26.5%；限额以上批发企业商品销售额12.85亿元，比2020年增长22.6%。完成全社会固定资产投资12.18亿元，比2020年增长8.4%。完成全口径税收3.53亿元。完成招商引资4.6亿元，实际到位外资0.3亿美元，市外境内资金形成固定资产投资15亿元。2021年10月，长沙农商行芙蓉支行综合楼税收突破亿元，实现芙蓉区二环线以东“亿元楼宇”零的突破。落实区委、区政府“百日暖企”行动工作要求，走访企业470余次，为22家有需求的企业解决融资贷款5.15亿元。招商引税成效凸显，先后引进国内500强中交集团二公路局子公司总部——湖南方晟建设工程有限公司、长沙新兆恒商贸有限公司、湖南同超时代控股有限公司、湖南冠唯建筑工程有限公司、常益复线高速公路、中砼建材等重点税源企业入驻。引进总投资16.44亿元的沅水常德至鲇鱼口两千吨级航道建设工程项目、总投资140亿元的湖南茶常高速。（苏飞飚）

【城市管理】2021年，街道结合党史学习教育和“我为群众办实事”，强化城市精细化管理，对占道经营、流动摊贩等乱象组织42次专项整治行动；清运堆物720余车，清理“牛皮癣”2000余处，拆除违建750平方米，拆除户外广告招牌311处；检查餐饮门店126家，整改问题55个；整治店外经营800余处，处罚62起；开展市容环境及顽瘴痼疾整治行动85次，重点对海鲜市场、建筑工地及燃气站点安全检查30次，处理市数字化案卷5986条、各类网格化案卷2801条。在2021年中央环保督察第二轮巡视中实现全区唯一零投诉、零信访。推广月桂社区智慧停车成功经验，凌霄社区新增停车位146个，新装红外高清摄像头43个，推出规范共享停车位1000余个。完成凌霄社区一片农贸市场二楼历史违章搭建物拆除工作。

（苏飞飚）

【社会事业】 2021年，街道开展食品安全进校园专项整治护苗行动，组织志愿者对4所中小学、14所幼儿园周边门店和学校食堂进行监督。组建安全巡查、舆情管控、综治维稳队伍，开展24小时巡查；打造智能化监控室，实现全方位、无盲点监控；组建6支志愿者巡逻队，全天候开展巡逻防控。开展“安全专项整治三年攻坚行动”23次，检查各类单位、门店400余家，排查各类安全隐患45处，其中重点隐患2处，整改43处，警示约谈13家。全街低保对象共1175户1746人，发放城市居民低保金109.37万元，医疗救助金16.41万元，城市低保实现应保尽保。发放特别扶助家庭补助金64.43万元，独生子女保健费3.76万元，特扶医疗补助5.3万元，特扶老年人护理补贴7.44万元。

（苏飞飚）

【区域党建】 2021年，街道有基层党组织50个，党员1134名。其中社区党委5个，社区党总支1个，党支部44个。抓好党员发展工作，严把发展程序关，培训入党积极分子31人，发展党员5人，吸收预备党员19人。建成24个小区党支部，实行党支部与小区业委会交叉治理。依托“党建聚合力工程”，创新“五融共治”党建品牌，坚持“日学周访月评”，完成“每日一学”180余次。以党史学习教育为载体，街道班子成员带队下沉企业、小区收集意见225条，办结率90%以上。壮大“先锋共同体”，派遣“红色服务专员”进驻52家企业；实现省教育厅等辖区企事业单位共治共享，提供服务或帮助20余次。（苏飞飚）

【社区建设】 2021年，街道对辖区内老旧小区进行加装电梯摸底，走访474栋、1409单元，加装20余部。组建凌霄社区“凌聚力”志愿服务队和月桂社区“馨月”自治组织，在文明创建迎国检、信访维稳等重点工作全面履职。对紫薇社区大有商住楼小区排污管道进行疏通改造；发动居民筹集资金对省金属回收公司宿舍、环达路桥宿舍进行下水道疏通；协调电力部门为原长沙启动器厂宿舍、金湘北苑完成“电改”；完成新合四组、汽配城AB区、交警队宿舍等4个居民区384户天然气安装的申报。改造升级凌霄社区中心公园为党建公园和议事新风亭，搭建“凌霄群艺馆”文化平台。打造紫薇社区2A居家养老服务中心，签约“银发族”社工。协助、参与天泰花园、省假肢矫形康复中心等5个小区业委会成立和换届工作，完成备案。（苏飞飚）

【火星街道商会第六次会员代表大会】 2021年3月10日，芙蓉区工商业联合会火星街道商会召开第六次会员代表大会，芙蓉区工商联副主席李燕平、18家企业代表出席会议。大会审议通过《火星商会章程》，选举产生新一任商会会长。陈双华当选并作就职表态发言，他表示商会将坚持以服务为主，团结工商业界人士，发挥本会的优势和社会主义市场经济中的作用，在实施“三高四新”战略、建设现代化新湖南中体现商会的价值作为，为实现社会主义现代化建设和祖国统一、振兴中华贡献力量。李燕平向新一届的商会领导班子表示祝贺。

（苏飞飚）

【防灾减灾进校园活动】 2021年5月12日，在第13个全国防灾减灾日到来之际，火星街道组织公共安全办、公共服务办、陶家山社区等多部门在育才双新小学开展以“防范化解灾害风险，筑牢安全发展基础”为主题的防灾减灾日宣传教育活动，师生300余人参加。火星街道安全宣讲团工作人员结合身边实例，从防灾减灾基础知识、空袭时的防护行为等方面入手，为师生上了一堂科普课。工作人员为前来咨询防灾减灾知识的师生发放防灾减灾知识手册，并就手册上的知识向师生做详细的讲解。动员广大师生关注身边的各类灾害风险，提高防灾减灾意识，掌握自救的技能。

（苏飞飚）

【凌霄社区为失火居民解忧】 2021年3月15日，火星街道凌霄社区居民刘双林和老伴邹松泉将一面写着“为民办事关怀备至，为民排忧情深似海”的锦旗送到凌霄社区书记陈伟的手上，以表达他们全家对社区的感激之情。3月8日，邹松泉老人家中电线老化，造成电

2021 年 3 月 15 日，居民到火星街道凌霄社区送锦旗

（火星街道　供图）

烤炉短路，引发火灾。正在社区网格进行安全巡查的社区工作人员看到从阳台冒出的滚滚黑烟，将现场情况向街道和社区进行报告，紧急疏散本栋居民有序撤离，并联系消防中队，出动 4 辆消防车，将 72 岁的老人从火灾现场救出来后，送到社区，为老人清洗身体，并找来保暖的棉大衣，及时联系“120”，送往医院检查身体。（苏飞飏）

【兴和社区“绘画卷　缝香囊”暑期活动】 2021 年 7 月 15 日，兴和社区以“童心向党 共筑中国梦”为主题组织 30 余名小朋友开展共绘画卷送爱心香囊的活动。邀请来的教师为孩子讲述了中国共产党的成立历史，随后，孩子们拿起手中的画笔，共同描绘出一幅“庆祝建党一百周年”的 5 米长画卷。他们认真地挑选合适的颜色，细心地填涂，通过自己的双手为这幅长长的画卷增光添彩。在孩子的共同努力下，一幅美丽画卷展现在大家面前。接着，他们又在教师的带领下一针一线地缝制出 30 个防暑防蚊香囊，和社区工作人员一起，将香囊送给附近的老年人和清扫道路的环卫工人。（苏飞飏）

【部门联合执法依法取缔两处“黑气点”】 2021 年 11 月 18 日，火星街道公共安全办接到陶家山社区安全信息员举报，凌霄路 526 号火星安置区 D 栋 1 楼有两家门面，疑似非法经营液化气。街道迅速行动，办事处副主任陈功带队，公共安全办、城管办、行政执法中队、派出所联合陶家山社区，先后对两处站点进行仔细检查，发现在桶装纯净水的掩盖下，存放着数量众多的液化气罐，经营户未按规定取得燃气经营许可证，不具备瓶装液化气经营条件，属无证经营。执法人员对两处非法站点依法取缔，将液化气钢罐搬上危险品运输车，运往液化气集中储存点，成功消除一起重大安全隐患。该次行动收缴液化气罐 34 个，行政执法中队对无证经营者进行立案调查。（苏飞飏）

【“衍纸画福　情聚紫薇”主题活动】 2021 年 12 月 28 日，紫薇社区携手长沙市银发族为老公益服务中心，组织 50 余人开展“衍纸画福　情聚紫薇”主题活动。衍纸又叫卷纸装饰工艺，运用卷、捏、拼、贴组合纸条来完成。居

2021 年 7 月 15 日，兴和社区开展“绘画卷　缝香囊”活动。图为小朋友制作香囊现场

（火星街道　供图）

2021 年 12 月 28 日，紫薇社区携手长沙市银发族为老公益服务中心开展“衍纸画福 情聚紫薇”主题活动 （火星街道 供图）

民朋友拿出不同颜色的衍纸条，熟练地将它们组合在一起，黏合成一幅幅富有创意、形象生动的“福”字衍纸主题画。这类活动，锻炼了老年朋友的手指关节，丰富了大家的创造力和想象力，激发居民对手工制作的兴趣，受到居民特别是老年朋友的欢迎。

（苏飞飚）

东岸街道

【概况】 2021 年，东岸街道位于芙蓉区东部，北以远大路为界与马坡岭街道相邻，东与湖南省农业科学院相邻，西南以浏阳河为界与东屯渡街道相邻，下辖东屯、杉木 2 个村，东宜、隆平公园、望龙、黄泥塘、东瑞 5 个社区，农机站、堤委会 2 家事业单位，东岸建筑公司、东大门市场 2 家直属企业单位。辖域面积 5.59 平方千米，域内有家庭户 2.14 万户，户籍人口 1.63 万人，常住人口近 4 万人。年内，街道以党史学习教育为抓手，围绕“打造现代化新长沙建设标杆区”总目标，勇挑重担、攻坚克难，持续夯实党建基础、推进项目建设、力促产业转型、优化民生服务、强化社会治理，促推街域发展、区域党建、城市建设、社会治理、公共服务、社区（村）建设等工作迈上新台阶，街道被湖南省应急管理厅评为第一批乡镇（街道）应急能力建设达标单位。 （李新军）

【街域发展】 2021 年，街道完成区级财税 1.46 亿元，固定资产投资 59.74 亿元，限额以上商贸业社会消费品零售额 0.86 亿元，比 2020 年增长 14.9%；限额以上批发企业商品销售额 0.31 亿元，比 2020 年增长 11.68%；建筑业产值 4.95 亿元，比 2020 年增长 44.98%；规营服务业比 2020 年增长 28.1%。新增四上企业 12 家，完成个体户转企业 19 家，超年度目标 9 家。重点社会类投资项目 11 个（商品房项目 8 个、商业项目 3 个），基础及配套设施项目 6 个。辖区内南益名士花园、旺德府万象时代、美的云樾府、香语洺悦园 4 个在建楼盘开盘预售，中房瑞致三期提前交房，时代印记花园、金茂建发观悦按时交付。引进年度千万元以上税收企业——长沙市规划设计院有限责任公司。该企业入驻自有办公用房人民东路 469 号长房东云台商业 S2 整栋楼宇办公，办公面积约 2.7 万平方米。完成东屯路拆迁和历时 21 天拆除瑞祥陶瓷市场二期仓库、门店建筑面积 1.5 万平方米。推进东八小区、东屯城改和望龙城改项目扫尾工作。 （李新军）

【城市管理】 2021 年，街道常态巡查管控建筑工地，查处问题 90 处，书面交办 20 处。辖区非道路移动机械达标排放。推进市容环境秩序大攻坚行动，确保辖区目之所及无垃圾、无斑点、无乱象。对辖区主次干道双杨路、远大路沿线等影响城市形象的顽瘴痼疾进行整治。持续开展市容环境卫生综合整治行动（拆违行动 3 次，拆除中交公园楼顶违章建筑 2 处；进行违规招牌、广告及户外灯箱整治行动 20 余次，菜地集中整治行动 15 次，拆除私搭亭棚 30 余个，取缔违规种菜场地 20 余处）。处理城市管理数字化案卷 7300 余条，结案率 100%。落实倒房报备及湿法作业制度，控制在拆项目扬尘污染。覆盖、复绿拆迁空地 1.4 万平方米。东屯村集体投资 400 万元对瑞祥陶瓷市场进行改造，解决市场道路、立面、排水、线路等“脏乱差”现象。提质改造双杨路振升人行道、解决杉木安置小区自来水难题。“揭榜攻坚”事项瑞祥陶瓷市场完成提质改造，于 7 月 14 日接受观摩。 （李新军）

【社会事业】 2021年，街道举办4期创业就业培训班，培训居民群众190人次。妥善解决金茂建发观悦、南益名仕豪庭、旺德府项目农民工工资纠纷16起，涉及资金167万余元。做好低保、残疾等困难群众的基本生活保障，发放“五帮扶”专项资金8.08万元，帮扶29户；残疾人补贴2.38万元；申报临时急难救助1人，救助资金6135元；8户低保户保障金11.54万元。做好突发疫情应急状态下疫情防控涉疫核酸检测、疫苗接种等工作，为区集中隔离医学观察点佳里酒店做好服务保障。配合“双减”政策排查、摸底辖区教育机构，辖区学科培训停办3家、转型3家。做细做实“防溺水”工作，及时排查处理各类安全隐患，确保全街溺水零事故。高标准建成东岸街道综合养老服务中心。开展“一门式”政务服务知识抢答赛，通过“以赛促学、以学提能”，提升各窗口单位为民办实事的服务能力。街道代表区接受市级安全生产考核并获好评，连续4年获评“区安全生产先进单位”。严把食品安全关，未发生食品安全事故。调解各类民事纠纷40起，涉及金额580万元，调解成功率98%。开展禁毒宣传活动13场次，发送宣传信息14万余条。街道综治民调工作排名全区前四名。

（李新军）

【区域党建】 2021年，街道党工委下设5个党总支（其中农村党总支2个、社区党总支3个），25个基层党支部，28个党小组，直管党员771人。总结提炼东屯村等辖区基层党组织党建引领乡村振兴发展经验，汇编成《东屯村的幸福密码》《三十年做好三件事　东屯村的初心答卷》《逐梦浏河　东岸崛起品质新城》等优质稿件，创编《社区治理的走心“三步曲”》《三十年述说不变的初心》等优质课程并获区党课竞赛决赛第一名、第四名。聚焦红色传统教育、集中学习研讨、察民情访民意和“我为群众办实事”四个方面，坚持“党史百年天天读”，进行“学党史、促实干、开新局”党史学习交流和“芙蓉树标杆，我们怎么干”解放思想大讨论活动，在党史学习教育中激发干部信念信心和干事创业激情。东瑞社区与中交地产、长城物业联合打造“红色物业”，实施物业与社区联合办公、联动处置的全新模式。打造东宜社区红色长廊“一街一品”红色教育基地。成立天园假日、东驿竹园2个小区党支部。开展2期“基层党员进党校”和3期新一届社区（村）“两委”培训。东屯村党总支被评为芙蓉区先进基层党组织，东宜社区党支部被评为长沙市示范化“五化”党支部。

（李新军）

【社区建设】 2021年，街道组织长房东云台、芙蓉鑫家、龙湖、天园和东岸城邦5处社区办公用房验收。利用新时代文明实践所（站）、“幸福家议事会”等阵地，与群众开展面对面、心贴心的微宣讲。通过入户走访、社企联动、议事会等方式听取居民群众意见，收集并解决居民群众“急难愁盼”问题，居民满意度大幅提升。黄泥塘社区调解东雅中学与湘训公司老旧围墙安全隐患问题纠纷，促成问题快速解决。东瑞社区联合辖区长城物业公司为居民处置各类问题投诉150余起。争取开发商投入资金重建D1小区围栏、改造D4区牛津街车位80余个。东宜社区“新市民乐享多彩新生活”入选市委宣传部《长沙市基层社会治理与思想政治工作创新案例集》、“草根讲堂”项目入选《长沙市社区教育优秀案例》、代表“芙蓉区创建全省城市社区居务监督管理创新的示范社区”迎接湖南省民政厅验收、居民公约获评长沙市最美村规民约；东瑞社区获评省级儿童之家示范点、湖南省充分就业社区、长沙市文明社区。（李新军）

【东屯村小微试点改革】 2021年5月，经区委常委会研究，选取东岸街道东屯村为“小微权力”改革试点村，强化村级自治组织和村干部权力风险防控。该村以“依法清权”“规范用权”“阳光晒权”和“立体督权”为抓手，探索村级民生事项和财务管理新路径。至2021年年底，已基本形成权责分明、公开透明、规范高效、监督有力的村级“小微权力”清单制度体系，推动村级自治组织和村干部职责定位进一步规范明晰。

（李新军）

【“年夜饭暖一线”活动】 2021年2月9日，东岸街道开展“年夜饭暖一线”活动，街道党工委书记罗加祥为105名环卫工作人员送上年夜饭大礼包，感谢守岗尽责的“城市美容师”辛勤付出。前期街道通过向环卫工人收集新年微心愿的方式，了解大家的新年愿望。“我想吃上家乡的四喜丸子”“我想吃上一顿年夜饭……”，花瑶记忆民俗文化餐厅（东云台店）准备了“年夜饭”礼盒，地道炸肉丸、梅干菜扣肉等极具湘菜风味的半成品菜和坚果礼包纷纷打包在环卫工人年夜饭礼盒中；黄泥塘社区还邀请社区书法家书写福字和春联，大红的福字和美味的菜肴让环卫工人提前感

2021 年 2 月 9 日，东岸街道开展“年夜饭暖一线”活动，为环卫工人送温暖
（东岸街道　供图）

受到了节日的喜悦和东岸的温暖。

（李新军）

【东瑞社区打造“红色物业”】

2021 年 10 月 21 日，长城物业湖南分公司党支部在东岸街道东瑞社区公共服务中心成立。东岸街道、长城物业相关负责人共同为长城物业党支部揭牌。长城物业紧跟时代步伐，围绕“党建引领建设红色物业”的工作思路，夯实“红色物业”基础，整合各类资源，让小区邻里在资源共享中体验“共建、共治、共享”的美好社区生活；东瑞社区围绕“党建聚合力”工程，将政府资源、市场资源和社会资源有机融合，推动“红色物业”工作实施。通过人员、阵地、职能三个方面，将物业服务和基层治理相结合，在联合办公、延时服务、联动调处、联勤巡逻、数字化管理等方面，建设智慧社区数据调度中心，全面整合停车场管理、楼宇设施设备监控、视频监控、智慧电梯等系统，实现应急故障处理、报事报修处理、无人值守系统调度多功能合并。此外，他们还与长城、绿城、万科三家物业公司安保人员打破区域管理界限，建立户籍民警、综治巡防、物业安保、志愿巡逻联防联控机制，解决居民业主反映的 D4 区停车位泥泞不堪、停车难充电难、小区环境卫生差、深夜噪声扰民等 200 余起“老大难”问题，形成社区支部牵头，物业企业（商户）联动、业主居民受益的有利局面，打造了物业和社区“交叉任职”“合署办公”的新模式。东瑞社区“红色物业”案例，入选住建部《共同缔造美好社区白皮书》。

（李新军）

【瑞祥陶瓷市场完成提质改造】

2021 年 4 月，东屯村集体投资 400 万元对瑞祥陶瓷市场进行改造，拆违 4000 余平方米，道路铺油 1.8 万平方米，排水清理 800 米，墙面粉刷 1.2 万平方米，将市场旁边拆违后空地改造成专用停车场并重新规划市场停车位，解决市场道路、立面、排水、线路、停车难等脏乱差的顽瘴痼疾，改变了市场形象。该次提质改造将带动几千万元甚至上亿元市场固投升级，引领东岸产业发展。

（李新军）

【东岸街道养老服务中心启动】

东岸街道综合养老服务中心于 2021 年 12 月投入试运营。该中心位于芙

2021 年 4 月，东屯村集体投资 400 万元对瑞祥陶瓷市场进行改造。图为提质改造后现场
（东岸街道　供图）

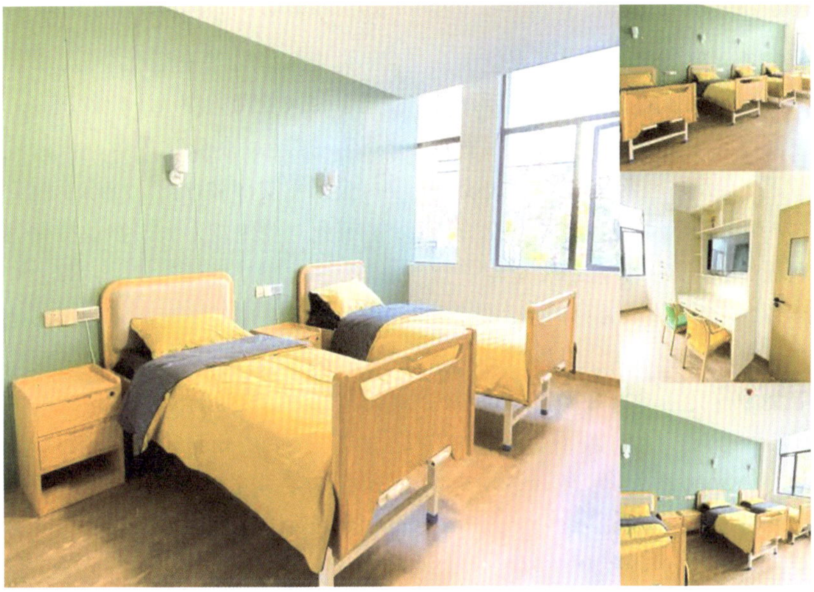

2021 年 12 月，东岸街道综合养老服务中心投入试运营。图为中心的适老化养老床位 （东岸街道 供图）

蓉区东岸街道人民东路东云台商业S4 栋一、二楼（东门），开设有康复室、心理咨询室、评估室、阅览室、手工活动区、棋牌区、营养餐厅等，设有 28 张养老床位，提供适老化居住环境和舒适温馨的家庭氛围。专业护理队伍可提供失能、半失能长者长期托养、短期托养、日间照料服务等为老服务，提供助餐、助浴、助医、康复理疗、精神慰藉等多方面的养老服务，让辖区长者老有所乐、老有所学、老有所为。

（李新军）

【长沙市规划设计院入驻东岸】 长沙市规划设计院有限责任公司于 2021 年 12 月迁入东岸街道，入驻自有办公用房人民东路 469 号长房东云台商业 S2 整栋楼宇办公，办公面积约 2.7 万平方米。该企业始建于 1973 年，系服务业龙头企业，同时具备高新技术企业、建筑工程资质，是一家集城市规划、市政和建筑工程国家甲级设计资质以及工程咨询、风景园林、建筑智能化系统工程设计专项、施工图审查、工程监理等 8 项甲级资质的综合性设计院。该企业自建企以来，曾获部、省、市级科技进步奖、优秀设计奖 160 余项，年度营业收入 4 亿元，年纳税额 2000 万元。 （李新军）

马坡岭街道

【概况】 2021 年，马坡岭街道位于长沙市芙蓉区东片，西临浏阳河，东接长沙县，南至远大路，北靠长沙经济技术开发区，中有京珠高速穿境而过，又有汽车东站雄踞于此，是省会长沙对外沟通和辐射的东大门。街道下辖锦林、新安、安子岭、东站 4 个社区及西龙、张公岭 2 个村。辖区面积 8.23 平方千米，常住人口 6.3 万人，户籍人口 2.39 万人，家庭户 6328 户。年内，街道从“谋布局、优交通、促产业、强配套、兴文化、提品质”等方面入手，努力在抢抓东部片区先机中厚植发展优势，推动各项工作实现新跨越、新突破，被湖南省应急管理厅评为乡镇街道应急能力建设达标单位。

（罗 娟）

【街域发展】 2021 年，街道实现规模以上工业总产值 2200 万元，比 2020 年增长 10.8%。完成限额以上商贸业社会消费品零售额 0.98 亿元，比 2020 年增长 14.4%。限额以上批发企业商品销售额 1.4 亿元，比 2020 年增长 75%。完成全社会固定资产投资 22.35 亿元。完成税收 1.56 亿元。完成招商引资纳税 50 万元以上企业 1 家，引进大田物业，培粹教育科技购置汇一城商业楼 1000 平方米办公用房并注册，注册资本 2000 万元。西龙道路及排水工程项目：完成项目用地红线内房屋拆迁，红线外配套施工用地、交地 0.67 公顷，配合开展 5.33 公顷农用地施工占用工作，国有用地企业安达燃油签订补偿协议并腾地。西龙村“城中村”改造项目：剩余私房 2 栋已签订拆迁补偿协议，签订桥东冷作机械厂、东岸化工厂、五福石棉瓦厂、西雅木工厂等 5 家企业补偿协议。张公岭村“城中村”改造项目：城改一期完成一栋遗留建筑物的拆除，城改二期完成一队农贸市场和东腾百货的拆除，城改三期完成 2 户私房签订拆迁补偿安置协议并倒房，1 家企业签订拆迁补偿协议并倒房。9 号安置点项目：完成东方农贸市场、张公岭福利包装厂、欣国工艺品厂，张公岭村汽修厂及土地庙的补偿协议签订、资金发放；集体设施，迁坟，青苗补偿到位，完成项目所有建筑物的拆除，达到交地条件。安置工作：街道接收安置 646 户，现房安置 1484.5 个指标，期房安置 223 个指标。 （罗 娟）

【城市管理】 2021年，街道城管力量下沉，街道从行政执法中队选派6名执法队员下沉到各个社区，与社区协管员力量有效衔接，让巡查更彻底。转变农安小区保洁模式，农安小区保洁改为环卫所直接负责，实现农安小区环境卫生从"管不全"到"专人管、全面管"的转变，一改过去"只见突击打扫，日常保洁不到位"的管理状况，使保洁清运更加彻底。坚持城管"例会制度"，提高城管工作人员责任心和业务能力水平。坚持巡路打卡制度，街道书记每半个月带队巡路打卡一次；村社区书记每周带队巡路打卡一次；基层城管工作人员每天巡路打卡必须行走5千米以上。全年处置数字化案卷9905条，与辖区单位、门店签订"门前五包"责任书1357份。清理生活垃圾150余吨，建筑垃圾400余车。出动20余台次机械设备，对拆迁项目就地覆绿，取缔违规种菜20余亩。对辖区主次干道、闲置用地、拆迁项目设置围挡8.9千米，清理"牛皮癣"500余处，拆除违规招牌67次，收缴灯箱广告36块，清理僵尸车26台，拆除违规地锁42处。 （罗 娟）

【社会事业】 2021年，街道受理就业创业登记证的办理和网络管理131人；核定困难对象127名，为305名持证人员办理灵活就业社保补贴，补贴金额79.73万元；联合芙蓉区职业教育培训学校进行免费岗前技能提升培训100人，岗位技能提升培训144人，为21家企业1028人申报以工代训补贴，补贴金额184.05万元。对全街6个村（社区）进行换届选举，产生新一届村（社区）"两委"班子。摸排中、高风险区来长人员1264人，境外回国人员92人。核查大数据信息1.16万余条。核酸检测境外回长，中高风险区来长、农贸市场及密闭场所中高风险人员1.81万余人，接种疫苗12.68万余剂次。全年发放安全知识手册2万余册；制作安全宣传展板200余块；开展"安全生产宣传月""消防安全宣传周""新《中华人民共和国安全生产法》宣传周"等集中宣传活动，开展安全培训集中授课20余场次，培训安全生产管理人员4000余人次；指导企业开展应急演练60余次。全年无进京非访，无赴省、到市区集访，化解3件信访积案。组织6次民兵训练、3名青年应征入伍；开展安全生产联合打非治违行动30次，排查并整治隐患228处，下达限期整改文书45份，移送办案线索24条，关停企业3家，取缔无证经营单位6家。（罗 娟）

【区域党建】 2021年，街道共有基层党组织33个，直管党员784人，预备党员24人。开展党史学习教育，依托"红岭课堂"开展专题讲座12次，街道组织党员及党务工作者先后到长沙党史馆、岳麓书院、许光达故居、徐特立故居学习；创新推出"十个一"（一次经典诵读会，一次老党员故事分享会，一次童心向党主题活动，一次党组织书记赛党课活动，一次党史知识"达人赛"，一次红歌颂党恩活动，一次观影忆初心活动，一次我要为党送祝福活动，一次集体政治生日，一次在职党员"红岭微心愿"认领活动）自选动作，开展理论微宣讲、红色故事分享会等50余场，覆盖党员群众2100余人。开展"奋斗百年路、岭上新征程"庆祝建党100周年主题活动，发放"光荣在党50年"纪念章42枚，慰问困难党员22名。街道代表队在全区"庆祝建党100周年党史知识抢答赛"中夺冠，2名选手获区党课竞赛"十佳课程"。探索"红岭+"党建品牌，张公岭村小区党支部被评为长沙市示范化"五化"党组织，大田物业被评为芙蓉区先进基层党组织。发挥"红船初心馆""岭上清风园"等阵地作用，培树吴自成、张毅斌等一批省、市"好人"典型。央级上稿20篇，省级280篇，市级130篇，处理舆情21条。街道党工委书记陈高峰、党工委副书记办事处主任李牧之联合署名文章《马坡岭的桥》在《长沙晚报》专版报道。 （罗 娟）

【社区建设】 2021年，西龙村党委创新学习载体，推出情景剧《岁月如歌》，举办"垅上新声，党史故事展播"活动，向党员、团员、少先队员征集党史故事音频稿件32篇。新安社区完成"城中村"改造项目拆迁扫尾工作，解决农安小区下水道化粪池堵塞、小区屋顶安全隐患等问题；对公母塘进行整改复绿、文体广场进行提质改造，东郡二小道路安全进行整改维护，增设"新邻益家"课程，丰富居民群众文化生活，处理各类群众诉求87起。锦林社区三社联动聚人心，通过"锦林讲习微讲坛""图书漂流""图书快递员"等不同活动的开展，让全体锦林人同心，同行。安子岭社区深化"乐知学堂"特色课堂，持续开办民舞、声乐、书画、手工、朗诵、茶艺等兴趣班，全年各班开课144课时，青少年寒暑期社区实践活动20场次，惠及居民及青少年儿童4180人次。东站社区以红色先锋、绿色环境、蓝色守护、粉色服务、白色抗疫的"五彩"服务为根基，打造"五彩家园"。 （罗 娟）

【安子岭社区举办书法活动】 2021年3月24日，安子岭社区联合孝为先社工服务中心，在安子岭社区新文明实践站开展“清风进社区 笔墨书廉洁”书法活动，社区党员、清风志愿者及书法爱好者20人参加活动。清风志愿者陈枫老师为每一个学员讲解和示范“廉”字的笔顺及运笔方法。为了让学员理解廉洁的意义，老师将廉政文化内容也糅合在课程中，“一身正气两袖清风”“天道酬勤”等一幅幅形式多样的书法作品相继呈现，大家临摹关于“廉洁”的书法，交流书写“廉”字的心得，更加明白共创廉洁家园、廉洁社区、廉洁生活的意义所在。

（罗　娟）

【《中华人民共和国民法典》宣讲进家庭活动】 2021年3月25日，长沙市民法典双百宣讲团成员、湖南协雅律师事务所律师赖凯华到锦林社区开展《中华人民共和国民法典》（以下简称《民法典》）宣讲活动，社区工作人员、党员群众和居民80余人参加。赖凯华阐述《民法典》的基本内容，围绕《民法典》新规的重点条文，结合自身多年的法律教学经验进行解读。运用幽默风趣的语言和令人印象深刻的案例，针对大家关心的焦点、热点问题，带领大家一起学习、了解《民法典》，并对现场的居民提出的问题一一解答。该次宣讲活动制作宣传展板10块，发放各类宣传资料200余份，提供法律咨询30余人次，现场解决问题10余个。（罗　娟）

【“老年人运用智能技术”知识讲座】 2021年6月18日，张公岭村党委结合党史学习教育，开展“老年人运用智能技术”知识讲座，近50名老年朋友参加。授课前，长沙社区大学老师何飞辉初步了解参加讲座的老年人智能手机的操作水平和需求，用简洁的语言，耐心地教授大家智能手机的基本知识、基本功能，大家跟着老师的节奏，拿出手机操作，相互讨论或举手提问，大家不仅学会了智能手机基本操作方法，还学会了微信交友加群等各种娱乐休闲方式，以及智能出行、预约就医、生活缴费等公共服务基本应用的操作方法，让老年人享受到方便快捷的信息化服务。（罗　娟）

【党史知识竞赛活动】 2021年7月23日，马坡岭街道举办庆祝中国共产党成立100周年党史知识竞赛。街道机关各村、社区及“两新”党组织100余人参加知识竞赛，答题形式多样，选择题、填空题、简答题等包含其中，答题内容既有党史知识，又融入习近平总书记在庆祝中国共产党成立100周年大会上的重要讲话精神。8支代表队通过激烈抢答，最终“两新”党组织大田物业党支部代表队获得该次竞赛冠军。

（罗　娟）

东湖街道

【概况】 2021年，东湖街道位于芙蓉区东南部，东与长沙县连接，南临浏阳河与雨花区相望，西与东岸街道相接，北隔远大一路与马坡岭街道相邻。下辖东湖村1个行政村和东沙、龙马、韶光、滨湖、姚托湾、合平新村6个社区。区域面积9.9平方千米。常住人口6.45万人，户籍人口2.84万人，家庭户9606户。年内，街道围绕“种业总部基地、休闲文化乐土、宜居生态家园”的发展定位，聚神党建引领，聚效项目建设，聚焦民生实事，攻坚克难，锐意进取，统筹落实区委、区政府各项决策部署，经济社会发展呈现良好态势。龙马社区党支部及辖区单位湖南省农业科学院党委双双被评为“全国先进基层党组织”。

（田　甜）

【街域发展】 2021年，街道实现规模以上工业总产值1.14亿元，比2020年增长126.28%。完成限额以上商贸业社会消费品零售额9.99亿元，比2020年增长13.04%；限额以上批发企业商品销售额1.34亿元，比2020年增长38.56%。完成全社会固定资产投资18.63亿元，比2020年增长0.4%。完成税收1741万元。大王岭教师新村星都汇房地产项目建设有序推进，成功签约“五头牛”大学生创新创业基地企业孵化平台及丽呈酒店；东湖公园、自贸大厦及配套道路工程等重点项目建设按计划推动实施。（田　甜）

【城市管理】 2021年，东湖村“城中村”改造项目应拆除村民合法主体房屋签约340栋562户，完成率98.6%，应拆除村、组集体合法房屋和土地庙完成率100%；东湖渔场村城改项目27栋房屋、2万余平方米临时建筑物拆除工作全部完成；合平路项目已进入扫尾阶段；远大路项目于2021年11月1日发布征地公告，正处入户丈量、资料收集阶段。处置黄土裸露案件96起，覆盖防尘网、播撒草籽复绿48万余平方米；全年关停清退“散乱污”企业13家，涉污企业均按要求整改到位；组织开展大汉建材板材室外堆放专项整治行动，清理暂扣室外堆放木材、板材48车次。以湖南省农科院、湖南农大闲置地块为重点，开展市容环境整治及拆违工作，清运垃圾堆物500余车次；清理、取缔违规菜地30余处；拆除、吊离各类违规亭棚、窝棚69处；拆除农科院水稻所片区历史违建15处，面积7262平方米；拆除老旧房屋2处，面积210平方米。

（田　甜）

【社会事业】 2021年，街道落实疫情防控重点人员数据日报制，全年排查通管大数据7863人，管控入境及中高风险入湘、密接及次密接人员6098人。开展核酸检测9.69万人次，接种新冠疫苗15.02万剂次，相关工作经验被湖南卫视、湖南经视等主流媒体宣传报道。稳步推进平安创建、扫黑除恶工作，开展反电信诈骗宣传，引导辖区居民、高校师生4万余人下载注册并使用“国家反诈中心”App。全年开展消防安全排查300余次；开展安全生产联合督查60次，排查整改主要安全隐患134处，查办案件20起。成功定向爆破拆除2处废旧水塔，联合执法部门取缔1处违规储藏经营液化气站点，收缴非法储存油漆约1.6吨。组织开展“西式面点师”“育婴师”等五类十二期技能培训，共培训失地农民、失业（无业）人员、高校毕业生442人，以工代训补贴金额146万元，发放小额创业贷款20万元，全年新增城镇就业人数449人。提升市场主体登记便利化程度，2021年市场主体总量4489家，比2020年增长10%。全街低保对象63户90人，发放城市居民低保金70万元，医疗救助金5.97万元，城市低保实现应保尽保。发放特别扶助家庭补助金46.96万元，独生子女保健费4.49万元，特扶医疗补助3.9万元，特扶老年人护理补贴7.2万元。龙马社区、东沙社区创长沙市AAA级社区居家养老服务中心。

（田　甜）

【区域党建】 2021年，街道党工委直属党组织27个，其中社区（村）党委1个、党总支2个、党支部14个，“两新”组织党支部9个，街道机关党支部1个；直管党员792人，新发展党员13人。发挥“东湖夜话”平台功能，联合驻街单位，用听得懂、记得住、传得开、接地气的方式，让百年党史的智慧力量与“种业硅谷”建设、企业发展、社会治理“同频共振”。打造龙马社区可视化党建阵地，接待上级领导视察观摩23次。以“芙蓉先锋共同体”为指引平台，完善党建联席会议，推进“街道吹哨，部门报道”工作机制，建立在职党员进社区积分制，实现组织共建、服务共担、党员共管。完善大工委兼职委员制度，采取“高职低兼”的办法，聘请驻街单位党组织成员兼职委员，成立街道“大工委”；推进共驻共建，促成驻街院校选派一名干部到社区兼职。

（田　甜）

【社区（村）建设】 2021年，龙马社区以区域党建为核心引领社区治理“大合唱”，发挥党建联盟优势，通过“东湖夜话”平台推动解决农贸市场改造、老旧小区加装电梯、喇叭口改造、危房改造等民生问题8个，相关工作经验被新华社、《光明日报》、《湖南日报》等多家媒体报道。东沙社区联合湖南农业大学共同打造少数民族服务站——沙“农”汇，接待中央统战部、省委统战部考察并获得肯定；以中国共产党成立100周年为契机，打造姚托党支部历史陈列馆，激发社区红色力量；社区被评为湖南省最充分就业社区。韶光社区着力打造“美在金秋”老党员之家市级示范阵地，创新丰富社区老党员活动，社区离退休支部被评为湖南省示范离退休干部支部。东湖村做好村民回迁安置工作，开展“百日奋战”攻坚拆迁扫尾。2021年，东湖村被评为2020届省级文明村，村书记罗树强被评为省级优秀党务工作者。滨湖社区深入推动“一门式”服务上台阶，利用基层网格将服务送到群众家门口，被评为湖南省最充分就业社区及市级“五型”社区。（田　甜）

【老旧小区危房改造政策宣讲会】 2021年1月13日，龙马社区举办“东湖夜话”系列活动之“老旧小区危房改造”政策宣讲会，邀请芙蓉区职能部门、驻区单位、东湖街道城管办等部门工作人员，居民代表以及长沙市张公岭建筑公司负责人等40余人参会。针对居民对老旧小区危房改造的种种顾虑和疑问，受邀而来的相关职能部门和驻区单位负责人一一进行解答。芙蓉区城市人居环境局工作人员详细阐述危房改造的指导思想和实施方法，对居民心中最关心的危房改造奖补政策进行解读。会后，龙马社区再次对辖区内的危房进行摸排，共115户。

（田　甜）

【“院士专家”共话自贸试验区】 2021年1月8日，芙蓉区60余名院士专家、政企人士齐聚东湖街道东沙剧场，以“东湖夜话”形式，共探具有芙蓉特色的自贸试验区新模式。中国工程院院士官春云、刘仲华，长沙市委宣传部副县职干部刘菊娥，芙蓉区委副书记、党校校

2021 年 1 月 8 日，“东湖夜话”系列活动之院士专家团共话自贸试验区活动现场（东湖街道 供图）

长蒋红波以及东湖街道辖区院校单位负责人、企业代表参加座谈。大家就长沙如何生动诠释中共十九届五中全会精神，如何迅速贯彻落实全省“三高四新”战略目标，如何抢抓自贸试验区机遇，如何在“危机中育新机、变局中开新局”展开交流。会上，袁隆平、印遇龙院士的视频寄语振奋人心。省市领导专家现场解读了自贸试验区有关政策；科研院所结合单位农业种业优势资源，指出要立足芙蓉片区打造“现代农业科技创新引领区”；湖南农大负责人提出，要结合学校开展中非农业发展与合作，打造“中非经贸深度合作示范区”。与会人员还为自贸试验区长沙芙蓉片区如何乘风而上、借势而行献计献策。

（田 甜）

【追忆袁隆平院士主题活动】 2021 年 6 月 2 日，滨湖社区联合湖南生物机电职业技术学院、同行者社工在东湖街道滨湖社区新时代文明实践站开展“追忆杂交水稻之父袁隆平以“‘种子精神’逐梦前行”主题活动。活动采取观看视频和讲述相结合的方式进行。宣讲现场，湖南生物机电职业技术学院思想政治理论课部主任黄芳生动讲述袁隆平院士“一生择一事，一事终一生”的奋斗追梦故事。师生代表 50 余人认真听取了袁隆平院士的先进事迹。活动在袁隆平院士填词的歌曲《我有一个梦》中结束。（田 甜）

【龙马社区党支部被评为全国先进基层党组织】 2021 年 6 月 28 日，在全国“两优一先”表彰大会上，东湖街道龙马社区党支部荣获“全国先进基层党组织”荣誉。龙马社区成立于 2005 年 12 月，面积 4.3 平方千米，常住人口 7251 人，流动人口 2643 人，有 12 个网格片区，主要服务于中科院亚热带农业生态研究所、湖南省农业科学院等 4 个省级及省级以上驻区单位，属于典型的农业科研单位型社区。“杂交水稻之父”袁隆平曾工作生活在此。社区还有生猪饲养院士印遇龙、辣椒院士邹学校、杂草防控院士柏连阳、食品工程院士单杨 4 位院士，农业科研型人才众多，被称为“院士之家”。龙马社区党支部成立于 2005 年 12 月，有党员 49 名，分设 3 个党小组。党支部贯彻落实市委、区委“党建聚合力”工程工作要求，整合党建资源，激活“芙蓉先锋共

2021 年 6 月 2 日，东湖街道滨湖社区“追忆杂交水稻之父袁隆平以‘种子精神’逐梦前行”主题活动现场（东湖街道 供图）

2021 年 7 月 7 日，江苏省党支部书记学院一行到东沙社区姚托党支部历史陈列馆参观　　（东湖街道　供图）

同体”成员单位力量，以区域化党建引领基层治理，与驻区单位建立资源清单、需求清单、共建清单，实施“群众点单、支部制单、共同体成员接单、群众评单”的服务模式，实现组织共建、服务共担、党员共管。搭建“东湖夜话”平台，畅通意见收集、诉求表达渠道，推行公开透明的开放式决策，解决一系列民生问题，赢得居民信任。至 2021 年年底，召开“东湖夜话”62 次，吸纳民意 500 余条，解决停车位建设、文化广场建设等民生问题260余个。社区在共建共治共享上取得了显著成果，形成社区、单位、党员、居民群众“一家人”“一盘棋”“一条心”的和谐局面，被评为全国科普示范社区、湖南省级和谐社区、湖南省两型示范社区等。（田　甜）

【东沙社区新建姚托党支部历史陈列馆】　2021 年 7 月 6 日，姚托党支部历史陈列馆开馆，该馆位于芙蓉区东湖街道东沙社区一楼。展馆面积 160 平方米，分为“星火 · 燎原之势”“击水·浪遏飞舟”“担当·中流砥柱”“迎解 · 红旗漫卷”“坚守 · 初心不忘”五大主题展区，主要反映辛亥革命至湖南和平解放这段时间内姚托党支部成立与发展的历史背景，记录“潭阳洲战役”“支援红军”“守卫电台”等革命历史事件，讲述姚托支部成立前后以孔福生为代表的老一辈革命先驱的故事。通过使用声、光、电、多媒体、场景复原等现代展陈手段，立体呈现烽火岁月中的“姚托记忆”，让参观者重温记忆的同时，学习、传承革命精神，增强自身的历史责任感与使命感。2021 年，展馆接待领导视察 20 余次，接待党员、居民群众 2000 余人次。姚托党支部历史陈列馆的建成，既是落实习近平总书记在庆祝中国共产党成立 100 周年大会上的重要讲话精神的一项具体举措，也是以历史记忆来传承革命“初心”，激发广大党员干部干事创业的热情。（田　甜）

【青少年皮划艇志愿巡河活动】　2021 年 7 月 16 日，东沙社区新时代文明实践站组织辖区青少年开展“保护母亲河 青年志愿者在行动”皮划艇志愿巡河活动。在巡河行动开始前，湖南农业大学教职工，皮划艇协会会长周晓明给参与者讲解巡河规则、皮划艇操作方法以及最关键的应急救援知识。在熟悉相关

2021 年 7 月 16 日，东沙社区开展“保护母亲河 青年志愿者在行动”皮划艇志愿巡河活动　　（东湖街道　供图）

注意事项后，大家分组穿上救生衣，乘坐皮划艇开始巡河。东湖街道东沙社区皮划艇义务巡河志愿队于2018年成立，已成为东湖街道河长制的一项特色举措。巡河期间，志愿者沿河向居民宣传河道保护知识，并对沿途环境不佳的区域进行拍照，巡河结束后递交给专业人士进行处理。（田 甜）

【韶光社区打造长沙市“美在金秋”老党员之家示范点】 2021年11月30日，韶光社区被评为长沙市优秀“美在金秋”老党员之家示范点。2020年11月，韶光社区筹措资金48万余元，在原韶光微电子厂文化广场基础上打造“美在金秋”老党员之家文化阵地。该阵地总面积2560平方米，其中室外健身休闲场地2000余平方米，室内活动用房面积约560平方米。老党员之家是党组织联系老党员、凝聚老党员的重要阵地，集学习教育、志愿服务、展示风采、休闲活动等为一体，设置“金秋党旗红”“金秋志愿汇”“金秋幸福家”“金秋风采园”四大板块。社区依托“老党员之家”，推进基层党建，引导离退休党员在社区治理、志愿服务、政策宣传等活动中发挥积极作用，同时通过表彰宣传、树立典型、弘扬先进，激发离退休党员多元共治的热情，激励更多老党员不忘初心、牢记使命，永葆本色、继续前进。2021年，该阵地接待湖南省委老干部局调研指导2次，现场观摩学习4次。（田 甜）

·表45· 2021年芙蓉区全区土地面积统计表

街道名称	土地面积（平方千米）
文艺路	0.9492
朝　阳	1.3602
韭菜园	1.9874
五里牌	1.1121
火　星	1.7978
马王堆	3.9117
东屯渡	1.9395
湘　湖	2.1628
定王台	1.4829
荷花园	2.3304
东　岸	5.5853
马坡岭	8.2307
东　湖	9.9041
合　计	42.7541

（资料来源：区统计局）

·表 46· 2021 年芙蓉区街道（园、局）主要工业指标完成情况统计表

街道名称	单位	规模以上工业总产值	2021 年比 2020 年增长（%）
文艺路	万元	—	—
朝　阳	万元	—	—
韭菜园	万元	—	—
五里牌	万元	—	—
火　星	万元	3758	70.3
马王堆	万元	—	—
东屯渡	万元	—	—
湘　湖	万元	10917	7.7
定王台	万元	71746	100
荷花园	万元	—	—
东　岸	万元	20972	-29.1
马坡岭	万元	2199	10.9
东　湖	万元	11384	126.3
隆平园（不含高新）	万元	400855	1.7

（资料来源：区统计局）

·表 47· 2021 年芙蓉区街道（园、局）限额以上商贸业社会消费品零售总额完成情况统计表

街道名称	单位	2021 年	2021 年比 2020 年增长（%）
文艺路	万元	28185	29.5
朝　阳	万元	581569	8.9
韭菜园	万元	77338	-31.5
五里牌	万元	14793	27.2
火　星	万元	30182	26.5
马王堆	万元	26131	38.0
东屯渡	万元	17055	58.9
湘　湖	万元	46941	-24.6

·续表 47·

街道名称	单位	2021 年	2021 年比 2020 年增长（%）
定王台	万元	1434922	15.4
荷花园	万元	61738	21.9
东　岸	万元	8650	14.9
马坡岭	万元	9845	14.4
东　湖	万元	99921	13.0
隆平园	万元	225321	19.7

（资料来源：区统计局）

·表 48·　2021 年芙蓉区街道（园、局）全社会固定资产投资完成情况统计表

街道名称	单位	2021 年	2021 年比 2020 年增长（%）
文艺路	万元	401637	7.9
朝　阳	万元	165278	41.3
韭菜园	万元	99195	–46.5
五里牌	万元	184199	–28.7
火　星	万元	121749	8.4
马王堆	万元	392171	–15.4
东屯渡	万元	150706	15.9
湘　湖	万元	154589	11.3
定王台	万元	259718	–12.5
荷花园	万元	373331	316.5
东　岸	万元	597367	–0.2
马坡岭	万元	223513	–31.2
东　湖	万元	186283	0.4
隆平园	万元	538356	21.9

（资料来源：区统计局）

人物·荣誉

Personages & Honors

编辑　宾雪丰

人 物

【“中国工程院院士”柏连阳】 1967年12月2日出生，湖南祁阳人，博士研究生学历，教授，中共党员，现任湖南省农业科学院党委书记、副院长。柏连阳致力于杂草科学研究，是“杂草生物学及安全防控”湖南省重点实验室主任，农业农村部“农田杂草安全高效防控创新团队”带头人。柏连阳解析了种草抗草甘膦机理和成灾机制等科学问题，研发了系列多记标除草剂和植物源安全剂，研创了高活性低成本一次性化学除草、杂草抗药性监测治理绿色控草等关键技术，构建了农田杂草可持续治理技术体系。柏连阳获发明专利18件，在PNAS等国内外学术刊物发表论文等246篇，出版著作5部，以第一完成人获国家科学技术进步二等奖2项、省部科技奖励一等奖4项。2021年11月，柏连阳当选中国工程院院士。（黄立成）

【“中国工程院院士”单杨】 1963年2月出生，湖南攸县人，博士研究生学历，工学博士，研究员，中共党员，现任湖南省农业科学院党委副书记、院长。单杨主要从事柑橘等果蔬贮藏加工与综合利用基础理论关键技术研究和工程科技应用与推广，他创立了连续、清洁和标准化加工技术及基础研究，构建了资源高效高值综合利用技术及基础研究，创新开发了加工原料绿色购（冻）藏技术及配套设施。单杨是国家“万人计划”科技创新领军人才和农业农村部“科研杰出人才”，他以第一完成人获国家科技进步二等奖2项、中国工程院光华工程科技奖和湖南光召科技奖各1项、湖南省技术发明一等奖1项、湖南省科技进步一等奖2项。2021年11月，单杨当选中国工程院院士。（黄立成）

【“平安英雄”鲍习章】 1967年8月24日出生，湖南长沙人，中共党员，1989年12月参加公安工作，现任长沙市公安局芙蓉分局民警。2021年7月，鲍习章被中央政法委授予“平安英雄”称号。

（莫有胜）

【“全国优秀共青团干部”龙小佳】 女，1983年11月出生，湖南长沙人，中共党员，研究生学历。湖南省、长沙市青联委员，湖南省、长沙市少先队名师工作室带头人，长沙共青团青年讲师团宣讲员，长沙市名团干专家库成员，现任长沙市芙蓉区教育局团委书记兼少先队总辅导员。2021年4月，被共青团中央授予“全国优秀少先队共青团干部”称号。（丁 玲）

【“全国技术能手”陈丁】 1984年9月28日出生，湖南省浏阳市淳口镇人，中专学历，群众，现在湖南感恩信息科技有限公司从事网络运维，高级工程师。2021年7月，由人力资源和社会保障部授于“全国技术能手”称号；8月，获得国家邮电通信人才交流中心颁发的装配式高级工程师证书。（李 妍）

【“全国人力资源社会保障系统优质服务先进个人”李勇】 1976年10月出生，大学本科学历，中共党员，现任芙蓉区劳动人事争议仲裁院院长。2021年8月，被湖南省人力资源和社会保障厅评为首届“最美仲裁员”。12月，被人力资源和社会保障部授予“全国人力资源社会保障系统优质服务先进个人”称号。

（李 勇）

2021年12月，湖南省人力资源和社会保障厅党组书记、厅长唐白玉（左）代表人社部向区劳动人事争议仲裁院院长李勇（右）颁发“全国人力资源社会保障系统优质服务先进个人”证书

（区劳动人事争议仲裁院 供图）

【“全国维护妇女儿童权益先进个人”杨陶如】 女，1975年5月出生，湖南长沙人，中共党员，毕业于湖南师范大学，现任长沙市杨陶如家庭成长关爱中心主任、儿童文学大本营总编辑、爱至初生命赋能性教育创始人、国家心理咨询师、中国性学会家庭性教育委员、湖南省作家协会会员、湖南省婚姻家庭教育研究

学会理事、湖南省儿童权益直通车性教育讲师培训导师、湖南省第十三次妇女代表大会代表，中国人民政治协商会议长沙市芙蓉区第六届委员。2021年5月，被长沙市妇联授予“长沙市最美执委”称号；12月，被全国妇联授予的“全国维护妇女儿童权益先进个人”称号。（周 偲）

【“中国好人”彭友良】 1978年11月出生，湖南宁乡县人，中共党员，长沙市出租汽车有限公司“蓝的雷锋车队”的士司机。2021年被评为“中国好人”。

（李 玲）

【“湖南省优秀共产党员”“长沙好人·身边雷锋”“湖南好人”“‘中国网事·感动2021’十大年度人物”刘朝辉】 女，1968年8月出生，湖南省汨罗市人，中共党员，湖南省委党校研究生学历，现任芙蓉区荷花园街道政协联络处主任兼恒达社区党委第一书记。2021年6月，刘朝辉被评为“湖南省优秀共产党员”，8月，被评为敬业奉献“长沙好人·身边雷锋”，11月，被评为“敬业奉献湖南好人”，12月，被评为“‘中国网事·感动2021’十大年度人物”。（邓 敏）

【“湖南省优秀共青团员”丁楠】 1995年9月12日出生，湖南省隆回县人，共青团员，大学本科，现任长沙市芙蓉区人民检察院第二检察部五级检察官助理。2021年5月，被共青团湖南省委评为“湖南省优秀共青团员”。（丁 玲）

【“孝老爱亲湖南好人”罗桂华】 女，1974年出生，高中文化，党员，芙蓉区定王台街道金沙里社区居民。2021年，罗桂华被评为“孝老爱亲湖南好人”。

（李 玲）

【“诚实守信湖南好人”张永平】 1998年4月出生，高中学历，群众，芙蓉区君庭会饭店厨师。2021年5月，被评为“诚实守信湖南好人”。（李 玲）

【“敬业奉献湖南好人”沈振武】 1970年8月出生，高中学历，中共党员，芙蓉区朝阳街道办事处人民调解员。2021年被评为“敬业奉献湖南好人”。

（李 玲）

【“敬业奉献湖南好人”黄军】 1974年12月出生，大专学历，中共党员，湖南省农科院后勤服务中心职工。2021年9月被评为“敬业奉献湖南好人”。

（李 玲）

【“见义勇为湖南好人”张毅斌】 1980年3月出生，湖南长沙人，高中学历，中共党员。芙蓉区马坡岭街道张公岭村村民。2021年2月，被评为“见义勇为湖南好人”。（李 玲）

先进集体

全国先进集体（部分）

2021年中国幸福百强区
长沙市芙蓉区排名全国第十八位、中部第二位、全省第一位

第七次全国人口普查先进集体
长沙市芙蓉区统计局

2021年度全国检察宣传先进单位
长沙市芙蓉区检察院

教育部网络学习空间应用普及活动优秀区域
长沙市芙蓉区教育局

全国先进基层党组织
长沙市芙蓉区东湖街道龙马社区

全国五四红旗团支部
长沙市芙蓉区荷花园街道德政园社区

全国示范性老年友好型社区
长沙市芙蓉区韭菜园街道蓉园社区

全国民族团结进步示范社区
长沙市芙蓉区韭菜园街道军区社区

全国最美志愿服务社区
长沙市芙蓉区荷花园街道杨家山社区

国家优质工程奖
长沙市芙蓉区浏阳河人行景观桥（汉桥）

湖南省先进集体（部分）

湖南省平安县市区
长沙市芙蓉区

2021 年度湖南省平安校园建设示范区
长沙市芙蓉区

湖南省安全生产和消防工作先进区县
长沙市芙蓉区

湖南省安全生产和消防工作优秀单位
长沙市芙蓉区应急管理局

2021 年度全省五化民政建设先进单位
长沙市芙蓉区民政局

湖南省文明窗口单位
长沙火车站地区综合管理办公室

湖南省安全生产示范街道
长沙市芙蓉区五里牌街道

湖南省先进基层党组织
长沙市芙蓉区定王台街道走马楼社区

湖南省文明社区（小区）
长沙市芙蓉区定王台街道走马楼社区

湖南省示范性青年之家
长沙市芙蓉区马王堆街道滩头坪社区

2021 年湖南省政府真抓实干奖
长沙市芙蓉区城市人居环境局

2021 年度湖南省政府真抓实干督查激励奖
长沙市芙蓉区住房和建设局

长沙市先进集体（部分）

长沙市先进基层党组织
长沙市芙蓉区财政局

长沙市爱国拥军模范单位
长沙市芙蓉区退役军人事务局
长沙市芙蓉区韭菜园街道

长沙市文明标兵单位
中共长沙市芙蓉区委政法委员会
中共长沙市芙蓉区委统一战线工作部
长沙市芙蓉区金融事务中心
长沙市芙蓉区东湖街道办事处
长沙市芙蓉区统计局

长沙市文明单位
长沙市芙蓉区妇女联合会
长沙市芙蓉区园林绿化维护中心
长沙市芙蓉区公共工程建设中心
长沙市芙蓉区医疗保障局
长沙市芙蓉区发展和改革局
长沙市芙蓉区城市人居环境局
长沙市芙蓉区退役军人事务局

长沙市最美志愿服务社区
长沙市荷花园街道东方新城社区

长沙市文明社区（小区）
长沙市芙蓉区文艺路街道南元宫社区
长沙市芙蓉区东屯渡街道金科社区
长沙市芙蓉区东湖街道姚托湾社区
长沙市芙蓉区马坡岭街道东站社区

长沙市文明标兵校园
长沙市湘一芙蓉第二中学
长沙市芙蓉区育才第二小学

长沙市文明校园
长沙市芙蓉区东风小学
长沙市芙蓉区育才东屯小学
长沙市芙蓉区大同第三小学
长沙市一中双语实验学校

（年鉴编辑部）

重要文献

Important References

编辑　苏　洁

在区委六届四次全体（扩大）会议暨区委经济工作会议上的讲话

区委书记　周春晖

（2021 年 12 月 28 日）

同志们：

这次会议的主要任务是，认真贯彻中央经济工作会议精神，全面落实省、市党代会精神和省委、市委经济工作会议精神，总结回顾 2021 年工作，分析研判当前形势，安排部署 2022 年工作。下面，我受区委常委会委托，向全会报告工作，并就做好明年经济工作讲几点意见。

一、真抓实干、攻坚克难，实现了“十四五”精彩开局

2021 年以来，区委常委会坚持以习近平新时代中国特色社会主义思想为指导，深入学习贯彻中共十九届六中全会精神和习近平总书记考察湖南重要讲话精神，认真贯彻省、市党代会决策部署，立足新发展阶段，贯彻新发展理念，融入新发展格局，全面落实“三高四新”战略定位和使命任务，知难而进、迎难而上、克难奋进，迈出了奋力打造现代化新长沙建设标杆区的坚实步伐。区委常委会总揽全局、协调各方，在统筹推进各项工作的同时，科学谋划了一些大事要事、攻坚突破了一些急事难事、合力办成了一些好事实事：一是基层党建取得新突破。时隔 15 年，我区基层党组织再次获评“全国先进基层党组织”荣誉称号，以优异成绩庆祝建党一百周年。二是集中换届换出新风气。圆满完成各项选举任务，满票率比上届提高 33 个百分点，区“四大家”领导班子成员全部满票当选，换届工作实现零信访、零举报、零事故、零舆情，全区上下心齐气顺、风清气正、神清气爽。三是种业硅谷实现新进展。成功举办中国·长沙岳麓种业峰会，国家耐盐碱水稻技术创新中心获批“破零”，岳麓山国家实验室建设方案即将获批，种业硅谷影响力持续扩大。四是服务保障更上新台阶。以首善之区的责任和担当，精准精细地抓好了省委、驻区单位的服务保障，服务保障省党代会工作得到了省委、市委主要领导的高度肯定。五是对外开放提到新水平。以自贸区芙蓉区块为平台，举办中非经贸国际标准化论坛，与马里、马达加斯加共设离岸（中国）产业与创新交流中心，朋友圈越来越大、国际范越来越足。六是干部作风呈现新面貌。坚持“干就看得见，不干就看不见”的鲜明用人导向，创新考核方式，以季度考核、揭榜攻坚等创新举措为抓手，提振了真抓实干、攻坚克难、创先争优、担当作为的“精气神”。

一年来，区委常委会团结带领全区上下抬高坐标、创新实干，较好完成各项工作任务。主要体现在以下几个方面：

（一）坚持学思践悟，推动学习贯彻习近平新时代中国特色社会主义思想走深走实。坚持“第一议题”学习制度，紧扣习近平新时代中国特色社会主义思想和总书记重要指示批示精神，召开区委常委会 37 次，组织区委理论学习中心组集中学习、主题党日活动 56 次，组织宣讲报告会、理论微宣讲等 1000 余场次，推动中共十九届六中全会、“七一”重要讲话精神在芙蓉落地生根，开花结果，不断增强“四个意识”、坚定“四个自信”、做到“两个维护”。

（二）坚持从严治党，营造风清气正的政治生态。持续深化党史学习教育，扎实开展“我为群众办实事”实践活动，累计办成各类实事 2900 余件。推进基层组织建设，大力发展城市区域化党建，建成楼宇商圈党群服务中心（站）28 个，楼宇党建工作获省委副书记朱国贤批示；“芙蓉先锋共同体”成员单位达到 108 家，融合发展力量不断增强。高标准、严要求抓实省委巡视反馈问题整改，基本实现销号清零；紧盯上级重大决策

部署，创新开展“一月一主题”、“1+N”模式全员监督，持续纠治“四风”问题，深入开展以案促改，扎实推进优化营商环境专项巡察。

（三）坚持稳中求进，实现经济发展平稳运行。党对经济工作的领导全面加强。定期召开区委常委会会议、区委财经委会议、经济形势分析会、经济工作专题调度会分析研判经济形势，把中央和省委、市委决策部署落实到经济工作各方面。常态化实施拉练点评、现场观摩、调度服务、领导联点等机制，紧紧围绕“三十支撑”“四经业态”“五区建设”，统筹推进疫情防控和经济社会发展，全区经济社会发展保持稳中有进、稳中向好态势。预计全区地区生产总值增长8.0%以上（同比，下同），三产增加值增长9.0%以上，地方一般公共预算收入增长−9.7%（剔除限售股增长4.4%，其中税收增长10.4%），工业增加值增长4.0%以上，固定资产投资增长6.0%以上，社零总额增长15.0%以上，城镇居民人均可支配收入增长8.0%以上；市场主体新增2.3万户，其中企业1.3万户，比2020年增长44.7%；新增四上企业170余家。“四经”业态持续向好。楼宇经济提质增效，新培育税收过亿元楼宇4栋，税收过十亿元楼宇有望破零。总部经济加快发展，隆平高科、湖南苏宁易购2家企业进入长沙市总部企业首批认定名单。数字经济稳步壮大，软件业“一园四区”聚力蓄能，预计全年规上软件企业达28家，实现营业收入18亿元，金天鹅、盛鼎等软件企业获评省级名品。消费经济持续繁荣，中部地区首家柏悦酒店、湖南首家苹果直营店先后落户，中国黄金街隆重开街，国金中心营收超90亿元，五一商圈获评第一批国家级夜间文化和旅游消费聚集区。“五区”建设全面铺开。隆平片区高效起步，启动片区“多规合一”设计，全面铺排了东湖湿地公园等一批基础设施项目，全力支持服务岳麓山实验室首开区建设。中央商务区跃上台阶，敬天广场西塔楼顺利封顶，佳兆业广场实现试营业，东亚银行、天健会计事务所、启元律师事务所等区域总部企业相继落户，新引进怡亚通等重点项目19个、“三类500强”项目6个。中央文化区华丽绽放，友谊东地块实现摘牌，人民新村戏剧街、书香文化艺术街、数字创意街项目立项，省演艺集团、省交响乐团等10余家知名品牌入驻。隆平园区提质增速，岳麓山种业创新中心初步完成“2+8”研发体系构建，新增国家级平台4个；引进正邦集团湖南总部、中信种业硅谷商业中心等三类500强项目2家、种业龙头企业10家、种业产业链企业292家，实现种业产值44.3亿元。自贸片区活力迸发，坚持以制度改革充分释放发展活力，4个案例被纳入“长沙片区改革实践案例汇编”；芙蓉标准化小镇成功引进英国标协、欧格认证等51家企业（机构）；累计新注册企业372家，新增内资企业注册资本64.11亿元。

（四）坚持品质立区，打造城市品质集中展示区。城市建设有力有序。火车站广场片区、马浏片区、蔡锷中路两厢等城市更新项目全面完成，湘雅二医院片区城市更新高效完成。完成老旧小区改造项目17个、棚户区改造295户、危房改造42栋，城中村改造全面清零。城市管理精细精美。集中连片推进省委周边、五一商圈等重点区域综合整治，五一路、营盘路等12条道路空间品质提升有序实施，全面推动常态化、精细化、长效化管理，预计城市管理综合考核全市排名第一。圆满完成配合第二轮中央生态环保督察各项工作，空气优良率稳定在80%以上，浏阳河芙蓉段出境断面（黑石渡）年均水质稳定保持Ⅲ类标准。城市服务温心温馨。持续推进“五位”建设，“一校四园”顺利开学，新增学位2430个，“体教融合”工作经验得到孙春兰副总理肯定批示；紧密型医联体建设深入推进；新建4家街道综合养老服务中心和8家社区养老服务中心，新增养老床位502张；新改建停车场17个，新增停车位8272个；新建公厕5座，新增厕位35个；加装电梯200部，率先全市完成既有住宅加装电梯任务，召开全省现场观摩会，工作经验获全省推介。大力开展“八大慈善救助”“五帮扶”，社会救助水平居全省首位，以中部第二、全省第一入选2021中国幸福百强区。城市运行安全安定。毫不松懈抓好常态化疫情防控、市民服务热线、安全生产、防汛防涝、信访维稳等工作，“12345”市民政务热线满意率达到99.1%以上，排名十区县第一；各类信访件次，同比下降15.72%，综合成效内五区第一；全区安全生产形势持续向好，获评全省安全生产和消防工作考核先进单位；持续保持全省“平安县市区”荣誉称号，有力维护了政治安全、社会安定、人民安宁、网络安靖的良好局面。

（五）坚持守正创新，持续加强意识形态工作。用心用情讲好芙蓉故事，统筹抓好中共十九届六中全会、“七一”重要讲话和省、市、区党代会精神的宣传贯彻落实，坚持“头条见、头部见、天天见”，在中央主流媒体刊发重要宣传报道140余篇，《芙蓉相对论》获市委主要领导肯定。牢牢掌握意识形态工作领导权，坚持“书记抓、抓书记”，将意识形态工作纳入底线工作考核。深入推进新时代文明实践工作，推评中国好人1人、湖南好人6人、长沙好人6人，文明创建成果持续巩固。公共文化供给不断完善，区文体中心启动试运营，文化馆获评国家一级馆，30余家文体活动中心场馆建成开放。文化产业进势喜人，袁家岭中央文化区、浏阳河文旅产业带重大项目有序推进，文化产业经济贡献率位列全市第一梯队，规上文化企业数量居全市前列。

（六）坚持党的领导，有效提升民主法治水平。支持和保障区人大及其常委会依法行使决定权、监督权和任免权，支持区政协更好履行政治协商、民主监督、参政议政职能。深入推进“同心创建”等系列活动，积极做好民族宗教、港澳台海外代表人士和新的社会阶层人士等工作，不断扩大团结面、凝聚正能量。工会、共青团、妇联、侨联、科协、红十字会工作实现新突破；关心下一代、档案、史志等工作取得新进展。坚持党管武装制度，严格落实议军会、军地双向兼职、党工委书记武装述职等工作要求，军民融合深度发展。全面推进法治芙蓉建设，系统推进政法队伍教育整顿，长效推进扫黑除恶，努力让人民群众在每一个司法案件中都能感受到公平正义。全年审查备案规范性文件19件，各类文件、合同300份，做到政府文件法律审查全覆盖，重大事项法律参与不遗漏。加大普法宣传力度，编制普法“责任清单”，开展《中华人民共和国宪法》《中华人民共和国监察法》《中华人民共和国民法典》及专业性法治宣传活动366场次。

看到成绩的同时，我们也要清醒认识到面临的困难和问题。需求收缩、供给冲击、预期转弱三重压力和疫情不确定性对经济社会发展带来的不稳定性因素依旧存在；纳入省市重点项目库的项目偏少，新的经济增长点不多，构建现代产业体系任重道远；城区一些基础设施老化，综合城市功能的现代化水平不高，城市管理标准不够高，与现代化新长沙建设标杆区的发展目标仍有差距；一些干部作风疲沓、不思进取，工作推诿、庸懒散拖，不作为、慢作为问题部分存在。对于这些问题，我们要高度重视，既要正视困难、又要坚定信心，认真加以研究解决。

二、坚定信心、保持定力，准确把握2022年经济工作的总体要求

2022年是党的二十大召开之年，也是落实省、市、区党代会精神开局之年，做好经济工作意义重大、责任重大，必须科学把握形势，坚定发展信心。从宏观环境看。在世纪疫情冲击下，百年变局加速演进，全球产业链供应链加速重构，贸易活力持续削弱，主要经济体增速放缓，世界经济不稳定、不确定、不平衡的特点突出，外部环境“变”的态势更趋复杂严峻，但我国经济长期稳定向好的基本面没有改变。从重大机遇看。一方面，中央经济工作会议提出七大政策，在新增地方政府专项债、科技型中小企业研发费用加计扣除、制造业增值税留抵退税等方面力度较大，并适度超前开展基础设施投资，将在强化对中小微企业、制造业、风险化解等支持力度方面出台系列极具“含金量”的重大政策，新一轮政策窗口期已经到来。另一方面，省十二次党代会首次提出“强省会”战略，体现省委意志，成为全省共识，下一步肯定会为长沙高质量发展凝聚各方面共识、出台一系列措施、形成强有力保障。市十四次党代会作出了打造“三个高地”、建设“四个中心”、实施“双五”工程等一系列战略部署，极大提振了广大干部群众的精气神。这对于芙蓉区是不可多得的历史机遇，我们要科学把握战略机遇、积极抢抓发展机遇、主动争取政策机遇，为来年经济发展注入强大动力活力。从自身态势看。近年来，特别是2021年来，通过坚持产业兴区，把“空间有限、产业无限”作为永恒追求，持续推动产业转型升级，现代服务业已成为支柱性产业，“6+1”产业体系构建成效明显，种业硅谷影响力、辐射力持续扩大，为进一步推动高质量发展打下了坚实有力的产业基础。通过突出做优环境，不断优化服务措施，打造“省钱、省心、省力、省时”最省营商环境，“不叫不到、随叫随到、说到做到、服务周到”的做法深入人心，形成了更具活力的营商环境。通过注重实干推动，创新月讲评、季拉练、年考核和揭榜攻坚等举措，干事氛围越来越浓，工作合力越来越强，形成了高度统一的发展共识。

明年工作的总体要求是：以习近平新时代中国特色社会主义思想为指导，全面贯彻党的十九大和十九届历次全会精神、中央经济工作会议精神，深入落实习近平总书记对湖南重要讲话重要指示批示精神，全面落实省第十二次党代会精神、省委经济工作会议精神、市第十四次党代会精神、市委经济工作会议精神和区第六次党代会部署要求，弘扬伟大建党精神，坚持稳字当头、稳中求进，完整、准确、全面贯彻新发展理念，服务和融入新发展格局，全面落实“三高四新”战略定位和使命任务，纵深推进强省会战略，统筹疫情防控和经济社会发展，统筹发展和安全，继续做好“六稳”“六保”工作，持续改善民生，保持经济运行在合理区间，保持

社会大局稳定，以优异成绩迎接党的二十大胜利召开。

区委考虑，明年全区地区生产总值增长8.0%以上，规模工业增加值增长5.0%，固定资产投资增长8.0%以上，社会消费品零售总额增长12.0%，地方一般公共预算收入增长8.0%，城镇居民人均可支配收入比2020年增长8.0%。

区委把明年全区地区生产总值增长确定为8.0%以上，主要考虑：一是担当标杆区责任。全省地区生产总值增长目标定为6.5%以上，全市增长目标定为7.5%以上，芙蓉要打造现代化新长沙建设标杆区，地区生产总值指标应略高于全省、全市水平，尽量为全市经济发展多作贡献。二是保持连续稳定增长。全区7.5%以上的目标，符合多年来我区经济增速高于全国、全省、全市增长水平的实际。三是衔接中长期目标。综合考虑强省会战略、“十四五”规划和省、市、区党代会确定的目标，“十四五”期间需年均增长8.0%以上。其他相关指标，在具体执行中要进一步抬高坐标、拉升标杆，争取更好结果。

三、创新实干、担当作为，在强省会战略实践中奋力打造现代化新长沙建设标杆区

深刻领会党中央和省委、市委对明年经济工作的部署，围绕纵深推进强省会战略，抓实抓细各项任务的落实落地。

（一）坚定一个目标。即打造现代化新长沙建设标杆区。努力在楼宇经济、宜居品质、种业硅谷、社会治理、党建引领五个方面打造标杆，全面推动各项事业迈上新台阶，以一地一域风采为全局全域增光添彩。

（二）依托两个牵引。坚持以高质量党建引领高质量发展，以强省会战略支撑高质量发展。一是深入实施“党建聚合力”工程。全面推进党的建设新的伟大工程，以高质量党建引领高质量发展。强化政治领导力。始终把党的政治建设摆在首位，忠诚捍卫“两个确立”，做到“两个维护”，确保全区上下一个方向、一个声音、一个步调。强化思想引领力。持续巩固党史学习教育活动成果，严格落实意识形态工作责任制，壮大主流舆论，讲好芙蓉故事，凝聚芙蓉力量。强化基层组织力。全面提升党支部建设水平，引导广大党员模范带头，充分发挥好基层党组织战斗堡垒作用和党员先锋模范作用。持续优化芙蓉先锋共同体、“两新”党建、红色先锋物业、楼宇党群服务中心等党建载体，凝聚各方共识，汇聚发展合力。强化社会凝聚力。坚持以党建引领基层社会治理，做好疫情防控、安全生产、信访维稳等底线工作，用心用情用力解决群众关心的“五位”问题。强化队伍向心力。进一步完善月讲评、季拉练、年考核和揭榜攻坚等创新性举措，全面提振干部干事创业精气神。强化自我净化力。严明政治纪律和政治规矩，坚持自我革命，持续推进政治巡察，大力整治群众身边的腐败问题，营造风清气正的政治生态。二是深入实施“强省会”战略。把握重大历史机遇，紧紧围绕“五强”，以强城区助力强省会。强功能。牢牢把握自身定位，持续强化服务保障功能、城市品质展示功能、生产生活服务功能和改革创新引领功能，在全国高质量发展百强区排名中持续争先进位。强产业。加快构建“6+1”现代产业体系，策划培育战略性新兴产业，深耕总部经济、楼宇经济、数字经济、消费经济“四经业态”，持续推动产业链、价值链向高端迈进。强品质。坚持品质立区，进一步聚焦城市建设、城市管理、城市服务、城市运行、城市文明提升品质，打造品质芙蓉、彰显芙蓉品质。强平台。大力建好园区平台、楼宇平台、创新平台、开放平台“四大平台”，让发展活力源源不断地涌动起来，为强产业提供强大的载体支撑。强人才。围绕重点行业、重点产业、重点企业、重点专业，全力加强人才的引、育、留、用，为各类人才发挥作用、施展才华提供更加广阔的平台和舞台。

（三）做好三篇文章。一是做实融合文章。加强与驻区机关、院所、高校等单位融合发展，促进人员、资金、技术、土地和信息等要素高效流动、合理配置、集约节约，把我们的手臂接长、影响扩大，实现借梯登高、借船出海、借势发展。二是做活存量文章。持续促进存量项目达产、存量楼宇去化、存量企业升级、存量土地开发、存量市场转型、存量资源整合，实现向存量要总量、强增量、优质量。三是做好“五区”建设文章。按照“做大城区、做强园区、做优片区、做实县区、做靓社区（村）”要求，持续优化区域功能布局，深化拓展发展空间，推动“一河两城”深度融合。隆平片区品质要再提标。要完善综合配套，加快推进长农路东段、红湖路等城市道路建设；加快实施西龙片区、韶光片区、远大路沿线片区城市更新；推动湘雅二医院新院区、师大附中芙蓉中学、东湖湿地公园、浏阳河过江通道等重点项目落地；全力支持服务岳麓山实验室首开区建设，加快农大、农科院等省属科研用地置换盘活。中央商务区业态要再提质。紧扣商贸“掐尖”、全球企业总部“破零”要求，聚焦高端业态和形态，着力引进一批国内外

名品、名牌、名店、名企，促进金融集聚、总部集聚、商务集聚、商贸集聚，进一步做大做强核心增长极。中央文化区品牌要再提升。以袁家岭片区密集的文化产业、文化事业单位为依托，以规划引领、资源整合、产业聚集、场景展示为路径，以湖南文化广场等九大项目为支撑，提升中央文化区品牌效益，加快打造文化融合示范区、文化创意活力区、文化消费引领区，助力全市国际文化创意中心建设。加快实施浏阳河产业带项目。隆平园区效益要再提高。以"五好"园区建设为抓手，不断优化园区空间布局和产业布局，推动低效用地"二次开发"和闲置厂房"二次招商"，持续提高园区亩均效益。聚焦"种业硅谷"建设，有针对性地建链、补链、强链、延链，促进产业集群、企业集聚、项目集成。自贸片区建设要再提速。进一步聚焦企业需求，加强政策制度创新，及时总结、推广优势领域创新成果，形成"芙蓉经验"。加快标准化小镇建设，探索对非贸易新路径；突出产业聚集，明确细分领域产业发展方向，通过叠加省市区政策、"一事一议"政策，助力平台招商、以商招商。全力以赴加快自贸大厦和基础设施项目建设，打造城市新地标。

（四）突出四项重点。抓项目建设。千方百计扩大有效投资，着力推进重大产业项目建设，以形成实物量为重点，抓在建、促开工、保竣工，推动签约项目快落地、落地项目快开工、开工项目快投产、投产项目快入规入统。做好项目计划铺排，适当超前布局一批基础设施，坚决不用财政资金搞"锦上添花"的项目。抢抓争资争项"黄金期"，紧跟国家产业政策和投资动向，紧盯城市老旧管网改造等重点领域，提高策划、申报、推进项目工作的能力和水平，争取更多重大项目进入国家和省市计划"笼子"。抓产业发展。围绕"6+1"现代产业体系，大力发展楼宇经济、总部经济、消费经济、数字经济"四经业态"，在产业链建设上持续发力，继续补链、强链、延链，坚持生产性服务业与生活性服务业一起抓，进一步提升服务业附加值、贡献力。聚焦产业集群和"三类500强"企业招大引强；优化各级招商平台功能，调动一切可用资源、创造一切有利条件，力争招商引资数量、体量、质量实现新突破。抓楼宇经济。以提高"入驻率、注册率、入库率、纳税率"为重点，加快楼宇标准化、高端化、品牌化发展，创新做好楼宇"挖潜、转企、变性、归总"文章，不断提高楼宇产出效益。抢抓长沙创建国际消费中心城市契机，加快商圈升级，激发消费动力，释放内需潜力，让"游客"变"顾客"、"流量"变"销量"、"人气"变"财气"。抓市场主体。把培育市场主体摆到更加突出位置，大力落实"助企纾困"政策，实施新一轮减税降费措施，帮助市场主体解决生产经营发展面临的问题。持续抓好"个转企、小升规、规改股、股上市"工作，扶持中小企业走"专精特新"道路，催生更多"独角兽""小巨人""单打冠军""隐形冠军"，着力提升企业核心竞争力、抗风险能力。

（五）强化五项保障。全面增强要素集聚能力、资源配置能力、区域辐射能力。强化思想保障。进一步树牢"我是芙蓉人，我为芙蓉好""芙蓉发展人人有关、人人有份、人人有责""芙蓉因我而精彩，我为芙蓉添光彩"的意识和理念，时时处处人人维护芙蓉形象，展示芙蓉风采，最大限度地统一思想、凝聚共识、形成合力。强化要素保障。牢固树立"过紧日子"的思想，扎实稳妥推进政府债务化解，加强财源建设，抓好税收征管，财政资金着重保障"三保"支出；坚持市场化运作，创新投资合作模式，让社会资本"愿意投、敢于投、放心投"。积极对接各类产业基金、投资基金，鼓励企业进入资本市场融资，着力解决有前景、有潜力的重大产业项目融资需求。深入挖潜土地资源，加大闲置低效土地、零星用地整合力度，努力保障重点项目建设用地需求。强化环境保障。加快硬环境和软环境建设，持续打造最省营商环境、最美人居环境、最优安全环境，升级"互联网＋政府服务"，推进"极简审批"，牢固树立店小二理念、乙方意识、用户思维，做到"有呼必应、无事不扰，持续营造让企业家和各类人才舒心、安心、顺心、开心的发展环境。强化人才保障。要牢固树立强烈的人才意识，尊重知识、尊重人才、尊重创新，以高素质人才引领高质量发展，深入实施"双优双百"工程，不断壮大人才队伍，打造人才高地。紧扣人才需求，建立"区领导联系企业人才"制度，定制"芙蓉英才卡"，持续优化人才服务，积极动员各方力量解决人才需求，帮助骨干人才解决教育、医疗等实际问题。强化作风保障。大力推广"一线工作法"，切实把地踩实踩热，以钉钉子精神将各项工作抓紧抓出成效，确保抓住要害、踏到点上、落到实处。牢固树立"干就看得见、不干就看不见"的用人导向，坚持严管和厚爱结合、激励和约束并重，持续抓好月讲评、季拉练、年考核和揭榜攻坚，充分调动全区各条线、各领域的积极性、主动性和创造性，形成"一级做给一级看、一级带着一级干"的生动局面。

临近岁末，各项工作都非常压头，借此机会重点强调一下当前几项工作：一是要做好收官盘点和谋划明年工作。开局就加速、起步即起势，确保一季度“开门红”。二是要切实做好关心困难群众生产生活工作。积极开展走访慰问、帮扶救助等工作，切实为群众排忧解难、雪中送炭，确保安稳过好春节。三是要用心做好春运工作。尤其是近来雨雪天气，要对火车站、汽车站、地铁线、高架桥等重点区域开展专项安全检查，防止发生大范围、大面积、长时间的交通拥堵，依法惩戒“黑车”非法营运等行为。四是要切实抓好社会稳定和安全生产工作。作为省会中心城区，必须强化责任担当，为省委、市委排忧解难。务必克服麻痹思想、侥幸心理，安全生产、信访维稳、舆论舆情、社会治安等底线工作都要盯紧看牢。特别是要加强重点活动的报备、介入、管控，无论是政府组织或非政府组织的活动，都要做好疫情防控措施，减少不必要人员聚集。五是要正风肃纪。党员领导干部要带头廉洁自律。纪检监察部门要加大监督执纪力度，对顶风违纪问题一律快查快结快办、绝不姑息。六是要认真做好应急值守工作。严格执行 24 小时值班值守、区领导周末上路值班制度、街道负责人早巡制度、外出报备制度，确保各项工作不挂空挡，没有盲区。

同志们，做好明年各项工作，任务艰巨，责任重大。让我们紧密团结在以习近平同志为核心的党中央周围，在省委、市委的坚强领导下，敢于担当、勇于争先，真抓实干、埋头苦干，以优异成绩迎接党的二十大胜利召开！

（区委办）

政府工作报告

——在长沙市芙蓉区第五届人民代表大会第六次会议上

区委副书记、区长　周春晖

（2021 年 1 月 13 日）

各位代表：

现在，我代表区人民政府向大会报告工作，请连同《长沙市芙蓉区国民经济和社会发展第十四个五年规划纲要（草案）》一并审议，并请各位政协委员和其他列席人员提出意见。

一、2020 年及“十三五”工作回顾

2020 年，在市委、市政府和区委的坚强领导下，在区人大、区政协的监督支持下，我们坚持以习近平新时代中国特色社会主义思想为指导，认真贯彻党的十九大和十九届二中、三中、四中、五中全会以及习近平总书记考察湖南重要讲话精神，坚持稳中求进工作总基调，坚持新发展理念，坚持以人民为中心的发展思想，扎实做好“六稳”[1] 工作，全面落实“六保”[2] 任务，统筹推进疫情防控和经济社会发展，同心协力、攻坚克难，尽最大努力巩固了高质量发展势头。一年来，我们主要做了四个方面工作：

（一）经受了前所未有的新挑战。疫情防控阻击战措施得力。新冠肺炎疫情发生后，我们坚决贯彻落实习近平总书记“坚定信心、同舟共济、科学防治、精准施策”的防控总要求，构建区、街、社区（村）三级常态化防控联动机制，率先组织区直部门干部下沉一线社区，组织志愿者参与联防联控、群防群控、严防严控。全天候做好长沙火车站、长株潭汽车站、汽车东站、城际铁路站等重点区域来长人员检测查验，做到重点人群应检尽检。率先全市实现确诊病例零增长，未发生 5 人以上家庭聚集性病例。按户籍所在地统计，我区是全市确诊病例数最少的中心城区。在全

省抗击新冠肺炎疫情表彰中，我区4人获评先进个人，区公安分局获评先进集体。复工复产主动战精准发力。积极开展“大干一百天，实现双过半”大竞赛活动，全区上下提振精气神，提升执行力，争分夺秒、全力以赴把疫情造成的损失夺回来。我们及时出台“7+3”[3]暖企政策，选派328名干部担任驻企联络员。设立芙蓉复工闪贷区级风险补偿基金，解决企业贷款需求46.4亿元，建成全省首个政府主办线上融资“蓉易贷”金融服务平台和全省首个企业上市服务区县工作站。提前兑现2019年度区级政策奖补资金4862.2万元，引导辖区大型商场减免租金1.9亿元，助力重点企业4月底前全部复工复产。三大攻坚战推进有力。打赢疫情防控阻击战、打好三大攻坚战是两大使命，我们统筹推进、统筹发力，取得了重大战果。脱贫攻坚获得全面胜利。对口帮扶的麻阳县、龙山县靛房镇实现脱贫摘帽。加大区内精准救济力度，开展“八大慈善救助”“五帮扶”[4]，发放资金2248万元，惠及1.7万余人。目前，我区低保家庭人均年救助补助金额达1.2万余元，保障水平居全省区县首位。重大风险防范有力有效。持续推动平台公司转型，逐步化解隐性债务，全区政府性债务风险总体可控。坚决打击和处置非法集资，守住不发生系统性区域性风险底线。污染防治工作持续向好。全力配合做好省环保督察“回头看”，交办件全部办结，是全市案件总数最少、重点案件最少、重复案件最少、办结最早的区县。坚决打赢蓝天保卫战，落实“六控十严禁”要求，全年空气优良天数、优良率、臭氧浓度、$PM_{2.5}$均值浓度四个主要指标创近年最好水平。持续推进浏阳河流域综合治理，水质稳定保持Ⅲ类标准，其中6个月为Ⅱ类标准，浏阳河入选全国第一批示范河湖。

（二）干出了经济发展的新成绩。稳住了区域经济基本盘。预计全年地区生产总值增长4%；固定资产投资和社会消费品零售总额实现正增长；地方一般公共预算收入40.7亿元；城镇居民人均可支配收入增长5.7%。全年新增市场主体1.6万户，其中新增企业8890户，同比增长6.2%。铺排各类重点项目169个，完成投资188亿元，其中68个市重大项目投资完成率达121.4%。经过全区上下的共同努力，我们顶住了下行压力，将疫情影响降到最低，成绩来之不易。提升了消费市场活跃度。政企联动促进消费市场持续回暖，开展“春天有约·芯动芙蓉”“红五月”“‘湘’约芙蓉·惠聚精彩”“冬季有味·福满星城”等系列促销活动，有力撬动了市场消费。湖南米粉街试营业，聚集7个市州10余家知名品牌，成为新的网红热点。形成了软件产业增长极。把握长沙“软件业再出发”发展机遇，软件业“一园四区”[5]集聚效应显现，引进神舟软件、上海爱数等龙头企业，新增软件和信息服务业企业约2300家、从业人员约2.2万人，实现软件产业营业收入40亿元。激活了楼宇经济新潜能。以“解剖麻雀”方式深入实施楼宇挖潜增效，10栋试点楼宇新增市场主体261家、转回税务关系58家、新增“四上”单位23家、楼宇税收同比增长58%。楼宇招商扎实推进，引进东亚银行、中原证券、太平养老保险等省级总部。佳兆业、宇成朝阳等省、市级跨境电商产业平台落地。新增人瑞潇湘国际、湖南投资大厦等税收亿元楼宇5栋。湖南文化大厦等楼宇改造提质、全新起航。打造了种业硅谷升级版。提升产业链现代化水平，引进湘猪科技、泓森林业等龙头企业，引进现代种业产业链企业56家，完成规模以上产值38.8亿元，同比增长13.6%，新增国家级平台2个，省级平台4个。种业硅谷企业总部基地投入使用，新签约入驻企业25家。隆平生物种业产业园、生物种业创新中心等核心项目加快建设。省政府联合中信集团共建的岳麓山种业创新中心落户园区。长沙市芙蓉区现代农业产业园被认定为国家现代农业产业园。实现了存量资源再开发。盘活存量楼宇27.1万平方米；出让存量土地16.7公顷；处置经营性资产69处。湘雅二医院门急诊医技楼等5个存量项目实现开工，撬动投资143亿元。长株潭汽车站烂尾楼完成拆除。迎来了自贸试验区建设机遇期。位于浏阳河以东1.86平方千米的区域纳入中国（湖南）自由贸易试验区长沙片区[6]。我们结合区域实际、引入专业团队、借鉴先进经验，精准拟制工作实施方案和用地规划、产业规划，启用全省首个自贸试验区综合服务专窗，全力、全面、全速推进政策对接、制度创新、项目铺排、招商引资等工作，为自贸试验区的高标准谋划、高水平改革、高品质建设、高质量发展打下坚实基础。

（三）构建了城市建设管理新格局。着力推进城市更新。棚改项目加快实施，火星镇、五里牌肉联厂项目土地顺利出让，黄土塘、蔡锷中路两厢一期实现清零，蔡锷中路两厢二期、袁家岭新华书店周边零星棚改项目稳步推进。火炬村等4个片区安置房主体完工，1万名居民即将入住新家。完成杉木村、东湖村、张公岭村等城中村改造项目15个，全区集体土地征拆全面清零，率先全省实现城市化。城市品质有效提升，提质改造新桥、五矿等老旧小区10个。马鸿片区项目一期、蔡锷中路两厢等城市有机更新项目加快扫尾，白果园、化龙池项目全面完成，历史老街焕发新颜。大力推进城市建设。基础设施持续完善，实施“五纵五横”道路空间品质提升工程[7]和道路平坦行动，车站路、芙蓉路、东二环等道路完成提质。建成滨河路五标等道路7条。完成既有住宅加装电梯202部。新建街角花园10处。新建和提质垃圾站厕9处，垃圾分类持续推进。抢抓国家“新基建”建设机遇，建成5G基站4268个，基本实现室外信号全覆盖。电网“630攻坚”三年行动圆满收官，新安变电站完成提质，韶光智慧变电站竣工投产。长沙火车站东西广场及周边提质升级，实现环境美化、服务优化、管理智能化，“城市窗口”靓丽蝶变。全力加强城市管理。深入推进“文明城市提质年”活动，顺利通过全国文明城市年度测评。聚焦重点区域，突出重点时段，开展重点行动，实现网格管理、常态治理。五一商圈、湘雅二医院周边等重点区域环境综合整治持续推进，“牛皮癣”、共享单车乱停等“城市病”得到有效治理。

（四）彰显了民生保障的新作为。有力强化就业优先政策。重点抓好高校毕业生、退役军人、农民工等重点群体就业创业工作，实现城镇新增就业1.5万人。全年开展政府补贴性职业技能培训1.4万人次，“零就业家庭”动态清零，城镇登记失业率稳定在3.5%以内。持续推动教育优质均衡发展。入选国家级信息化新型教学模式实验区。通过县域义务教育优质均衡发展督导评估市级核查。新建八一路幼儿园，公办和普惠性民办幼儿园在园幼儿数占全区幼儿总数的92.6%。改扩建育才二小、东郡小学，加快建设育英三小、东雅中学。中小学校厕所提质改造全面完成。大力繁荣文化体育事业。区文化中心完成主体建设。隆平水稻博物馆被评定为国家二级博物馆。5个社区综合文化服务中心、30处全民健身工程点建成开放。推出古韵芙蓉、乐在芙蓉等精品旅游线路3条，开展“畅享文旅季·芙蓉等你来”等文旅季活动11场。有效提升医疗服务能力。13家社区卫生服务中心与省人民医院构建紧密型医联体，开放夜间医疗门诊，方便群众及时就医。完成区级新冠肺炎核酸检测实验室建设，疫情监测预警能力有效提升。推进基本医保全覆盖，参保率达95%以上。切实加强养老服务保障。建成荷花园、东湖2家街道综合性养老中心和14家社区居家养老中心。长沙协和颐养院（区社会福利中心）投入运营，成为全省建筑面积最大、床位数最多的养老机构。全力维护社会大局稳定。监测处置网络舆情700余条。推进积案化解，“阳光信访、责任信访、法治信访”机制进一步健全。加强食品安全保障，率先全市实现学校“智慧食堂”全覆盖。持续抓好安全生产，火灾起数下降19.5%，未发生较大及以上安全生产事故。加大交通问题顽瘴痼疾集中整治力度，交通环境持续向好。深入推进新时代县域警务工作，开展扫黑除恶专项斗争，打掉涉黑社会犯罪组织1个、涉恶团伙2个、恶势力犯罪集团3个。推进全国禁毒示范城市创建工作获国家禁毒办肯定。其他事业协调推进。第七次全国人口普查全面展开。工会、共青团、妇联、工商联、残联、侨联、科协、计生协、红十字会、关工委、老体协、老科协、老干大学、民宗外侨、史志档案、机关事务等工作都取得了新的成绩和进步。

这一年，我们在统筹疫情防控和经济社会发展中彰显“芙蓉担当”，在开展“百日竞赛”活动中展现“芙蓉作为”，在接受省委巡视中锤炼“芙蓉作风”，政府自身建设全面加强。深化“不忘初心、牢记使命”主题教育成果，落实常态化学习制度，第一时间传达学习、贯彻落实习近平总书记考察湖南重要讲话精神和中央、省、市部署要求。全力配合十一届省委第九轮巡视。主动接受区人大和政协监督，办结人大代表建议、政协委员提案93件，办复率100%。深入推进依法行政，审查政府重大文件、合同411件，受理行政复议案件46件。办结“12345”政务热线工单3.4万件，满意率超98%。审计区本级项目91个，核减政府投资造价金额2.2亿元，财政资金使用更加高效规范。健全退役军人服务保障体系。深化民兵调整改革，推动基层武装部星级达标，国防后备力量建设持续加强。

各位代表！2020年是“十三五”的收官之年。“十三五”时期，是芙蓉发展史上不平凡的五年，全区人民凝心聚力、积极进取，全力应对复杂多变的发展环境，主动适应经济发展新常态，战胜了诸多困难和挑战，较好地完成了“十三五”规划各项目标任务，在推动高质量发展的进程中迈出了坚实步伐、取得了可喜成就。

五年来，经济发展稳中有进，综合实力稳步提升。全区地区生产总值年均增长8%。地方一般公共预算收入累计完成162亿元，税收占比从58%提升至65%，收入质量明显提升。社会消费品零售总额年均增长7.5%。产业结构进一步优化，第三产业增加值占地区生产总值比重从84.5%提升至88.7%。先后五次入选全国高质量发展百强区[8]。省金融创新特色产业园、隆平高科技园获批省服务业示范集聚区。

五年来，产业转型持续推进，发展动能加快转换。湖南第一高楼长沙国金中心、第二高楼世茂环球金融中心等高端楼宇建成运营，全区商务楼宇面积新增239.4万平方米，重点楼宇建筑面积总量达676.2万平方米。园区“一主一特”产业特色更加鲜明，集聚现代种业产业链上下游企业213家，“四上”服务业营业收入年均增长18%，园区亩均产值和税收位居省级园区前列。园区企业聚焦生物育种领域关键核心技术集中攻关，获得国家发明专利授权135个，获批国家级平台5个。

五年来，改革创新不断深化，发展活力充分释放。完成新一轮政府机构改革。成立全省首家行政审批局，实现“一枚印章管审批”，改革成果入选省改革开放四十周年典型案例。深入推行相对集中行政处罚权改革，成立全省首家城区行政执法局。大力优化营商环境，推出“企业服务日”、“书记直通车”、“楼宇服务站”、“部门承诺制”、“蓉易办”平台、重点楼宇“楼长制”等创新举措，楼宇经济服务模式创新走在全市前列。全区市场主体总数从7.3万户提升至11.6万户，增长59%；“四上”企业由788家提升至983家，高新技术企业由56家提升至260家。

五年来，项目建设纵深推进，城市品质持续提升。“一带两区”城市格局持续优化。完成棚改项目7个、腾地1071.4亩。完成城中村改造项目53个，腾地6048亩。实施城市有机更新项目4个。东湖路一期、合平路二期等道路建成通车，龟山路、营盘路、滨河路全线贯通，浏阳河以东地区路网体系更加完善。地铁3号线、5号线、长株潭城际铁路等轨道交通相继通车。率先全市实现黄标车、散煤、燃煤锅炉清零，率先全市完成黑臭水体整治，11处入河排口实现全截污，空气质量优良率从70%提升至80%以上，浏阳河芙蓉段水质从Ⅳ类提升至Ⅲ类以上，生态环境质量持续优化。

五年来，民生事业蓬勃发展，幸福指数节节攀升。区财政投入保持每年七成以上用于民生。城镇居民人均可支配收入年均增长8.5%。建成“15分钟生活圈”35个，新建和提质农贸市场17个，新增停车场35个、停车位15820个，市民生活更加便利。累计新增义务教育学位1.7万个，率先全省首批实现消除“大班额”，率先全市实现高中免费，推进义务教育均衡发展连续两年获评省政府“真抓实干成效明显”嘉奖。提质标准化社区综合文化服务中心44个。隆平水稻博物馆挂牌为全国粮食安全宣传教育基地、中国华侨国际文化交流基地。程潜公馆获批全国重点文物保护单位、民革中央党史教育基地。连续三年举办中华龙舟大赛，获评全国最具人气龙舟城市。东湖街道“东湖夜话”信访听证模式、芙蓉公安大数据实战平台和智慧安校系统分别获国家信访局和公安部肯定。获评全省综治工作先进单位、全省平安区县、全省安全生产示范区。

回顾五年来的工作实践，我们深刻体会到：必须始终坚持党的全面领导。深入学习贯彻习近平新时代中国特色社会主义思想，坚决落实习近平总书记考察湖南重要讲话精神以及中央、省、市和区委各项决策部署，增强“四个意识”，坚定“四个自信”，做到“两个维护”，始终坚持新发展理念，这是芙蓉发展的根本保证。必须始终坚持人民至上。民之所盼、政之所向，坚持问政于民、问计于民、问需于民、问效于民，不断提升群众的获得感、幸福感、安全感，这是芙蓉发展的价值取向。必须始终坚持真抓实干。坚守廉洁从政、依法行政的纪律要求，弘扬马上就办、办就办好的工作作风，保持奋发有为、担当作为的精神状态，这是芙蓉发展的重要支撑。

各位代表！过去五年取得的成绩来之不易，这是市委、市政府和区委科学决策、正确领导的结果，是区人大、区政协和社会各界有效监督、大力支持的结果，也是全区上下同心同德、艰苦奋斗的结果。在此，我代表区人民政府，向全区人民、各民主党派、人民团体以及所有关心、支持芙蓉发展的社会各界人士致以崇高的敬意和衷心的感谢！

我们在总结成绩的同时，对照高质量发展的要求、人民群众的需求、政府自身的追求，也要清醒地看到存在的问题和不足：一是经济持续高位运行，发展空间亟待提升，保持中高速增长压力较大。二是区域发展不平衡、不充分问题需要着力破解，浏阳河以东地区基础设施和公共服务必须大力完善。三是中心城区共建共治共享的社会治理格局仍需巩固，一些重点领域的矛盾问题需高度关注和全力破解。四是干部队伍作风建设需要强化，形式主义、官僚主义问题还需纠治，勤、实、严的作风还需加强，执行力还需提升。我们要认识到，芙蓉区最首要的问题是发展，发展最主要的因素是干部，干部最重要的职责是抓落实，全区上下必须牢固树立发展为大、发展为要、发展为先、发展为重的意识，永葆勤奋的态度、钻研的精神、务实的作风，集中精力走好高质量发展之路。

二、“十四五”时期目标和任务

“十四五”时期是全面建成小康社会、实现第一个百年奋斗目标之后，乘势而上开启全面建设社会主义现代化国家新征程、向第二个百年奋斗目标进军的第一个五年。对芙蓉区来讲，未来五年，“危”与“机”仍叠加并存。当前，新冠肺炎疫情影响仍在持续，国际环境日趋复杂，不稳定不确定性明显增加，但新发展阶段、新发展理念、新发展格局的实践要求为芙蓉区推动高质量发展带来了新的机遇，必须坚持用全面、辩证、长远的眼光分析当前面临的严峻挑战和利好条件，努力在危机中育先机，于变局中开新局。未来五年，“稳”与“进”要统筹把握。“十四五”时期将开启建设现代化精彩新芙蓉新征程，我们既要强化底线思维，确保疫情防控稳、安全生产稳、社会大局稳、经济运行稳、人心士气稳，又要强化争先意识，加压奋进、主动作为，力争经济社会发展取得更好成绩，达到更佳效果。我们要落实中央、省、市部署要求，主动扛起沉甸甸的使命责任，按照既定“时间表”“任务书”“路线图”，统筹“稳”与“进”，办好芙蓉区自己的事情。

“十四五”时期全区经济社会发展的指导思想是：坚持以习近平新时代中国特色社会主义思想为指导，深入贯彻党的十九大和十九届二中、三中、四中、五中全会精神，深入落实习近平总书记考察湖南重要讲话精神，坚持稳中求进工作总基调，立足新发展阶段、贯彻新发展理念、融入新发展格局，深入实施“三高四新”战略[9]，以推动高质量发展为主题，以改革创新为根本动力，以满足人民日益增长的美好生活需要为目的，以建设现代化精彩新芙蓉为总目标，坚持“品质立区、产业兴区、人才强区”，坚持“创新驱动、融合带动、实干推动”，加快构建“一河两城”[10]“三极三区”[11]的发展格局，奋力打造“四新芙蓉”。

未来五年，我们要打造经济更具动力活力的新芙蓉。强化创新驱动，大力发展楼宇经济、总部经济、消费经济、数字经济，加快发展现代金融、高端商贸、商务服务、软件信息、文化产业、生命健康六大主导产业和生物育种特色产业，构建以总部经济为支撑、现代服务业为主体、战略性新兴产业为引擎的现代产业体系，推动创新驱动力、金融辐射力、总部影响力、产业软实力协同提高，打造中部一流的现代服务业聚集区、楼宇经济发达区、中高端消费集中区。

未来五年，我们要打造城市更加精致精美的新芙蓉。践行“四精五有”[12]理念，高品质规划、建设、管理、运营城市，加快推进城市更新，改善城区人居环境，关注城市细节，提升城市温度，留住城市记忆，延续城市文脉，彰显历史与现代互融的城市形象。全面加强生态建设、环境治理，构建天蓝地绿、水清土净的城市生态。

未来五年，我们要打造社会更为文明和谐的新芙蓉。突出区域治理现代化，完善党委领导、政府负责、社会协同、公众参与、法治保障、科技支撑的社会治理体制机制，提高社会治理社会化、法治化、智能化、专业化水平，打造共建共治共享的社会治理格局。将社会主义核心价值观融入社会发展各方面，推动市民思想道德素质、科学文化素质和身心健康素质明显提升，公共文化服务体系更加完善，文化事业和文化产业发展活力迸发。

未来五年，我们要打造人民更感安全幸福的新芙蓉。聚焦市民急难愁盼问题，精准做好各项民生服务和保障工作，不断增强市民获得感、幸福感、安全感，促进人的全面发展和社会全面进步。推动基本公共服务均等化、民生事业优质化，实现更加充分更高质量的就业，办好更高水平的教育事业，建设更加普惠的健康服务体系，完善更高层次的社会保障网络，提供更有品质的文化体育服务，不断满足市民对美好生活的向往。

为支撑“十四五”规划实施，我们制定了未来五年全区经济社会发展十大重点目标、十大重点事项、十大重点项目，请大家提出意见。

三、2021 年主要工作计划

2021 年是建党 100 周年，也是“十四五”规划的开局之年。全区经济社会发展的主要预期目标是：地区生产总值增长 6% 左右，固定资产投资增长 6% 左右，社会消费品零售总额增长 6% 左右，地方一般公共预算收入增长 4% 左右，城镇居民人均可支配收入增长 5% 左右，城镇登记失业率控制在 4% 以内，新增市场主体 1.6 万户。为实现上述目标，统筹推进疫情防控和经济社会发展，重点抓好四个方面工作：

（一）加快发展现代产业体系，提高经济质量效益和核心竞争力。紧紧围绕构建现代产业体系，促进产业链向两端延伸、价值链向高端攀升，提升产业品质。提质楼宇经济。重塑中央商务区，巩固长沙芙蓉中央商务区核心区在楼宇经济发展中的引领地位。整合袁家岭周边区域聚集的剧团剧院、影城书城等文化产业资源，打造中央文化区。按照“围绕项目建楼宇，围绕楼宇聚产业”的思路，推动长沙国金中心、世茂环球金融中心等楼宇高质量发展，加快佳兆业广场、敬天广场等楼宇招商运营。紧盯招商去化、企业迁转、“四上”单位、税收增长等关键指标，推进楼宇提质增效，力争新培育税收亿元楼宇 1 栋。引导老旧楼宇提质改造，持续培育特色楼宇。推进楼宇招商，促进总部型、创新型、成长型企业集聚发展，在楼宇内实现产业链、创新链、价值链、服务链有机融合。充分发挥楼宇服务中心作用，统筹街道、部门力量，安排专人专班进驻重点楼宇，提供精准服务。提速软件产业。推进“一园四区”建设，壮大数字经济，促进一批基础性、引领性应用场景落地，吸引更多优质软件企业和人才落户，力争年内新增从业人员1.5万人、引进龙头企业5家、实现营业收入50亿元。做好软件企业服务，着力解决贷款融资、政策落地、生活服务、信息交流等问题，推动软件产业高质量发展。壮大金融产业。引导、支持中央商务区核心区金融业发展，打造服务实体经济的金融全产业链。推进长沙市企业上市服务中心芙蓉工作站建设，促进企业利用多层次资本市场进行直接融资。加大打击和处置非法集资工作力度，防范和化解各类金融风险。做大做强园区经济。大力发展科技服务、研发设计等高技术服务业，加快发展园区现代服务业。力促平商创智、仁孚汽车等项目主体完工，加快国药集团医疗器械湖南总部等项目落地。种子是农业的“芯片”，我们要落实藏粮于技战略，有序推进生物育种产业化应用。大力建设长沙·中国隆平种业硅谷，着力引进一批种业龙头企业、隐形冠军企业、补链强链企业，全力推动隆平生物种业产业园等重大产业项目建设。支持岳麓山种业创新中心建设，解决种业发展“卡脖子”问题。坚持科技引领、创新驱动，支持湖南农业大学·长沙现代食品创新研究院建设，开展科技攻关，促进成果转化。繁荣消费经济。大力挖掘夜间经济、网红经济、假日经济消费热点。推进五一广场、袁家岭、万家丽等商圈提质升级。加快传统专业市场转型升级，提升业态水平，激活市场资源。完善湖南米粉街配套设施，引进更多品牌入驻，提升街区知名度。积极开展各类促销活动，促进商贸繁荣发展。大力发展电商业，依托佳兆业广场，打造跨境电商新业态。加快内外贸一体化发展，支持内贸企业“走出去”，鼓励外向型企业拓展内需市场，助推“双循环”[13]更加畅通、更有活力。优化营商环境。牢固树立“店小二理念”“乙方意识”“用户思维”，针对高频事项和难点事项，打通堵点、解决难点、消除痛点，为企业和群众打造最省、最简、最快的最优营商环境。深化“一件事一次办”改革，推动跨域通办、智能导办、自助秒办改革，将“不打烊”服务向楼宇、园区和社区延伸，为企业和群众提供全天候政务服务。完善县级领导联点重点企业、楼宇、项目长效机制，常态化设立惠企政策兑现窗口，落实落细减税降费、稳岗援企等政策，帮企业降成本、增效益。毫不动摇支持民营企业发展，在市场准入、政府采购、信贷支持等方面一视同仁、平等对待，打造倾力支持、立说立行、精心呵护的新型政商关系。盘活存量资源。力推曙光综合体、湘邮大厦等社会投资遗留项目开工复工。引进楼宇招商运营平台，拓展科技创新平台，持续盘活存量楼宇。促进土地挂牌出让，加快“两安”用地开发。完善经营性资产处置机制，用市场的办法优化资产管理，充分发挥资产效益。加快自贸试验区建设。坚持“一主一特一新”产业定位，大力发展总部经济、平台经济，加强制度创新和招商引资，积极培育以跨境电商、软件信息、人力资源、标准化等为主的高端现代服务业。做优做强农业科技、生物育种等特色产业，探索对非经贸合作新路径，打造高端现代服务业集聚区、现代农业科技创新引领区、中非经贸深度合作示范区、国际化营商环境标杆区。按照“核心区+功能区+联动区”[14]层次完善功能布局，推进土地调规和产业规划编制，完善道路、公园、学校、医院等城市综合配套，实现土地集约开发、产业集聚发展、功能集中完善，促进浏阳河以东地区“产城人”融合。

（二）推进现代宜居城市建设，推动区域协调发展和城市品质提升。践行“四精五有”理念，持续深化文明城市创建，全过程优化城市规划、建设、管理、增长，全方位提升城市颜值、气质、内涵、格调、品位。推进重点项目建设。全力实施棚改征收，实现友谊东、黄土塘等项目土地挂牌出让，加快蔡锷中路两厢棚改项目二期、袁家岭新华书店周边零星棚改项目征收腾地。完成蔡锷中路两厢及马王街、浏正街片区城市有机更新。积极支持湖南农业大学、省农科院闲置土地开发建设。实现芙蓉生态新城四号、火炬村保障住房二期等安置房交付回迁。完善东片区交通路网，打通桐西路东段、东屯路等瓶颈路、断头路。大力推进老旧小区改造，提质楼栋130栋。建设“15分钟完整社区”，不断完善农贸市场、人行步道、垃圾站厕等民生设施，全面改善城市人居环境。加强城市精细管理。持续提升五一商圈、袁家岭、火车站、汽车东站、湘雅二医院等重点区域精细化管理、精品化维护水平，以高品质市容市貌展示中心城区城市形象。全面推进生活垃圾分类，提高生活垃圾减量化、资源化水平。提升生态环境质量。坚决打赢污染防治攻坚战，聚焦臭氧污染防治，开展挥发性有机物、餐饮油烟、机动车尾气和非道路移动源专项整治，力争全区空气质量优良率达到80%以上，$PM_{2.5}$、PM_{10}、臭氧年均浓度稳定保持下降趋势。深入落实“河长制”“湖长制”，改善浏阳河水环境质量，确保水质稳定并优于Ⅲ类标准。

（三）顺应人民美好生活向往，推动民生持续改善和社会全面进步。始终顺应市民共建幸福城市、共享美好生活的愿望，让人民群众的获得感成色更足、幸福感更可持续、安全感更有保障。推进常态化疫情防控。坚持思想不松、机制不变、队伍不散，严格落实“外防输入、内防反弹”措施，切实抓好重点场所、重点人群、重点时段疫情防控。深化爱国卫生运动，增强全社会防控意识，筑牢疫情防控的人民防线。强化就业优先政策。完善就业保障体系，推进职业技能提升行动，鼓励创业带动就业，新增城镇就业1.3万人以上。办好人民满意教育。全力创建国家义务教育优质均衡发展区。新建“一校四园”[15]。启动师大附中芙蓉中学建设。确保东雅中学秋季开学。繁荣文化体育事业。全面建成区文化中心。加快建设区级全民健身中心，新建全民健身工程点20处。推进健康芙蓉建设。联合湘雅二医院共建“身心健康社区试点”项目，做实国家12项基本公共卫生服务项目。完善疾病预防控制和公共卫生应急管理体系，创建“国家慢性非传染性疾病综合防控示范区”。健全多层次社会保障。探索医保基金网格化社会监管和医保服务改革。加大住房保障力度，保持房地产市场健康有序发展，有效解决困难群众住房问题。落实“四个不摘”[16]要求，助力对口帮扶地区巩固脱贫成果与乡村振兴有效衔接。持续开展特殊困难群体“八大慈善救助”，推进精准救助帮扶。落实各项老龄福利政策，推进社区养老全覆盖。深化平安芙蓉建设。加强网络舆论引导，营造清朗网络空间。守牢安全生产底线，杜绝较大及以上安全事故发生。保障食品药品安全，深入推进国家食品安全示范城市创建。加强信访源头治理，加大依法治访和信访积案化解力度。持续开展交通问题顽瘴痼疾集中整治，净化城市道路交通环境。坚持和发展新时代“枫桥经验”，完善社会矛盾纠纷调处机制，做到矛盾不上交、平安不出事、服务不缺位。加快县域警务和智慧警务建设，深入开展扫黑除恶、打非禁毒专项斗争。深化民兵调整改革，推进军民融合发展，巩固军政军民团结。

（四）提升政府治理能力水平，推进城市治理体系和治理能力现代化。顺应新形势新任务新要求，不断加强政府自身建设，努力打造人民满意的服务型政府。加强政治建设。以习近平新时代中国特色社会主义思想为指导，增强“四个意识”、坚定“四个自信”、做到“两个维护”，确保中央、省、市和区委各项决策部署落到实处。不断锤炼干部队伍忠诚、干净、担当的政治品格，加强思想淬炼、政治历练、实践锻炼、专业训练，切实提升干部贯彻新发展理念、融入新发展格局、推动高质量发展的能力。推进依法行政。严格落实“三重一大”决策制度，提升行政决策科学化、民主化、法治化水平。推进严格规范公正文明执法，加强规范性文件、重大行政执法决定和政府合同合法性审查，提高司法公信力。认真执行区人大及其常委会决议决定，依法接受人大法律监督、工作监督，自觉接受政协民主监督，主动接受群众监督和舆论监督。广泛听取人大代表、政协委员、社会各界意见，高质量办好建议提案。强化作风保障。树牢大抓落实的工作导向，聚焦贯彻落实中央、省、市和区委重大决策部署，确保任何工作有部署、有跟进、有督查、有反馈、有评价、有奖惩。坚决扛牢全面从严治党主体责任和党风廉政建设“一岗双责”，持续贯彻落实中央八项规定及实施细则精神，持之以恒纠治“四风”，强化重点领域、关键环节廉政风险防控，坚决整治群众身边的作风积弊和腐败问题，营造风清气正的政治生态。创新社会治理。稳步推进社区（村）集中换届。优化街道、社区干部队伍的年龄、知识、专业结构。推动社会治理重心向基层下移，推动人、财、物、权向街道和社区下沉，赋予基层更多自主权。坚持对历史负责、对人民负责，稳步有序化解一批历史遗留问题。加强条线统筹，打破条块分割，打通数据壁垒，建立“街道吹哨、部门报到”工作机制，完善网格化管理、精细化服务、信息化支撑、开放共享的管理服务平台，提升解决问题、化解矛盾、应急处突的能力水平。

各位代表！新起点昭示着新征程，新征程期待着新作为！让我们更加紧密地团结在以习近平同志为核心的党中央周围，在市委、市政府和区委的坚强领导下，团结和带领全区人民，凝心聚力、锐意进取，真抓实干、奋勇争先，为建设现代化精彩新芙蓉不懈努力，实现“十四五”精彩开局，以优异成绩向建党100周年献礼。

（区政府办）

名词解释

[1] “六稳”：稳就业、稳金融、稳外贸、稳外资、稳投资、稳预期。

[2] “六保”：保居民就业、保基本民生、保市场主体、保粮食能源安全、保产业链供应链稳定、保基层运转。

[3] “7+3”暖企政策：“7”即《芙蓉区关于有效应对疫情稳定经济运行的七条措施》；“3”即《关于应对疫情影响扶持企业发展的通知》，共3条。

[4] “五帮扶”：急难帮扶、医疗帮扶、住房帮扶、就业帮扶、基本生活帮扶。

[5] “一园四区”：长沙芙蓉软件产业园，国金中心聚集区、宇成朝阳聚集区、湘域中央聚集区、广发隆平聚集区。

[6] 中国（湖南）自由贸易试验区长沙片区芙蓉区块范围：位于人民东路以南，合平路以东，浏阳河、长沙县边界合围区域及省畜牧研究所、韶光社区用地范围。

[7] “五纵五横”道路空间品质提升工程：“五纵”为花侯路、车站路—开福大道、芙蓉路、湘江大道、金星路—梅溪湖路—麓谷大道；“五横”为岳麓大道—三一大道、五一路—枫林路（含八一路、韭菜园路）、湘府路、长沙大道、晚报大道—营盘路—咸嘉湖路。

[8] 先后五次入选全国高质量发展百强区：2018年、2019年、2020年入选赛迪顾问“全国高质量发展百强区”榜单。2019年、2020年入选壹城智库“地级市辖区高质量发展100强”榜单。

[9] “三高四新”战略：着力打造国家重要先进制造业、具有核心竞争力的科技创新、内陆地区改革开放的高地，在推动高质量发展上闯出新路子，在构建新发展格局中展现新作为，在推动中部地区崛起和长江经济带发展中彰显新担当，奋力谱写新时代坚持和发展中国特色社会主义的湖南新篇章。

[10] “一河两城”：浏阳河经济带、西部老城区、东部新城区。

[11] “三极三区”：中央商务区、中国（湖南）自由贸易试验区长沙片区芙蓉区块、隆平高科技园区三个经济增长极；高端现代服务业聚集区、楼宇经济发达区、营商环境标杆区。

[12] “四精五有”：精准规划、精美建设、精致管理、精明增长；有颜值、有气质、有内涵、有格调、有品位。

[13] “双循环”：以国内大循环为主体，国内国际双循环相互促进的新发展格局。

[14] “核心区＋功能区＋联动区”：核心区按照“一主一特一新”产业方向，以总部经济、平台经济为抓手，推动产业链、创新链、人才链、资金链、贸易链、供应链深度融合，持续做大做强重点产业。功能区将置换隆平新区存量土地，完善住宅、学校、医院等综合配套。联动区推广复制改革成果，进一步优化营商环境。

[15] “一校四园”：育英三小，名士豪庭配套幼儿园、火炬村安置小区配套幼儿园、芙蓉生态新城二号安置点二期配套幼儿园、芙蓉生态新城四号安置点配套幼儿园。

[16] “四个不摘”：摘帽不摘责任、摘帽不摘政策、摘帽不摘帮扶、摘帽不摘监管。

（区政府办）

长沙市芙蓉区国民经济和社会发展第十四个五年规划纲要（摘要）

本规划纲要根据《中共芙蓉区委关于制定芙蓉区国民经济和社会发展第十四个五年规划的建议》编制，是市场主体的行为导向，是政府履职的重要依据，是引领全区人民全面推进现代化建设的行动纲领。

第一章　发展基础

“十三五”期间，面对错综复杂的国际形势、艰巨繁重的改革发展稳定任务，特别是新冠肺炎疫情严重冲击，区委深入学习贯彻习近平新时代中国特色社会主义思想，全面贯彻落实党中央决策部署和省委、市委工作要求，团结带领全区人民紧紧围绕“四个芙蓉”战略目标，深入实施“三大工程”“九大行动”，全面落实“六稳”“六保”任务，率先全面建成小康社会。

第一节　经济高质量发展成效明显

综合实力稳步提升。全区地区生产总值年均增长8%。地方一般公共预算收入累计完成162亿元，税收占比从58%提升至65%，收入质量明显提升。社会消费品零售总额年均增长7.5%。产业结构进一步优化，第三产业增加值占地区生产总值比重从84.5%提升至88.7%，金融业税收占比从37.7%提升至45.7%。连续三年入选中国高质量发展百强区。省金融创新特色产业园、隆平高科技园获批省服务业示范集聚区。产业升级持续推进。湖南第一高楼长沙国金中心、第二高楼世茂环球金融中心等高端楼宇建成运营，全区商务楼宇面积新增239.4万平方米，重点楼宇总量达676.2万平方米。园区“一主一特”产业特色更加鲜明，芙蓉区现代农业产业园被认定为国家现代农业产业园，集聚现代种业产业链上下游企业213家，“四上”服务业营业收入年均增长18%，园区亩均产值和税收位居省级园区前列。改革创新不断深化。顺利完成新一轮政府机构改革。成立全省首家行政审批局，实现“一枚印章管审批”，改革成果列入省改革开放四十周年典型案例。深入推行相对集中行政处罚权改革，成立全省首家城区行政执法局。大力优化营商环境，推出“企业服务日”“书记直通车”“楼宇服务站”“部门承诺制”“蓉易办”平台、重点楼宇“楼长制”等创新举措，楼宇经济服务模式创新走在全市前列。市场主体总数从7.3万户增至11.6万户；“四上”企业由788家增至983家，高新技术企业由56家增至260家。三大攻坚战取得实效。全区政府债务风险总体平稳可控。对口帮扶地区麻阳县、龙山县靛房镇实现脱贫摘帽。蓝天、碧水、净土三大保卫战强力推进，生态环境明显改善。

第二节　城区功能品质不断提升

基础设施进一步完善。完成棚改项目7个、腾地74.4公顷，完成城中村改造项目53个、腾地403.2公顷，实施城市有机更新项目4个。东湖路一期、合平路二期等道路建成通车，龟山路、营盘路、滨河路全线贯通，浏阳河以东地区路网体系更加完善；地铁3号线、5号线、长株潭城际铁路等轨道交通相继通车，市民出行更加便捷。生活品质持续提升。建成“15分钟生活圈”35个，新建和提质农贸市场17个，新增停车场35个、停车位15820个，市民生活更加便利。城市管理更加精细。率先全市实现黄标车、散煤、燃煤锅炉清零，率先全市完成黑臭水体整治，11处入河排口实现全截污，空气质量优良率从70%提升至80%以上，浏阳河芙蓉段水质从Ⅳ类提升至Ⅲ类，生态环境质量持续优化。

第三节　民生社会事业全面进步

民生保障强化。坚持以人民为中心，区财政投入保持每年七成以上用于民生。城镇居民人均可支配收入年均增长8.5%。公共服务优化。累计新增义务教育学位1.7万个，全省首批实现消除“大班额”，率先全市实现高中免费，推进义务教育均衡发展连续两年获评省政府“真抓实干成效明显”嘉奖。提质标准化社区综合文化服务中心44个，被评为全国群众体育先进单位。隆平水稻博物馆挂牌为全国粮食安全宣传教育基地、中国华侨国际文化交流基地。程潜公馆获批全国重点文物保护单位、民革中央党史教育基地。连续三年举办"中华龙舟大赛"，被评为全国最具人气龙舟城市。推动社会治理现代化。加强民主法治建设和社会治理体系治理能力建设。东湖街道"东湖夜话"信访听证模式、芙蓉公安大数据实战平台和智慧安校系统分别获国家信访局和公安部肯定。被评为全省综治工作先进单位、全省平安区县、全省安全生产示范区。

·表 49· 芙蓉区"十三五"规划主要指标完成情况一览表

指 标 名 称			单位	2020 年（规划，修订）	2020 年完成
一、经济发展类	1	地区生产总值增长率	年均增长（%）	8.0 左右	4
	2	财政总收入	年均增长（%）	10	9.6
	3	固定资产投资额	年均增长（%）	6.0	3.0
	4	社会消费品零售总额	年均增长（%）	7.0	0.2
	5	第三产业增加值占地区生产总值比重	%	87.0	88.7
	6	进出口总额	年均增长（%）	10	15
	7	实际利用外资	年均增长（%）	8	10
	8	高新技术产业增加值占地区生产总值比重	%	30	18
	9	万人有效发明专利拥有量	件	33.94	40
二、社会民生类	10	城镇居民人均可支配收入增长率	年均增长（%）	9.0	5.7
	11	城乡基本医疗保险参保率	%	95 以上	97
	12	城乡基本养老保险覆盖率	%	100	100
	13	城镇登记失业率	%	＜4	＜4
	14	社会治安公众满意度	%	90	90
三、资源环境类	15	绿化覆盖率	%	45	45
	16	清洁能源占能源消费比重	%	30	达到市级要求
	17	万元地区生产总值能耗下降	%	达到市级要求	达到市级要求
	18	空气质量优良率	%	≥70	83.9
	19	城市生活垃圾无害化处理率	%	100	100
	20	城市污水处理率	%	99	98

（资料来源：区发改局）

第二章 发展环境

第一节 面临的机遇

我国发展仍然处于重要战略机遇期，经济长期向好的基本形势没有改变。习近平总书记为湖南提出"三高四新"战略目标，将引领湖南发展谱写新的篇章。长沙作为省会城市，将在打造"三个高地"、担当"四新"使命中发挥更为重要的引领作用。芙蓉区地处临空经济示范区、高铁会展新城、马栏山视频文创产业园腹地，区域性金融中心、消费中心、商务中心辐射力日益增强，现代服务业发展基础较好，区域发展面临新机遇新潜力。特别是湖南自由贸易试验区布局芙蓉区，为芙蓉区提供了开放“桥头堡”、改革“试验田”和发展“引爆点”。

第二节　面临的挑战

新旧动能转换任重道远，产业体系中生产性服务业、高技术服务业占比不高，传统产业增长动力减弱。城区东西发展不平衡，东片区基础设施与产业发展相对薄弱，城市化进程相对滞后。治理体系和治理能力有待提升，中心城区电梯、消防设施等设施老化，环境和公共基础设施较差，存在交通拥堵等“城市病”。发展空间受到制约，土地资源相对不足，低效闲置用地等开发成本高、难度大；公共服务供给存在差距，医疗教育文化等公共服务供给不足、服务水平不高，不能满足人民群众对美好生活的需求。

第三章　总体要求

第一节　指导思想

坚持以习近平新时代中国特色社会主义思想为指导，深入贯彻党的十九大和十九届二中、三中、四中、五中全会精神，深入落实习近平总书记考察湖南重要讲话精神，坚持稳中求进工作总基调，深入实施“三高四新”战略，立足新发展阶段、贯彻新发展理念、融入新发展格局，以推动高质量发展为主题，以改革创新为根本动力，以满足人民日益增长的美好生活需要为目的，以建设现代化精彩新芙蓉为总目标，坚持“品质立区、产业兴区、人才强区”，坚持“创新驱动、融合带动、实干推动”，加快构建“一河两城”“三极三区”的发展格局，奋力打造“四新芙蓉”。

第二节　基本原则

——坚持党的全面领导。坚持和完善党领导经济社会发展的体制机制，坚决执行维护党中央权威和集中统一领导的各项制度，始终同以习近平同志为核心的党中央保持高度一致，不断提高贯彻新发展理念、融入新发展格局的能力和水平，为实现高质量发展提供根本保证。

——坚持以人民为中心。坚持民心是最大的政治，始终把人民对美好生活的向往作为奋斗目标，始终做到发展为了人民、发展依靠人民、发展成果由人民共享，持续实施民心工程，不断增进民生福祉，激发全区人民积极性、主动性、创造性。

——坚持新发展理念。把创新、协调、绿色、开放、共享新发展理念贯穿发展全过程和各领域，切实转变发展方式，推动质量变革、效率变革、动力变革，实现更高质量、更有效率、更加公平、更可持续、更为安全的发展。

——坚持深化改革开放。以更大力度解放思想、更新观念，破除制约高质量发展的体制机制障碍，构建具有芙蓉特色的开放发展平台，推进有利于提高资源配置效率、有利于调动全区上下干事创业积极性的重大改革开放举措，进一步释放改革红利、增强发展动力。

——坚持系统观念。统筹国内国际两个大局，办好发展安全两件大事，更好发挥各方积极性，着力固根基、扬优势、补短板、强弱项，推动“三极三区”互促，推动“一河两城”协同发展，建立“6+1”产业发展体系，实现发展质量、结构、规模、速度、效益、安全相统一。

——坚持品质引领。坚持“城市是生命体”理念，将品质引领意识贯穿经济发展、城市规划建设、民生保障、社会治理等全过程各方面，统筹空间、规模、产业结构，注重生产、生活、生态深度融合，促进人与人、人与城、人与自然和谐共生，让芙蓉区成为宜居宜业宜游的幸福乐园。

第三节　战略路径

——品质立区、产业兴区、人才强区战略。品质立区。提升产业品质，打造“三极三区”，以“三极”支撑“三区”，以“三区”做强“三极”，提升现代服务业和楼宇经济的发展水平。提升城市品质，高标准开展城市更新与建设隆平科创新城，努力将浏阳河产业带打造成为业态丰富、景观秀美的城市内河经济带。产业兴区。抓好产业发展经济主引擎，持续推进产业链、创新链、人才链、资金链、服务链深度融合，推动服务业集聚化、高端化、智慧化发展。人才强区。开展创新创业、研习研修、培养培训等系列活动，打造人才集聚平台，促进各领域专技人才、高端人才、顶尖人才的培育和引入，全面释放人才集聚效应，为全面建设“四新芙蓉”提供有力人才支撑。

——创新驱动、融合带动、实干推动战略。创新驱动。大力推进理念创新、机制创新、科技创新、平台创新，强化企业创新主体地位。以创新举措优化营商环境，深化“放管服”改革，拓展“最多跑一次”改革，提升政务服务效能和水平。融合带动。加快推进东片区发展，促进“一河两城”融合均衡发展；加快产业融合，构建现代产业生态；推动政府与驻区单位融合互利发展，实现资源共享共赢；主动融入国家、省、市发展格局。实干推动。坚持将实干作为推动全区工作的关键手段，聚焦重点难点问题，加强跟踪督办，推动落实落地。提升“七种能力”，增强“八大本领”，提升抓落实的效果，在真抓实干中推动高质量发展。

第四节 目标愿景

围绕2035年远景目标，未来五年重点打造“四新芙蓉”。

——打造经济更具动力活力的新芙蓉。强化创新驱动，大力发展楼宇经济、总部经济、消费经济、数字经济，加快发展现代金融、高端商贸、商务服务、软件信息、文化产业、生命健康六大主导产业和生物育种特色产业，构建以总部经济为支撑、现代服务业为主体、战略性新兴产业为引擎的现代产业体系，推动创新驱动力、金融辐射力、总部影响力、产业软实力协同提高，打造中部一流的现代服务业聚集区、楼宇经济发达区、中高端消费集中区。

——打造城市更加精致精美的新芙蓉。践行“四精五有”理念，高品质规划、建设、管理、运营城市，加快推进城市更新，改善城区人居环境，关注城市细节，提升城市温度，留住城市记忆，延续城市文脉，彰显历史与现代互融的城市形象。全面加强生态建设、环境治理，构建天蓝地绿、水清土净的城市生态。

——打造社会更为文明和谐的新芙蓉。突出区域治理现代化，完善党委领导、政府负责、社会协同、公众参与、法治保障、科技支撑的社会治理体制，提高社会治理社会化、法治化、智能化、专业化水平，打造共建共治共享的社会治理格局。将社会主义核心价值观融入社会发展各方面，推动市民思想道德素质、科学文化素质和身心健康素质明显提升，公共文化服务体系更加完善，文化事业和文化产业发展活力迸发。

——打造人民更感安全幸福的新芙蓉。聚焦市民急难愁盼问题，精准做好各项民生服务和保障工作，不断增强市民获得感、幸福感、安全感，促进人的全面发展和社会全面进步。推动基本公共服务均等化、民生事业优质化，实现更加充分更高质量的就业，办好更高水平的教育事业，建设更加普惠的健康服务体系，完善更高层次的社会保障网络，提供更有品质的文化体育服务，不断满足市民对美好生活的向往。

二〇三五年远景目标。到二〇三五年，基本建成经济强区、科教强区、文化强区、人才强区、健康芙蓉，基本实现社会主义现代化。综合实力大幅跃升，经济总量、综合竞争力和人民生活水平迈上新台阶；创新成为引领发展的第一动力，率先建成现代化经济体系和现代服务业高地；人民安居乐业，社会环境安定有序，区域治理体系和治理能力现代化基本实现；社会文明程度达到新高度，人民群众思想道德、文明素养显著提高，文化软实力、影响力显著增强；生态环境质量显著改善，绿色生产生活方式广泛形成，人与自然和谐共生；基本公共服务实现均等化，平安芙蓉建设达到更高水平，人民生活更加美好，人的全面发展、全体人民共同富裕取得更为明显的实质性进展；党的全面领导落实到各领域各方面，全面从严治党持续深入推进，全面推进清廉芙蓉建设，政治生态更加风清气正。

·表50· 芙蓉区“十四五”经济社会发展主要指标一览表

序号	主要指标	单位	2020年预计数	2025年	属性
经济发展					
1	地区生产总值	总值（亿元）	1170	1565	预期性
		年均增长（%）	8	6	
2	全员劳动生产率	万元/人	33	39	预期性
3	产业投资占固定资产投资比重	%	40	45	预期性
4	居民人均消费支出	总额（元）	44899	60080	预期性
		年均增长（%）	7	6	
5	社会消费品零售总额	年均增长（%）	4.3	6	预期性
6	进出口总额占地区生产总值比重	%	8.5	14	预期性
7	实际利用外资总额	（亿美元）	8.8	14	预期性
8	税收占地区生产总值比重	%	8.4	9	预期性

· 续表 50 ·

序号	主要指标	单位	2020 年预计数	2025 年	属性
9	防范化解债务风险	债务率（%）	/	＜200	预期性
创新驱动					
10	研发经费投入占地区生产总值比例	%	2	2.5	预期性
11	有效高新技术企业数	个	260	560	预期性
12	每万人口有效发明专利拥有量	件	40	52	预期性
13	数字经济增加值占地区生产总值比例	%	30	＞45	预期性
14	新增世界 500 强企业	个	1	10	预期性
15	个体户转企业	个	35	1000	预期性
16	新增“四上”企业	个	234	1350	预期性
17	新增上市企业	个	/	5	预期性
18	企业占市场主体比例	%	40%	45%	预期性
民生福祉					
19	居民人均可支配收入	元	62400	79600	预期性
		年均增长（%）	5.7	5	
20	城镇登记失业率	%	＜4	＜4	预期性
21	劳动年龄人口平均受教育年限	年	13.5	13.8	预期性
22	学前教育	公办幼儿园在园幼儿数达总数（%）	47.8	＞52.8	预期性
		公办及普惠性民办幼儿园达园所总数（%）	80.4	＞85.4	预期性
23	每千人口拥有执业（助理）医师数	人	4	4.3	预期性
24	基本养老保险参保率	%	＞97	＞97	预期性
25	每千人口拥有三岁以下婴幼儿托位数	个	/	3	预期性
26	基本医疗保险参保率	%	＞95	＞95	预期性
绿色转型					
27	单位地区生产总值能源消耗降幅	%	达到市级要求	达到市级要求	约束性
28	单位地区生产总值二氧化碳排放降幅	%	达到市级要求	达到市级要求	约束性
29	空气质量优良天数比例	%	80	80	约束性
30	地表水达到或优于Ⅲ类水体比例	%	100	100	约束性
31	浏阳河芙蓉段水质Ⅲ类及以上天数比例	%	/	＞95	约束性
32	绿化覆盖率	%	45	45.5	约束性
安全保障					
33	亿元地区生产总值生产安全事故死亡率	%	0.02	0.018	约束性
说明：2020 年数据均为预计数					

（资料来源：区发改局）

“十四五”规划期间十大重点目标
全国高质量发展百强区
中国国际化营商环境标杆区县
国家级义务教育优质均衡发展区
全国健康促进示范区
中国人居环境范例奖
国家农业高新技术产业示范区
中部地区高端现代服务业集聚区
中部地区楼宇经济发达区
中部地区中高端消费集中区
中国种业硅谷
“十四五”规划期间十大重点事项
1. 高标准建设中国（湖南）自由贸易试验区长沙片区芙蓉区块（隆平科创新城）
2. 全区东西片区各打造 2 所优质中学（长郡芙蓉实验中学、师大附中芙蓉中学、一中双语实验中学、湘一芙蓉中学）
3. 新建公办幼儿园 15 所
4. 推动浏阳河以东片区各类市场外迁建设、转型升级
5. 加快农科院、农大土地的开发建设
6. 每个社区建成 1 个居家养老中心
7. 全区 D 级危房改造全面清零
8. 房地产办证遗留问题全面清零
9. 被征地农民保障住房全面建成并交付使用
10. 全面实现“一件事一次办”，打造最省营商环境
“十四五”规划期间十大重点项目
1. 隆平生物种业产业园（120 亿元）
2. 中国（湖南）自由贸易试验区长沙片区芙蓉区块建设项目（含东湖湿地公园）（100 亿元）
3. 蔡锷中路两厢棚改及中央商务区建设（80 亿元）
4. 浏阳河产业带项目（含马王堆蔬菜市场地块开发）（60 亿元）
5. 火车站片区城市更新项目（火车站片区棚改、曙光集团地块开发）（50 亿元）
6. 浏阳河以东片区商业综合体（含张公岭片区综合体、龙湖天街）（45 亿元）
7. 重大交通基础设施（望龙路跨浏阳河大桥、西龙路及杨家湾撇洪渠水环境治理、地铁六号线人民路结构共建项目、远大路改扩建、长榔路）（36 亿元）
8、袁家岭中央文化商务区项目（30 亿元）
9、医疗卫生体系建设（含湘雅二医院门急诊医技楼、老年医学综合楼，省人民医院马王堆院区医技综合大楼，区红十字医院扩容提质，社区卫生服务中心提质建设）（20 亿元）
10、浏阳河以东片区学校建设（含东雅中学、师大附中芙蓉中学、育英三小、桐西小学、白竹坡小学、杉木小学、东湖小学）（9.8 亿元）

（资料来源：区发改局）

调研报告

Research Reports

编辑　谭丽霞

关于芙蓉区优化营商环境工作情况的调研报告

区人大财政经济委员会

（2021 年 4 月 13 日）

根据区人大常委会 2021 年工作要点，为促进我区进一步优化营商环境，区人大财经委就我区优化营商环境工作情况到区优化营商环境协调事务中心展开了走访调研，现将调研情况报告如下：

为认真贯彻落实中央、省、市关于优化营商环境的各项决策部署，区政府始终将优化营商环境作为中心工作来抓，制定出台了一系列相关政策文件，努力改善政策环境、市场环境、法治环境、政务环境、人文环境，推动全区营商环境持续优化，打造了亲商、重商、安商、惠商的高效服务环境。

一、落实惠商政策，激发市场活力

在优化政策环境上下功夫，深入落实上级税收优惠政策，减税降费，护企援企，松绑放活，一大批中小微企业负担明显减轻，困难得到解决，助推了企业轻装上阵，落实各项扶企政策，完善信用体系，让企业放心经营；在优化政务环境上下功夫，持续改进行政作风，制止不作为、慢作为、乱作为，解决门好进、脸好看、事难办问题，让市场主体看到了党和政府的决心和魄力，让企业感到了舒心和满意，提振了市场主体创业发展的信心，激发了市场活力。

二、改进政务服务，打造高效政府

深化“放管服”改革，当好“店小二”，率先打造全省首家 5G 智慧政务大厅、24 小时自助大厅，实现政务服务“全天候不打烊”；围绕打造“省时、省力、省钱、省心”的最省营商环境，提出了“行政效能提升、实体经济降成本、企业家权益保护、政策落地兑现”四大行动，出台 22 条具体举措，得到了企业真心点赞，受到了群众一致拥护。

三、紧盯短板弱项，释放发展动能

区委、区政府奔着问题去、瞄着短板、着力补弱项，把营商环境中的问题汇总成清单，实行清单化管理，展开靶向性治疗，补齐了营商环境中的短板和弱项，促使市场主体释放了发展能量。

为了更好推进 2021 年营商环境的优化工作，区财经委建议：

1．提升站位，强化目标导向。紧紧抓住“自贸试验区芙蓉片区建设”的历史机遇，积极对标沪苏浙服务水准，聚焦“一体化”和“高质量”，牢固树立“店小二”意识，更加突出“用户思维、客户体验”，切实转变工作作风，领导干部带着责任和政策扑下身子，深入企业，主动指导和帮助其解决问题。

2．多点发力，提高行政效能。以持续深化“放管服”改革为契机，持续推进行政审批减环节、减材料、减时限，加强部门间沟通衔接，打破数据壁垒，更大程度实现“数据多跑路，群众少跑腿”。

3．完善联系服务企业制度。坚持“有呼必应、无事不扰”，畅通政企沟通响应渠道，建立健全企业诉求闭环管理和全程响应机制，补齐短板，加强要素保障，紧盯惠企政策兑现，提升政府公信力。

抢抓机遇，在自贸区建设中展现芙蓉新作为

陆亚林
（2021年5月）

为助推中国（湖南）自贸试验区长沙片区芙蓉区块（以下简称芙蓉区块）发展，按照《政协长沙市芙蓉区委员会2021年工作要点》安排，组织部分政协委员采取实地考察、座谈交流、专家咨询等方式，先后到自贸区长沙片区芙蓉事务中心、标准化协会（标准化小镇）、长沙雨花片区管委会、长沙片区临空区块以及部分企业进行调研，形成以下调研报告。

一、芙蓉区块发展现状

1. 区块基本情况

去年9月，中国（湖南）自由贸易试验区正式获批成立，面积119.76平方千米，涵盖长沙、岳阳、郴州三个片区。其中长沙片区79.98平方千米，占湖南自贸试验区总面积的2/3，分为长沙经开区区块、临空区块、会展区块、雨花区块、芙蓉区块，为芙蓉区迎来了又一次重要的历史发展机遇。

芙蓉区块用地面积约1.86平方千米，虽是湖南自贸试验区占地面积最小的一个片区，但可建设用地面积达到了100公顷，预计可新增300万平方米高端载体。按照“核心区＋功能区＋联动区”的功能布局，立足“一主一特一新”的产业定位，借助自贸试验区的政策优势和发展动力，作为实施“三高四新”战略重要着力点，通过3~5年努力，将自贸区打造成为“高端现代服务业集聚区，现代农业科技创新引领区，中非经贸深度合作示范区，国际化营商环境标杆区”。

芙蓉区在自贸区建设方面具有得天独厚的优势。处于长沙经开区、临空经济区、会展新城、高铁新城、高桥板块的交会点，对接长沙片区各板块的要素资源十分便捷；毗邻黄花机场、高铁南站、汽车东站、城际铁路等交通枢纽，交通区位优势明显。芙蓉区是省会长沙的中心城区，楼宇经济、总部经济发达，第三产业尤其是现代服务业发展成熟，拥有雄厚的现代服务业基础。“种业硅谷”建设的主阵地，拥有5位院士天团“金字招牌”，隆平生物种业产业园、岳麓山种业创新中心等农业科技、生物育种的优势无以伦比。芙蓉区外资企业数量、实际利用外资额、外贸进出口总额等开放型经济指标均位居省市前列，拥有依托市区共建的中国（长沙）跨境电商联合运营中心等重点平台，目前外向型经济形成了一定的集聚规模，且中非经贸合作研究院（中非农业发展与合作基地）入驻湖南农大，有坚实的对外人文经贸交流基础和环境。

2. 工作进展情况

获批以来，区委、区政府按照省市定位和要求，迅速成立芙蓉区块工作领导小组，区领导坚持“一周一调度”，加强对区块建设的统筹领导。目前自贸区长沙片区芙蓉事务中心已获批正科级事业单位，正在制定“三定”方案。规划先行。制定了区块产业规划和总体实施方案；区块核心区城市设计，已于3月25日挂网，待城市设计方案确定之后，协同项目建设需要推进土地规划调整，将对隆平新区土地现状和存量低效土地转型升级形成报告初稿。搭建功能性平台5个。分别是岳麓山种业创新中心、芙蓉标准化小镇、国际产业创新与交流中心、非洲特色产业科技创新示范园、湖南中非跨境电商（B2B）示范平台。制度创新成绩斐然。芙蓉区块改革创新项目清单和改革事项责任分解表，承接市方案58大项、自主提出24大项80小项，明确了区级责任单位、落实举措、实施目标和完成时限。支持种企共建共性技术平台、打造“蓉易贷”金融创新服务模式2个案例已作为国家级、省级创新案例报送；率先在3月底下发“长沙市芙蓉区政府办公室关于印发《中国（湖南）自由贸易试验区长沙芙蓉区块商事主体住所(经营场所）登记申报承诺制实施办法（试行）》的通知”（芙政办发〔2021〕7号），并且在政务体系建设运行方面在全省率先开设自贸试验区“专窗”和“一站式帮代办”企

业服务中心等。四是招商引资工作密切跟进。在谈项目9个，其中灵蛇科技、名义初品、东风悦享和怡亚通项目已基本谈妥。为解决过渡区办公场地不足，正协商共建芙蓉自贸区总部办公基地；筹备举办专题招商推介；围绕标准化服务业、跨境电商产业、中非经贸产业制定专项扶持政策等工作紧锣密鼓地开展。五是产业和配套设施方面的13个在建项目有序推进。隆平生物种业产业园正进行基坑支护施工；芙蓉自贸大厦正在进行方案设计；东湖湿地公园已确定方案设计单位，正在进行方案深化与修改；周边几条配套道路正进行可研编制、前期报建。

二、区块发展目前面临的困难和问题

1. 制度创新事项不少，试点任务有难度。芙蓉区块承接市改革试点方案58大项、自主提出24大项80小项，大部分项目是首次提出或湖南首次提出，原创改革难度增大。特别是建设中非经贸深度合作先行区是湖南自贸试验区三大任务之一，改革试点任务均为全国首创，没有可借鉴的经验。

2. 人才机制亟需建立，复合型人才缺少。按照“一主一特一新”定位发展，芙蓉区块全力打造“中非经贸深度合作示范区”，探索中非经贸合作新模式，这就需要既懂经济又懂管理，既懂技术又懂国际规则的复合型人才，从目前长沙市现有人才情况来看，高层次、国际化、综合型人才总量不足。

3. 扶持政策尚未落地，精准招商难突破。产业政策配套政策尚未定型落地，大量意向入驻企业持观望态度。如尚未建立供应链金融体系，无法解决中小企业融资难问题；尚未建立产业引导基金，无法更有效地引导并有效培育相关产业中小企业发展。

4. 体制机制有待完善，区块发展深度融合难。一方面自贸区芙蓉事务中心才获批正科级事业单位，“三定”方案尚在制定中，机构配置尚不齐全；与省市相关部门以及隆平高科技园区、区直相关部门的协调存在一定的困难，特别是自贸区与园区之间的发展关系如何深度融合、共同发展更需要高起点谋划、高位统筹等。

三、对芙蓉区块发展的意见和建议

在推进自贸试验区建设中，芙蓉国坚持以制度创新为核心，以可复制可推广为基本要求，鼓励大胆试、大胆闯、自主改，先行先试。如何抓住芙蓉区块的战略机遇，利用好资源优势，推动全域经济高质量发展已经迎来有利契机。为此，特提出如下意见和建议。

（一）充分用好用足政策，把企业引进来，留得住，发展好

引进来就是要聚焦产业定位，以科技创新的优质企业为依托，做强增量。企业入驻自贸区最大的吸引力是自贸区释放的政策红利，建议尽快出台围绕区块重点产业发展的区本级配套“政策包”，为企业提供优质高效的创业平台和空间，以改革的智慧、创新的制度、务实的举措、高效的流程服务于企业。建议创新线上线下招商机制，线上通过现代通信技术网络视频，定期进行招商活动发布和税收政策、人才政策以及产业配套政策推介等；线下可通过以商招商、招商服务外包等形式进行精准招商。同时可以打造网上联席综合服务平台，进一步丰富“互联网＋政务服务”内容。该综合平台可考虑主要由政务服务网上窗口、商务服务网上窗口、语言服务网上窗口三部分组成。另外在自贸试验区省、市配套政策出台前，建议按照“产业集聚、政策集中、服务集成”的思路，提前选取重点推介自贸区企业落户入驻的商业载体，如国金中心、佳兆业广场等中心城区优质楼宇，旺德府万象时代、东湖壹号等自贸区周边新建楼宇，尽快做大市场主体数量和经济贡献体量。

留得住就是要协助已入驻企业开好局，尽早开展各项业务。芙蓉区块综合服务专窗和企业服务中心要整合金融、咨询、法律、财务、人力资源、知识产权等专业机构的力量，为企业提供“全方位”“全周期”“全业务”的专业服务。打造最省营商环境，使“一件事一次办”“土特产”等服务模式成为最省、最简、最快的自贸试验区政务服务“芙蓉样板”。建议通过财政奖补、租金减免、税费优惠等政策减少企业在成长初期的负担，使企业将精力集中于科学研究、人才引进、企业管理和市场开拓等方面。建立企业信息互通、技术互动、平台共享的长效机制，形成要素整合、抱团发展的良好格局。

发展好是项目引进来，留得住的最高境界。芙蓉区要充分吸取顺丰物流等企业流失的教训，对于引进的企业和项目，坚持务实原则，全程精准搞好对接服务，持续强化跟踪督办。企业实现良好发展，不仅可以创造就业机会，还可带动相关上下游产业的发展，促进产业的转型升级和高质量发展。同时借自贸区建设契机，提前规划布局路网、公园、学校等基础设施项目，进一步加大市政、绿化建设投入力度，加快吃、住、行、学、医、

娱等生活服务配套建设，建设好宜居宜业的住宅楼宇和品质社区，为企业和市民提供优美、舒适的工作和生活环境。

（二）继续推进深层次制度创新，体现芙蓉特色

芙蓉区能不能在小地盘里争先进位，在分析比较中发挥优势，实现差异化发展，激发出更大的创新潜能，关键是要通过制度红利引领高端要素集聚。

1. 紧盯改革事项，聚焦制度创新。坚持问题导向、需求导向，及时跟进案例总结经验，确保落地一例，总结一例，成就一例，宣传一例。力争按照“半年出经验、一年有成果、两年上台阶、三年达目标”的时序要求，做到突出重点、系统推进，列出时间表、路线图。

2. 紧接放权赋权，做好统筹协调。按照《关于在中国（湖南）自由贸易试验区开展放权赋权极简审批的通知》和市自贸办要求，认真梳理需配套下放的权限清单。梳理形成并公开“权力清单”，简政放权，提升行政透明度。同时对标国际惯例，完善负面清单投资管理制度。建议放宽对专业人才流动限制和放宽对跨境支付等形式的服务贸易限制。例如上海自贸区的特殊人才引进制度，只有初中毕业的上海简越文化传播有限公司的杨超越被列入名单，享受了具备在上海市任意区域的购房资格。

建议事务中心加强与省市区相关职能部门对接，跟进做好放权赋权工作，同时加强与省市自贸办对接，做好宣传、数据统计、考核、信息化建设，实现协调联动、整体联动。加强与隆平高科技园区、区直相关部门的沟通衔接，在项目发展上拧成一股绳，劲往一处使。

3. 紧靠现有资源，打造亮点特色

把握跨境电商发展机遇。跨境电商是当今互联网时代发展最为迅速的贸易方式，是根据芙蓉区特色实施“三高四新”战略的重要着力点，发展开放型经济的重要窗口。芙蓉区跨境电商企业联合运营中心已有了较好的基础，建议按照省、市、区相关重点扶持和发展跨境电商产业政策，以芙蓉区块和跨境电商企业联合运营中心为重要载体，继续坚持“搭平台、招大商、重人才、强服务”的发展思路，着力打造长沙跨境电商新增长极。

充分利用好现代种业领域强劲的科研实力，全力打造“现代农业科技创新引领区”。区块内聚集了25所高等院校及岳麓山种业创新中心等国家、省级以上创新平台53个，拥有5位“院士天团”，国际国内农业和育种大师100余人，高级专业研究人员2500余人，汇集了生物育种产业链上中下游企业近200家，杂交水稻、杂交谷子、杂交食葵市场占有率全球第一位，杂交黄瓜、杂交玉米、杂交辣椒市场占有居全国第一位，是全国现代种业领域科研能力最强，科技成果最集中的区域之一。建议积极发挥高校科研院所优势，加强与院校单位的互联互通，落实院校区合作事项，在教育发展、科技攻关、文化活动、社会服务等领域开展深入合作。

发挥特色楼宇作用，提供优质高效法律服务。芙蓉区拥有众多律师事务机构的律政服务大楼，可尝试公开遴选一批有实力、声誉好的律师团队，建立自贸区法律专家库制度，为区块内商事主体提供全方位、标准化的服务。同时借鉴国际自贸区经验，在区块内逐步建立司法保障和争议解决机制，形成以法院为主、仲裁调解为辅的格局。特别是发挥商事纠纷仲裁调解的作用，提高商事调解的自愿性以及仲裁裁决的可强制执行性，让企业更加省心、省事、省时。如浦东、前海、横琴等设立自贸试验区法庭，相关的自贸区设立了仲裁院、自贸试验区知识产权法庭和海事法院自贸试验区法庭。

有效利用好芙蓉区雄厚的传统金融基础和“湖南省金融创新特色产业园”优势平台，对接好自贸区金融创新的一系列政策，积极探索支持重点产业发展需要的新兴金融平台、金融产品和服务模式创新。以特色产品贸易、电子商务、农业科技等产业为切入点，搭建“政银企”常态化供需对接平台，主动为传统金融机构在供应链金融、贸易金融、跨境金融等领域创新提供条件，与中心城区持牌金融机构集聚区发展互补。

（三）加大文化旅游产业融合力度，增强区块文化发展内核

有效依托芙蓉区优质的红色资源和厚重的文化底蕴。如利用柳子明故居、东沙古井、农大红枫、袁隆平等人文资源优势，充分挖掘传承历史、开拓创新、勇攀科学高峰等精神内涵，打造核心网红旅游区、打卡地，网上网下联动，讲好芙蓉“自贸故事”，增强文化内核，唱响芙蓉靓丽品牌。新增和发展研学旅行内容。目前芙蓉区在打造由隆平水稻博物馆、湘绣研究所、省茶叶博物馆联合发起的展现湖湘历史文化的“读行芙蓉”精品研学路线，自贸区建设的知识和项目是研学路上的又一课。紧抓文旅产业。打造浏阳河九道湾文旅商务区，在沿岸种植各类红枫，改良土质让树长成枫林景观，推动河岸两厢的旅游发展；对接举办各类水上及岸边体育竞技活动，完善修建龙舟观景台及龙舟码头，

增加龙舟赛事的观赏性、互动性、人文性，做强浏阳河九道湾名片。

（四）抓住第二届中非经贸博览会召开契机，积极打造中非经贸深度合作示范区

第二届中非经贸博览会将于2021年9月在长沙召开。要抓住会议契机，加强与非洲国家在食品和农产品、医药健康产业、基础设施建设、工业化及产业链等方面合作。积极借鉴正在非洲开展或已完成，对中非经贸合作发起起到积极推动作用的优质项目或者尚未在非洲落地但属于中国经贸各领域项目，通过引进、消化、吸收、再创造，或基于实际国情自主探索而得出的具有相关方法、技术模式等，聚焦农业、商业贸易、基础设施、融资合作、数字经济等方面的对非合作企业。建议建好中非农业技术合作交流基地，中非高技能人才培训基地；推进中非和其他国家种质资源、种苗和食用农产品及检疫、检测、检验结果国际互认，引进对非出口符合性认证（VOC）代理机构，打造对非出口国际检验检测和标准认证咨询服务基地；建好非洲在华非资源性产品集散、交易中心和进口加工基地。建议政府一方面加快促进中非贸易发展的配套设施建设，培养市场主体，鼓励国际组织、行业协会及中非经贸龙头企业在芙蓉区块落户和设立（区域）总部；另一方面激励有实力、有信誉的企业积极到非洲国家投资兴业，输出适用技术和管理经验，开展人员交流与信息共享，加强了解，增进友谊，深化合作。

（执笔人系芙蓉区政协委员，湖南省社会主义学院图书信息部主任）

关于对芙蓉区建筑业发展情况的调研报告

王文杰

（2021年9月）

根据区政协主席会议工作安排，2021年区政协将芙蓉区建筑企业发展情况作为重点调研课题，成立了专题调研组，深入到区住房和城乡建设局、部分建筑企业进行调研，通过召开座谈会、专题视察、征询市住房和城乡建设局意见等方式，对芙蓉区建筑企业发展情况进行了深入调查了解，现将调研情况报告如下。

一、发展现状

芙蓉区现有注册建安企业300多家，其中总承包一级企业16家、总承包二级企业20家、总承包三级企业16家，劳务企业102家，勘察设计企业3家。2018年建筑业总产值为283.49亿元，2019年建筑业总产值287.4亿元，增长1.38%；2020年完成产值304.68亿元，增长6.01%。，芙蓉区建筑业近年来相关情况如下表。

·表51· 2021年芙蓉区资质建筑企业2017—2020年施工建筑面积情况一览表

时间（年）	2017	2018	2019	2020
建筑面积（万平方米）	1161.18	826.17	833.31	1105.25

（资料来源：调研组）

·表52· 2021年芙蓉区建筑业2018—2020年税收情况一览表

序号	时间（年）	建筑业税收（万元）	全区税收（万元）	占全区税收比例（%）
1	2018	66164	854252	7.7
2	2019	74912	1036369	7.2
3	2020	64782	1163391	5.6

（资料来源：调研组）

·表53· 2021年芙蓉区建筑业增加值占全区地区生产总值比重情况一览表

序号	时间（年）	建筑业增加值（亿元）	芙蓉区地区生产总值（亿元）	增加值占全区地区生产总值比例（%）
1	2017	63.10	1301.59	4.8
2	2018	51.90	1326.73	3.9
3	2019	101.33	1126.32	9.0
4	2020	102.54	1163.28	8.8

（资料来源：调研组）

·表54· 2021年芙蓉区建筑业产值在全市占比及内五区排名情况一览表

序号	时间（年）	芙蓉区建筑业产值（亿元）	全市建筑业产值（亿元）	芙蓉区建筑业产值占全市建筑业产值比例（%）	建筑业产值在内五区排名
1	2017	229.4172	4374.53	5.24	第五名
2	2018	283.4912	4957.72	5.72	第五名
3	2019	287.3970	5469.21	5.25	第五名
4	2020	304.6796	6059.07	5.03	第五名

（资料来源：调研组）

主要做法：

1. 推动企业做大做强。为促进芙蓉区建筑业持续健康发展，芙蓉区积极落实各项政策，推动芙蓉区建筑企业升级、做大做强。对辖区内符合奖励申报要求的建筑企业及时通知，并配合企业做好申报服务工作。协助绿林市政工程、中胜市政建设等公司争创国家和省级优质工程，支持第一工程公司争创省级芙蓉奖，为山恩网络通信工程公司升级为一级资质企业提供帮助，支持湖南建设集团等公司质量创优，鼓励湖南净源环境等公司科技创新。为建筑企业积极争取市级各类奖励资金，据不完全统计，2020 年芙蓉区为建筑企业争取市级各类奖励资金 120 万元，2021 年争取市级各类奖励资金 80 万元。

2. 支持企业开拓市场。夯实本土市场根基。前期，为支持本区建筑企业发展，芙蓉区建立小额工程企业库，全部由本区建筑企业组成，小项目的承建均在企业库内抽取施工单位。适应形势发展，目前芙蓉区取消小额工程企业库，改为 400 万元以下项目由街道、城投等部门自行直接委托施工单位，此类业务原则上尽量由本区企业承接。整合资源共同发展。芙蓉区重点围绕一级建筑企业业务搭建平台，使其他建筑企业共享信息、实现共赢。在芙蓉建筑业协会未正式运作之前，抓好、服务好一级建筑企业，以一级建筑企业为总揽，搞好业务对接，带动其他各建筑专业分包单位共同发展。

3. 协助企业解决问题。协助企业贯彻落实保障农民工工资支付条例。推动建筑工人实名制系统的使用，切实维护农民工劳动权益，组织区内建筑企业、在建项目员工 120 余人学习培训和普法宣传。协助企业抓好安全生产。为提高企业员工安全意识，芙蓉区强化建筑施工质量安全业务培训，对辖区内建安企业进行经常性安全生产检查。重点核查企业安全生产责任制度、安全生产投入、安全管理人员持证上岗、安全生产教育培训等落实情况。2020 年以来，芙蓉区建筑领域没有发生一例安全责任事故。

二、芙蓉区建筑业发展中存在的困难和问题

1. 建筑企业整体实力不强。芙蓉区建筑企业总体上资质不高。缺乏特级资质企业，总承包一级企业仅 16 家，其中本土 3 家，分别是湖南马王堆建筑工程有限公司、湖南擎天建设工程有限公司（区属集体企业长沙市基建工程公司改制）、湖南正道建筑工程有限公司（区属集体企业长沙市基础基建公司改制）。这 16 家企业的产值占全区建筑业企业年产值的 80% 以上。二级、三级总承包企业共 36 家，但这些企业发展都比较慢，有的甚至处于停业状态。建筑企业相互之间联系合作不紧密。建筑企业业务上以“单打独斗”居多，在联合开拓市场、抱团合作发展方面有待加强。通过收购、兼并困难企业实行资产重组的不多，通过相互持股、转让股份、增持股份，发展混合所有制经济的建筑企业也少。建筑企业产值在全市排名不稳定。2017 年芙蓉区建筑业总产值占全市建筑业总产值不到 5%，排名全市倒数第一位；2020 年芙蓉区建筑业产值 10 亿元以上的企业只有 6 家，1 亿元以上产值的企业也仅 16 家，全区建筑业总产值位列全市内五区最后；2021 年一、二季度产值排名虽有较大提高，但其稳定性还需进一步观察。

2. 建筑企业核心竞争力有待提升。企业经营管理水平还需进一步提高。有的企业还是实行家族式管理；有的企业发展战略不科学，缺乏错位竞争意识；有的企业精品意识不强，工程项目获得的“芙蓉”“詹天佑”“鲁班” “大禹”等省部级优质工程奖项不多。由于经营管理不善，不少建筑企业接连破产。如：湖南万力建设集团、湖南瑞和建筑等公司，目前已进入破产清算阶段；湖南天义建设集团因众多项目挂靠，引起法律纠纷，致使产值大幅下降，处境堪忧。企业科技研发应用能力不足。科技投入偏小，企业对建筑关键技术和工艺的研发能力不强，新技术、新工艺、新材料、新设备在芙蓉区建筑企业工程项目建设中运用不充分。少数企业未改制。目前，芙蓉区 300 余家建安企业绝大部分都是经营机制灵活的股份制企业，但仍有少数企业至今没有改制，或改制不彻底。如东屯渡建筑公司、东岸建筑公司，到现在还没有改制；马王堆建筑公司虽已改制，但也不彻底。由于没有改制或改制不彻底，导致经营机制不灵活，市场竞争力减弱。

3. 建筑业发展要素支撑还需强化。缺乏区级配套扶持政策。政府的扶持政策对促进建筑企业的健康发展具有重大的促进作用，是企业立足芙蓉、坚守芙蓉、服务芙蓉的强大动力。适当的扶持和奖励，既是中央省市的要求，也是地方政府服务企业、留住企业的必要举措，但芙蓉区在如何促进企业开拓业务、降低成本、提高竞争力等方面还缺乏相关的扶持政策。专业人才不足。调查表明，芙蓉区建筑行业专业优秀项目经理、优秀专业技术人才仍十分紧缺，特别是高级工程师的不足，直接影响到企业对工程项目的承接。由于芙蓉区建

筑企业绝大部分都是规模有限的民营企业，薪资水平、晋升通道等缺乏对专业人才和高校毕业生的吸引力，而且建筑行业的岗位普遍为户外作业，工作条件艰苦，与其他行业相比，对年轻人特别是大学毕业生吸引力明显不足。有的企业反映，多年来真正能留在企业工作的不到招聘总数的1%。资金周转困难。建筑业是一个资金占用量较大的行业，很多企业反映资金周转困难，甲方拖欠工程款现象较为普遍。从法律意义上讲应严格按合同要求结算拨付工程款，但实际上往往是按节气来支付；项目保证金缴退要求严格、手续繁多；融资难、融资贵的问题不同程度存在。这些因素导致资金压力加大、项目承接受限、工程进度放缓、工期变长、成本增加，企业生产经营受到影响。

4．建筑业发展环境还需优化。关心支持建筑业发展的意识还需强化。由于对建筑业发展关心支持的意识较为淡薄，加之芙蓉区建筑企业自身竞争力不强，企业承接到的区内业务很少，特别是区内的一些大型项目，基本上都是由外来企业承建，区投区建的项目也不例外。据不完全统计，2017年区本土企业承接本区的建筑业业务量仅占全区基建投资的3%。2020年区本土企业承接本区（含社会投资）的建筑业业务量约10亿元，仅占全区政府投资额的5.3%，占全区基建总投资的比例更是微乎其微。有的企业反映，近年来企业涉及的诉讼或劳动争议，相关部门不是以事实为依据，而是从维稳的角度出发，企业基本都成为败诉一方，有时企业合理的诉求也无法得到支持和帮助。推动建筑业健康发展的协同机制尚未建立。相关职能部门没有建立一个建筑业发展的联席会议制度，缺乏全区建筑业发展规划和扶持措施的协商探讨平台，对建筑业发展过程中存在的突出问题不能及时研究解决。区建筑行业协会也是有名无实，工作基本处于停顿状态。很少组织开展建筑行业方面的会议、活动，也很难协调解决建筑企业发展过程中存在的困难和问题。部分制约企业发展的瓶颈问题难以解决。调查表明，芙蓉区不少建筑企业缺乏办公场地，或办公场地不足，遑论建筑企业升级成为装配式制造基地。如浩天建工集团、格瑞建设、东岸建筑等公司反映，公司长期以来一直没有办公场地，马王堆建筑公司也反映办公场地不足。近年来，由于缺乏办公场地等原因，加之外地（区县市）招商政策的吸引，导致芙蓉区不少建筑企业外迁，如：宏林建设工程集团、中国有色金属、长沙勘察设计研究院等产值较大企业近年先后外迁。湖南对外建设集团2020年产值12亿元，现办公地址已迁至星沙，随时可能外迁。这类建筑业发展的瓶颈问题导致企业外迁，对芙蓉区建筑业可持续发展造成不利影响。

三、对策与建议

1．努力提升建筑企业整体实力。要不断提升企业资质能力。要在施工总承包、专业承包、施工劳务等方面，引导企业资质升级或增项，逐步将单一性资质变为多元化资质格局，大力培育更多施工总承包特级资质企业和具备境外国际工程承包经营资格的企业，争取更大市场机会和份额。建议政府对芙蓉区首次晋升为特级、一级、二级施工总承包资质的施工企业，当年分别给予一定奖励。要进一步做强做大“龙头”企业。要打破部门、行业、地区、所有制的界限，按照市场需求、优势互补、企业自愿、政府引导的原则，鼓励具有较强综合实力的大型建筑企业通过联合或兼并科研、设计、施工等企业，实行跨专业、跨地区重组，形成一批资金雄厚、人才密集、技术先进，具有科研、设计、采购、施工管理和融资等能力的大型“龙头”企业，提高工程建设整体效益和技术水平，使工程建设更加符合建设规律和社会化大生产的要求。要加大招商引资力度。创造条件，吸引外地建筑企业迁入。建议对于从外地迁入的建筑企业，按照资质等级给予一定的补助，给迁入企业按照产值、税收给予一定的配套奖励。在办公用地需求、办公用房租购等方面给予支持。要加强建筑新兴产业劳务品牌建设。2021年9月，人社部、国家发改委等部门出台《关于劳务品牌建设的指导意见》，芙蓉区要乘此东风，加强建筑新兴产业劳务品牌建设。聚焦建筑新兴产业，制定劳务品牌发展规划和建设方案，确定劳务品牌建设重点项目，加快劳务品牌发展提升和壮大升级，推动芙蓉区建筑企业产值增加、实力增强。

2．不断提高建筑企业核心竞争力。要不断提高企业经营管理水平。全区建筑企业要按照“产权清晰、权责明确、政企分开、管理科学”的要求，进一步健全现代企业经营管理制度，持续优化企业内部管理，完善企业产权制度和法人治理结构，全面提升建筑企业经营管理水平。建议政府对本区建筑企业独立承建项目（含区外项目）获得省部级奖励（湖南省优质工程、“芙蓉奖”、“鲁班”、“詹天佑”、国家优质工程、“大禹奖”奖项）的，按照奖励等级分别给予一次性奖励。要大力促进企业技术创新。加强建筑业新技术、新工艺、新材料、新设备的研发、推广和运用。有实力的企业要加大资金投入，进行具有前瞻性的技术研发，构筑和保持自己某一领域的优势。建议政府按创新研发资金投入比例给予一定补贴，对取得工程建设国家发明专利的本区建筑施工企业和开发应用新技术、新工艺、新材料、新设备的建筑企业给予不同形式的奖励。要加快企业改革步伐。加强对建筑企业改制工作的领导和协调，借鉴先进地区做法，采取界定企业产权、人员身份置换、遗留问题解决、机制体制建设等措施，推进企业产权制度改革，引导企业加快建立股权合理流转、股东进退有序的机制，优化股权配置，增强企业活力。

3. 健全建筑业要素支撑体系。要完善政策措施。建筑业对地域要求不高的行业特点，决定了建筑企业注册地的选择很大程度上是对政府服务的选择。企业更多看重的不是物质条件，而是营商环境。为此，建议政府根据国家、省、市有关文件精神，结合芙蓉区实际，制定关于芙蓉区优化建设领域营商环境、促进建筑业高质量发展的政策措施，针对建筑行业存在的突出问题和企业反映的共性问题，比如，建筑企业反映的要求在项目属地成立分公司，做好企业招投标服务工作，健全建筑企业信用评价体系，建筑行业协税护税，鼓励企业资质升级、打造精品，支持企业开拓外埠市场、注重科技研发，等等问题，研究出台操作性强的具体实施意见，以务实的政策举措推动建筑业高质量发展。要注重建筑企业人才储备。坚持企业培养与政府支持相结合，加强与在长高、职院校的联系与合作，引进和培育适应芙蓉区建筑业发展需要的专业人才和高技能工人，加大设计、建造、安装等高层次人才培育引进力度，将建筑企业领军技术人才纳入芙蓉区人才引进计划。探索改革建筑劳务用工组织形式，推动工人组织化和专业化。要加大资金服务力度。建议财政部门每年要安排适当的财政资金引导企业发展；金融部门要为建筑企业，特别是作为社会资本参与 PPP 项目的建筑企业，在融资方面开辟绿色通道；推动银企合作，鼓励金融机构在授信额度、质押融资、利率优惠、金融产品等方面对建筑企业给予支持；优化工程款结算拨付方式；简化保证金缴退程序，为建筑业健康发展提供资金保障。

4. 进一步优化建筑业发展环境。要强化支持关心建筑业发展的意识。全区各级各部门要结合职能职责，进一步强化服务意识，为建筑企业发展提供全方位的支持。区发改、财政、住建、行政审批、行政执法、司法审判、人社、城管等部门要各司其职，通力协作，根据行业发展规划，加强政策指导，在事前、事中、事后积极为芙蓉区建筑企业把好关、服好务，在招投标管理服务、施工许可证办理、诉讼案件审判、劳动争议裁处、竣工验收备案、安全质量考评、信用等级评定等事务中切实提供便利。要形成建筑业健康发展的协同机制。建立健全芙蓉区建筑业发展联席会议制度，定期研究和推进芙蓉区建筑业的发展规划和扶持措施，及时解决建筑业发展过程中存在的突出问题，统筹协调和指导芙蓉区建筑业发展，形成上下联动、横向协同的工作机制。研究建立部门联合监管机制，减少对项目建设的干扰。加强区建筑行业协会建设，切实发挥区建筑行业协会在理论研究、行业管理、工作指导、经验交流等方面的作用。区住建局要发挥好统筹协调作用，搭好平台，建好机制，做好做细日常服务工作。要切实解决制约建筑业发展的瓶颈问题。全区各级各部门要以企业的需求为工作的出发点和落脚点，真心实意协助企业解决办公用房等发展瓶颈问题。资规、住建、城投、公建中心等部门要为建筑企业建设办公用房提供地块、完善手续；园区、街道、商务、现服中心等单位要积极为建筑企业找寻房源提供思路、牵线搭桥。对于建筑企业发展过程中遇到的其他困难和问题，相关职能部门要积极做好服务工作，助推芙蓉区建筑业加快发展。

（执笔人系原芙蓉区政协农业农村和人口资源环境委员会主任）

统计资料

Statistical Information

编辑　苏　洁

芙蓉区第七次全国人口普查公报[1]

根据《中华人民共和国统计法》《全国人口普查条例》和国务院的决定，全国以2020年11月1日零时为标准时点进行第七次全国人口普查[2]。我区人口普查在区委、区政府的领导下，在全体普查对象的支持配合下，通过各级普查机构和广大普查工作人员的艰苦努力，完成了普查现场登记和普查主要数据的汇总工作。全区主要数据公布如下：

一、常住人口

全区常住人口[3]642010人，与2010年第六次全国人口普查的523997人相比，增加118013人，增长22.52%，年平均增长率2.05%。

二、户别人口

全区共有家庭户[4]204947户，集体户38652户，家庭户人口490918人，集体户人口151092人。平均每个家庭户的人口2.40人，比2010年第六次全国人口普查减少0.27人。

三、人口性别构成

全区常住人口中，男性人口321066人，占50.01%；女性人口320944人，占49.99%。总人口性别比（以女性为100，男性对女性的比例）100.04，比2010年第六次全国人口普查下降1.24。

四、人口年龄构成

全区常住人口中，0～14岁人口88698人，占13.82%；15～59岁人口466124人，占72.60%；60岁及以上人口87188人，占13.58%；65岁及以上人口61657人，占9.60%。与2010年第六次全国人口普查相比，0～14岁人口的比重上升2.64个百分点，15～59岁人口的比重下降5.83个百分点，60岁及以上人口的比重上升3.20个百分点，65岁及以上人口的比重上升2.71个百分点。

·表55· 2021年芙蓉区人口年龄构成一览表

年　龄	人口数（人）	比重（%）
总　计	642010	100.00
0~14岁	88698	13.82
15~59岁	466124	72.60
60岁及以上	87188	13.58
其中：65岁及以上	61657	9.60

（资料来源：区统计局）

五、人口受教育程度

全区常住人口中，拥有大学（指大专及以上）文化程度的人口247850人；拥有高中（含中专）文化程度的人口144155人；拥有初中文化程度的人口137599人；拥有小学文化程度的人口71558人（以上各种受教育程度的人包括各类学校的毕业生、肄业生和在校生）。与2010年第六次全国人口普查相比，每10万人中拥有大学文化程度的由32985人上升为38605人；拥有高中文化程度的由25222人下降为22454人；拥有初中文化程度的由25432人下降为21433人；拥有小学文化程度的由11178人下降为11146人。

全区常住人口中，15岁及以上人口的平均受教育年限[5]为12.68年。

全区常住人口中，文盲人口（15岁及以上不识字的人）1464人，与2010年第六次全国人口普查相比，文盲人口减少145人，文盲率[6]由0.31%下降为0.23%，下降0.08个百分点。

六、街道、园、局人口情况

·表56·　　2021年芙蓉区各街道、园、局常住人口一览表

地　区	人口数（人）	比重[7]（%）
全　区	642010	100.01
文艺路街道	34471	5.37
朝阳街道	42959	6.69
韭菜园街道	31123	4.85
五里牌街道	12618	1.97
火星街道	55452	8.64
马王堆街道	77381	12.05
东屯渡街道	68699	10.70
湘湖管理局	38423	5.98
定王台街道	40063	6.24
荷花园街道	61537	9.59
东岸街道	41163	6.41
马坡岭街道	63300	9.86
东湖街道	72014	11.22
隆平高科技园	2807	0.44

（资料来源：区统计局）

注释

[1] 部分数据因四舍五入可能导致总项与分项之和有差异。

[2] 普查登记的对象是指普查标准时点在中华人民共和国境内的自然人以及在中华人民共和国境外但未定居的中国公民，不包括在中华人民共和国境内短期停留的境外人员。

[3] 常住人口包括，居住在本乡镇街道且户口在本乡镇街道或户口待定的人；居住在本乡镇街道且离开户口所在的乡镇街道半年以上的人；户口在本乡镇街道且外出不满半年或在境外工作学习的人。

[4] 家庭户是指以家庭成员关系为主、居住一处共同生活的人组成的户。

[5] 平均受教育年限是将各种受教育程度折算成受教育年限计算平均数得出的，具体的折算标准是：小学＝6年，初中＝9年，高中＝12年，大专及以上＝16年。

[6] 文盲率是指常住人口中15岁及以上不识字人口所占比例。

[7] 指各街道、园、局的常住人口占全区人口的比重

（区统计局）

统计表格

·表57· 2021年芙蓉区国民经济及社会发展主要指标统计表

指标名称	单位	2021年	2021年比2020年增长（%）
一、地区生产总值	亿元	1268.24	8.3
其中：第一产业	亿元	0.006	-2.9
第二产业	亿元	158.33	-0.1
第三产业	亿元	1109.90	9.5
二、年末常住人口数	万人	64.49	0.32
三、规模以上工业总产值	亿元	54.1	2.7
四、社会消费品零售总额	亿元	658.6	14.5
五、全社会固定资产投资	亿元	—	6.2
六、城镇居民人均可支配收入	元	66324	7.0
七、地方一般公共预算收入	亿元	36.93	-9.27
八、实际到位省外境内资金	亿元	240.14	34.56
九、实际利用外资	亿美元	2.8	-30.14
十、小学生入学率	%	100.0	—

说明：部分2021年的统计数据与相应统计制度变化后的要求相衔接

·表58· 2021年芙蓉区地区生产总值统计表

行业名称	按现行价计算（万元）		按可比价计算（万元）		增长（%）
	2021年	2020年	2021年	2020年	
地区生产总值	12682391	11632777	12598537	11632777	8.3
第一产业	60	55	53	55	-2.9
第二产业	1583316	1489787	1488110	1489787	-0.1
工业	502428	464358	474986	464358	2.3
建筑业	1080887	1025429	1013124	1025429	-1.2

·续表 58·

行业名称	按现行价计算（万元）		按可比价计算（万元）		增长（%）
	2021 年	2020 年	2021 年	2020 年	
第三产业	11099016	10142935	11110374	10142935	9.5
批发和零售业	2041526	1801607	1982253	1801607	10.0
批发业	800138	685251	765425	685251	11.7
零售业	1241388	1116356	1216828	1116356	9.0
交通运输、仓储和邮政业	518852	481306	523290	481306	8.7
住宿和餐饮业	396177	363217	406715	363217	12.0
住宿业	120837	113675	117995	113675	3.8
餐饮业	275340	249542	288720	249542	15.7
金融业	2837043	2595449	2744943	2595449	5.8
房地产业	1103645	1117290	1124558	1117290	0.7
其他服务业	4201755	3784047	4328598	3784047	14.4
营利性服务业	2562273	2320313	2701494	2320313	16.4
非营利性服务业	1639482	1463734	1627103	1463734	11.2

·表 59·

2021 年芙蓉区全社会固定资产投资统计表

指标名称	计算单位	2021 年	2021 年比 2020 年增长（%）
一、固定资产投资	万元	3798692	6.2
其中：公有制经济类型	万元	2095449	14.1
其中：固定资产投资（5000 万以上项目）	万元	1938838	-9
固定资产投资（5000 万元以下项目）	万元	456847	-3.9
房地产投资	万元	1403007	32.4
二、工业技术改造	万元	106698	124
三、产业投资	亿元	165.47	13.3
四、商品房销售面积	万平方米	95.72	-14.3
五、全区重点项目个数	个	80	-11.1
六、重点项目投资总额	万元	2703937	22.6

·表60· 2021年芙蓉区固定资产投资基本情况统计表

指标名称	单位	2021年
一、施工项目个数	个	377
其中：基本建设	个	101
改建和技术改造	个	237
房地产开发	个	39
二、竣工项目个数	个	252
其中：基本建设	个	61
改建和技术改造	个	185
房地产开发	个	6
三、全部房屋施工面积	万平方米	624.99
四、全部房屋竣工面积	万平方米	96.65

·表61· 2021年芙蓉区建筑业基本情况统计表

指标名称	单位	2021年
一、资质建筑企业个数	个	182
二、资质建筑企业计算劳动生产率平均人数	人	112940
三、资质建筑企业总产值	万元	3901047
四、全部建筑企业增加值	万元	1080887
五、资质建筑企业利润	万元	19370
六、资质建筑企业本年施工面积	万平方米	1334.37
七、资质建筑企业本年竣工面积	万平方米	349.65

说明：该表数据为总承包和专业承包企业数据，不包括劳务分包企业数据

（本栏资料来源：区统计局）

附　录

Appendices

编辑　苏　洁　谭丽霞

组织机构及负责人

中共长沙市芙蓉区委员会

党委书记 周春晖（2021 年 3 月任）
副 书 记 周春晖（2021 年 3 月免）
崔 晓（女，2021 年 4 月任）
蒋红波
卓精华（挂职，2021 年 7 月免）
常 委 周春晖（2021 年 3 月任）
周春晖（2021 年 3 月免）
崔 晓（女，2021 年 4 月任）
蒋红波
卓精华（挂职，2021 年 7 月免）
刘文立（2021 年 7 月免）
伍艳飞（女，2021 年 7 月免）
谭雄伟（2021 年 7 月免）
王长陵（女，2021 年 7 月免）
喻志刚（2021 年 7 月免）
彭保刚（2021 年 7 月任）
何溪桥（女）
刘洪波
方学文（2021 年 12 月免）
杨光华（2021 年 7 月任）
刘 宪（2021 年 7 月任）
李学军（2021 年 7 月任）
陈亚静（2021 年 7 月任）
王黔军（2021 年 12 月任）

区委部门

区委办

主 任 刘洪波（2021 年 8 月免）
陈亚静（2021 年 8 月任）
常务副主任 李启杰（2021 年 4 月免）
罗希奠（2021 年 4 月任，12 月免）
何益波（2021 年 12 月任）
副 主 任 谭永华（2021 年 4 月免）
张 亮（女，2021 年 4 月免）
黄天明（2021 年 4 月免）
周裕熊（2021 年 4 月免）
廖 侃（2021 年 7 月免）
李 菁（女，2021 年 8 月任）
尹 程（2021 年 6 月任）
派驻纪检组组长 刘 佩（女）

区委组织部

部 长 何溪桥（女）
常务副部长 许琼山（2021 年 7 月免）
赵紫红（2021 年 7 月任）
副 部 长 唐宇平（兼，2021 年 12 月免）
杨幸子（女）
邓春兰（女，兼，2021 年 10 月免）
甘丽丹（女）
钟海荣（女，2021 年 8 月免）
肖 利（女，兼，2021 年 12 月任）

区委宣传部

部 长 伍艳飞（女，2021 年 8 月免）
杨光华（2021 年 8 月任）
常务副部长 易利平（女）
副 部 长 刘 彦（女）
寻红日

区委统一战线工作部

部 长 喻志刚（2021 年 8 月免）
蒋红波（2021 年 8 月任）
常务副部长 王 庄（女，2021 年 8 月免）
邓春兰（女，2021 年 10 月任）
副 部 长 阳 颖（女，2021 年 10 月免）
陈高峰（2021 年 12 月任）
张德林（2021 年 7 月免）
刘 瑜（女，2021 年 7 月任）

区委政法委员会

书 记 刘文立（2021 年 7 月免）
李学军（2021 年 7 月任）
常务副书记 李 清
副 书 记 李远书（2021 年 8 月免）
解支越（2021 年 8 月免）

刘汉祥
刘　强（2021年12月任）
政工室主任　陈　瑞（女）
委　　员　陈　瑞（女）
刘　颖（女，2021年6月免）
李孝清（2021年8月免）
刘　强
范建华
派驻纪检组组长　陈　辉

区委网络安全和信息化委员会办公室

主　　任　李向华
副 主 任　周　旻（女）
吴建兵

区委机构编制委员会办公室

主　　任　江　红（女，2021年4月免）
焦　英（女，2021年4月任）
副 主 任　李　菁（女，2021年8月免）
刘　婷（女）
李　理（女，2021年12月任）

区委巡察工作领导小组办公室

主　　任　孔　飙（2021年8月免）
唐宇平（2021年12月任）
副 主 任　诸怡君（女）
廖耀辉
巡察一组组　长　陈　新
巡察一组副组长　张　彤
巡察二组组　长　杜国荣（2021年4月免）
朱卫东（2021年4月任）
巡察二组副组长　刘　岳（女）

区委直属事业单位

区委党校

校　　长　蒋红波
常务副校长　贾　茜（女）
副 校 长　吴彩炼（女）
肖泽圣

区接待服务中心

主　　任　张　亮（女，2021年4月免）
周裕熊（2021年4月任）
副 主 任　肖　薇（女）
姚　磊（2021年10月免）
曾　佳（女，2021年10月任）

区委其他事业单位

区档案馆

馆　　长　谭永华（2021年4月免）
陈洪林（2021年4月任）
副 馆 长　熊　敏（女）
邓　斌（2021年12月免）

长沙市芙蓉区人民代表大会常务委员会

党组书记、主任　廖铁成（2021年10月免）
伍艳飞（女，2021年10月任）
副　主　任　宋晋武（2021年10月免）
陈忍冬（2021年10月免）
严国益（2021年10月免）
罗尔曼（女，2021年10月免）
刘文立（2021年10月任）
刘孟乾
李明权（2021年10月任）
唐益人（2021年10月任）
张　璎（女，2021年10月任）
委员（按姓氏笔画排列）
丁迎秋（2021年10月终止）
王秀贵（2021年10月终止）
王　瑛（女，2021年10月当选）
尹国杰（2021年10月终止）
孔伏军（2021年10月终止）
孔　飙（2021年10月当选）
石屹松（2021年10月当选）
田　冲（2021年10月当选）
朱金秀（女，2021年10月终止）
危　勇（女，2021年10月当选）
刘　妍（女，2021年10月当选）

刘建刚（2021年10月终止）
刘顺泉（2021年10月当选）
刘峻峰（2021年10月当选）
许琼山（2021年10月终止）
李　胜（2021年10月当选）
杨　兵（2021年6月辞）
陈明智（2021年10月当选）
陈　蓉（女，2021年10月终止）
周　文
周　炫（2021年10月当选）
周彩霞（女，2021年10月终止）
赵文楷（2021年10月终止）
赵紫红（2021年10月当选）
胡云飞
胡再平（2021年10月终止）
柳沣原
钟海荣（女，2021年10月当选）
段向阳
侯　建
贺　芳（女，2021年10月当选）
袁　强（2021年10月当选）
莫昊锋（2021年10月终止）
黄汉军（2021年10月当选）
黄　萍（女）
彭　坚
舒靖弘（2021年10月当选）
鲁海洋
廖　斌（2021年10月当选）
谭司苡（2021年10月当选）

区人大常委会工作机构

办公室

主　　任　丁迎秋（2021年8月免）
　　　　　段向阳（2021年8月任）
副 主 任　陈　旭（女）
　　　　　欧阳静（女）

选举任免联络工作委员会

主　　任　段向阳（2021年8月免）
　　　　　钟海荣（女，2021年8月任）
副 主 任　耿　铭

民族华侨外事委员会

主任委员　周　文

监察和司法委员会（法制工作委员会）

主任委员　黄　萍（女）

财政经济委员会（预算工作委员会）

主任委员　陈　蓉（女，2021年8月免）
　　　　　刘顺泉（2021年8月任）
副 主 任　沈向昕（女）
　　　　　朱　峰（女）

教育科学文化卫生委员会

主任委员　鲁海洋

环境与资源保护委员会

主任委员　赵文楷（2021年8月免）
　　　　　廖　斌（2021年8月任）

农业与农村委员会

主任委员　胡再平（2021年8月免）
　　　　　周　炫（2021年8月任）

社会建设委员会

主任委员　刘建刚（2021年8月免）
　　　　　孔　飙（2021年8月任）

派驻纪检组组长　龚　班

长沙市芙蓉区人民政府

党组书记、区长　周春晖（2021年4月免）
　　　　　　　　崔　晓（女，2021年10月任）
副　　区　　长　谭雄伟（2021年10月免）
　　　　　　　　刘洪波（2021年10月任）
　　　　　　　　刘　宪
　　　　　　　　黄金国（2021年7月免）
　　　　　　　　梁汝岚（女，2021年10月免）
　　　　　　　　章晓波

李学军（2021年10月免）
方宝华（挂职）
徐青春（2021年10月任）
罗加祥（2021年10月任）
文升云（2021年10月任）
谢　孟（2021年10月任）
蒋　苒（2021年10月任）

政府工作部门

区政府办公室

党组书记、主任　曾志伟（2021年7月免）
易德文（2021年7月任）
副　　主　　任　吴康达（兼，2021年8月免）
高国宏（2021年4月免）
许建红（2021年4月任）
邹远征（2021年4月任）
彭　斌（2021年8月任）
刘　玲（女）
刘　胜（2021年10月免）
谢　意（2021年12月免）
黄　海
周　垚（2021年4月免）
何　芳（2021年7月免）
雍晴婷（女，2021年4月任）
冯新辉（2021年12月任）
张　弟（兼，2021年12月任）
派驻纪检组组长　黄　芳（女）

区发展和改革局

党组书记、局长　周旭东（2021年4月免）
徐勐龙（女，2021年4月任）
副　　局　　长　邱　礼
冀　超（女）
毛智珺
总　经　济　师　魏四美（2021年10月免）
游涵淇（女，2021年12月任）

区教育局

党组书记、局长　徐青春（2021年7月免）
曾志伟（2021年7月任）
副　　局　　长　江　凌（女，2021年6月免）
杨湘林（2021年7月免）
杨　红（女）
张加波
周　率（2021年12月任）
主　任　督　学　周　率（2021年12月免）
胡　宇（女，2021年12月任）

区科学技术局

党组书记　李莉霞（女）
局　　长　赵小午（2021年7月免）
陈　庆（2021年7月任）
副 局 长　朱向东（2021年4月免）
龙雅俐（女，2021年4月任）
彭晓斌
谭　辉（女，2021年12月免）

区工业和信息化局

党组书记、局长　喻　林（2021年4月免）
张　亚（2021年4月任）
副　　局　　长　方建龙
武　举
刘　义

区民政局

党组书记、局长　吴立平
副　　局　　长　唐　敏（女，2021年8月免）
刘俊成（2021年4月免）
康拥军（2021年4月免）
李延安（2021年8月任）
周　珊（女，2021年4月任）

区司法局

党组书记、局长　芮岸伟
副　　局　　长　邓国平（2021年6月免）
唐　敏（女，2021年8月任）
徐永春

区财政局

党组书记、局长　刘孟乾（2021年4月免）
罗加祥（2021年4月任）

副　局　长　陈晓红（女，兼）
周德亮（2021年12月免）
杨　亮
陈泽琼（女）
吴湘媛（女）
党 组 成 员　罗振军
纪 检 组 组 长　汪质彬

区人力资源和社会保障局

党组书记、局长　唐宇平（2021年12月免）
肖　利（女，2021年12月任）
副　局　长　周邦运（2021年4月免）
杨　兵（2021年4月任）
王　晶（女）
黄俊杰
姚亚博（女）

区住房和城乡建设局（人民防空办公室）

党组书记、局长　朱卫东（2021年4月免）
黄　革（2021年4月任）
副　局　长　高利欢（女，2021年12月免）
余学武
李　典（2021年4月免）
陈纲要
赵德玉
刘　艳（女，2021年4月免）
派驻纪检组组长　徐　军

区交通运输局

党组书记、局长　廖　斌（2021年8月免）
丁迎秋（2021年8月任）
副　局　长　龙　勇（2021年6月免）
蒋　浩
杨　静（女，2021年6月免）
汤　宇

区农业农村局

党组书记　王卿松（2021年7月免）
局　长　陈　庆（2021年7月免）
廖　勇（2021年7月任，12月免）
副局长　周志成
张　萍（女）
曾德志

区商务局

党组书记、局长　戴　静（女，2021年8月免）
彭海燕（女，2021年8月任）
副　局　长　邓志文（2021年6月免）
段　超（2021年8月免）
孙金益（2021年6月任）
肖　俊（2021年4月免）
谭　沁（女，2021年10月任）

区文化旅游体育局

党组书记、局长　焦　英（女，2021年4月免）
李启杰（2021年4月任）
副　局　长　刘益文
胡敬容
沈　丹
唐　灿（女）

区卫生健康局

党组书记、局长　刘顺泉（2021年10月免）
田松柏（2021年12月任）
副　局　长　陈莉群（女）
屈沪军（女）
张运秋（2021年4月任）

区审计局

党组书记、局长　吴　穗（女，2021年8月免）
戴　静（女，2021年8月任）
副　局　长　陈思兰（女）
姚天洋（女）
廖震华
总 审 计 师　刘志云（女）

区退役军人事务局

党组书记、局长　梁　卫
副　局　长　刘金龙
余世文
袁军华

区应急管理局

党组书记、局长 黄　革（2021年4月免）
喻　林（2021年4月任）
政工室主任 彭国辉
副局长 聂忠葵
杨晓冬
程继明（2021年7月免）
卓志阳

区市场监督管理局

党组书记、局长 陈洪林（2021年4月免）
周旭东（2021年4月任）
副局长 罗　铭
王洪明
刘正军（女）
谭　斌
刘　慰（女）
党组成员 易曙明

区统计局

党组书记、局长 陈　卓（2021年4月免）
黎书花（2021年4月任）
党组成员 欧军柱
副局长 章　淦（女）
谢况翟

区城市管理局

党组书记、局长 罗明立
副局长 康小红
施　伟
熊光明

区行政审批服务局

党组书记、局长 张　亚（2021年4月免）
周　垚（2021年4月任）
副局长 彭亚军
陈艳丽
陈　斌（女）
派驻纪检组组长 周　华（女）

区信访局

党组书记、局长 张　敦（2021年7月免）
凤凌霄（2021年8月任）
副局长 莫海平
彭　涛
陈　丰
姚　顶

区医疗保障局

党组书记、局长 田松柏（2021年12月免）
副局长 周　辉
徐金霞（女）
徐宁骏

区城市人居环境局

党组书记 高利欢（女，2021年12月任）
局长 焦益民（2021年10月免）
谢　意（2021年12月任）
副局长 谭江涛（2021年4月免）
黄　兵
刘　嘉
李　响（2021年4月任）

区行政执法局

党委书记 张登波
局长 汤道建（2021年4月免）
肖　科（2021年4月任）
副局长 邓　勇
张　剑
余陈江
纪检组组长 王勇松

区行政执法大队

大队长 肖　科
副大队长 余振宇
李巨龙
陈越楚

区政府直属事业单位

区机关事务中心
党组书记、主任 李小平（女）
副　　主　　任 胡尚德（2021年4月免）
李　超
黎　航（女，2021年4月任）
李　理（女，2021年12月免）
刘彦彤（女，2021年12月任）

区征地服务中心
党组书记、主任 高　鹏
副　　主　　任 杨友林
张　弟（2021年12月免）
胡　艳（女）

区金融事务中心
党组书记、主任 肖　利（女，2021年12月免）
周德亮（2021年12月任）
副　　主　　任 周德才
黎　航（女，2021年4月免）
邓少波（2021年4月任）
李慧谦（女，2021年4月任）

区数据资源中心
党组书记、主任 舒志刚
副　　主　　任 李思一
李晓青（女）

区公共工程建设中心
党组书记、主任 谭江涛
副　　主　　任 蔡　进（2021年12月免）
吴立峰
李　靖（女）
邹晓斌

区现代服务业发展中心
党组书记、主任 易　鑫（女，2021年8月免）
段　超（2021年12月任）
副　　主　　任 段　超（2021年8月任，12月免）
李　茂
邓　颖（女）
谭　沁（女，2021年10月免）
唐　雄（2021年10月任）

区隆平水稻博物馆
党组书记 孙中华
馆　　长 张　璎（女）
副 馆 长 熊　伟（女，2021年4月任）
王伊伊（女）
黄明明（2021年4月免）

区政府其他事业单位

区市容环境卫生维护中心
党组书记、主任 张　军
副　　主　　任 蔡　进（2021年12月任）
邹海滨
谢国强（2021年12月免）
余　辉
常　坚（女）

区市政设施维护中心
党组书记、主任 戴建林
副　　主　　任 郭　劼（女）
汤岳泉
张　登
刘　敏（女）

区园林绿化维护中心
党组书记、主任 周　炫（2021年8月免）
尹振声（2021年10月任）
副　　经　　理 周　瑾（2021年4月免）
吴　畏（2021年4月任）
范泽恩
尹振声（2021年10月免）
张　易（2021年12月任）

区火车站综管办
党组书记、主任 李跃红
副　　主　　任 黎念光
刘　曙

余　达

芙蓉城建投

党组书记、董事长　许建红（2021年4月免）
易　幸（2021年6月任）
总　经　理　易　幸（2021年6月免）
魏四美（2021年10月任）
监事会主席　魏　芳（女）
副　经　理　孙　慧（女）
余旺辉
谭　卿
纪检组组长　龙积军

区征收办

党组书记、主任　湛俊军（2021年10月免）
喻英杰（2021年12月任）
副　主　任　刘建华（2021年4月免）
郑　丹（女，2021年4月任）
石家军（2021年12月免）
张永兴（2021年10月任）

晓园管理处

党支部书记　周　玲（女）
主　任　张　晋
副主任　徐启明
张文波
徐海波
纪检员　陈　娟（女）

自贸区长沙片区芙蓉事务中心

主　任　易　妹（女，2021年8月任）
副主任　易　妹（女，2021年4月任，8月免）
欧阳晟也（2021年4月任）
刘　范（女，2021年12月任）

垂直管理机构

长沙市自然资源和规划局芙蓉分局

党组书记、局长　朱　光（2021年11月任）
叶银权（2021年11月免）
副　局　长　刘勇军
刘学彬（女）
罗教论
刘少峰
执法大队大队长　王周干

长沙市税务局芙蓉分局

党委书记、局长　陈学坚
副　局　长　李雪辉
葛　韧
曾笔云（女）
黄　旭
龙曙日
朱立文
张　磊（女）
纪检组组长　汤建萍（女）

长沙市生态环境局芙蓉分局

党组书记、局长　余新春（2021年11月免）
许　杰（2021年11月任）
副　局　长　王国新
许　杰（2020年12月免）
曾　科
陈国良

区消防救援大队

大队长　周振华
教导员　姜柏红（2021年12月免）
姚银然（2021年12月任）
副大队长　周春霞
段文奇

政协长沙市芙蓉区委员会

党组书记、主席　郑　明（2021年10月免）
喻志刚（2021年10月任）
副　主　席　范伟民（2021年10月免）
梁汝岚（女，2021年10月任）
洪曙光（2021年10月免）
谢志鹏
杨爱斌（女，2021年10月免）
陈　庆

吴　穗（女，2021年10月任）
赵小午（2021年10月任）

秘　书　长　何益波（2021年12月免）

常委（按姓氏笔画排列）

马小龙（2021年10月任）
王　庄（女2021年10月免）
甘丽丹（女2021年10月免）
师　伟（2021年10月免）
朱元光（2021年10月免）
伍贤运（2021年10月任）
危　勇（女2021年10月免）
刘　妍（女2021年10月免）
刘　源（2021年10月免）
刘印心（2021年10月任）
刘伟林（女2021年10月免）
刘志平
刘彦彤（2021年10月任）
汤炳煌（2021年10月任）
汤炳煌（2021年10月免）
孙心也（2021年10月免）
李顺意（2021年10月任）
杨　红（女）
杨　斌
杨　湘（2021年10月任）
肖立华（2021年10月任）
佘光辉（2021年10月免）
沈文强（2021年10月免）
张　萍（2021年10月任）
张　璎（女2021年10月免）
张敬东（2021年10月免）
张勤繁（2021年10月任）
陆　战（2021年10月免）
陆亚林（女2021年10月免）
陈　谦
陈旭迪
陈泽琼（女2021年10月任）
林兴伟（2021年10月任）
罗　辉（2021年10月任）
罗　辉（2021年10月免）
郑　凯（2021年10月任）
孟　奇（2021年10月任）
赵小午（2021年10月免）
胡　锋（2021年10月任）
侯海波（2021年10月任）
贾长俐（2021年10月任）
夏海东（2021年10月任）
黄小利
梁伟杰（2021年10月免）
彭士平（2021年10月任）
舒序松（2021年10月免）
谢丽梅（2021年10月任）
谢建军（2021年10月任）
廖明辉（2021年10月免）
黎明星
潘向阳
戴　泉（2021年10月任）

政协工作部门

办公室

主　　任　何益波（2021年12月免）
副 主 任　杨　莹（女，2021年8月免）
　　　　　姚群峰（2021年10月任，12月免）
　　　　　李文君（女，2021年12月任）

委员学习联络委员会

主　　任　徐乐斌（2021年8月免）
　　　　　阳　颖（女，2021年10月任）

提案委员会

主　　任　饶　诚（2021年4月免）
　　　　　江　红（女，2021年4月任）
副 主 任　姚群峰（2021年10月免，12月任）
　　　　　李文君（女，2021年10月任，12月免）

经济科技和外事委员会

主　　任　黄湘娟（女，2021年10月免）
　　　　　谭晓世（女，2021年12月任）

农业农村和人口资源环境委员会

主　　任　王文杰（2021年4月免）
　　　　　湛俊军（2021年10月任）

文教卫体和文史委员会

主　　任　唐子茹（女，2021年6月免）
　　　　　焦益民（2021年10月任）

社会法制和民族宗教委员会

主　　任　成正良（2021年4月免）
　　　　　陈　卓（2021年4月任）

派驻纪检组长　段志徽（女）

中共长沙市芙蓉区纪律检查委员会

纪　委

书　　记　王长陵（女，2021年7月免）
　　　　　彭保刚（2021年7月任）
副 书 记　李牧之（2021年10月免）
　　　　　孔　干（2021年10月任）
　　　　　舒序松
　　　　　唐宇平（挂职，2021年12月任）
常　　委　李雄文
　　　　　彭海燕（女，2021年8月免）
　　　　　易　鑫（女，2021年8月任）
　　　　　李长松
　　　　　欧阳舒平（女）
　　　　　黄　斌
　　　　　许　芳（女）

监　委

主　　任　王长陵（女，2021年7月免）
　　　　　彭保刚（2021年10月任）
副 主 任　李牧之（2021年10月免）
　　　　　孔　干（2021年10月任）
　　　　　舒序松
委　　员　李雄文
　　　　　彭海燕（女，2021年8月免）
　　　　　易　鑫（女，2021年8月任）
　　　　　李长松
　　　　　欧阳舒平（女）
　　　　　袁仕益
　　　　　廖　锦

派驻纪检监察组

驻区委办纪检监察组组长　刘　佩
驻人大常委会机关纪检监察组组长　龚　班
驻政府办纪检监察组组长　黄　芳
驻政协机关纪检监察组组长　段志徽
驻政法委机关纪检监察组组长　陈　辉
驻住房和城乡建设局纪检监察组组长　徐　军
驻财政局纪检监察组组长　汪质彬
驻行政审批服务局纪检监察组组长　周　华
驻行政执法局纪检监察组组长　王勇松

群众团体

芙蓉区总工会

主　　席　马京沙（女，2021年7月免）
　　　　　胡　锋（2021年7月任）
党组书记　刘　瑜（女，2021年7月免）
　　　　　胡　锋（2021年7月任）
党组成员　熊卫俊
副 主 席　黄家旺

共青团芙蓉区委员会

书　　记　金　甜（女，2021年6月免）
　　　　　钟泽平（2021年6月任）
副 书 记　孙金益（2021年6月免）
　　　　　朱　佳（2021年12月任）

芙蓉区妇女联合会

主　　席　危　勇（女）
副 主 席　易　妹（女，2021年4月免）
　　　　　谭　芳（女，2021年4月任）

芙蓉区工商业联合会（商会）

主　　席　洪曙光（2021年4月免）
　　　　　赵小午（2021年4月任）
党组书记　张德林（2021年7月免）
　　　　　刘　瑜（女，2021年7月任）
副 主 席　张德林（2021年7月免）
　　　　　刘　瑜（女，2021年7月任）
　　　　　李燕平（女）

芙蓉区残疾人联合会

理 事 长 聂帮府
副理事长 邓 捷

芙蓉区科协

主 席 易智勇
副 主 席 朱 彬（女，2021年10月免）
娄 婷（女，2021年10月任）

芙蓉区红十字会

会 长 梁汝岚（女，兼，2021年7月免）
徐青春（兼，2021年7月任）
常务副会长 易淑珍（女）

政 法

长沙市公安局芙蓉分局

党委书记、局长 章晓波
党委副书记、政委 刘志平
党委副书记、副局长 胡正坤
党委委员、副局长 丁钢铸
党委委员、副局长 邹仲林（2021年9月任）
党委委员、副局长 李 忠
党委委员、副局长兼政工室主任
邹德军（2021年7月任）
党委委员、副局长 赵 晋（2021年7月任）
党委委员、副政委兼纪委书记
王 芳（女，2021年7月任）
党委委员、副局长 樊正其（2021年9月免）
党委委员、副政委兼纪委书记
文志雄（2021年9月免）
党委委员、副局长兼政工室主任
何华清（2021年9月调离）
特巡警支队党委委员、副支队长（分局履职）
彭金炬（2021年3月归位）
网技支队党委委员、副支队长（分局履职）
詹立敏（2021年3月归位）

区人民法院

党组书记、院长 李才坤
副 院 长 宋月清（女）
何正良
贾长俐（女，2021年2月任）
执 行 局 长 彭 伟
政工室主任 黄 宇（女）

区检察院

党组书记、检察长 王均全（2021年10月免）
盛 智（2021年10月任）
副 检 察 长 赖 忠
白 涛
谢丽梅（女）
政 工 室 主 任 陈花梅（女）
党 组 成 员 柳戈青

区交警大队

大 队 长 李智文
教 导 员 黄韩斌
副大队长 周 峰
邱东波
陈 勇
伍 侠

园区、街道

隆平高科技园

党工委书记 卓精华（2021年7月免）
谭雄伟（2021年7月任）
主 任 易新宇（2021年11月免）
副 主 任 刘熙宇（2021年12月任）
罗 辉
曾 敏
纪工委书记 刘 彪（2021年11月免）
尹卫东（2021年11月任）

园区工作机构

办公室

主 任 吴康达（2021年8月任）
副 主 任 徐志龙
张文博

招商合作局

局　　长　吴业华
副局长　朱文波

经济贸易局

局　　长　徐勐龙（女，2021年4月免）
　　　　　陈超然（女，2021年4月任）
副局长　马　捷

规划建设局

局　　长　彭　斌（2021年8月免）

社会发展局

局　　长　邹建国
副局长　张青山
　　　　　罗　迪
　　　　　罗俊辉

财政分局

局　　长　陈晓红（女）

企业党委专职副书记

　　　　　赵　慧（女）

纪工委副书记、监委副主任

　　　　　张　亮（女，2021年4月任）

隆创投

董事长　李　毅（2021年6月免）
　　　　　刘　胜（2021年10月任）
纪检组组长　丁　强

街　道

湘湖管理局

党委书记　李明权（2021年7月免）
　　　　　石　磊（2021年7月任）
党委副书记　刘长学（2021年7月免）
　　　　　彭　鹏
　　　　　陈律严（2021年10月免）
委　　员　刘青辉（2021年10月免）
　　　　　彭　江（2021年8月免）
局　　长　刘长学（2021年7月免）
　　　　　石　磊（2021年7月任）
副局长　彭　鹏（2021年10月任）
　　　　　张　斌
　　　　　吴旦伟（2021年10月免）
　　　　　汤胜金（2021年12月免）

湘湖街道

书　　记　石　磊（2021年7月任）
副书记　陈律严（2021年10月任）
工委委员　彭　江（2021年8月免）
　　　　　张富强（2021年12月任）
主　　任　陈律严（2021年10月任）
副主任　汤胜金（2021年12月任）
　　　　　张富强（2021年12月任）
　　　　　宋丰毅（2021年12月任）
人大工委主任　彭　鹏
人大工委副主任　赵　忠（2021年4月任）
政协工作负责人　彭　江（2021年8月免）
　　　　　张富强（2021年12月任）

定王台街道

书　　记　文升云（2021年7月免）
　　　　　吴　彦（2021年12月任）
副书记　吴　彦（2021年12月免）
　　　　　黎国辉（2021年4月免）
工委委员　杨　兵（2021年4月免）
　　　　　黎国辉
　　　　　刘　烛
　　　　　李　景（女）
　　　　　李昊翔
　　　　　高　见
主　　任　吴　彦（2021年12月免）
副主任　刘　烛
　　　　　李　景（女）
　　　　　刘学余
　　　　　周　沁（女）
　　　　　龙　欣（女）
人大工委主任　杨　兵（2021年4月免）
　　　　　黎国辉（2021年4月任）
人大工委副主任　宋丰毅（2021年12月免）
　　　　　石家军（2021年12月任）

政协联络工作负责人 刘 烛

文艺路街道

书　　记 石 磊（2021年4月免）
高 佳（女，2021年4月任）
副 书 记 高 佳（女，2021年4月免）
陈 璞（2021年4月任）
凤凌霄（2021年8月免）
苗津铭（2021年12月任）
工委委员 李延安（2021年8月免）
彭 江（2021年8月任）
廖奇文（2021年4月免）
胡尚德（2021年4月任）
王 英（女）
杨 媛（女）
主　　任 高 佳（女，2021年4月免）
陈 璞（2021年4月任）
副 主 任 廖奇文（2021年4月免）
胡尚德（2021年4月任）
李正良
唐 煌
苗津铭（2021年12月免）
人大工委主任 李延安（2021年8月免）
彭 江（2021年8月任）
人大工委副主任 曹正德（2021年4月免）
刘建华（2021年4月任）
政协联络工作负责人 廖奇文（2021年4月免）
胡尚德（2021年4月任）

韭菜园街道

书　　记 唐益人（2021年7月免）
梁 田（2021年10月任）
副 书 记 梁 田（2021年10月免）
何 芳（2021年7月任）
龙婧予（女，2021年7月免）
邓 波（2021年10月任）
工委委员 张文彪（2021年6月免）
龙婧予（女，2021年7月免）
吴齐成
卜玉龙
张 龙
主　　任 梁 田（2021年10月免）
何 芳（2021年10月任）
副 主 任 吴齐成
许 杰
叶 健
陈宏伟
人大工委主任 张文彪（2021年6月免）
龙婧予（女，2021年7月任）
人大工委副主任 周 卓（女）
政协联络工作负责人 吴齐成

朝阳街道

书　　记 易德文（2021年7月免）
尹 亮（2021年7月任）
副 书 记 罗希蓂（2021年4月免）
刘紫陌（女）
姚 磊（2021年10月任）
工委委员 肖可为
刘正军
张大帅
纪岳亮
孔妹平（女）
主　　任 罗希蓂（2021年4月免）
刘紫陌（女，2021年6月任）
副 主 任 刘正军
纪岳亮
邓 波（2021年10月免）
曾艳敏
何 杰（2021年10月任）
人大工委主任 肖可为
人大工委副主任 张 杰
政协联络工作负责人 刘正军

五里牌街道

书　　记 王宏武
副 书 记 邓 勇
龙雅俐（女，2021年4月免）
黄 山（2021年4月任）
工委委员 张 谊
王 敏（2021年6月免）
杨寿军（2021年12月免）
谭仕武
李德傅（2021年6月任）

钟小平（2021年10月免）
谭　芳（女，2021年4月免）
主　　任　邓　勇
副 主 任　谭仕武（2021年12月免）
李德傅（2021年6月任）
钟小平（2021年10月免）
董晓波
黎　炬（2021年12月任）
黄明明（2021年4月任）
姜启波（2021年10月任）
人大工委主任　张　谊
人大工委副主任　黎　炬（2021年12月免）
徐　旭（2021年12月任）
政协联络处主任　王　敏（2021年6月免）
李德傅（2021年6月任）

荷花园街道

书　　记　孔　干（2021年10月免）
罗希蓂（2021年12月任）
副 书 记　肖劲为
肖　俊（2021年4月任）
工委委员　刘光耀（2021年8月免）
杨　莹（女，2021年8月任）
刘朝辉（女）
裴鸿志
李　达
陈奕路（女）
主　　任　陈　璞（2021年4月免）
肖劲为（2021年4月任）
副 主 任　李　达
宋　曦（2021年8月免）
莫志坚
周彩霞（女）
人大工委主任　刘光耀（2021年8月免）
杨　莹（女，2021年8月任）
人大工委副主任　丁红艳（女）
政协联络处主任　刘朝辉（女）

火星街道

书　　记　吴正华（2021年7月免）
欧　转（女，2021年7月任）
副 书 记　欧　转（女，2021年7月免）
黎书花（2021年4月免）
廖　侃（2021年7月任）
任正勇（2021年4月任）
工委委员　李泰辉
宋　闵（女）
陈　功
冯新辉（2021年12月免）
任正勇（2021年4月免）
主　　任　欧　转（女，2021年7月免）
廖　侃（2021年7月任）
副 主 任　陈　功
冯新辉（2021年12月免）
李　军
鲁　劲
谢国强（2021年12月任）
成　英（女）
人大工委主任　李泰辉
人大工委副主任　陈先征
政协联络工作负责人　陈　功

马王堆街道

书　　记　姜　舟
副 书 记　周宏彬
陈　栋
工委委员　冯　章
赖建桦
匡　艺（女）
仇仁贤
主　　任　周宏彬
副 主 任　仇仁贤
黎卫军
张　建
殷　政
人大工委主任　冯　章
人大工委副主任　师璐娜（女）
政协联络工作负责人　仇仁贤

东屯渡街道

书　　记　聂海宗
副 书 记　虞　正（2021年7月免）
张　敦（2021年7月任）
周　南

工 委 委 员 胡永清（2021年4月免）
汤道建（2021年4月任）
彭伊娜（女）
刘化祥
程忠哲
陶长武
杨 昕（女）
主 任 虞 正（2021年7月免）
张 敦（2021年7月任）
副 主 任 陶长武
刘梦春
陈 华
人大工委主任 胡永清（2021年4月免）
汤道建（2021年4月任）
人大工委副主任 王 冰（女，2021年4月免）
肖 萍（女，2021年6月任）
政协联络处主任 彭伊娜（女）

东岸街道

书 记 罗加祥（2021年4月免）
石 磊（2021年4月任，7月免）
虞 正（2021年7月任）
副 书 记 罗拾平（2021年7月免）
廖 攀（2021年12月任）
喻英杰（2021年12月免）
工 委 委 员 朱勇智
徐 文
郭 浩
李 鑫
主 任 罗拾平（2021年7月免）
廖 攀（2021年12月任）
副 主 任 郭 浩
吕亚平
胡志文
刘雅丽（女）
人大工委主任 朱勇智
人大工委副主任 张粤宁（女）
政协联络工作负责人 郭 浩

马坡岭街道

书 记 陈高峰（2021年12月免）
李牧之（2021年12月任）
副 书 记 廖 勇（2021年7月免，12月任）
李牧之（2021年10月任，12月免）
廖 攀（2021年12月免）
张 弛（女，2021年12月任）
工 委 委 员 胡 超
张 弛（女）
王 恒
张富强（2021年12月免）
陈静安
主 任 廖 勇（2021年7月免，12月任）
李牧之（2021年10月任，12月免）
副 主 任 张富强（2021年12月免）
陈静安
傅建良
谢耀辉（2021年4月任）
人大工委主任 胡 超
人大工委副主任 易建章（2021年4月免）
李 慧（2021年6月任）
政协联络工作负责人 张富强（2021年12月免）

东湖街道

书 记 尹卫东（2021年12月免）
罗拾平（2021年12月任）
副 书 记 尹 亮（2021年7月免）
钟泽平（2021年6月免）
罗拾平（2021年7月任，12月免）
林 灿（2021年8月任）
工 委 委 员 胡云飞
张 鹏
欧阳波（女）
黎 宏（女）
主 任 尹 亮（2021年7月免）
罗拾平（2021年7月任，12月免）
副 主 任 李德傅（2021年6月免）
李 毅（2021年6月任）
王 术
周 颖
人大工委主任 胡云飞
人大工委副主任 胡建斌（2021年4月免）
周 瑾（2021年4月任）
政协联络处主任 张 鹏

（区委组织部）

重要文件目录

·表62·　2021年芙蓉区委重要文件目录一览表

文　号	文件名称	发文日期
芙蓉发〔2021〕1号	印发《关于贯彻落实全市奋力实施“三高四新”战略全面推进高质量发展大会精神任务分解方案（2021年度）》的通知	3月4日
芙蓉发〔2021〕11号	印发《关于贯彻落实“党建聚合力”工程以高质量党建引领高质量发展的实施方案（试行）》的通知	6月15日
芙蓉发〔2021〕14号	关于印发《中国（湖南）自贸试验区长沙片区芙蓉区块建设实施方案》的通知	9月2日
芙蓉发〔2021〕17号	关于推进清廉芙蓉建设的实施意见	12月24日
芙办发〔2021〕3号	印发《关于推行季度考核激励干部创新实干担当作为的实施方案（试行）》的通知	2月10日
芙办发〔2021〕4号	印发《关于激励干部创新实干担当作为打造“最省”营商环境的实施方案》的通知	2月10日
芙办发〔2021〕12号	印发《关于激励广大干部创新实干担当作为 建立容错纠错机制的实施意见（试行）》的通知	6月1日

（资料来源：区委办）

·表63·　2021年芙蓉区政府重要文件目录一览表

文　号	文件名称	发文日期
芙政发〔2021〕001号	长沙市芙蓉区人民政府办公室关于下达芙蓉区2021年重点项目投资计划的通知	3月15日
芙政发〔2021〕002号	长沙市芙蓉区人民政府关于长沙市芙蓉区重点水域常年禁渔的通告	3月25日
芙政发〔2021〕003号	长沙市芙蓉区人民政府关于实施行政复议体制改革有关事项的通告	6月1日
芙政发〔2021〕004号	长沙市芙蓉区人民政府关于印发《长沙市芙蓉区突发事件总体应急预案》的通知	8月9日
芙政办发〔2021〕009号	长沙市芙蓉区人民政府办公室关于印发《芙蓉区建设国家慢性综合防控示范区实施方案》《芙蓉区慢性病综合防控示范区建设工作联合督导方案》的通知	5月17日

·续表 63·

文 号	文件名称	发文日期
芙政办发〔2021〕011 号	长沙市芙蓉区人民政府办公室关于印发《芙蓉区 2021 年度大气（噪声）污染防治行动计划》《芙蓉区 2021 年度水污染防治行动计划》《芙蓉区 2021 年度土壤污染防治工作计划》的通知	6 月 16 日
芙政办发〔2021〕013 号	长沙市芙蓉区人民政府办公室关于印发《芙蓉区政府投资信息化建设项目管理办法》的通知	6 月 29 日
芙政办发〔2021〕014 号	长沙市芙蓉区人民政府办公室关于印发《关于进一步规范国有土地上房屋征收与补偿工作以及农村集体土地拆迁安置工作考核奖励办法的通知》的通知	6 月 25 日
芙政办发〔2021〕018 号	长沙市芙蓉区人民政府办公室关于印发《芙蓉区重点楼宇招商办法（暂行办法）》的通知	8 月 30 日
芙政办发〔2021〕019 号	长沙市芙蓉区人民政府办公室关于印发《长沙市芙蓉区创建国家生态园林城市工作方案》的通知	9 月 8 日
芙政办发〔2021〕021 号	长沙市芙蓉区人民政府办公室关于明确长沙市芙蓉区城镇“半边户”购买保障住房资格申报和审核有关事项的通知	9 月 29 日
芙政办发〔2021〕027 号	长沙市芙蓉区人民政府办公室关于印发《芙蓉区促进文化产业集聚区高质量发展的若干措施（暂行）》的通知	11 月 22 日
芙政办发〔2021〕029 号	长沙市芙蓉区人民政府办公室关于印发《芙蓉区惠企政策“免申即享”工作方案》的通知	12 月 9 日

（资料来源：区政府办）

索　引

说明：

一、本索引分主题索引和表格索引。

二、主题索引中文标目按汉语拼音音序排列（大事记、组织机构及负责人、概况条目、彩页除外），数字和字母开头的标目排在前面；标目后的数字表示内容所在页码，数字后的英文字母 a、b、c 分别表示该页码的左、中、右栏；类目、分目、专稿标题用黑体字表明。

三、表格索引，以表格提名为标目，仅标注所在页码，不标注分栏。索引按照表格在全书中的先后顺序排列。

主题索引

字母与数字

A

G

Z

表格索引